U0482473

高等学校管理类专业教材

新编产业经济学

主　编　史忠良
副主编　卢福财　万卫红

中国社会科学出版社

图书在版编目(CIP)数据

新编产业经济学/史忠良主编.—北京：中国社会科学出版社，2007.10
(2015.8 重印)
ISBN 978 - 7 - 5004 - 6412 - 9
(高等学校管理类专业教材)

Ⅰ.新… Ⅱ.史… Ⅲ.产业经济 Ⅳ.F062.9

中国版本图书馆 CIP 数据核字(2007)第 141988 号

出 版 人	赵剑英
策划编辑	卢小生
责任编辑	卢小生
责任校对	修广平
责任印制	李寡寡

出　　版	中国社会科学出版社
社　　址	北京鼓楼西大街甲 158 号
邮　　编	100720
网　　址	http://www.csspw.cn
发 行 部	010 - 84083685
门 市 部	010 - 84029450
经　　销	新华书店及其他书店

印刷装订	北京京华虎彩印刷有限公司
版　　次	2007 年 10 月第 1 版
印　　次	2015 年 8 月第 2 次印刷

开　　本	787×960　1/16
印　　张	31
插　　页	2
字　　数	572 千字
定　　价	40.00 元

凡购买中国社会科学出版社图书，如有质量问题请与本社营销中心联系调换
电话：010 - 84083683
版权所有　侵权必究

目　　录

绪论 / 1

第一篇　产业结构

第一章　产业结构理论 / 13
第一节　产业结构与产业结构理论 / 13
一、产业结构与产业结构理论的含义 / 13

二、产业结构理论形成的背景 / 15

第二节　产业分类 / 16
一、三次产业分类法 / 17

二、标准产业分类法 / 18

三、两大部类分类法 / 21

四、农轻重分类法 / 21

五、生产要素集约程度分类法 / 21

六、霍夫曼产业分类法 / 22

七、钱纳里—泰勒分类法 / 23

八、战略关联分类法 / 23

第三节　决定和影响产业结构的因素 / 24
一、需求结构与产业结构 / 24

二、投资结构与产业结构 / 25

三、资源结构与产业结构 / 25

四、科学技术进步与产业结构 / 26

五、世界经济与产业结构 / 27

六、不同时期的重大经济政策 / 27

第四节　产业结构演变规律 / 27
一、马列主义的再生产理论与两大部类增长规律 / 27

二、配第—克拉克定理 / 28

三、库茨涅兹等人对产业结构演变规律的探讨 / 32
四、工业化进程与工业结构演变规律 / 36
五、知识经济条件下的产业结构演变特点 / 40

第五节 产业关联及其效应 / 42
一、产业关联的含义 / 42
二、产业关联的种类 / 42
三、产业关联的效应 / 44

第二章 主导产业选择与产业结构优化 / 50

第一节 主导产业及其选择 / 50
一、主导产业的概念 / 50
二、主导产业的选择基准 / 53
三、主导产业群体及其更替 / 61

第二节 产业结构优化 / 64
一、产业结构优化的含义 / 64
二、产业结构优化的标志 / 70
三、产业结构优化的途径与策略 / 74

第三节 产业结构优化升级的评价 / 79
一、产业结构优化升级评价指标的选取原则 / 79
二、产业技术创新能力的评价 / 80
三、产业结构优化升级的效果评价 / 83

第二篇 产业组织

第三章 产业组织理论 / 89

第一节 产业组织理论概述 / 89
一、产业组织理论的概念 / 89
二、产业组织理论的研究对象和研究任务 / 89
三、产业组织理论的形成和发展 / 90

第二节 产业组织理论体系 / 97
一、市场结构 / 97
二、市场行为 / 104
三、市场绩效 / 107
四、"市场结构—市场行为—市场绩效"（SCP）模式分析 / 109

第四章 规模经济与有效竞争 / 113

第一节 规模经济 / 113
一、规模经济的含义 / 113
二、规模经济的种类及成因 / 114
三、利用规模经济的途径 / 116

第二节 有效竞争 / 118
一、竞争的含义及类型 / 118
二、有效竞争的含义 / 119
三、有效竞争的衡量基准 / 121

第三节 企业规模结构 / 122
一、交易费用与企业规模 / 122
二、确定企业最佳经济规模的方法 / 126
三、企业规模结构 / 127
四、企业规模结构合理化 / 129

第五章 产业组织形态 / 133

第一节 产业组织形态的概念及类型 / 133
一、产业组织概念的拓展 / 133
二、产业组织形态及其类型 / 134

第二节 产业组织形态的演变 / 137
一、横向维度：竞争态势变化与产业组织形态演变 / 137
二、纵向维度：合作态势变化与产业组织形态演变 / 140
三、横纵结合：产业组织形态演变的谱系与路径 / 144

第三节 若干典型的产业组织形态 / 146
一、网络组织 / 146
二、战略联盟 / 156
三、企业集团 / 162

第三篇 产业发展

第六章 产业发展理论 / 175

第一节 产业发展的理论基础 / 175
一、经济增长理论 / 175
二、经济发展理论 / 179

三、可持续发展理论 / 182
第二节　产业发展模式 / 184
一、产业的雁行发展模式 / 184
二、产业的梯度转移模式 / 187
第三节　产业发展战略 / 191
一、产业发展战略的含义 / 191
二、产业发展战略体系 / 191
三、产业发展战略的制定与实施 / 193
四、主要发展战略模式的评价 / 195
第四节　产业衰退与产业调整 / 202
一、单个产业发展的生命周期理论 / 202
二、产业衰退与产业调整 / 206

第七章　技术创新与高新技术产业发展 / 216
第一节　技术创新 / 216
一、技术创新的概念、特征和类型 / 216
二、技术创新与技术进步 / 221
三、技术创新的过程模式 / 222
四、技术创新对产业发展的贡献 / 226
第二节　高新技术产业发展 / 229
一、高新技术产业 / 229
二、高新技术产业发展模式 / 234
三、高新技术产业发展与传统产业改造 / 238

第八章　经济全球化与产业发展 / 247
第一节　经济全球化及其中国融入的进程 / 247
一、经济全球化及其相关概念辨析 / 247
二、中国融入经济全球化的进程 / 253
第二节　经济全球化对产业发展的影响 / 256
一、经济全球化对产业发展的影响 / 256
二、经济全球化对产业发展影响的差异性 / 260
三、经济全球化对一国产业安全的影响 / 265
第三节　产业竞争力与产业安全 / 269
一、产业竞争力的界定 / 269
二、提高产业竞争力维护产业安全 / 274

第九章 循环经济建设与产业发展 / 286

第一节 循环经济的内涵与基本特征 / 287
一、循环经济及其发展 / 287
二、循环经济的特征（"3R"原则）/ 288
三、循环经济与可持续发展 / 290

第二节 循环经济对产业发展的影响和基本要求 / 291
一、循环经济对产业发展的影响 / 291
二、循环经济对于产业发展的基本要求 / 291

第三节 实施循环经济的三个层面 / 292
一、企业内部的循环经济：杜邦模式 / 293
二、共生企业的循环经济：生态工业园区模式 / 294
三、社会层面的循环经济：资源回收利用产业 / 296

第四节 价格机制与循环经济建设 / 298
一、价格机制的功能与实现条件 / 299
二、价格机制与循环经济的关系 / 300
三、循环经济导向的价格机制建设的重点领域 / 302

第五节 循环经济立法与循环经济建设 / 303
一、价格机制的缺陷与循环经济立法的重要性 / 303
二、循环经济立法的制度定位 / 307

第十章 产业发展资源及配置 / 311

第一节 资本资源及配置 / 311
一、资本资源是具有人类劳动产品性质的经济资源 / 311
二、固定资本资源的配置 / 312
三、金融资产配置 / 314
四、无形资产的管理 / 315

第二节 人力资源及配置 / 317
一、人力资源的特点 / 317
二、人力资源的供求平衡 / 317
三、人力资源开发利用的经济评价 / 318
四、我国人力资源开发利用状况 / 319
五、提高人力资源开发利用效益 / 320

第三节 信息资源的开发利用 / 321
一、信息资源与信息资源的经济特征 / 322

二、信息资源的开发利用 / 322
三、信息资源开发利用的经济评价 / 324
四、实现信息资源有效利用的途径 / 326
第四节 自然资源与能源的配置 / 327
一、土地资源的开发利用 / 327
二、生物资源的开发利用 / 329
三、矿产资源的开发利用 / 330
四、水资源的开发利用 / 331
五、能源资源的开发利用 / 332
第五节 环境资源的保护和管理 / 333
一、环境及环境资源 / 333
二、资源开发的经济评价 / 334
三、资源开发利用和环境资源管理 / 335
四、可持续发展 / 336
五、中国可持续发展战略 / 337

第四篇 产业布局

第十一章 产业布局 / 341

第一节 产业布局的理论依据 / 341
一、产业布局的区位理论 / 341
二、产业布局的比较优势理论 / 348
三、产业布局的均衡与非均衡理论 / 350
第二节 产业布局的影响因素 / 351
一、地理位置 / 351
二、自然因素 / 351
三、社会因素 / 352
四、经济因素 / 353
五、技术因素 / 355
第三节 产业布局的一般规律和基本原则 / 355
一、产业布局的一般规律 / 356
二、产业布局的基本原则 / 361

第十二章 产业集聚 / 366

第一节 产业集聚及其基本特征 / 366
一、产业集聚理论发展 / 366
二、产业集聚的基本概念 / 369
三、产业集聚的基本特征 / 371
四、产业集聚的形成类型 / 375

第二节 产业集聚的竞争优势 / 377
一、集群内企业生产成本优势 / 377
二、质量和产品差异化优势 / 378
三、区域网络优势 / 379
四、市场竞争优势 / 380
五、区域品牌优势 / 382
六、产业集聚的创新优势 / 384

第三节 产业集聚政策 / 387
一、合理引导产业集聚发展,增强区域产业竞争力 / 387
二、制定合理的产业集聚规划政策,促进集群创新 / 390
三、优化生产要素资源配置,为产业集聚创造条件 / 392
四、以工业园区为载体,促进产业集聚发展 / 393

第五篇 产业政策

第十三章 产业政策的制定与实施 / 405

第一节 产业政策的概述 / 405
一、产业政策的概念与内容 / 405
二、产业政策的性质 / 409
三、产业政策的目标 / 409
四、产业政策的类型 / 411
五、产业政策目标的主要政策措施 / 412

第二节 制定与实施产业政策的理论依据、批评与争议 / 414
一、制定与实施产业政策的理论依据 / 414
二、对制定与实施产业政策的批评与争议 / 417

第三节 推行产业政策的成功要点 / 418
一、影响产业政策制定的主要因素分析 / 418

二、影响产业政策推行效果的主要因素分析 / 420
　　三、推行产业政策的成功要点 / 421
　第四节　产业政策的效果评价 / 424
　　一、产业政策合理性评价 / 424
　　二、推行产业政策成本收益分析 / 426

第十四章　产业政策 / 429
　第一节　产业结构政策 / 429
　　一、产业结构政策的基本目标 / 429
　　二、产业结构政策的内容 / 429
　第二节　产业组织政策 / 435
　　一、产业组织政策的目标和类型 / 435
　　二、产业组织政策的主要内容 / 436
　第三节　产业布局政策 / 445
　　一、产业布局政策的基本目标 / 445
　　二、产业布局政策的手段 / 446
　　三、国家产业布局政策与地方产业布局政策 / 446
　第四节　产业发展政策 / 451
　　一、产业发展政策及其特点 / 451
　　二、产业技术政策 / 455

第十五章　产业规制 / 460
　第一节　产业规制：理由与目标 / 460
　　一、产业规制的含义与特征 / 460
　　二、产业规制的理由 / 462
　　三、产业规制的目标 / 465
　第二节　产业规制的内容与方法 / 466
　　一、规制什么 / 467
　　二、产业规制方法 / 470
　第三节　产业规制的演变与改革 / 472
　　一、国外规制制度的演变 / 472
　　二、国外规制改革的内容 / 476
　　三、政府规制改革的原因 / 479

后记 / 487

绪　　论

第二次世界大战结束时，日本经济濒临崩溃，但在短短的几十年后，在一片废墟中起步的日本一跃而成为资本主义世界中仅次于美国的第二大经济巨人，创造了世界经济史上的奇迹。探究日本成功的原因，其中重要的一点便是日本政府所采用的产业政策。产业政策的理论基础是产业经济理论，正是日本经济学界对日本产业政策的实际情况、效果和意义进行分析，运用经济学探究产业政策的理论框架，促成了一个新的经济学分支——产业经济学的诞生。

一、产业的形成与分工

产业是国民经济中按照一定的社会分工原则，为满足社会某种需要而划分的从事产品和劳务生产及经营的各个部门。它包括国民经济的各行各业，大至部门，小至行业，从生产到流通、服务以至于文化、教育等的各行各业都可称为"产业"。产业的概念是介于微观经济细胞（企业和家庭消费）与宏观经济单位（国民经济）之间的若干"集合"。相对于企业来说，它是同类企业的集合体；相对于国民经济来说，它是国民经济的一个部分。

一个产业是具有某种同一属性的经济活动的集合。基于产业经济学的各个领域在进行产业分析时的目的不同，对产业划分形成了若干层次，即"产业集合的阶段性"。具体地说，在产业经济学中，具有三大层次：以同一商品市场为单位划分的产业是第一层；以技术、工艺的相似性为根据划分的产业是第二层；大致以经济活动的阶段性为根据将国民经济划分为若干大部分所形成的产业是第三层。由于经济发展和工业化过程密切相关，工业在产业发展史上有着特殊的地位，因而产业概念有时特指工业部门。

产业的形成是一个历史过程，是随着社会生产力的发展和社会分工而出现的。产业的产生、发展过程其实质就是社会分工的产生及不断细化过程。

在人类社会的原始状态，人类社会是不存在分工的。最早的社会生产是猎取自然界的天然物资，其基本项目是采集和渔猎。当时，不同的劳动还没划分成互相独立的部分，人们在从事某种劳动时，一般都采取集体行动，对于不同项目的劳动，则按需要的迫切程度和劳动的客观条件顺次进行。劳动者本身没有职业划分，每个人都既是猎人，又是渔夫和战士，人与人处于自然等同状态。

随着人类社会的发展，社会生产力水平的提高，社会分工出现了。大约在原始社会野蛮时期的中级阶段，出现了第一次社会大分工，农业从畜牧业中分离出来成为独立的农业产业部门；大约在原始社会野蛮时期的高级阶段，出现了第二次社会大分工，工业和农业相互分离，形成了专业工匠阶层，工业成为一个独立的产业部门；大约在原始社会向奴隶社会过渡时期，出现了第三次社会大分工，商业和其他产业部门相分离，形成了特殊商人阶层，商业成为一个独立的产业部门。

三次社会大分工的出现，形成了农业、工业等大类，这便是马克思所指的一般分工。除了一般分工外，随着社会生产力的发展，社会分工进一步细化，由工业、农业等大类的分工逐渐进入农业内部、工业内部的社会分工，即马克思所指的特殊分工。经过特殊分工，许许多多的产业部门相继产生了。

在农业内部，通过资本原始积累，一部分农民的土地被剥夺，一方面形成了资本主义的土地所有制，建立资本主义经营的集约化农业；另一方面将农村家庭手工业的生产资料和劳动力游离出来，形成资本主义纺织工业。纺织工业的出现使农业和工业彻底分离。同时，农业内部的特殊分工使种植业、牧业、渔业、林业等产业部门先后形成了。

在工业内部，机器的大量采用，扩大了社会分工，"增加了特殊生产部门和独立生产领域的数量"。首先，机器提高了生产力，使同量劳动所加工的材料数量日益增大。与此相适应，对这些原料和半成品加工越分越细，社会生产部门也就越来越多样化，如纺织工业中分离出服装加工业，钢铁工业中分离出机械工业，等等。其次，采用机器使得产品的各个部分可以大批量生产，从而形成独立的产业。由于以上两个原因，纺织、钢铁、冶金、机械等众多产业部门相继形成了。

社会分工不仅使传统产业部门相分离，而且使许多前所未有的崭新产业部门不断出现。在19世纪，社会分工使石油化工、电子工业等一系列崭新部门发展起来；在20世纪，社会分工使原子核工业、信息业、宇航业相继形成。随着科学技术的飞速发展及其在社会生产中的运用，社会分工范围将进一步扩大并细化，许多全新的产业部门将不断产生。而且，社会分工不仅没有割裂各产业部门的联系，而是增加了各产业部门之间的相互联系和相互依存关系，使社会各产业部门形成一个相互联系、相互依存的有机整体。

二、产业经济学的形成与发展

产业经济学是一门新兴的研究分析现实经济问题的应用经济学科。它的形成和日本产业政策的实践有着密切联系,在某种程度上可以说,产业经济学的形成是对日本产业政策实践的经验总结和理论分析。

第二次世界大战后,日本政府担负着在废墟上进行产业重建和复兴经济的艰巨任务。日本国土狭小,粮食、原材料相对不足,必须通过进口解决。另一方面,日本市场容量小,只有通过出口,才能维护或扩大国内的生产规模,这使日本必须实行出口导向战略,广泛参与国际市场竞争。而在战争中遭受沉重打击的日本,经济实力弱,竞争力不强,在国际贸易中处于不利地位。因此,采取有效的政策措施,增强日本的经济实力就成为日本政府要考虑的首要问题。

日本是一个后起的资本主义国家,自"明治维新"以来,一直保持着国家干预和控制经济的传统。1945~1955年是日本战后的经济复兴时期,日本政府实施的政策是1946~1948年间的产业复兴政策和20世纪50年代前期的产业合理化政策。产业复兴政策大量采用了原材料分配、复兴金融公库贷款、价格控制、差价补助金、进口物资的分配等直接控制手段,对煤炭和钢铁行业实行倾斜支持以扩大生产;产业合理化政策采用租税特别措施和财政投资贷款手段,实现钢铁、煤炭、海运、电力、合成纤维、化肥等许多工业部门的产业合理化。产业复兴政策和产业合理化政策的实施成功实现了日本经济的重建和复兴的目的。

1955年以后,日本面临的任务是实现经济振兴,尽快赶超欧美经济发达国家。当时日本正逐步向贸易自由化和资本自由化过渡,但日本政府仍对日本经济参与国际竞争的能力表示怀疑。因此,这一时期的产业政策,一方面谨慎地分阶段地推进贸易自由化和资本自由化,保护各种产业,使其不因自由化受到根本性的损害;另一方面,借助产业结构调查会、产业结构审议会等机构,通过政府和民间相结合,规划产业结构高度化目标,确定带动整个经济起飞的战略产业,并通过政府的经济计划、经济立法和经济措施扶持战略产业的成长。在20世纪60~70年代,日本经济高速增长,取得了令世人瞩目的成就。

早在20世纪50年代,日本经济学界为了给产业政策的制定和实施提供理论依据,对产业经济理论进行了广泛、深入的研究,取得了大量的成果。正如小宫隆太郎所指出的:"从经济学角度对日本产业政策的实际情况、效果和意义进行分析,同时建立起用经济分析产业政策的理论框架,具有重大意义,而这也正是日本经济学界应当负起的一个重要责任。"在日本经济取得巨大成功之后,其他各国经济学界为探索日本成功的经验，对日本的产业政策及产业政策所依据的产业经济理论进行了更为细致的多角度的研究，这一系列的研究促成了一个新的经济学分支——产业经济学的诞生。

我国接触产业经济理论的时间比较晚。20世纪80年代初，产业经济理论开始引入我国，随后，产业经济理论以惊人的速度在国内传播、普及开来，有关产业结构和产业组织、产业政策的论文、著作不断涌现，而且也出现了一批专门从事产业经济理论研究的工作者和专门的政府产业政策研究机构。如今，产业经济理论已不仅仅是经济理论界关注的热点，而且是我国制定产业政策的根本依据。尽管我国实施产业政策的时间还很短，但产业政策的实施对我国经济发展已产生了明显的良好的效应。

产业经济理论在我国的迅速传播和发展，既是国内经济发展的需要，又为实现国内现存的部门经济学科体系科学化提供了途径。改革开放以后，我国地方和企业的自主权扩大，各地方、各企业都着眼于自身利益，盲目上项目，争投资，造成各地方盲目引进、盲目建设、重复建设现象极为严重。国家急需发展的行业、产品资源不足，而国家要抑制过度发展的行业、产品却资源过剩。长线产品严重过剩，短线产品严重匮乏，资源不能优化配置，造成严重的资源浪费。国家必须从经济发展的要求出发，制定正确的产业政策，优化资源配置和调整产业结构，通过产业政策扶持某些特定行业的发展，并促进产业结构高度化。因此，政府必须从国情出发，将产业经济理论运用于我国产业政策的制定，这就促进了产业经济理论的广泛传播。

此外，产业经济学是促进现存的部门经济学学科体系科学化的有力工具。我国原来按行政管理权限设置了一系列部门经济学，如电力经济学、煤炭经济学、商业经济学、物资经济学等。这种设置方法割裂了部门经济学之间的内在联系，使各部门经济学不能构成一个有机的体系，而且，由于学科缺乏科学的理论体系支持，造成学科间内容重叠、交叉。产业经济学将各产业部门作为一个整体进行研究，客观上适应了各产业之间相互联系、相互依存的客观规律，弥补了按行政管理权限来设置部门经济学的缺陷，有利于建立科学的部门经济学学科体系。

产业经济学是一门应用经济学科，其最鲜明的特点是应用性，在产业经济学中尽管存在纯经济理论分析，但更多的是对产业发展一般趋势和规律的经验总结。产业经济学对产业发展一般趋势和规律的总结，对各国制定产业政策，具有很好的借鉴和指导意义。产业经济学的鲜明的应用性，预示着巨大的生命力和广阔的前景。

三、产业经济学的研究对象与内容

（一）产业经济学的研究对象

学科之间的根本区别就在于不同学科具有不同的研究对象。毛泽东指出："科学研究的区分，就是根据科学对象所具有的特殊的矛盾性。因此，对于某一现象的领域所特有的某一种矛盾的研究，就构成某一门科学的对象。"而产业经济学之所以成为一门学科，是因为它有不同于其他学科的特殊研究对象。

产业经济学是一门新兴的应用经济学科，它以理论经济学作为理论基础，同时，也在科学地总结各产业实践的基础上，对不断出现的新情况、新问题、新经验做出自己的理论概括，形成新的应用经济理论，以指导各产业的发展。

国民经济总体由许许多多的产业部门组成，各产业部门之间相互依存、相互联系、相互作用，共同构成一个有机的整体。各产业都有其自身特有的发展变化规律，每一个产业的发展变化都会相应影响其他产业，并进而引起其他产业的发展变化。同样，在各产业内部，组成产业的各个部分之间矛盾运动也会给产业带来影响，促使产业的发展变化。产业经济学从作为一个有机整体的"产业"出发，探讨在以工业化为中心的经济发展中产业间的关系结构、产业内企业组织结构变化的规律以及研究这些规律的方法。

产业经济学因其研究对象的特殊性，与西方经济学、政治经济学、工业经济学等有严格的区别。

微观经济学的研究对象是消费者和企业。通过假设收入、价格及消费者偏好为已知条件，研究消费者行为；通过假设企业成本、生产要素价格及生产技术水平为给定，研究企业行为，并进而分析消费者和企业之间的关系。在西方微观经济学中，为了分析的需要，将企业的集合或该产业、集合之间或产业之间关系存在的具体形态都抽象掉了。西方宏观经济的研究对象是国民经济总体，但它并不研究全部社会再生产过程，而是从国民经济出发，研究国民收入的生成、分配的规律，也就是说，宏观经济学研究的是总产出水平和相应的总物价水平。而作为国民经济总体的组成部分——产业被抽象掉了。产业经济学的研究对象是介于企业和国民经济之间的"产业"，即具有同一属性的企业的集合，产业经济学从"产业"出发，研究产业发展演变过程中产业之间、产业内企业间相互关系变化的规律。通过对产业的研究，产业经济学回答了再生产过程中各产业之间中间产品的复杂的交换关系，从而对社会再生产过程的全貌有了一个完整的了解。

政治经济学的研究对象是社会生产关系。它以物质资料的生产为出发点，研究人类社会生产关系发展变化的规律。政治经济学所揭示的一般经济规律和基本原理是其他经济学科的理论基石。产业经济学并不研究一般生产关系的经济规律，而是以政治经济学为基础，按照政治经济学所揭示的一般经济规律和基本原理，探求产业发展变化中的规律，以按照产业发展变化的规律，制定合理的产业政策，促进各产业协调发展，并逐步达到产业结构高度化。

工业经济学的研究对象是客观地存在于现代工业历史发展过程中的经济规律，并探讨在不同具体条件下，自觉利用这些规律的途径和方法。工业是重要的产业部门之一，经济发展的中心就是工业化，因此，它对产业发展有重大影响。作为一门部门经济学科，工业经济学通过对工业发展规律的探讨，指导人们对工业经济活动进行有效的组织和管理。产业是由工业、农业和商业等众多部门构成的整体，它包括了工业。因此，产业经济学研究各产业部门作为一个整体所表现出来的发展变化规律。它研究各产业部门的共性及产业部门之间的内在联系，因而它所揭示的规律和基本理论对每个产业部门，包括工业、农业、商业、交通运输业等都有重要指导意义。

尽管产业经济学和其他相关的经济学科有着明显的区别，产业经济学和其他相关经济学科的联系也很密切。产业经济学在其形成过程中，广泛地吸收了其他相关经济学科的理论，随着产业经济学的发展和完善，产业经济学和其他经济学科的相互渗透还会继续存在，同其他相关经济学科的联系将更加密切。

(二) 产业经济学的内容

一株幼苗需要阳光的照耀雨水的滋润，才能长成根深叶茂的大树。同样，产业经济学的创立、发展，少不了经济学界对产业经济理论的探索研究。如今，产业经济学虽然还有待进一步完善，但已基本上具备其科学的内容和体系。

产业经济学研究的内容主要包括产业结构、产业组织、产业发展、产业布局和产业政策，等等。产业结构理论研究的内容有：影响和决定产业结构的因素、产业结构演变的规律、产业结构的合理化和高度化、主导产业选择的基准、主导产业和其他产业的协调发展等；产业组织理论研究的主要内容有：市场组织结构及其影响因素、产业的市场行为、企业集团、企业规模与规模经济、企业合并与改组等；产业发展理论研究的主要内容有：经济增长模型和理论在产业发展中的应用、产业发展战略、产业发展中所需的资本资源、人力资源、技术和信息资源、自然资源、环境资源及资源的优化配置；产业布局理论研究的内容主要有：产业布局的一般规律、产业布局的基本原则、产业布局与区域分工、区域分工的决定因素等；产业政策理论研究的主要内容是产业经济理论与产业政策的制定相结合，指导我国产业结构政策，产业组织政策、产业发展政策、产业布局政策的制定，并试图构造科学完整的产业政策体系。产业经济学作为一门新兴学科，在继续发展过程中。因此，产业经济学研究的内容将随着产业的发展不断增加和丰富。今后，从中国的国情出发，解决我国产业发展演变过程中现存的和不断出现的问题，将是摆在产业经济学面前的重要课题。

为了构架产业经济学的科学学科体系，本书将有关章节的安排和研究内容密切联系起来，依据研究的对象和内容的内在联系，合理安排各个问题的先后顺序和重点。本书篇章安排依次如下：绪论、产业结构、产业组织、产业发展、产业布局和产业政策。

四、研究产业经济学的意义与方法

（一）研究产业经济学的意义

产业发展的规模和水平，对于国家经济实力的增强，国际经济地位的提高，人民生活水平的提高具有重要影响。产业经济学以"产业"为出发点，研究产业发展演变的客观规律，对于促进产业健康、稳定地发展关系重大。尤其是对我国这样一个经济相对落后的发展中国家，研究产业经济学，无论是从理论角度看还是从实践角度看，都具有特别的意义。

从理论上看，研究产业经济学有利于填补经济学学科研究的空白，丰富和充实经济学学科体系。微观经济学和宏观经济学分别从微观经济主体（企业和消费者）和宏观经济主体（国民经济）出发进行理论研究，而将介于企业和国民经济之间的"产业"忽略了，工业经济学等部门经济学则以单个产业部门为研究对象，探寻单个产业发展演变的规律，忽略了部门经济学之间固有的内在联系，从而将各部门经济学人为割裂开来。产业经济学的研究对象是"产业"，即具有同一属性的企业的集合。

"产业"介于微观经济主体企业和消费者与宏观经济主体国民经济之间，正好弥补了微观经济学和宏观经济学之间的空缺，并且，产业经济学从作为整体的"产业"出发，很好地兼顾了产业之间的协调和配合，从而有利于加强各部门经济学之间的有机联系和衔接，充实和丰富了经济学学科体系。

从实践上看，研究产业经济学的意义更加重大。

1. 研究产业经济学，制定正确的产业政策，有利于我国实现两个转变。在计划经济体制下，计划包揽一切，财政收支、银行信贷、原材料分配、产品生产和分配、劳动用工等全部通过国家计划来执行，国家利用计划对国民经济实行全面干预。在生产过程中，高投入、低产出，只讲数量、不求质量，劳动生产率低下，利用粗放经营实现经济增长。而在市场经济体制下，市场机制充分发挥作用，国家不直接干预国民经济的每个方面，国家直接干预主要作用于"市场失灵"领域，在其他领域只利用间接的调控手段和工具，以市场为中介，消除单纯市场机制作用可能引起的盲目性，防止资源的浪费。生产者在市场机制的作用下，主动降低消耗，增加产出，以适销对路的高质量的产品参与市场竞争，从而实现集约化经营，促进经济增长，产业政策就是一种有效的间接的调控工具。产业政策作用于市场，通过市场机制的传导，影响产业的发展趋势，引导产业朝国家所希望的方向发展。当然，产业政策要产生预期的效果，必须有科学的理论依据并洞悉产业的现状及发展趋势。研究产业经济学，能有效地把握产业发展的现状、问题、成因及趋势，为产业政策的制定提供科学的理论依据，从而促进两个转变的实现。

2. 研究产业经济学，制定正确的产业政策，有利于进行产业结构的调整和实现产业结构的高度化，促进经济发展。产业结构不合理一直是我国经济发展的痼疾。改革开放前，我国片面发展重工业，造成重工业与轻工业、工业与农业的比例失调，严重制约了我国经济发展。改革开放后，我国一直致力于产业结构的调整，并已取得了较好的成效，如农业和工业比例、重工业与轻工业比例失调的状况已有相当的改观，等等。这些成绩是和产业经济学研究分不开的。但是，我国产业结构还存在诸多问题，如农业基础薄弱；加工业中一般加工能力过剩，高水平加工能力不足；原材料等基础工业和有关的基础设施相对滞后，服务业、信息业等发展不足，等等。这些问题的解决都要从产业经济学中去找答案。研究产业经济学，寻找产业结构问题的成因，并将研究成果付诸实践对产业结构调整很有帮助。而且，研究产业经济学，探寻产业更替的规律和带动经济起飞的主导产业，并利用产业政策予以扶持，可以实现产业结构向更高的水平演进，即产业结构高度化，增强产业的国际竞争力，促进经济发展。

3. 研究产业经济学，制定正确的产业政策，有利于维护市场竞争秩序和形成规模经济。我国的产业组织存在许多弊端，如企业规模经济效益不佳，"小而全"、"大而全"现象普遍，等等。这些弊端的消除，都必须在产业经济学研究中去找答案。研究产业经济学，探寻不同市场结构、不同企业规模的优劣，过度竞争的形成途径和消除方式，规模经济的形成原因及优点，从中找出最有利于生产要素合理配置的市场秩序、产业组织结构，然后据以制定正确的产业组织政策，如鼓励企业兼并、联合；发展企业集团实现企业组织机构合理化；维护市场竞争秩序，规范市场行为，反对不正当竞争，反对抑制竞争的垄断行为，等等。实现市场的有效竞争和充分利用规模经济。

4. 研究产业经济学，制定正确的产业政策，有利于促进产业的合理布局。由于过去经济工作的失误，我国产业布局有许多不合理之处，如"大三线"工厂过于疏散，大城市工厂聚集过密，造成环境严重污染，等等。我国过去产业布点失误的重要原因之一是对产业布局的客观规律认识不够。今后要杜绝此类问题的重复出现，就必须把握产业布局的规律。研究产业经济学，探寻各产业布局的基本原则、各产业布局的影响因素、产业布局的一般规律，并据以制定正确的产业布局政策，将产业布局和区域分工相结合，把产业布置在最有利于发挥优势、提高经济效益的地域，实现产业布局合理化。

此外，通过产业经济学的研究，有利于加强产业间联系，发挥产业协同效益，有利于确定合理的产业发展战略，等等。

（二）研究产业经济学的方法

为了研究产业发展演变的规律和产业中存在的诸多问题，产业经济学必须具有相应的研究方法，研究产业经济学常用的方法主要有如下几种：

1. 宏观分析和微观分析相结合的方法。产业是由许多产业部门构成的整体，在对某一产业进行分析研究时，需要运用微观分析方法，掌握产业的特点及内部构成，有针对性地进行研究。把许多产业部门构成的整体作为研究对象时，必须运用宏观分析方法，从而把握整个产业系统的发展演变的规律性，以及各个产业部门之间相互联系、相互影响、相互依存、相互制约的关系，并进而了解某一产业发展演变对其他产业的影响情况。只有将宏观分析和微观分析良好地结合起来，才能正确认识产业发展变动的客观规律，解决产业中存在的问题。

2. 规范研究和实证分析相结合的方法。产业经济学的相当一部分内容是对产业发展的经验总结，但也不乏逻辑判断与推理。在研究产业结构的演变趋势、产业结构的影响因素等方面，必须运用规范研究，从已有的价值判断标准出发，进行严密的逻辑判断与推理。才能发现其中的客观规律。在研究产业组织理论时，必须运用实证分析方法，运用大量丰富的统计资料，借助一定的数理统计方法和图表，对产业组织和市场结构的关系进行描述和分析判断。只有将规范研究和实证研究结合起来，才能全面探讨产业发展的各种情况。

3. 静态分析和动态分析相结合的方法。产业处于不断地发展变化过程中，产业运动的规律性只有在其运动中才能体现出来。产业经济要探寻产业发展变化的客观规律，用以指导产业快速、健康、稳定地发展，就必须运用动态分析的方法对产业发展进行动态观察。但是，产业发展中存在的问题在动态的条件下往往难以准确把握，因此，必须运用静态分析的方法，考察产业发展过程中某个特定时间或横断面上的产业部门状态，才能发现产业中存在的问题，有针对性地予以解决。把静态分析和动态分析结合起来，就能全方位地把握产业具体情况。

4. 定性分析和定量分析相结合的方法。定性分析法和定量分析法是经济学研究的常用方法。产业经济活动是质和量的统一，既有质的规定，又有数量的度量，两者相辅相成。因此，在研究产业经济学时，应将定性分析方法和定量分析方法结合起来，在对产业经济范畴、概念进行逻辑推理的基础上，对所研究的事物做出质的判断和量的评估。例如，在产业联系理论中，先要对产业联系关系做出定性的判断，分析产业间关联的理论特点，然后运用定量分析方法，运用感应度系数、影响力系数等数量指标揭示产业间关联关系量的比例，把定性的关联关系定量地表示出来。定量分析方法具有确定、明确的特点，通过建立一定的经济数学模型，简明地反映经济现象。但是，经济数学模型是静态的，当其中某些因素发生显著变化时仍旧照搬使用，可能会导致严重谬误。因此，在产业经济学研究中，必须将定性分析和定量分析结合起来，不可偏废。

5. 比较分析方法。产业经济学是一门应用性很强的经济学科。产业经济学中产业发展演变的一般规律是众多国家产业发展的经验总结。研究产业经济学就是为了探寻产业内客观存在的规律，指导我国产业发展的实践。产业经济规律寓于产业发展过程中，由于不同国家、地区的产业因自然资源、技术水平、资金实力、经济体制及其所处的经济阶段的差异，产业发展的表现形态不可能完全一样，只有运用比较分析方法，对大量的产业资料进行仔细的比较研究，才能找出产业经济规律。比较分析包括纵向比较分析和横向比较分析，横向比较是对不同国家、地区的产业进行比较分析，纵向比较是对同一产业对象不同时期的情况进行对比分析。

6. 归纳和演绎相结合的方法。归纳就是从众多相似性的事物中寻找共性、一般性；演绎就是将归纳而来的客观规律运用于现象的分析，以求从中发现新的规律。在产业经济学研究中，研究者必须占有不同国家、地区，不同产业部门产业发展情况的大量丰富的资料，进行仔细的研究，归纳出其共性，形成产业发展变化的一般规律。但是，不同国家、地区及不同产业部门因经济基础不同、经济环境不同、所处的阶段不同等，产业发展演变的一般规律不可能完全照搬。因此，为了将产业一般经济规律运用于不同国家、不同地区的产业发展，必须运用演绎法，将产业经济一般规律和各国家、地区产业实际情况结合起来，探索符合各国家、地区产业实际的产业发展规律。

产业经济学是一门发展中的学科，为了解决产业发展中存在的问题及新出现的问题，不但要运用上述诸种方法，而且还将有更多的新方法运用于产业经济学研究。

第一篇　产业结构

第一章　产业结构理论
第一节　产业结构与产业结构理论
第二节　产业分类
第三节　决定和影响产业结构的因素
第四节　产业结构演变规律
第五节　产业关联及其效应
第二章　主导产业选择与产业结构优化
第一节　主导产业及其选择
第二节　产业结构优化
第三节　产业结构优化升级的评价

第一章 产业结构理论

在现代经济中，一国产业结构合理与否，对经济发展具有至关重要的作用。特别是在现代经济增长中，产业结构演进和经济发展之间的相互作用越来越明显。产业结构的演进会促进经济总量的增长，经济总量的增长也会促进产业结构的演进。这已经被许多国家经济发展的实践所证明，发达国家和一些新兴工业化国家或地区在产业结构理论研究和实际应用方面已经积累了大量的知识和丰富的经验。本章将从产业结构理论形成的背景、产业分类、决定和影响产业结构的因素、产业结构演变规律、产业关联及其效应五个方面来介绍产业结构理论。

第一节 产业结构与产业结构理论

一、产业结构与产业结构理论的含义

产业结构，既可以解释为某个产业内部的企业间关系，也可以解释为各个产业之间的关系。直到20世纪60年代初，对于产业结构的理解还是两者并存的。以产业组织理论创始人 J. S. 贝恩（Bain）1959年出版的《产业组织》一书为标志，"产业内部的企业间关系"被"产业组织"概念所界定，随后在70年代，日本经济学家对此概念极力澄清，认为产业结构仅指产业间的关系。在我国，一般把产业结构定义为产业间的关系，指的是在社会再生产过程中，国民经济各产业之间的生产技术经济联系与数量比例关系。这一概念展开有以下含义：

第一，产业结构是在社会再生产过程中形成的。

第二，产业结构是以国民经济为整体，以某种标志将国民经济分为若干个产业。

第三，产业之间的生产、技术、经济联系主要反映产业间相互依赖、相互制约的制度和方式。产业间的生产联系，是指每一产业的经济活动依赖于其他产业的经济活动，以其他产业部门的产出或成果作为自己的生产要素的投入，同时又以自己的产出或成果，直接或间接地为其他产业部门的生产服务。产业间的技术联系，是指每一产业的技术发展都直接或间接地影响或受影响于其他产业的技术发展。产业间的经济联系，是指产业之间的生产联系的紧密程度和范围，直接取

决于该产业与其他产业之间在一定交换关系下的经济利益关系，它通过产业间产品或劳务的交换关系体现出来。

第四，产业间的数量比例关系，首先反映的是各类经济资源在各产业间的配置情况，如资金、劳动力、技术等生产要素在各产业之间的分布；其次反映的是国民经济总产出在各产业的分布情况，如一定时期内的总产值、总产量和劳务、利税在各产业间的分布。

按产业结构研究的内涵和外延的不同，对产业结构的研究有"广义"和"狭义"之分。一种观点认为，产业结构是研究分布在国民经济各产业中经济资源之间的相互联系、相互依存、相互提升资源配置效率的运行关系。这是"产业发展形态理论"的观点。另一种观点认为，产业结构是研究产业间技术经济的数量比例关系，即产业间的投入和产出的数量比例关系。这是"产业联系理论"的观点。广义的产业结构理论是这两种观点的综合。

产业发展形态理论从"质"的角度动态地揭示产业间技术经济的相互联系形态和发展趋势，它是一个国家或地区的劳动力、资金、各种自然资源与物质资料在国民经济各部门的配置状况及相互制约的方式，反映一国经济的发展水平、发展程度、内在活力与增长潜力，它一般由两个指标来测量：一个是价值指标，如某一产业部门创造的国民收入占全部国民收入的比例，或某一产业的资本额占全社会资本额的比例；另一个是就业指标，如某一产业部门就业人数占总就业人数的比例。

产业联系理论从"量"的角度静态地研究和分析产业间联系方式的技术经济数量比例关系，即产业间的投入产出关系，这种关系说明国民经济各产业间的联系：一个产业的产出是另一个产业的投入，一个产业的投入是另一个产业的产出，投入产出关系就是产业间在投入与产出上的相互依存关系。

产业结构通过产业间质的组合和量的规定，构成了产业间经济资源的分布结构，这种结构既是产业间数量比例关系，又是产业间质的联系的有机结合；既是静态比例的关系，又是动态关联的发展。

产业结构理论是以研究产业之间的比例关系为对象，寻找最优经济增长途径为目的的应用经济理论，主要运用动态的比较方法，研究一国或国际间产业结构的历史、现状与未来，摸索出产业结构发展变化的一般趋势，为规划未来的产业结构提供理论依据。

产业结构理论的基本体系主要由产业结构形成理论、产业结构演变理论、产业结构影响因素理论、产业结构优化理论、产业结构分析理论、主导产业选择理论、产业结构政策理论以及产业结构关联理论等几部分组成。

二、产业结构理论形成的背景

如何有效地合理地配置资源，实现一定的经济目标，是经济学家研究的根本问题。围绕这一问题，经济学家对各种经济现象进行深入的研究，形成了不同的经济理论。产业结构理论是人们将经济分析深入到产业结构层次，在对产业结构进行分析和产业结构政策实践的探索过程中逐步产生、发展起来的。

(一) 产业结构理论的思想渊源

早在 17 世纪，英国经济学家威廉·配第就将世界各国存在国民收入水平差异和处于不同的经济发展阶段的原因归结于各国产业结构的不同。在 1672 年出版的《政治算术》中，他通过考察得出结论：比起农业，工业的收入多，商业的收入又比工业多，即工业比农业的附加值高，服务业比工业的附加值高。这一发现后来被称为配第定理。

到 18 世纪，法国古典政治经济学家、重农学派的创始人魁奈分别于 1758 年和 1766 年发表了重要著作《经济表》和《经济表分析》。在著作中提出了关于社会阶级结构的划分，把整个社会划分为三个阶级：①生产阶级，即从事农业生产的阶级，包括农业工人和租地农场主；②土地所有者阶级，即通过地租和赋税从生产阶级那里取得收成的阶级，包括地主、官吏、君主及其仆从等；③不生产阶级，即不直接从事农业生产的阶级，包括工商资本家和工人。

因此可以说，配第和魁奈的发现和研究是产业结构理论形成的重要思想来源。

(二) 产业结构理论形成的理论背景

西方不同经济学科的形成和发展都是起源于一定的历史背景，与资本主义经济发展的某一阶段相对应，并伴随着经济的发展不断变化，大体经历了一个从个量分析到总量分析，再到产业分析的漫长过程。

以完全竞争为假设条件的古典经济理论，其分析侧重于个量分析。其重要结论是，市场机制通过"看不见的手"能自我调节资源的有效配置，不需要任何外界的干扰，主张政府不作为。可以看到，这种个量分析对于说明单个产品市场的局部均衡是有相当大的说服力的。但是，该理论的前提——完全竞争，在现实市场上是不存在的，甚至可以说自由竞争本身就孕育着垄断。1929 年爆发的经济危机，使古典经济理论发生了严重危机，市场失效了，"看不见的手"不灵了。正是在这种情况下，出现了凯恩斯主义经济理论，试图为解决危机开出一剂良方，主张政府干预经济，弥补市场机制的不足。

凯恩斯及其追随者将经济分析投向宏观层次即总量分析，从而诞生了以国民经济总量为研究对象的宏观经济理论。其重要结论是，由于各种因素的影响，通常情况下有效需求不足,"非自愿失业"总会存在,充分就业只是偶尔的、暂时的,市场机制本身没有足够的力量使总需求等于总供给,这样就不可避免地会出现失业和产出小于充分就业时的产出水平。因此,政府有必要而且有能力发挥调节市场的作用,即通过财政政策和货币政策来弥补市场机制的缺陷。凯恩斯的主张一度获得了成功,在一定程度上刺激了经济,帮助国家摆脱了经济危机,但同时孕育了更大的失衡,造成国家财政赤字不断膨胀。因而凯恩斯主义也受到了质疑。

凯恩斯主义的失效,使资产阶级经济学家面临着两难处境:回到古典主义经济理论去搞完全竞争,实践证明行不通;实行凯恩斯主义主张,又使财政赤字、通货膨胀居高不下。因此,经济学家们在两者之间找出路,把研究的目光投向了社会再生产过程的中观层次——产业层次,进行产业分析,去寻找活跃市场机制和弥补市场缺陷的具体途径和方法。这样,就促进了产业结构理论的形成。

(三) 产业结构理论形成的实践基础

产业结构理论的形成和发展与产业结构政策的实践有着密切的联系。第二次世界大战以后,作为战败国的日本,到处是一片废墟,经济濒临崩溃。如何医治战争的创伤,重建和振兴经济,是日本政府面临的严峻问题。日本政府通过规划产业结构高度化发展目标,设计产业结构高度化的途径,确定不同时期的主导产业,并通过政府一系列的相应政策来确保主导产业的崛起,从而引导整个国民经济按既定的目标发展。日本政府不同时期实施的各有侧重的产业结构政策促使了该国经济的迅速增长。战后仅用短短的20年,日本经济发展走完了西方发达国家要一两百年才能走完的历程,令世人瞩目!

日本的"亚洲奇迹"引起了世界各国经济学界、政界和世界组织的广泛关注。各国经济学家在对日本经济成功经验进行仔细研究后发现:日本的产业结构政策在完成这一经济复兴中起到了举足轻重的作用。这样,产业政策的概念在全世界范围内流行起来,促进了人们对产业结构理论的研究。

第二节 产业分类

产业分类就是人们为了满足不同需要而根据产业的某些相同或相似特征将进行各种不同的经济活动的企业进行分解和组合以形成多层次的产业门类的过程。产业分类是进行产业结构研究的基础,也是产业政策制定和国民经济宏观管理的需要。从产业发展的历史和研究的角度出发,人们对产业进行了不同的分类,因此存在的产业分类方法有许多种,这里介绍几种具有代表性的分类方法。

一、三次产业分类法

三次产业分类法是由新西兰经济学家费希尔（A. S. Fischer）首先创立的。他在1935年所著的《安全与进步的冲突》一书中系统地提出了三次产业的分类方法及其分类依据。费希尔的划分以社会生产发展阶段为依据，以资本流向为主要标准，从世界经济史的角度对三次产业分类方法进行了理论分析。他指出人类的经济活动可以分为三个产业，即所谓的第一产业（Primary Industry）、第二产业（Secondary Industry）和第三产业（Tertiary Industry）。第一产业是人类初级生产阶段，主要生产活动是农业和畜牧业，产业活动包括种植业、畜牧业、狩猎业、渔业和林业；第二产业的形成开始于英国18世纪60年代开始的第一次产业革命，以机器大工业的迅速发展为标志，包括采掘业、制造业、建筑业、运输业、通信业、电力业和煤气业等；到20世纪初，随着大量的资本和劳动力进入非物质生产部门，第三产业开始形成，包括商业、金融业、饮食业以及科学、卫生、文化教育、政府等公共行政事务。

费希尔虽然提出了三次产业分类法，但他并没有做规律性总结。在费希尔三次产业分类的基础上，英国经济学家、统计学家科林·克拉克在其1940年发表的著名经济学著作《经济进步的条件》一书中，首次运用三次产业分类法分析经济发展的某些条件，并在此基础上初步揭示了经济发展同产业结构变化之间的联系和规律。随后，三次产业分类的理论首先得到了澳大利亚和新西兰统计学界的认可，并正式出现在两国政府的统计手册中。不久，这种分类方法在全世界流传开来。

三次产业分类法从深层次反映了社会分工深化与产业结构演进的关系，成为目前研究产业结构理论的一个最主要的分类方法，并得到广泛应用和普及。由于费希尔和科林·克拉克在研究三次产业分类法中所做的贡献，两人一起被公认为是三次产业分类法的创始人。

随着科学技术的迅猛发展和人类经济活动的日益复杂化，三次产业分类法的缺陷变得越来越明显。例如，第三产业中包含的行业差异显著，可以包括从最简单的修鞋、理发到最复杂的航天、科研；可以包括对技术要求最简单的劳动密集型产业如餐饮业到技术要求很高的知识密集型产业如信息业、生物技术等；也可以包括公共行政事业单位和国防部门。因此，这种传统的产业分类法已经难以适应当代经济发展的需要，探讨一种新的产业分类方法来更科学地进行产业分类已成为产业理论界的一项迫切任务。

在前人理论的基础上，经济合作与发展组织（OECD）提出了自己的划分方法：以经济活动与自然界的关系为标准将全部经济活动划分为三大类，即第一产业是指直接从自然界获取产品的物质生产部门,第二产业是指加工取自自然界资源的物质生产部门,而将从第一、第二产业的物质生产活动中衍生出来的非物质生产部门划分为第三产业。根据这一划分标准,第一产业是指广义的农业,主要包括种植业、畜牧业、渔业、狩猎业和林业;第二产业是指广义的工业,主要包括制造业、建筑业、采掘业和矿业以及公共事业(煤气、电力、供水等);第三产业是指广义的服务业,其活动是为了满足人们生活中不同于物质需要的需要,主要包括运输业、通信业、商业贸易、金融业、房地产业、餐饮业、旅游业、娱乐、生活服务、文化教育、科学、新闻传播、公共行政、国防等。目前,欧美大多数国家都采用这种划分方法。

二、标准产业分类法

标准产业分类法是为了统一国民经济统计的口径而产生的,由权威部门按统一口径对产业进行划分。标准产业分类法又可以分为国家标准分类法和国际标准分类法。

（一）国家标准分类法

国家标准分类法是指一国（或一地区）政府为了统一该国（或该地区）产业经济研究的统计和分析口径,以便科学地制定产业政策和对国民经济进行宏观管理,根据该国（或该地区）的实际而编制和颁布的划分产业的一种国家标准。该分类法具有以下特征:①权威性。它是由一国（或一地区）的政府或其技术标准管理部门编制和颁布,而不是由个人或产业研究机构自己编制的,因而具有权威性。②强制性。它是一国（或一地区）的国家标准,是为了统一统计口径和分析口径以便科学地制定产业政策并对国民经济进行宏观管理,因此在运用上具有强制性,不能随意更改。③科学性。该分类法比较能反映该国（或该地）的产业发展和变化情况,也比较能适应其产业发展和变化的需要。④广泛的适应性。即这种产业分类法能便于进行比较分析。

世界上许多国家都有各自的国家标准分类法。美国于1972年编制和颁布了它的国家标准分类法。美国的分类法设有7位数字的编码,第一位数字代表产业部门,第二、三位数字代表产品类,共99种主要产品类型,然后再层层细分,一直细分到7位数字,共分为7500余种产品类型。英国编制的国家标准分类法有27个主要产业种类,181个产业分类。

我国也有自己的对产业进行科学分类的国家标准,即《国民经济行业分类与代码》（GB/T 4754 - 2002）。该标准采用经济活动的同质性原则划分国民经济行业,即每一个行业类别都按照同一种经济活动的性质划分,而不是依据编制、会计制度或部门管理等划分。与《国民经济行业分类与代码》（GB/T 4754 -

1994)相比,它有以下显著特点:①按照国际通行的经济活动同质性原则划分行业,进一步打破了部门管理界限,对原标准中不符合这一原则的分类进行了调整。②根据我国社会经济活动的发展状况,重点加强了第三产业的分类,新增了大量服务业方面的活动类别。③对新标准的每一个行业小类,全部与国际标准产业分类(ISIC/Rev.3)的最细一层分类建立了对应关系,即通过软件可使我国的新标准直接转换到国际标准,实现了与国际标准的兼容,改变了我国统计资料与国际难以直接对比的状况。④2003年版《三次产业划分规定》与《国民经济行业分类(GB/T 4754-2002)》又做了对接(见表1-1)。

表1-1　　1994年和2002年《国民经济行业分类与代码》对照表

GB/T4757-2002				GB/T4757-1994			
A. 农、林、牧、渔业	5	18	38	A. 农、林、牧、渔业	5	14	16
B. 采矿业	6	15	33	B. 采矿业	7	18	53
C. 制造业	30	169	482	C. 制造业	30	172	544
D. 电力、燃气及水的生产和供应力	3	7	10	D. 电力、燃气及水的生产和供应力	3	7	10
E. 建筑业	4	7	11	E. 建筑业	3	8	8
F. 交通运输、仓储和邮政业	4	7	11	F. 地质勘查业、水利管理业	2	8	15
G. 信息技术、计算机服务和软件业	3	10	14	G. 交通运输、仓储和邮电通信业	9	21	22
H. 批发和零售业	2	18	93	H. 批发和零售贸易、餐饮业	6	32	67
I. 住宿和餐饮业	2	7	7	I. 金融、保险业	2	8	11
J. 金融业	4	16	16	J. 房地产业	3	3	3
K. 房地产业	1	4	4	K. 社会服务业	9	29	36
L. 租赁和商务服务业	2	11	27	L. 卫生、体育和社会福利业			
M. 科学研究、技术服务和地质勘查业	4	19	23	M. 教育、文化艺术及广播电影电视业	3	18	25
N. 水利、环境和公共设施管理业	3	8	18	N. 科学研究和综合技术服务业	2	12	12

续表

GB/T4757-2002				GB/T4757-1994			
O. 居民服务和其他服务业	2	12	16	O. 国家机关、党政机关和社会团体	4	5	5
P. 教育	1	5	13	P. 其他行业	1	2	2
Q. 卫生、社会保障和社会福利业	3	11	17				
R. 文化、体育和娱乐业	5	22	29				
S. 公共管理和社会组织	5	12	24				
T. 国际组织	1	1	1				
合计： 20个	95	396	913	合计： 16个	92	368	846

（二）国际标准分类法

联合国为了统一世界各国的产业分类，于1971年编制和颁布了《全部经济活动的国际标准产业分类索引》。国际标准分类法把全部经济活动首先分解为十个大项，然后将各个大项分为若干个中项，再将各个中项细分为若干个小项，最后将各个小项细分为若干个细项；从而把全部经济活动分为大、中、小、细四个层次，并规定了相应的统计编码。其十个大项是：

A. 农业、狩猎业、林业和渔业；

B. 矿业和采石业；

C. 制造业；

D. 电力、煤气、供水业；

E. 建筑业；

F. 批发与零售业、餐馆和旅店业；

G. 运输业、仓储业和邮电业；

H. 金融业、不动产业、保险业和商业性服务业；

I. 社会团体、社会及个人的服务业；

J. 不能分类的其他活动。

国际标准分类法实际上同三次产业分类法是一致的，且比后者更细致。它同三次产业分类法有着密切的相关联系,其分类的十个大项可以分成三个部分,从而同三次产业分类法的三次产业相对应:第一大项为第一次产业,第二至五大项为第二次产业,第六至十大项为第三次产业。因此,根据国际标准分类法所做的统计具有很高的可比性,为产业经济问题的研究提供了很大的方便,从而被广泛运用。

三、两大部类分类法

两大部类分类法是马克思创立的产业分类法。马克思在对社会再生产过程进行分析时,按照物质产品的最终经济用途,将社会总产品区分为生产资料和消费资料两大类。与此相适应,全社会的物质生产部门也划分为制造生产资料的部门即第Ⅰ部类和制造消费资料的部门即第Ⅱ部类。第Ⅰ部类生产各种生产资料,主要产品是各种生产工具、设备、原料、材料等,其产品用于生产性消费;第Ⅱ部类生产各种个人消费品,其产品主要用于个人消费。两大部类分类法是马克思研究资本主义社会再生产过程的理论基础。马克思通过对两大部类产品消耗和补偿关系的研究,得出了社会进行简单再生产和扩大再生产的条件,并揭示了剩余价值产生的秘密。马克思的产业分类法对研究资本主义再生产关系和指导社会主义经济实践有重大意义。

四、农轻重分类法

农轻重分类法是将社会经济活动中的物质生产分为农、轻、重三个部门。这里的"农",指的是广义的农业中的各个部门,包括种植业、畜牧业、渔业、林业等;"轻"是指轻工业,其生产的产品主要为消费资料,主要的轻工业部门有纺织业、食品业等;"重"是指重工业,其产品主要是生产资料,典型的重工业部门有钢铁工业、石油工业、煤炭工业、电力工业、化工工业等。

农轻重分类法是马克思的两大部类分类法在实际工作中的应用。它的应用实践证明,这种方法具有比较直观和简便易行的特点,可以大致反映出社会再生产过程中两大部类之间的关系,对宏观上进行国民经济的计划和控制有相当的实用价值。因此,这种分类法不仅在社会主义国家被采用,而且也被一些其他制度的国家以及一些世界性组织所采用。

五、生产要素集约程度分类法

任何一种经济活动,都要投入一定的生产要素。根据不同产业在生产过程中对主要生产要素(劳动、资本、技术)依赖程度的差异,可将国民经济各产业划分为劳动密集型产业、资本密集型产业和技术密集型产业三种。

劳动密集型产业,是指在其生产过程中对劳动力需求的依赖程度较大的产业。这里的"劳动",通常是指体力劳动。在劳动密集型产业中,资本的有机构成较低,在生产过程中消耗的主要是活劳动,如服装工业、食品工业、餐饮业等都属于劳动密集型产业。

资本密集型产业,是指在其生产过程中对资本需求的依赖程度较大的产业。这类产业的资本有机构成较高,如钢铁工业、石化工业等就是典型的资本密集型产业。

技术密集型产业,也称为知识密集型产业,是指在其生产过程中对技术需求的依赖程度较大的产业。这类产业的产品表现出低物耗而高附加值的特点,一些新兴的产业,如计算机工业、网络产业、新材料新能源工业、航天工业等就属于技术密集型产业。

生产要素集约程度分类法能比较客观地反映一国的经济发展水平。例如,劳动密集型产业的比重越大,表明该国的经济发展水平越低;技术密集型产业的比重越大,表明该国的经济发展水平越高。此外,生产要素集约程度分类法还反映了产业结构优化的趋势,即劳动密集型产业占主导地位的产业结构向资本密集型产业占主导地位的产业结构过渡,最后过渡到技术密集型产业占主导地位的产业结构。这有利于一国根据产业结构变化的趋势制定相应的产业政策。

但是,这种分类法对产业的划分是一种相对的划分,不存在绝对的划分基础,划分界限比较模糊,容易受主观因素影响。由于各种生产要素在生产过程中具有一定的可替代性,导致了同一产业在不同地区对各生产要素需求程度的差异,其结果是同一产业在不同的地区,可能就会划分为不同的类型。因此,从这一点来说,该分类法也存在着局限性。

六、霍夫曼产业分类法

霍夫曼产业分类法是德国经济学家霍夫曼(W. G. Hoffmann)在对工业化过程进行分析和考察时运用的一种分类方法。他出于研究工业化发展阶段的需要把产业分成消费资料工业、资本资料工业和其他工业三类。其中,消费资料工业包括食品工业、纺织工业、服装工业、皮革工业、家具制造业等;资本资料工业包括冶金及金属制品业,一般机械工业、运输机械工业、化学工业等;其他工业包括木材加工业、造纸工业、橡胶工业、印刷工业等。霍夫曼运用这种划分方法的目的是为了分析消费资料工业净产值与资本资料工业净产值的比例(即霍夫曼比例)问题。分类原则是将产品用途有75%以上用于消费品的产业归于消费资料工业,产品用途有75%以上用于资本资料的产业划分为资本资料工业,介于两者之间的产业划分为其他产业。这一划分法的缺点是确定的75%的划分界限在实际工作中是难以划分和量度的,因而这一分类方法在特定条件下才具有较实际应用价值。

七、钱纳里—泰勒分类法

钱纳里—泰勒分类法是指美国经济学家钱纳里和泰勒在考察生产规模较大和经济比较发达的国家的制造业内部结构的转换和原因时，为了研究的需要，将不同经济发展时期对经济发展起主要作用的制造业部门划分为初期产业、中期产业和后期产业的一种分类方法。

根据这一分类法，初期产业是指在经济发展初期对经济发展起着主要作用的制造业部门，包括食品业、纺织业、皮革业等。初期产业一般具有如下共同特征：一是其产品主要用于满足基本生活需要；二是具有较强的最终需求性质，后向关联系数较小；三是具有较小的收入需求弹性；四是生产技术和工艺比较简单。

中期产业是指在经济发展中期对经济发展起主要作用的制造业部门，包括非金属矿工业、橡胶工业、木材与木材加工业、石油工业、化学工业、煤炭工业等。中期产业一般具有如下共同特征：一是它包括中间产品和部分最终产品；二是也有明显的最终需求性质，前向关联系数较大；三是具有较高的需求收入弹性；四是在很多场合能较快结束初期产业发展中的进口替代政策。

后期产业是指在经济发展后期对经济发展起主要作用的制造业部门，包括服装和日用品、印刷出版、瓷缸、纸制品、金属制品和机械制品等。后期产业一般具有如下共同特征：一是包含服装等很多最终产品，是前向关联系数较大的制造业部门；二是具有很强的中间需求性质，也是后向关联系数较大的部门；三是具有较高的收入需求弹性。

这种分类法，一是有利于在经济发展的长期过程中深入考察制造业内部各产业部门的地位和作用的变化，进而揭示制造业内部结构转换的原因，即产业间存在着关联效应；二是有利于相关政府部门根据不同经济发展时期产业的不同特征制定产业政策，促进制造业内部结构优化，从而推动经济的快速发展。

八、战略关联分类法

战略关联分类法是以产业在一国经济中的地位和作用的不同为标准进行产业分类。按照战略地位的不同划分的产业，主要有主导产业、先导产业、支柱产业、先行产业、重点产业等。

根据罗斯托的阐述，主导产业是指能够依靠科技进步或创新获得新的生产函数，能够通过快于其他产品的"不合比例增长"的作用有效地带动其他相关产业快速发展的产业或产业群。他认为，主导产业应同时具备如下三个特征：一是能够依靠科技进步或创新，引入新的生产函数；二是能够形成持续高速的增长率；三是具有较强的扩散效应，对其他产业乃至所有产业的增长起着决定性的影响。主导产业的这三个特征是有机整体，缺一就不可成为主导产业。主导产业往往既对其他产业起着引导作用，又对国民经济起着支撑作用。

先导产业是指在国民经济体系中具有重要的战略地位，并在国民经济规划中先行发展以引导其他产业向某一战略目标方向发展的产业或产业群。这类产业对其他产业的发展往往起着引导作用，但未必对国民经济起支撑作用。

支柱产业是指在国民经济体系中占有重要的战略地位，其产业规模在国民经济中占有较大份额，并起着支撑作用的产业或产业群。这类产业往往在国民经济中起着支撑作用，但不一定能起到引导作用；同时，往往由先导产业发展壮大，达到较大产业规模以后就成为了支柱产业或先成为对其他产业的发展既起引导作用，又对国民经济起支撑作用的主导产业，然后再发展成为对其他产业的发展不再起引导作用而只对整个国民经济起支撑作用的支柱产业。

先行产业的内涵有狭义和广义之分。狭义的先行产业是指根据产业结构发展的内在规律或自然规律必须先行发展以免阻碍其他产业发展的产业，这类先行产业包括瓶颈产业和基础产业。另一类先行产业是指根据国民经济战略规划的需要人为地确定必须先行发展以带动和引导其他产业发展的产业，即先导产业。广义的先行产业包括狭义的先行产业和先导产业。

重点产业是指在国民经济体系中占有重要的战略地位并在国民经济规划中需要重点发展的产业。重点产业的概念比较模糊，缺乏科学性，它可以包括主导产业、先导产业、支柱产业、先行产业等。

第三节 决定和影响产业结构的因素

研究和了解那些因素决定和影响产业结构可以帮助我们认识产业结构的现状、产业结构变动的趋势和规律以及产业结构变动的内在原因，进而制定相应的产业结构政策来改变这些因素，以调整产业结构，促进产业结构向合理化、高级化演进。一般来说，决定和影响产业结构的因素有如下几个方面：

一、需求结构与产业结构

需求结构有三个层次，它们共同决定和影响产业结构：

（一）个人消费结构

个人消费结构主要影响生产消费资料的产业构成。个人消费结构的形成和变化首先取决于一个国家的人均收入水平。随着人均收入水平的提高，个人消费结构会发生相应的变化，人们用于衣、食、住、行的支出结构将发生变动。消费结构的这种变化不仅影响生产消费资料的产业的构成，而且还将影响整个国家的产业结构。

（二）中间需求和最终需求的比例

中间需求是各个生产部门对一次就将其本身的全部价值转移到产品中去的生产资料的需求，比如，原材料等的需求。最终需求是个人消费、设备投资、增加库存、出口、政府采购等构成的需求之总和。中间需求的结构决定了生产中间产品的产业的内部结构。最终需求的结构和规模的变化是推动产业结构之演变的最重要的动因之一。决定一个国家中间需求和最终需求的比例的一个重要因素是这个国家整个国民经济的经济效益。中间需求和最终需求的比例决定了生产中间产品的产业和生产最终产品的产业的比例关系。

（三）最终需求中消费和投资的比例

最终需求中消费和投资的比例关系决定了消费资料的产业同资本资料产业的比例关系，并制约这两类产业部门的发展。影响消费需求总规模的是消费倾向。当代发展经济学家如刘易斯、钱纳里等人在研究发展中国家工业化过程中的结构变化问题时，都充分利用了消费倾向理论。他们指出，伴随着收入水平提高而出现的边际消费倾向递减，以及边际储蓄倾向递增的现象，是发展中国家工业化过程的启动以及制造业中资本密集型部门逐步增加的基本因素。

二、投资结构与产业结构

投资结构是指投资在国民经济各部门、各行业、各地区之间的分配比例，它影响一国产业结构的形成及其变动。投资既是构成现实最终需求的一个重大要素，也是形成新的生产能力的基础。投资在各产业部门的分布是改变已有产业结构的直接原因，投资也是通过产业结构增量变化来调整产业结构存量的途径。一般来说，投资结构的变化是和整个需求结构变化相一致的，同时还将受生产工艺、生产技术以及资本有机构成的变化的影响。

对投资结构的衡量可以从两个方面进行：一是从投资的流向确定其结构关系；二是从投资形成的资本存量来确定其结构关系。在我国，投资的部门结构包括：农、轻、重的投资比例；工业内部燃料动力工业、原材料工业、加工工业的投资比例；生产性投资和非生产性投资的分配比例等。

三、资源结构与产业结构

（一）自然资源禀赋

自然资源禀赋在很大程度上制约一个国家的产业结构。地下资源状况对于采掘工业、燃料动力工业以及重工业结构有决定性的影响。缺乏矿产资源的国家，当然无法形成大规模的采掘工业，或者是采掘工业在整个产业结构中的比重相对的要低些。相反，如果一国某种资源特别丰富，则就可能形成以这一部门为主的产业占重要的地位。比如，中东诸国以石油业为主的产业结构。

（二）劳动力和资本的拥有状况

一个国家能否向新的或发展扩大中的产业源源不断地输送劳动力，是产业结构不断演进的重要条件。美国经济学家西奥多·舒尔兹（Theodore W. Schultz）认为，资本不光是有形的、物质的，学校教育、在职训练、保健、人口流动等方面的投资也可以增加一国的资本存量并加快经济发展的速度。经济发展主要取决于人的质量，而不是自然资源的丰瘠或资本存量的多寡。人的质量可以成为自然资源例如土地的替代物。劳动力的多寡、质量的高低，在很大程度上决定了产业结构的发展水平。

随着现代化技术的发展和生产设备日益大规模化，特别是在发展重工业和新兴工业上，没有庞大的资金注入就寸步难行。因此，一个国家的资本积累程度也是制约产业结构演进的一个重要因素。

劳动力和资本都是有价格的。劳动力的价格体现在工资水平上，而资本的价格则体现在使用它时所必须付出的股息和利息上。在市场经济条件下，劳动力和资本的相对价格决定劳动力和资本之间的替代关系，从而影响产业结构及其变动。一般来说，工资水平较低有利于发展劳动密集型产业，资本价格较高则阻碍重工业、新兴工业等资本有机构成相对较高的产业部门的发展。

四、科学技术进步与产业结构

（一）技术进步影响需求结构，从而导致产业结构的变化

技术进步使产品成本下降，市场扩大，需求随之变化；技术进步使资源消耗弹性下降，使可替代资源增加，改变了生产需求结构；技术进步使消费品升级换代，改变了消费需求结构。

（二）技术进步影响供给结构，从而直接导致产业结构的变化

技术进步的结果是社会劳动生产率的提高，从而导致产业分工的加深和产业经济的发展；技术进步促使新兴产业出现，产业结构不断向高级化发展；技术进步改变国际竞争格局，从而影响到一国产业结构的变化。

技术进步促进产业结构变化的机理是：当某一产业的产品需求价格弹性较小时，技术进步使得其产出量增加，而生产部门的收益却有所下降。在这种情况下，该产业的某些生产要素就会流向其他产业。相反，当某一产业的产品需求价格弹性较大时，技术进步既能促进产出量的增加，也能提高该产业部门的收益。于是，生产要素就会有一部分从其他产业流向该产业。新的要素流入又促进了该产业部门的发展并加快了需求价格弹性小的产业部门的衰退。

从经济发展过程的历史或从全球不同经济水平的国家来看，社会技术结构的变化与国民经济产业结构的变化之间存在着密切相关性。在经济发展过程中，技

术结构与产业结构表现出一一对应关系。由此而导致另一经济现象，即先进的技术水平、合理的产业结构和较高的经济增长三者在一段时间内往往趋于一致。

五、世界经济与产业结构

（一）国际贸易与产业结构

在当今世界上，国与国之间的经济贸易关系越来越紧密，相互的依赖性也越来越强。有的国家是依赖于世界市场而求得生存与发展的。如果说需求对产业结构有很大影响的话，那么世界市场的需求则是一个重要的组成部分。国外商品的进口可以弥补本国生产某种商品的产业发展不足，而且，进口某些国外新产品具有借以开拓本国市场、为本国发展同类产业创造条件的作用。同时，某些进口还可以产生压抑本国某产业发展的作用。

（二）要素国际间流动与产业结构

资本、技术、人才和劳动力等生产要素在国际间的移动，无论对出口国还是进口国的产业结构都会发生影响。跨国公司跨国投资，国际资本以直接投资或间接投资方式流动，正在给世界上许多国家——无论是宗主国还是东道国——的产业结构产生重大影响。

六、不同时期的重大经济政策

一个国家在不同阶段、不同发展时期所制定的和实行的重大经济政策都在很大程度上对产业结构及其变化产生重大的影响。例如，一个国家的产业结构政策、产业调整政策、重点产业部门的选择和扶持政策等，都会对产业结构产生直接的影响。在改革开放前，我国实行优先发展重工业战略，在相当长的时期内片面发展重工业，结果形成畸形产业结构，农业和轻工业严重落后国民经济的总体水平，重工业却由于自身循环而大大超过国民经济发展的需要。

除了上述介绍的几种因素外，一个国家历史的、政治的、文化的、社会的各种情况和传统也会影响产业结构。需要指出的是，所有这些影响产业结构的因素都不是孤立地影响产业结构，它们相互促进、相互制约，以致相互抵触，综合地影响和决定着产业结构及其变化。

第四节 产业结构演变规律

一、马列主义的再生产理论与两大部类增长规律

（一）两大部类增长规律的内容

马克思在分析社会资本再生产过程时，就生产资料生产部门与消费资料生产部门的比例关系进行了深入的研究，特别是列宁在考虑了资本有机构成变化对社

会再生产的影响后,得出了生产资料生产优先增长的结论。列宁指出:"资本发展的规律就是不变资本比可变资本增长得快,也就是说,新形成的资本愈来愈多地转入制造生产资料的社会经济部门。因而,这一部门必然比制造消费品的那个部门增长得快。""这样我们看到,增长最快的是制造生产资料的生产资料生产,其次是制造消费资料的生产资料生产,最慢的是消费资料生产。"

需要指出的是,生产资料生产的增长占优先地位,并不意味着生产资料的生产可以脱离消费资料的生产而孤立地、片面地、长期地发展。因为生产资料的生产归根到底还是为了以更多的技术设备和原材料去供应消费资料的生产部门,以满足这些部门的生产需要。生产生产资料的各个部门,总是要通过直接或间接的交换去和生产消费资料的各个部门发生联系,生产资料生产的发展终究要依赖消费资料生产的发展。如果没有消费资料生产的相应发展,生产资料生产的扩大就迟早要遇到困难。

(二)两大部类增长规律的应用

既要承认这一规律的存在及其对国民经济发展的指导作用,又不能片面理解,夸大其作用,否则是要吃大亏的。改革开放前,我们对这一规律的理解是片面的、夸大的,改革开放后,我们在不断地纠正这种错误,调整国民经济结构。但是,近年来,实际经济运行的情况表明,这一规律又有被淡忘的迹象,这应引起我们的重视。

二、配第—克拉克定理

即劳动力转移规律。配第—克拉克定理是研究经济发展中的产业结构演变规律的学说。这个定理是英国经济学家科林·克拉克在威廉·配第研究成果基础之上,深入地分析研究了就业人口在三次产业中分布结构的变动趋势后得出来的。克拉克认为,他的发展只是印证了配第的观点,故称之为配第定理。后来,人们把克拉克的这一发现称为配第—克拉克定理。

(一)配第—克拉克定理的主要内容

1. 配第—克拉克定理的理论前提。配第—克拉克定理的理论有三个重要的前提:

(1)克拉克对产业结构演变规律的探讨,是以若干国家在时间的推移中发生的变化为依据的。这种时间序列意味着经济发展,即这种时间序列是和不断提高的人均国民收入水平相对应的。

(2)克拉克在分析产业结构演变时,首先使用了劳动力这个指标,考察了伴随经济发展,劳动力在各产业中的分布状况发生的变化。后来,克拉克本人、美国经济学家库兹涅茨和其他人,又以国民收入在各产业的实现状况,对产业结构做了进一步的研究，发现了一些新的规律。

（3）克拉克产业结构的研究是以三次产业分类法，即将全部经济活动分为第一次产业、第二次产业、第三次产业为基本框架的。

2. 配第—克拉克定理的内容。根据以上三个重要前提，克拉克搜集和整理了若干国家按照年代的推移，劳动力在第一次、第二次和第三次产业之间移动的统计资料，得出了如下结论：随着经济的发展，即随着人均国民收入水平的提高，劳动力首先由第一次产业向第二次产业移动；当人均国民收入进一步提高时，劳动力便向第三次产业移动；劳动力在产业间的分布状况，第一次产业将减少，第二次、第三次产业将增加。

3. 配第—克拉克定理的印证。劳动力产业间移动不仅可以从一个国家经济发展的时间序列分析中得到印证（见表1-2和表1-3），而且还可以从处于不同发展水平上的国家在同一时点上的断面比较中得出结论（见表1-4）。人均国民收入水平越高的国家，农业劳动力在全部劳动力中所占的比重相对来说就越小；反之，人均国民收入水平越低的国家，农业劳动力所占比重越大，而第二、第三产业劳动力所占比重相对越小。

表1-2　　　　　　　　韩国雇用人数在各产业中的地位　　　　　　　　单位:%

年份	1965	1970	1975	1980	1985	1990	1994	2000	2003
第一产业	59.4	51.5	46.2	34.9	29.0	18.3	13.8	10.9	8.9
制造业	9.4	13.2	18.6	21.6	20.4	27.2	23.7	28.0	27.6
服务业	31.2	35.3	35.2	43.5	50.6	54.5	62.5	61.1	63.5
三产业合计	100.0	100.0	100.0	100.0	100.0	100.0	100.0	100.0	100.0

资料来源：[韩国]国家统计办公室：《有效人口调查年度报告》。转引自李鹤容《韩国的经济增长与结构变化》，载金碚、丁易编著《转轨时期的产业调整——国际经验与中国的实践》，经济管理出版社1997年版，第70页。

表1-3　　　　　　　　我国就业人口在三次产业中的分布　　　　　　　　单位:%

年份	1952	1978	1985	1990	1995	1997	1999	2001	2003	2005
第一产业	83.5	70.5	62.4	60.1	52.2	49.9	50.1	50.0	49.1	44.8
第二产业	7.4	17.3	20.8	21.4	23.0	23.7	23.0	22.3	21.6	23.8
第三产业	9.1	12.2	16.8	18.5	24.8	26.4	26.9	27.7	29.3	31.4
三产业合计	100.0	100.0	100.0	100.0	100.0	100.0	100.0	100.0	100.0	100.0

资料来源：《中国统计年鉴》（综合多年数据制表）。

表1-4　劳动力在三次产业中分布的六国比较

单位：%

国家	产业	19世纪70年代	19世纪90年代	20世纪10年代	20世纪30年代	20世纪40年代	20世纪50年代	20世纪60年代	20世纪70年代	20世纪80年代	20世纪90年代	2002年
中国	第一产业 第二产业 第三产业						[1952] 83.5 7.4 9.1	[1965] 81.6 8.4 10.0	[1978] 70.5 17.3 12.2	[1985] 62.4 20.8 16.8	[1995] 52.2 23.0 24.8	[2002] 50.0 21.4 28.6
日本	第一产业 第二产业 第三产业	[1872] 85 5 10	[1897] 72 13 15	[1912] 62 18 20	[1930] 52 19 29	[1936] 45 24 31	[1958] 37 26 37	[1963] 29 31 40	[1971] 16 35 49	[1980] 11 35 54	[1990] 7 34 59	[2002] 5.5 29.7 64.8
美国	第一产业 第二产业 第三产业	[1870] 50 25 25	[1890] 42 28 30	[1910] 31 31 38	[1930] 22 31 47	[1940] 17 31 52	[1950] 12 35 53	[1960] 7 34 59	[1971] 4 31 65	[1980] 4 31 65	[1990] 3 26 71	[2002] 2.5 21.6 75.9
英国	第一产业 第二产业 第三产业		[1895] 36 39 25	[1911] 8 47 45	[1931] 6 47 47	[1938] 6 46 48	[1951] 5 47 48	[1966] 3 45 52	[1971] 2 40 58	[1990] 2 24 74	[1995] 3 20 78	[2002] 1.7 24.1 74.2
德国	第一产业 第二产业 第三产业				[1933] 29 41 30	[1939] 27 41 32	[1950] 23 44 33	[1963] 12 48 40	[1971] 8 48 44		[1995] 3 25 72	[2002] 2.6 32.5 64.9
法国	第一产业 第二产业 第三产业	[1866] 43 38 19			[1931] 24 41 35	[1946] 21 35 44		[1962] 20 37 43	[1971] 13 39 48	[1980] 9 35 56	[1990] 5 30 65	[2002] 1.6 24.5 73.9

资料来源：[日]安藤良雄编：《近代日本经济史要览》，东京大学出版社1979年版，第25页。转引自杨治《产业经济学导论》，中国人民大学出版社1985年版，第41页，表2-1。李鹳容：《韩国的经济增长与结构变化》，戴金培、丁易编《转轨时期的产业调整——国际经验与中国的实践》，经济管理出版社1997年版，第70页。陈仲常：《产业经济理论与实证分析》，重庆大学出版社2005年版，第50~51页。《中国统计年鉴》（综合多年数据制表）。

(二) 配第—克拉克定理的解释

克拉克认为，劳动力在产业间移动的原因是由经济发展中各产业间出现收入的相对差异造成的。人们总是从收入低的产业向收入高的产业移动的。产业间收入相对差异的现象，17世纪的英国经济学家威廉·配第在《政治算术》中早就描述过。配第认为，制造业比农业，进而商业比制造业能够得到更多的收入。比如，英格兰的农民每周只能赚4先令，而海员的工资加上伙食和其他形式的收入，事实上每周收入是12先令。一个海员的收入最终相当于3个农民的收入。他还指出，人口的大部分从事制造业和商业的荷兰，人均国民收入要比欧洲大陆其他国家高得多。当然，这种不同产业之间相对收入上的差异，就会促使劳动力向能够获得更高收入的部门移动。

导致劳动力产业间移动的深层原因，一是随着经济发展和人均收入水平的提高，人们需求结构发生变化；二是不同产业间技术进步的可能性有很大差别；三是劳动生产率提高。下面将结合三次产业的情况进行具体分析。

1. 第一次产业国民收入及劳动力的相对比重趋于减少的原因。

(1) 第一次产业的属性是农业，主要为人们提供生活必需品，而生活必需品的需求特性是当人们的生活水平、收入水平达到一定程度后，个人收入中用于支付生活必需品的比例减少，即农产品的需求收入弹性小。德国社会统计学家E. 恩格尔（Engel）曾对食品的需求的增长速度将随着人们收入水平的提高越来越落后于人们收入增长速度做过论证。他得出的结论是："越是低收入的家庭，饮食费用在整个家庭开支中的比例越高。"这个结论被称之为恩格尔定理。

从这个定理出发，可以推论出：随着人们收入水平的提高，用于饮食的费用占整个家庭开支的比例不断减少。这样，随着收入水平的提高，人们对农产品的需求相对减少，对食品的需求的增加不断落后于其他产品和服务。也就是说，随着这种消费结构的变化，国民收入的支出结构就要发生变化，国民收入在产业间发生结构也相对地变化。与此同时，由于需求高增长的产业较易维持较高的价格，从而获得较高的附加价值；相反，需求低增长的产业则只能维持较低的价格和附加价值。这就使农业所实现的国民收入的份额趋于减少，而其他产业的份额则趋于增加。在第一次产业的国民收入相对比重不断减少的情况下，该产业的劳动力也相应地减少，这也是农业人口减少的原因之一。

(2) 由于农业的生产周期长和农业生产的其他特点，农业生产技术的进步比工业要困难得多，因此，对农业的投资很容易出现一个限度，这就是出现"报酬递减"的情况。所谓"报酬递减"就是随着产量的增加，单位产量的费用反而上升，以致增产不增收。而工业的情况则不同，工业的技术进步要比农业迅速得多,因此,工业的投资多处于"报酬递增"的情况,随着工业投资的增加,产量的加大,单位成本下降的潜力很大。农业与工业之间的这种差异使农业在国民收入增长中处于不利的地位。

(3) 农业劳动力生产率也在不断提高,特别是美国、大洋洲和西欧一些国家的农业,大规模地实现了机械化和社会化,劳动生产率的提高是很快的。由于农业具有存在的土地的有限性和农业的低收入弹性的特点,必然从农业中释放出劳动力,转入其他产业。这也是农业劳动力的相对比重减少的必要条件。

2. 第二次产业对国民收入的相对比重上升的原因。在上一个问题已经对第二次产业国民收入相对比重上升的原因做了一些阐述。这里,需要补充的一点是,不仅人们的消费结构的变化趋势使工业的收入弹性处于有利地位,而且国民收入支出中用于投资的部分的增长在不断扩大市场。因此,整个国民收入的支出结构的演变都支持着工业的高收入弹性,从而导致第二次产业所实现的国民收入在全部国民收入中的比重上升。

3. 第三次产业劳动力相对比重上升的原因。第三次产业提供的服务,从发展的观点看,比农业产品具有更高的收入弹性。随着人均收入的提高,人们追求更多的服务,形成消费需求的超物质化,第三次产业国民收入的比重也必然上升,由此吸引了劳动力向第三次产业转移。

(三) 配第—克拉克定理的应用

根据配第—克拉克定理,通过一个国家的时间序列比较和不同国家的横截面的比较,可以判定一个国家产业结构所处的阶段及特点,为制定产业政策提供依据。用这一定理对未来就业需求进行预测,以制定相应的劳动就业政策。

三、库茨涅兹等人对产业结构演变规律的探讨

配第—克拉克定理主要是描述了在经济发展中劳动力在三次产业间分布结构的演变规律,并指出了劳动力分布结构变化的动因是产业之间在经济发展中产生的相对收入的差异。从这一研究成果出发,产业结构演变规律的探讨就必须深入到研究第一、二、三次产业所实现的国民收入的比例关系及其变化上来。弄清了国民收入在三次产业分布状况的变化趋势,就可以把它同劳动力分布状况的变化趋势结合起来,深化产业结构演变的动因分析。在这方面取得了突出成就的当属美国著名经济学家西蒙·库茨涅兹。库茨涅兹擅长国民经济统计,特别是国民收入的统计,在西方经济学界享有"GNP之父"的美名。1971年由于他在研究产业结构理论方面的成就,获得诺贝尔经济学奖。他对于产业结构理论研究方面的成果,主要表现在《现代经济增长》和《各国经济增长的数量方面》等著述中。库茨涅兹在继承克拉克研究成果的基础上,进一步收集和整理了20多个国家的庞大数据,对一些国家,

如对英国的统计资料追溯到了 19 世纪。据此，从国民收入和劳动力在产业间分布这两方面，对伴随经济发展的产业结构变化做了分析研究。

库茨涅兹在研究过程中，把第一、二、三次产业分别称为"农业部门"、"工业部门"和"服务部门"。

从各国产值和劳动力在产业间分布结构的演变趋势的统计资料中（见表 1－5 和表 1－6），可以得出如下结论：

表 1－5　　　　　八国国内生产总值（GDP）的产业构成比较　　　　单位:%

国家	产业	1970年	1980年	1985年	1990年	1995年	2000年	2003年
中国	第一产业		30.1	28.4	27.1	20.5	14.8	12.5
	第二产业		48.5	43.1	41.6	48.8	45.9	46.0
	第三产业		21.4	28.5	31.3	30.7	39.3	41.5
印度	第一产业	45.2	38.1	33.1	31.0	28.4	24.6	22.2
	第二产业	21.9	25.9	28.1	29.0	27.9	26.6	26.6
	第三产业	32.9	36.0	38.8	40.0	43.7	48.8	51.2
日本	第一产业	6.1	3.7	3.2	2.5	1.9	1.4	1.3
	第二产业	46.7	41.9	41.0	42.0	38.2	32.2	30.4
	第三产业	47.2	54.4	55.8	55.5	59.9	66.4	68.3
韩国	第一产业	25.4	14.5	12.5	8.7	6.5	4.3	3.2
	第二产业	28.7	40.4	41.0	43.4	43.3	36.2	34.6
	第三产业	45.9	45.1	46.5	47.9	50.1	59.5	62.2
美国	第一产业	7.3	2.5	2.1	2.1	1.6	1.6	1.6
	第二产业	28.7	33.5	31.1	28.0	26.8	24.4	23.0
	第三产业	64.0	64.0	66.8	69.9	71.7	73.9	75.3
英国	第一产业	2.9	2.2	2.0	1.9	1.6	1.1	1.0
	第二产业	44.8	42.8	40.9	35.2	28.2	28.5	26.6
	第三产业	52.4	55.0	57.1	62.9	70.2	70.5	72.4
德国	第一产业	3.7	2.3	2.0	2.8	1.1	1.2	1.1
	第二产业	55.8	48.1	45.5	49.0	30.1	30.8	29.4
	第三产业	40.6	49.6	52.5	48.2	68.7	68.0	69.5
法国	第一产业		4.2	3.9	3.4	2.4	2.8	2.7
	第二产业		33.7	30.5	29.2	26.7	25.5	24.5
	第三产业		62.0	65.6	67.4	70.9	71.7	72.8

资料来源：世界银行：《世界发展指标》（综合多年数据制表）。

表1-6　　　　　若干不同经济发展程度国家的产业结构比较　　　　　单位:%

经济发展阶段	国家	三次产业产值占GDP的比重 第一产业	第二产业	第三产业	三次产业劳动力占总劳动力比重 第一产业	第二产业	第三产业	人均GDP/美元(1999)
发达国家	美国	2	27	71	7.5	30.7	61.8	33846
	日本	2	38	60	5.2	31.7	63.0	34459
新兴工业化国家	韩国	6	43	51	11.7	27.2	61.1	8682
	新加坡	0	35	65	0.3	28.8	70.9	21814
发展中国家和转型国家	中国	18	49	33	49.8	23.5	26.7	728
	印度	28	20	45	49.8	18.1	21.8	446
	巴西	8	36	56	26.4	22.7	50.9	3697
	俄罗斯	9	42	49	18.3	30.5	51.2	1245

资料来源：根据《中国国家竞争力发展报告》(2001)第8章的数据整理，中国人民大学出版社2001年版。转引自陈仲常《产业经济理论与实证分析》，重庆大学出版社2005年版，第46页。

第一，农业部门（即第一次产业）实现的国民收入的比重，随着年代的延续，在整个国民收入中的比重同农业劳动力在全部劳动力中的比重一样，处于不断下降之中。

第二，工业部门（即第二次产业）的国民收入的相对比重大体来看是上升的，然而，工业部门劳动力的相对比重，将各国的情况综合起来看是大体不变或略有上升。

第三，服务部门（即第三次产业）的劳动力相对比重，差不多在所有的国家里都是上升的。但是，国民收入的相对比重却未必和劳动力的相对比重的上升是同步的。综合起来看，大体不变，略有上升。

以上结论是按时间的推移所做的时间序列分析得出的，这类分析也可以用横截面分析的方法进行，即在同一时点上，对人均国民收入水平不同的国家，由低到高排列起来进行比较。将时间序列分析和横截面分析的结论综合起来可以得到表1-7。

弄清了劳动力和国民收入在产业间分布结构的演变趋势，就可以把两者结合起来，研究这种演变趋势，也就是产业结构演变的动因了。正如前面介绍的，在克拉克看来，产业结构演变的动因是各产业部门在经济发展中必然出现的相对收入的差异；而这种产业间相对国民收入，恰恰是国民收入的相对比重和劳动力相对比重之比。

表1-7　　　　　　　产业发展形态的概括（三部门的构成）

	(1) 劳动力的相对比重		(2) 国民收入的相对比重		(3) = (2) / (1) 相对国民收入（比较生产率）	
	时间序列分析	横截面分析	时间序列分析	横截面分析	时间序列分析	横截面分析
第一次产业	下降	下降	下降	下降	（1以下）	
					下降	几乎不变
第二次产业	不确定	上升	上升	上升	（1以下）	
					上升	下降
第三次产业	上升	上升	不确定	微升（稳定）	（1以下）	
					下降	下降

注："时间序列分析"即按时间的推移所做的分析；"横断面分析"即为同一时点不同国民收入水平国家的比较（从低到高）；"不确定"的意思是很难归纳出一般的趋势，从整体来看是变化不大，或者略有上升。

资料来源：转引自杨治《产业经济学导论》，中国人民大学出版社1985年版，第46页表2-3。

$$\frac{某一产业的相对国民收入}{（又称比较劳动生产率）} = \frac{该产业的国民收入的相对比重}{该产业的劳动力的相对比重}$$

从表1-7中可以得出以下结论：

(1) 第一次产业的相对国民收入（比较劳动生产率）在大多数国家都低于1，而第二次和第三次产业的相对国民收入则大于1。并且从时间序列分析来看，在农业相对国民收入相对下降的情况下，国民收入相对比重下降的程度超过了劳动力相对比重下降的程度。因此，在大多数国家，农业劳动力减少的趋势仍没有停止。

(2) 第二次产业国民收入相对比重上升是普遍现象。但劳动力相对比重的变化，由于不同的国家工业化的水平不同而有差异，综合看是微增或没有太大的变化。这说明，工业化达到一定的水平以后，第二次产业不可能大量吸收劳动力。但是，第二次产业相对国民收入上升这一点却说明，在一个国家的经济发展上，在国民收入特别是人均国民收入的增长上，第二次产业有较大贡献。

(3) 第三次产业的相对国民收入（比较劳动生产率），从时间序列分析看，一般表现为下降趋势，但劳动力的相对比重是上升的。这说明第三次产业具有很强的吸收劳动力的特性，所以第三次产业也往往被人们称为劳动力的大蓄水池。还有特别值得一提的是，第三次产业一般来说是三次产业中规模最大的一个，无论从劳动力的相对比重，还是从国民收入的相对比重上看都占一半以上。

20世纪70年代前后，产业结构变化出现一些新的趋势和新的特点：

（1）第一次产业的劳动力及国民收入的相对比重在20世纪60年代在西方主要发达国家仍保持着下降趋势。进入70年代后，这种趋势似有减弱。美国、英国的劳动力和国民收入的相对比重都已降到4%以下。

（2）第二次产业则无论劳动力还是国民收入的相对比重进入20世纪60年代以后都趋向下降状态。工业，特别是传统工业在国民经济中的地位在下降。

（3）唯独第三次产业的上述两项指标都保持着向上的势头，其比重都在50%以上。这种现象被称为"经济服务化"现象，日益受到经济学家瞩目。

四、工业化进程与工业结构演变规律

（一）工业与工业结构

工业是从自然界取得物质资源和对原材料进行加工的社会物质生产部门。它包括：对矿物资源的开发和对天然林的木材采运，利用矿产品和其他资源生产能源和各种原材料，以及将原材料进一步加工成各种制成品的各个生产部门。

工业结构或工业部门结构，是指工业的再生产过程中形成并建立起来的各个工业部门彼此之间和工业部门内部行业之间的生产联系和数量比例关系。其基本特点是：它既包括工业部门相互之间的横向联系，又包括工业再生产过程的纵向联系；既有不同部门之间的物质替换问题，又有不同部门之间的价值补偿问题，每个工业部门既是其他部门存在和发展的条件，其自身的发展也要受其他部门的制约。

（二）工业化及其阶段

1. 工业化的含义。工业化是一国经济发展和社会进步的必经阶段，也是社会生产力发展到一定阶段的重要标志。著名发展经济学家H. 钱纳里等人对工业化的解释是：工业化是以经济重心由初级产品向制造业生产转移为特征的，其原因是国内需求的变动、工业产品中间使用量的增加，以及随要素比例变动而发生的比较优势的变化。从广义上看，还包括生产率增长的某些方面和政府政策对资源分配的影响。

我们认为，工业化是指大工业在国民经济发展并达到占统治地位的过程，即国民经济结构发生了以农业占统治地位向工业占统治地位的转变，它使一个国家由传统的农业国变为现代的工业国。

2. 工业化的阶段。工业化的阶段与工业化的道路是紧密相关的，不同的工业化道路本身就意味着不同的工业化阶段。从已经实现工业化的许多国家来看，工业化的道路可以分为传统型和后起型两大类。传统型主要是以英国、法国、德国和美国为代表；后起型主要是指前苏联和东欧国家及改革开放前的中国，在

"生产资料优先发展方针"指导下实现工业化走的路子。目前,理论界有许多人是否定这条道路的,但也有许多人认为这是一条后起国家实现工业化的捷径。这里主要介绍传统型工业化道路的阶段划分。大体来说,整个工业化过程可以归纳为三个阶段。

第一阶段,工业由以轻工业为中心的发展向以重工业为中心的发展推进的阶段,这就是所谓的"重工业化"。反映重工业化水平的指标是重工业化率,它是指在工业所实现的国民收入中,重工业所占的比例。一般来说,资本主义国家的工业化过程是从轻工业起步的。

第二阶段,在重工业过程中,工业结构又表现为以原材料工业为中心的发展向以加工、组装工业为中心的发展演进。这即是所谓"高加工度化"。

第三阶段,在工业结构"高加工度化"过程中,工业结构将进一步表现出"技术集约化"趋势。这种趋势不仅表现为所有工业各部门将采用越来越高级的技术、工艺和实现自动化,而且表现为以技术密集为特征的所谓尖端工业的兴起。

从以上三个阶段可以看出,在整个工业化过程中,从工业的资源结构看,呈现出了从劳动集约型工业为主到资本集约型工业为主,进而发展到技术集约型工业为主的发展轨迹。

(三) 工业结构的重工业化——霍夫曼定理

1. 霍夫曼定理的内容。在西方经济学中,对工业化过程中的工业结构演变规律做了开拓性的研究而成名的是德国人霍夫曼(Walther Hoffmann)。他在1931年出版了题为《工业化的阶段和类型》的著作。霍夫曼根据近20个国家的时间序列数据,分析了制造业中消费资料工业和资本资料工业的比例关系。这一比例关系就是"霍夫曼比例",它是消费资料工业的净产值(或称附加价值)和资本资料工业的净产值之比。其计算公式为:

$$霍夫曼比例 = \frac{消费资料工业的净产值}{资本资料工业的净产值}$$

霍夫曼通过分析发现,在工业化的进程中,霍夫曼比例是不断下降的。这就是所谓的"霍夫曼定理"。他还根据霍夫曼比例的发展趋势,把工业化的过程分成四个阶段:第一阶段,霍夫曼比例为5;第二阶段,霍夫曼比例为2.5;第三阶段,霍夫曼比例为1;第四阶段,霍夫曼比例为1以下。

霍夫曼认为,在工业化的第一阶段,消费资料工业的生产在制造业中占有统治地位,资本资料工业的生产是不发达的;在第二阶段,与消费资料工业相比,资本资料工业获得了较快的发展,但消费资料工业的规模显然还比资本资料工业的规模大得多；在第三阶段，消费资料工业和资本资料工业的规模达到大致相当规模；在第四阶段，资本资料工业的规模将大于消费资料工业的规模。

霍夫曼还详细测算了若干国家的霍夫曼比例的数值及变化。据霍夫曼提供的数据，在20世纪20年代，这些国家的工业化程度可作如下分类：处于第一阶段的国家有巴西、智利、印度、新西兰等；处于第二阶段的国家有日本、荷兰、丹麦、加拿大、南非联邦、澳大利亚等；处于第三阶段的国家有英国、美国、法国、德国、比利时等；处于第四阶段的国家目前还没有出现。

2. 霍夫曼定理的评价。霍夫曼关于工业化过程中工业结构演变的规律及其工业化阶段的理论，自问世以来，一方面保持了广泛的影响，另一方面也遭到了不少经济学家的诘难。与此同时，也将工业化过程中工业结构演变规律的研究推向了新的水平。

对霍夫曼定理的诘难主要有：一是霍夫曼仅从工业内部比例关系来分析工业化过程是不全面的（A. 梅泽尔斯，Maizels）。二是霍夫曼比例忽略了各国工业在发展过程中必然会存在的产业之间的生产率差异，比如，尽管新西兰和韩国的霍夫曼比例是相同的，但很难说这两个国家处于同一的工业化阶段（梅泽尔斯）。三是库茨涅兹发现在美国的经济中资本形成占国民生产总值的比例是长期稳定的，因此，资本资料工业优先增长的结论是没有根据的。四是日本经济学家盐野谷认为，霍夫曼的分类法是不科学的。因为霍夫曼比例中排除了既非消费资料又非资本资料的"中间资料"。霍夫曼以75%以上的用途作为划分标准，难以准确地确定某一行业属于消费资料工业还是资本资料工业。

3. 霍夫曼定理与重工业。在霍夫曼定理提出的年代，重工业是资本资料工业的代名词。因此，霍夫曼定理所描述的生产资料工业优先增长现象就说明了工业结构的重工业化过程。但是，在以后的年代里，由于重工业内部的消费资料生产和生产资料生产的比例发生了较大变化，重工业内部的消费资料的生产日益占有较大的比例，使重工业不再是仅指资本资料工业。如汽车和家用电器等耐用消费品在机械工业产品结构中的比重越来越大就是很好的例子。在这种情况下，虽然会出现消费资料生产对资本资料生产的比例关系保持不变，但重工业化率却会大大提高。

以上说明，尽管霍夫曼比例的含义在现代经济条件下有所变化，从而使霍夫曼定理的适用性受到影响，但是，重工业化是客观存在的，不论对已经实现工业化的发达国家，还是正在实现工业化的发展中国家都是如此。

（四）工业结构的高加工度化

在工业结构重工业化过程中，会发生工业结构的另一类变化，这种变化无论在轻工业还是在重工业，都会由以原材料工业为重心的结构向以加工、组装工业为重心的结构发展。这就是所谓的工业结构的"高加工度化"。高加工度化意味着工业加工程度的不断深化；意味着加工组装工业的发展大大快于原材料工业的发展。当然，这种变化只有在原材料工业发展到一定水平后才显得日益显著。这就是说，重工业化过程可以分为以原材料工业的发展为重心的阶段和以加工组装工业的发展为重心的阶段。

从日本在1955~1975年间的工业结构变化中可以明显地看到工业结构的高加工度化（见表1-8和表1-9）。在表1-8中，日本服装工业的发展速度为纺织工业的4倍多；木器、家具工业的发展速度是木材工业的2.3倍；机械工业的发展速度是钢铁工业的2~3倍。而纺织对服装、服饰来说，前者是原材料工业，后者是加工组装工业；木材对家具、木器而言，木材是原材料工业，家具、木器是加工组装工业；钢铁是原材料工业，机械工业是加工组装工业。

表1-8　　　　　　　　　日本工业结构的高加工度化

	出厂销售总额（10亿日元）			职工人数（千人）		
	1955年	1975年	1975/1955	1955年	1975年	1975/1955
纺织	1096	6457	5.89	1061	996	0.94
服装、服饰	85	2180	26.65	144	351	3.69
木材	274	3618	13.20	383	465	1.21
家具、木器	65	1974	30.37	145	315	2.17
钢铁	650	11306	17.39	276	506	1.83
有色冶金	280	3909	13.96	99	209	2.11
普通机械	312	10611	34.01	383	1103	2.88
电气机械	251	10821	43.11	233	1214	5.21
运输工具	371	14881	40.11	322	945	2.93
精密仪器	56	1729	30.88	79	239	3.03
金属制品	219	6573	30.01	358	855	2.39

资料来源：［日］筱原三代平：《经济学入门》下册，日本经济新闻1979年版，第28页；转引自杨治《产业经济学导论》，中国人民大学出版社1985年版，第66页表2-10。

工业结构"高加工度化"的事实说明，工业的增长对原材料的依赖程度到一定程度会出现相对下降的趋势，从而对能源、资源的依赖程度也将相对下降。

表 1-9　　　　　　　日本原材料工业与加工工业的结构变化　　　　　　单位:%

年份	1955	1960	1965	1970	1975	1980	1985	1990	1992
原材料工业	60.0	52.0	49.8	47.2	45.1	45.0	38.4	39.1	40.2
加工工业	40.0	48.0	50.2	52.8	54.9	55.0	61.6	60.9	59.4

资料来源：根据铃木多加史《日本的产业构造》第53页数据整理，日本中央经济社1995年版；转引自陈仲常《产业经济理论与实证分析》，重庆大学出版社2005年版，第41页。

（五）工业化同工业资源结构

随着工业化的发展，随着工业结构的重心由轻工业到重工业，从原材料工业向组装加工工业的转移，工业的资源结构的重心也会相应转移。

在工业化初期，轻工业特别是纺织工业在工业结构中处于重要地位。这一时期，在工业资源结构中劳动力居于最突出的地位。随着工业结构重工业化的进展，重工业中的原材料工业的地位将不断上升；而原材料工业各部门的发展，其首要条件是需要投入大量的资金，用于购买庞大的生产设备。在工业化的这一阶段，在工业资源结构中资本因素将居于突出的地位。随着工业结构的高加工度化的发展，技术又将取代资本的地位，成为工业资源结构中最重要的因素。从这个意义上说，工业化过程又表现为从劳动集约型工业为重心的阶段到资本集约型工业为重心的阶段，再到技术集约型工业为重心的阶段这三个层次。因此，整个工业化过程要过三个关：一是劳动力关即从第一次产业中释放出劳动力；二是资金关即为向重工业推进，特别是为原材料工业的发展积累足够的资金；三是技术关即为使工业结构向高加工度化发展，开发和获得高新技术。

五、知识经济条件下的产业结构演变特点

知识经济的到来，正潜移默化地改变着我们社会经济活动的各个方面。知识经济中的高新技术被运用于生产领域，并逐渐形成以高新技术为支撑的新产业。科学技术的发展，新兴产业的出现，使原有的某些产业逐步被淘汰，产业结构也随之不断变化。

（一）知识经济改造传统产业，使产业结构趋于高级化

知识经济的崛起，植根于工业经济的基础之上，又是提升和变革工业经济的主要推动力。知识经济对工业经济改造、提升，使工业经济的产业结构升级。具体表现是：知识经济的出现，引导和带动工业经济的传统产业升级换代，为传统工业发展提供新的机遇和途径。例如，信息产业的发展促使微电子产品不断追求规模化、集成化和微型化，产业技术层次不断升高。这种趋势将逐步推进当前产

业系统的升级，以及构建新的产品和服务。许多传统产业吸纳了知识经济提供的高新技术和先进的管理思想之后，大大提高了生产效率和产出效益，发生了不同程度的质变。

知识经济可以弥补传统工业经济的一些缺陷，解决诸如原材料和能源消耗大、投入产出效益低、环境污染严重等问题。尤其是集成电路和芯片的设计与生产方面，现在几百万个晶体管被集成到了一个指甲盖般大小的芯片上，使计算设备性能大幅度提高，价格迅速降低。芯片对自然资源消耗低，其污染又可控制在极小程度上，符合了可持续发展的要求。

知识经济还可以衍生出一部分新兴产业，特别是一部分高新技术产业，替代一部分传统工业，以一种新的职能来完成部分传统工业的社会经济职能。例如，计算机与光纤网络技术运用后，通过光缆的光信号传递信息，使通信业发生了质的飞跃，它使异地和远程交流变得非常便捷，成本大大降低。从而降低了社会对铁路、公路的需求，缓解了交通压力，替代了一部分交通设施的职能。这不是对原有功能的简单替代，而是包含了产业和产业结构的质的提高。

（二）知识经济改变原有产业结构的构成

在知识经济时代，以高新技术为特征的新兴产业迅速成长起来，在传统产业中，尽管工业比以往任何时期都发达，但它在整个国民经济中所占的比例却相对降低了；而知识经济在产业经济的增长中，主导作用日益明显。有资料表明，高新技术产业对美国经济增长的贡献率已达55%以上。经济合作与发展组织国家知识产业所创造的价值已占其国内生产总值的一半以上。在新的产业结构中，占主导地位的已经是完全基于知识的产业，例如，软件开发、咨询业、电子商务等。以知识的生产、传递、交换和存储等形成的知识产业，是知识经济的重要组成部分，是知识经济下产业结构的一大特征。这种在性质上与工业经济的产业结构根本不同的新型产业结构，是知识经济发展的直接产物。

（三）知识经济通过推动产品结构、产业组织结构的重构，有力地推动产业结构重构

知识含量高的产品越来越多；知识自身也越来越成为一种市场化的商品，如各种电脑软件、专利、技术、信息商品等。产品结构的这种变化会直接影响到产业结构在构成上出现新产业，使原产业知识含量增加而升级。知识可以低成本地进行不断复制，从而加速许多产业的技术扩散，缩短很多相关产品的生命周期，也使企业的生产营销结构变化加快。因此，加快企业内外部调整，如减小规模、重组经营、分散化管理等，以适应迅速变化的经济环境，是企业面临知识经济的到来必须考虑的应变对策，产业组织的这种变化也会引起产业结构的适时调整。

（四）知识经济使产业结构软性化

产业结构软性化，一方面表现为在产业结构的发展过程中第三产业的比重不断提高，出现经济服务化趋势；另一方面则表现为在所有产业结构中，伴随着知识技术密集程度的提高，经济发展对科技人才尤其是高技术人才的依赖性大大增强。

总之，知识经济给传统的产业结构带来了很大的变化，最突出的是知识产业化和产业知识化，这是知识经济下产业结构的特征。

第五节　产业关联及其效应

一、产业关联的含义

产业关联是指在经济活动中，各产业之间存在的广泛的、复杂的和密切的技术经济联系。

二、产业关联的种类

（一）按产业间相互依托的方式分类

按产业间相互依托的方式，可以分为产品或劳务联系、生产技术联系、价格联系、劳动就业联系及投资联系。

1. 产品或劳务联系。所谓产品或劳务联系是指在社会再生产过程中，一些产业部门为另一些产业部门提供产品或劳务或者产业部门间相互提供产品或劳务。

2. 生产技术联系。不同产业部门的生产技术有不同的要求，其产品结构的性能也不同。因此，在生产过程中，一个产业部门不是被动地接受其他相关产业部门的产品或劳务，而是依据本产业部门的生产技术特点、产品特性，对所需相关产业的产品和劳务提出各种工艺、技术标准和质量等特定要求，以保证本产业部门的产品质量和技术性能。而这一要求使得产业之间的生产工艺、操作技术等方面有着必然的联系。

3. 价格联系。产业间的价格联系，实质上是产业间产品和劳务联系的价值量的货币表现。产业间产品与劳务的"投入"与"产出"联系，必然表现为以货币为媒介的等价交换关系，即产业间的价格联系。

4. 劳动就业联系。社会化大生产使得产业间的发展相互制约、相互促进。虽然不同性质的产业，其发展受其他产业发展的影响、制约程度不一样，但是，某一些产业的发展依赖于另一些产业的发展，或某一产业的发展可以导致另一些产业的发展，这种各产业发展的"关联效应"是客观存在的。这样，产业间的劳动就业机会也就有了必然联系。

5. 投资联系。社会再生产是在各产业产品或劳务按一定比例的供需关系为联系的基础上进行的。加快一国经济发展，不可能仅仅通过加快某产业部门的发展来实现，而是通过相关产业部门的协调发展来实现。这种产业部门间的协调发展性，使得产业必然存在投资联系。

（二）按产业间供给与需求联系分类

按产业间供给与需求联系，可以分为前向关联和后向关联。发展经济学家 A. O. 赫希曼（Hirschman）在《经济发展战略》(1958) 一书中，充分强调了产业关联在不同经济发展战略选择中的重要作用。他把产业关联划分为前向关联和后向关联。

1. 前向关联。是指某一产业的产品在其他产业中的利用而形成的产业关联，即某一产业的产品成为其他产业的投入物，也就是通过供给关系与其他产业部门发生的关联。

2. 后向关联。是指某一产业在其生产过程中需要从其他产业获得投入品所形成的依赖关系，也就是通过需求关系与其他产业部门发生的关联。

H. B. 钱纳里（Chenery）和渡边经彦（Twatanabe）曾对美国、日本、挪威和意大利四国的 29 个产业部门进行了数据分析，并对各产业的前后向关联进行了研究。他们把所有产业分为四类：一是中间制造品产业，是前向、后向关联效果都比较大的产业；二是最终制造品产业，是前向关联效果小而后向关联效果大的产业；三是中间初级产品产业，是前向关联效果大而后向关联效果小的产业；四是最终初级产品产业，是前向、后向关联效果都比较小的产业。

（三）按产业间技术工艺的方向和特点分类

按产业间技术工艺的方向和特点，可以分为单向关联和多向循环关联。

1. 单向关联。先行产业部门为后续产业部门提供产品和服务，以供其生产时直接消耗，但后续产业部门的产品不再返回先行产业部门的生产过程，这种产业间的联系就是单向关联。其特点是产品在各产业间不断深加工，最后脱离生产领域进入消费，因而投入产出的联系方式是单一的。例如，"棉花种植业→纺织工业→服装工业"就属这种联系方式。

2. 多向循环关联。先行产业部门为后续产业部门提供产品和服务，作为后续产业部门的生产性直接消耗，同时后续部门产品和服务又返回先行产业部门，其特点是各有关产业间的投入产出是互相依赖、互相服务的，从而形成一种多向循环关联。例如，"电力工业→钢铁工业→机械工业"就属于这种联系方式，电力工业为钢铁工业提供电力，钢铁工业又为电力工业提供钢材；钢铁工业和机械工业也是互相提供产品和服务的。

（四）按产业间的依赖程度分类

按产业间的依赖程度，可以分为直接联系与间接联系。

1. 直接联系。是指在现实社会再产生过程中两个产业部门之间存在着直接提供产品、提供技术的联系。

2. 间接联系。是指在社会再生产过程中两个产业部门之间不发生直接的生产技术联系，但通过另外一些产业部门的作用而发生的联系，例如，汽车工业与采油设备制造业之间并无直接联系，但它们之间存在着间接联系，表现为：汽车需要汽油作燃料，而汽油开发与石油开采有关，石油开采又与石油采油设备制造有关，这样，汽车工业的发展就通过上述其他部门最终影响石油设备制造业的发展，从而使汽车工业与采油设备制造业之间发生了间接联系。

三、产业关联的效应

（一）产业关联效应的概念

产业关联效应是指一个产业的生产、产值、技术等方面的变化通过它的前向关联关系和后向关联关系对其他产业部门产生直接和间接的影响，从而可分为前向关联效应和后向关联效应。

前向关联效应是指一个产业在生产、产值、技术等方面的变化引起它前向关联部门在这些方面的变化或导致新技术的出现、新产业部门的创建等。

后向关联效应是指一个产业在生产、产值、技术等方面的变化引起它后向关联部门在这些方面的变化。

（二）产业关联效应的测度

1. 前后向关联指数。可通过关联指数对某产业的关联效应进行分析。

我们定义 $X = (X_{ij})n \times n$ 为中间投入矩阵。其中，X 的第 i 个行向量即为 i 产业作为供给者对其他产业的投入；而 X 的第 j 个列向量就是 j 产业作为需求方从其他产业获得的各种投入。

直接前向关联效应的计算公式为：

$$L_{F(i)} = (\sum_{j=1}^{n} X_{ij})/X_i \qquad (i = 1, 2, \cdots, n)$$

式中：$L_{F(i)}$ 为 i 产业的前向关联指数；X_i 为 i 产业的全部产出；X_{ij} 为 i 产业对 j 产业提供的中间投入。

直接后向关联效应的计算公式为：

$$L_{B(i)} = (\sum_{i=1}^{n} X_{in})/X_j \qquad (j = 1, 2, \cdots, n)$$

式中：$L_{B(i)}$ 为 j 产业的后向关联指数；X_j 为 j 产业的全部产出；X_{in} 为 j 产业对 i 产业提供的中间投入。

2. 产业感应度系数与影响力系数。任何一个产业部门的生产活动通过产业间的联系方式，必然要影响到或受影响于其他产业的生产活动，我们将一个产业影响其他产业的"程度"叫作该产业的影响力；把受到其他产业影响的程度叫作该产业的感应度。显然，不同的产业，其感应度和影响力一般也是不同的。产业的影响力和感应度的大小可以分别用影响力系数和感应度系数表示。

在里昂惕夫逆矩阵系数表上，行向量的值即反映了该行所对应的产业在经济活动中受其他产业影响的程度，即感应度的大小，而纵向量值反映了该列所对应的产业在经济活动过程中对其他产业影响的程度，即影响力的程度。

$$\text{某产业的感应度系数}(S_i) = \frac{\text{该产业在里昂惕夫逆矩阵中的行系数均值}}{\text{全部产生在里昂惕夫逆矩阵中的行系数均值的平均}}$$

$$= n \left(\sum_{i=1}^{n} q_{ij} \right) / \left(\sum_{i=1}^{n} \sum_{j=1}^{n} q_{ij} \right) \quad (i, j = 1, 2, \cdots, n)$$

$$\text{某产业的影响力系数}(T_j) = \frac{\text{该产业在里昂惕夫逆矩阵中的列系数均值}}{\text{全部产业在里昂惕夫逆矩阵中的列系数均值的平均}}$$

$$= n \left(\sum_{i=1}^{n} q_{ij} \right) / \left(\sum_{i=1}^{n} \sum_{j=1}^{n} q_{ij} \right) \quad (i, j = 1, 2, \cdots, n)$$

式中：q_{ij} 是里昂惕夫逆矩阵 $(I - A)^{-1}$ 中的第 i 行第 j 列的元素。

$S_i(T_j) = 1$ 则表明所研究产业的感应度（影响力）在全部产业中处于平均水平；若大于 1 则表明处于平均水平以上；小于 1 则表示处于平均水平之下。

3. 产业波及效果指标。在国民经济产业体系中，当某一产业部门发生变化，这种变化会沿着不同的产业关联方式，引起与其直接相关的产业部门的变化，而这些相关产业部门的变化又会导致与其直接相关的另外产业部门的变化，这种变化不断传递的过程就是产业波及。研究产业波及对国民经济产业体系的影响，即为产业波及效果。

（1）生产诱发系数。某产业的生产诱发系数是指该产业的各种最终需求项目的生产诱发额除以相应的最终需求项目的合计所得的商，其计算公式为：

$$W_{iL} = \frac{Z_{iL}}{Y_L} \quad (i, L = 1, 2, \cdots, n)$$

式中：W_{iL} 表示第 i 产业部门的最终需求 L 项目的生产诱发系数；Z_{iL} 为第 i 产业部门对最终需求 L 项目的生产诱发额；Y_L 为各产业对最终需求 L 项目的合计数额。

（2）最终依赖度。最终依赖度是指某产业的生产对最终需求项目的依赖程度，这里既包括该产业生产对某最终需求项目的直接依赖，也包括间接依赖，其

计算公式为:

$$Q_{iL} = \frac{Z_{iL}}{\sum_{L=1}^{n} Z_{iL}} \qquad (i, L = 1, 2, \cdots, n)$$

式中：Q_{iL} 为 i 产业部门生产对最终需求 L 项目的依赖度；Z_{iL} 为 i 产业部门最终需求项目的生产诱发额。

（3）综合就业系数和综合资本系数。所谓综合就业系数指的是某产业为进行 1 个单位的生产，在本产业部门和其他产业部门直接和间接需要的就业人数。其计算公式为：

$$综合就业系数 = 就业系数 \times 逆阵中的相应系数$$

$$某产业就业系数 = \frac{该产业就业人数}{该产业的总产值}$$

（4）综合资本系数。综合资本系数是指某产业进行 1 个单位的生产时，在本产业部门和其他产业部门直接和间接需要的资本。其计算公式为：

$$综合资本系数 = 资本系数 \times 逆阵中的相应系数$$

$$某产业资本系数 = \frac{该产业资本量}{该产业的总产值}$$

本章参考文献

1. 史忠良：《产业经济学》，经济管理出版社 2005 年版。
2. 李悦：《产业经济学》，中国人民大学出版社 2004 年版。
3. 苏东水：《产业经济学》，高等教育出版社 2005 年版。
4. 范金、郑庆武、梅娟：《应用产业经济学》，经济管理出版社 2004 年版。
5. 陈仲常：《产业经济理论与实证分析》，重庆大学出版社 2005 年版。
6. 王述英：《现代产业经济理论与政策》，山西经济出版社 1999 年版。

重点名词

产业结构　中间需求　最终需求　配第—克拉克定理　工业化　比较劳动生产率　霍夫曼定理　产业关联　前向关联效应　后向关联效应

思考题

1. 决定与影响产业结构的因素有哪些？
2. 需求结构是如何影响产业结构的？
3. 投资结构是如何影响产业结构的？

4. 什么是配第—克拉克定理？
5. 什么是产业的相对国民收入（比较劳动生产率）？
6. 论述工业化过程中的产业结构演变趋势。
7. 产业关联效应的现实意义有哪些？

> 人物介绍

❑ 威廉·配第（William Petty，1623—1687）

英国古典政治经济学创始人、统计学家。1649 年获牛津大学医学博士学位，曾任医学教授和音乐教授。1652 年任爱尔兰总督私人秘书，后又任爱尔兰议会书记和爱尔兰土地分配总监。1658 年被选为英国议会议员，后被查理二世封为男爵。他著述颇丰，涉及医学、数学、统计学和政治经济学等。

配第对经济问题的研究，时值英国 1640 年资产阶级革命之后，资本主义生产迅速发展，工场手工业逐渐成为工业生产的主要形式，重商主义已不适应资本主义的发展。因此，他的研究逐渐摆脱了重商主义的影响，把研究对象从流通领域转到生产领域。配第对生产领域内部各经济变量之间的本质的考察，对劳动价值论的确立，以及对工资、地租、利息和货币等经济范畴的研究都做出了杰出的贡献。此外，配第还在其名著《政治算术》（Political Arithmetic，1690）中第一次描述了不同产业之间相对收入的差异以及由这种差异所带来的劳动力在部门间的移动。这一思想给后来的英国经济学家科林·克拉克以巨大的启发，以致克拉克把自己对产业变动规律的统计发现看成是对配第思想的继承，并命名为"配第—克拉克定理"。

——资料来源：郭万达：《现代产业经济辞典》，中信出版社 1991 年版。

❑ 科林·克拉克（Colin Clark，1905—1989）

科林·克拉克出生于伦敦，是 20 世纪应用经济学家中最富想象力者之一。1929 年 5 月，克拉克作为工党候选人参加大选，但未获成功，后来进入刚由拉姆齐·麦克唐纳（Ramsay MacDonald）设立不久的政府经济顾问委员会，凯恩斯（Keynes）也是该委员会的成员。1931 年，他因不愿为麦克唐纳写一份保护贸易者宣言而改就他职，受聘于剑桥大学任统计学讲师，并在那里一直工作到 1937 年。此后，克拉克转到澳大利亚的墨尔本大学任访问讲师。在澳期间，他还担任过政府各种高级职务，包括劳工和产业部国务秘书、财政部金融顾问、昆士兰州工业局局长等职。1953 年返回牛津大学，任农业经济研究所所长之职至 1969 年。此后，克拉克重返澳大利亚，担任昆士兰大学的研究顾问。

科林·克拉克在他半个世纪的研究和著作生涯中，成果丰厚令人惊叹。在头十年里，他已确定了自己的地位，成为国民收入评价方法的创始人之一。他大大改进了对英国原有的国民收入评价方法。稍后，又改进了对澳大利亚和前苏联国民收入的评价方法。由于上述方法论上的贡献如此重大，以致人们认为是他与西蒙·库兹涅茨合作写出了《统计学革命》一书。该书于20世纪30年代宏观经济学革命时期问世。科林·克拉克第一个使用了国民生产总值（GNP）这个概念，并描述了对总需求各主要组成部分（C+I+G）的评价法；他对凯恩斯的乘数理论做了最早的评价，并在1937年发表的一篇论文中首次对各国货币购买力，也就是实际国民产值进行了国际比较。在克拉克的不朽著作《经济发展的条件》（1940）一书中，他对此做了进一步的研究。该书之所以重要，是因为它标志了学者们对长期经济增长和发展重新发生兴趣，同时它也提供了最确切的统计资料来说明富国和穷国间生活水平的差距。克拉克在论文中指出，在经济发展过程中，就业结构将发生由第一次产业为主向以第二次产业，继而第三次产业为主的转变。据《1960年的经济学》一书记载，第二次世界大战期间，克拉克在建立世界宏观经济模型方面首次做出了大胆的尝试。

科林·克拉克还被人们称为"发展的先锋"。在过去30年中，他对发展中国家食品供应和人口增长的关系、水利和自然农业经济学、经济发展和农业生产率的决定因素等方面进行了经济研究，并做出了重大贡献。同时，克拉克又是发达国家政治经济学的挑战者，他对加快增长速度、高税收及福利主义等均提出过不同的意见，而这样的意见在当时是少见的。

——资料来源：《新帕尔格雷夫经济学大辞典》，经济科学出版社1992年版。

❑ 西蒙·库兹涅茨（Simon Kuznets，1901—1985）

美国当代著名的经济学家，1971年诺贝尔经济学奖获得者。出生于俄国哈尔科夫城，1922年从苏联移居美国。1923年获哥伦比亚大学理学士，1924年获文学硕士，1926年获哲学博士。1927年在纽约全国经济研究中心任职，1930~1954年间担任宾夕法尼亚大学经济学和统计学助理教授，1954~1960年任约翰·霍普金斯大学政治经济学教授，后任哈佛大学教授。

库兹涅茨的杰出贡献在于他开拓了对各国经济增长长期趋势的结构分析。他的主要著作有《生产和价格的长期波动》（1930）、《国民收入及其构成》（1941）、《现代经济增长》（1966）、《各国经济增长》（1971）等。他的研究注重经验的见识，因此，特别强调经验统计对经济学研究的意义。通过对历史统计资料的收集、整理、比较和分析，库兹涅茨研究了人口、产值、生产率、收入分配结构、产品使用结构、国际经济流量等变量的变化趋势、变化特点及其相互之间的联系，尤其对产业结构的变化做了广泛深入的探讨。他的研究表明，农业等初级产业部门在增长过程中的比重趋于下降，工业部门的比重趋于上升，但很不稳定。这种变化趋势是由科学技术的发展，以及随着经济增长而来的消费结构、外贸结构和收入分配结构的变化而引起的。

——资料来源：胡代光、高鸿业：《西方经济学大辞典》，经济科学出版社2000年版；郭万达：《现代产业经济辞典》，中信出版社1991年版。

❏ 沃尔特·惠特曼·罗斯托（Walt Whitman Rostow，1916—2003）

美国经济学家兼经济史学家，经济成长阶段论的杰出代表。1916年出生于纽约，1936年获耶鲁大学文学士，后留校深造，1940年获博士学位后，先后任哥伦比亚大学和麻省理工学院教授，在此期间曾到英国牛津大学和剑桥大学讲学。在肯尼迪和约翰逊两届美国总统任职期间，担任国家安全事务副特别助理、国务院顾问兼政策计划委员会主席。离开白宫后重返学术界，任得克萨斯大学经济学和历史学教授。

罗斯托经济理论和经济史观的基础和核心内容是经济成长阶段论。该理论集中反映在《经济增长的阶段》（*The Stages of Economic Growth*，1960）和《政治与成长阶段》（*Politics and the Stages of Growth*，1971）两部著作中。罗斯托采取部门结构分析的方法，把经济成长阶段划分为六个阶段：①传统社会阶段，农业居于首位。②为"起飞"创造前提的阶段，即从传统社会向"起飞"阶段过渡的时期。③"起飞"阶段，其主要标志为10%以上的国民收入用于投资，新的企业家阶级扩大，新技术在工业和农业中得到推广。④向成熟挺进的阶段，表现为新工业部门加速发展，部门结构不断变化。⑤高额群众消费阶段。这一阶段的主导产业部门转到耐用消费品。⑥追求生活质量阶段。主导部门是服务业和环境改造副业。他把主导部门序列的变化和经济成长阶段的依次交替紧密联系起来，并用创新理论和"社会中坚人物"欲望解释这种变迁。罗斯托对产业经济的贡献在于，他较早地运用主导产业的变迁来研究经济发展阶段问题，说明产业的选择与社会经济生活的质量有着密切的关系。

——资料来源：郭万达：《现代产业经济辞典》，中信出版社1991年版；张跃庆、张念宏：《经济大辞海》，海洋出版社1992年版。

第二章 主导产业选择与产业结构优化

本章阐述产业结构优化的基本内容。鉴于主导产业是形成合理有效的产业结构的核心，所以第一节阐述主导产业的选择问题。首先阐述主导产业的概念、特征及其与非主导产业之间的关系，然后着重介绍了四种主导产业的选择基准及世界经济发展经历的五次主导产业群的更替。第二节围绕产业结构优化的基本内容，即产业结构合理化和产业结构高级化，分别介绍了产业结构合理化的含义、本质、协调的机制和条件、判断标准及产业结构高级化的含义、直接动因、表现形式和标志等。第三节阐述产业结构优化升级的评价原则、评价内容及指标体系。

第一节 主导产业及其选择

一、主导产业的概念

（一）主导产业的概念和特征

主导产业，是指在经济发展过程中，或在工业化的不同阶段上出现的一些影响全局的在国民经济中居于主导地位的产业部门。这些产业部门因其利用新技术方面的特殊能力而具有很高的增长率，而且它们在整个国民经济发展中具有较强的前后向关联性，因此，这些产业部门的发展能够波及国民经济的其他产业部门，从而带动整个经济的高速增长。

在现代社会经济生活中，由于经济活动和各产业部门之间的技术经济联系，主导产业具有一些显著的特征。

1. 多层次性。由于发展中国家在优化产业结构过程中，既要解决产业结构合理化问题，又要解决产业结构高级化问题，实现目标是多重的，所以，处于战略地位的主导产业群就呈现出多层次的特点。

2. 综合性。由于发展中国家在经济发展中面临的问题是多样的，各产业部门在为发展目标服务时，其作用既各有侧重又互为补充，主要取决于产业部门的特性。部门特性的差异及面临问题的多样性，要求在选择主导产业时综合考虑多种因素，这就决定了主导产业群的综合性。

产业部门的特性主要表现在以下几个方面：①增长特性。即某产业部门的发展对国民经济增长的贡献大小。②关联特性。即某产业部门在整个产业链条中是属于推动型，还是属于诱导型。③需求特性。即某产业部门是服务于最终需求，还是服务于中间需求；是对积累贡献大，还是对消费贡献大等。④资源特性。即某产业部门所体现的各种资源的密集程度。

3. 序列更替性。经济发展的阶段性也决定了主导产业群的序列更替性。特定时期的主导产业，是在具体条件下选择的结果。一旦条件变化，原有的主导产业群对经济的带动作用就会弱化、消失，进而为新的主导产业群所替代。

从经济发展的中短期考虑，由于"瓶颈"作用和"瓶颈"的更替性，主导产业群的选择也要具有序列更替性。不同发展阶段上的主导产业群，既存在替代关系，又存在相互作用。不同阶段的主导产业群的选择并不是随机的，前一主导产业群为后一主导产业群的发展奠定基础。在此，我们不能把基础产业纳入主导产业，或者把支柱产业等同于主导产业。

基础产业和主导产业是对产业结构从不同角度、不同层次进行划分、考察所得出的不同概念。基础产业是支撑一国或一个地区经济运行的基础部门，它决定着工业、农业、商业等直接生产活动的发展水平，一个国家或地区的基础产业越发达，其经济运行就越顺畅、越有效，人民生活就越便利。一般而言，基础产业是经济社会活动的基础工业和基础设施，前者包括能源工业和基本原材料工业，后者包括交通运输、邮电通信、港口、机场、桥梁等公共设施。从广义上看，基础产业还应当包括一些提供无形产品或服务的部门，如科学、文化、教育、卫生、法律等部门，有时还特别强调农业是国民经济的基础。主导产业是指在产业发展中处于技术领先地位的产业，它代表了产业结构演变的基本方向或趋势，对整个国民经济发展具有明显的促进作用，能带动整个产业结构走向高级化。

主导产业与支柱产业有发展程度的差别。支柱产业是指在国民经济中所占比重最大、具有稳定而广泛的资源和产品市场的产业，支柱产业构成一个国家或地区产业体系的主体，提供大部分的国民收入，因而是整个国民经济的支柱。支柱产业的构成及其技术水平决定了产业结构在演变过程中所处的阶段。而主导产业是在一个国家或地区的产业体系中处于技术领先地位的产业，它代表产业结构演变的方向或趋势，是支柱产业发展的前期形态。主导产业的选择主要侧重于国民经济和产业结构的长期目标，强调创新、未来的发展优势和带动效应；而支柱产业的选择则注重于短期或中期目标，注重现实的经济效益，在于培育国民经济增长的主力产业。主导产业在当前经济中可能是影响较小的产业，其资源利用效率可能较低，投入产出比率也可能不尽如人意；而支柱产业则必定是在现实经济中占有较大份额、对国民经济的贡献率较大、投入产出比较好的产业。两者在时间上一般呈现为后者对前者的继起，前一时期的主导产业成为后一时期的支柱产业，而在新的时期又会有另外一些产业替代原来的主导产业。

（二）主导产业与非主导产业的关系

主导产业并不是孤立存在的，它与其他产业部门之间存在着相互促进、相互影响、相互依赖、相互制约的关系。随着技术和经济的发展，各产业部门之间的关系会越来越广泛，越来越复杂。每个产业部门既是其他产业部门存在和发展的一个条件，其自身发展也要受其他产业部门的制约。每个产业部门都需要其他产业提供的产品作为自己的劳动手段、劳动对象和劳动者的生活资料，同时也必须把本部门的产品提供给其他部门使用。因此，各产业部门之间就形成了经常的、大量的、相互交替的技术经济联系。作为国民经济产业部门之一的主导产业，它不能脱离其他部门而独立发展，必须与其他产业部门保持协调发展。

要使包括主导产业在内的各产业协调发展，必须搞清楚各产业部门之间的联系及其联系方式。根据各产业前向联系和后向联系程度的差异对产业部门在国民经济结构中所处的地位和所起的作用进行划分，产业部门可以分为以下几类：

（1）中间需求型产业。部门前向联系和后向联系程度均较高的产业，或中间投入率、中间需求率均较高的产业部门，在社会生产过程中既显著依赖其他部门的投入，又依赖其他部门对本部门中间产品的需求。此类产业部门的产业联系性质属于中间需求型产业。

（2）中间需求型基础产业。部门后向联系水平低、前向联系水平高或中间投入率低、中间需求率高，则表明该产业部门的生产过程对其他部门的投入依赖较低，但却显著依赖于其他产业部门生产过程对该部门中间产品的需求。此类产业被称为中间需求型基础产业。

（3）最终需求型产业。后向联系程度高、前向联系程度低或中间投入率高、中间需求率低。这类产业部门的产业联系特点是：显著依赖其他部门中间产品对本部门生产过程的投入，但本部门产品的大多数用于非生产消费，即构成社会最终产品。故这类产业的发展主要依赖其他部门的中间投入量和社会最终产品的需求量，因此称为最终需求型产业。

（4）最终需求型基础产业。前向联系程度和后向联系程度均较低，或中间投入率和中间产业率均较低的产业部门。这类部门产业联系的特点是：生产过程既不显著依赖其他部门的投入，也不显著依赖其他部门的需求。这类产业的产出主要用于最终产品需求，其增长过程不以其他部门有效供给量的增长为前提，因此称为最终需求型基础产业。

根据前、后向联系的程度对国民经济各产业部门的联系方式进行分类，产业的联系方式主要有以下两种：

(1) 基础产业和非基础产业间的联系方式。根据部门后向联系程度或中间投入率的高低，可将国民经济各产业部门划分为基础产业和非基础产业两大类。后向联系程度高或中间投入率高的为基础产业，反之为非基础产业。在国民经济运行中，基础产业部门不以非基础产业的中间产品为基本增长条件，但为非基础产业的发展提供必不可少的投入。因而基础产业和非基础产业间联系方式的基本特征是基础产业应超前发展。

(2) 上游产业、中游产业、下游产业的联系方式。所谓上游产业、中游产业、下游产业，是根据各产业部门对资源进行加工的顺序而做出的形象概括。上游产业即中间产品供给型基础产业，中游产业即中间产品供给型产业，下游产业即最终产品供给型产业。上游、中游、下游产业联系的基本特征是：上游产业为中游产业提供初级原料品，中游产业为下游产业提供再加工的原材料。

从世界各国的工业化经验看，在工业化初期，一般是下游产业得到优先发展；在工业化中期或较完整的产业结构形成期，由于部门间联系水平提高，资源加工深度提高，加上技术进步因素的影响，上游产业、中游产业在国民经济中的地位趋向下降。但这种下降趋向并不能等同于工业化初期上、中游产业的发展不足，而是上、中游产业生产过剩和生产能力闲置。由此可见，在工业化中期，上游产业和中游产业的发展是从有效供给不足转向过剩的关键时期。世界各国的工业化经验还表明，对于一个不发达国家，特别是人口规模较大的国家来说，在工业化中期，必须认真解决上游产业和中游产业生产能力不足、产品供给不足的"瓶颈"约束问题。

二、主导产业的选择基准

主导产业是经济发展的驱动轮，整个经济和其他各产业部门只有在它的带动下才能高速增长。同时，主导产业也是形成合理和有效的产业结构的契机，产业结构必须以它为核心才能快速向高级化推进。正因为如此，正确选择主导产业就成了各国促进产业结构发展的重要课题。选择主导产业，首先涉及的就是选择标准问题，即主导产业的选择基准。人们已经提出的基准有很多，较常提到的有以下几类基准：

(一) 赫希曼基准

美国发展经济学家艾伯特·O. 赫希曼（Hirschman）在《经济发展战略》中，依据投入产出原理，提出了依后向联系水平确定主导产业的准则。也就是说，主导产业部门的选择应依照工业部门后向联系系数的大小顺序排列。赫希曼基准的意义在于：首先，突出后向联系意味着主导产业部门的选择以最终产品的制造部门为主，这样，主导产业部门的市场需求就有保证。其次，主导产业部门具有强烈的中间产品需求倾向，这又为支持主导产业部门增长的中间投入部门提供了市场。因此，主导产业部门通过需求扩大的连锁效应，可带动经济的有效增长。

显然，赫希曼基准的出发点在于，在不发达国家，由于资本相对不足，而且扩大资本形成能力的要求相当迫切，所以基础产业的成长要靠市场需求带动供给。因此，可以把赫希曼基准理解为以需求带动供给增长的不平衡结构的选择战略。

（二）罗斯托基准

美国经济学家W.W.罗斯托（Rostow）在《从起飞进入持续增长的经济学》一书中将主导产业部门在经济起飞中的作用概括为三个方面：①后向关联效应。即新部门处于高速增长时期，会对原材料和机器产生新的投入需求，从而带动一批工业部门的迅速发展。②旁侧效应。即主导部门会引起周围的一系列变化，这些变化趋向于更广泛地推进工业化。③前向关联效应。即主导部门通过增加有效供给促进经济发展。例如，降低其他工业部门的中间投入成本，为其他部门提供新产品、新服务等。可见，罗斯托基准是依据产业部门间供给和需求的联系程度来确定主导产业部门的。

赫希曼基准和罗斯托基准都是依产业间的关联度大小来确定主导产业部门的，它们的着眼点都在于主导产业的带动或推进作用。因此，也有人把这两个基准合称为产业关联度基准。

（三）筱原基准

筱原基准是20世纪50年代中期日本产业经济学家筱原三代平在其论文《产业结构与投资分配》中提出的基准。筱原基准包括"收入弹性基准"和"生产率上升率基准"两个方面。

1. 收入弹性基准。收入弹性基准是指从社会需求来看，使产业结构与随着国民收入增长而增长的需求结构相适应的原则。收入弹性，又称需求收入弹性，是在价格不变的前提下，某产业的产品（或某一商品）需求的增加率和人均国民收入的增加率之比，反映了该产业的产品社会需求随着国民收入的增长而增长的趋势。收入弹性相对高的产品，其社会需求也相对高。应优先发展收入弹性高的产业和产品，因为产品收入弹性高的产业部门，有着广阔的市场，而广阔的市场正是产业进一步发展的先决条件。

2. 生产率上升率基准。一般而言，技术进步是造成生产率上升的主要原因。

在技术上首先出现突破性进展的产业部门常常会迅速地增长和发展，能保持较高的生产率上升率，所创造的国民收入比重也随之增加。因此，生产率上升率基准就具体表现为技术进步率基准。这个基准反映了主导产业迅速、有效地吸收技术水平的特征。优先发展生产率上升快的产业，不仅有利于技术进步，还有利于提高整个经济资源的使用效率。

"筱原基准"理论从供需两个方面对主导产业的选择加以界定，其内容存在着互补关系，是一个有机的统一体。

（四）就业弹性基准

美国经济学家阿瑟·M.奥肯（Okun）根据美国的统计资料，测算出实际国民生产总值增长率与失业率之间关系的规律，称为奥肯定律。根据奥肯定律，如 GNP 增长 2.5%，则失业率降低 1%。这就是说，就业增长与经济增长的方向大致相同。但应该注意的是，经济增长不一定带来相应的就业增长。因为就业增长并不是单纯取决于经济增长这一个因素，还应考虑就业弹性。

经济增长的就业弹性，简称就业弹性，是指当影响经济增长的其他因素不变时，每一单位的经济增长引起就业增长的比率。

就业弹性一定时，提高经济增长率就可增加就业量；经济增长率一定时，提高就业弹性也可增加就业量。但是，提高经济增长率相当不容易，相对而言，在保持一定经济增长速度的同时，提高就业弹性则更为现实，难度也小一些。就业弹性越大，单位经济增长带动就业增长的水平就越高，依靠经济增长拉动就业的作用就越明显；就业弹性越小，单位经济增长带动就业增长的水平越低，即使经济保持高速增长，也不会对就业有较强的拉动。此时，依靠经济增长解决就业问题就不会产生明显效果。

从经济发展的自身规律来看，在经济发展的不同阶段，就业弹性水平会有所不同。在工业化初期阶段，技术水平低，技术进步的速度较慢，经济增长主要依靠简单扩大再生产方式来实现。这种粗放增长方式的要素投入产出率低，因而劳动生产率也低，完成单位产出需要投入的劳动力数量大，就业弹性水平通常较高。随着工业化进程的纵深发展，要素投入对经济增长的作用开始减弱，经济增长更多地依赖技术进步，此时就业弹性会缓慢下降。

在一国的产业结构中，劳动密集型产业的比重越大，就业弹性水平越高；而资本密集、技术密集型产业的比重越大，就业弹性值越低。第三产业与制造业相比，属于资本和技术密集度较低的产业，对劳动力有较高的容量，发展第三产业，提高其在整个国民经济中的比重，有利于提高就业弹性水平。

就业弹性的测算方法主要有两种：一种是根据弹性定义测算，另一种是构建经济增长影响因素模型，通过对模型参数的估计测算就业弹性。两种方法各有特点，计算条件和应用场合各不相同，在实际应用中应加以注意。

（1）按就业弹性的定义测算。弹性是一变量（Y）对另一变量（X）的微小变动做出的反应，用微分公式表示即为：

$$E = (dY/dX)(X/Y)$$

此外，弹性还可表达为：当其他因素不变时，变量 X 单位变动引起另一变量 Y 变动的比率，用差分公式表示为：

$$E = (\Delta Y/\Delta X)(X/Y)$$

对社会经济现象而言，指标数据通常按月度、季度、年度分时段观察取得，但在短时间内现象的微小变动是难以观察并取得结果的，因此，计算弹性通常采用差分公式，经济增长的就业弹性即为 GL/GY，其中，GY 表示经济增长速度，GL 表示劳动投入的增长速度。

运用差分公式计算就业弹性的最大特点是简便，既可按年度值计算，也可计算一个较长时期的弹性值。

（2）按经济增长模型测算。影响经济增长的因素是多方面的，既有资本、劳动等要素投入变化的影响，又有技术进步、制度变迁和结构调整等原因，经济增长模型是反映经济增长与各影响因素之间数量关系的模型。经济增长模型种类较多，但以新古典经济增长模型应用最为广泛。假定一个新古典生产函数为：

$$Y_t = A_0 e^{\lambda t} K_t^\alpha L_t^\beta$$

式中：Y_t、K_t、L_t 分别代表时间 t 上的产出、资金投入量、劳动投入量；λ、A_0、α、β 为参数；λ 为技术进步率；$e^{\lambda t}$ 为科技进步因子；α 和 β 分别代表资本和劳动的产出弹性。

对上式两边取自然对数转化为线性形式：

$$\ln Y_t = \ln A_0 + \lambda t + \alpha \ln K_t + \beta \ln L_t \quad \text{（模型1）}$$

对模型1估计参数 β 值，即得出就业弹性值。此外，模型1两边全微分并用差分近似代替微分，当趋近于一个时间单位时，令 $GY = \Delta Y/Y$，$GK = \Delta K/K$，$GL = \Delta L/L$，得到模型为：

$$GY = \lambda + \alpha \cdot GK + \beta \cdot GL \quad \text{（模型2）}$$

模型2是一个新古典经济增长模型，式中 β 为就业弹性。使用模型1和模型2均可估计出就业弹性，但两个模型所代表的经济含义完全不同，使用同样数据估计出的结果也存在差异。模型1描述的是要素投入与产出之间的对数关系，模型2描述的是经济增长与各影响因素之间的关系。测算就业弹性的意义并不在于得出其具体值，更重要的是利用这一结果预测未来经济增长对就业的影响，进而为制定政策和决策提供依据。

除了上述四个基准之外,国内外学者还提出过一些其他基准,如"产业协调状态最佳基准"、"瓶颈基准"、"比较优势基准"、"高附加值基准",等等。国内外学者当中有不少人从理论和实践两个方面,对上述基准的可行性提出过疑问。我们认为,这些主导产业选择基准是撇开了许多具体因素抽象出来的理论模式,放眼于未来经济的成长,在理论上是能够成立的。但要发挥选择基准的作用,还必须具备一定的前提条件:①基础产业相当完善,不存在严重的"瓶颈"制约。②产业发展中不存在技术上的硬性约束,基本具备或可以通过某种途径实现主导产业发展所需的技术条件和管理条件。③不存在资金约束,政府既然选择主导产业加以重点扶持,就必须有资金上的支持。如果不具备这三个条件,主导产业的成长及其对其他产业的促动作用,自然就难以达到理想的效果。此外,就已有的主导产业选择基准来看,还有一些问题值得进一步研究。

首先,市场容量大、生产率上升快的产业为什么需要产业政策的支持。这类产业能为投资者带来较高的收益,因此,本身就是投资看好的行业,并不一定需要政府的特别支持才能快速发展。日本的经验支持了这种判断,日本相当一部分高速增长和出口业绩显著的行业,并没有得到政府的政策支持。我国的经验也支持这种判断。我国自改革开放以来,在具备基本的产业与技术条件下,哪些产品的国内和国际市场看好,就有大量的投资迅速进入这些行业。在这些行业中,不但不会存在投资不足问题,反而总是出现"重复建设"、"重复生产"等问题。

其次,基准如何具体化,如何计算基准的指标。虽然基准能够被表述,但实际上无论是在日本还是在其他国家,都没有通过对未来产业状况的精确计算,来确定哪些行业应该是"高收入弹性产业"和"劳动生产率上升较快的产业",并以此作为制定产业政策的依据。有些研究虽然计算了以往的数据,但是,对未来的研究难度很大,不确定因素很多,最多只能指出大致的趋势,不能落实到具体的产业和产品上。日本在制定产业政策时,参照了其他发达国家的经验,选择了一些产业作为主导产业重点进行支持,但是,还有更多的具有同类性质的产业却未能得到政府支持,而仅仅从"基准"的角度并不能解释这种现象。在我国,关于需求增长快、收入弹性高的产业应该包括哪些行业的争论已经进行了多年,但并没有形成大致上具有共识的结论,"短线产业"、"消费品产业"、"高新技术产业"都分别被提出作为需求弹性大、产业关联度大和生产率上升快的产业,这实际上已经包含了大多数产业在内。

最后,不同基准之间如何排序。由于提出的基准很多,一个产业很难符合所有基准或多数基准。在经济加速发展的较早阶段,收入弹性较高的行业如轻纺行业，很可能不是劳动生产率上升快的产业和产业关联度大的产业，而汽车等行业虽然产业关联度大，但并不是当时收入水平上收入弹性较高的行业，也不是容纳较多就业的行业，更不是低收入国家具有比较优势的行业。当不同基准之间发生冲突时，应该如何判断不同基准的重要性？哪些基准应该优先考虑？哪些基准无关紧要？这些问题都没有明显的答案。因此，几乎所有行业，都有理由成为政府关注的重点。

案例

产业关联度基准的运用

关于主导产业选择基准，在实际运用中，常常要综合一种以上基准进行主导产业选择。在此介绍一下产业关联度基准的运用。

主导部门的特征之一是它与其他部门之间具有高度的关联性。一方面，主导部门的迅速发展能够扩大市场、扩大对其他部门产品的需求，从而能够带动整个经济的增长，表现为影响力系数；另一方面，其他部门的增长又对主导部门产生了较高的需求，表现为感应度系数。产业关联度就是对影响力系数和感应度系数的综合衡量。在此，我们用影响力系数和感应度系数之和来表现关联度，通过对我国1997年投入产出表的分析，来揭示如何运用产业关联度基准来选择我国的主导产业。

根据1997年投入产出表计算，我国40个产品部门中有15个部门的感应度系数和影响力系数之和大于2（见表1），它们依次为化学工业、金属冶炼及压延工业、纺织业、商业、电子及通信设备制造业、农业、电气机械及器材制造业、交通运输设备制造业、金属制品业、电力及蒸汽热水生产和供应业、非金属矿物制品业、造纸印刷及文教用品制造业、食品制造及烟草加工业、石油加工及炼焦业和社会服务业。

这15个产品部门基本属于传统产业，可见，传统产业仍然是我国经济增长的主要源泉。尽管新兴产业的增长和相关投资给发达国家带来了经济的新增长，但我国毕竟是一个发展中国家，虽然信息产业和生物工程等新兴产业发展较快，但技术相对落后，加上其他因素的影响，新兴产业每年能够带动经济增长2个百分点就相当可观了。我国现在国内生产总值年平均增长7%～8%，除了新兴产业所带来的2%的增长外，其余的增长仍然靠传统产业。

由表1可知，这15个产品部门满足其他部门的生产需要提供的产出量要

表1　　　　1997年中国40个产品部门关联度排序（前15名）

部门	感应度系数	影响力系数	总分	综合排序	部门	感应度系数	影响力系数	总分	综合排序
化学工业	3.335	1.162	4.497	1	金属制品业	1.139	1.255	2.394	9
金属冶炼及压延加工业	2.348	1.232	3.580	2	电力及蒸汽热水生产和供应业	1.376	0.938	2.314	10
纺织业	1.653	1.137	2.790	3	非金属矿物制品业	1.173	1.092	2.265	11
商业	1.783	0.885	2.688	4	造纸印刷及文教用品制造业	1.143	1.098	2.241	12
电子及通信设备制造业	1.369	1.292	2.661	5	食品制造及烟草加工业	1.018	1.009	2.207	13
农业	1.904	0.757	2.661	6	石油加工及炼焦业	1.180	0.993	2.173	14
电气机械及器材制造业	1.177	1.292	2.469	7	社会服务业	1.077	1.030	2.107	15
交通运输设备制造业	1.149	1.255	2.404	8					

资料来源：根据刘小瑜著《中国产业结构的投入产出分析》，经济管理出版社2003年版第112页表4-10和第117页表4-13整理而成。

高于社会平均水平，对其他产品部门的辐射作用、影响力也超过社会平均水平。因此，这15个部门是我国制定产业政策时应重点发展的部门，它们的发展能带动或支持经济的较快增长。

以上是根据1997年投入产出表测算的结果，进入21世纪后，各部门的关

表2　　　　　2002年中国40个产品部门关联度排序（前15名）

部门	感应度系数	影响力系数	总分	综合排序	部门	感应度系数	影响力系数	总分	综合排序
金属矿采选业	2.140	0.976	3.116	1	电气机械及器材制造业	1.078	1.261	2.339	9
石油和天然气开采业	2.154	0.692	2.846	2	造纸印刷及文教用品业	1.167	1.086	2.253	10
金属冶炼及压延加工业	1.468	1.175	2.643	3	交通运输设备制造业	0.991	1.258	2.249	11
化学工业	1.420	1.175	2.595	4	租赁和商务服务业	1.155	1.088	2.243	12
通信设备、计算机及其他电子设备制造业	1.163	1.395	2.558	5	电力、热力的生产和供应业	1.346	0.873	2.219	13
石油加工、炼焦及核燃料加工业	1.460	1.045	2.505	6	通用、专用设备制造业	1.003	1.208	2.211	14
仪器仪表及文化办公用机械制造业	1.163	1.285	2.448	7	煤炭开采和洗选业	1.347	0.836	2.183	15
金属制品业	1.098	1.245	2.343	8					

资料来源：中国投入产出学会课题组：《我国目前产业关联度分析——2002年投入产出表系列分析报告之一》，《统计研究》2006年第11期。

联度也发生了一定的变化`（见表2）。

根据表2，与1997年相比，2002年产业关联度排在前15位的产业中保留了8个，它们分别是金属冶炼及压延加工业、化学工业、通信设备、计算机及其他电子设备制造业、电气机械及器材制造业、造纸印刷及文教用品业、交通运输设备制造业、电力、热力的生产和供应业、租赁和商务服务业。排在前15位的其他产业主要是能源产业部门和高技术产业部门。

根据以上分析，我国今后应以制造业尤其是高技术产业作为经济发展的主导产业，这类产业属于知识密集型产业，附加值高，产业链长，对经济的拉动作用大。能源、原材料等基础工业部门和部分传统产业的发展也应得到重视和加强。此外，还应加快推进第三产业的发展。

三、主导产业群体及其更替

通过产业部门之间的联系，相关产业组合成一个群体。主导产业实际上也以一个群体出现，主导产业对国民经济的带动作用正是主导产业群整体作用的结果。而且，主导产业群是随着经济发展阶段的更替而不断变化的。从近代第一次产业革命以来，世界经济的发展总共经历了五次主导产业群的更替，每次更替的主导产业部门都不相同。

近代第一次产业革命，使社会生产力的发展由手工业阶段进入到机器体系阶段，世界经济开始在英国等少数国家突破传统经济状态进入现代经济增长阶段，从而形成了第一个主导产业部门即棉纺织工业部门以及第一个由纺织工业、冶铁工业、采煤工业、早期制造业和交通运输业组成的主导产业群体。

由于第一次产业革命成果的延伸应用，铁路和机车得到发展，在19世纪中叶开始出现铁路狂潮，形成了第二个主导产业部门及主导产业群，即钢铁工业和铁路修建业部门以及由钢铁工业、采煤工业、造船工业、纺织工业、机器制造业、铁路运输业、轮船运输业及其他工业组成的主导产业群体。

19世纪末20世纪初，电力的发明和应用以及由此形成的第二次产业革命，使电力工业、汽车工业、化学工业和钢铁工业即重化工业成为第三个主导产业部门，电力工业、电器工业、机械制造业、化学工业、汽车工业以及第二个主导产业群中各产业部门相应构成第三个主导产业群体。

20世纪上半叶，第二次科技革命和产业革命的继续和深化，使汽车工业、石油化学工业、钢铁工业、耐用消费品工业历史性地成为第四个主导产业部门，而耐用消费品、宇航工业、计算机工业、原子能工业、合成材料工业以及第三个主导产业群中各产业部门则组成第四个主导产业群体。

20世纪末21世纪初，随着第三次科技革命的完成和一系列高新技术的产业化，形成了第五个主导产业部门即主导产业群体。第五个主导产业部门是信息产业，而新材料、新能源、生物工程、宇航工业等新兴产业部门再加上第四个主导产业群中各产业部门组成的产业群体历史性地成为第五个主导产业群体。

以上五个主导产业部门及其群体的更替可归纳为表2-1。

表2-1　　　　　　　　　　主导产业及其群体更替表

	主导产业部门	主导产业群体
第一个产业群	棉纺工业	纺织工业、冶铁工业、采煤工业、早期制造业、交通运输业
第二个产业群	钢铁工业 铁路修建业	钢铁工业、采煤工业、造船工业、纺织工业、机器制造业、铁路运输业、轮船运输及其他工业
第三个产业群	电力工业、汽车工业、化学工业和钢铁工业	电力工业、电器工业、机械制造业、化学工业、汽车工业+第二个主导产业群各产业
第四个产业群	汽车工业、石油工业、钢铁工业、耐用消费品工业	耐用消费品工业、宇航工业、计算机工业、原子能工业、合成材料工业+第三个主导产业群各产业
第五个产业群	信息产业	新材料工业、新能源工业、生物工程、宇航工业等新型产业+第四个主导产业群各产业

主导产业及其群体的更替说明，在产业发展中，主导产业及其群体的历史演进是一个由低级到高级、由简单到复杂，产业总量由小到大的渐进过程。在这个过程中，由于主体需要的满足和主体发展中不同阶段的不可逾越性以及社会生产力发展中不同技术阶段衔接的不可间断性，决定了发展中国家在选择和确定主导产业及主导产业群体，进行主导产业及主导产业群体的建设时，一方面必须循序渐进，但某些领域可以"跳跃式"发展；另一方面可以兼收并蓄，综合几次主导产业及其群体的优势，缩短产业建设高级化的时间，在起点低、起步晚的情况下，用较短时间走完产业结构高度化所历经的近250年左右的路程，实现产业及其群体的高级化和合理化，实现经济社会的现代化。

案例

美、日两国主导产业选择的比较

一、主导产业选择模式比较

大多数美国经济学家认为，市场竞争和供求关系足以促进具有竞争能力的产业的发展，产业结构的协调可以通过市场机制来实现，因而没有必要制定产业规划和选择某些产业加以扶持。即使在发展初期，如果市场机制未能发挥作用，政府也没有必要着力支持某些新兴的高技术产业的发展。他们认为，在选择优先发展或有前途的产业方面，政府的知识是有限的，市场的力量和选择则更具权威性。因此，美国一般不去寻找最佳产业以及最佳产业发展道路，而是采用一种创造产业自我调整基本经济环境的办法，或者是根据经济自然发展过程中出现的问题采取相应的补救措施，就这些特性而言，美国主导产业选择带有被动性质。

日本是一个缺少自然资源和能源的国家，国际贸易对日本经济发展是至关重要的。同时，它作为一个工业化晚于欧美一两个世纪的新兴资本主义国家，在经济发展和国际贸易中均处于不利地位。为了在较短时间内以较小的代价赶上或超过欧美发达国家，获得"赶超型"国家的"后发性利益"，日本政府采取了充分考虑国际贸易结构的变化趋势，对产业结构的发展进行规划，对主导产业进行重点"倾斜"，以弥补和纠正市场机制的缺陷，促进产业按最优路线发展。

二、主导产业的变更和成长机制比较

美国农业在长达半个世纪（1864~1910）的时期中一直发挥着主导产业的作用，这在世界上是绝无仅有的。进入20世纪后，20年代时，机械工业曾是美国的主导产业，其生产总值和劳动就业曾居于制造业的首位。但到了40年代，钢铁、汽车、建筑业已成为美国的三大主导产业，这大概持续了20多年。汽车工业带动了钢铁、化工、石油等工业以及公路建设和服务业的发展。建筑业带动了建材、钢铁、建筑设备等工业的发展，钢铁工业则带动了冶矿业并促进了汽车、机械等制造工业和建筑业的发展。但到60年代中后期，飞机制造业已超过了钢铁工业。

进入70年代中后期，美国的钢铁、汽车和建筑业三大产业变成利润率低的部门，许多大型钢厂开始出现了亏损，炼钢能力利用率只有50%左右。出现这种情况的主要原因是国际竞争激烈、劳动生产率增长缓慢和美国的高工资。

到80年代，美国已进入了信息服务为主的后工业社会，以高技术为基础的新兴产业不断涌现，第三次产业在国民生产总值中的比重已接近70%，劳动就业人数已占全国就业人数的70.5%，汽车、飞机（宇航）和电子工业虽在工业部门起主导作用，但一般不提主导产业，因为整个制造业的生产总值占

> 国民生产总值的比重已从50年代的28%~30%下降到80年代的20%。
>
> 　　日本主导产业的形成和变更大体经历了四个阶段：第一阶段是1868~1930年，以纺织工业为主导，重点发展棉纺织业。第二阶段大体是1946~1960年，以电力工业为主导，重点发展火力发电事业，后期把钢铁、石化、机械等工业发展提上日程。第三阶段大体是1960~1970年，以重化工为重点，以石油化工、钢铁、造船业为主导，但同期也制定了三次机械工业振兴法，促进了机械工业合理化和高度化，这一阶段是经济高速增长时期，由于钢铁工业的迅速发展，为机械工业的大发展创造了条件。第四阶段是从20世纪70年代以后，这一时期是世界经济动荡和危机时代，以汽车为代表的机械工业和以家电及电子计算机为代表的电子工业已经成为主导产业。这四个阶段的主导产业相互交替领先，互相带动，促进了日本经济的现代化，使工业结构在重工业化的同时，走向了高加工度化的道路。
>
> 　　进入20世纪80年代，日本经济进入了信息、知识密集时代，微电子产业、机电仪器一体化的机电工业以及新材料、新能源、生物工程、宇航、海洋开发等高技术产业成为带动国民经济的主导产业。
>
> 　　——资料来源：何诚颖：《美、英、日三国主导产业选择比较研究》，《人大复印资料》1996年第8期。

第二节　产业结构优化

一、产业结构优化的含义

　　产业结构优化是指通过产业调整，使各产业实现协调发展，并满足社会不断增长的需求的过程。产业结构优化是一个相对的概念，它不是指产业结构水平的绝对高低，而是指在国民经济效益最优的目标下，根据本国的地理环境、资源条件、经济发展阶段、科学技术水平、人口规模、国际经济关系等特点，通过对产业结构的调整，使之达到与上述条件相适应的各产业协调发展的状态。产业结构优化包含两方面的含义：一是结构效益优化，即结构演进过程中由于协调化而产生的结构效益不断提高；二是转换能力优化，即产业发展过程中，不断提高技术创新能力，提高对社会资源供给状况和市场需求状况变化的适应能力，从而实现技术创新能力的市场化过程。由此可见，产业结构优化是一个动态过程，尽管在各发展阶段和时点上内容有所不同，但一般包括产业结构合理化和产业结构高级化两个方面的内容。

产业结构合理化与产业结构高级化有着密切的联系。产业结构合理化为产业结构高级化提供了基础，而产业结构高级化则推动产业结构在更高层次上实现合理化。产业结构合理化的着眼点主要是经济发展的近期利益，而产业结构高级化则更多地关注结构成长的未来，着眼于经济发展的长远利益。产业结构优化的方向是使结构趋于合理，然后在合理化的基础上通过制度创新和技术创新，实现合理化和高级化的统一：一方面，要使结构在合理化过程中具有自我上升和转换的功能，合理化过程必须反映高级化的要求；另一方面，要使结构高级化过程中具有自我协调的功能；高级化的阶段性目标要以结构相对合理为基础，高级化过程必须反映合理化的要求。

(一) 产业结构合理化

1. 产业结构合理化的含义。产业结构合理化是指各产业内部保持符合产业发展规律和内在联系的比例，保证各产业持续、协调发展，同时各产业之间协调发展。产业结构合理化包括以下三方面相互联系的内容：

(1) 从静态方面看，三次产业以及三次产业内部的比例要相互适应。这不仅是经济增长和发展的结构，而且是经济进一步增长和发展的条件，因而它们之间比例关系的协调不仅要符合经济运行过程的内在要求，而且要适应国民经济的发展，即使是相对静态的比例关系，也要反映动态过程的一般特点。

(2) 从动态方面看，三次产业内部以及三次产业之间增长与发展的速度要相互协调，即在产业联系的基础上，产业结构合理化要反映部门之间投入产出关系的变动。

(3) 从质态方面看，各产业部门的联系、变动和流向要符合经济发展过程的一般规律。这是产业结构合理化的高层次内容。

2. 产业结构合理化的本质。产业结构合理化的本质是协调。这里的协调不是指产业之间的绝对协调，而是指各产业之间有较强的互补和谐关系和相互转换能力，其实质就是社会资源在各产业的重新配置，以达到产业结构合理化的要求[1]。只有强化产业之间的协调，才能提高其结构的聚合质量，从而提高产业结构的整体效果[2]。这种协调状态一般包括以下几个方面：

(1) 产业素质协调。产业结构作为一个系统，若要取得较高的系统运行效率，则系统的构成要素——各个不同的产业应当具有基本相同的素质。对产业素质的衡量，我们可以通过比较劳动生产率这一指标来判断。在现实经济中，由于

---

[1] 龚仰军：《产业结构研究》，上海财经大学出版社2002年版，第219页。
[2] 周振华：《产业结构优化论》，上海人民出版社1992年版，第107页。

存在技术进步速度不均等规律，各产业间的技术水平和劳动生产率一般不同。具有较高技术水平和较高劳动生产率的产业，可以看作具有较高的产业素质；反之，则称该产业的素质较低。一般而言，当各产业比较劳动生产率的数值分布比较集中且又呈现出某种层次性时，则可以认为各产业的素质比较协调。

（2）各产业相对地位协调。在产业结构系统中，各产业由于增长速度和所起的作用不同而有着不同的地位，这些处于不同地位的产业按主次轻重的有序组合，就构成了一个产业结构的层次性。如主导产业和支柱产业等产业部门在产业结构系统中占据了较为明显的主要地位，一般都会成为投资和发展的重点，得到产业结构政策的更多倾斜。如果一个产业结构缺乏层次性和主次性，缺乏一组带头的产业和发展重点，则整个产业结构就会显示出缺乏协调的紊乱，从而影响和制约产业结构的综合转换效率。

（3）产业交替时间协调。对于同样的经济活动，在不同的时期其效果是不同的。产业结构演变过程具有一定的规律，在不同的经济发展阶段可以选择不同的重点产业来进行发展。通过对产业交替的时间选择，可以成功地缩短产业结构的演进过程，极大地节约经济时间。如果错误地选择产业交替的时间，则会造成社会资源的极大浪费。

（4）产业结构空间协调。在目前的技术水平条件下，产业结构系统的生产能力总是落实在一定的地域空间，因此也就产生了生产力布局以及由此而导致的产业结构的空间协调问题。

3. 产业结构合理化协调的机制和条件。产业结构合理化协调的机制主要包括以下三方面：

（1）合理的价格体系。一个合理的价格体系，应能准确、快速地反映市场供求状况，引导社会资源的流向。在合理的价格体系中，某一生产要素的价格上涨时，反映该生产要素的相对稀缺程度加剧。在企业追求利益最大化动机的驱动下，市场应当增加该生产要素的供给；反之，当某一生产要素的价格下跌时，表明该生产要素的相对稀缺程度减缓，市场应当减少该生产要素的供给。

如果价格体系扭曲，价格变动不能真正反映市场的供求状况，价格机制失灵，那么依据价格机制做出的企业决策就会出现错误，最终导致市场供给不能适应市场需求，如此形成的产业结构也必然是不合理的。

（2）科学的计划机制。在市场与计划相结合的协调方式中，计划机制是以计划协调为主的部分。计划协调建立在对未来事态发展进行预测的基础上，这意味着计划协调可能存在一定缺陷。为了有效地发挥计划协调的作用，应注意以下几方面的问题：一是计划制定方法的科学性；二是计划宜粗不宜细；三是计划以指导性为主；四是计划决策程序的民主化。

（3）有效的反馈系统。一个有效的反馈系统要求其反馈的信号能完整地、真实地传递给施控主体，以利于施控主体向控制器做出准确的控制指令。在市场与计划相结合的协调方式中，最主要的反馈信号是资源配置信号。政府有关部门或者企业将根据所接收的这类信号，分别发出有关指令，制定（或修正）计划或者根据价格机制做出投资决策。显然，失真的反馈信号将导致错误的指令，从而不能实现产业结构合理化协调的目标。

产业结构合理化协调的条件主要体现在以下三个方面：

（1）完善的市场运行机制。在市场与计划相结合的协调方式中，市场协调是主体，计划协调是补充。因此，协调作用的有效发挥依赖于一个较完善的市场运行机制。对于产业结构合理化协调而言，主要就是要求资源能够充分流动，以及市场的供求信号真实、完备。

（2）有效的政府。建立完善的市场机制，有赖于一个有效的政府。在市场机制中，政府的作用主要是营造市场竞争氛围，并维持市场运行秩序。有效的政府应通过制定并实施公平、公正的计划，引导资源的流向。为此，政府应成立一个权威性的计划制定和协调控制机构。日本经济起飞时的产业结构审议会，就曾较好地发挥了这样的作用。

（3）企业的自主地位。在市场与计划相结合的协调机制中，对资源进行直接配置的角色主要由企业来承担。因此，应该保证企业拥有自主权。剥夺了企业的自主权，实际上就是以政府替代了企业在协调机制中的主体地位。而在目前的技术条件下，政府无法有效承担这个重任。因此，给予企业充分的自主权，也是保证产业结构合理化协调有效运行的重要前提。

（二）产业结构高级化

1. 产业结构高级化的含义。所谓产业结构高级化，是指在产业技术创新的基础上发挥主导产业的作用，不断提高产业结构的素质，为经济发展创造必要的条件，实现产业结构由低级到高级的产业演进过程。产业结构从低级向高级过渡，不断提高产业结构的素质，即为高级化过程。它包括三方面的内容：一是在整个产业结构中，由第一产业占优势向第二、三产业占优势转变；二是由劳动密集型产业占优势向资本、知识密集型产业占优势转变；三是由制造初级产品的产业占优势向制造中间产品、最终产品的产业占优势演进。

产业结构高级化的实质内容包括结构规模由小变大、结构水平由低变高和结构联系由松变紧。

所谓结构规模由小变大，是指产业部门数量增加，产业关联复杂化，其主要指标是部门之间中间产品的交易规模，即中间产品的使用量。部门之间交易规模的扩大主要通过范围扩张（即参与交易活动的部门增加）和数量增加（即部门之间交易活动的容量增加）两种方式得以实现。现实经济发展表明，产业结构规模扩大的实质是产业结构借助量的扩张而推动质的提升。这是一种普遍趋势且具有不断强化的趋向，主要由两方面因素引起：一是部门之间交易的增加。随着部门的增加和部门之间联系的密切，中间产品的交易和交易环节不断扩大和增多，从而使生产结构变得比以前更"迂回"了。二是制成品投放对初级产品投入的替代。工业化的历史过程表明，初级产品的中间使用量逐步下降，制成品的中间使用量将迅速上升，这实际上是现代工业发展的结果。

结构水平由低变高，是指以技术密集型为主体的产业关联取代以劳动密集型为主体的产业关联，这种产业之间的技术关联是通过中间产品的运动来实现的，即通过中间产品的使用及其消耗程度使产业之间发生相应的生产技术联系。中间产品的直接消耗系数（又称投入系数）反映了各产业部门之间的技术联系。在投入产出表中，第 j 生产部门产品的直接消耗系数等于生产 j 部门的单位产品所消耗 i 部门的产品数量，这一系数越高，意味着该部门物耗越高，技术水平自然就越低。

结构联系由松变紧，是指产业之间的聚合程度提高，关联耦合更加紧密。其主要标志是聚合质量，即产业之间的耦合状态以及由此决定的系统整体性功能，可以从产业系统，从特定产业部门在整个产业链条中所处地位和顺序的角度及这一链条的耦合紧密程度来衡量。

一国的产业结构只要以上这三个方面发生了变动，那就说明该国的产业结构发生了质的变动。也正是这些产业结构质的变化决定了三次产业之间产值和劳动力比例的变化，那些用超经济强制力改变三次产业的构成通常不会产生真正的产业结构成长，而只会导致产业结构超前转换或虚假转换。

2. 产业结构高级化的直接动因。一般来说，当影响产业结构的因素互相作用趋于一致时，就会促使产业结构朝更高阶段发展，而在发展过程中，"创新"起着主要的推动作用。

所谓创新，按照熊彼特（Schumpeter）的观点，就是导入一种新的生产函数，从而可大大提高潜在的产出能力。而产业结构升级过程，就是伴随着技术进步和生产社会化程度的提高，不断提高产业结构和资源转换器的效能和效益的过程。因此，创新也就成为产业结构高级化的直接动因。创新对产业结构升级的直接推动作用，主要可通过以下两个方面来表示：

（1）创新导致了技术进步。导入新的生产函数，一种表现是在原有生产要素状态下，通过系统内部结构的调整，提高系统的产出。显然，导入了新的生产函数，也就是导入了系统的技术进步，而系统的技术进步，将会导致产业结构的进步。

这里需要着重指出的是，在影响产业结构的诸多供给要素中，任何要素的供给条件发生了变化，都可能对产业结构产生影响，如自然资源优势的改变、劳动力价格的变化等。但产业发展的历史表明，唯有技术进步，才能使产业结构发生重大的质的变化，如蒸汽机的发明和应用就对原来的产业结构进行了一次革命。因此，由创新导致的技术进步对产业结构升级的推动作用是相当大的。

(2) 创新可以培育新的经济增长点。产业结构是不断变化的，而带动这种变化的龙头是新的经济增长点。一个国家有新的经济增长点，这个国家的经济就发展；一个企业有新的经济增长点，这个企业就有竞争力。创新可导致一些产业得以迅速地进行扩张，而这些高速成长的产业对产业结构的发展贡献尤为突出。在过去的几十年里，以技术创新为基础的新产品与服务的生产浪潮，缩短了产品与服务的生命周期。1990年，美国平均新产品开发周期为35个月，1995年缩短为24个月，而信息产业的某些产品甚至几个月就淘汰更新，著名的摩尔定律就深刻地揭示了在微电子领域技术创新的巨大威力。

(3) 创新带来了新的市场需求。导入新的生产函数的另一种表现，就是创造了新的产出（包括产品和劳务）。而新产品的出现，又可满足新的市场需求，使一部分潜在的市场需求转换为现实需求。而市场需求则可通过国民收入的总水平和分配以及各类需求结构对产业结构起到拉动的作用。

一般来说，对于产出需求弹性较大的产业，由创新带来的新产出往往会通过创造新的市场需求而吸引生产要素的流入。这是由于这部分产出刚刚进入市场，它的价格对成本的反应以及需求对价格的反应都比较敏感，从而提高产出的数量将有可能获取较高的收益。因此，当该产业取得高于全产业平均水平的收益时，社会生产要素就通过利润率平均化的原理，从其他产业纷纷流入该产业。而生产要素的流入，就直接刺激了该产业的扩张，如20世纪20年代汽车工业的创新就是一例。对于产出需求弹性较小的产业，由于其产出已经成熟，需求对价格的反应已不再敏感。创新在这些产业中带来的产出大幅度增加，往往更多的是降低了产出的价格。价格下降的结果是收益的减少，而收益减少将导致产业内生产要素的流出和产业的收缩。因此，创新为需求弹性较小的产业带来的倾向是产业的萎缩，20世纪50~60年代的农业创新就是如此。

3. 产业结构高级化的表现形式。通过产业结构高级化，由于产业结构体现的经济技术水平不断提高，资源在各产业间的分布及配置比例也将发生有利于整体经济效益提高的结构性变化。产业结构高级化主要表现在以下几个方面：

（1）产值结构和劳动力结构的高级化。即第一产业的剩余劳动力逐渐向第二产业转移，并进而向第三产业转移。与之相适应，第一产业创造的国内生产总值的相对比重逐渐下降，第二产业与第三产业创造的国内生产总值的相对比重则持续上升。

（2）工业结构水平的高级化。这就是以轻工业为重心的发展向以重工业为重心的发展推进，即所谓重工业化；在重工业化过程中，以原材料工业为重心的结构转向以加工组装工业为重心的结构，即所谓高加工度化。

（3）高附加价值化。即产业结构选择朝着附加价值高的部门发展的趋势。

（4）技术集约化。即工业资源结构趋向以技术为主体的演进过程。随着工业结构高加工度化的发展，技术资本的质量和劳动力质量将成为工业资源结构中最重要的因素。

（5）工业结构软性化。即知识和技术日益渗透到工业生产活动之中，从而使工业生产中知识和技术密集型产品的比重与地位趋于提高。

二、产业结构优化的标志

（一）产业结构合理化的判断标准

产业结构的合理化主要体现在以下四个方面：①充分有效地利用本国的人力、物力、财力、自然资源以及国际分工的好处。②使国民经济各部门协调发展，社会的生产、分配、交换、消费顺畅进行，社会扩大再生产顺利发展。③国民经济持续稳定地增长，社会需求得以实现。④有利于科学技术进步和向产业结构的高级化推进。⑤能获得较高的结构效益，实现人口、资源、环境的协调发展。

产业结构合理化的判断标准，目前主要有三种：

1. 国际标准。即以钱纳里等人倡导的"标准结构"为依据，来判断经济发展不同阶段中的产业结构是否实现了合理化。"标准结构"是大多数国家产业结构演进的综合描述。作为大多数国家产业结构演进轨迹的综合描述，反映了产业结构演进过程的某种规律。虽然"标准结构"可作为判断一个特定产业结构是否合理的参照系，但进一步研究表明，各产业结构系统在其自身的发展中，由于所处时空环境的差异，各国都有自身发展的独特轨迹，很难形成统一的发展模式和产业结构，所以很难用一种标准模型来判断不同时期各国的产业结构是否合理。比如，工业先行国与工业后起国在进入工业化阶段时的基础不同，就导致了两者在产业结构的表现上有较大差异：

（1）产业结构的运行速度不同。在社会经济的发展程度上，后起国比先行国要低得多，传统经济成分的比重较大，成长起点相对低下，通常并不是在完成发育任务后再进入现代工业化阶段，而是先发动经济增长进入工业化，在工业化进程中培养增长因素，同时完成发育任务。因而，一般来说，先行国产业结构运行轨迹比较平稳，后起国运行轨迹较为倾斜，在一些条件下出现加速的阶段性特征。由于种种因素的作用，后起国在产业结构的运行速度上具有明显的"压缩型"演进特点。所谓"压缩型"演进，是指产业结构的变动速度在一定阶段出现加速现象。通过"压缩"，先行国一般需要相当长时间完成的某个阶段结构转换的任务，后起国（地区）则只在较短的时间内就能完成。例如，在产业结构的运行、变动速度上，东亚处在不同阶段的国家分别要明显快于世界上与其相应发展阶段的国家。

（2）"大国"结构与"小国"结构的差别。大国或小国结构是依据国内市场规模和资源禀赋充裕程度决定的。大国结构相对于小国结构，在较低的收入水平时即可进入结构迅速变动的阶段。在大国结构中，市场规模较大，有利于在较低的水平上实现规模化生产。在大国结构中，制造业的比重一般也要高于小国结构。

2. 需求结构判断法。即以产业结构和需求结构相适应的程度越高，则产业结构越合理；相反，两者不适应或很不适应，则产业结构不合理。三次产业的形成，首先是需求结构、个人消费结构随收入水平变动而变动的结果。在最终需求中消费和投资的比例关系也决定了消费资料产业同资本资料产业的比例关系。而且投资也可形成新的生产能力，投资在各个产业部门的分配是改变已有产业结构的直接原因。投资结构的变化，要受到生产工艺、生产技术以及资本有机构成变化的影响。

3. 产业间比例平衡标准。即以产业间的比例是否平衡作为判断产业结构合理与否的标准。从理论上说，经济增长是在各产业协调发展的基础上进行的，产业之间保持比例平衡是经济增长的基本条件。一个产业结构系统功能的整体发挥，不是取决于该系统中产出能力最强的产业，而是取决于该系统中产出能力最弱的产业。当一个产业结构系统存在瓶颈产业时，系统的生产能力将受制于这些瓶颈产业的作用发挥程度。因此，在一个产业结构系统中，如果缺乏产业间的比例平衡，就会极大地削弱系统的生产能力和总的产出水平。

（二）产业结构高级化的标志

在工业化过程中，产业结构的高级化要经历四个阶段。

第一阶段是产业结构的重工业化阶段，这个阶段的特征是工业结构由以轻纺工业为主转向以重工业、化学工业为主。

第二阶段是产业结构的高加工度化阶段，即重工业化过程中由以原材料为重心的结构转向以加工组装工业为重心的结构。这个阶段的特点是生产的社会化程度和专业化联系高度发达，产业结构的成长摆脱了受区域性资源结构强制的压力和资源短缺的限制，从而不断向前推进。

第三阶段是产业结构的知识技术高度密集化阶段。在这个阶段，各工业部门越来越多地采用高级技术，以知识技术密集为特征的尖端工业广泛兴起和发展。这个阶段是国民经济的发展和产业结构的成长摆脱资本积累的局限性，开始突破工业社会的框架，实现向"后工业社会"的产业结构转变。

第四阶段是产业结构的高信息化阶段。一方面是利用信息技术改造国民经济各个领域，加快农业的工业化和工业的信息化。信息技术和信息产业不仅是国民经济的支柱，而且可以推动其他部门的更新换代和现代化。另一方面是利用信息技术提高国民经济活动中采集传输信息和利用信息的能力，提高国民经济的国际竞争力。

对一个特定产业结构系统的高级化如何进行判别，主要有如下两种方法：

1."标准结构"法。"标准结构"是大多数国家产业结构高级化演进的综合描述，一般是通过统计分析的方法，对样本国家产业结构高级化表现出的特征进行统计归纳，并在此基础上综合出能刻画某个高级化阶段的若干指标作为产业结构演进到此阶段的"标准"和代表。在利用"标准结构"对产业结构高级化进行实证研究中，库兹涅茨、钱纳里、塞尔奎因等人做出了巨大贡献。他们在一些著作中统计归纳的一些"标准"，经常被他人作为"尺子"来"丈量"一些特定的产业结构系统，所归纳总结的"标准结构"被称之为产业结构的"发展形式"。这种方法一般用以下三种指标来衡量产业结构的高级化。

（1）产值结构。自库兹涅茨起，从事产业经济学研究的经济学家就开始重视产值结构和产业结构高级化关系的研究。"标准结构"也是以产值结构为其衡量的标准。在利用产值结构对产业结构高级化进行分析时，要注意的是所采用的价格体系。若价格体系中各产业产出的比价是合理的，则产值结构能准确地反映产出结构；当比价不合理时，产值结构所反映的产出结构是扭曲的，从而导致在衡量产业结构高级化时出现误差。

（2）劳动力结构。在劳动力能够自由流动的商品社会，人们为了获得更多的收入，一般会趋向于收入较高的产业。劳动力在不同产业间的分布，就形成了劳动力结构。

通过劳动力结构来观察产业结构，需要注意几个问题：首先，劳动力作为产业结构系统的投入，只是诸多投入要素之一。其次，不同的劳动力具有相当的一致性。马克思曾指出，人类的劳动存在着简单劳动和复杂劳动之别，而不同质的劳动力在生产活动中所发挥的作用并不相同。因此，仅用劳动力人数结构来反映劳动力结构是有缺陷的，但目前简单劳动和复杂劳动之间的换算问题在实践中一直未得到很好的解决，所以现有的"标准结构"都采用"劳动力人数"基本指标。最后，劳动力要素的市场流动问题也是在选用劳动力结构指标时应考虑的问题之一。如果劳动力要素不能自由流动，则一个产业的劳动力就业状况不能真实反映该产业对劳动力要素的需求，从而所观察的产业结构在劳动力结构上的表现也是一种被扭曲的假象。

（3）相对劳动生产率结构。劳动生产率是反映劳动力要素使用效率的指标。一般而言，由于各产业所采用的产业技术不同，各产业的劳动生产率也不相同。产业技术相对落后的产业，其劳动生产率相对较低；反之则相对较高。经济学的研究发现，随着社会的发展和技术的进步，各产业的劳动生产率有逐渐缩小差别的趋势。为此，可以用不同产业劳动生产率之比来反映一国产业结构的高级化。

我们把两个产业的劳动生产率之比称作相对劳动生产率，其计算公式为：

$$P_i/P_j = (Y_i/L_i)/(Y_j/L_j)$$

式中：P、Y 和 L 分别代表劳动生产率、产出量和劳动力使用数量；下角标的 i 和 j 分别代表产业 i 和产业 j。

通过相对劳动生产率结构来观察产业结构高级化，虽然不如使用产值结构和劳动力结构普遍，但也常被一些学者使用。

在此，我们选取赛尔奎因和钱纳里（1989）的"标准结构"模式为例（见表2-2）。

表2-2　　赛尔奎因和钱纳里的"标准结构"模式（1989）　　单位：美元、%

	人均国内生产总值的基准水平（1980年，美元）					
	300以下	300	500	1000	2000	4000
产值结构						
第一产业	46.3	36.0	30.4	26.7	21.8	18.6
第二产业	13.5	19.6	23.1	25.5	29.0	31.4
第三产业	40.1	44.4	46.5	47.8	49.2	50.0
劳动力结构						
第一产业	81.0	74.9	65.1	51.7	38.1	24.2
第二产业	7.0	9.0	13.2	19.2	25.6	32.6
第三产业	12.0	15.9	21.7	29.1	36.3	43.2
相对劳动生产率结构						
第一产业	0.59	0.53	0.49	0.44	0.40	0.40
第二产业	3.00	3.07	2.53	2.04	1.70	1.40
第三产业	2.58	2.04	1.59	1.30	1.13	1.03

资料来源：根据 Syrquin & Chenery (1989). Three Decades of Industrialization. *The World Bank Economic Reviews*, Vol. 3, pp. 152—153 整理计算而得。

2. 相似系数法。这是以某一国的产业结构为参照系，通过相似系数的计算，将本国的产业结构与参照国的产业结构进行比较，以确定本国产业结构高级化程度的一种方法。

设 A 是被比较国的产业结构，B 是参照国的产业结构，X_{Ai} 和 X_{Bi} 分别是产业 i 在 A 和 B 中的比重，则 A 和 B 之间的结构相似系数为：

$$S_{AB} = \left(\sum_{i=1}^{n} X_{Ai} X_{Bi}\right) / \left(\sum_{i=1}^{n} X_{Ai}^2 \sum_{i=1}^{n} X_{Bi}^2\right)^{1/2}$$

三、产业结构优化的途径与策略

（一）产业结构成长的模式

一国要获得较快的经济增长和经济发展，使产业结构高级化，关键是要具有适宜的产业结构转换能力。一国的产业结构转换能力，既取决于经济资源禀赋和现有的经济条件，也取决于适宜的产业政策，包括产业结构政策、产业组织政策、产业技术政策等，同时还取决于一国采用的推动产业结构高级化的模式，也可称为产业结构成长模式。尽管世界各国在产业结构成长方面各有不同特色，但基本模式可以概括为以下两类：

1. 以产业结构成长的协调机制划分的模式。

（1）纯粹市场机制模式。这种模式是利用市场机制自动地调节产业发展和产业结构的变动趋势。产业结构成长的主要动力机制为竞争，政府在多数时期内不对产业结构的成长施加任何直接影响。政府对宏观管理的作用是通过调节一整套参数体系来实现的，其基本特点是：①由于有发达的市场机制为基础，产业结构的成长侧重于依赖结构内部的自均衡、自调节过程。②外部的政策力量的作用是间接性的，它的隔离层是一整套以价格、税收、利率以及货币供应等为主体的市场参数体系。③这种模式的产业结构政策大部分侧重在需求方面。

（2）市场垄断型模式。要实现经济发展的赶超并使产业结构成长摆脱资源短缺的束缚，单纯依靠市场机制的作用是难以实现的，必须依靠政府的力量。这种模式的特点是，由政府来规划产业结构的高级化，即实现高效益的产业结构的目标，确定带动整个经济起飞的"战略产业"，并通过政府的经济计划、经济立法和经济措施，扶持"战略产业"的起飞和诱导经济按既定的目标发展。

在这种成长模式下，政府的干预作用直接深入到产业结构的内部。一方面，国家规划和对产业结构干预体系的形成和发展，使政府的决策作用触及到社会再生产过程中部门与部门之间的均衡问题；另一方面，政府直接干预了建立在高度技术基础之上的大批量生产体制的形成过程。应当指出，在这种模式中，市场的作用并没有消失。因为垄断加强了市场的组织程度，虽然市场价格等参数系统因垄断而变形，但这些参数对经济的调节作用却大大加强了。

大多数国家选择这种模式一般都有以下几个原因：①市场经济的历史基础比较薄弱，市场机制的自发作用也就比较薄弱。②在资本建立和发展的过程中，国有财产体系与超级财团的资本的界限不很明确。③可支配资源的天然短缺，这使得单凭市场机制的调节，不可能迅速积累财富并完成产业结构的高级化。④国家具有干预和控制经济的历史传统。⑤有在短期内提高经济水平的发展战略目标。

（3）中央计划型模式。中央计划经济有利于迅速地调配和转移资源，从而扶持在产业结构变革中起关键作用的重点产业。例如，在生产资料优先增长政策的支配下，产业结构的成长可以迅速地实现重工业化和高加工度化。但是，这种加快实现成长的阶段过渡，却并不能保证成长过程中产业之间相互协调的程度。由于协调不够，尽管在形式上具有催化产业结构快速演进的表现，但在实质上却导致了产业结构的种种矛盾。

2. 以产业结构演进的速度划分的模式。

（1）平稳渐进模式。平稳渐进模式的主要特点是：产业结构由一次产业为主导向三次产业为主导逐渐推进，即农业—采掘业、轻纺工业—重化工业—服务业。采取这种模式并获得成功的主要是老牌发达国家如英、法、德、美、日等。按照现在的标准，这些国家的结构升级过程也经过了工业化开始阶段、工业化中期阶段、工业化成熟阶段和后工业化阶段。但这些国家不论处在哪个阶段，在当时都居于世界领先地位。老牌发达国家产业结构的升级，在其固有的环境中，有其自身的特点。如英国，工业化前过渡阶段就经过了300年，工业化的开始阶段又经过了50~100年，这才实现了第一次升级，走上工业化之路。

（2）倾斜突进模式。倾斜突进模式的主要特点是：打破老牌发达国家那种按部就班发展经济、产业结构由低到高顺序进展的战略，而是根据本国的发展特点，按照某种标准，选定一个或几个主导产业，重点倾斜发展，以此在短期带动整个经济飞跃和产业结构升级。战后发展中国家普遍采用倾斜突进模式，这是由于战后发达国家已处于重化工业阶段，并很快向高技术和后工业化阶段迈进；而发展中国家普遍处于工业化初期阶段，产业结构位于最低状态。如果按照以往发达国家的足迹亦步亦趋，不仅发展过程和结构升级过程过于漫长，而且与发达国家的距离将越拉越大。但是，后起国家也有所谓"后起优势"，它可以参照发达国家的经验，将一些成熟的科学技术移植过来用于自身的发展。而且战后国际贸易和国际交换的发展，国际经济一体化程度加深，也为发展中国家的经济发展和结构升级提供了前所未有的条件。因此，某些选择了正确倾斜战略的发展中国家经过 20~30 年的迅速发展，一跃为仅次于发达国家的新兴工业化国家，产业结构也上升到较高级状态。显然，倾斜发展战略已是战后发展中国家成功发展的必由之路。

(二) 产业结构优化的途径与策略

1. 选择好主导产业。主导产业是经济发展的驱动轮，在主导产业的带动下，整个经济才能发展。同时，主导产业也是形成合理和有效的产业结构的契机，产业结构必须以它为核心。主导产业要与本国的经济发展阶段、产业总体结构、技术发展水平和资源条件等国情相符。

2. 大力推进产业的技术进步，加快产业结构高级化进程。技术进步对于形成新的产业分工、刺激需求结构改善、降低资源与能源的消耗、提高社会劳动生产率以及推进产业结构的演进与高级化，都具有决定性意义。

就我国而言，推进产业的技术进步应注重以下几个方面：

(1) 产业技术进步的重点应是鼓励和支持企业自身的技术创新活动，强化现有产业的技术改造，把技术进步的战略重点转移到现有工业技术的现代化方面来。对科技的开发应当重视，但只能有选择有重点地进行。

(2) 在加工工业中，把大力发展附加价值高、技术密集型工业放在重要位置。优先解决常规能源的开采和技术利用，钢铁和有色金属的冶炼技术，现代石油化工技术，机电产品的设计、工艺及加工技术，大规模集成电路技术，交通运输设备制造技术等。同时，要通过全面推广采用新技术、新工艺、新材料等来推动产业结构的现代化。

(3) 注重发展微电子技术、生物工程技术、新材料技术、宇航技术等高科技产业。

(4) 建立一种有利于技术进步鼓励内生增长的经济体制，使资源的配置更有利于技术进步和技术创新。

3. 深化经济体制改革，为产业结构优化奠定制度基础。就我国而言，产业结构合理化与高级化进程，是与经济体制的深入改革以及市场经济的完善紧密相连的。经济管理体制存在弊病，市场经济不充分发展是产业结构不协调、产业结构高级化进程缓慢的根本原因。因此，要通过经济体制改革进一步完善市场对产业发展的调节功能，协调经济改革与产业结构成长的体系，完善以市场竞争为基础的价格形成机制，发挥价格信号对产业结构调整的调节和警示作用。按照现代企业制度的要求对大型企业进行改造，使大中型企业具有转移产品结构和技术创新的能力、动力和压力。要通过产权制度、企业制度、市场体系等方面的改革，把企业推向市场，增强其应变与转换能力。

4. 制定和完善有利于产业结构优化的产业政策。世界上许多发达国家的经验证明，在推进产业结构发展过程中，市场的作用和政府的作用并不是矛盾的，而是相辅相成的。

> **资料卡**
>
> ### 产业结构调整的国际趋势
>
> 随着高新技术产业的迅速发展和经济全球化的不断深入，世界产业结构正在发生深刻的变化。
>
> **一、世界产业结构的重心正在向信息产业和知识产业偏移，产业结构高科技化的趋势日益突出**
>
> 以信息技术和生物技术产业为核心的高新技术产业将成为新一代的主导产业。未来世界经济增长的动力将主要源于高科技的发展，来自信息和知识在投资、贸易和生产等领域的高度运用。在科技进步的推动下，信息技术、生物技术、新材料技术、先进制造与自动化技术、资源环境技术、航空航天技术、能源技术和先进防御技术等一批高新技术产业正脱颖而出。在21世纪将形成一个以信息产业、生物技术产业及相关高科技产业为经济增长点的世界产业发展新格局。
>
> 产业结构高科技化是信息经济时代世界产业结构调整的新趋势。在以信息产业等为核心的高新技术产业的推动下，世界范围内产业结构的重心正在向信息产业和知识产业偏移，并逐渐建立起以知识为核心的各产业之间的新关联关系。随着高新技术产业的迅猛发展，知识经济正开始替代工业经济，大量投入流向高新技术产业和服务业，特别是信息与通信、教育与培训、研发等领域。知识经济的产生和发展，形成了一批与知识和信息密切相关的新兴产业即知识产业。高新技术的加速发展，既可使新产业不断涌现，又可使高新技术向传统产业不断渗透，高新技术被广泛用于改造传统产业。
>
> **二、制造业的国际生产网络快速扩张，国际产业转移由产业结构的梯度转移逐步演变为增值环节的梯度转移**
>
> 生产外包成为制造业国际产业转移的新兴主流方式，国际生产网络的快速扩张，使产业转移的速度和范围都达到了一个新的水平。以跨国公司为主导的国际分工进程加快，促进了资本、商品、技术、人员及管理技能等生产要素的跨国界流动，形成了制造业的全球价值链，进而推动了全球产业结构

的调整。全球制造业领域的产业分工正在从传统的产业间分工，向各个产业内部的分工、进而以产品专业化为基础的更精细的专业化分工转变。跨国公司把非核心的生产活动分包给成本更低的发展中国家的企业去完成，使位于不同国家的企业形成一个国际分工协作网络，每一个生产环节都成为全球生产体系的一部分。

国际生产网络有利于节约社会劳动成本，提高效率，使生产要素达到更高层次的合理配置。产业转移不再是个别企业的孤立行为，而是在国际生产网络的基础上，形成了以跨国公司为核心，全球范围内相互协调与合作的企业组织框架。通过这些国际生产网络，全球制造业产业转移的速度和范围都达到了一个新的水平。

发达国家制造业在国民经济中的比重不断下降，产业链的高附加值环节成为制造业发展的重点。国际生产网络的快速扩张，使发达国家的大型跨国公司将低附加值的生产制造环节转移到具有比较优势的发展中国家，自己则专注于研发、管理、财务运作、营销等价值增值环节具有相对竞争优势的核心业务。发展中国家积极承接国际产业转移，努力推动产业结构升级。

三、传统服务业和新兴服务业蓬勃发展，出现了"经济服务化"的趋势

无论是发达国家还是发展中国家，服务业在国民经济中的比重都呈上升趋势。对大多数经济体来说，服务业是增长最快的部门。根据世界银行《2005世界发展指标》提供的数据，1990~2003年，发达国家服务部门的年均增长率为3.1%，发展中国家为3.8%。高收入国家服务业占国内生产总值的比重从1990年的62%上升到2003年的70%，中等收入国家和低收入国家的这一比例分别从46%、41%上升到54%、49%。发达国家服务业对国内生产总值和就业贡献的增长主要来源于金融、保险、房地产和商务服务业，这类服务业属于为企业服务的知识密集型新兴服务业，因此也具有较高的生产率。而发展中国家服务业增长的主要动力是商业、酒店业和交通通信业这些相对较传统的服务行业，服务业对就业的贡献则主要是靠商业和社会、社区与个人服务业支撑。

——资料来源：万军、刘秀莲：《世界产业结构调整的趋势》，《中国社会科学院院报》2006年7月25日。

第三节　产业结构优化升级的评价

产业结构优化升级的评价，是从产业系统的整体出发，对产业结构的升级能力和升级效果进行全面衡量。由于产业结构优化升级过程就是产业系统技术创新能力的提高和经济效益的改善过程，所以，要全面反映产业结构优化升级的状态，必须从产业的技术创新能力和运营效果两个方面入手，进行综合评价。

一、产业结构优化升级评价指标的选取原则

对产业结构优化升级进行综合评价，必须在全面、客观、科学的基础上，建立评价指标体系。评价指标体系的建立应遵循下列原则：

（一）全局性原则

产业体系具有独立性、完整性、区域性的特点，产业结构优化升级的评价指标不能从特定区域出发，而应从一国经济的整体出发，充分考虑产业经济发展的特点，因地制宜、注重特色、发挥优势、分工合作、协调发展，建立能充分反映一国产业特征的评价指标体系。

（二）优势性原则

在经济全球化背景下，产业结构优化升级过程中的比较优势和竞争优势发挥的程度，决定了全球化背景下产业结构优化升级的力度和后劲。比较优势涉及的主要是区域间不同产业或产品的资源禀赋关系，强调区域间产业发展潜能，而竞争优势则涉及同一产业或产品的市场竞争关系，强调产业发展的现实态势。因此，构建产业结构优化升级的评价指标体系，要充分考虑这两种不同的优势效应。

（三）客观性原则

产业结构演进过程中所处的环境不同，相应的衡量标准也有所不同。在完善的市场经济条件下，要客观真实地反映产业结构演进的态势，就要选取能够科学衡量产业结构演进规律的指标体系，使之能够反映产业结构优化升级的新趋势，具有可量化、具体化、动态化的特点。为此要尽可能采用有客观数据支撑的指标，或通过相应的计算可以间接得到的指标数据，同时指标中的资料来源和评价标准尽可能采用权威性的数据。

（四）可比性原则

产业结构的优化升级，是在一定时期内，在一定的社会分工和社会需求基础上，产业技术密集度和知识含量的市场化实现程度不断提高的动态化过程。因

此，产业结构的优化升级要具有同一区域内不同时序的可比性，以及不同区域内在同一时间横截面的可比性。这要求不同区域内相同产业衡量指标的计算口径具有一致性，以保证可比性。

（五）动态性原则

产业结构优化升级的方向是合理化基础上的高度转换能力，以及高级化过程中的合理化能力实现过程。这种能力越强，说明产业结构优化升级的效果越好。因此，产业结构优化升级表现出强烈的动态特征。产业结构优化升级的评价也要充分考虑到这种动态性特征，将同一指标在不同时段的变动作为衡量转换强度的评价指标。

（六）导向性原则

产业结构优化升级的过程不仅受市场经济体制的影响，而且受政府各种宏观、微观经济政策的影响，尤其是在以政府主导经济力度较大的国家和区域，产业结构优化升级就更不能忽视政府的经济发展战略和产业发展政策。因此，产业结构优化升级的评价指标，要与国家、区域、部门等在不同时期内的主要战略方针和战略目标高度相关。

二、产业技术创新能力的评价

产业结构优化升级的实质内容是产业技术的不断升级换代并实现其市场化的过程，这主要取决于产业技术创新能力的不断提高，而产业技术创新能力的不断提高又取决于产业系统内各子系统的技术创新能力。因此，评价产业结构优化升级，首先要对产业系统及其子系统的技术创新能力进行衡量。

衡量产业系统技术创新能力需从多个侧面综合反映。影响技术创新能力的因素，有创新产品的内部经营管理能力和外部市场营销能力两方面的因素（可参考第七章第一节的部分内容），对产业系统技术创新能力的评价也应从内部、外部两方面入手。其中，内部评价指标涉及产品、工艺、管理和组织等过程的技术创新能力，外部评价指标涉及市场地位和竞争力方面的创新能力。具体构成如下：

（一）创新资源投入能力

创新资源投入能力是指产业系统技术创新资源投入的数量和质量。按照国际通行的方法，创新资源的投入分为研究开发（R&D）投入和非研究开发投入。

1. 研究开发的投入强度。研究开发的投入强度（％）＝研究开发投入产出效率×研究开发经费支出/产品销售收入×100％。其中，研究开发投入产出效率可采用单位研究开发的投入所产生的重大技术创新项目数（项）和重大技术创新投产项目数（项）来综合衡量。研究开发经费支出主要用人员和设备的投资情况来衡量。

2. 非研究开发的投入强度。它是技术创新活动中除了研究开发经费以外的部分，主要用技术引进与消化吸收的投资和技术改造的投资来衡量。

（二）创新组织管理能力

创新组织管理能力是指产业系统从整体上、战略上对技术创新的组织和实施能力，主要采用创新战略的可行性、创新机制的有效性以及创新资源的可获得性来衡量。产业系统创新战略必须服从经营战略，主要侧重于如何增强自身技术实力和技术竞争能力的控制程度等。因此，产业系统要在充分分析和掌握自身技术能力的基础上，正确估量创新机会，选择技术创新的主攻方向。

1. 创新战略的可行性。这是对产业系统新产品的生产制造能力、产业化前景和市场化效应的综合评估。其中，新产品生产制造能力又是技术装备的先进程度、产业系统人力资源对创新实施过程的适应性、创新产品生产的标准化程度和系列化措施等方面的综合；而创新产品的产业化前景和市场化效应的评价，可综合市场需求状况、产品的独特性、新颖性和优越性等方面的因素。

2. 创新机制的有效性。高效的技术创新机制是使技术资源得到合理配置的组织运行机制，这要求产业系统内研发、生产、营销等方面能有效地实现综合管理和合理衔接，且技术人员的创新积极性得到有效发挥。

3. 创新资源的可获得性。它是指产业系统有效利用部门外部技术力量的能力，实现产业系统与科研院所的合作，它可用产、学、研相结合的创新基地数来衡量。

（三）技术创新研发能力

技术创新研发能力是创新资源投入和配置积累所产生的效果，可以用技术的先进性、专有技术及技术成果的多样性、技术创新的扩散性和新产品的比率来衡量。

1. 技术的先进性。这项指标的评价由新产品技术含量的增量来衡量，而可以用新产品技术要素的贡献强度和新产品的附加值之积来表示，即 $TC_A = TC_C \cdot V_A$，其中，TC_C 是产品附加值技术要素的贡献强度，称为技术含量系数。一项技术的 TC_C 越接近于 1，说明技术越先进；TC_C 越接近于 0，说明技术越落后。根据这个公式，TC_A 趋于 0，说明新产品所使用的技术和原有的技术完全相同。

2. 专有技术及技术成果的多样性。产品的专有技术可由产业系统拥有自主知识产权的主导产品数、有自主知识产权的名牌产品数和专利授予数来综合评价。

3. 技术创新扩散性。产业系统内的技术创新扩散是从产业系统第一次使用新技术开始，直到该新技术在产业系统的应用达到饱和为止的整个时间来衡量。即：产业系统新增资本存量 = （t+1）时点的资本存量 - t时点的资本存量。

4. 新产品的比率。这可以用产业系统新产品的销售额占总销售额的比重来衡量。

（四）创新产品制造能力

创新产品制造能力可以采用技术装备的先进性、技术人员的适应性、标准化程度和相关技术支持来衡量。

1. 技术装备的先进性。技术装备的先进性可以采用主要技术装备的技术水平和人力资源的技术能力综合评价，前者可用微电子控制的技术装备原值与主要技术装备原值的百分比来衡量，后者可用操作人员技术等级的平均值来衡量。

2. 技术人员的适应性。这是对产业系统技术人员对新产品的技术适应能力进行评价，可以采用产业系统在新技术推广和应用过程中，对各类生产技术人员的技术培训投入来衡量，即：新产品培训投入 = 新产品培训投入/产业系统全部培训投入。

3. 标准化程度。这是对新产品生产技术装备标准化程度的分析，可以采用在所有技术装备中的国际标准所占比重、国家标准所占比重、行业标准所占比重等综合衡量。

4. 相关技术支持。这是对与创新产品生产过程相关技术支持的技术评价，可采用配套技术创新投入、技术的连续性、相关技术资源的可获得性等方面进行综合。

（五）创新产品营销能力

对创新产品营销能力的评价可以从创新产品的市场控制能力、销售增长率、相对市场占有增长率和分销系统的网络化程度等方面来着手。

1. 创新产品的市场控制能力。这项指标可由产业系统规模、产业系统原有的产品市场占有率和产品形象、资产增值能力、市场开发能力和原材料控制能力等综合。

2. 创新产品的销售增长率。这项指标可根据创新产品销售率和专职销售人员比重来综合评价。

创新产品销售率 = 创新产品销售收入/创新产品产值 ×100%

专职销售人员比重 = 专职销售人员数/产业系统员工总数 ×100%

3. 创新产品的相对市场占有增长率。创新产品的相对市场占有率 = 创新产品市场占有率的增长率/同类产品的市场占有率的增长率。

4. 分销系统网络化程度。这项指标可用产业系统原有产品的分销系统网络化程度来衡量，即对产品销售网点数目、分布状态进行综合。

三、产业结构优化升级的效果评价

关于产业结构优化升级的效果评价，可以用产业结构优化升级带来的附加价值溢出量、产业高加工度化系数以及结构效益系数作为指标。

（一）附加价值溢出量

工业的附加值特别是制造业的附加值占国内生产总值份额的持续上升最能体现一个国家工业化的基本特征。而产业的附加价值量的大小，与经济发展和产业结构优化升级的经济现象密切相关。产业结构优化升级后带来产品和服务的高附加值与升级前附加值的比较即附加价值溢出量，能够直接说明产业结构优化升级的效益。

为什么产业结构优化升级能够带来高的附加价值呢？可根据投入产出原理来分析：传统的要素投入包括资本、劳动和土地。而技术这个要素是融入资本、劳动之中的。因此，在测度投入要素时，技术与资本、劳动的关系，不是并列相加的关系，而是串联相乘的关系。当然，如果某种技术存在独立的形态并未凝结融入资本和劳动之中时，如图纸、技术软件等，这种技术就应当与资本、劳动一起并列相加。现代的要素投入除包括资本、劳动、土地之外，还应当包括技术、管理、知识、信息，而且决定经济增长的投入要素，已经主要不是资本、劳动和土地了，而是越来越依赖于知识、信息、技术和管理这些要素。其根本原因是投入要素中的科技含量高了，高科技投入必然带来高科技产出，也就是说，高科技含量带来更高的附加价值。

（二）产业高加工度化系数

产业高加工度化系数是为了测量制造业内部的构成变化，特别是深加工、高新技术和高资本含量的产业占制造业比重的变化。其计算公式为：

$$D = P_m G_m / (P_m G_m + P_p G_p)$$

式中：D 为产业高加工度化系数；P_m 为制造业生产的附加值；G_m 为制造业增长速度；P_p 和 G_p 分别为初级产品比重和增长速度。

需要指出的是，产业的高加工度化系数越高，则表明生产技术越先进，从而为社会创造更多的物质财富。但这个指标的前提条件是，产业的高加工度化系数上升必须伴随着技术的进步，具有技术集约性。

（三）结构效益系数

结构效益系数表明产业构成比例关系变动引起的效益变化，它反映总的投入产出关系。其计算公式为：

$$S = \sum_{i=1}^{n} \left(\frac{Y_i}{\sum_{i=1}^{n} Y_i} \cdot \frac{Y_i}{K_i L_i} \right) \cdot \frac{Y_0}{K_0 L_0}$$

式中：S 为结构效益指数；Y 为产值；K 为资本；L 为劳动者人数；n 为产业数。

上式等号右边第一项表示产业结构升级后的总效益，第二项表示产业结构升级前的总效益。如果 S 值上升，说明产业结构优化升级使结构效益提高；反之，若 S 值下降，则反映产业结构效益下降。

应当指出，良好的产业结构效益，将有利于改善一国经济增长和经济结构的宏观经济指标，如经济增长率、就业率、通货膨胀率、投资收益率、收入分配率等。产业结构是经济结构的核心，产业结构的优化在很大程度上决定着经济结构的优化；从总量与结构的关系看，经济总量的增长唯有建立在优化的经济结构基础上，才能取得更大的宏观经济效益。

本章参考文献

1. ［美］艾伯特·赫希曼：《经济发展战略》中译本，经济科学出版社 1991 年。

2. 陈淮：《日本产业政策研究》，中国人民大学出版社 1991 年版。

3. 龚仰军：《产业结构研究》，上海财经大学出版社 2002 年版。

4. 蒋照侠：《产业结构问题研究》，中国经济出版社 2005 年版。

5. 孔令丞：《论中国产业结构优化升级》，企业管理出版社 2006 年版。

6. 李宏松：《我国经济增长与就业弹性问题研究》，《财经研究》 2003 年第 4 期。

7. 何诚颖：《美、英、日三国主导产业选择比较研究》，《人大报刊复印资料》 1996 年第 8 期。

8. 刘世锦、冯飞主编：《2003 中国产业发展蓝皮书》，华夏出版社 2003 年版。

9. 刘小瑜：《中国产业结构的投入产出分析》，经济管理出版社 2003 年版。

10. 万军、刘秀莲：《世界产业结构调整的趋势》，《中国社会科学院院报》 2006 年 7 月 25 日。

11. 邬义均、丘均编著：《产业经济学》，中国统计出版社 1997 年版。

12. 邬义均：《我国产业结构优化升级的目标和效益评价方法》，《中南财经政法大学学报》 2006 年第 6 期。

13. ［美］W.W. 罗斯托：《从起飞进入持续增长的经济学》中译本，四川人民出版社 1988 年版。

14. 熊彼特：《经济发展理论》，商务印书馆 1990 年版。

15. 杨治：《产业经济学导论》，中国人民大学出版社 1985 年版。

16. 钟勇：《产业结构演进机理研究》，中国人民大学博士学位论文，2006 年。

17. Syrquin & Chenery (1989), "Three Decades of Industrialization," *The World Bank Economic Reviews*, Vol. 3, pp. 152—153.

18. 周振华：《产业结构优化论》，上海人民出版社 1992 年版。

19. 周叔莲、杨沐主编：《国外产业政策研究》，经济管理出版社 1988 年版。

20. 中国投入产出学会课题组：《我国目前产业关联度分析——2002 年投入产出表系列分析报告之一》，《统计研究》2006 年第 11 期。

重点名词

主导产业　赫希曼基准　罗斯托基准　筱原基准　就业弹性基准　产业结构优化　产业结构高级化　产业结构合理化

思考题

1. 什么是主导产业？
2. 如何利用就业弹性基准选择主导产业？
3. 世界经济发展经历的五次主导产业群更替中的主导产业分别有哪些？
4. 如何判断产业结构的合理化？
5. 产业结构高级化的标志是什么？
6. 评价产业结构的优化升级，应从哪些方面入手？

人物介绍

❑ 霍利斯·B. 钱纳里（Hollis Burley Chenery, 1918—）

哈佛大学教授，著名美国经济学家、世界银行经济顾问。1918 年生于美国弗吉尼亚州，1950 年获哈佛大学经济学博士学位，1968 年获荷兰经济学院荣誉博士。曾任斯坦福大学教授、美国国际开发署副署长、世界银行副行长等公职，1965 年起任哈佛大学教授至今。

钱纳里长期从事经济发展、产业经济学和国际经济学研究，著有《产业联系经济学》（合著，1959）、《工业化进程》（1969）、《发展计划研究》（1971）、《发展形式，1950~1970》（合著，1975）、《结构变化与发展政策》（1979 年）、《工业化和经济增长的比较研究》（1986）等著作。

20 世纪 50 年代，钱纳里最先运用影子价格理论进行投资项目分析，从而发展了微观计划理论；并且在投入产出理论基础上，推进了有关产业之间的联系的研究。

到60年代，钱纳里等人提出了两缺口模型，将投资、储蓄和进出口同引进外资联系起来，成为各国分析国内国际经济关系的重要工具。

在80年代，钱纳里等人提出的"发展形式"理论，将研究领域延伸到低收入的发展中国家，认为投资和储蓄只是经济发展的必要条件，而不是充分条件。对于发展而言，重要的是经济转变，因而强调对结构变动的各种制约因素的分析，如收入水平、资源禀赋、人口规模、政府的政策和发展目标、国际资本、国际先进技术、国际贸易环境等，从而揭示了经济发展的"标准形式"和各自的不同特点。

❏ 筱原三代平（しのはら みよへぃ，Shinohala Miyoheyi，1919—）

日本经济学家，历任日本经济学会会长、景气循环学会会长、统计研究会理事长、亚洲经济研究所会长等，一桥大学名誉教授、东京国际大学名誉教授。1919年10月26日出生于日本富山县高冈市，1942年毕业于东京商科大学（现一桥大学），以采用数据进行经济分析而闻名。

筱原三代平是产业发生学学派（主要从产业的发生发展、技术经济特征和产业间的关联机理来研究产业及国民经济增长和发展中的结构问题）的主要代表人物之一。1957年，筱原三代平在一桥大学《经济研究》杂志（1957年第8卷第4号）发表了《产业结构与投资分配》的论文，提出了规划日本产业结构的著名的"筱原二基准"（收入弹性基准和生产率上升率基准）。1976年，在《产业结构论》一书中，筱原三代平运用动态比较利益理论，又提出了"产业结构论"，主张以国家力量扶持那些需求弹性高，并能够促进社会生产率提高的产业，当时是重化工业。

20世纪70年代，筱原三代平还提出了长波理论，认为资本主义经济发展中长波是由多元因素引起的长周期理论，即历史是在各种因素相互作用下发展的。世界经济长期波动的制约因素是多元的，过分强调某种因素，就难免片面。这些因素主要有技术创新、通货供应量、能源资源、战争。在每个康德拉季耶夫周期波的顶点，总是伴随战争发生，而长波下降则是因为经济发展受到资源约束。四因素中最重要的是技术革新，战后30年世界经济持续增长主要是依靠技术革新的推动。

第二篇　产业组织

第三章　产业组织理论
第一节　产业组织理论概述
第二节　产业组织理论体系
第四章　规模经济与有效竞争
第一节　规模经济
第二节　有效竞争
第三节　企业规模结构
第五章　产业组织形态
第一节　产业组织形态的概念及类型
第二节　产业组织形态的演变
第三节　若干典型的产业组织形态

第三章　产业组织理论

产业经济学不仅研究产业之间的相互作用关系及其经济效应，而且还考察产业内部企业与企业之间的相互作用关系及其经济效应。产业组织理论就是研究产业内部企业与企业之间的竞争和合作关系及其经济效应问题。产业组织理论的内容非常丰富，本章主要介绍产业组织理论的相关概念，产业组织理论的形成和发展，市场结构、市场行为、市场绩效的内涵、特征和相互影响关系及其经济效应，产业组织的 SCP 分析模式。

第一节　产业组织理论概述

一、产业组织理论的概念

"组织"一词有多种含义，如果我们可以把政党、企业、学校、军队、国家等理解为组织的话，那么我们就可以把"组织"定义为：组织是个体的集合。由于某一产业是由许多生产同质（或可替代）产品和服务的企业组成的，因此我们可以把产业组织（Industrial Organization）界定为：产业组织是同一产业内所有企业的集合。产业组织由三个要素构成：一是企业个体；二是企业之间的相互作用关系；三是产业组织环境。

根据产业组织的概念，我们把产业组织理论定义为：产业组织理论是研究企业行为、企业的市场关系、产业组织环境及其对企业成长、产业发展经济效应规律的经济学理论。产业组织理论是经济学的分支学科，属于应用经济学研究范畴。

二、产业组织理论的研究对象和研究任务

经济学具有微观和宏观两个相反的研究发展方向。微观经济学主要侧重个体（企业、消费者）经济行为及其经济性问题的研究；宏观经济学主要侧重宏观经济要素（供给、需求、价格、利率等）与整体经济发展（就业、收入）关系问题的研究。而产业组织理论则以产业组织为其研究对象，主要从中观角度研究产业内部企业的市场行为特性、竞争合作关系及其经济效应、产业组织环境对企业成长的影响、产业组织演进规律及其经济效应。

随着人类经济实践活动的不断发展和人们对经济规律探索的不断深入，产业组织理论研究的内容也在不断丰富，目前产业组织理论研究的重点领域包括产业组织的企业市场行为与有效竞争、产业组织的市场结构及其对市场行为的影响、产业组织的市场绩效及其影响因素、市场结构—市场行为—市场绩效分析模式和产业组织运行经济性评价以及产业组织合理化实现机制与政府产业组织政策。

三、产业组织理论的形成和发展

产业组织理论的出现，使经济学由对单个企业的研究转向对产业组织整体的研究，这是经济学发展历程中的一个质的飞跃。实践引导理论的发展，与其他学科一样，产业组织理论也是随着人类经济社会由自由竞争、不完全竞争到垄断的演变而得到不断丰富和发展。

（一）产业组织理论的萌芽

产业组织理论的思想渊源，最早可以追溯到亚当·斯密（Adam Smith）的《国民财富的性质和原因的研究》（以下简称《富国论》）中一些关于企业竞争和垄断的论述。斯密在书中论述了竞争机制可以使每个人无意识地参与到促进社会全体利益的发展中，通过"看不见的手"的作用，创造出一个理想的市场秩序和最优的经济社会。由竞争力量自发决定的价格体系这只"看不见的手"，可以使人、财、物等资源自动地由资源分配多、价格下跌的产业向资源分配不足、价格上涨的产业流动，由经营不善、效率低下的生产者向效率更高的生产者流动。这样，资源就能自然而然到达在产业间和产业内企业间的合理分配，实现资源的最优配置和经济效益的最大化。因此，斯密反对封建行会制度，崇尚自由竞争。

真正把产业组织概念引入到经济学的是新古典经济学家 A. 马歇尔（Marshall）。马歇尔在1890年发表的《经济学原理》一书中，讨论了生产要素问题。他在总结萨伊（Say）"三要素"论（劳动、资本、土地）的基础上，提出了第四生产要素"组织"。他在书中就"组织"分章讨论了分工利益、产业区域集中利益、大规模生产利益、经营管理专业化利益以及马歇尔的内部经济、外部经济、收益递增、收益递减等问题。他认为，规模经济性是和工业组织直接相关的。马歇尔论述的组织包含四种组织形态，即企业内部组织形态、产业内部企业间的组织形态、产业之间的组织形态（产业结构）和国家组织形态。同时，马歇尔在该书中还论述了规模经济和竞争活力两难选择的问题（后人称为"马歇尔困境"）。由于马歇尔提出了产业组织的概念，即产业内部企业间的组织形态；提出了内部经济、外部经济、收益递增、收益递减等现代产业组织理论的基本概念和主要研究内容；提出了"马歇尔困境"这一产业组织研究的核心问题。因此，学术界一般认为马歇尔的《经济学原理》是现代产业组织理论的起源，并尊称马歇尔为产业组织理论的鼻祖。

（二）产业组织理论的奠基

在马歇尔时代，自由资本主义还占统治地位，垄断还是个别现象。到了20世纪初，垄断资本主义逐渐取代了自由资本主义，卡特尔、托拉斯等垄断组织的出现，特别是到了20世纪30年代世界经济危机的出现，使垄断资本对国家经济运行产生巨大的影响。这些经济新问题的出现引发了当时经济学界对以马歇尔为代表的正统经济理论的重新思考。英国剑桥大学经济学教授R. 斯拉法（Sraffa）等一些经济学家以规模经济和竞争活力相矛盾为突破口，对马歇尔的价格理论进行了猛烈的抨击，并引发了一场关于"马歇尔困境"的理论争论。许多英国和美国经济学家围绕竞争和垄断问题，对产业组织的实际状况进行了大量的实证调查和理论研究。美国1890年制定的第一部反垄断法——《谢尔曼法》，在实施过程中积累了大量有关当时产业组织实际状况的资料。所有这一切说明，此一阶段经济学家已经开始涉及产业组织实际问题的研究。

1932年，M. 贝利（Bailey）和G. 米恩斯（Means）发表了《近代股份公司与私有财产》一书，分析了20世纪20~30年代美国垄断产业和寡头垄断产业运行的实际情况，通过实证分析提出，股份制发展更容易使资金集中到大企业手中，并造成经济力集中。1933年，美国哈佛大学教授张伯伦（Chanberlen）和英国剑桥大学教授J. 罗宾逊（Robinson）同时出版了各自的著作《垄断竞争理论》和《不完全竞争经济学》，不谋而合地提出了垄断竞争理论：任何市场都交织并存着垄断和竞争两种力量。这一理论纠正了竞争—垄断相互对立的旧的市场结构框架，构建了现代产业组织理论完整的市场结构类型体系。张伯伦还就垄断竞争问题讨论了企业集团与之相关企业的关系、产品差异化和市场竞争关系、企业进入和退出市场的行为、过剩能力下的竞争等问题。以上所有理论和实践的研究成果，后来成为了现代产业组织理论的重要来源，并为产业组织理论体系的形成奠定了基础。因此，许多学者尊称张伯伦、罗宾逊为现代产业组织理论的奠基人。

继张伯伦之后，A. P. 勒纳（Lerner）1934年在《经济研究评论》杂志上发表了一篇关于垄断指标的论文，深入地探讨了垄断的概念和垄断力的测量方法及其指标。J. M. 克拉克（Clark）1940年发表了一篇名为《以有效竞争为目标》的论文，首次提出了"有效竞争"的概念，并探讨了有效竞争的指标和度量标准。之后，美国经济学家梅森（Mason）概括了众多学者对有效竞争的定义和条件的论述，提出了衡量市场有效竞争的两个基准：市场结构基准和市场成果基准。以上一些研究成果为产业组织的实证研究提供了理论工具。

(三) 产业组织理论的形成

比较完整的产业组织理论体系，是在20世纪30年代以后，在以美国哈佛大学为核心的一些学者共同努力下形成的。1938年，梅森在哈佛大学建立了一个产业组织研究中心，正式开设了产业组织课程，并在继承张伯伦等人研究成果的基础上，提出了产业组织理论体系和研究方向。继梅森的有效竞争评价二分法研究之后，一些学者提出了有效竞争的三分法框架：市场结构标准、市场行为标准和市场绩效标准。

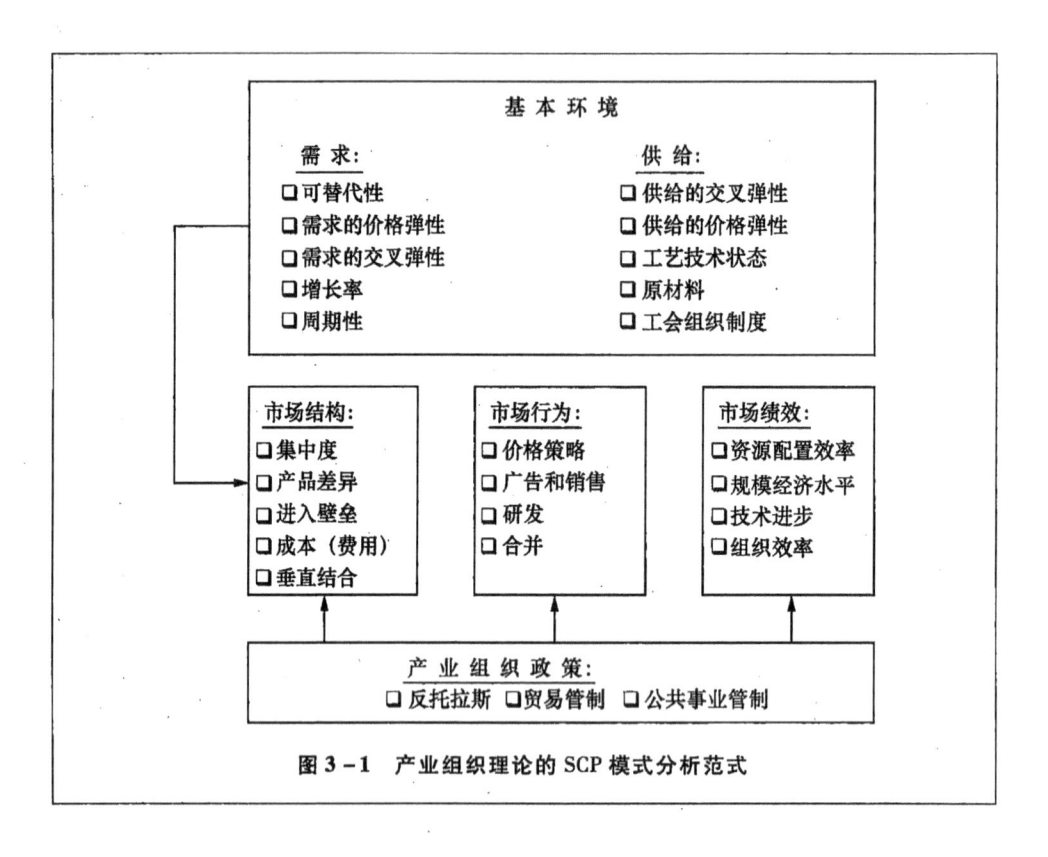

```
┌─────────────────────────────────────────────────┐
│                    基本环境                      │
│   需 求：              供 给：                   │
│   □可替代性            □供给的交叉弹性           │
│   □需求的价格弹性      □供给的价格弹性           │
│   □需求的交叉弹性      □工艺技术状态             │
│   □增长率              □原材料                   │
│   □周期性              □工会组织制度             │
└─────────────────────────────────────────────────┘

  市场结构：        市场行为：        市场绩效：
  □集中度           □价格策略         □资源配置效率
  □产品差异         □广告和销售       □规模经济水平
  □进入壁垒         □研发             □技术进步
  □成本（费用）     □合并             □组织效率
  □垂直结合

            产 业 组 织 政 策：
            □反托拉斯  □贸易管制  □公共事业管制
```

图 3-1　产业组织理论的 SCP 模式分析范式

1959年，梅森从事产业组织问题研究最早的博士研究生 J. 贝恩（Bain），在积聚已有的研究成果，特别是哈佛大学一些学者研究成果的基础上，出版了《产业组织》一书，这是第一部系统论述产业组织理论的教科书，这标志着产业组织理论作为一门经济学学科的正式形成。该书构建了产业组织理论的基本框架，主要标志有两点：①明确阐述了产业组织研究的目的和方法。②提出了现代产业组织理论的三个基本范畴：市场结构、市场行为、市场绩效。并把这三个范畴和国家在这个问题上的公共政策（即产业组织政策）联结起来，规范了产业组织理论的理论体系。后来，科斯（Coase）、威廉姆森（Williamson）、谢勒（Scherer）等著名经济学家，在此基础上对产业组织理论体系做了进一步的补充和完善，提出市场结构（S）决定企业的市场行为（C），企业的市场行为决定市场绩效（P）；某一市场结构又取决于特定的市场供求基本环境，从而形成了产业组织理论的SCP模式分析范式（见图3-1）。由于哈佛大学集结了众多研究产业组织理论的学者，产业组织理论体系又是完成于哈佛大学，因此，后来把正统产业组织理论称为"哈佛学派"。由于哈佛学派强调市场结构对市场行为和市场绩效的决定作用，因此，哈佛学派又被称为"结构主义学派"。

（四）产业组织理论的发展

进入20世纪50年代，随着资本主义经济的发展，产业组织的实践问题又有了新的变化。如曾经是世界上最大、最强的美国钢铁、汽车等产业的国际竞争力日趋下降。这些问题引发人们对反垄断法的作用和哈佛学派的正统产业组织理论的重新审视。因此，到了70年代，围绕反垄断政策，一些批判和反对结构主义政策论的产业组织理论新观点受到学术界的重视，并出现了产业组织的一些新理论和研究方法。其中最具影响力的有芝加哥学派的产业组织理论、W.T.鲍莫尔（Baumol）等人的可竞争市场理论以及企业竞争行为的博弈分析方法等。

1. 芝加哥学派。产业组织理论的芝加哥学派是20世纪60年代后期，在对哈佛学派的批判中崛起的。其主要代表人物有J.施蒂格勒（Stigler）、H.德姆塞茨（Demsetz）、Y.布罗曾（Brozem）、R.波斯纳（Posner）等经济学家。1968年施蒂格勒的《产业组织》一书的出版，标志着芝加哥学派的产业组织理论的成熟。斯蒂格勒长期从事产业组织理论研究，对产业组织理论芝加哥学派的形成做出了重要贡献，斯蒂格勒也因此荣获1982年的诺贝尔经济学奖。斯蒂格勒对垄断、寡占与兼并、市场容量与劳动分工、规模经济、信息理论和政府规制等诸多领域进行了研究。以斯蒂格勒为代表的芝加哥学派研究认为：从短期看，市场的垄断势力和不完全竞争会影响市场绩效，但这只是暂时的现象。如果不存在政府进入规制，市场高度集中产生的高额利润就会吸引大量新企业进入，从而打破原来的垄断。因此，从长期看，竞争的均衡状态在现实中是能够实现的。布罗曾在重新研究了贝恩1951年研究过的42个产业利润率差异问题之后指出，1951年高度集中的产业群（CR8＞70%）和较不集中的产业群（CR8＜70%）之间的利润率差异为4.3%，到了50年代中期降到了1.1%。德姆塞茨等人通过大量实证研究，指出高度集中产业的高利润率不是因垄断而产生的，而是由于企业生产的高效率。因此，芝加哥学派认为，不是建立在高效率基础上的高利润率，都会因为其他企业的进入而使利润率很快降低到平均水平。因此，如果高度集中市场中存在着高利润率，那就能说明高度集中的市场中也能存在高生产效率。基于以上研究结果，芝加哥学派对哈佛学派的 SCP 分析框架进行了猛烈抨击，认为不是市场结构决定市场行为，进而决定市场绩效，而是市场行为和市场绩效决定市场结构。因此，芝加哥学派主张，即使市场处在垄断或高度集中的情况下，只要市场绩效良好，政府就不需要进行产业管制。与哈佛学派主要根据市场结构判断是否损害竞争相比，芝加哥学派主要根据集中与定价结果判断是否提高了效率。由于芝加哥学派特别看重效率标准，因此，信奉芝加哥学派理论的人通常被称为"效率主义者"。

由于芝加哥学派认为，现实经济生活中不会存在如哈佛学派所说的垄断引致的严重问题，大企业的高利润率是大企业经营活动高效率的结果，而与市场无关，市场高度集中有利于规模经济和提高生产效率。因此，他们主张放松反托拉斯法的实施和政府管制，除个别部门外，原则上反对政府以各种形式干预市场结构，反对对长期存在市场过度集中的企业实施分割或控制企业兼并的政策。认为反托拉斯政策的重点应该放在干预企业的市场行为、提高经济效率上，其中主要应该放在对卡特尔企业间的价格协调行为和市场分配协调行为的干预上。20 世纪 70 年代以后，由于传统产业国际竞争力的日趋减弱，美国经济出现了大量的财政和贸易赤字，一些重要产业向国外转移，发生了所谓"产业空心化"的现象。许多学者认为，过于严格的反垄断政策和过多且作用不大的政府规制，是美国经济丧失活力的重要原因，反垄断政策的主要目标应该放在促进经济效率的提高上。基于这一背景，1981 年里根就任美国总统后，任命信奉自由主义的贝格斯特和米勒担任美国司法部反托拉斯局局长和联邦贸易委员会主席，后来又任命波斯纳为联邦法院的法官。因此，芝加哥学派就成了当时美国反垄断政策的主流，并直接推动了美国反垄断政策的重大转变和管制放松。例如，80 年代反托拉斯局提诉的案件几乎都是卡特尔案件；1981～1985 年反托拉斯局提诉的垄断行为案只有 3 件，同期提诉的合并案只有 28 件，与过去相比大幅度减少。同样，联邦贸易委员会的反托拉斯案也同样大幅度减少。美国 20 世纪 80 年代在反垄断政策方面的变化，被人们称为"芝加哥革命"。

2. 可竞争市场理论。可竞争市场理论是鲍莫尔、J. C. 帕恩查（Panzar）和 R. D. 韦利格（Willig）等人在芝加哥学派产业组织理论基础上提出的一个产业组织理论新流派。1982 年《可竞争市场与产业结构》一书出版，标志着该理论的形成。20 世纪 70 年代以后，人们对政府进入管制所导致的不公平以及规制制度本身的低效率的批评越来越多。同时，由于计算机和电子技术为中心的技术革命的兴起以及由此导致的经济管理业务中的管理系统技术的应用，使得原来对航空、通信、金融、汽车运输等产业的政府规制依据不断瓦解。因此，美国政府出现了放松管制的倾向，可竞争市场理论就是在这一背景下出现，并成为当时政府管制政策转型的重要理论依据。

可竞争市场理论从分析完全可竞争市场及沉没成本等概念出发，来推导可持续、有效率产业组织的基本态势及其内生的形成过程。所谓完全可竞争市场，是指企业退出市场时不存在沉没成本的一种市场类型。完全可竞争市场存在的一个必要条件是不存在企业退出的沉没成本。在没有沉没成本的市场里，企业就可以大胆地进出市场，而不需要担心进入决策失误所造成的损失。基于以上理念，斯蒂格勒等人认为，企业进出市场的唯一壁垒是沉没成本。因此，一个市场的可竞争程度取决于企业退出这个市场的沉没成本大小。如果一个市场的退出沉没成本为零，潜在企业就可以随时进入一个具有高额利润的产业，并能很快地使这个市场的利润率降至平均水平。根据垄断竞争理论，当潜在企业进入时，原有企业会做出阻止或驱逐反应。但是，由于企业退出时没有沉没成本，因此即使是一个只存在短暂获利的市场，也会吸引新企业进入，并在原有企业采取阻止行为之前或在采取驱逐行为之后，当产品价格降至新企业的平均成本之时，安然退出市场。新企业的这种进出形式通常被称为"打了就跑"策略。

按照完全可竞争市场理论，在完全可竞争市场中，不管它是完全垄断市场还是寡占市场，垄断企业为了阻止潜在竞争者进入，或驱逐新进入企业，只能制定超额利润为零的可维持价格。因此即使是完全垄断或是寡占市场，也是有效率的，并且这种效率是产业组织内生机制产生的。基于以上分析，完全可竞争市场理论的支持者认为，在近似完全可竞争的市场中，自由放任的政策比政府管制政策更有效率，提高市场绩效的关键不是反垄断或反兼并，而是应该尽可能降低市场退出沉没成本。因此，他们主张一方面应该积极研究能够降低沉没成本的新技术、新工艺、新制度，另一方面应该排除一切人为的进入和退出壁垒。虽然完全可竞争市场理论是在假设条件的基础上建立起来的，但在现实经济生活中确实存在接近完全可竞争市场条件的产业，因此，它对近20年来发达资本主义国家的政府规制政策思路的转换和措施的调整起到了积极作用。

资料卡

产业组织理论的最新进展

20世纪70年代以来,由于可竞争市场理论、交易费用理论和博弈论等新理论、新方法的引入,产业组织理论研究的理论基础、分析手段和研究重点等发生了实质性的突破,大大推动了产业组织理论的发展。

产业组织理论的发展,一方面沿着SCP范式的方向发展成为"新产业组织学"。新产业组织理论在研究方向上不再强调市场结构,而是突出市场行为,将市场的初始条件及企业行为看作是一种外生力量,而市场结构则被看作内生变量,并且不存在反馈线路,寻求将产业组织理论与新古典微观经济学进行更加紧密的结合。在研究方法上,80年代前后,以泰勒尔、克瑞普斯等人为代表的经济学家将博弈论引入产业组织理论的研究领域,用博弈论的分析方法对整个产业组织学的理论体系进行了改造,逐渐形成了"新产业组织学"的理论体系。新产业组织理论的特点可以归纳为三个主要方面:从重视市场结构的研究转向重视市场行为的研究,即由"结构主义"转向"行为主义";突破了传统产业组织理论单向、静态的研究框架,建立了双向的、动态的研究框架;博弈论的引入。

另一方面是近年来崛起的以科斯等人的交易费用理论为基础,从制度角度研究经济问题的"新制度产业经济学",也被称之为"后SCP流派",其代表人物有科斯、诺斯、威廉姆森、阿尔钦(Alchian)等人。该学派产业组织理论的主要特点在于,它引入交易费用理论,对交易费用经济学的理论体系、基本假说、研究方法和研究范围做了系统的阐述,彻底改变了只从技术角度考察企业和只从垄断竞争角度考察市场的传统观念,为企业行为的研究提供了全新的理论视角,对产业组织的深化起到了直接的推动作用。如果说主流产业组织理论注重产业组织之间关系的话,新制度经济学则将研究重点深入到企业内部,从企业(公司)内部产权结构和组织结构的变化来分析企业行为的变异及其对市场运作绩效的影响。

资料来源:卫志民:《20世纪产业组织理论的演进与最新进展》,《经济学动态》2002年第5期。

第二节 产业组织理论体系

一、市场结构

(一) 市场结构的概念和类型

1. 市场结构的定义。所谓市场结构,是指市场各主体之间,包括卖方之间、买方之间、卖方和买方之间以及卖方、买方和潜在的卖方、买方之间的力量对比关系及其达到某种均衡状态的特征。

虽然市场结构概念涉及卖方、买方、潜在卖方、潜在买方等市场主体,但目前研究内容主要侧重对卖方企业之间的力量对比关系、均衡状态以及潜在卖方的研究。对于买方市场、卖方和买方之间的相互作用等方面对市场结构的影响,目前还处于探索阶段,现有研究成果还未成为市场结构理论的有机组成部分。

2. 市场结构的类型。根据市场各卖方的数量、力量对比以及市场竞争和垄断程度,一般把产业的市场结构分为完全竞争、垄断竞争、寡头垄断和垄断四种类型。四种市场结构具有不同的特征,并反映出不同的市场行为和市场绩效。四种市场结构类型及其特征如表3-1所示。

表3-1 四种市场结构类型及其特征

市场类型	市场结构			市场行为			市场绩效		
	企业数量	进入条件	产品类型	价格策略	产量策略	促销策略	利润率	效率	技术进步
完全竞争	很多	容易	标准化	无	生产能力	无	低	很高	很好
垄断竞争	较多	较容易	差异化	有依赖	市场	有	正常	较高	好
寡头垄断	较少	有阻碍	明显差异化	明显依赖	市场与利润	有	高	较差	较差
完全垄断	一个	很困难	完全差异化	完全依赖	利润	有	很高	很差	差

(二) 市场结构的影响因素

市场结构受到许多因素的影响,其中规模经济水平、市场进入和退出壁垒、产品差异化程度、产业政策和法律法规是影响市场结构的主要因素。

1. 规模经济水平。所谓规模经济水平,是指扩大企业生产规模,规模报酬递增的水平和程度。产业的规模经济水平越高，该产业就越有可能出现大企业，从而使市场趋于集中。产业的规模经济水平主要受到两个因素的影响：①消费市场边界。消费市场边界是指特定产品的市场容量和销售半径的最大临界点。消费市场边界越大，单个企业的市场容量就可能越大，企业的规模经济水平就越高。②生产技术水平。生产技术水平决定企业的劳动生产效率。企业的生产技术水平越高，企业随规模扩大的劳动生产率就越高，企业的规模经济水平就越高。如生产自动化和流水线技术在汽车制造中的应用，使汽车产业的规模经济水平越来越高，汽车厂商规模出现不断扩大的趋势。

2. 进入和退出壁垒。

(1) 进入壁垒。进入壁垒是指准备进入或正在进入的新企业面临的客观困难和市场已在企业的阻挡。进入壁垒高低直接影响产业内的企业数量，进而影响竞争程度和市场结构。

影响企业进入壁垒的主要因素有：①规模经济壁垒。规模经济水平较高的行业一般具有较高的规模经济性，新企业进入初期由于规模较小，很难发挥规模经济，生产成本较高，经营效率较低，从而在市场竞争中处于劣势，使新企业进入初期较为困难。②进入费用壁垒。新企业进入时首先需要投入一定数量的开办资金，如产品研发、固定设备购置、广告宣传，等等。进入费用构成新企业进入的资金障碍。不同产业的进入费用各有差异，进入费用越高，新企业进入的"门槛"就越高，该产业的企业数量就可能越少。③老企业占优壁垒。在新企业进入之前，原有企业可能已经占有了各种较好的资源，包括原材料资源、管理技术人才、市场等。新企业进入在瓜分原材料获取、管理技术人才招聘、市场开拓等方面存在后来劣势，这也会成为新企业进入的障碍。④市场挤进壁垒。在新企业进入之前，原有企业已经占领全部市场，消费顾客对原有产品已经有较高的认同和偏好。新企业进入时存在开拓、重新瓜分市场和获得顾客认同的困难和成本。⑤政策法规壁垒。在一些国家和行业中，新企业进入需要通过资格认定，设备、原材料购买和出口配额需要相关部门审批，有些行业还要申请经营许可证。这些政策和法规也会造成新企业进入的困难和障碍。

(2) 退出壁垒。企业退出是指企业停止在某产业内的经营活动行为，包括转产或破产。按理说，企业在某个产业内经营长期亏损，资不抵债，难以为继，就应该转产或破产。但实际情况是，企业退出存在各种障碍和限制，我们称这些障碍和限制为退出壁垒。退出壁垒对市场结构的影响主要表现在两方面：一是由于存在市场不确定风险，对于退出壁垒高的产业，企业会谨慎进入；二是如果产业退出壁垒很高，已经进入的企业由于很难退出，就会"背水一搏"，从而会形成"困兽之斗"的竞争态势。

影响企业退出的因素主要有：①沉没资产壁垒。由于企业存在部分资产的专用性和技术落后性，企业退出很难出售和变现这部分资产。如果企业无法或以低价转卖这部分资产，就存在折旧后资产价值和转卖价格的差价，差价损失形成沉没资产。一般来说，沉没资产越大，企业退出成本越大，企业退出的壁垒就越高。②员工解雇壁垒。企业在退出某个产业时，需要解散员工。根据合同和国家劳动法规定，企业需要给予被解雇员工一定的补偿，如退职金、解雇工资等。企业转产，如果需要原来员工继续留在企业工作，就需要对原来员工进行技术再培训，从而产生再培训成本。一般来说，原来企业规模越大，员工数量越多，员工解雇和再培训成本就越大，员工解雇壁垒就越高。③政策法规壁垒。对于一些涉及国计民生或公共服务行业的企业，国家考虑到经济稳定、国家安全和社会稳定等因素，会通过政策法规或财政措施阻止企业退出。④契约壁垒。一些相互间存在生产契约的企业退出行业，会带来违约成本，因此会出现契约壁垒。

3. 产品差异化。所谓产品差异化，是指企业在生产产品和销售产品倾向于有别于其他企业的现象，包括产品质量、款式、性能、销售形式、信息技术服务等方面。企业产品差异化的目的在于通过产品个性化获得顾客的认同和偏好，从而扩大其产品市场份额。企业产品差异化是企业间竞争的一种行为，因此是影响产业市场结构的一个重要因素。

企业实现产品差异化的主要途径有：①加强研究和开发力度，适时改变和优化产品的结构、功能、质量、外观和包装。②通过提供产品使用信息技术服务、售后保修服务、购买过程服务，提高产品对消费者的吸引力。③通过广告宣传和各种促销手段，扩大产品影响，形成产品在消费者心中的良好形象，寻求消费者认同。④建立完善的营销网络，提供网上购买、满足消费者特殊要求等服务，形成消费者对产品的偏好。

4. 法律法规。国家基于经济持续发展、国家安全和社会稳定，制定相关法律法规，设立企业进入某些产业的经营资格认定制度、经营许可证制度，或者对某些产业只授权某类企业具有经营权，从而影响产业的市场结构。如电力、通信、烟草等产业，国家都制定了相应的经营许可法律法规，从而影响其市场结构。

案例

实施 GMP 后我国医药产业的市场结构

GMP 英文全称为"Good Manufacturing practices",是国际上对《药品生产质量管理规范》的通称,实施医药 GMP 的目的是为了保证药品质量安全。GMP 包含从厂房到地面、设备、人员和培训、卫生、空气和水的纯化、生产和文件等各方面的要求。我国医药 GMP 认证从 1995 年开始,经过一个过渡期,药品监督管理局规定,自 2004 年 7 月 1 日起,未通过 GMP 认证的医药企业将一律被取消生产资格。

医药企业要通过 GMP 认证,需要投入大量的资金进行 GMP 改造,少则几百万,多则几千万,大企业甚至需要上亿元资金。由于我国有许多中小医药企业基础薄弱,经营效益差,无力承担达到 GMP 标准所需要的巨额费用,因而被迫退出医药产业市场。我国应认证的药品生产企业有 5082 家,目前已颁发 GMP 证书 3000 余张,涉及药品生产企业 2721 家,已有 2000 多家企业因难以迈过 GMP 门槛而退出医药产业市场。

GMP 实质上是一种产业进入政策壁垒,由于实施 GMP 改造和认证需要大量的资金,因而实施 GMP 又带来进入资本壁垒。实施 GMP 产生的进入政策壁垒和进入资本壁垒导致因为没有足够的资金迈过 GMP 门槛而退出医药产业市场,同时也在很大程度上阻止了实力不强的潜在进入者进入医药产业市场。

由于 GMP 导致大量的中小企业退出医药产业市场,实力不强的潜在进入者很难进入医药产业市场,这样导致我国医药产业的企业数量减少。但由于通过 GMP 认证的大多数企业都是实力较强、规模较大的企业,也就是说通过 GMP 认证的企业规模分布比较均匀。因此,实施 GMP 后虽然我国医药产业的企业数量减少了,但市场集中度并没有有效提高。因此未来我国医药企业的市场竞争仍然会非常激烈。

由于我国目前医药产业的新产品研发水平较低,大多数企业生产的是普通没有专利权的产品。因此未来医药企业的竞争主要是价格竞争和营销竞争。产品降价和营销成本提高又会使现存的一部分实力不强、因缺乏规模经济而生产成本较高的企业因为无法与具有规模经济效应、生产成本较低的企业竞争,企业利润濒临到零点或零点以下,企业无法维持而退出医药产业市场。

第二轮的市场洗牌会使医药产业内企业数量进一步减少。这样经过两轮洗牌考验的企业就基本控制了我国的医药市场,并能获得一定的回报率。

在面对WTO医药产品进口关税降低到极限和与外国医药企业竞争的压力下,它们的竞争策略会转向技术研发,通过新产品专利权来获取市场竞争力。由于医药新产品研发投资巨大、研发周期长、风险大,一般企业都会集中力量专司一方面的新药研发。因此这种趋势会引导我国的医药企业实施产品专业化生产。大量企业的产品专业化生产会对产品市场进行分割,一类企业从事这方面疾病的药品生产,一类企业从事另一方面疾病的药品生产,市场摩擦不大,市场竞争趋于缓和,赢利能力增强。因为新产品研发产生的企业赢利能力增强会激励企业进一步技术创新,这样就会推动我国医药产业整体技术水平的提高。

——资料来源:根据国家药品监督管理局网站相关资料整理。

(二) 市场结构的测量

1. 单个企业垄断力量的测算。测算单个企业垄断力量的主要指标有勒纳指数和贝恩指数。

(1) 勒纳指数 (Lerner Index)。勒纳指数是由美国经济学家勒纳设计的,基本原理是利用企业产品的价格和边际成本的偏离程度来衡量企业垄断的力量。其计算公式如下:

$$I_L = (P - MC)/P$$

式中:P 表示产品价格;MC 表示产品边际成本。由于 $P \geq MC$,所以 $0 \leq I_L < 1$。I_L 越大,表明该企业的垄断力量越强。例如,$MC = 8$ 元,垄断价格 $P = 20$ 元,则 $I_L = (20 - 8)/20 = 0.6$。

勒纳指数具有以下特点:①获取测算所需的数据较为困难,因而很难测算出企业的边际成本;②只能测算出企业某一时期的垄断力量,不能反映企业潜在的垄断能力和发展趋势。

(2) 贝恩指数 (Bain Index)。贝恩指数是由产业组织理论的奠基者之一贝恩设计的。贝恩主张用企业产品的价格高出企业的平均成本的幅度来衡量企业的垄断力量。其计算公式如下:

$$l_B = (P - AC)/P$$

式中:P 表示产品价格;AC 表示产品平均成本。由于 $P \geq AC$,所以 $0 \leq IB < 1$。I_B 越大,表明该企业的垄断力量越强。该指数主要是通过计算企业获取超额利润 ($P - AC$) 的程度来测算企业的垄断力量。

贝恩指数具有以下特点：①平均成本测算较为容易；②贝恩指数是对企业超额利润的一种度量，把超额利润等同于垄断。实际情况存在例外，一些企业由于管理有方或技术进步，虽然没处于垄断地位，但能获取较高的利润。另外一些企业虽然处于垄断地位，但由于管理不善和经营效率不高，却不能获取垄断利润，如我国的一些自然垄断产业，还存在亏损情况。③贝恩指数和勒纳指数一样，也不能反映企业潜在的垄断能力和发展趋势。

2. 产业垄断和竞争程度的测量。

(1) 集中度（Concentration Radio）。产业的市场集中度（CR）的测算方法是以产业内最大的若干家企业的几个重要指标X（产量、销售额、资产额、增加值、职工人数等）占整个市场或行业的份额，来表示产业的市场集中度。假设该产业内有m家企业，选取n家企业来测算其集中度（CR_n），其计算公式为：

$$CR_n = \sum_{i=1}^{n} X_i / \sum_{i=1}^{m} X_i$$

在实际分析产业的市场集中度时，通常以最大的4家或8家企业的指标份额来测算市场的集中度（CR_4、CR_8），因为利用CR_4、CR_8来测算市场集中度相对比较容易，而且能较好地反映市场的集中状况和产业的垄断和竞争程度，因此市场集中度（CR）测算方法是分析市场结构较好的方法。

虽然集中度（CR）是测算产业垄断和竞争程度最简单和最常用的方法，但其也存在一些局限性：①由于产业之间的产品可能存在需求的相互替代性，而我们又很难把产业外生产替代产品的企业统计在内，因而集中度往往不能准确地反映产业内企业间的竞争程度。②同一企业可能生产属于不同产业的产品，如果把属于其他产业的产品统计在内，也会影响集中度准确反映产业内企业间的竞争程度。③只考虑少数几家企业的生产集中程度，而没有考虑产业内企业的具体规模分布情况，也会影响集中度准确地反映产业内企业间的竞争程度。如人为因素n值选取不同，集中度指数结构可能差距较大，所反映的产业内企业的竞争程度就不一样。④产业集中度将全国作为一个整体进行测算，测算结果没有考虑到国际其他企业的影响，因此结果只能反映国内集中情况，很难反映产业的国际竞争力。⑤其他因素。如限制进口和进入的政府管制，对产业竞争性的影响可能比产业集中度更重要①。

(2) 洛伦茨曲线（Lorenz Curve）和基尼系数（Gini Coefficent）。洛伦茨曲线和基尼系数最初是用于测算居民收入分配均匀状况，产业组织理论引用这两个

---

① 金碚：《产业组织学》，经济管理出版社1999年版，第114~116页。

概念可以反映产业内企业的规模分布情况,在一定程度上弥补了集中度指标的不足。

洛伦茨曲线可以借图 3-2 说明其测量基本原理。在图 3-2 中,对角线的任何一点到横轴和到纵轴的距离相等,意味着企业规模均匀分布。对角线右下方的曲线是特定产业的企业规模相对分布的曲线,即洛伦茨曲线,它偏离对角线所得距离越大,企业的规模分布就越不均匀,即大企业的相对集中度较高,

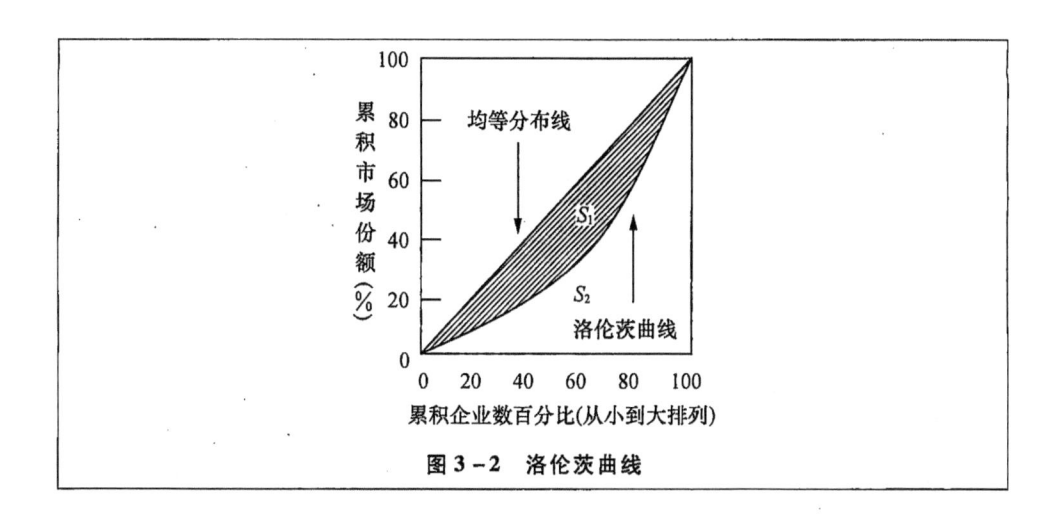

图 3-2 洛伦茨曲线

在洛伦茨曲线的基础上,可以进一步借助基尼系数定量反映企业的规模分布和集中度。把均等分布线与洛伦茨曲线的阴影部分图面积计为 S_1,把下三角形的面积计为 $S_1 + S_2$,基尼系数等于 S_1 与 $(S_1 + S_2)$ 之比,即基尼系数 $= S_1/(S_1 + S_2)$。

基尼系数的经济含义:如果 S_1 为零,即基尼系数也为零,表明企业规模分布完全均等;如果 S_2 为零,即基尼系数为 1,表明产业内只存在一家厂商。通常来说,基尼系数总是在 0~1 之间。基尼系数越接近于零,企业规模分布越是均匀,而基尼系数越接近于 1,说明企业规模分布的差异就越大,市场集中度也就越高。

洛伦茨曲线和基尼系数的特点:①洛伦茨曲线和基尼系数没有完全的对应关系,即不同的企业规模分布,所表现出来的洛伦茨曲线是不同的,但基尼系数可能相同。②基尼系数不能反映企业的数量和市场集中度的关系,即存在企业数量不同,但基尼系数相同的情况。

(3) 赫芬达尔指数。赫芬达尔指数 (Herfindahl index,简记 HI),也称赫希

曼—赫芬达尔指数（Hirschman - Herfindahl index），最初是由 A. 赫希曼提出的，1950 年哥伦比亚大学的赫佛因德在他的博士论文《钢铁业的集中》中，进一步优化了这一集中度测量指数。赫芬达尔指数由于兼有集中度指数和洛伦兹曲线、基尼系数的优点，同时又能避免它们的缺点，因而日益被人们重视，其计算公式为：

$$赫芬达尔指数(HI) = \sum_{i=1}^{n} (X_i/T)^2 = \sum_{i=1}^{n} S_i^2$$

式中：n 为产业中的企业数目；X_i 为第 i 位企业的规模；T 为产业的总规模；S_i 为产业中第 i 位企业的市场占有率。

赫芬达尔指数有如下特点：①当独家企业垄断时，该指数等于 1；当所有企业规模相同时，该指数等于 $1/n$。故而这一指数在 $1/n \sim 1$ 之间变动。数值越大，表明企业规模分布越不均匀。②该指数具有前几类指数的共同优点，即既计量了绝对集中度，也计量了相对集中度。③该指数能较好地计量全产业生产集中的变化情况。

二、市场行为

（一）市场行为的概念

1. 市场行为的定义。所谓企业的市场行为，是指企业基于企业利润最大化目标适应外部竞争环境的一种市场反应。一方面，企业为了实现其利润最大化的目标，需要通过内部创新活动，降低生产成本，提高产品竞争力，尽量占有更大的市场份额；另一方面，企业经营活动受制于外部的市场结构，企业需要通过一系列的战略管理活动，扬长避短，适应外部环境，发展自己[①]。

2. 市场行为的内容。企业的市场行为方式很多，归结起来主要包括三个方面的内容：①以控制和影响价格为基本特征的定价行为，包括阻止进入定价行为、驱逐对手定价行为、价格协议行为、价格歧视行为等。②以增强企业自身竞争力为基本内容的非价格行为。如新产品的研发、广告宣传、产品售后服务等。③以产权关系和企业规模变动为基本特征的企业组织调整行为，如企业兼并行为、一体化行为、多元化行为、跨国经营行为等。

（二）企业的价格行为

企业的价格行为是企业市场行为的基本内容之一，企业通过价格行为可以实现以下三个目标：①获取消费者剩余，实现利润最大化目标。由于在商品的交易过程中存在消费者剩余，同时企业之间一般又是在不完全竞争的条件下进行竞

---

① 吴照云等：《管理学》，经济管理出版社 2003 年版，第 214 页。

争,因此企业可以通过定价行为攫取消费者剩余,将消费者剩余转化为企业利润,实现利润最大化目标。②实施价格策略,抑制竞争。价格和成本之间存在差价,垄断企业可以通过降低价格,缩小价格和成本之间的差价,甚至使价格低于成本,以此阻止潜在企业进入和驱逐竞争对手退出市场。③通过价格协调,获取垄断利润。在寡头市场,两个或多个企业通过价格协调,制定统一价格,避免相互竞争造成两败俱伤局面,以共同获得垄断利润。

企业的具体价格行为主要有以下几种:

1. 阻止进入的定价行为。阻止进入的定价行为,是指寡头垄断市场中原有企业制定的价格,既可使其获得垄断利润,又不至于吸引其他新的竞争对手进入的定价行为。其直接目的是阻止新企业进入,但实质是牺牲部分短期利润而追求长期利润最大化。由于在长期中,利润较高的产业必然会吸引新企业的进入,在这种情况下,产业内的原有企业往往合谋协商,放弃一部分短期利润,把价格定在恰好可以阻止新企业进入的水平上,以谋求长期利润最大化。但阻止进入价格究竟应定在何处又与该产业的进入壁垒高低密切相关。进入壁垒高,阻止进入的定价就可高些;反之,进入壁垒低,阻止进入的定价就必须低些,否则会达不到阻止进入的目的。原有企业与新企业相比,进入壁垒主要有两种:一种是原有企业的成本优势;另一种是规模经济性造成的进入壁垒。

2. 驱逐竞争对手定价行为。驱逐竞争对手定价行为,是指企业为了将竞争对手驱逐出市场而降低价格,有时甚至降到成本以下的一种价格行为。其目的是要把竞争对手驱逐出该产业。驱除竞争对手定价行为往往是实力雄厚的大企业单独发起的,所以,当把价格定得低于成本时,它能够比竞争者更长时间地承受损失,并最终从该产业中驱逐竞争者。当然,这些大企业把价格定得低于成本时,必定预期未来会有较高的利润,足以补偿价格降低所遭受的损失。但这种定价并不是经常发生的,大企业对小企业通常是兼并而不是驱逐出产业,因为兼并既能避免短期降低价格的损失,又能达到消灭竞争者的目的。只有在两种情况下会出现驱逐竞争对手的定价行为:一种是兼并成本过高;另一种是在兼并的谈判过程中,大企业会进行一些降价活动,以提高其讨价还价的条件。

3. 企业价格协调行为。价格协调行为是指企业之间在价格决定和调整过程中的相互协调而采取的共同行为。在寡头垄断市场上,企业间竞相降价的价格竞争会两败俱伤。因而采取价格协调策略,共谋利润极大化成为企业的主要定价行为之一。企业间价格协调的基本目的是:限制价格竞争,共同控制市场,获取垄断利润。常见的价格协调行为主要有两类四种形式:

一类是价格卡特尔。它是指以限制竞争、控制市场、谋求最大利润为目的的同一产业内独立企业间的一种价格协调形式。共分为两种：①有明确文字协定，称为明确协定卡特尔。②只有口头协定，称为秘密协定卡特尔。通常建立价格卡特尔的直接目的：一是提价；二是不景气时稳定价格；三是协调降价，以此获得较高的利润和排除竞争者。

另一类是暗中配合。有两种形式：①价格领导制，即随着某个企业的价格调整，其他企业也相应调整价格。②有意识的平行调整。在平行调整过程中，没有明显的企业追随调价表现，只是一种默契。比如，美国三大汽车公司的定价一般被认为是典型的有意识平行调整形式，从而使各公司都可获得垄断的利润。

市场结构决定企业的价格协调行为，产品差别化程度是直接影响企业价格协调的主要因素。对于企业数目多的竞争型市场，由于各个企业对未来预期往往差别较大，容易发生各种摩擦，其目标价格难以协调。因而，寡头垄断型市场比竞争型市场容易价格协调。但在寡头垄断型市场中，产品差别化程度较低的寡占市场却比产品差别化程度较高的寡占市场更易价格协调。这是因为：一是当产品存在较大实质性差别时，寡头企业独立性较强，价格协调就困难。二是假设产品差别与地域差别、消费习惯差别相联系，价格协调难度更大。三是产品差异化程度大的产业，不同企业的同类产品生产费用大不一样，能够接受的价格水平不同，价格协调较困难。反之，价格协调就容易。

（三）企业的非价格行为

企业的非价格行为，是指企业围绕产品的质量、性能、款式、认同度等方面进行改进和创新，以提高产品市场竞争力和市场占有率的行为。企业的非价格行为，主要涉及产品创新、广告宣传和售后服务等方面。

1. 产品创新。企业实施产品创新主要目的是提高产品质量和性能，丰富产品品种和款式，以此获取产品竞争力和市场占有率。企业的产品创新，主要包括：①改进产品生产工艺，提高产品质量和降低产品生产成本；②研发新产品或改良老产品，提高产品的质量、性能和款式，提高产品消费附加值。

2. 广告宣传。企业实施宣传广告的非价格行为，主要目的是扩大产品知名度和影响力，提高消费者对产品的认同度。企业实施宣传广告获取产品认同度和竞争力的途径主要有：①形成产品差异化和产品特质，劝说和诱导消费者购买；②披露产品质量、性能和使用方面的信息，降低消费者产品搜寻和质量辨别成本，促使消费者优先购买；③良好的产品品质和优秀的广告宣传，可以形成企业产品"品牌"无形资产，产生持续的产品销售优势。

3. 售后服务。产品的售后服务包括产品运送、安装调试、使用指导、质量保证、维修和保养等内容。企业实施售后服务的非价格行为，主要作用包括：

①显示企业优良的产品品质,增强消费者购买产品的信心;②尽管售后服务费用包含在产品价格中,但是,企业规模化的售后服务系统,可以降低消费者产品购买交易费用和售后产品使用和维护费用。

(四)企业的组织调整行为

企业的组织调整行为是指两个或两个以上的企业通过产权交易或置换,使企业组织形态结构发生变化的一种企业行为。企业的组织调整行为的主要目的是,为了实现规模经济、范围经济和专业化经济,以此提高市场集中度,降低成本和风险,促进企业内部资源的有效配置,获取市场竞争力。

企业的组织调整行为形式多种多样,按企业的组织调整行为的策略,可以分为控股兼并和契约兼并。控股兼并主要是针对上市公司,一公司通过购买另一公司一定数量的股票,达到控股,从而实现两个公司联合经营目的的一种企业组织调整行为。契约兼并是指两个公司经过谈判达成一致,并通过契约实现股权转让或资产置换,从而实现联合经营的一种企业组织调整行为。

按企业组织边界,可以分为水平兼并和垂直兼并。水平兼并是指同一产业内并行企业之间的联合。水平兼并的主要动因有二:一是通过联合扩大企业规模,实现规模经济,提高企业经营效率;二是提高企业在该产业的市场份额,提高市场集中度,增强企业对市场的控制能力,提高企业的市场竞争力。垂直兼并是指同一产业内上下游企业之间的联合。垂直兼并的主要动因有三:一是可以减少市场交易环节,降低企业交易成本,提高企业经营效益;二是可以控制中间产品渠道,保证最终产品质量;三是可以减少市场的不确定性因素,保证企业安全和企业发展稳定性。

三、市场绩效

(一)市场绩效的概念

所谓市场绩效,是指在特定的市场结构和市场行为条件下,某一个产业在价格、产量、费用、利润、产品的质量和品种以及技术进步等方面所达到的现实状态。它实质上反映的是市场运行的效率。

产业组织理论主要从以下两个方面对市场绩效进行研究:一方面是市场绩效的影响因素。通过对市场结构、市场行为与市场绩效之间关系的研究,从中寻找市场绩效的影响因素,并对导致市场绩效变化的原因做出解释。另一方面是对市场绩效进行描述和评价。主要从产业的规模结构效率、资源配置效率、技术进步程度以及销售费用水平等几个方面,描述市场绩效的基本情况,评价市场绩效的好坏。

(二)市场绩效的反映指标

1. 规模结构效率。规模结构效率反映的是产业和企业在一定资源条件下的生产效率情况。产业的规模结构效率主要来自于两个方面：一是企业内部规模经济，随着企业规模的扩大，企业单位产品成本边际递减，报酬递增。二是企业外部规模经济，也即产业组织规模经济，随着产业经济总量的增加和中间市场容量的扩大，产业组织会出现分工和专业化生产演化趋势，产业组织普遍的分工和专业化生产为企业提供普遍配套服务，使企业许多生产和经营环节可以外部化，从而降低企业单位产品的不变成本，提高生产效率。

西方产业组织理论，一般用"达到或接近规模经济的企业的产量占整个产业产量的比例"来评价产业的规模结构效率状况：①如果未达到获得规模经济效益所必需的经济规模的企业是市场的主要供给者。这表明该产业的规模结构效率不高，存在着大量的低效率的小规模生产。②如果达到和接近经济规模的企业是市场的主要供给者。这说明该产业充分获得了规模经济效益，产业的规模结构效率处于理想状况。③市场的主要供给者是超经济规模的大企业。由于这种超经济规模的过度集中，已不能再使产业的长期平均成本降低，只是加强了企业的垄断力量，因此，并不能提高产业的规模结构效率。

但是考察现实经济活动，也存在另外情况，即世界广泛分布的产业集群，存在大量的小企业，这些小企业相互分工和合作完成一系列产品的生产。虽然这些小企业本身并没有达到规模经济水平，但是由于存在外部规模经济，也即存在产业组织规模经济，因此这些小企业的生产效率也非常高。

2. 资源配置效率。资源配置效率反映的是消费者和生产者的资源使用效率情况。它包含三方面的内容：①有限的消费品在消费者之间进行分配，使消费者获得的效用满足程度。②有限的生产资料在生产者之间进行分配，使生产者所获得的产出大小程度。③同时考虑生产者和消费者两个方面，即生产者利用有限的生产资源所得到的产出大小程度和消费者使用这些产出获得的效用满足程度。

西方产业组织理论认为，资源配置效率是反映市场效果好坏的最重要指标，这个指标在实际应用中常常使用利润率标准。在完全竞争条件下，价格由自由竞争的市场决定，从长期看，会使价格处于趋向包括正常利润在内的最低费用水平，那么，可以认为市场机制下的资源分配是合理的、正常的。但是，在寡头垄断市场下，某产业长时期的高利润率，意味着该产业的过度垄断，阻碍了资源的流入，这正是资源分配不合理、社会资源使用效率低的表现。贝恩等人认为，可用产业的长期利润率是否趋向平均化来测量资源配置是否有效率，并认为产业利润率与市场集中度以及由此而来的市场行为有关。高集中度的产业利润率也高，这就是采取"控制市场结构，以实现资源合理配置的市场效果"的方法的由来。

而一些集中度较高的产业之所以利润率不高，是因为处于垄断寡头地位的企业有可能没有认真降低成本。

3. 技术进步程度。技术进步的含义很广泛。广义的技术进步包括除资本投入和劳动投入之外的所有促进经济增长的因素。在产业组织理论中，对技术进步的理解是狭义的，主要包括发明、革新和技术转移。技术进步渗透于产业组织的市场结构、市场行为的各个方面：产品差异与产业的技术特征密切相关，经济规模和必要资本壁垒与大容量、高效率的技术发展有关，企业集团化和系列化的发展、价格和非价格竞争的类型和程度等都与产业的技术进步类型、技术进步程度和条件存在着密切的关系。但技术进步程度最终是通过经济增长的市场效果表现出来的。它反映的是动态经济效率，故而也是衡量市场绩效的一个重要标准。

4. 销售费用水平。市场上的竞争大致可分为两类：一类是价格竞争，即用降低价格的办法扩大销售量，提高市场占有率的竞争。另一类是非价格竞争，即产品差别化的竞争。在非价格竞争中，过度的销售费用和过于频繁的产品改型，尽管从某企业的利益上看或许是迫不得已的，但从宏观经济效益上看却是一个巨大的浪费。因此，产业组织理论中把销售费用水平作为衡量市场绩效的一个重要尺度。

四、"市场结构—市场行为—市场绩效"（SCP）模式分析

市场结构、市场行为和市场绩效是产业组织理论的三大基石，如果说市场结构反映的是经济运行的状态，市场行为反映的是经济运行的过程，那么市场绩效反映的就是经济运行的效果。对于市场结构、市场行为和市场绩效的关系，可以分别从短期和长期两个角度来考察。

从短期来说，市场结构变化不大，可以把它看作是不变的。从市场结构所包含的内容分析，市场结构是企业的外部环境。它是企业生产经营和竞争策略的客观依据，引导和约束着企业的市场行为。在一定的市场结构下，企业必然采取与外部环境相适应的价格行为、非价格行为和企业组织调整行为，必须选择有利于企业生存与发展的行为方式。也就是说，市场结构决定市场行为。市场绩效如何，取决于产业内全体企业的生产经营活动状况；而生产经营状况又取决于企业的定价策略、产品策略等市场行为。也就是说，市场行为决定市场绩效，因此，在短时间里，市场结构、市场行为与市场绩效的关系可以总结为：决定市场绩效的直接因素是市场行为，而影响市场行为的主要因素则是市场结构。图3-3中实线所示的方向，表达了这种关系。

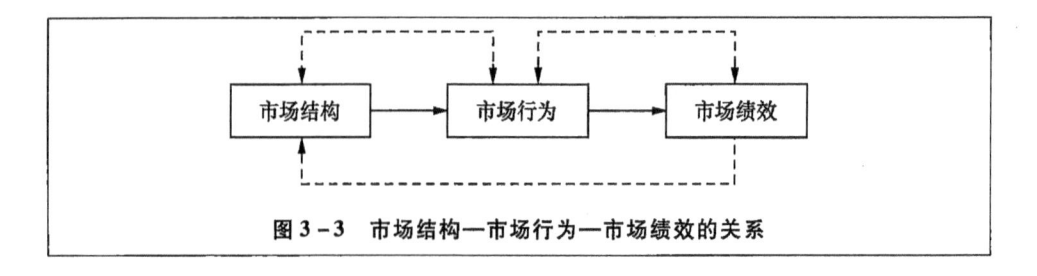

```
市场结构 → 市场行为 → 市场绩效
```

图 3-3　市场结构—市场行为—市场绩效的关系

从长期来看，市场结构是在变化的，市场结构的变化经常是市场行为的结果，有时也会直接受市场绩效变化的影响。例如，企业的技术进步会影响产品差别、进入条件等方面，从而导致市场结构的变化。又如，企业的兼并行为会提高市场集中度，企业的价格行为会影响新企业的进入，等等。图 3-3 中虚线显示这种关系。因此，在一个较长时间内，市场结构、市场行为、市场绩效之间不是单向的因果关系，而是双向的因果关系。

总之，市场结构、市场行为和市场绩效之间是相互作用、相互影响的关系。人们普遍认为，市场结构对市场行为、市场行为对市场绩效的影响是主要的；而市场绩效对市场行为和市场结构，市场行为对市场结构的影响是相对次要的。

本章参考文献

1. ［英］马歇尔：《经济学原理》，商务印书馆 1991 年版。
2. 苏东水等编：《产业经济学》，高等教育出版社 2003 年版。
3. 王俊豪等编：《现代产业经济学》，浙江人民出版社 2003 年版。
4. 王军：《现代西方产业组织理论述评》，《经济学家》1996 年第 5 期。
5. 周耀东：《现代产业组织理论的沿革与发展》，《经济评论》2002 年第 4 期。
6. 卫志民：《20 世纪产业组织理论的演进与最新进展》，《经济学动态》2002 年第 5 期。
7. 刘伟：《西方产业组织理论对市场认识的缺陷》，《生产力研究》2003 年第 4 期。
8. 黄中伟：《产业集群的市场结构分析》，《浙江师范大学学报》2004 年第 2 期。
9. 黄中伟：《网络结构：产业集群竞争优势的源泉》，《求实》2004 年第 5 期。
10. 李普：《现代企业及其市场行为》，《经济论坛》1994 年第 2~3 期。

11. 杨飚：《企业兼并市场行为分析》，《现代经济探讨》1997 年第 6 期。

12. 孙敬水：《市场结构与市场绩效的测度方法研究》，《统计研究》2002 年第 5 期。

重点名词

产业组织　哈佛学派　芝加哥学派　市场结构　市场集中度　市场行为　市场绩效

思考题

1. 简述产业组织理论的研究对象和研究任务。
2. 简述产业组织理论的形成和发展。
3. 影响市场结构的主要因素有哪些？
4. 面对竞争，企业一般会采取哪些市场行为？
5. 我们应该从哪几方面去考察市场绩效？
6. 请试用产业组织理论的 SCP 模式，分析我国某一产业的市场结构、市场行为和市场绩效。

人物介绍

☐ 爱德华·张伯伦（Edward H. Chamberlin, 1899—）

美国著名经济学家，1899 年出生于美国华盛顿的拉康纳，1920 年毕业于依阿华州立大学，1922 年获得密执安大学硕士学位，1927 年在哈佛大学获博士学位。先后在密执安大学、哈佛大学执教，1950~1951 年曾赴法国巴黎大学、丹麦哥本哈根大学讲学，并受聘客座教授。1934 年后一直任哈佛大学教授。

张伯伦一生的研究成果主要集中在垄断竞争理论领域。主要代表作有：《双头垄断：卖方很少时的价值》（1929）、《垄断竞争理论》（1933）、《垄断竞争与"不完全"竞争的区别》（1937）、《产品多样性与公共政策》（1950）、《垄断与竞争程度的测算》（1951）、《垄断竞争的再思考》（1951）、《论"寡头垄断"的起源》（1957）、《走向更一般的价值理论》（1957）、《垄断竞争理论的起源和早期发展》（1961），等等。

张伯伦的主要贡献是在 20 世纪 30 年代与英国经济学家 J. 罗宾逊夫人同时独立提出了微观经济学中的企业市场理论。亚当·斯密以后的一两百多年时间里是自由资本主义发展的鼎盛时期，那时垄断还是个别现象。当资本主义进入垄断阶段之后，经济学理论已无法对其进行解释，现实世界中的普遍垄断现象开始引起经济学家的关注。从 19 世纪初的西斯蒙第、穆勒、麦克库洛赫，到 19 世纪末和 20 世纪初的马歇尔、古诺、埃奇沃思、西奇威克，尤其是庇古和斯拉法，他们早已对垄断理论和市场的不完全性做了大量的研究。但问题在于，他们始终沿袭着"斯密传统"，即将自由竞争作为普遍现象而把垄断作为例外来构造他们的理论框架。一直到20世纪30年代中期，美国哈佛大学的张伯伦和英国剑桥的罗宾逊夫人分别出版了《垄断竞争理论》和《不完全竞争经济学》才正式宣告"斯密传统"的彻底结束，并开始了一场号称"张伯伦革命"微观经济学研究变革。始于张、罗二人的"张伯伦革命"的主要贡献在于：他们摈弃了长期以来以马歇尔为代表的新古典经济学关于把"完全竞争"作为普遍的而把垄断看作个别例外情况的传统假定，认为完全竞争与完全垄断是两种极端情况，提出了一套在经济学教科书中沿用至今的用以说明处在两种极端之间的"垄断竞争"的市场模式，并在其成因比较、均衡条件、福利效应等方面运用边际分析的方法完成了微观经济的革命，将市场结构分成了更加符合资本主义进入垄断阶段实际情况的4种类型。"张伯伦革命"的经济学意义就在于，20世纪中期宏观经济学之所以能够得到长足发展，其天然逻辑的发展起点就是对垄断的分析，从这个起点出发，恰恰使得西方经济学比较正确地描述和表达了百年经济历史的本质和现状。

——资料来源：根据介绍张伯伦相关资料整理。

第四章 规模经济与有效竞争

产业组织政策的双重目标，一是在产业内形成有效竞争的环境，二是充分享受"规模经济"的好处。本章主要介绍规模经济的概念与种类，企业规模经济的形成原因，确定企业最佳经济规模的方法和利用规模经济的方法；有效竞争的概念，有效竞争的衡量标准；影响企业规模和企业规模结构的因素以及企业规模结构合理化的途径等。

第一节 规模经济

一、规模经济的含义

规模经济（Scale Economy）是指伴随着生产经营规模的扩大而出现的单位产品成本下降，收益上升的现象。

从理论上说，规模经济表现为长期平均成本曲线向下倾斜。这里所说的长期是相对于短期而言的。短期是指生产能力不变的时期，长期是指生产设备增加，生产能力扩大的过程。长期平均成本曲线是指生产能力扩大时，单位成本随产量变化而变化的曲线。长期平均成本曲线是短期平均成本曲线的左外包络线。图4-1中LAC为长期平均成本曲线，SAC为短期平均成本曲线，Q为最小最佳规模。

长期平均成本曲线向下倾斜意味着，在生产能力不变的情况下，要想通过扩大生产批量来降低单位成本会很快达到极限，因而需要进一步投资扩大生产能力，才能实现更大的生产批量，进一步降低单位成本。但是，长期平均成本的下降不是无限的，长期平均成本曲线上最接近横坐标轴的最低点所对应的产量Q就是最小最佳规模（Minimized Economic Scale，简称MES）。当规模超过Q点后，平均成本是立即上升还是保持不变，对此有不同的争议。我们认为，在产量达到Q以后，长期平均成本曲线有一段大致保持不变的阶段。当规模继续扩大到一定程度（如图中的Q'点）之后，由于受产业的技术工艺特征、管理幅度以及市场需求量等因素的制约，单位成本反而会缓慢上升。因此，经济规模是一个区域（图中为QQ'），而不是一个点。

不同产业的长期平均成本曲线的形状及最小最佳规模的大小同市场需求量相

图 4-1 长期平均成本曲线示意图

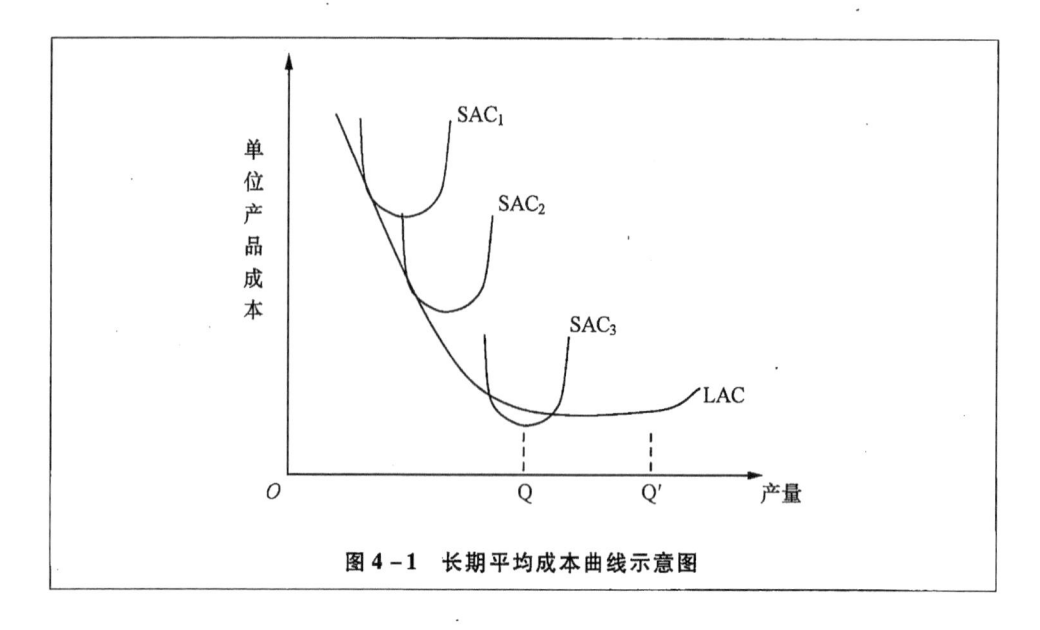

对比的状况是不同的,这是因为,在不同的产业里技术工艺的特征不同。

二、规模经济的种类及成因

规模经济既可以来自生产规模扩大,也可以来自经营规模的扩大。依据规模经济产生的范围,规模经济一般可分为工厂规模经济和企业规模经济两个层次。

(一) 工厂规模经济的含义及形成的原因

1. 工厂规模。是指工厂综合生产能力的大小。工厂规模一般由年产品产量表现。

2. 工厂规模经济的含义。工厂规模经济是指工厂通过生产能力的改变,逐步扩大规模,导致收益递增的现象。

3. 工厂规模经济的形成的原因。工厂规模经济形成的原因,从根本上说是由于生产活动的不可任意分割性。任何生产设备和生产活动在加工对象达到相当数量时才有可能进行。不能想象,数千立方米容积的高炉仅为生产数吨或数十吨铁而开动。这种带有不可分割性的生产活动的规模是受产业生产工艺特征和技术进步制约的。具体有四个方面:

(1) 生产要素的不可分割性。高效率的大型设备只有在规模生产中,才能充分利用。如果在较小规模的条件下,使用这些设备,每件产品上分摊的固定成本是相对大的数额,成本较高。而大批量生产体系的发展,必定是同不断采用更先进的工艺,使用更大型、高效率和专用设备相联系的,这无疑会降低平均成本。例如,把一根输油管的直径增加 1 倍,所需的材料也增加 1 倍,但是,输油管的截面却比原先扩大 4 倍。这样，油管所增加的输油量就会大于 1 倍。这种情况在化工、石油、钢铁、水泥等装置产业表现得尤为突出，因此，第二次世界大战后，这些产业部门的设备大型化有了惊人的发展。

（2）大批量生产方式有利于实现标准化、专业化和简单化。大批量生产方式由于使用专用工具、工装、自动线、机械手、流水线作业方式以及计算机，从而极大地推动了生产的标准化、专业化和简单化。"三化"的形成不仅直接有利于提高产量、质量和降低成本，而且使工人的熟练程度获得迅速提高，促进了管理的专业化。这些都将大大提高劳动生产率，降低人工成本。

（3）大批量生产方式有利于原材料的节约和充分利用。以火力发电机组为例，35 万千瓦的机组的热效率为 5.5 万千瓦机组的 1.47 倍，重油消耗定额可下降 26%；60 万千瓦的机组，其热效率为 5.5 万千瓦机组的 1.54 倍，重油消耗定额可下降 28%。

（4）工厂规模经济还来源于辅助生产部门的利益。厂内零部件、原材料的运输机械化，库存机械化；供电、供水自动保障体系等辅助生产的机械化、自动化，只有在较大的生产规模下，才能建立和充分利用。辅助生产的机械化和自动化有助于提高生产效率，降低单位产品中的辅助生产成本。

需要注意的是，工厂规模达到一定程度后，如再扩大规模，规模经济就不再出现。因为工厂规模过大，增加了厂内材料和零部件成品运输与库存的数量，也增加了管理的难度。不伴随技术、工艺上的进步，不伴随分工、协作及"三化"的发展，单有批量的加大，规模经济是得不到的。因此，工厂规模经济因技术的进步而发展。

（二）企业规模经济的含义及形成的原因

1. 企业规模。是指生产资料、职工等生产要素和产品产量在企业中的集中程度。单厂企业，企业规模就是工厂规模；多厂企业，企业规模等于各个工厂规模之和。

2. 企业规模经济的含义。企业规模经济是指由于企业经营规模扩大因而经济收益不断增加的现象。这种规模扩大表现为联合在同一个企业中的生产同类产品的若干工厂，或者是处于生产工艺过程不同阶段的若干工厂在数量上的增加或生产能力的扩大。

3. 企业规模经济形成的原因。一般来说，企业规模经济形成有以下几个方面的原因：

（1）大规模管理的经济性。企业经营规模扩大，为经营管理实现专业化、标准化创造了条件。管理人员通过合理的分工，各司其职，使其特长得到充分发挥，提高了经营管理工作的整体水平。同时，只有大规模经营，才能使用计算机等先进的管理手段，提高管理的效率。

(2) 大规模销售的经济性。企业的产品销售总量与企业采取的促销手段、售后服务方式等有着直接的关系。只有进行大规模的产品销售，才能充分利用大型广告媒体，广告费用的支出才最为经济。同时，只有大规模的产品销售，才能在各地都设立企业的销售中心和售后服务中心，进一步促进销售并降低单位产品的销售费用。

(3) 大量采购生产资料的经济性。大企业一次性大批量购入原材料、零部件等生产要素时，可以比多次小批量进货节省交易费用与运输费用，也往往可以得到比小批量进货较优惠的价格。

(4) 大企业生产方面的有利性。大企业可以把连续加工生产过程统一起来，获得这个生产过程中所有产品的效益。这种效益叫做"全产品生产线效益"。例如，把炼铁、炼钢到轧材的全生产过程集中到一个企业里进行，等等。

(5) 大企业筹集资金方面的有利性。大企业因其经济实力雄厚而具有较高的资信度，有条件利用各种融资渠道，便捷地筹集到生产经营过程中所需的资金。

与工厂规模经济一样，企业规模经济不会随企业规模的无限扩大而总是存在，如果企业规模过大，就会由于管理幅度过宽、管理层次过多，出现管理信息传递缓慢或失真的现象，也会由于企业内部部门增多而导致各种摩擦和矛盾的产生，造成企业管理僵化和经营低效率。

三、利用规模经济的途径

(一) 利用工厂规模经济的途径

充分利用工厂规模经济的途径主要有两条：一是充分实现生产和管理过程中的标准化、专业化和简单化，发挥工厂内分工和协作的效益；二是不断进行技术和设备的更新和改造，使生产能力不断接近最佳规模。前者是利用工厂规模经济的组织与管理上的条件，后者则是物质和技术上的条件。

如前所述，工厂的最佳规模是随技术工艺和生产设备的进步而扩大的。第二次世界大战以后，以利用规模经济为目标的技术革新突飞猛进，尤其在钢铁、石油化工、汽车制造等产业发展特别迅速。这种技术革新使生产过程各阶段的生产设备实现全面系统的大型化、高效化和集中生产，极大地推动了生产的标准化、专业化和简单化，从而大大地提高了规模经济的利用水平。

(二) 利用企业规模经济的途径

充分利用企业规模经济的途径主要有两条：一是靠企业内部的力量，通过投资兴建新的更大的设备和工厂来实现；二是通过企业之间的联合与兼并来实现。其中，第二条途径更容易迅速扩大企业规模。

企业合并有水平合并、垂直合并、混合合并等多种形式。其中，垂直合并除具有前述企业规模经济的若干优势外，由于生产过程的完整衔接还可带来便于均衡生产的好处。例如，许多中小企业围绕着一个生产最终产品的大企业，通过资金、技术、人事和其他业务关系形成一种松散的多层次的联合组织，这种企业间的关系就构成为"企业系列"。在这个系列中，中小企业尽管规模不大，但由于产品简单，专门生产某一个或几个零部件，因此也能享受规模经济的好处。同时，中小企业还可以在信息、资金、技术等方面依赖大企业，以弥补企业规模小的不足。在"企业系列"中处于核心地位的大企业由于把零部件的生产让给中小企业，自己只进行成品组装，因而生产更加专业化，更能进一步扩大企业规模。这种联合形式对那种成品由成千上万个零部件组成的汽车工业、机械工业尤为适合。它既能充分利用企业规模经济，又能充分利用工厂规模经济。同时，这种联合形式由于进行了专业化分工协作，还有助于形成大中小企业相结合的合理的企业规模结构，进而可以获得产业上的规模经济性。

利用规模经济除了上述途径以外，从产业的角度上讲，还必须由国家制定产业进入壁垒。要根据不同产业的生产技术特点及其对规模经济的要求，按产业确定进入某个产业的标准，达不到标准的则不允许在这个产业内建立新企业。标准的设立应以最小最佳规模为依据，同时考虑生产技术水平、市场需求等因素。不同的产业生产技术特点不同，最小最佳规模也不同，因此，标准应按产业的特点分别设立。建立适当的产业进入壁垒，可以限制小批量生产，扩大产业内企业的平均规模，从而提高利用规模经济的水平。

（三）扩大企业规模实现规模经济的后果

扩大企业规模实现规模经济的后果，一方面是降低了生产的平均成本，增强了企业的竞争力，提高了资源的利用效率；另一方面也容易导致企业规模的过度膨胀。特别是有些企业为了达到垄断市场的目的，在企业已经达到规模经济以后，还继续扩大企业规模，结果损害了产业内的竞争活力，不利于形成有效竞争的环境，不利于中小企业的生存和成长。其自身也由于组织过于庞大，管理层次过多，导致激励减弱，信息传递缓慢甚至扭曲，官僚主义泛滥等，从而降低了工作效率，最终导致平均成本上升。因此，国家在制定产业组织政策时，既必须注意有利于扩大企业规模，充分利用规模经济，也需注意促进有效竞争，以形成大、中、小企业能发挥各自优势、相互结合的合理的企业规模结构。

第二节　有效竞争

一、竞争的含义及类型

（一）竞争的含义

竞争是指商品生产者之间为争取各自的经济利益所采取的互相抗衡各竞其能的行为和过程。竞争是市场经济中必然存在的经济现象，是价值规律发挥作用和实现的一种形式。

在市场经济条件下，社会必要劳动时间决定商品价值的运动是通过市场竞争来确立的。各商品生产者生产同种商品的个别劳动时间是不相同的，从而商品的个别价值也不相同，经过在市场上的较量和竞争，使同一种商品的个别价值平均化为社会价值，它是由社会正常生产条件下所耗费的必要劳动时间决定的。

供求关系的变动引起市场价格围绕着价值的波动，也是通过买者和卖者在市场上的竞争来实现的。在商品供求一致的情况下，经过买卖双方的竞争使商品价格按照价值出售；在商品供过于求时，卖方竞相抛售商品，使商品价格降低到价值以下；当商品供不应求时，买方竞相购买商品，使商品价格上涨到价值以上。

竞争作为市场上一股外在强制力量，促使企业革新生产技术，改善经营管理和按照市场需求来组织生产，协调比例关系，促进经济发展。竞争还使企业优胜劣汰，促成企业兼并联合，为资源转移从而推动组织结构优化创造条件。

（二）竞争的类型

1. 价格竞争。价格竞争是指生产同类产品的不同企业，用变动价格的办法来扩大销售，以争夺市场占有份额的行为。也就是产业内的不同企业在销售同类产品时可以制定不同的价格。结果率先进行生产技术创新的企业，可以利用自己的低成本优势，以低于市场平均销售价格进行销售，提高市场占有率，从而加速资金周转，扩大生产规模，并通过规模经济等因素进一步发挥优势，降低成本，增加收益。同时，其他暂时相对落后的企业，为了赢得自己在市场上的地位，学习和仿效率先创新的企业，采用新技术和新生产方法，改善经营管理，降低产品成本，提高劳动生产率。这种创新的扩散将导致新一轮的创新，新一轮的创新将再一次导致扩散。如此反复下去，那些不断开拓创新成功的企业在竞争中蓬勃发展，而那些在竞争中处于被动的企业，经过几轮的筛选，一部分将被淘汰。

2. 非价格竞争。非价格竞争是指用产品竞争和推销竞争的办法来扩大销售量，以争夺市场份额的竞争，也就是产品差别化的竞争。产品竞争包括产品的质量、功能、式样、包装、色彩、时新程度以迎合消费者的特殊需要等方面的内容。推销竞争则包括为提高商品"知名度"而所作的广告宣传,按时交货,各种良好的售前、售后服务等。非价格竞争有时具有价格竞争所不能替代的功能。企业之间通过价格竞争,当价格降到不能再降时,非价格竞争将显示其用武之地。同时用削价的方法进行竞争往往给人以"便宜无好货"的心理,降价往往会适得其反。产品的差别性给参与竞争的企业某种程度的价格制定自主权,卖者的产品如果在消费者心目中产生了与众不同优于其他产品的印象,那么即使卖者把价格定得比其他企业的产品高一些,消费者也愿意购买。因此,创名牌,保名牌,使消费者对产品产生偏好和信赖,是非价格竞争的一个重要方面。

另外,广告推销和其他促销活动,也可以使更多的潜在顾客了解产品的性能和长处,引起他们的兴趣,诱发其购买欲望,从而为这些产品在市场上迅速打开销路。当然,非价格竞争也有不利的一面,对于产品竞争,当产品开发成功,很快就会提高企业的声誉,扩大市场占有率,但开发失败也会带来巨大的经济损失。同时,过度的销售费用和过频的产品改型更新,尽管从企业的利益上看也许是迫不得已,但从宏观经济效益上看却是一个巨大的浪费。

二、有效竞争的含义

(一) 有效竞争的含义

一个高绩效、合理化的产业组织既要使企业获得较好的规模经济效益而又不因为企业规模的扩张导致垄断而丧失竞争活力。在著名经济学家马歇尔看来,这是一个"鱼与熊掌不可兼得"的"马歇尔困境"。为了克服"马歇尔困境",克拉克于1940年提出了"有效竞争"的概念,并经梅森等人的归纳总结,形成了有效竞争理论。所谓有效竞争,是指将规模经济和竞争活力这二者有效地协调起来,从而形成有利于长期均衡的竞争格局。作为产业组织合理化的目标模式,它是对同一产业市场上企业间组织结构及其垄断、竞争态势的理想状态的综合描述,其两个决定因素即规模经济和竞争活力,都是实现资源有效配置,提高经济绩效的手段和途径,它们是以不同的途径谋求经济效率这一共同目标。而市场竞争度(竞争活力)又由市场集中度和进入壁垒共同决定。因此,决定有效竞争状态的实际上是规模经济、市场集中度和进入壁垒三个变量。

(二) 企业适度规模

评价企业规模是否适度的最基本的依据是看其是否存在规模经济。产业经济学中一般根据平均成本(AC)与边际成本(MC)之比即判定系数(FC)来识别规模经济和规模不经济:当 FC>1 时,平均成本大于边际成本,此时存在规模经济,即随着产出量的增加,平均成本曲线下降;当 FC<1 时,平均成本小于边际成本,此时存在规模不经济,即随着产出量的增加,平均成本曲线上升;

当 FC＝1 时，平均成本等于边际成本，此时规模收益不变，即在产量的一定范围内，平均成本曲线呈水平线。识别规模经济的判定系数只能粗略地判断存在规模经济的区间。

在许多关于规模经济的文献中，平均成本实际上是指平均生产成本，因而，其平均成本曲线主要适用于描述生产成本在总成本中占绝大部分比重并且交易成本很小的产品规模经济和工厂规模经济。而在现代大企业中，在管理、协调和控制生产经营的同时会发生大量的交易成本，因此，决定企业规模的主要因素应该是由生产成本和交易成本构成的总成本和平均成本。在技术进步条件下，随着企业规模的扩大，平均生产成本曲线呈现下降态势，而包括企业内部组织协调成本在内的平均交易成本曲线则由原来的下降变为逐渐上升。总平均成本曲线是由平均生产成本曲线和平均交易成本曲线叠加而成的一条底部平行的浅 U 形曲线，其最低点及其附近一定范围是企业的适度规模。

（三）适度竞争

如上文所述，市场竞争度（或竞争活力）是市场集中度和进入壁垒的函数。具体地说，某一产业的市场集中度越高，进入壁垒越高，新企业进入该产业难度越大；提高某一产业的进入壁垒，也会促使该产业提高市场集中度。而市场集中度和进入壁垒越高，市场竞争度则越低。由此可见，市场竞争度与市场集中度及进入壁垒之间存在反比例关系，更确切地讲，市场竞争度（DC）是市场集中度（CR）和进入壁垒（BE）的并集的倒数，即：

$$DC = \frac{1}{CR \cup BE}$$

式中，市场集中度（CR）的测量方法已在第三章中做了介绍，进入壁垒（Barriers to Entry, BE）的测量通常采用价格扭曲率度量法和产业超额利润度量法等方法来测量。

价格扭曲率度量法是以垄断价格扭曲竞争价格的程度来测量进入壁垒高低的一种方法。假定某一商品在完全竞争市场和完全垄断市场这两种极端情况下的销售价格分别为 P_0 和 P_1，那么，垄断价格与竞争价格的差额同竞争价格的比率即为价格扭曲率（R），其值的大小表明价格扭曲程度的高低，也显示进入壁垒的高低。用公式表示为：

$$R = \frac{P_1 - P_0}{P_0} = \frac{\triangle P}{P_0}$$

产业超额利润度量法的思路是：用产业利润率（P）与社会平均利润率（$\overline{P}$）的差额即产业超额利润率（$\triangle P$）来测量进入壁垒的高低。产业超额利润率越高，超额利润越多，进入壁垒越高。这种方法可以避免价格扭曲率度量法公式中的 P_0 和 P_1 的实际值难以获得的缺点，代之以产业价格（P）和产业平均成本（$\overline{C}$）这两个资料可获性较好的指标。产业超额利润率的计算公式为：

$$\triangle P = P - \overline{P} = \frac{P - \overline{C}}{P} - \overline{P}$$

三、有效竞争的衡量基准

自克拉克提出了有效竞争的概念后，一些学者在此基础上对有效竞争的衡量基准问题做了深入探讨，比较有影响的衡量基准有梅森基准和索斯尼克基准。

（一）梅森基准

美国经济学家梅森提出的衡量有效竞争的基准包括市场结构标准和市场效果基准两个方面。市场结构基准的主要内容包括：①市场上存在相当多的卖者和买者。②任何卖者和买者都没有占有市场很大份额。③任何卖者集团和买者集团都不存在"合谋"行为。④新企业能够在该市场中出现。市场效果基准的主要内容包括：①市场上存在促使企业不断改进产品和工艺的压力。②在费用下降到一定程度时，价格能够向下调整。③生产集中在适度的最有效率的规模单位下进行，但未必是在费用最低的规模单位下进行。④生产能力和实际产量基本协调，无慢性设备过剩。⑤可以避免销售活动中的资源浪费。

（二）索斯尼克基准

索斯尼克（Stephen H. Sosnick）在梅森提出的衡量有效竞争的市场结构基准和市场效果基准后不久，在《经济学季刊》杂志上发表了以 SCP 为框架的评价基准，具体内容包括 15 个方面：①不存在企业进入和退出的人为限制。②存在对上市产品质量差异的敏感性。③交易者的数量符合规模经济的要求。④厂商之间不存在相互勾结行为。⑤厂商不使用排外性的、掠夺性的或高压性的竞争手段。⑥厂商在推销时不存在欺诈行为。⑦不存在"有害的"价格歧视。⑧竞争者对其他对手是否会追随他们的价格变动缺乏完备的信息。⑨利润水平刚好足以支付创新、效率和投资的报酬。⑩厂商提供的产品数量和质量随消费者需求而变化。⑪厂商会努力采用新技术和新生产工艺。⑫没有"过度"的消费支出。⑬每个厂商的生产过程富有效率。⑭最好的满足消费者需求的卖者得到最多的收益。⑮价格变化不会加剧周期的不稳定。其中，①~③为市场结构方面的基准，④~⑧为市场行为方面的基准，⑨~⑮为市场绩效方面的基准。

上述两个基准试图将衡量有效竞争的基准和指标具体化和可操作化，但在实际应用时仍然存在不少问题：一是某些指标的表述依然模糊不清，令人难以准确把握，如"相当多"、"一定"、"基本"、"有害的"、"刚好"、"过度"等；二是某些基准与实际存在一定的距离，或者某些基准之间相互矛盾，如"不存在企业进入和退出的人为限制"对不少行业来说就过于理想化。因此，一些学者认为，有效竞争的概念无论在理论上和实践上并没有解决实质性的问题，但在制定和实施产业组织政策时，人们又不得不把它作为一个出发点和努力方向。

第三节　企业规模结构

一、交易费用与企业规模

在阐述企业规模结构之前，我们先谈谈影响企业规模的因素。目前，经济学在这方面影响比较大的是美国学者科斯提出的交易费用理论。

（一）交易费用的含义

在新古典经济学里，企业被视为生产函数，市场关系由供求曲线表达。市场交易被假定是瞬间完成的，即交易活动是不计费用的。科斯对这一假定进行大胆突破。他提出，既然经济个体之间可以通过市场交易实现生产合作，为什么还要存在企业？什么因素决定企业规模？在相继生产阶段或相继产业之间为什么既存在长期合同关系，又存在纵向一体化（即垂直合并）现象？为了解释这些问题，科斯提出了"交易费用"的概念。他认为，交易活动是稀缺性的，交易费用为零的假设是不现实的。以价格机制为导向的市场中的每一笔交易都要花费一定的费用，这就是交易费用。它包括：①发现交易对象和交易价格的费用。②讨价还价、签订合约的费用。③执行合约的费用；监督违约并对之惩罚的费用等。因此，交易费用是市场机制运行的成本，它会使资源配置的效率降低。

（二）企业存在的原因及企业规模

从企业存在的原因看，企业是作为价格机制的替代物。企业之所以能够替代市场，根源于交易费用的节约。众所周知，分工和专业化发展的一个后果是市场交易次数的迅速增多，市场交易次数的增多导致市场交易费用增加，这在某种程度上抵消了分工和专业化带来的好处。为了降低交易费用，最初，人们尽量确定较为固定的交易对象，于是就出现了以一个商人为中心，将产品的不同零件或工序分别承包给许多家庭的"分包制度"。分包制度的进一步发展，就形成了企业。在企业内部，每个人在生产过程中都有相应的位置。这种相应的位置又以科层组织形式确定下来，它无须寻找交易对象，人和其他要素所有者实际上和企业达成了长期协议，市场中的讨价还价都被管理者对工人的指挥所替代，于是节约了大量的交易费用，这就是企业存在的原因。

但是，企业的运转也不是没有费用的，其费用就是企业中科层组织的运转费用。它包括：①企业一般管理费用。②获取和集中生产要素的费用。③效率的损失，主要有：由于企业内部对个人的生产贡献的度量比市场机制差，而带来企业内生产者相对于市场中的生产者的动力耗丧；企图管理复杂事物的倾向、原谅失误的倾向和相互包庇的倾向所带来的损失；企业规模增大而导致管理复杂度的提高，造成管理效率下降，等等。

因此，企业通过减少契约的数量而节约了交易费用，但它并没有取消契约和企业内的交易消除交易费用。随着企业规模的扩大，在企业内部组织追加交易的成本可能会上升。在组织的交易增加时，或许企业家不能成功地将生产要素用在它们价值最大的地方，不能导致生产要素的最佳使用，因此，企业规模受它所节约的外部交易成本和随着规模的扩大而增加的内部交易费用的制约。其规模决定于这样一点，在企业内部组织一笔额外交易的成本等于在公开市场上完成这笔交易的成本，或者等于由另一企业来组织这笔交易的成本。这说明，企业的产生是为了节约交易费用，而对企业规模的限制也是为了节约交易费用，采用企业生产还是采用市场交易这两种不同的组织形式，完全取决于交易费用的比较。同样，相继生产阶段或相继产业之间是订立长期合同还是实行纵向一体化，也取决于这两者在交易费用上的比较。

（三）交易费用理论简评

科斯等人所倡导的交易费用理论，从交易费用角度描绘了市场经济中产业组织有序发展的规律性动因：在市场竞争中，人们为了获得更多的利益，不断探索有利于节约交易费用、生产费用、组织费用的新的企业组织结构，来不断调整产业内企业间的关系。这就是产业组织发展变化的内在的自组织机制。

科斯在强调交易费用的重要性时，却忽视了组织变动对于直接生产等成本的影响。科斯把节约交易费用看成是企业存在的唯一原因，完全忽视了企业组织在发挥协作劳动的社会生产力方面的不可替代的基本作用。事实上，除了交易费用以外，技术革命、需求变化、贸易结构、企业行为等都会影响产业组织的变化。

（四）划分企业规模的标准

1. 表现企业规模的参数。划分工业企业规模的前提是，选择什么规模参数作为划分企业规模的依据。能够表现企业规模的参数很多，大体可以分为投入规模参数和产出规模参数。

（1）企业投入规模参数。在企业投入的生产要素中，可以表现企业规模的有职工人数、固定资产原值、投资额等。用职工人数作为划分企业规模的参数，是许多国家的普遍做法。日本等国的产业组织政策和有关法规中，常以职工人数的多少划分大、中、小企业。但是，用职工人数划分企业规模，很难把职工人数相同的劳动密集型企业和资金密集型企业的真实规模表现出来。用固定资产原值和投资额作为划分企业规模的参数，也有相同的问题。

（2）企业产出规模参数。在企业产出中，可以表现企业规模的有产品产量、产值、销售额、利润总额、附加价值等。用产品产量划分企业规模的产业较多。例如，石化生产企业中以乙烯等产品吨数划分企业规模；钢铁、汽车、酒、烟、电视、洗衣机、空调等产业以产品产量划分企业规模。由于不同产业的产品产量不可比，在现实经济中，常用价值量参数比较不同产业的企业规模和进行综合生产的企业规模。例如，销售额可以表现企业的市场影响力；附加价值可以表现同一产业的上、下游企业的规模。

2. 划分企业规模的标准。按一定的标准可以把企业划分为大型企业、中型企业、小型企业。企业规模大小是两个相对的概念，大企业是相对于中小企业而言的，所以划分企业规模的标准也是相对的。随着生产社会化程度和科学技术水平的提高，随着市场范围的扩展和社会生产组织形式的演进，划分企业规模的标准不断变化。从总的趋势看，划分大、中型企业的数量标准在逐渐提高。2003年，根据国家经贸委、国家计委、财政部、国家统计局《关于印发中小企业标准暂行规定的通知》（国经贸中小企［2003］143号），国家统计局制定统计上大、中、小型企业划分标准，如表4-1所示。

（五）影响企业规模的因素

1. 产业的生产技术特点。各产业的生产技术特点直接制约着企业的规模选择。机械、电子、汽车、仪器仪表等产业的生产技术具有组装性、可分性的特点，复杂的大型产品生产可以分解为部件、零件生产，也可以全部容纳在一个企业内生产。这类产业的企业有较大的规模选择范围，可以选择小而专的生产组织，也可以选择大规模的生产组织。而大部分化工产品生产，从投料开始，到完成产品加工的全部工艺过程，都要在一套封闭的生产装置中进行，难以分解。所以，这类产品的生产要求具有较大的规模。

即使是同一产业的企业，当应用不同水平的生产技术时，对规模也有不同的要求。采用先进的高效率大型设备，要求有较大的规模，才能实现设备的充分利用。采用中低技术水平的机械化、半机械化设备，则不一定要有很大的规模。

2. 产品的市场需求规模。企业的生产规模要与市场需求规模相一致。企业产品的市场需求规模既受市场总需求规模的影响，也受企业产品价格、质量、商标知名度、售后服务等因素的影响。企业在选择规模时，要分析目前的市场需求规模和市场需求成长率，并且要分析消费者对本企业产品的偏好程度、企业的市场份额，根据市场总的发展趋势和企业产品的需求规模，选择相应的生产规模。

表 4-1　　　　　　　　　大、中、小型企业划分标准

行业名称	指标名称	计算单位	大型	中型	小型
工业企业	从业人员数 销售额 资产总额	人 万元 万元	2000 及以上 30000 及以上 40000 及以上	300~2000 以下 3000~30000 以下 4000~40000 以下	300 以下 3000 以下 4000 以下
建筑业企业	从业人员数 销售额 资产总额	人 万元 万元	3000 及以上 30000 及以上 40000 及以上	600~3000 以下 3000~30000 以下 4000~40000 以下	600 以下 3000 以下 4000 以下
批发业企业	从业人员数 销售额	人 万元	200 及以上 30000 及以上	100~200 以下 3000~30000 以下	100 以下 3000 以下
零售业企业	从业人员数 销售额	人 万元	500 及以上 15000 及以上	100~500 以下 1000~15000 以下	100 以下 1000 以下
交通运输业企业	从业人员数 销售额	人 万元	3000 及以上 30000 及以上	500~3000 以下 3000~30000 以下	500 以下 3000 以下
邮政业企业	从业人员数 销售额	人 万元	1000 及以上 30000 及以上	400~1000 以下 3000~30000 以下	400 以下 3000 以下
住宿和餐饮业企业	从业人员数 销售额	人 万元	800 及以上 15000 及以上	400~800 以下 3000~15000 以下	400 以下 3000 以下

资料来源：国家统计局：《统计上大、中、小型企业划分办法》（暂行），2003 年 5 月。

3. 市场竞争力量对比。在市场经济中，企业的规模大小与企业的竞争能力有密切关系。一般而言，较大规模的企业，资本实力雄厚，容易积聚技术力量，有较强的竞争能力。而小企业的市场占有率低，对市场价格和供求关系的影响也小。因此，企业为了在高集中度、高技术的产品市场上获得竞争优势，应当选择较大的规模。同理，准备进入国际市场的企业，将要面对国际大资本、大企业的竞争，为了在国际竞争中获得主动权，应当具有相应的规模。

4. 资源投入条件。企业规模是由经济资源的投入规模决定的，企业可能获得的资金规模是企业规模选择的前提条件。企业扩展规模的资金主要来自于投资主体、银行贷款和资本市场，投资主体和企业的资信程度，以及利用各种资金市场的能力，影响着企业的规模。

符合企业生产经营要求的职工数量，也影响着企业的规模。这其中包括能有效管理相应规模企业的高层管理者、专业技术人员和熟练工人的数量。

企业规模还受到原材料和能源供应水平的影响，没有充足的原材料、能源供

应，企业规模选择过大就会偏离提高经济效益的目标。

二、确定企业最佳经济规模的方法

不同的生产工艺、不同的技术水平和不同的市场需求决定着各个产业的最佳企业规模是不同的。确定企业最佳规模的方法主要有如下三种：

（一）成本法

即比较不同规模最佳批量的平均成本。不同规模企业都有自己的最佳批量。比较产业内不同规模企业在达到最佳批量时的平均成本，就可以选出资源利用效率最佳的规模。其计算公式为：

$$AC = (FC + VC) / Q$$

式中：AC 表示最佳批量的平均成本；FC 表示固定成本；VC 表示可变成本；Q 表示最佳批量。

把不同规模企业生产最佳批量的平均成本相互比较，平均成本最低的规模为最佳规模。根据这种方法，英国的 G. 马克西（Maxcy）和 A. 西尔伯斯通（Silberston）研究了汽车工业的规模经济，在其合著的《汽车工业》（*The Motor Industry*，1959）一书里计算并绘制了汽车工厂生产线的长期平均成本曲线图（见图 4-2），这条曲线就是著名的马克西—西尔伯斯通曲线。

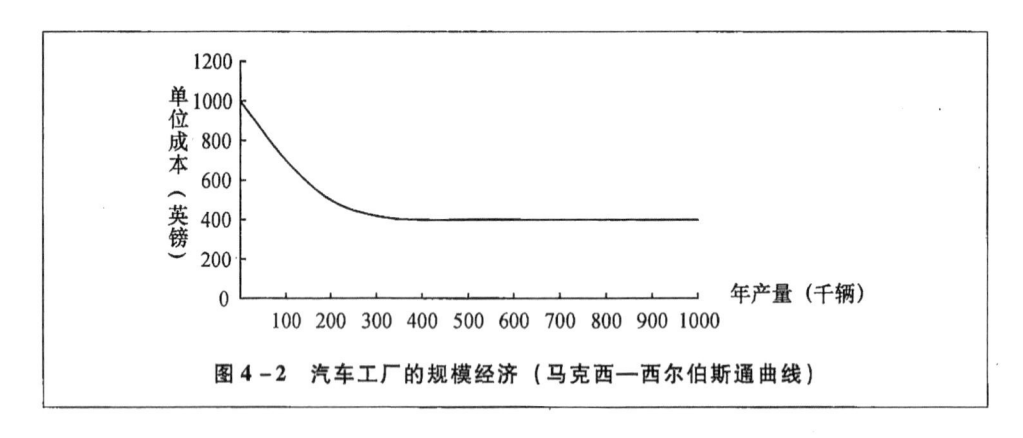

图 4-2 汽车工厂的规模经济（马克西—西尔伯斯通曲线）

根据马克西和西尔伯斯通对汽车生产线长期平均成本所做的分析，就一种车型的生产批量同成本的关系而言，当年产量由 1000 辆增加到 5 万辆时，单位成本将下降 40%；当年产量由 5 万辆增加到 10 万辆时，单位成本将下降 15%；当年产量由 10 万辆增加到 20 万辆时，单位成本将下降 10%；当年产量由 20 万辆增加到 40 万辆时，单位成本将下降 5%；当年产量超过 40 万辆时，成本下降的幅度急剧减少，在达到年产 100 万辆的水平后，再加大批量就不再存在规模经济了。接着，马克西和西尔伯斯通讨论了一条汽车生产线的最小最佳规模是多少的问题。他们认为，一条汽车组装生产线的最小最佳规模是年产6万~10万辆；发动机生产线为年产50万台；冲压设备为100万套。从最佳成本的批量看，一般认为40万~60万辆为最佳。

（二）工程技术法

工程技术法又称技术定额法。它根据基本设备参数、工艺参数以及标准的技术费用定额来确定规模成本曲线。通常包括三个基本步骤：第一步，确定生产线或工厂的基本技术参数、技术消耗定额；第二步，根据参数和消耗定额确定工序和独立流程的规模成本曲线；第三步，组合工序规模成本曲线，获得总规模成本曲线，并以此确定最佳经济规模。

（三）生存技术法

生存技术法是美国学者斯蒂格勒（George J. Stigler）提出来的。他认为，根据上述两种方法测定最佳经济规模，常常会由于数据资料难以获取而不可行。而用生存技术法较易解决上述问题。

三、企业规模结构

（一）企业规模结构的含义

企业规模结构是指不同规模企业的构成和数量比例关系。企业规模结构与生产集中既有密切关系，又有区别。生产集中反映的是大企业在整个工业企业中，或在个别行业的企业中所占有的比例。企业规模结构则不仅可以反映大企业所占有的比例，也可以反映中、小型企业所占有的比例。因此，企业规模结构可以清楚地反映生产要素在整个工业中，或个别行业中分布的均衡程度。

（二）企业规模结构的类型

1. 按研究的范围，可以分为工业企业规模结构和产业内企业规模结构。

工业企业规模结构是指在全部工业企业中，大、中、小型企业的数量与所占的比例。企业规模合理与否，受产业技术经济特点和市场需求等因素的影响，因此，工业企业规模结构不能反映工业规模经济的水平与合理化程度。但是，由于大企业的绝对规模扩大和数量增加是工业化的一般趋势，中小企业的专业化程度与技术素质也与工业化进程相关，所以工业企业规模结构可以反映工业经济发展的阶段与水平，反映工业生产力的分布状态。

产业内企业规模结构是指在产业的全部企业中，大、中、小型企业的数量与所占的比例及它们之间的分工与协作关系。产业内企业规模结构可以反映这一产业产品生产组织的水平、利用规模经济的程度和整体发展潜力等。所以，产业内企业规模结构是分析工业组织状态的重要方面。

> **资料卡**
>
> ## 生存原理
>
> 用生存技术测定最佳规模，可以避免资源估价问题和技术研究的臆测性质。它的基本假设是：不同规模企业的竞争会筛选出效率较高的企业。
>
> 运用生存技术来测定最佳企业规模的过程如下：先把一产业的企业按规模分类，然后计算各时期各规模等级的企业在产业产出中所占比重。如果某一等级的企业所占的生产份额下降了，说明该规模效率较低，一般来说，效率越低，则份额下降越快。
>
> 所谓有效率的企业规模，其含义是在这一规模上，企业家能对付他在实际经营中碰到的所有问题：如紧张的劳工关系、日新月异的创新、政府管制、不稳定的国外市场，等等。毫无疑问，从企业的观点看，这正是效率的决定性含义。当然，社会效率可能是一件很不相同的事：最有效的企业规模或许源自垄断力量的占有、令人厌恶的劳工使用方法、歧视三种确定最佳经济规模的方法各有优劣。成本法的主要缺点是数据往往受企业管理水平、会计制度等无关因素的影响；工程技术法比较准确，能够较真实地反映技术的规模经济性本质，但是，计算方法比较复杂；生存技术法比较简便，但是，无法剔除价格、体制等因素对经济规模的影响。
>
> 应该注意的是，使用不同的方法，得出的最佳规模是不同的。但经济规模是一个区域，所以，MES 的值允许一定范围的浮动。

2. 按各规模企业的比重，可以分为大中小企业规模结构、大大企业规模结构、大中企业规模结构和中小企业规模结构。

（三）影响企业规模结构的因素

1. 工业化的水平。工业企业规模的分化是在工业化进程中出现的。一部分企业凭借先进的生产技术和对市场变化的准确判断，迅速地积累资本，不断地扩大规模。同时，随着工业生产技术的发展，大型、高效率的自动化设备广泛应用于生产，推动着企业规模的扩大。因此，工业化国家中的许多产品生产都以大型企业为主体。超大型企业的经济实力甚至超过一些发展中国家的经济实力。同时，工业生产社会化程度的提高，为大量中小企业提供了生存空间，在专业化生产的基础上，中小企业凭借灵活的经营机制，在社会化大生产的分工体系中具有不可替代的作用。

2. 市场供求关系。大部分产业的生产能力扩大需要一定的周期,当市场需求在短期内迅速增加时,某产业供给规模的滞后扩展会拉动价格迅速上升,使该产业的平均利润水平明显高于其他产业。高额利润吸引大量新企业进入产业,其中包括投资周期较短的中小企业。因此,当供给的增长速度满足不了需求的增长速度时,产业内企业规模结构呈中小型化。而当市场需求缓慢增长,总生产能力大于总需求时,一方面,中小企业很难挤入市场;另一方面,原有企业为了扩大自己的市场份额增强竞争能力,往往通过合并、兼并和内部成长扩大规模,获取规模的经济性。这种条件下的企业规模结构呈大型化趋势。

3. 规模经济效应。由于各产业的生产技术特点不同,各产业的最佳规模大小不同,最佳规模的经济性也不同。服装生产的最佳规模相对较小,在非最佳规模条件下生产服装的成本增幅也较低,因此,服装产业的企业规模结构以中小型为主。而汽车生产的最佳规模相当大,最小最佳规模为30万辆,同时,如果汽车企业从较小的规模扩大至最佳规模,平均成本会大幅度下降,具有显著的规模经济,为了获得竞争优势,汽车企业都力求扩大规模。许多汽车生产大国,只有少数几家汽车企业,每家企业的规模都较大。

4. 产业组织政策。在经济全球化进程中,大企业在开拓国际市场,操纵国际经济资源流动等方面具有明显的优势。许多国家为了提高本国企业在国际市场上的竞争力,为了本国重点产业的迅速发展,采取鼓励企业扩大规模的政策。同时,有些国家为了保障国内产业市场的竞争活力,增加就业机会,充分利用中小企业规模优势,对中小企业采取保护政策,提供优惠贷款和税收,为中小企业创造生存空间。各个国家在经济发展中所采取的产业组织政策,对企业规模结构变动有较大的影响。

四、企业规模结构合理化

(一) 大、中、小企业并存是企业规模结构发展的总趋势

实现企业规模结构合理化,应该严格地按企业规模结构发展的客观规律办事。实践证明,大、中、小企业相结合是企业规模结构发展的总趋势。

随着工业化的进程,工业生产规模呈现生产集中化、大型化与分散化、小型化相结合的发展趋势,这是大、中、小型企业并存的根本原因。

1. 市场需求规模和结构的多样性、复杂性,要求大、中、小型企业分别适应不同的需要。例如,有些产品结构单一,标准化、通用化程度高,需求量大而广,适宜大规模集中生产方式;而众多的生活消费品则适合小型企业生产,特别是随着生活水平提高,消费结构将更趋向个性化、多样化,实行多品种小批量生

产的小企业将更能适应市场需求的变化。

2. 生产社会化既表现为专业化协作的发展，也表现为企业联合化的发展。专业化协作发展，使许多结构简单的产品或零部件适合小型企业组织生产，而企业联合化则引起生产集中，从而要求向大型企业方向发展。

3. 各种资源的投入条件决定了大中小型企业并存。首先，自然资源的丰欠程度直接影响大中小型企业取向。分散的资源适合小型企业去开发、加工，而集中的资源则适合大型企业开发加工。其次，资金、技术、管理水平等因素也会制约企业规模的选择。

4. 大中小型企业各自具有不同的优势和劣势决定了大中小型企业并存的企业规模结构。大企业的优势主要表现在技术、管理水平和开发能力等多方面，但也有其局限性，如应变能力不如中小型企业，投资回收慢、管理层次多且复杂等。中小企业的优势是适应性强，建设周期短，可以充分利用各种资源，加强行业内的竞争活力等。其局限性是技术水平低，产品成本高，抗风险能力差等。大中小型企业各有自己的优势和不足，因此，形成大中小型并存与结合的企业规模结构，有利于大中小型企业发挥各自的特色和优势，扬长补短，使社会经济协调发展。

（二）建立大中小型企业并存与结合的企业规模结构的途径

1. 根据各产业的特点，选择适当的企业规模结构。适合以中小企业为主的产业有：市场需求结构复杂，品种花色多、批量少、市场变化快的轻纺及手工业；适合组织专业化协作生产的产业，如产品由许多通用、标准化的零部件构成，零部件和工艺可以分散加工，然后组合装配的机械电仪表行业；劳动密集型的产业，如日用金属制造、塑料、木材制品以及工艺美术产品等部门；原料分散或成品不便运输，适合就地生产或就地销售的产业，如陶瓷、木器、家具、饮料食品、农副产品加工和修理服务业等。

适合以大型企业为主的产业有：产品品种单一而且市场需求量大的产品，如金属材料、基本化工原料、制糖和新闻纸生产等部门；产品生产过程中各个环节必须在一个企业内连续地进行，或者只有采用大型企业才能综合利用资源的产业，如钢铁业、石油化工业等。

2. 建立大中小型企业协同发展的分工协作体系。大、中、小企业不仅要并存，而且要协同发展，即在市场竞争的基础上，充分利用专业化分工、协作、联合等组织形式，以大型企业为核心，优势名牌产品为龙头，以分工协作为基础，把大、中、小型企业结合成有机的分工协作体系，如可以围绕大企业的主机产品协作配套，组织中小企业生产零部件、工艺协作产品等。

本章参考文献

1. [美]乔治·施蒂格勒:《产业组织和政府管制》,上海三联书店1989年版。
2. 金碚:《产业组织学》,经济管理出版社1999年版。
3. 杨治:《产业经济学》,中国人民大学出版社1985年版。
4. 简新华:《产业经济学》,武汉大学出版社2001年版。
5. 杨公朴、夏大慰:《现代产业经济学》,上海财经大学出版社1999年版。
6. 龚仰军、应勤俭:《产业结构与企业政策》,立信会计出版社1999年版。
7. 李悦:《产业经济学》,中国人民大学出版社1998年版。
8. 苏东水等编:《产业经济学》,高等教育出版社2003年版。
9. 王秋石:《微观经济学原理》,经济管理出版社2001年版。

重点名词

规模经济 工厂规模经济 企业规模经济 最小最佳经济规模 有效竞争 企业规模结构

思考题

1. 利用规模经济的途径有哪些?
2. 有效竞争的含义是什么?
3. 企业规模结构合理化的途径有哪些?

人物介绍

❑ 乔治·约瑟夫·施蒂格勒(George Joseph Stigler,1911—1991)

美国当代著名经济学家,1982年诺贝尔经济学奖获得者。他在1911年1月17日出生于华盛顿州的雷登。1931年毕业于华盛顿大学,获商业管理学士学位,1932年获西南大学商业硕士学位,1938年获芝加哥大学哲学博士学位,1973年、1974年、1976年和1979年分别获卡内基—梅伦大学、曼彻斯特大学、赫尔辛基经济学院和西南大学理学博士学位,1980年获布朗大学法学博士学位。施蒂格勒从1936年起从事教学和研究工作,曾先后在依阿华州立大学、明尼苏达大学、布朗大学和哥伦比亚大学任助教、讲师、副教授和教授。1958年起到芝加哥大学任教。此外,他还在1948年兼任过伦敦经济学院讲师,1971~1974年兼任投资保险公司经理。他是美国全国科学院、美国哲学学会、美国统计学会、美国经济学会和经济计量学会成员。1954~1955年在美国律师协会任研究反托拉斯法的委员,1964年任美国经济学会会长,1977年任美国经济与国家研究中心负责人,后任芝加哥大学经济和国家研究中心主任。先后出版20多本专著,发表论文80多篇,其主要著作有《生产与分配理论》（1941）、《理论与竞争价格》（1942）、《价格理论》（1946）、《产出与就业趋向》（1947）、《五篇经济问题论文》（1949）、《就业与教育补偿》（1950）、《服务行业就业趋向》（1956）、《制造业的资本与收益报酬率》（1963）、《工业组织》（1968）、《工业价格行为》（1970）、《公民与国家》（1975）、《作为说教者的经济家及其他论文》（1982）；重要论文有：《新福利经济学》（1943）、《最低工资立法经济学》（1946）、《信息经济学》（1961）、《垄断经济》（1964）、《法与公共政策经济学》（1972）、《是经济学还是伦理学》（1981）。

施蒂格勒通过长期不懈的努力，对市场过程的研究和产业结构的分析做出了巨大贡献，被誉为"市场与产业结构应用研究的领袖"和"现代产业经济学的奠基人"之一。在学术上，他属于芝加哥学派，一贯从事微观经济学研究。其主要著作分属经济学史、微观经济理论、产业经济学和公共管理四大类。

施蒂格勒主张市场竞争。他认为，即使是在现代工业社会，竞争的力量也是很强大的，因此，反托拉斯活动有助于维持竞争水平。施蒂格勒反对政府干预，他认为，政府干预有损于经济效益，因而违背消费者的利益。他强调市场上存在的问题在很多情况下并不是政府干预所能解决的。

施蒂格勒对规章制度的研究很引人注目。早在20世纪40年代，施蒂格勒就对美国规章制度立法的效果进行研究。他指出，广泛的、非预期的副作用可能与原来所希望的作用同时发生。他在以后的研究中强调的是规章制度立法的原因而不是效果。他的研究结论表明，立法不再是来自外部影响经济的"外在的"力量，而是经济制度本身的一个"内在的"部分。他的研究开辟了一个新的研究领域——"规章制度经济学"，导致了对立法各个方面的力量、目的与效果的基础研究，这些成就使他成为法与经济学关系新研究领域的先驱之一。

1982年瑞典皇家科学院在授奖公报中这样概括施蒂格勒所做出的主要贡献："通过长期、广泛的实证研究，乔治·J. 施蒂格勒为市场运行的研究和产业结构的分析做出了重大贡献。作为这一研究的一部分，他对经济法规如何影响市场作了探索。他对产生经济法规的诸力量的分析，已开辟了一个经济研究的全新领域；施蒂格勒的成就使他成为市场和产业结构应用领域（产业组织）的学术带头人。他的独特的研究成果，还使他被公认为'信息经济学'和'管制经济学'的创始人以及边缘学科——法律和经济学的先驱之一"。

——资料来源：根据《当代外国著名经济学家》（续编）（陈长源等编，中国社会科学出版社1988年版）第516~519页和《产业组织和政府管制》（乔治·J. 施蒂格勒著，上海三联书店1989年版）第1~3页等整理而成。

第五章 产业组织形态

本章第一节对产业组织概念进行了拓展，提出了一个新概念——产业组织形态。产业组织形态有多种类型，典型的产业组织形态有纯市场形态、网络组织、战略联盟和企业集团等。第二节从横向和纵向两个维度对产业组织形态的演变进行分析，指出产业组织形态演变是企业间横向竞争态势和纵向合作态势共同演进的结果。第三节分别对网络组织、战略联盟、企业集团三种典型产业组织形态的概念、特征、作用、类型及它们的规模与经济效益之间的关系做了分析。

第一节 产业组织形态的概念及类型

一、产业组织概念的拓展

到目前为止，在现代产业组织理论中，产业的定义是狭义的，它仅指生产同一类或具有密切替代关系的商品生产者在同一市场上的集合。相应的，产业组织一般是指同一市场上企业间的关系，该关系表现为一种企业之间的水平关系结构。就产业与产业组织的狭义界定之研究目的和范围而言，这当然是合理的、有效的。因为产业组织理论一直侧重于研究企业间的竞争关系而非合作关系，而同一市场上企业间的关系恰恰主要表现为水平的竞争关系而非合作关系。

然而，产业组织的狭义界定也有不足：其一，狭义的产业组织概念基本上没有包容同一市场上企业间的非市场关系；其二，狭义的产业组织概念基本上把非同一市场上的企业间的关系排除在研究领域之外了。而在现实中，同一市场上的企业间关系不仅仅是市场关系，而且还有不可忽视的非市场关系，这种非市场关系对经济绩效有重大影响。同时，处于不同市场或行业而有紧密联系的企业间的关系也十分重要，它对经济绩效影响也十分重大，例如，上下游企业间的合作关系或竞争关系就十分普遍而重要。正如马歇尔指出的，组织的含义是宽泛的，组织有许多种形式，例如，单一企业的组织、同一行业中各种企业的组织、相互有关的各种行业的组织以及对公众保障安全和对许多人提供帮助的国家组织。[1]

---

[1] [英]马歇尔：《经济学原理》（上卷），商务印书馆1991年版，第157~158页。

因而，随着研究视野的拓展，产业组织的界定也应该随之拓展。当然，这种拓展的程度也不能过宽，例如，把任何产业的企业间的关系都作为产业组织来考察恐怕是不恰当的。那么，什么是拓展后的产业组织呢？从现有产业组织概念的缺陷来看，我们应该重点把非同一市场或行业上的企业间的密切联系，特别是上下游企业间的合作关系或竞争关系补充进来。借助产品价值链这一工具，我们可以把产业组织定义为这样一群企业之间的竞争或合作的关系结构，这些企业因围绕着某一特定产品的生产、提供而处在该产品价值链的相同或不同的节点（环节）上。拓展后的产业组织概念包括两个维度的内容（见图5-1）：一是横向维度或水平维度。该维度是指产品价值链的相同节点（环节）上的各个企业之间的关系。它是同一市场或同一行业上的企业之间的横向关系或水平关系，主要表现为竞争。二是纵向维度或垂直维度。该维度是指产品价值链的不同节点（环节）上的各个企业之间的关系。它是属于同一产品价值链但处于不同市场或行业上的企业之间的纵向或垂直关系，主要表现为互补性的合作。上述两个维度构成了完整的产业组织关系。本章所说的"产业组织"是指"拓展后的产业组织"。

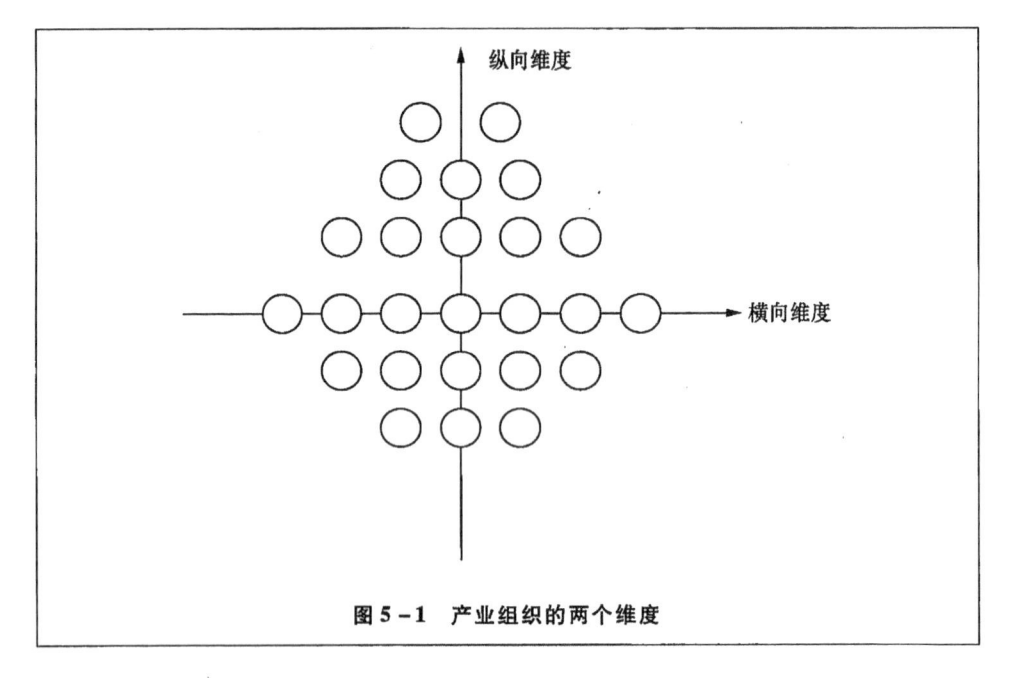

图5-1 产业组织的两个维度

二、产业组织形态及其类型

产业组织形态是指同一产品价值链上的各种企业之间的竞争或合作的关系结构的具体表现形态。

从理论上说,产业组织形态可以按照两条标准作进一步划分。其一,产业组织内部企业之间的竞合关系之性质及其侧重点。即企业之间是竞争关系还是合作关系?是竞争为主还是合作为主?其二,企业之间合作的基础或方式及其侧重点。即企业之间的合作是以契约、股权(资本)为基础,还是两者兼有?各自相对地位如何?这两条标准大体决定了特定产业组织形态内部市场交易与科层管理这两种治理机制的相对地位,从而可以确定其具体类型。进一步分析,我们认为,就单纯的理论分析而言,产业组织形态存在着一个从"纯市场形态"到"单一的完全一体化企业"之间的形态谱系,该谱系中依次分布着纯市场形态、网络组织、战略联盟、企业集团和单一的完全一体化企业五种典型产业组织形态。这五种类型的产业组织形态及性质概括于表5-1。

表5-1　　　　　　　　产业组织形态的类型及性质

性质＼产业组织形态	纯市场形态	网络组织	战略联盟	企业集团	单一的完全一体化企业
竞合关系	竞争	竞争为主合作为辅	竞争与合作并存	合作为主竞争为辅	完全的内部化协作
合作方式	——	契约方式较多,也有参股方式	参股和契约方式都较常见	股权(控股、参股)方式为主,契约方式为辅	股权方式
治理机制	市场交易	市场交易结合网络协调	市场交易结合组织协调或管理	科层管理结合市场交易	科层管理

(一)纯市场形态

纯市场形态是指企业之间的市场关系表现为竞争关系,没有或极少有合作的一种产业组织形态。在此形态中,企业一般数量比较多,规模比较小,产品同质化竞争;治理机制是纯市场交易。

就理论分析而言,纯市场形态具有多样性。它涵盖了产业组织形态谱系中的一个区域,其典型而简化的亚形态有三:一是横向纯市场形态。即横向维度上有众多企业(这些企业可以是产业发展初期从事简单垂直一体化生产的企业,也可以是之后一定阶段出现的在价值链特定环节上从事专业化生产的同类企业)在同一市场上竞争,但彼此之间没有合作关系。二是纵向纯市场形态。即纵向维度有众多企业在产品价值链的不同环节上从事专业化生产，彼此之间却只进行分散的、随机的、短期和不固定的市场交易或分工协作。三是横纵结合的纯市场形态。它是上述两种亚形态的结合，一般更为常见。

（二）网络组织

网络组织是一种以契约方式或参股方式形成的、合作竞争型的、准市场化的产业组织形态。在此形态中，企业间关系以竞争为主，合作为辅；治理机制以市场交易为主，网络协调为辅；既有纵向企业间关系，又有横向企业间关系，呈立体化结构。

网络组织具有多样性。其基本的亚形态有二：一是契约型网络组织。它是以契约方式形成的，在现实中较为普遍，在产业组织形态谱系中比较靠近纯市场形态一端。二是参股型网络组织。它是以参股方式形成的，属于较为高级的网络形态，在产业组织形态谱系中比较靠近企业集团这一端。当然，在契约型和参股型网络组织之间还有一些中间类型，它们共同构成了一个网络组织子谱系。

（三）战略联盟

战略联盟是若干个（通常是两个）企业之间以参股股权方式或契约方式形成的、竞争与合作共存的、介于网络组织和企业集团之间的、较为松散的合作机制或产业组织形态。在此形态中，联盟双方在大范围上通常是竞争关系，在指定项目上是合作关系；通常以两个企业之间的点对点的线形结构为主；治理机制一般是市场交易结合组织协调或管理。

战略联盟具有多样性，存在一个从契约式战略联盟（如技术交流协议、研发协议等）到股权式战略联盟（如合资等）的子谱系。前者靠近市场一端，以市场治理机制为主。后者靠近企业一端，且往往包括联盟企业间新组织机构的设立，治理机制也以科层式管理为主。

（四）企业集团

企业集团是多个独立企业出于合作的目的，以控股或参股股权方式为主、以契约方式为辅而结成的经济联合体式的产业组织形态。企业集团通常具有立体化结构，内部治理机制是科层式管理结合市场交易，且科层式管理较为明显。

企业集团也有多种类型，存在一个从契约联结型企业集团到股权（资本）联结型企业集团的子谱系。前者靠近市场一端，集团内部市场治理机制的成分更多一些。后者靠近企业一端，集团内部科层式管理的成分更多一些。

（五）单一的完全一体化企业

单一的完全一体化企业是整个价值链各环节的所有生产活动都在唯一一个企业内部进行的产业组织形态。该企业既是完全纵向一体化的，又是完全横向一体化的,是价值链各环节实行彻底内部化合作的一种方式。作为一种纯理论分析上的极端化的产业组织形态,单一完全一体化企业的内部治理机制完全是科层式管理,不存在市场机制。

第二节 产业组织形态的演变

产业组织概念包括了横向和纵向两个维度。相应的,作为同一产品价值链上各种企业之间的竞争或合作关系结构的产业组织形态,也有横向和纵向两个维度。因此,考察产业组织形态的演变可以从横向和纵向两个维度分别进行。

一、横向维度:竞争态势变化与产业组织形态演变

横向维度企业之间的竞争态势,是指价值链相同节点上的各个企业之间竞争关系的表现方式及其激烈程度。它揭示的是同一市场或同一行业的企业之间的竞争关系状态。从总体上看,横向维度竞争态势变化的主要特征是同一市场或同一行业企业之间的市场竞争越来越激烈。激烈的市场竞争主要表现在竞争环境日趋激烈、市场需求变化日益迅速和生产技术及产品生命周期日趋缩短三个方面。这三个方面竞争态势的变化推动着横向企业间关系从单纯的竞争向加强合作方向演进,从而推动着产业组织形态也从纯市场形态向着网络组织、战略联盟和企业集团方向演进。

(一) 竞争环境日趋激烈与产业组织形态演变

从最一般的意义上讲,在产业发展初期,产业的生产力处于相对弱小的状态,在很长的一段时期内,企业的生产技术水平也比较低,单个企业的供给能力相对不足,而市场潜在需求容量是相当大的。此时,产业的市场态势是求大于供,为卖方市场。相应的,企业外部竞争环境是相对宽松、简单和静止的,不确定性程度也比较低。在这种竞争环境中,企业不必过于注重产品创新、技术创新、市场创新和顾客价值的实现,而是将其主要精力放在劳动生产率的提高上,采取的是以竞争为主的战略。此时,产业内企业之间的关系通常是纯粹的市场竞争关系,即产业组织形态为纯市场形态。但是,随着产业发展进程的推进和产业生产力的快速发展,企业的生产技术水平日益提高,单个企业的供给能力也日益增强,相应的,市场态势逐步转变为供过于求的买方市场,企业的外部竞争环境发生了重大变化,呈现出激烈化、动态化、复杂化和不确定性增加的特征。在这种复杂多变的激烈竞争环境中,单个企业由于自身能力的限制,已很难具备高度的柔性与弹性从而能对环境的迅速变化做出迅捷而从容的反应。

这种单个企业自身能力限制与竞争环境日趋激烈之间的矛盾客观上要求企业

主动转变市场行为，提升市场竞争能力：即从同质化的产品生产向差异化、多样化的产品生产转变，从追求单个企业的内部规模经济逐步向追求企业间合作的外部规模经济和多产品范围经济转变。随着这种转变的实施，企业之间在竞争中合作的动机就自然产生了。在一定条件下，这种合作的动机会推动着产业组织形态由纯市场形态向着更高级的形态演变。

（二）市场需求变化日益迅速与产业组织形态演变

在产业发展初期，产品市场需求的特征是比较单一的、非个性化的，市场需求处于相对静止的状态。相应的，需求往往由供给所决定，即企业生产什么，消费者就消费什么，生产者居于主导地位。在这种状况下，单个企业完全可以凭借自身的力量从容应对市场需求，因而企业间的关系通常表现为纯市场竞争关系。随着社会生活水平的提高和社会财富快速增长，消费者需求正在发生日益深刻的变化，主要表现为：消费者需求越来越从大众化向多样化、个性化和动态化转变，消费者对提供产品和服务的时间要求也越来越高。在个性化、多样化、动态化和时间要求越来越高的消费需求驱动下，市场日益表现为细分化、快速多变难以预测和市场机遇转瞬即逝。在这样一种快速多变而又充满消费者选择性和个性的市场需求中，单个企业已经很难凭借自身的力量做出有效的应对。这种单个企业自身力量限制与市场需求变化日益迅速之间的矛盾客观上要求企业主动转变市场行为，提升市场竞争能力：即从同质化的产品生产向差异化、多样化、动态化的产品生产转变，从追求单个企业的内部规模经济逐步向追求企业间合作的外部规模经济、多产品范围经济和速度经济转变。随着这种转变的实施，企业之间在竞争中合作的动机就自然产生了。在一定条件下，企业间的合作关系会导致产业组织形态由纯市场形态向着更高级的形态演进。

（三）生产技术和产品生命周期日趋缩短与产业组织形态演变

在产业发展初期，产业技术进步的速度相对来说比较缓慢，产品的技术、知识含量都比较低。产品从诞生之日起直到进入产品生命周期的衰落期，需要较长的时间。这样，当企业拥有了生产技术并开发了适销对路的产品后，就可以在较长时期内占领市场。在这种情况下，单个企业应对市场的能力是比较强的，企业独立性较为明显，因而企业间合作的动机比较小，企业间关系更多地表现为竞争关系。但是，随着产业技术进步的加快，产品日益富于科技和知识含量，产品大多属于创新型产品，其单位产品生产成本中研究开发成本越来越占有较大的比重。由于高技术、知识密集的产品非常容易成为老化产品，其产品生命周期较传统产品而言已大为缩短。因此，企业要生存和发展就必须追求速度经济性，保持快速的研发能力、高质量高柔性的生产能力和完善发达的营销能力，而这一切又要以雄厚的资金为后盾，而且还需要相关的高新技术相配合，作为单个企业对此往往显得力不从心。而企业之间的合作提供了具备这些能力以实现跨越式发展的可能性。因此，企业间合作的要求便日益显现出来。随着企业间合作的加强，在一定的条件下企业间关系将由纯市场竞争形态向着更高级的产业组织形态演进。

(四) 竞争态势变化推动产业组织形态演变的概括性说明

以上有关横向企业间竞争态势变化推动产业组织形态动态演变的三点分析，可以用图5-2加以概括性说明。

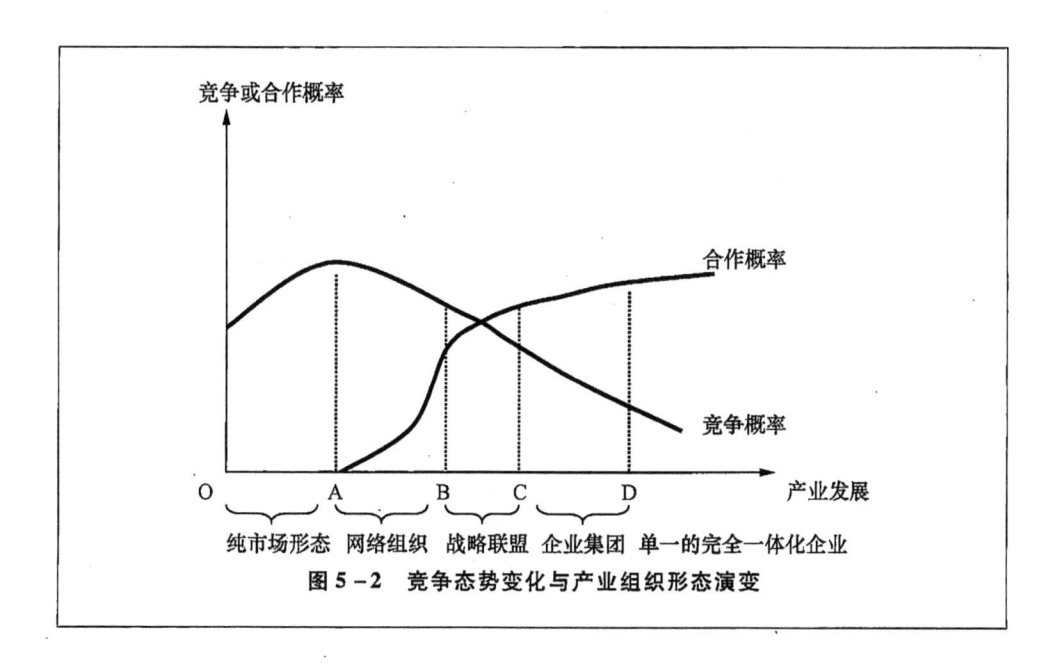

图5-2 竞争态势变化与产业组织形态演变

如图5-2所示，横轴代表产业发展，纵轴代表横向企业之间竞争与合作的概率。图中有两条曲线：一条为竞争概率曲线，另一条为合作概率曲线。从图5-2中，我们可以看到：

1. 在产业发展初期，也就是横轴的OA段，企业之间竞争关系占主导地位，合作概率极小，此时，产业组织形态表现为纯市场形态。

2. 随着产业发展进入AB段，企业之间的竞争态势发生变化。此阶段虽然企业间合作逐步增加，但仍以竞争为主，企业间关系是竞争为主、合作为辅的合作竞争关系。此时，产业组织形态表现为网络组织。

3. 产业发展的BC段，企业之间竞争态势进一步变化。此阶段企业间合作进一步增加，竞争相对减少，企业之间关系是竞争与合作共存的关系。此时，产业组织形态表现为战略联盟。

4. 产业发展的CD段，企业之间竞争态势继续变化。此阶段，企业间合作进一步增强，竞争成分绝对减少，企业之间关系以合作为主。此时，产业组织形态表现为企业集团。

5. 随着企业之间竞争态势的进一步变化，产业发展有可能逐步进入D点右端的阶段，此阶段企业之间实行彻底内部一体化的合作方式。此时，产业组织形态表现为单一的完全一体化企业。

总之，企业之间竞争态势变化是推动企业间竞争与合作关系动态演进的根本动力，而作为企业间竞争与合作关系表现形式的产业组织形态，它的演变则是企业之间竞争合作关系演进的结果。也就是说，随着产业的发展，企业间关系从最初的单纯市场竞争关系逐步演变为市场竞争与合作并存的竞合关系，产业组织形态也从纯市场形态向着网络组织、战略联盟和企业集团方向演进。

二、纵向维度：合作态势变化与产业组织形态演变[①]

纵向维度企业之间的合作态势是指价值链上不同节点的企业之间垂直协作关系的表现方式及其紧密程度。它揭示的是属于同一产品价值链但处于不同市场或行业上的企业之间的纵向合作关系状态。这种纵向企业之间的合作态势可以用产业的市场容量、垂直分工企业之间市场交易的交易成本以及垂直一体化企业的组织成本这三个变量的规则变动加以解释。从最一般的意义上讲，随着产业的发展，上述三者的规则变动使得价值链上不同环节企业之间的合作态势逐步发生变化，其总体趋势是：从较低层次的紧密的内部化合作演变到多种形式的外部专业化合作，然后又回复到较高层次的较为紧密的内部化合作。这种合作态势的规则变化推动着产业组织形态从纯市场形态向网络组织、战略联盟和企业集团的方向演进。

（一）基本模型：市场容量、交易成本和组织成本的规则变动

基本模型如图5-3所示，横轴代表产业发展及相应的市场容量扩张，纵轴代表成本。图中有两条"U"形曲线，一条为垂直分工的交易成本曲线，另一条为垂直一体化的组织成本曲线。该模型所含要点如下：

1. 在产业发展的整个时期内，垂直一体化的组织成本曲线呈先下降后上升的"U"形。即在产业发展的OB段，由于产业发展导致企业组织制度逐步完善，企业管理经验逐步积累，以及企业内部组织资源的规模经济效应等原因，垂

[①] 本部分分析借鉴并运用交易成本理论发展了乔治·斯蒂格勒（1951）产业生命周期理论的核心思想。读者可参见 Stigler, George J. 1951. The Division of Labour Is Limited by the Extent of the Market. *Journal of Political Economy*, 59: 185—193。

图 5-3 合作态势变化与产业组织形态演变

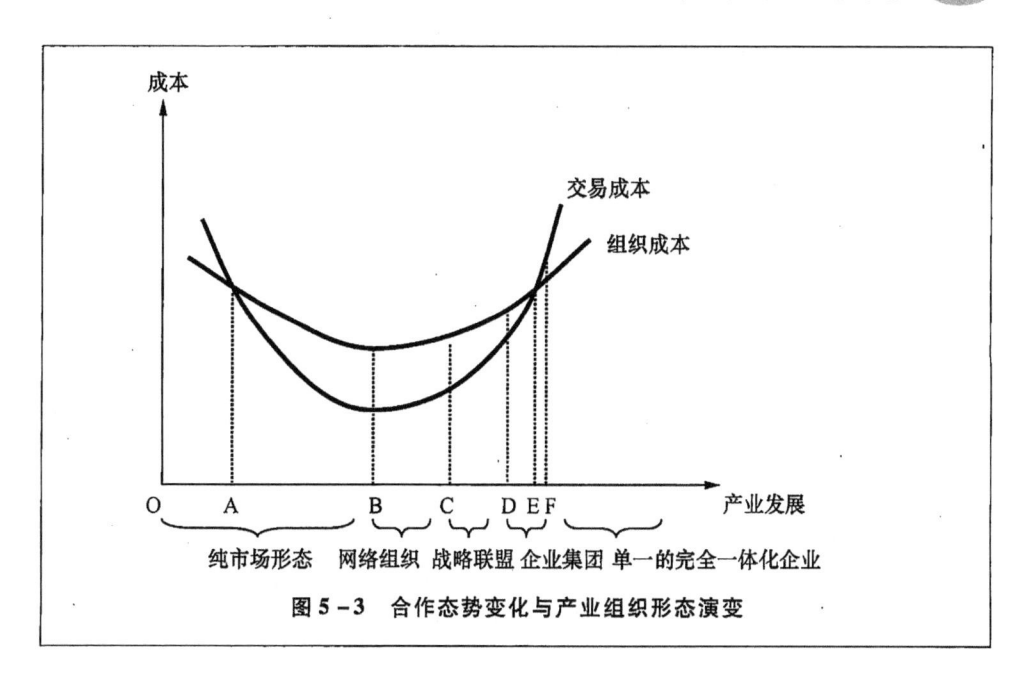

直一体化企业的组织成本呈逐步下降之势。而在 B 点右侧区段，由于产业的进一步发展，虽然逐步实现的组织创新部分降低了垂直一体化企业的组织成本，但是，随着企业规模的逐步扩大，规模不经济、组织无效率等因素也日益显现，因此，垂直一体化企业的组织成本遂呈总体逐步上升之势。所以，从总体上看，在产业发展的整个时期内，垂直一体化的组织成本大致上呈先下降后上升的"U"形。

2. 在产业发展的整个时期内，垂直分工的交易成本曲线也呈先下降后上升的"U"形。并且，在 AE 段，交易成本小于垂直一体化的组织成本。其余区段，交易成本大于垂直一体化的组织成本。

首先，在 OA 段，交易成本大大高于组织成本。这有两个原因：其一，产业发展初期企业规模普遍较小，管理相对简单，因而组织成本较小。其二，产业发展初期，市场容量过小，垂直专业化分工不可能存在。这可以视为垂直分工的交易成本为非常大。至于第二个原因，乔治·施蒂格勒（1951）认为，产业发展初期，市场容量过小，整个产业和价值链各环节的生产规模也都相应比较小。在这种情况下，即使存在价值链某个环节生产上的报酬递增，一家企业专业化于该环节的生产也是无利可图的，从而专业化企业不可能出现。这是因为，企业专业化于价值链特定环节的生产往往需要数量可观的专用性固定资产投资，这种投资构成了专业化企业较高的固定成本。在产业较小从而市场容量过小的情况下，专业化企业的产量会很小，这样，较高的固定成本分摊在较小的产量上，专业化企业的平均成本就会很高。这就导致专业化企业的生产效率不及非专业化（垂直一体化）的生产效率高。在与非专业化企业的竞争中，专业化企业自然就处于不利地位而无法生存。①

其次，在 AB 段，交易成本迅速下降，并从 A 点开始小于组织成本。我们认为，这是由于专业化分工一旦开始，分工与交易成本下降在一定时期内相互加强的缘故。具体地说，随着产业发展，产品市场容量逐步扩大，到某个临界点（图中 A 点）时，专业化生产变得有利可图，于是垂直专业化分工开始出现。而且，随着市场容量进一步扩大，垂直分工进一步强化，直到 B 点达到完全分工状态。在此过程中，日益下降的交易成本与垂直分工相互加强。因为，随着专业化分工的出现和日益普及，良好的市场交易习惯、交易制度得以建立和优化，交易者机会主义行为得以减少，交易环境变得相对稳定，交易风险减少，因而交易成本下降。与此同时，垂直分工所要求的专用性资产投资虽仍十分可观，但是较大市场容量使得既定专用性资产投资分摊在更多的市场交易上，从而导致平均交易成本显著下降。这反过来又进一步强化垂直分工。

最后，在 B 右侧区段，垂直分工的交易成本开始上升，并从 E 点开始大于垂直一体化的组织成本。我们认为，这是由两个因素造成的。其一，在 BE 区段，组织成本呈逐步上升之势。其二，随着产业发展和垂直分工的推进，产业的产品创新和技术创新日显重要，产业创新能力和创新频率均不断增进。这种不断强化的创新对专业化分工企业的技术异质性提出了更高的要求。相应的，对专业化企业的专用性资产投资在质量和数量上也提出了更高的标准，这就增加了专业化生产的市场风险和不确定性，专业化企业之间的交易成本也就随之迅速上升。由于交易成本比组织成本上升得更快，因此，从 B 点右侧开始，两者的差距逐步缩小，在 E 点达到相等，之后交易成本大于组织成本。

（二）产业发展初期：价值链各环节表现为较低层次的内部化合作

根据基本模型（见图 5-3），我们分析认为，产业发展初期，纵向维度的合作态势是价值链各环节在较低层次上的紧密的内部化合作。其含义是，产业发展初期，所有企业都是垂直一体化的，而且是较低层次上的或初级形态的垂直一体化。相应的，此阶段产业组织形态表现为纯市场形态。

1. 产业发展初期，所有企业都是垂直一体化的。在产业发展初期，即图 5-3 的 OA 段，垂直分工的交易成本大大高于垂直一体化的组织成本。这意味

---

① Stigler, George J. 1951. The Division of Labour Is Limited by the Extent of the Market. *Journal of Political Economy*, 59: 185—193.

着,产业发展初期,每家企业都必须自行承担价值链所有环节的生产经营活动,即所有企业都是垂直一体化的。

2. 所有垂直一体化企业都不存在内部的专业化分工。根据乔治·施蒂格勒(1951)的思想,产业发展初期由于市场容量过小,企业间垂直分工是不可能存在的。那么,由于同样的原因,垂直一体化企业也不可能在企业内部进行各个环节的专业化分工。因为,在产量过小的情况下,企业内部垂直分工也会导致较高的平均成本,因而是无效率的。也就是说,此时的垂直一体化是较低层次上的或初级形态的垂直一体化。

可见,产业发展初期,价值链各环节的所有活动都倾向于在企业内部进行较低层次的合作,所有企业是初级形态垂直一体化的。此时,产业组织形态表现为纯市场形态。

(三)产业发展到一定阶段:价值链各环节表现为多种形式的外部专业化合作

由基本模型(见图5-3)可知,产业进一步发展至 AE 段,交易成本小于组织成本,且两者差距先逐步扩大再逐步缩小。相应的,价值链各环节的垂直分工状态呈现出有规则的变化过程:从分工开始出现(A 点),到不完全分工(AB 之间区段),再到完全分工(B 点),之后又回复为不完全分工(BE 之间区段)。例如其中的 C 点就是部分垂直一体化结合部分垂直分工的状态。

由于垂直分工意味着价值链各环节的外部专业化合作,而垂直一体化则意味着价值链各环节的内部化合作,因此,在产业发展的 AE 段,纵向维度的合作态势表现为一个从外部专业化合作逐步拓展并占主导,然后到内部化合作逐步拓展并占主导的演变过程。在此过程中,价值链各环节呈现出多种形式的外部专业化合作。相应的,产业组织形态表现为纯市场形态、网络组织、战略联盟以及企业集团等多种形态。

1. AB 区段。AB 区段,垂直分工开始出现并不断拓展,在经历不同程度的不完全分工之后,至 B 点实现完全分工。此阶段,合作态势是价值链各环节外部化合作不断拓展,内部化合作逐步减少,治理机制为纯市场交易,产业组织形态表现为纯市场形态。

2. B 点。在 B 点处,产业处于完全垂直分工状态。此时,价值链各环节之间可能只进行分散的、随机的、短期的和不固定的市场交易或分工协作,也有可能进行大量的、长期的、固定的和契约化甚至股权化的外部合作。相应的,前者的治理机制是市场交易,产业组织形态表现为纯市场形态,后者的治理机制是以市场交易为主,网络协调为辅,产业组织形态表现为网络组织。

3. BE 区段。如图 5-3 所示，BE 区段，垂直分工状态由 B 点的完全分工，演变为各种不同程度的不完全分工，再到 E 点成为完全一体化。此阶段，合作态势是一个价值链各环节外部化合作不断减少，内部化合作逐步拓展的过程。根据内外部合作此消彼长的程度，BE 区段可以分为三个子区段：①BC 段。外部化合作占主导，治理机制以市场交易为主，网络协调为辅，此时产业组织形态表现为网络组织。②CD 段。外部化合作与内部化合作并存，治理机制是市场交易结合组织协调或管理，此时产业组织形态表现为战略联盟。③DE 段。内部化合作占主导，治理机制是科层式管理结合市场交易，且科层式管理较为明显。此时产业组织形态表现为企业集团。

（四）产业进一步发展：价值链各环节在较高层次上回复为较为紧密的内部化合作

由基本模型（见图 5-3）可知，随着产业进一步发展（图中 E 点右侧区段），交易成本大于组织成本，且两者差距逐步扩大。这说明，E 点右侧，垂直分工状态逐步回复为较高层次的垂直一体化（实行内部专业化分工合作的垂直一体化），且越靠 E 点右侧垂直一体化程度越高。相应的，合作态势也逐步回复为价值链各环节在较高层次上的紧密的内部化合作，产业组织形态也由企业集团逐步过渡为单一的完全一体化企业。

具体而言，根据垂直一体化的不同程度，E 点右侧区段可以分为两个子区段。一是 EF 区段。该区段垂直一体化还没有达到非常高的程度，治理机制是科层式管理结合市场交易，且科层式管理较为明显。因此，该区段的垂直一体化企业和 DE 区段的部分垂直一体化企业可能共同表现为企业集团形态。二是 F 右侧区段，该区段垂直一体化达到很高的程度，治理机制完全是科层式管理，不存在市场机制。因此，产业组织形态表现为单一的完全一体化企业。

三、横纵结合：产业组织形态演变的谱系与路径

本节前两部分，我们已经说明，随着产业的发展，企业间横向竞争态势的变化推动着横向企业间从单纯竞争向加强合作方向演进，从而导致产业组织形态从纯市场形态向着网络组织、战略联盟和企业集团方向演变。企业之间纵向合作态势的变化推动着产业组织形态从纯市场形态向网络组织、战略联盟和企业集团的方向演变。可见，产业组织形态演变实际上是企业间横向竞争态势和纵向合作态势共同演进的结果。下面，我们把横纵两个维度产业组织形态演变的分析结合在一个坐标图（见图 5-4）中，便可以得到一个产业组织形态演变的谱系与路径。

如图 5-4 所示，图中横轴代表产业发展的横向维度，它表示随着产业的发展，横向企业间竞争态势的变化。纵轴代表产业发展的纵向维度，它表示随着产

业的发展，纵向企业间合作态势的变化。①横、纵两轴的起点 L、M 分别代表产业发展在横、纵两个维度上的初始点。②原点 O 是横纵两轴的交点，它代表产业发展从而市场容量扩大到这样一点，在该点：横向维度上，企业间竞合关系以竞争为绝对主导；纵向维度上，价值链各环节实现了完全垂直分离（即完全垂直分工）。③横轴的 LO 段代表横向企业间的竞合关系中只有竞争没有合作，且竞争日趋激烈；OS 段代表横向企业间竞合关系中合作逐步加强的趋势。④纵轴的 MO 段代表纵向价值链各环节从初级形态的垂直一体化到完全垂直分工的变化；OT 段代表从完全垂直分工到较高级形态垂直一体化的变化。基于以上横纵坐标轴及其上特殊点和区段之含义，我们可以进一步对产业组织形态演变谱系与路径做如下解释：

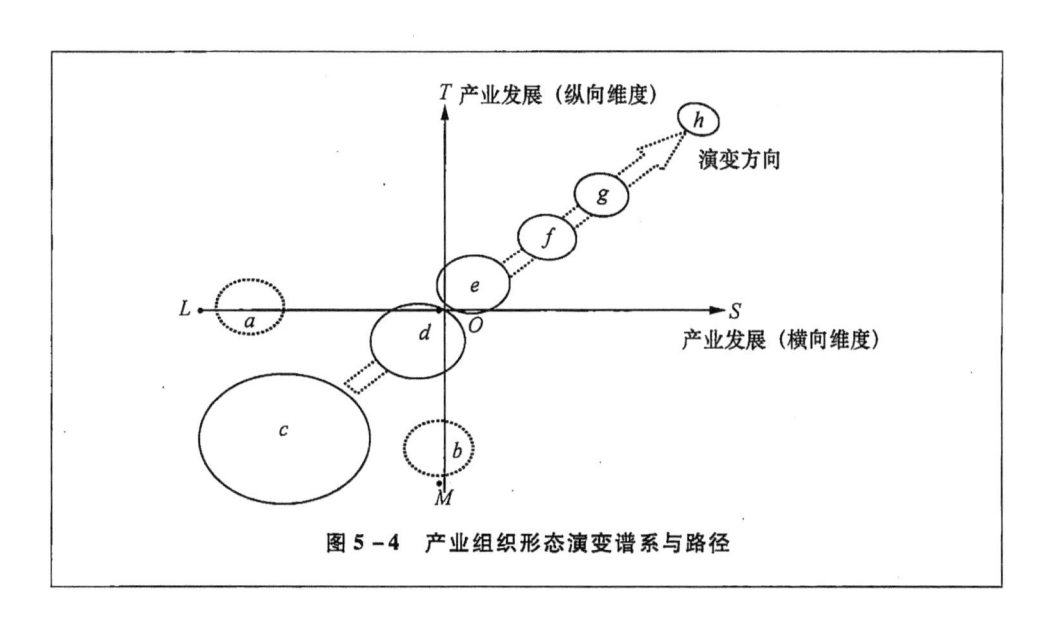

图 5-4 产业组织形态演变谱系与路径

1. 纯市场形态。由于横纵两轴的起点 L、M 分别代表产业发展的横纵初始点，因此，L 点及其右侧附近区域（如 a），代表了横向纯市场形态。M 点及其上方附近区域（如 b），代表了纵向纯市场形态，此时企业是初级垂直一体化的。而 c 区域是 a、b 两种形态的结合，代表了初级垂直一体化程度比较高的横纵结合型的纯市场形态。

由于在原点 O 上纵向维度价值链各环节实现了完全垂直分离（即完全垂直分工），因此，d 区域就代表了垂直分工程度比较高的横纵结合型的纯市场形态。c 与 d 之间则代表纯市场形态的一个区域或子谱系。

2. 网络组织。e 区域代表网络组织。该区域在第一象限，紧靠坐标原点，左下方与纯市场形态相邻。这说明：①网络组织内部企业之间垂直分工的程度相当高（可能完全分工，也可能较高程度的部分分工），因而具有立体化的结构；②网络组织内部企业间竞争与合作相对平衡，是一种既合作又竞争的合作竞争型产业组织形态。

3. 战略联盟。f 区域代表战略联盟。该区域处于第一象限，在网络组织的右上方，左下方与网络组织相邻。这说明战略联盟：①相对于网络组织，联盟内部企业间的合作程度进一步提高；②是网络组织进一步演变的方向；③是一种竞争与合作共存的、较为松散的合作机制或产业组织形态。

4. 企业集团。g 区域代表企业集团。该区域处于第一象限，在战略联盟的右上方，左下方与战略联盟相邻。这说明企业集团：①相对于战略联盟，内部合作程度更高；②是战略联盟进一步演变的方向；③是一种合作型的较为紧密的经济联合化的产业组织形态。

5. 单一的完全一体化企业。h 区域代表单一的完全一体化企业。单一的完全一体化企业是一种纯理论分析上的极端化的产业组织形态，因而是产业组织形态演进的理论化的终极方向。

6. 产业组织形态演变的路径。如图 5-4 虚线箭头所示，随着产业的发展，产业组织形态将沿着虚线箭头方向，即"c（纯市场形态）—d（纯市场形态）—e（网络组织）—f（战略联盟）—g（企业集团）—h（单一的完全一体化企业）"的路径演变。

第三节 若干典型的产业组织形态

一、网络组织

（一）网络组织的概念与特征

1. 网络组织的概念。"网络组织"是借用了神经生理学和计算机科学中网络的概念。虽然网络组织一词日益流行，但目前的文献对网络组织并没有明确和统一的定义。从范围上看，学者们对于网络组织概念有三种理解：一曰网络组织是指企业内部的网络结构；二曰网络组织仅指企业之间的网络结构，即独立企业间的某种网络结构；三曰网络组织包含上述两者。我们采用第二种观点。即网络组织是指企业之间的基于市场或非市场关系而形成的网络结构。它是独立企业之间的一种特定的组织形态。作为独立企业间关系形态的网络组织有四个维度。①经济维度。即网络组织是超越市场和企业两分法的一种中间性组织形态。②历史维度。即企业网络组织是各企业之间基于信任、相互认同、互惠和优先权行使等所组成的长期关系系统。③认知维度。即一个网络组织是大于个别企业诀窍总和的集体诀窍的存储器，允许集体学习过程得以在更广阔的范围内展开。④规范维度。所有网络组织都是由旨在确定每个成员企业义务和责任的一套规则所定义的，这些规则划定了集体活动的领域。具体而言，网络组织指的是企业间通过合作关系而形成的企业群体。在网络组织中，各个企业通过某种纽带联系起来，结合成为一个"准企业"。同时，各个企业又是相互独立的，以市场交易组织资源配置，这又使之具有了某些"市场"的特征。此外，对于单个企业而言，它们可以比较自由地进入或退出某个网络组织，有时，甚至一个企业可以同时参加两个不同的网络组织。这一特征使得网络组织与市场之间的边界变得模糊了。所以，网络组织有时也被称为"无边界的企业"。

2. 网络组织的特征。从经济学角度来看，网络组织在本质上是成员企业之间的一种合作竞争型的准市场组织。具体说来，其基本特征如下：

(1) 网络组织是介于市场和企业之间的一种组织安排。纯粹市场通过价格机制配置资源。纯粹企业通过科层组织调节的方式配置资源。而网络组织是以价格机制和科层组织混合调节的方式来配置资源，其成本也是交易成本和组织成本的混合。网络组织主要有以契约管理为主的结构和以产权管理为主的结构。契约型结构的企业之间关系比较松散，它是最接近市场的组织形式。如分包制、企业集群等；产权型结构由处于主导地位的核心企业通过参股的方式来协调，成员企业都是独立核算、自主经营、自负盈亏的独立法人，这种结构较接近于企业集团。所以，可以把网络组织视为处于市场和企业之间的一系列制度安排，它超越了传统组织的有形界限，偏重于利用企业外部的"共享资源"，淡化了企业与其外部环境的界限，是一种跨企业的组织架构。

(2) 网络组织中的企业行为由相互之间的关系所决定。网络中企业的行为既不是由供求关系所产生的价格机制所控制，也不是由企业内部的行政计划和权威来决定，而是由成员企业间密集的多边联系和充分的合作来决定。在网络组织内，各成员企业都有各自的角色和任务，它们通过诸如设计、生产、销售、分配、财务管理以及人力资源管理一类的内部联系以及与诸如供应商、合作伙伴、竞争对手、政策制定者、业务客户和消费者一类的外部联系、互利合作来完成共同的网络组织目标。以平等身份保持着密集的多边联系和充分的合作是网络组织的重要特点，这正是它与传统企业组织形式的最大区别所在。在网络组织中企业行为必然受到网络组织总体目标要求、企业之间合作方式等条件的限制。

(3) 网络组织具有经济虚拟性。网络组织与实体公司的显著区别在于，实体公司有一定的组织结构形式，有严密的组织结构体系，是法律意义上的经济实体，具有法人资格。而网络组织可能是由一些独立的经济实体组织起来的临时性公司，不具有法人资格。它没有固定的组织结构和层次，可以按照需要由几个经济实体任意形成。在网络组织运行过程中，可按照需要随时对组织结构进行调整，无需履行任何法律手续。一旦网络目标完成，网络组织便可以宣布解散。

（4）网络组织具有平等性和灵活性。网络组织中的各成员并不存在层级关系，而是独立的法人实体。也就是说，网络成员间的关系是建立在信用基础上的互补合作关系，它们在地位上是平等的。即使在网络中存在以某一个公司为中心的情况，这也只是企业间分工不同引起的，并不代表地位上的差别。另外，直接的契约关系并不是成为网络组织成员的必备条件。网络组织允许有一部分成员是通过类似于"让伙伴的伙伴成为伙伴"的间接契约方式而不是直接方式连接。因此，间接的结合方式使网络组织具有很强的灵活性并且无形中延伸了合作范围，节约了更多的寻找成本。

（二）网络组织的作用

作为企业之间的一种合作竞争型的准市场组织，网络组织具备单个企业所没有的优势，对经济效率的提升有积极作用，这主要表现在以下几个方面：

1. 网络组织实现了规模的低成本扩张。我们知道，单个企业规模的扩大，在一定程度内有利于企业使用更先进的设备和技术，实行更精细的分工、协作和专业化生产，从而产生规模经济效应。然而，企业规模扩大到某一定点之后，企业适应市场的协调成本将越来越高，内部组织协调的难度也将越来越大，组织管理与指挥工作的复杂化和信息的上传下达速度减缓，会产生规模不经济。网络组织突破了这一限制。因为在网络组织下，企业扩张不再是自有资源的扩张，而是通过协作最大限度地使用他人占有的经营资源，从而实现企业的产品开发、生产、销售、管理等功能扩张。也就是说，网络组织是生产、销售、研发功能的扩张，而不是设施、组织和机构的实物性扩张。这种扩张有效地突破了传统方式的限制，实现了规模经济的低成本扩张。

2. 网络组织实现了资源的优化配置。传统的市场机制是根据竞争者之间的相互关系分配资源，传统的组织则是根据企业组织管理的目标来配置资源，两者都不能使资源的获得成本降至最低。而网络组织从两个方面实现资源的优化配置。首先，网络组织打破了传统的层级制控制体系，使作为重要生产要素的信息的流动速度更加快捷，使知识在企业内部的积累和在网络成员间的扩散速度也大大加快，网络内不同企业之间、企业内不同部门之间可以充分分享其他成员所创造和积累的智力财富。其次，由于网络组织内各成员间存在着较高的依赖程度，因而组织成员间的信任程度也较高,这使得成员间的合作行为能够更加便利地开展,从而不同企业之间可以实现优势互补,利益共享。这都将有助于生产要素的优化组合,大大提高资源利用效率。可见,网络组织可借助合作伙伴的力量,在不增大单个企业投入的情况下,通过企业间取长补短,盘活存量资产,实现多元联合,实现企业间资金、设备、技术、人才等要素的合理运作,避免重复建设,优化资源配置。

3. 网络组织降低了成员企业间的交易成本。与一次性的市场交易相比,网络组织成员之间的交易则不同,交易各方的每一次交换是交换链条上的一个环节,企业之间的交易关系具有稳定性和相对持久性的特点。这种稳定性和相对持久性既保证了成员之间长期的信息共享、信任与合作关系,从而节约协议谈判、拟订和执行的时间、精力和成本,又可以简化冲突的协调过程,减少由于契约、规则、制度的不完备性形成的相互扯皮推诿、机会主义行为等所造成的损失,增加关系性专用资产投资的激励,从而降低总体交易成本。

4. 网络组织促进了企业间分工和专业化的发展。随着科学技术的发展和更新速度的大大加快,产业技术的复杂程度也大大提高。在这种背景下,单个企业要想掌握全部的生产技术并在各个环节上都拥有竞争优势是不可能的。这在客观上要求企业将有限的资源专注于特定的领域,从事专业化运营,以获取专业化带来的利益。然而,专业化的发展将造成交易和协调的困难。在这方面,网络组织起到了积极的作用。网络组织可以将那些有共同目标的专业化的企业群联系起来,使作为组织成员的企业各有其特定的分工职责,并用其特有的协调功能和价值整合功能,降低成员企业间的交易成本,从而使得网络为最终用户提供价值大于各个企业独立创造的价值之和的产品和服务。通过网络组织的协调、整合与价值的共同创造、分享,各成员企业能够专心在各自的专业领域不断创新,改进技术水平和生产方式,从而提高经济效率。

5. 网络组织提高了成员企业的创新能力和环境应变能力。网络组织是一个拥有不同技术水平、价值观念和社会心理的众多企业融合到一起而成的动态的活性系统。该系统中各成员企业之间的差异性是显著的。这种差异性为企业间彼此相互学习交流创造了前所未有的良好环境。双向互动式学习是创新能力提升的基础。网络内企业间高频率的相互学习有效提升了企业开展技术创新、管理创新和产品创新的能力。与此同时,这种频繁的双向互动式学习、交流,能使网络组织突破企业之间界限,超越时间与空间的限制,在复杂多变的市场环境中促成成员企业间的相互协作、协调与共同运作,形成整体强大的竞争优势,因而具有高度的柔性与弹性,能够对环境的变化做出迅速的反应,灵活适应市场变化的要求。

(三) 网络组织的类型

既然网络组织是介于市场和企业之间的一种制度安排，具有市场和企业的双重特性，那么，按照"市场—企业"的划分标准，我们可以将网络组织分成两大类：一类可以称之为"领导型"企业网络组织，另一类称为"平行型"企业网络组织。"领导型"网络组织是以某个大企业或大公司为核心建立起来的网络组织，核心企业或大公司掌握着核心技术或关键资源，因而在网络中占据着主导地位；"平行型"企业网络组织中的企业则并无明显的强弱势之分，各自拥有不同的技术或资源，整个网络组织的效率是依靠所有企业的紧密合作来实现的。通常，前者企业的性质比较突出，后者具有更多的市场性质。

1. "领导型"网络组织。从核心企业对从属企业的控制程度来看，可进一步将"领导型"网络组织分成"分包制"企业网络、虚拟企业、连锁经营企业网络、贸易商社企业网络四种类型。

(1) "分包制"企业网络。"分包制"是大企业将其生产链的某些环节交给一些相关的下属企业来完成，后者根据前者的要求，或自己生产，或进一步分包给其他企业来完成，最后由该大企业完成最终产品的组装和检验的一种组织形式。下属企业一般是生产最终产品的某些零部件，是大企业的零部件供应商。因此，这种企业网络又可以称为"供应链"体系。"分包制"最早产生于日本，是所有企业网络组织中最接近"企业"的类型。日本制造业的大企业几乎都有一个中小企业承包集团，如丰田汽车公司本身只有8个厂，而有直接协作关系的中小企业则有450多家，其中有的企业还有自己的分包企业，这样共有1200多家企业为之提供零部件。

(2) 虚拟企业。虚拟企业就是由各种企业共同形成的一种虚拟化的网络组织，这种组织的员工都来自于成员企业，它们彼此紧密联系，相互影响和相互作用，为了共同的目标而携手合作。虚拟企业通过突破原有组织的有形界限，将能优质、快速、高效而经济地完成某项任务的功能体进行整合，虽有生产、设计、经营、财务等完整的功能，但虚拟企业体内却没有完整地执行这些功能的组织。成员企业仅保留关键的核心功能，而把其他功能虚拟化。通常，虚拟企业内有一个核心企业，它是一个核心能力拥有者，也是虚拟企业的缔造者。

在虚拟企业中，核心企业并不从事具体的生产活动，而是将实际生产交给一些专业企业来完成。核心企业通过它所掌握的独特核心能力如核心技术能力或营销能力而实现其对其他企业的协调和控制。核心企业将主要精力放在确保和提高核心能力之上，通常都会制定一套严格的质量检验标准，并据此对其他企业的生产活动做出指导和规范。虚拟生产的典型代表是耐克公司和可口可乐公司。耐克公司只致力于产品的设计和营销,实际的生产均由海外的生产性企业来完成。可口可乐公司则凭借其独特的饮料配方创造并维持了一个世界著名品牌,而可口可乐饮料的生产、罐装及销售等任务都是由遍布世界的合作企业去完成。

(3) 连锁经营企业网络。连锁经营企业网络是以契约为基础的连锁方式而形成的企业间网络组织。它在商业营销中运用得最为普遍。连锁经营的核心是特许权的转让。在连锁经营网络中,主导企业通过契约的方式把自有的商品服务和营业系统(如商标、商品等企业象征的使用、经营技术、营业场所和区域等)授予加盟店以规定区域内的经销权和营业权,加盟店则必须缴纳一定的营业权使用费,并承担起规定的义务。主导企业凭借特许权的转让实现对加盟店经营权的控制,而各加盟店在所有权上则是与主导公司完全独立的。零售业巨头沃尔玛是一个跨国连锁经营企业网络,它拥有遍布于美国、墨西哥、加拿大、波多黎各、巴西、阿根廷、南非、印度尼西亚和中国等国的2133家连锁店,469家山姆会员商店和248家购物广场,65万名员工。

(4) 贸易商社企业网络。在贸易商社企业网络中,贸易商社是主导企业,它组织众多的中小企业进行某种产品的生产,再由商社统一包销产品,并在资金设备等方面给予中小企业以必要的帮助。例如,日本供应市场的纺织物大多都是通过这种方式进行生产的。纱厂将纱卖给贸易商社,后者再将纱赊卖给许多小织布厂和印染厂,然后包销其产品,并给予一定的支持。

2. "平行型"企业网络。"平行型"企业网络中,各个企业之间是平等、互利基础上的合作关系,因此这类网络"市场"的特征比较显著。"平行型"企业网络主要包括联合经营网络、专业服务网络和企业集群网络。

(1) 联合经营网络。联合经营网络是指合作企业互相利用各自的顾客源进行联合销售、服务的企业网络形式。通过联合经营,各企业都能有效地扩大自己的经营市场。比如,银行业可以与证券业、保险业进行联合经营;再如,世界最大的软件制造商微软公司与世界著名的硬件生产商英特尔公司的联合经营,互相将对方的产品作为推荐或默认的匹配产品。

(2) 专业服务网络。专业服务网络是指经营性企业同中介机构、财务公司或科研机构之间的专业性服务联合。生产性或经营性企业可以将中介业务、财务管理业务等专业性的活动交给专门的服务性企业来完成,既可以减少本公司的成本,又可以获得专业性的服务。更为重要的是,生产性或经营性企业可以集中精力进行其主营业务的发展。由于上述专业性公司可以同时为数家经营性企业服务,因而这类网络市场特征比上述几类网络组织都要明显。

(3) 企业集群网络。企业集群网络是最接近于市场的类型。企业集群是指众多的企业根据专业化分工和协作而聚集在某一特定的区域内,形成一个规模较大的企业群体,在这个群体中除了有专业化生产性企业之外,还有运输业、饮食服务业、信息服务等各种行业的企业。所有企业形成一个立体的、多层次的、大规模的企业群。这类网络的典型代表是意大利的普拉托毛纺企业集群,美国的"硅谷"高科技企业群、"128号公路"工业群,以及我国浙江一带的中小企业集群。企业集群网络往往是和特定的区域经济紧密联系的,是参与企业的数量和类别最多的一种企业网络。

(四)网络组织的结构

尽管网络组织的类型多种多样,但网络组织的构成要素一般都包括网络目标、网络结点、经济连接、运行机制和网络协议五大要素。网络目标是网络组织赖以存在的基础和开展活动的动力。网络结点是构成网络组织的要件。网络组织的结点及结点之间的联系是网络组织的硬件,而各个结点及整个网络的运作及网络组织协议是网络组织的软件。

1. 网络目标。共同目标是组织赖以存在的基础和开展活动的动力,网络组织也不例外。没有共同的目标,合作者既不可能识别联合的效能和意愿,也不可能知道行为是否会带来合作的收益。作为行动的指南,网络目标是网络组织运作的向导,它来源于企业目标又高于企业目标。通过目标,网络组织不仅对网络结点具有的有形资源进行整合,而且还更注重核心能力和创新能力的培养。因此,创造和加强组织核心能力与创新能力是网络组织的基本目标。在该共同目标引导下,网络组织安排实现战略所必需的资源,协调合作各方的经济行为,使合作各方的中心业务具有较高的一致性与契合度,精诚合作,彼此能够携手共进地实现仅靠独立企业是无法完成的任务。

2. 网络结点。作为构成网络组织的基本要件,网络结点可以是独立企业,或社会服务组织。按照性质的不同,网络结点可区分同质结点与异质结点两种。同质结点功能相同或相近,具有替代性特征。同质结点间的合作往往是竞争性合作,表现为竞合关系。异质结点功能差别明显,具有差异性特征。异质结点间的合作多为互补性合作,表现为和合关系。网络结点提供给网络的是核心资源与关键技术。它们以充满生气与不断变化的集体行为来适应外界环境的不确定性和复杂性。结点具有信息处理和决策功能。结点对信息的加工处理能力和网络价值的贡献大小决定了它们在网络组织中的地位与作用。因而,结点具有活性与互动性。

3. 经济连接。网络组织不是不同结点的简单叠加。只有通过一定的信息沟通方式和相互作用的依赖路径将结点串联起来,才能形成有机联系的网络构架。网络结点间的经济连接方式主要有契约性连接与资本性连接两类。契约性连接包括合同、协议等经济性合约。在松散型网络组织中契约性连接占主导地位。如虚拟企业、企业集群等。资本性连接以股权参与为主。在紧密型网络组织中资本性连接占主导地位。

4. 运行机制。运行机制是网络组织的调节器。良好的运行机制对合作成员的行为发生有效的协调、约束与激励作用，从而使网络组织处于良好的运行状态。反之，企业行为就会发生紊乱，形不成有效的决策，网络组织的经济活动就会扭曲变形，网络目标就实现不了。所以说，要保证网络组织的有效运作，除合理构建网络结构之外，还有赖于以下运行机制的建立，包括信任机制、协调机制、决策机制、约束机制、激励机制、分配机制等。

5. 网络协议。网络协议是某种规则和约定。它是网络成员实现资源共享、优势互补所必须共同遵守的准则。网络协议是网络组织的运行基础。既包括网络运行规则、利益分配原则、结点进入与退出条件以及团队文化和网络精神等无形约束。虽然网络组织具有高度的柔性、弹性和开放的系统，但合作成员并不能随意进入与退出，而是在遵守共同行为规范的前提下，才有进入与退出的自主性与自决权。因而，网络协议是结点的活动规范和行为准则。它塑造了各个结点的经济行为，并成为单个结点的约束力量。网络协议的签订标志着网络组织产生。

（五）网络组织规模与经济效益的关系

网络组织规模或范围包括网络组织的层次和宽度两个方面。层次越多，则网络规模越大。宽度越广，则网络规模也越大。层次和宽度可以近似地用网络的成员企业数来代表。网络组织的经济效益主要取决于两种能力：一是网络组织的学习、创新能力；二是网络组织协调、整合、协同能力。两种能力都与网络组织规模或范围有关。

网络组织的学习创新能力是网络组织的核心能力。网络内部成员之间有四种学习方式：多伙伴无目的的技术转移、单伙伴单边技术转移、多伙伴多边技术转移、互惠性技术转移。与这四种学习方式相关的网络组织的学习能力受到结点或成员企业异质性的影响。在一定程度内，结点异质性越大则学习能力越强。即网络组织规模或范围与学习创新能力呈正相关性。这是因为，创新源泉不只存在于企业内部，相反更易在成员企业之间的缝隙中产生。而网络组织使异质结点有机地联系在一起，为彼此之间相互学习创造了一个良好的内在环境，从而为技术创新、管理创新、产品创新和相互学习提供了良好的条件。而且网络中信息的密集流动有助于学习创新能力的培养。尤其是在现代研究开发活动中，各类尖端技术相互融合、相互交叉，新技术向纵向发展，网络组织可以使合作各方的核心技术纵横叠加，不仅使技术创新的周期缩短，而且也成为获得技术的捷径。

组织的协调、协同整合能力是保证网络组织有效运作，获取网络经济效益的前提，也是网络组织的价值所在。该价值具体表现为：一是多家企业平等运转、同时执行多项计划，最大限度地取消生产的阶段性，从而缩短时间。二是不必新建生产设施，不必寻找、雇用以及不必培训新手。协调、协同整合能力是指取得有形和无形利益的潜在机会以及这种潜在机会与公司能力之间的紧密关系。它反映了网络组织成员之间互动协作的基本状况与互补资源的融合程度。由于网络组织协调是依靠非正式的社会机制来协调，而不是企业内部的层级结构或企业之间的正式契约关系来协调，因而，网络组织规模或范围越大，异质性成员越多，则协调会越困难，网络组织的协调能力就会下降，从而降低效益。另外，协同整合要求在合作公司间有文化、技术、业务流程的兼容性，从而产生显著的协同效应。而这又是以充分的信任为基础的。组织成员的异质性将在一定程度上降低这种信任。因而，网络组织规模或范围与协同整合能力呈负相关关系。

由上述分析可知，在网络组织的学习、创新能力与组织的规模或范围的正相关关系与网络组织的协调、整合、协同能力和组织规模或范围的负相关关系的共同作用下，将存在一个合理的网络组织规模，在该规模下网络组织经济效益是最佳的。

案例

中小企业网络组织——浙江省诸暨市大唐袜业

20世纪70年代开始，浙江省诸暨市大唐镇人白手起家拿起摇袜机，靠提篮小卖，经营起袜子生意。从70年代的手摇袜机到80年代的电动袜机，再到90年代的电脑袜机，造就了一个全世界瞩目的大产业。凭着智慧和热情，大唐人用近30年时间，让小袜子成了一个大产业，让大唐走出国门，走向世界。

大唐是著名的中国袜业之乡，在整个袜业界，素有"大唐袜机响，天下一双袜"的说法。大唐袜业经济区是以大唐镇为轴心，涉及周边12个集镇、120个自然村、1万多家企业的巨大产业群体，是我国最大袜子生产基地，国内最大的织袜原料生产基地，国内要素集聚最广、配套服务最全的袜业产业区，被列入浙江省21世纪最具成长性的十大国际性产业集聚区。特别是从1999年开始，在连续成功举办四届中国袜业博览会后，大唐镇已成为闻名全国的袜业之都。2004年，整个大唐袜业拥有万余家袜业企业，生产袜子75亿双，创产值191亿元，实现销售收入187.5亿元，产量占全国的65%、全球的1/3强，实现利税20多亿元，完成出口交货值63亿元，其中自营出口1.56亿美元。

大唐袜业基本形成了以轻纺原料、袜子、袜机、联托运和劳动力五大市场为依托，以社会化合作、专业化分工为特征，以个体经济为主体，集轻纺原料、袜子生产和销售及印染、定型、包装一条龙服务的经济格局，奠定了全国最大袜业生产基地的龙头地位。大唐工业（袜业）专业区内的青山工业园区、轻纺袜业小区和大唐袜业特色工业园区三个工业园区已初具规模、生机勃勃。易地新建的浙江大唐轻纺城设施先进、气势恢弘。

大唐的袜厂很难被称为"企业"，它们没有严密的组织系统，没有完整的生产线，不能单独提供最终产品，也没有形成规模。但大唐的企业就是如此，织袜的只管织袜，缝头的就管缝头，印染的就管印染，整个生产过程被分成十个环节，同时也形成十个大部门；1000家原料生产企业，400余家原料营销商，近8000家袜子生产企业，300多家缝头卷边厂，5家印染厂，112家定型厂，305家包装厂，208家机械配件供应商，635家袜子营销商，103家联托运服务企业。这些企业之间存在着纵横交错的连接，使大唐袜业在整体上形成一种网络结构，其主要特征是：①网络结构是以专业化分工为基础的，每个生产环节都发展成相对独立的行业。②前后工序之间以及同道工序之间的关系依赖市场来调节。③企业之间相互作用、相互依赖。大唐的任何一家织袜企业均可通过轻纺市场获得原料，通过劳务市场获得工人，通过机械市场获得生产设备，通过购买技师的服务获得设备维修等技术支持，通过与同行的非正式交流获得信息。

目前，大唐袜业已经成为一个区域性的产业集聚体，形成集生产基地和轻纺原料、袜业、联托运、袜业机械、劳动力五大市场于一体的立体发展网络格局，组成了以织袜为主，纺丝、加弹、染、整、绣花等前后道工序配套的社会化分工协作体系。这个复杂而又完备的生产资料市场，使织袜企业节省了大量投资，大大降低了生产成本。正是这条产业链，使大唐袜业经济区形成先进的生产组织结构。大唐袜业中的1万多个家庭工厂和生产企业既严格分工又紧密合作，以专业化分工与协作作为基础的产业网络呈现整体优势，从容应对国内外市场的变化。

——资料来源：《小商品做成大产业》，《学习时报》http：//www.studytimes.com.cn 2004年3月25日，作者：张邦利；《网络结构：大唐袜业的组织模式》，《浙江经济》2000年第7期，作者：郭浩良、蔡朝晖。

二、战略联盟

(一) 战略联盟的概念与特征

战略联盟主要是指由两个或者两个以上存在共同战略利益和对等经营实力的企业（或特定的事业部门）为了一定的战略目标（如共同拥有市场、合作开发技术、共同使用资源等）通过一定的方式（股权方式、契约方式）而结成的优势互补、风险成本共担、要素双向或多向流动、资源（技术、资本、人才、信息、时间、空间等）共享的一种合作机制或组织安排。

战略联盟具有以下六个基本特征：

1. 联盟组织的松散性。联盟组织的松散性表现为它的暂时性、动态性、开放性和竞争性。战略联盟以共同拥有市场、合作开发技术等为基本目标，若机会来临，则联盟中的成员便聚集合作。一旦机会丧失，各成员又各奔前程。因此，战略联盟本身是一个暂时的、动态的、开放的体系，是一种松散的企业间组织形式。同时，联盟内成员之间也可能存在彼此的竞争关系。

2. 联盟内合作与竞争共存。传统的企业间竞争是以竞争对手消失或削弱为目标的对抗性竞争。战略联盟改变了这种竞争方式。实施联盟的企业认为，企业间除了对抗性竞争，还必须从防御的角度出发同其他企业合作、结盟。即为竞争而合作，靠合作来竞争。战略联盟中竞争与合作并存的方式有三种：一是先合作后竞争，即合作各方先在一定领域中合作，然后再在其他领域中竞争；二是竞争与合作同时进行，即合作各方在一定领域中合作，同时又在其他领域中竞争；三是合作各方与他方竞争，即合作各方在一定领域中合作以便与共同的竞争对手竞争。

3. 企业行为的战略性。战略联盟是成员企业战略性行为的一种协作性组合。它不是企业对外部环境的瞬间变化所做出的应急性反应，而是企业为了优化外部竞争环境、提升自身核心竞争能力、获取可持续发展的一种长远的、有规划的、积极的、主动的行为。因此，联盟中的企业行为特别注重从战略的高度来从事并改善合作者共有的经营环境和经营条件。

4. 企业地位的平等性。战略联盟各方是在资源共享、优势相长、相互信任、相互独立的基础上通过事先达成的条款或协议而结成的平等关系。联盟各方的战略目标、合作指导思想、管理方式上具有趋同性。联盟各成员能力不太悬殊，强调双向互惠、提供与获取对等、义务权利责任对等，并在持续的联合过程中共享经营资源、共创联盟的整体经营资源。

5. 企业优势的互补性。在竞争激烈的市场环境中，没有哪个企业能在所有方面都领先于竞争对手。战略联盟可把各个企业独有的优势结合起来，建立一个

"全优"的机构。其中每项工作、每个环节都可能是领先的，是任何单个企业所望尘莫及的。因此，通过联盟，企业可以实现技术上的优势相长，并可加快创新速度，降低风险。在这些行业里，战略联盟取代局部竞争，已成为一种趋势。

6. 联盟范围的广泛性。从企业价值链角度看，战略联盟可以产生于价值链的各个环节（从研究开发到售后服务），涉及众多的行业。从产生方式上看，战略联盟可以通过多种方式如合资、技术转移、相互特许、中间产品联营、合作生产、管理协议或市场协议等而形成，因而范围相当广泛。

(二) 战略联盟的作用

1. 战略联盟可以增进成员企业整体利益。价值链是由企业一系列相互区别又相互联系的创造价值的经济活动所组成的。价值链中的每一个环节在实现最终产品的价值中的重要性均不同，决定了价值链中各环节所依赖的生产要素各不相同。由于任何企业都只能在价值链的某些环节上拥有优势，而不可能在每一个环节上都拥有优势。因此，通过战略联盟，成员企业可以彼此在各自的关键的成功因素——价值链的优势环节上展开合作，达到"双赢"的价值创造的协同效应，从而求得整体利益的最大化。

2. 战略联盟可以降低企业间的交易成本。交易成本包括寻找市场机会的成本、达成交易的成本和执行合同的成本。交易成本的产生，削弱了市场机制自动平衡力量，并成为市场机制运行中的阻力。交易成本往往与不完全竞争、信息不对称、结构性失效和交易性失效等市场缺陷相关联。战略联盟强调了合作各方在市场缺陷情况下的主动行为，即当企业意识到交易成本过高时，建立联盟可以加强企业的控制能力，从而避免了传统合作中诸如谈判过程冗长、债务增加、股权稀释和企业凝聚力降低等企业合并后遗症，增强了企业联合起来共同对应商机的能力。因此，战略联盟可以减少合作成本。

3. 战略联盟可以提升成员企业的竞争能力。企业的竞争能力一般取决于以下三个因素：一是应付新进入企业的能力。二是与供应者和购买者讨价还价的能力。三是应付替代品的能力。以建立战略联盟为途径，企业可以通过在经营活动中与其他成员企业合作而积极地利用外部经济性资源，如相互传递知识和信息、彼此进行技术交流、推进合作研究开发进程等。这种战略性的合作既有利于提高成员企业的自律性，又有利于在相互协调、共同运作的基础上，促进彼此的交流，从而不断提高企业对环境、技术和市场的需求急剧变化的适应能力和竞争能力。

4. 战略联盟可以加强资源共享，更加有效地利用资源。企业的资源状态一般有两种情况，或者企业内部不能充分利用已经积累的经验、技术和人才等优势资源，或者企业缺乏这些资源。通过建立战略联盟，企业间可以实现资源共享，相互弥补资源的不足,以避免对已有资源的浪费和在可获得资源方面的重复建设。因此,战略联盟的建立,使得企业对资源的使用界限扩大,一方面可提高本企业资源的使用效率,减少沉没成本;另一方面又可以节约企业在可获得资源方面的新的投入,降低转置成本,从而,降低企业的进入和退出壁垒,提高企业战略调整的灵活性。

(三) 战略联盟的类型

从形成方式上看,战略联盟可分为股权式战略联盟和契约式战略联盟两大类。股权式战略联盟可分为对等占有型战略联盟、非对等占有型联盟和相互持股型战略联盟。契约式战略联盟可分为技术交流协议、合作研究开发协议、定牌生产、特许经营、价格联盟、战略外包协议、供应链等。

1. 股权式战略联盟。股权式战略联盟是两个或两个以上的企业通过置换股权而相互持股,或通过股权投资新建、收购另外一个企业,联盟各方拥有该企业部分股权而结成的股权式的战略联盟。它分为对等占有型战略联盟、非对等占有型联盟和相互持股型战略联盟。

对等占有型战略联盟是指合资生产和经营的项目分属联盟成员的局部功能,双方母公司各拥有一半的股权,以保持相对独立性;非对等占有型联盟是指合资生产和经营的项目分属联盟成员的局部功能,双方在股权占有上有大小之分,在合资企业中的地位有主次之分;相互持股型战略联盟是指成员为巩固良好的合作关系,长期地相互持有对方少量股份,与合资或兼并不同的是,这种方式不涉及设备、人员等要素的合并。

2. 契约式战略联盟。契约式战略联盟是指两个及两个以上的企业通过签订长期协议、合同等契约的形式而确定的企业间在生产、销售、技术等方面的合作关系。契约式战略联盟适用范围广,灵活性大,可涉及企业的研发、采购、生产、销售等各个职能部门和经营领域。契约式战略联盟是介于市场与企业之间的一种协议安排,是一种纯粹的联盟形式。契约式战略联盟表现形式有如下几种:

(1) 技术交流协议。联盟成员间相互交流技术资料,通过"知识"的学习以增强竞争实力;技术交流协议一般发生在新兴的公司用新技术进入全新的市场,具有很大的经营风险。比如,通用电气通过许可协议的方式,使用受许方的技术设备为几大城市提供电力服务。

(2) 合作研究开发协议。这是企业之间契约式战略联盟最主要的一种形式。是指为了研究开发某种新产品或新技术,合作各方分别投入资源、资金、设备、技术、人才等联合攻关,取得成果按协议规定各方共享,共同使用科研设施和生产能力,共同开发新产品。这种方式有利于集中各方优势,大大提高成功概率,节省开发时间和费用，同时降低风险。

（3）定牌生产。定牌生产是指一方具有品牌，而生产能力不足。与此相反，联盟对方不具有该品牌，却有生产能力。那么，双方可以结成联盟，使对方为品牌方生产，并冠以该品牌。

（4）特许经营。一方具有特定的无形资产，其余各方无此无形资产。则拥有无形资产方可以与其他各方签订许可协议，允许它们使用自己的品牌、专利或专有技术。特许方可以通过特许权获取收益，并利用规模优势加强对无形资产的维护。受许方则通过使用无形资产而受益。

（5）价格同盟。价格同盟是同类企业之间的一种合作策略同盟，目的是为了保护该企业的共同市场利益或者是为了抵制其他同类企业的竞争。一般有最低限价和限产保价等做法。

（6）战略外包协议。战略外包协议也称为业务外包，是指企业将许多事务性的工作外包给另一家有专业特长的公司，以达到降低成本、提高效率和效益、精简机构、增强核心竞争能力的目的。如国外有许多公司把后勤、人力资源管理等工作外包出去等。

（7）供应链。供应链就是按产品的价值链把上游供应商和下游分销商连成一个战略联盟体，共同参与产品的开发、生产、销售的较为流行的联盟形式。这种联盟形式在制造业企业之间运用较为普遍。

（四）战略联盟的结构

战略联盟的结构是指战略联盟的各成员企业在联盟中的地位、作用及其相互关系。这种地位、作用和相互关系是联盟各成员企业以股权的方式或契约的方式，通过明确的规定而形成的，因而具有相对的稳定性。从联盟形成和运行的全过程来看，各成员企业在联盟中的地位、作用及其相互关系主要表现在三个方面。一是各成员企业在联盟资源投入方面的地位、作用及相互关系。二是各成员企业在联盟运行过程中在管理、控制联盟的权力方面的地位、作用及相互关系。三是各成员企业在联盟运行的成果或收益的分配方面的地位、作用及相互关系。这三个方面的地位、作用及其相互关系相应地表现为战略联盟的三个结构，即战略联盟的投入结构、战略联盟的权力结构和战略联盟的收益分配结构。

战略联盟的投入结构是联盟各方在组建联盟时所投入的资源比例关系。它是联盟形成时的一种基础结构。它反映联盟各方优势资源的相对重要性程度。从联盟各方投入联盟的资源比例及其相对重要性来看，战略联盟投入结构可分为主从结构和平行结构。前者是指联盟中有一方投入资源比较多，处于主导地位。后者是指联盟中各方平均地投入资源，各方地位平等。

战略联盟的权力结构是联盟各方在战略联盟运行中各方的管理权、控制权方面的相互关系，它是联盟运行中的核心结构。它反映联盟各方在控制联盟方面的相对能力。从联盟各方在联盟运行中的相对控制能力来看，战略联盟权力结构也可分为主从结构和平行结构。前者指联盟中有一方管理控制权比较大，而其余各方管理控制权比较小，从而权大的一方处于联盟运行中的主导地位。后者指联盟中各方的管理控制权比较均匀，地位平等。

战略联盟的收益分配结构是联盟各方在战略联盟运行成果的分配比例关系。它由战略联盟的投入结构和战略联盟的权力结构所决定，是两者的自然延伸。从联盟各方在联盟成果的分配比例来看，战略联盟分配结构也可分为主从结构和平行结构。前者指联盟中有一方在成果的分配中比例比较大，处于主导地位。后者指联盟中各方平均地分配成果，各方地位平等。

（五）战略联盟的规模与经济效益的关系

战略联盟规模是指战略联盟在量的方面的属性。它的基本含义有两个方面：其一，战略联盟规模首先是指参加战略联盟的所有企业的数目。一般而言，在其他条件不变的情况下，参加战略联盟的企业数目越多，则说明战略联盟的规模越大。其二，战略联盟规模同时也指参加联盟的企业所投入战略联盟的资源的总量。该资源总量包括技术、资金、知识、人员等各种资源的数量之和。在其他条件不变时，参加联盟的企业所投入的资源总量越多，则说明联盟规模越大。战略联盟规模的上述两个方面是不可分割的，它代表了战略联盟在量的方面的属性的两个维度，忽略任何一方都不能正确地说明战略联盟的规模。

战略联盟的经济效益是指战略联盟运行的效率。它可以用战略联盟运行的收益与战略联盟运行的成本之比来表示，即战略联盟运行的效率就是指单位成本所取得的联盟收益。这样，考察战略联盟规模与经济效益的关系就要考察战略联盟规模与战略联盟的收益和战略联盟的成本的关系。从战略联盟收益的来源看，它主要包括四个方面：一是在战略联盟中共享资源或业务行为所带来的收益。二是在网络中共享知识和技能所带来的收益。三是在联盟中共同分担风险所带来的收益。四是在联盟中实现成员企业间的相互学习和技术创新所带来的收益。上述战略联盟收益的四个主要方面一定程度上都与联盟的企业数目以及联盟的投入资源总量呈正相关关系。也就是说，在一定的范围内，战略联盟的收益是随着参加联盟的成员企业的数目、联盟各成员所投入的资源总量的增加而增加。另外，就战略联盟的成本而言，它主要是战略联盟运行所产生的成本，包括战略联盟管理的成本、战略联盟成员间协调的成本等。联盟运行的成本是随着战略联盟规模的扩大而快速增加的。这是因为，战略联盟运行所产生的成本主要表现为交易成本。

当战略联盟规模扩大时，成员间交易的次数、交易的范围都会随之扩大，从而引起总交易成本快速上升。所以，从战略联盟的规模、收益及成本三方面关系综合来看，战略联盟规模与经济效益之间可能在一定程度上呈现出规模效益递增、规模效益不变和规模效益递减三个阶段。

案例

潍柴动力与德国 BOSCH 缔结战略联盟

2006年6月29日，中国最大的柴油发动机生产制造企业潍柴动力股份有限公司（2338HK），与全球最大汽车零部件制造商德国博世（BOSCH）公司在潍坊签订战略合作协议，实施启动机和发电机在126毫米缸径发动机领域对潍柴动力的独家供货。至此，潍柴动力与世界汽车零部件巨头携手，共享创新成果，共同打造高水平供应链，共同向高端技术进发，抢占欧Ⅲ乃至更高标准的发动机市场。

根据协议，博世公司将与潍柴动力在大功率、高速柴油发动机燃油喷射系统的研发和供应上通力合作、相互支持，并根据中国市场商用车使用特点，共同进行相应的开发匹配工作。这一合作将顺应汽车行业及动力产品的世界发展潮流，对发动机的节能指标、动力性能、安全性能和稳定性能产生巨大的推动作用，进而打造一个全新的高品质的中国动力产品。

潍柴动力是中国最大的内燃机制造商，也是最大的大功率高速发动机生产基地，公司主导产品排放达到欧Ⅱ、欧Ⅲ标准。2006年新开发的发动机产品，柴油消耗均比国内同类产品降低15%，达到世界先进水平。被中国政府授予中国名牌和中国驰名商标，是中国大功率发动机第一动力品牌。

博世集团是世界领先的汽车技术、工业技术和智能化技术生产商之一。在全球设立有270家分支机构，其中230家位于德国境外。博世作为汽车零部件技术的世界领先者，从1902年发明世界上第一个具有高压电磁点火系统的火花塞，到新近问世的电液制动系统，创造了无数个最先进的博世科技。作为全球最大的汽车原厂配套装备的独立供应商，博世有120个生产基地，2005年全球销售收入达到420亿欧元。

致力于打造全球知名动力品牌的潍柴动力，多年来一直瞄准世界发动机最新技术，不断提升自己的技术平台。特别是在发动机排放技术研究上，潍柴集中了最精干的科研力量，于去年成功开发了国内第一台蓝擎WP10、

WP12 欧Ⅲ发动机，率先采用了柴油机共轨式电控燃油喷射技术，使柴油机噪声和废气的排放量大大降低。

按照潍柴动力的战略规划，到"十一五"末，要构建起1～15升排量、30～470KW、符合欧Ⅳ以上排放标准的全系列清洁动力产品，成为商用车和工程机械用发动机市场的全系列供应商。与博世公司的战略合作，可以说拉开了潍柴向这一目标攀登的序幕。作为柴油发动机最重要部件之一的燃油喷射系统，在提高燃气排放质量和燃油效率方面起着关键作用，而博世公司在这方面拥有全球无可争辩的技术研发实力。双方的战略合作，标志着潍柴动力生产的大功率、高速发动机的燃油喷射技术已具有世界领先地位。

潍柴动力与德国博世缔结战略联盟是潍柴动力"链合创新"的又一结果，是企业发展模式的创新。此联盟可以将双方具有的价格优势、品牌优势、技术优势和服务优势进行全面优化整合，无疑将使"链合创新"提升到一个新的层次和水平，大大提升企业的核心竞争力。

——资料来源：《潍柴动力与德国博世携手打造高水平动力供应链》，《太平洋汽车网》http://www.pcauto.com.cn/2006年9月18日；《潍柴动力与德国博世（BOSCH）结成"跨国联盟"》，《大众日报》2006年7月7日，记者：吴宝书。

三、企业集团

（一）企业集团的概念与特征

企业集团是以一个实力雄厚的大型企业为核心，以资本纽带联结为主，以产品、技术、契约等多种纽带为辅的，多个具有独立法人资格的企业为了共同的利益而相互团结协作而组成的，具有多层次结构的，以母公司为主体的，具有统一发展、经营的战略和目标的多法人经济联合体。

企业集团具有以下基本特征：

1. 企业集团没有独立的法人资格。企业集团是多个独立法人企业的联合体，不是统一的纳税、统负盈亏的经济实体，也不是独立的法律主体，不具备总体法人地位。

2. 企业集团以资本联结为主要纽带。集团内部各企业之间的各种经济关系及所派生的权利、义务关系都是基于股权关系。

3. 结构多层次性。企业集团是以母公司为主体的具有多层级的企业组织结构，一般有三四个层次。如股份制企业集团内部按资本联结程度不同分为四个层次。①核心层由母公司及其分公司组成。②紧密层（控股层），由若干子公司组成。③半紧密层（参股层），由若干关联公司组成。④松散层（协议层），由数量较多的固定协作单位组成。非股份制企业集团一般也由核心企业、紧密层企业、半紧密层企业和松散层企业组成。

4. 产权边界模糊性。企业集团在产权关系上边界比较模糊，集团内资本之间是开放性的组合，而不是谋求封闭式的一体化。

5. 规模巨型性。企业集团组织规模和经济规模比较明显。它由一定数量以上的企业组成，与一般企业比较，企业集团数量不多，但规模巨大，实力雄厚，拥有众多的子公司和关联协作企业。企业集团内经济资源的集约程度、经济实力、市场竞争力较大。

6. 经营多样性。企业集团一般集生产、科研、开发、销售、服务和信息于一体，是多功能的综合体。它实行多角化经营，不只生产或提供一种或一类服务，而是打破部门和行业界限，同时生产多种产品或提供多种服务，在多个领域寻求发展。

（二）企业集团的作用

1. 企业集团具有技术放大作用。企业形成技术专长的途径有三种方式：一是纯粹的自主研发。二是纯粹从市场上获取。三是企业自主研发和市场交易的结合。企业集团是通过产权的方式连接起来的，它为在企业与企业之间进行技术创新和研究开发、市场开拓、产品服务、市场销售等诸多方面的协作与配合创造了条件，形成企业集团内部技术创新与研究开发的放大效应。在企业集团内部，尤其是具有环形持股或交叉持股股权结构的企业集团内部，高度的股权内部化使成员企业采用新技术所产生的经营收益和资本增值收益转变为企业集团的巨额股权收益，这使企业集团可以忽略技术在集团内部，尤其是在核心层或紧密层企业之间扩散转让的直接费用，从而排除了技术市场中的专业与信息障碍造成的不可交换因素，降低了扩散成本。这时，企业集团内部技术具有明显的公共物品特征，排除了成员企业之间技术的不可交易性，扩大了技术的应用范围；企业集团的纵向一体化生产体系使经营规模提高，有利于技术创新在一个更大的范围内实现，并促进了协同创新的出现。核心技术在不同产业、产品中的扩散使企业集团创新规模效益显著提高。

2. 企业集团具有优势互补的系统组合作用。企业集团是一个以一定目标为导向，按一定的形式和结构组织起来的有机的整体，是一个由很多成员单位和各种生产、经营要素等构成的、从事现代化生产经营的复合大系统。作为一个系统，其整体功能必大于其孤立部分之和，即企业集团具有成员单位独立存在时所没有的整体性质和新功能。这就是企业集团优势互补的系统组合效应。对企业集团来说，一方面，各个成员单位、各种生产要素都处于相互联系、相互作用之中，彼此获得了在单独存在时没有的一种全新关系，这种关系是系统效应的决定性因素；另一方面，企业集团又通过整体结构来控制和决定各个成员在集团中的地位、排列顺序、作用的性质和范围，协调各个成员单位之间的关系，使之博采众长，优势互补，既有复杂精细的分工，又有严格的科技协作。为实现一定的经营目标，上下齐心、左右协作，从而使整体获得部分所未能有的强大合力，一种新的组合功能和凝聚力，这就是企业集团的系统组合效应。

3. 企业集团具有规模经济作用。企业集团拥有单个企业所不具有的规模经济作用。所谓企业集团规模经济，是指当集团所有生产要素都增加时收益以更大的幅度增加这样一种现象。企业集团规模经济主要体现在三个方面：

（1）降低企业成本。企业集团可以通过成员企业间的专业化分工与紧密协作，提高劳动效率而降低成本；同时，企业集团可以省去自建新厂所必须支付的手续和交易费用而降低成本；企业集团也可以从被兼并企业接受大批技术人员和熟练工人，从而减少人才培养和技术开发成本。

（2）拥有信息优势。企业集团可以通过综合分析成员企业所提供的各种信息后再传递给每个企业的方法而实现信息的集中化、规模化利用，这可以有效地降低单个企业因信息匮乏造成的不确定性风险。

（3）形成研究开发优势。研究开发一般与巨额的投资、优秀的人才和较长的周期相联系，因而失败的风险也较高。这是一般企业无法承担的。而企业集团则可以利用其规模优势，集中各成员企业的优秀人才和资金，进行风险较高的研究开发，形成研发优势。

（三）企业集团的类型

企业集团的类型有多种划分方法。下面依次介绍按成员企业间联结方式和集团形成方向进行的分类。

1. 按成员企业间联结方式的不同，企业集团可以分为股权（资本）联结型企业集团、契约联结型企业集团和混合联结型企业集团。

（1）股权（资本）联结型企业集团。股权（资本）联结型企业集团是以资产经营一体化形成的。其中，股份制企业集团是其典型形式。它是通过一个企业对另一个企业的资金参与而建立起来的控股与被控股或参股与被参股的关系而形成的以母公司为核心，母公司、参股公司、关联公司所组成的稳定的比较规范的企业联合体。

（2）契约联结型企业集团。契约联结型企业集团是以产品、资源、技术、生产协作、销售等为核心，通过合同等契约形式进行横向或纵向的联合而组建的企业集团。参加联合的各成员企业有完全的自主权，享有独立的法人地位。

(3) 混合联结型企业集团。混合联结型企业集团是成员企业间联结既有通过投资参股形式的股权联结，也有通过产品、资源、技术合作、销售等合同契约形式的联结而形成的具有大跨度，多层次的集团性网状组合体。

2. 按集团的形成方向不同，企业集团可以分为横向型企业集团、纵向型企业集团和混合型企业集团。

(1) 横向型企业集团。横向型企业集团是为了形成一定的垄断规模，由生产同一产品或相近产品的企业组成的企业集团。组建横向型企业集团主要动因是为了达到生产上的规模经济，以有效降低成本，占领市场并在同行业中取得垄断地位。这种集团内部的各企业在产品、组织结构、行业性质都非常相近，甚至完全相同。

(2) 纵向型企业集团。纵向型企业集团是由在生产上或销售上存在业务职能联系的企业组成的企业集团。属于不同部门但同一生产过程的不同阶段的企业联合在一起组成企业集团，可以增强企业集团的实力。这种类型的集团已开始涉及多元化经营即跨部门经营，如向前整合进入产品的销售环节，或向后整合进入产品的原材料供应环节。这种跨部门经营的纵向企业集团是以"产品"为纽带的，集团内企业间经济效益有较好的相关性。

(3) 混合型企业集团。混合型企业集团在横向或纵向集团的基础上，通过向多角化经营发展，由生产上或者业务上彼此关联性不强甚至根本没有生产业务联系的企业所组成的企业集团。多角化经营是现代企业集团的一大特色，也是企业集团发展的高级阶段。

(四) 企业集团的组织结构

企业集团的组织结构是指按照各成员企业在企业集团中的地位、作用、技术经济联系要求，确定它们之间的相互关系及其联结形式。合理的企业集团组织结构有助于发挥集团整体优势，形成有权威的统一指挥的核心力量，同时也有利于发挥各成员企业的经营独立性、灵活性，形成有内部竞争活力的组织体系。混合型企业集团是企业集团发展的高级阶段。它的组织结构比较典型。一般而言，混合联结型企业集团包括核心层、紧密层、半紧密层和松散层四个层次，分别由核心企业、紧密层企业（骨干企业）、半紧密层企业（卫星企业）和松散层企业（协作企业）构成。不同层次的企业在集团中发挥着不同的功能和作用。

1. 核心层。核心层企业是在企业集团中发挥主导作用的具有母公司性质的集团公司。实力强大的集团公司能够发挥企业集团的领导机构作用，并有可能与紧密层企业在人、财、物和产、供、销方面实现"六统一"。核心层的特征通常是经营一体化，且常以生产技术上的紧密联系为基础。在一个企业集团内，核心企业可以是一个，也可以是多个。

2. 紧密层。紧密层企业是指那些在企业集团中起骨干作用的企业。紧密层企业一般大企业，往往为由集团公司控股的子公司组成，包括全资子公司和控股子公司。紧密层企业之间的相互关系体现了企业集团的许多特征。如紧密层企业的经理与核心企业的经理通常组成集团的管理委员会；集团内企业间的相互持股，大多数也是这些企业间的相互持股。

3. 半紧密层。半紧密层企业往往是核心企业、紧密层企业的参股企业。其中包括集团公司参股的关联企业。半紧密层企业的规模影响力都比较小，处于受控制的地位。当然，地位也是可以改变的。如果企业规模扩大，影响力增强也可以转化为紧密层企业。

4. 松散层。松散层企业，是指承认企业集团章程，与企业集团有稳定协作或服务关系的关联企业组成。集团公司与紧密层、半紧密层是通过控股、参股以股权纽带联结。集团公司与松散层的企业主要以具有法律效力的合同、协议、章程等为纽带联结。企业规模一般都比较小，更多的是实行高度专业化的配套生产。通过稳固的协作，集团能够影响和部分控制这些企业。

（五）*企业集团规模与经济效益的关系*

企业集团的规模是指资源在集团内的集中程度。它反映集团的经济技术实力、生产经营能力大小、专业化分工情况、产品和工艺的合理化及标准化情况、生产集中度等。规模可用雇员人数、固定资产总值、年产量、年销售额、年利润总额等来衡量。而企业集团经济效益的主要表现是集团的规模经济。后者是指规模增大时，集团单位投资可获得更高比例的经济效益，或者是集团规模达到某一水平后单位成本和交易费用下降。它可分为工厂规模经济、企业经济和多企业联合规模经济。

工厂规模经济主要指在同种产品生产和一定生产技术装备水平下，工厂产量、规模的扩大引起生产成本的降低。工厂规模经济是从设备、生产线和工艺过程等角度考察的，所以，它又称为生产技术性的规模经济。

企业规模经济，不仅表现在生产上，还表现在由经营范围扩大而带来的成本的节约。这种规模扩张主要表现为联合在一个企业中的生产同样产品的各个生产线，或者是处于生产工艺过程不同阶段的若干生产线在数量上的增加或生产能力的扩大。企业规模经济具有显著的联合生产经营效应。其形成的具体原因除了由于企业内产品及其规格的统一和标准化、专业化而产生的生产效益提高，及管理费用与交易费用的节约外，主要是由于全产品生产线效益，即指那种把整个连续生产过程统一在一个企业内，使企业获得这个生产过程中可能获得的所有产品的效益。与工厂规模经济相比，企业规模经济更多的是由组织创新组成的，主要体现于组织效益和经营效益领域。

多企业联合规模经济是指增加集团内企业数或生产厂家，由于固定成本可以分摊到较大的生产量上，使产量增加，成本下降。企业集团这种经济组织把这两者很好地结合在了一起，以达到其规模经济效益的目标。实际上，企业集团化的过程就是对多企业规模经济的利用过程。多企业规模经济是指独立核算、自负盈亏的多个法人企业以某种方式组织成协调行动的群体所形成的规模效益，也称"团队效应"。这一规模效益除来源于前述的生产领域的成本节约外，还得益于统一采购、销售、宣传带来的节省，管理人员和工程技术人员的专业化和节省，使研究和开发工作具有更高的效率，充分利用技术的外溢效应等。总之，企业集团规模经济的充分发挥有赖于高效的"协同整合"。

企业集团规模经济反映的是集团生产要素的集中程度同集团经济效益之间的关系。一般而言，企业集团规模与经济效益之间的关系在一定程度上呈现出规模经济递增、规模经济不变和规模经济递减三个阶段。也就是说，规模本身有度的界定，并非是越大越好。按照科斯的观点，企业集团扩张存在一个临界点或有效规模，即在企业集团内部组织一定数额交易的成本等于在公开市场上完成这笔交易所需的成本。如果在这个点上集团规模继续扩张，内部组织成本的增加量就会超过节约下来的市场交易成本。所以，要获取较高的经济效益，企业集团就必须保持合理的经济规模。在选择合理规模时，企业集团需要考虑市场需求状况，资源、资金条件和技术装备状况以及企业间协作条件如交通运输条件和生产专业化协作水平等。这些都是确定企业合理规模的现实因素。

案例

正泰集团及其发展历程

正泰集团创始于 1984 年 7 月。现辖 6 大专业公司、50 余家持股企业、800 多家专业协作厂，主要生产经营高低压电器、输变电设备、仪器仪表、建筑电器、通信设备、汽车电器、防爆电器等 100 多个系列、5000 多个品种、2 万多种规格的产品。并在全国设有 2000 多家销售公司和特约经销处，在国外设立了 5 家分公司和 30 多家销售总代理，产品畅销世界 70 多个国家和地区。正泰集团综合实力已连续五年名列全国民营企业 500 强前 10 位。"正泰"商标被国家工商局认定为中国驰名商标，3 种产品荣获中国名牌产品称号。2003年，集团员工1.3万多人，厂房面积30多万平方米，总资产31亿元，工业总产值103亿元，销售收入101亿元，系中国低压电器行业最大产销企业。

正泰集团的发展历程：

1. 从家庭作坊起步，完成原始资本的初步积累。1984~1991年，南存辉董事长与友人合作，以5万元资产、20平方米的作业面积、8名员工的家底组建"求精开关厂"，属于家庭作坊式，生产简单的小电器开关。1991年，求精开关厂分解。

1991~1993年，通过求精开关厂的发展，南存辉董事长已拥有一定的原始资本。在国家对民营企业的贷款实施封闭的情况下，其资本根本无法满足企业的超常规发展，正泰只能以血缘关系在亲属间进行内部联合，筹集发展资金，形成家族式公司。为此，正泰利用国家对合资企业的优惠政策，引进美国亲戚的资金、技术及管理，组建"温州正泰电器股份有限公司"，形成家族式股份公司。经过两年的努力，销售收入达到了5176万元。

即便如此，单一的家族式股权结构仍然制约了资金来源渠道，企业无法高速扩张。同时，由于横向联合力度不大，公司的产品无法形成系列化。资金的短缺，使生产能力的提高严重受阻。在激烈的市场竞争环境下，正泰的抗风险能力显然较低。

2. 原始资本积累无法满足企业的发展，以品牌的无形资产进行横向联合，调整产品结构。1994~1995年，正泰相对柳市其他企业而言，已具有较大的资金优势、技术及品牌优势。为了进一步扩大生产能力，调整产品结构，正泰必须短期膨胀发展，招兵买马，扩充实力。由此，正泰以家族式股份公司为核心，采用合资、控股、收购、兼并及品牌无形资产等资本运作方式，对柳市48家企业进行了横向联合，组建了"正泰集团"。

正泰集团的组建，促进了产品互补、资金互补、市场互补、资源共享、互利互惠，使产品领域迅速扩大，形成了门类齐全的低压电器大企业。同时，正泰的产品销售额迅速扩张到85762万元，销售增长率比1994年增长32%。使正泰在行业中名噪一时，声望再次提高。

3. 正泰集团内进行股权结构的再次调整，形成以集团公司为母公司，5个控股公司为子公司及12家参股公司的集团。1996~1999年，正泰对"集团"的股权结构、法人治理机构、产品结构、管理模式进行彻底整顿。

当时，在集团运作过程中，由于股权机构、集权分权、管理层次未进行根本性调整，也未形成规范的法人治理机构和科学管理模式，新加入正泰的企业仍然保持其法人代表资格，各单位的出资人既是决策人，又是经营者。集团难以形成真正的统一核心领导层，出现了"企业多、难管理，法人多、难治理"的现象。例如，同一产品有多家生产，有多种成本核算方法，有多种价格浮动方法，有多种市场攻关方法，而对于某些新开发的产品却因各生产单位能力有限，难以迅速投入生产，这种各自为政的局面，使正泰难以形成优势合力。因此，正泰规模扩大仅体现在形式上和名称上，此时的"集团"实质上是集而不团，这迫使正泰要根据《公司法》及现代企业制度的要求，以股权结构调整为核心再次进行股份制改革。

  1997年，公司对进入集团的几十家小公司进行结构性调整，将已经进入集团的企业，对其资产、债务、产品进行摸底调查，在核资的基础上，将原陈旧的设备、质量低下的原材料、破旧的厂房、不合格的人员、不良债务及国家明令淘汰的产品严格剥离清出。将有效的资产作价，进行股份等额换算，作为进入正泰集团公司的股金。对于生产低压电器类的工厂一次性全额收购或兼并，取消其原法人资格，它们的资产归属正泰集团公司。1997~1998年，形成正泰电器股份有限公司及正泰机床电器有限公司的全资性公司，南存辉任董事长。

  在清产核资的基础上，正泰集团公司以资产为纽带，将生产同类产品的企业进行联合，同时，对其投入大量资金进行控股，并分别组成董事会，由南存辉出任各公司的董事长，形成具有较大规模的"正泰成套设备制造有限公司"、"正泰汽车配件有限公司"、"正泰仪器仪表有限责任公司"及"温州乐通电信设备有限公司"。各子公司具有独立的法人资格，独立经营，自负盈亏。

  由于集团公司为母公司，对控股子公司产生了凝聚力，加之南存辉同时任各控股子公司的董事长，因此，经营决策上保证了以他为首的领导班子的领导地位，减少了决策内耗，使企业得以快速发展，形成了规模效应。

  正泰集团公司对未进入控股的12家小企业，考虑其产品竞争力和生产规模一时难以形成气候，加之自己的资金有限，只能投入少量资金及正泰品牌作为股金进行参股，不实行控股，保证其独立的完整性。

  股权结构调整与产品结构调整及企业发展战略相结合，使资产重组后的资源进行优化配置，形成合力。

  4. 以专业化生产为目的，调整生产公司结构，促使电器产品做精、做强。

> 1999年,正泰集团公司试行事业部制,将原正泰机床电器股份有限公司归属正泰电器股份有限公司,进行生产规模重组。
>
> 2001年,正泰电器股份有限公司建成温州大桥高科技工业园区,为合理利用园区资源,扩大生产能力,组建了接触器、热继电器、塑壳断路器、漏电断路器、小型断路器、框架式断路器、稳压电源、互感器、低压变压器等专业化生产公司。
>
> 2002年,为进一步扩大专业化生产能力,正泰电器股份有限公司对生产公司进行再次重组,形成控制电器一公司、控制电器二公司、配电电器一公司、配电电器二公司、终端电器公司以及闸刀开关、稳压电源公司。同时,进一步扩大焊接、电子元件、注塑、精冲、模具制造、新产品试制等零部件专业分公司的生产能力。
>
> 2003年,正泰集团公司对12家持股企业再次进行股权结构调整,形成了"正泰机床电器有限公司",归属"正泰电器股份有限公司"。新增熔断器、万能转换开关、行程开关、可控硅、电子整流器、调速器、接线板等系列产品。
>
> 2004年,集团公司再次调整生产结构,形成高压及低压两大块,将成熟的高压电容器、高压互感器产品及其资源调整到位于上海的"正泰电气股份有限公司",在专业化生产方面进一步细化,为电气产品做精、做大、做强、做久奠定基础。
>
> ——资料来源:《正泰专业生产结构调整的回顾》,《正泰报》2004年5月30日。作者:邓华祥。

本章参考文献

1. [英]马歇尔:《经济学原理》,商务印书馆1991年版。
2. Stigler, George J. 1951. The Division of Labour Is Limited by the Extent of the Market. *Journal of Political Economy*, 59: 185 – 193.
3. 李维安等:《网络组织:组织发展新趋势》,经济科学出版社2003年版。
4. 张富春、冯子标:《企业集团:中间组织与有组织的市场》,《中国工业经济》1997年第12期。
5. 王凤杉:《企业集团组织规模与边界的有效性》,《中国工业经济》1998年第10期。
6. 罗仲伟、罗美娟:《网络组织对层级组织的替代》,《中国工业经济》

2001 年第 6 期。

7. 吴延兵：《网络组织的经济学分析》，《决策与借鉴》2002 年第 4 期。

8. 张建华、欧志明：《企业网络组织的生成：中小企业发展的新思路》，《中国地质大学学报》（社会科学版）2003 年第 2 期。

9. 欧志明、张建华：《企业网络组织的演进及类型研究》，《决策借鉴》2002 年第 2 期。

10. 孙国强：《网络组织的内涵、特征、构成要素》，《南开管理评论》2001 年第 4 期。

11. 孙国强：《网络组织运作绩效的研究现状分析与研究框架构建》，《科学管理研究》2003 年第 1 期。

12. 汪涛：《竞争演进论》，《经济评论》1999 年第 1 期。

13. 贾根良：《网络组织：超越市场与企业两分法》，《经济体制比较》1998 年第 4 期。

14. 康灿华等：《跨国公司战略联盟及其发展趋势》，《武汉理工大学学报》（社会科学版）2002 年第 5 期。

15. 张树义等：《试论企业战略联盟形成的内部原因》，《软科学》2001 年第 4 期。

16. 李新春：《企业战略网络的生成发展与市场转型》，《经济研究》1998 年第 4 期。

17. 林润辉、李维安：《网络组织：更具环境适应能力的新型组织模式》，《南开管理评论》2000 年第 3 期。

重点名词

产业组织　产业组织形态　价值链　网络组织　战略联盟　企业集团

思考题

1. 产业组织形态的含义是什么？有几种类型？
2. 横向企业之间的竞争态势变化与产业组织形态演变有何关系？
3. 纵向企业之间的合作态势变化与产业组织形态演变有何关系？
4. 什么是网络组织？它有哪几种类型？有何作用？
5. 什么是战略联盟？它有哪几种类型？有何作用？
6. 什么是企业集团？它有哪几种类型，有何作用？
7. 你如何理解企业集团规模与经济效益的关系？

人物介绍

□ 阿尔弗雷德·马歇尔（Alfred Marshall，1842－1924）

19世纪末20世纪初英国乃至世界最著名的经济学家，剑桥学派和新古典学派的创始人。1842年7月26日，马歇尔出生于伦敦郊区的一个工人家庭。1862年马歇尔去剑桥大学圣约翰学院学习数学并于1865年获得学士学位。1868年，他成了圣约翰学院伦理科学讲师，专教政治经济学。随后，他先后担任布里斯托尔学院院长，牛津大学、剑桥大学讲师和教授。1880年，他担任英国经济协会第六小组的主席，正式领导了英国（后改为皇家）经济学会的运动。

马歇尔是剑桥大学教授，也是英国正统经济学界无可争辩的领袖。1890年，马歇尔发表《经济学原理》，该书被看作是与亚当·斯密《国民财富的性质和原因的研究》、大卫·李嘉图《赋税原理》齐名的划时代著作，而他本人也被认为是英国古典经济学的继承和发展者，他的理论及其追随者被称为新古典理论和新古典学派。同时，由于马歇尔及其学生，如 J.M. 凯恩斯、J.S. 尼科尔森、A.C. 庇古、D.H. 麦格雷戈等先后长期在剑桥大学任教，因此也被称为剑桥学派。

马歇尔的经济学说集19世纪上半叶至19世纪末经济学之大成，并形成自己独特的理论体系和方法，对现代西方经济学的发展有着深远的影响。马歇尔主要著述有：《对杰文斯的评论》、《关于穆勒先生的价值论》、《对外贸易的纯理论与国内价值的纯理论》、《工业经济学》、《伦敦贫民何所归》、《政治经济学的现状：1885年2月在剑桥大学的就职演说》、《统计学会杂志》、《一般物价波动的补救措施》、《经济学原理》、《经济学精义》、《关于租金》、《老一代的经济学家和新一代的经济学家》、《分配与交换》、《创建经济学和有关政治学分支课程的请求》、《经济骑士道精神的社会可能性》、《战后的国家税收》、《工业与贸易》、《阿尔弗雷德·马歇尔纪念集》、《马歇尔官方文献集》等。

——资料来源：《新帕尔格雷夫经济学大辞典》（第三卷），经济科学出版社1996年版，第377~391页。

第三篇　产业发展

第六章　产业发展理论
第一节　产业发展的理论基础
第二节　产业发展模式
第三节　产业发展战略
第四节　产业衰退与产业调整
第七章　技术创新与高新技术产业发展
第一节　技术创新
第二节　高新技术产业发展
第八章　经济全球化与产业发展
第一节　经济全球化及其中国融入的进程
第二节　经济全球化对产业发展的影响
第三节　产业竞争力与产业安全
第九章　循环经济建设与产业发展
第一节　循环经济的内涵与基本特征
第二节　循环经济对产业发展的影响和基本要求
第三节　实施循环经济的三个层面
第四节　价格机制与循环经济建设
第五节　循环经济立法与循环经济建设
第十章　产业发展资源及配置
第一节　资本资源及配置
第二节　人力资源及配置
第三节　信息资源的开发利用
第四节　自然资源与能源的配置
第五节　环境资源的保护和管理

第六章 产业发展理论

产业发展是产业经济学研究的主要任务,也是产业经济学研究的目的。研究产业类型、产业结构、产业关联、产业组织是要从各个不同方面研究产业发展的规律,最终都是为了促进产业发展。本章首先介绍产业发展的理论基础如经济增长理论和经济发展理论,接着介绍和分析不同类型的产业发展模式和产业发展战略,最后分析论述产业衰退和对衰退产业的调整。

第一节 产业发展的理论基础

一、经济增长理论

(一) 古典经济增长理论

1. 亚当·斯密的经济增长理论。亚当·斯密是最早在理论上系统研究经济增长问题的经济学家,其代表作《国富论》通篇都是对经济增长性质、原因和如何为经济增长创造有利条件和环境的研究。

斯密认为,经济增长就是人均产出的增加,或劳动产品即社会纯收入的增加。斯密将经济增长因素归结为劳动、资本、土地、技术进步和社会经济制度环境五个方面,用总量生产函数表示为:

$$Y_t = f(L_t, I_t, N_t, T_t, V_t)$$

式中:Y_t 表示时间 t 时的总产出,从 $L_t \sim V_t$ 依次表示 t 时的劳动就业、资本存量、自然资源(主要是土地)利用率、技术变革率和社会经济制度。

斯密从其劳动价值论出发,把劳动看作是极其重要的增长因素。他明确指出,人均产出的增加,一方面取决于投入生产中的劳动力的数量和质量,另一方面取决于生产劳动者和非生产劳动者的比例。斯密认为,生产性劳动和非生产性劳动对国民财富增长的作用不同。前者能够创造价值和物质财富,为工人提供工资收入和生活保障,为雇主提供利润和积累资本,从而进一步推动国民财富生产和增长;而后者则消耗社会财富,妨碍资本积累和生产增长。

2. 大卫·李嘉图的经济增长理论。李嘉图是斯密的继承者,但他又与斯密不同,他将考察的中心转向收入分配问题,着重分析了各种收入分配比例如何通过影响资本积累从而影响经济增长。斯密的总量生产函数虽然从形式上看也完全适用于李嘉图的经济增长理论，但是，二者的立论基础却截然不同。斯密的生产函数具有规模收益递增性，生产实际成本会随时间推移而下降，因为市场容量在扩大，社会分工在不断深化。而李嘉图的生产函数则受制于边际生产率递减规律。认为土地、劳动、资本的边际产品均递减，技术进步只能抵消部分递减，但不能根本改变这种下降趋势。由于收益递减，生活资料价格上升，故工资的自然价格提高，地租率提高，利润率必然下降，利润在收入分配中的比例相应下降，资本积累因而趋于萎缩，经济增长放慢。任何促进边际生产率提高的措施（如改良农业、机器的采用、廉价谷物的输入、削减赋税和公共支出等）都会提高利润，从而提高资本形成率，加快经济增长。可见，李嘉图虽然从收入分配角度研究经济增长，但仍突出强调资本积累是经济增长的主要决定因素。

（二）现代经济增长理论

1. 哈罗德—多马经济增长模型。英国经济学家罗伊·哈罗德（R. Harrod）和美国经济学家埃夫塞·多马（E. Domar）经过各自独立的研究，将凯恩斯宏观经济学的短期静态分析长期化和动态化，以考察一国经济长期增长问题，从而建立起第一个现代经济增长理论模型：哈罗德—多马模型。这一模型起初是为了解释发达国家的经济增长问题，但其基本原理与方法目前已广泛地用于发展中国家。

哈罗德—多马模型的基本假定是：①全社会生产的产品只有一种，该产品既可作个人消费，又可作生产要素投入生产。②只有两种生产要素，即劳动力与资本。③资本与产量比率固定不变。④不存在技术进步或只有中性技术进步。

哈罗德模型的基本公式为：

$$G = S/V$$

式中：G 表示收入（或产量）增长率即经济增长率，即本期收入（或产量）增量与上期收入（或产量）之比（$\Delta y/y$）；S 表示平均储蓄倾向，即总储蓄与总收入之比（s/y）；V 表示加速系数，即投资与产量之比（$I/\Delta y$）。

多马模型的基本公式为：

$$F = S \cdot \delta$$

式中：F 表示投资增长率，即本期投资相对于上期投资的增量与上期投资的比率（$\Delta I/I$）；s 表示边际储蓄倾向，即储蓄增量在收放增量中所占的比率（$\Delta S/\Delta I$）；δ 表示资本生产率，即产量或收入与资本总投入的比率（Y/K）。

由于他们都假定资本—产量比率不变、储蓄率不变、储蓄全部转化为投资、不存在生产能力闲置等，所以哈罗德公式中的平均储蓄倾向 S 等于多马公式中的边际储蓄倾向 s；哈罗德公式中的加速系数的倒数 1/V 等于多马公式中的资本生产率 δ；哈马德的经济增长率 G 必然与多马的投资增长率 F 相等，两者实际上一致，都可称为经济增长率。因此，经济学家将二者统称为哈罗德—多马经济增长模型。

哈罗德—多马模型为经济增长理论向动态化、长期化、定量化、实用化方向发展做出了开创性贡献。由于这一模型高度抽象、简化、便于测算，它已成为经济学家及一些国家用以研究预测经济增长、制定经济计划的便捷手段。

但是，由于哈罗德—多马模型中经济增长率在一系列其他因素不变的假定下，只有储蓄率 S 和资本—产量比率 V（或资本生产率 δ，δ = 1/V）两个变量来决定，而且其中 V 和 δ 也被假定为不变，所以，经济增长率只由 S 一个变量决定，即只受储蓄率亦即资本积累率决定。事实上，经济增长受到多变量影响。因而在上述不合理的假定下所建立的均衡增长途径就像"刀刃"一样狭窄。同时，该模型过于笼统，它既不能提供进行细致计算的基础，也不能说明结构的和地区的问题，因此，应用起来困难较多。

2. 新古典经济增长模型。针对哈罗德—多马模型存在的问题，索洛（R. Solow）和斯旺（W. Swan）做了修正和补充，将其发展为一个"新古典模型"，即后凯恩斯主义新古典综合派的经济增长模型。

新古典经济增长模型的假定是：①全社会只有一种产品。②只有资本与劳动力两个生产要素，但两个生产要素可相互替换，即资本—劳动比率与资本—产量比率可按需要进行调整。③随着生产规模的扩大而收益不变或成本不变，但资本（或劳动）的边际生产率递减。④市场属完全竞争型，即价格调节机制起主要作用。⑤索洛—斯旺模型中不存在技术进步。

新古典经济增长模型的基本含义。设 Y 为产量，K 为资本，L 为劳动。在技术条件下不变的条件下，总量生产函数为：

$$Y = f(K, L) \tag{6.1}$$

在不考虑技术进步的情况下，有：

$$\Delta Y/Y = a \cdot (\Delta K/K) + b (\Delta L/L) \tag{6.2}$$

式中：$a = MPK \cdot K/Y$ 和 $b = MPL \cdot L/Y$ 分别表示资本和劳动对经济增长的贡献份额，也称资本与劳动的产出弹性，且 $a + b = 1$。而 MPK 为资本的边际生产力，MPL 为劳动的边际生产力。

公式（6.2）即为索洛—斯旺的新古典增长模型。它表明，经济增长率是由资本与劳动的增长率及资本与劳动的产出弹性共同决定的。若考虑技术进步因素，则有如下模型：

$$\Delta Y/Y = \lambda + a(\Delta K/K) + b(\Delta L/L) \tag{6.3}$$

式中：λ 为技术进步带来的增长率。

公式（6.3）称为索洛—米德模型。它表明，经济增长率是由资本与劳动的增长率、资本与劳动的产生弹性以及技术进步共同决定的。

索洛的技术进步条件下的经济增长模型突出地强调技术进步对现代经济增长的决定性作用，基本反映了现代经济增长中技术进步和由技术进步决定的生产率水平不断提高对增长的贡献份额日趋增加的现实，并将其动态化、模型化，从而将"技术进步决定论"的经济增长理论向计量化、实证化方向推进了决定性的一大步。但是，这一模型把所有除劳动和资本投入要素对经济增长的贡献份额之外的全部剩余都归因于技术进步这一因素的做法，有将技术进步庸俗化为除投入要素外什么都可以塞进去的无所不包的不可捉摸的"大杂烩"的倾向，因而不利于科学地、精确地认识和把握现代科学技术在经济增长中的真实作用。

3. 诺斯的经济增长理论。道格拉斯·诺斯（D. North）以经济史学和新制度经济学的基本理论为基础和依托，大胆创新，提出了他的全新的经济增长理论，成为经济增长理论流派中"制度决定论"的代表。

诺斯在充分肯定其他流派关于经济增长原因的研究对经济增长理论的贡献的同时，认为它们"显然存在漏洞"。他指出，经济增长的真正原因要到制度因素中去寻找。因为如果经济增长所需的只是投资和创新，那为什么有些社会具备了这种条件却没有如意的结局呢？我们过去列出的原因（创新、规模经济、教育、资本积累等）并不是经济增长的原因，它们乃是经济增长的条件。

诺斯从1961年开始另辟蹊径研究经济增长因素，试图以制度变化解释经济增长。他发现，历史上在技术没有发生变化的情况下，制度变迁亦能促进生产率提高和实现经济增长。经过多年的潜心研究，诺斯逐步构建了一个以产权为基本概念，以制度变迁为核心，包括产权理论、国家理论、意识形态理论在内的严密理论体系和全新的经济增长模式。其核心内容就是制度变迁的主要参数即产权制度来解释经济增长，基本命题是：一种提供适当个人刺激的有效的产权制度是促进经济增长的决定因素。

诺斯认为，制度变迁与技术进步有相似性，即推动制度变迁和技术进步的行为主体都是为了追求收益最大化。只有在预期收益大于预期成本的前提下，行为主体才会推动直至最终实现制度变迁。这就是制度变迁的原则。

关于国家对经济增长的作用，诺斯认为，国家是产权的奠定和实施单位，有关的各种基本规则由国家或政府制定、变更或维持，因此，国家最终要对造成经济的增长、衰退或停滞的产权结构的效率负责。

4. 新经济增长理论。20世纪80年代后期以来，P. 罗默（Romer）、R. 卢卡斯（Lucas）等人立足于 T. 舒尔茨（Schultz）等创立的人力资本投资理论，将人力资本因素系统地引入经济增长模式，并把它置于最突出的决定性地位，创立了"新增长理论"。他们试图以此来修正和发展索洛等人的新古典经济增长模型，致力于将传统的经济增长理论改造成为既研究产出即 GNP 增长，又关注国际国内范围内的收入分配和发展失衡等发展问题的"关于经济发展的理论"，力求使增长经济学成为真正"放之四海而皆准"的一般学科。"新增长理论"建立在"人力资本决定论"的基础上，正确地反映了现代经济增长中人力资本因素的突出地位和作用，并揭示了经济长期增长的根本原因同样在于人力资本的持续增长和积累，因而对经济增长的历史和现实更具有解释力，对各国经济增长实践更有指导意义，因此，它才逐渐成为经济增长各流派中的主导流派。

罗默模式是一个"收益递增的长期增长模式"。众所周知，生产要素的收益问题是经济增长的重要因素之一。传统的经济增长理论不但仅仅从纯粹单一的物质资本（非人力资本）前提出发，而且往往假定资本边际产出率递减，因而这些理论也就无法说明和保证产出及消费的长期增长。李嘉图由于认定物质生产要素收益递减，致使他得出悲观的结论；在哈罗—多马模型中，物质资本积累（储蓄和投资）是唯一决定经济增长的因素，因而在假定物质资本的边际收益递减的条件下，产出的总趋势仍是递减的；R. 索洛（Solow）、E. 丹尼森（Danison）等人的新古典增长理论也同样恪守资本边际收益递减的信条，尽管他们认为，引入其理论模型的技术进步这一外生变量能够产生递增收益与物质资本收益递减两相抵消，使总的规模收益保持不变，但仍无法保证经济的长期增长。在罗默模式中，技术变革不仅被内生化，是经济增长的内生变量，而且是知识积累和人力资本增长的结果。知识积累和专业化的人力资本取代物的因素成为经济增长的主要因素和原动力。知识积累和人力资本不仅自身收益是递增的，而且能通过其外部效应使物质资本及其他因素也产生递增收益，从而使整个经济的规模收益递增，实现经济的长期增长。

美国经济学家卢卡斯在 1988 年发表的著名论文——《论经济发展的机制》中，提出并比较了三个增长模型：强调物质资本积累和技术进步的新古典模型，强调舒尔茨型人力资本积累（通过学校正规与非正规教育获得人力资本）的模型和强调阿罗"边干边学"专业化人力资本积累的模型，系统地论述了他的经济增长思想。

二、经济发展理论

（一）罗斯托的经济成长阶段论

W. 罗斯托（Rostow）的经济成长阶段论是西方现代经济发展阶段论的集中

代表，也是最有影响的理论之一。罗斯托认为，人类社会发展可以分为6个"经济成长阶段"：①传统社会；②为"起飞"创造前提阶段；③"起飞"阶段；④成熟阶段；⑤高额群众消费阶段；⑥追求生活质量阶段。在这6个阶段中，最关键的是"起飞"和"追求生活质量"两个阶段。如何在落后国家的传统社会经济里为"起飞"准备条件并尽早实现经济"起飞"，是罗斯托最为关注的焦点问题，因而罗斯托的理论也被称之为"起飞"理论。

罗斯托指出，所谓"起飞"，就是使一国经济突破传统停滞状态，犹如飞机滑离跑道，腾空而起。一个国家的经济"起飞"必须具备三个相互关联的条件：一是要有较高的资本积累，要使生产性投资占国民收入的比率提高到10%以上。二是要"有一种或多种实质性的制造业部门"作为"起飞"的主导部门"发展起来，增长率很高"。三是要建立起一种能保证"起飞"的制度即必须有一种政治、社会和制度的结构的存在或迅速出现，这种结构开拓了推动现代部门扩张的力量和"起飞"阶段的潜在的外部经济影响，并且使成长具有不断前进的特征。

罗斯托认为，"起飞"的决定性因素是在一个发生扩散效果的环境中引进新的技术，而新的技术又总被吸收在特定的工业部门。这些特定部门由于采用新技术，降低了成本，扩大了市场，增加了利润和积累，扩大了对其他部门的产品需求及其所在地区经济的影响，从而带动了整个国民经济的发展。罗斯托称这种起引擎作用的特定工业部门为主导部门。经济成长阶段的交替表现为主导部门顺序的变化，现代经济发展实际上是部门的成长过程。当主导部门的先进技术及其影响已经扩散到各个有关部门和地区之后，其历史使命就完成了，这时就会有新的主导部门代替旧的主导部门，主导部门的不断交替带动着国民经济的持续发展。

罗斯托在说明主导部门为什么能够带动经济的发展时指出，主导部门的作用是通过三个方面的影响来实现的。一是回顾影响。即主导部门对那些为其提供生产资料的部门的影响。二是旁侧影响。即主导部门对所在地区经济的影响。三是前瞻影响。即主导部门对新工业、新技术、新原料、新能源的诱导作用。主导部门通过这三种影响，使其与其他部门组成了一个主导部门的综合体系，这个综合体系的发展对国民经济的发展起到有力的带动作用。

（二）刘易斯的二元经济模式

W. A. 刘易斯（Lewis）在其1954年发表的《劳动无限供给下的经济发展》论文中，提出了二元经济模式。刘易斯认为，发展中国家普遍存在着以现代工业部门为代表的弱小的资本主义部门和以传统农业部门为代表的强大的非资本主义部门，即发展中国家的经济是二元经济。基于这一特点，发展中国家应通过扩张工业部门来吸收农业中的过剩劳动力，从而促进工业的增长与发展，以便消除工农业之间以及工农业内部的各种结构失衡。刘易斯的二元经济模式实际上就是两部门间的劳动力转移的经济发展模式。

刘易斯认为，在发展中国家，传统的农业部门大量使用的是土地等非再生资源，根据边际生产力递减原理，当人口迅速增长到一定程度后，农业劳动力的边际生产力必然很低，其中一部分劳动力的边际生产甚至可以到零。因此，农业劳动者的收入水平很低，通常只维持自身和家庭的最低生活水平。正是这种生存收入决定了现代工业部门的工资限额。工业的工资水平不能低于或等于这个限额，否则工业部门就不可能吸收农业中的剩余劳动力；工业的工资水平只能高于这个限额但不能高得太多，否则，流入城市的劳动力就会超过工业的就业创造能力而迫使工资水平下降。刘易斯经分析得出的结论是，工业的工资水平比农业大约高30%左右。

由于工业与农业的工资水平存在差异，吸引着农业劳动力流入城市。现代工业部门大量使用的是厂房、机器设备等可再生资源，其规模可随生产的发展和资本的积累而不断扩大，而且扩大的幅度可以大于人口增长的幅度。由于发展中国家一般都是农业国，农村中存在大量的剩余劳动力，因此，只要工业部门扩大生产规模，就可用现行工资水平雇佣到所需的劳动力数量。正是这样，刘易斯认为，现代工业部门在现行的固定工资水平上可以得到所需要的任何劳动力的数量，即现代工业部门存在劳动无限供给的状况。

在劳动力供给是无限的而资本是稀缺的情况下，如何实现劳动力从农业部门向工业部门的转移呢？刘易斯认为，实现劳动力转移的关键是利用利润进行投资。由于工人工资低，仅够糊口，没有什么储蓄，因此，投资只有来自资本家的利润。虽然资本家获取的利润也要用于消费，但为分析简便，刘易斯假定资本家的利润全部转化为储蓄，以作为再投资之用，从而就可以吸收农业中的剩余劳动力。这个过程不断反复，直至工业部门将农业剩余劳动力吸收完毕，这时，农业劳动力的边际生产力提高，劳动者的收入也相应增加。工业部门要想再获取劳动力，就必须提高工资水平。这样，整个经济就摆脱了低水平均衡的陷阱，而走向一个良性循环的经济增长。

刘易斯将经济发展过程分为两个阶段。第一阶段，开始由于工业资本不多，无力吸收全部剩余劳动力，因此，无论对劳动力的需求如何扩大，总能在不变的低工资水平上源源不断地得到劳动力供给。这样，工业总产值中利润部分的增长速度将大大超过工资部分增长的速度，于是出现一个资本加速积累和迅速吸收农业剩余劳动力的增长时期，直至剩余劳动力被吸纳完毕。此后，经济发展进入第二阶段。在第二阶段，劳动力也像其他生产要素一样是稀缺的，不再是无限供给的，因此，工资水平也不再是固定不变的，经济发展的成果、利益开始在两个部门之间及资本家和工人之间分配。刘易斯认为，当前发展中国家还处于第一阶段。

三、可持续发展理论

"可持续发展"一词，最初出现在20世纪80年代中期的一些发达国家的文章和文件中，到目前为止，可持续发展作为一个完整的理论体系正处在形成的过程中。其核心思想是：健康的经济发展应建立在生态可持续能力、社会公正和人民积极参与自身发展决定的基础上。它所追求的目标是：既要使人类的各种需要得到满足，个人得到充分发展，又要保护资源和生态环境，不对后代人的生存和发展构成威胁。它特别关注的是各种经济活动的生态合理性，强调对资源、环境有利的经济活动应给予鼓励；反之则应予摒弃。在发展指标上，不单纯用国民生产总值作为衡量发展的唯一指标，而是用社会、经济、文化、环境等多项指标来衡量发展。这种发展观较好地把眼前利益与长远利益、局部利益与全局利益有机地统一起来，使经济能够沿着健康的轨道发展。

可持续发展的内涵十分丰富，其具体原则有如下几个：

（一）公平性原则

所谓公平，是指机会选择的平等性。可持续发展所追求的公平性原则，一是指同代人之间的横向公平性。当今世界的现实是一部分人富足而另一部分人处于贫困状态，这种贫富悬殊、两极分化的世界，不可能实现可持续发展。因此，要给世界以公平的分配和公平的发展权，要把消除贫困作为可持续发展进程特别优先的问题来考虑。二是代际间的公平，即不同代际人之间的纵向公平性。要认识到人类赖以生存的自然资源是有限的，当代人不能因为自己的发展和需求而损害人类世世代代满足需求的条件——自然资源与环境，要给世世代代以公平利用自然资源的权利。三是公平分配有限资源。目前的现实是，占全球人口26%的发达国家消耗的能源、钢铁和纸张等占全球消耗量的80%。

（二）可持续性原则

可持续性是指生态系统受到某种干扰时能保护其生产率的能力。资源与环境是人类生产与发展的基础和条件，离开了资源与环境就无从谈起人类的生存与发展。资源的永续利用和生态系统的可持续性的保持是人类持续发展的首要条件。可持续发展要求人们根据可持续性的原则调整自己的生活方式，在生态可能的范围内确定自己的消耗标准。

（三）共同性原则

鉴于世界各国历史、文化和发展水平的差异，可持续发展的具体目标、政策和实施步骤不可能是唯一的。但是，可持续发展作为全球发展的总目标，所体现的公平性和可持续性原则是共同的。并且，实现这一总目标，必须采取全球共同的联合行动。

（四）质量原则

可持续发展更强调经济发展的质，而不是经济发展的量。因为经济增长并不代表经济发展，更不代表社会的发展。经济增长是指社会财富即社会总产品量的增加，它一般用实际 GNP 或 GDP 的增长率来表示；而人均 GNP 或 GDP 通常被用作衡量一国国民收入水平高低的综合指标，并常被用作评价和比较经济增长绩效的代表性指标。经济发展当然也包括经济增长，但它还包括经济结构的变化，主要包括投入结构的变化、产出结构的变化、产品构成的变化和质量的改进、人民生活水平的提高、分配状况的改善等。由此可见，经济发展比经济增长的内容要丰富得多。经济增长是经济发展的必要条件，但不是充分条件。至于社会发展，它的含义又远比经济发展更加丰富。经济学家丹尼斯·古雷特（G. Dennis）认为，发展包括生存、自尊、自由三个核心内容。这是从个体角度而言的，至于群体及群体组成的社会的发展则不仅包括了经济发展的所有内容，还包括生态环境的改善、政治制度和社会结构的改善、教育科技的进步、文化的良性融合与交流、社会成员工作机会的增加和收入的改善，等等。因此，如果说经济学家提出绿色 GNP 是一大进步（充分考虑了经济增长中的环境问题），那么可持续发展则站得更高，它充分考虑经济增长中环境质量及整个人类物质和精神生活质量的提高。

（五）时序性原则

时序性原则强调的是可持续发展的阶段性。发达国家优先利用了地球上的资源，这一长期以来形成的格局，剥夺了应当由发展中国家公平利用的那一部分地球资源来促进经济增长的机会。不仅如此，发达国家利用先发优势控制了世界经济与政治的基本格局，这使发展中国家处于更加不利的地位。因此，发达国家在可持续发展中应负起更多的责任，如在环境保护方面给予更多的关注。而对于发展中国家而言，应当把消除贫困作为最优先的目标，同时重视区域发展的均衡性与公平性，逐步增强可持续发展的能力。

（六）发展的原则

人类的需求系统分为基本需求子系统、环境需求子系统和发展需求子系统三个子系统。其中，基本需求是指维持正常的人类活动所必需的基本物质和生活资料；环境需求是指人们在基本需求得到满足后，为了自己的身心健康、生活更加和谐所需求的条件；发展需求是指在基本需求得到满足以后，为了生活更充实和进一步向高层次发展所需要的条件。按照人类三种需求全面衡量，不论对发达国家还是发展中国家，发展原则都是非常重要的。对发展中国家而言，基本需求尚未得到很好的满足，环境需求和发展需求更无从谈起，因此，只有大力发展生产力才能解决这一系列问题。对发达国家而言，生存问题虽早已解决，但从人类社会不断进步、人的物质与生活需求也不断增长的角度看，他们也必须不断提高经济增长的质与量。

第二节 产业发展模式

一、产业的雁行发展模式

（一）雁行发展的形成及其存在的条件

所谓"雁行模式"，是指日本著名经济学家赤松要博士于20世纪30年代提出的一国产业发展具有"雁行形态"，第二次世界大战后经赤松要本人及小岛清、山泽逸平等著名学者加以拓展，使其成为从理论上解释以东亚为中心的亚洲经济发展的颇有影响的一种学说。即用于形容和说明东亚各国（地区）经济依次起飞的客观过程，并被形象地称之为"雁行模式"。

赤松要最初在20世纪30年代研究日本的棉纺工业史时，发现明治维新后由于日本近代经济的发展，国内需求增加，棉线、棉纺织品的进口也随之扩大。不久，国内产量猛增，逐步取代进口产品。随着国内产量的不断增加，出口便开始扩大。即通常经过三个阶段：国外进口—国内加工生产—向国外出口。赤松要把这种进口—生产、进口替代—出口的形式称之为"雁行形态"，因为如把这一过程用曲线绘成图形，在图表上呈倒"V"形，就像三只大雁结成雁群在空中飞翔。他把这一过程称为雁行形态的基本型。六七十年代，某些产业的生产和出口由于生产成本不断上涨而开始下跌，生产规模逐步缩小，对较落后国家的直接投资不断增加，最后引起低价格同类产品进口，使该产业又变成净进口部门这一事实，上述基本型被扩展到五个阶段，即加上成熟和返销两个阶段。"雁行形态论"最早是被用来描述后起国（战前的日本）某一特定产业（如棉纺工业）产生、发展和趋向衰退的生命周期或过程。

随着研究的展开，赤松要进一步发现：进口—生产—出口这一变化是从棉线、棉纺织品开始，然后转向纺织机械、机械器具。即由消费资料转向生产资料，或由轻工业产品转向重化工业产品。时间上一个比一个要晚一些。这种生产结构与贸易结构之间的变化关系，赤松要称之为"雁行形态的变化型"。这时，"雁行形态论"已被用来说明一国内产业结构的内在变动，即不同产业的兴衰变化过程。

　　日本从20世纪50年代后期进入高速经济增长阶段。1960年前后劳动力由过剩转为不足，致使工资上升，棉制品的出口竞争力下降。日本企业随即通过直接投资的形式，向以工业化为目标的亚洲新兴工业国家或地区等转移这些产业，利用这些国家和地区的廉价劳动力进行生产，产品部分返销日本，部分出口到欧美发达国家。针对这一现象的出现，同时总结了日本棉纺业最初也从英国引进技术、产品，进而以低工资和生产率的提高为武器，不断提高出口竞争力，逐步使英国缩小了在世界市场上的占有率这一历程。赤松要及小岛清等学者进一步拓展了"雁行形态论"，专门被用于研究产业在一国向另一国转移。认为"雁行形态"还有第二种变化型，即由于产业在国与国之间的转移，从而产生国际性的产业结构连锁变化，这一变化与各国（地区）比较优势结构（生产成本、要素赋存、要素相对价格）的变化是相对应的。他们还以亚洲新兴工业国家或地区和东盟为例指出，典型的例证是纺织业从日本转移到亚洲新兴工业国家或地区再转移到东盟国家，而整个典型的转移顺序是纺织工业到化学工业、钢铁工业再到汽车、电子工业。其中，以跨国公司为主角，直接投资和贸易扮演了重要的角色。后起国由接受产业转移开始，从进口替代到出口扩大的过程，同时也是降低成本、提高生产效率的过程。因此，在东亚地区发展中国家追赶发达国家具有"雁行模式"的特征。

　　以上是对"雁行形态论"或"雁行模式"的产生及基本含义和被逐步引申拓展的过程及其含义的回顾。可见，赤松要最初提出这一理论假说，是用于说明明治维新以来日本工业的成长模式，以后被引申用来解释以东亚为中心的亚洲国家国际分工和结构变化的过程，即产业的国际区域发展模式。由于这一理论假说客观地描述了后起国内部产业发展的顺序和走向高度化的具体途径和过程，同时表述了东亚国家和地区在相互依存、互相波及中依次相继起飞的客观历程。因此，被称之为"雁行模式"而享有颇高的知名度。

　　然而，作为国际区域产业发展模式的一种特殊类型，"雁行模式"的形成和存在是有其内部和外部环境条件的。内部前提条件是：①经济发展的水平参差不齐。在域内各国和地区间由于经济发展阶段不同，从而具有高度的互补性和比较利益基础，宜于构造垂直国际分工体系，由此为先行国向后起国进行产业转移和传递创造了条件。②地域上的邻近。作为特定国际区域内的各国（地区）在地域上的相邻，便于实现产业转移和传递，容易通过直接投资、技术转移等实现产业结构之间的国际性转移和引起连锁型变化及转换。③域内各国（地区）实施外向的发展战略。即实行有利于国际贸易和直接投资的开放经济体制，这不仅便于地区内实现产业循环,而且使本地区的产业循环机制呈开放态势。很明显,这三个形成和存在的条件,日本、亚洲新兴工业国家或地区以及东盟在20世纪60年代已基本具备,中国自改革开放以来也已大体上具备,从而沿海地区首先加入雁阵。然而,由于中国经济结构和产业结构的特殊性,最后又必然使这一模式发生变化。

(二) 雁行模式的局限性

1997年爆发的东亚金融危机,使东亚传统"雁行模式"的弊端开始集中暴露与显现,主要表现在以下几个方面:

1. 东亚发展中各经济体在资本、技术市场上对于日本与美国的过度依赖。传统雁行模式下,东亚各个发展中经济体一方面依赖于区内外先进国家(主要是日本与美国)以直接投资的方式向其自身进行产业转移与传递;另一方面东亚各个发展中经济体(除中国大陆外)由于内部市场的相对狭小,又必然依赖于外部市场需求(主要是美国)对其产业发展进行支撑,这种很强的依赖性是东亚传统雁行模式的本质与特征所决定的。因此,在传统"雁行模式"中,东亚发展中经济体具有"进口对日依存,出口对美依存"的重要特征,随之也就带来了传统模式在运行中的脆弱性与波动性。20世纪90年代后期,由于汇率波动与市场需求等原因,美国对于东亚产品的进口规模开始下降,这成为1997年东亚金融(经济)危机的导火索之一。另外,90年代以来,由于日本经济的长期低迷,减少了其从东亚地区的进口和对该地区的直接投资,对于东亚经济的发展和危机后的恢复也造成了沉重的打击。

2. 区域内部处于同一发展层次的经济体在对外出口上的竞争加剧。在传统垂直型分工为主的雁行模式中,处于相同和相近经济发展水平层次上的国家如中国与东盟诸国之间,东亚"四小龙"以及其与日本之间在产业结构与出口结构上出现了不同程度的雷同性,这就带来了各国之间经济竞争的压力与矛盾。以东盟与中国的竞争为例,由于双方劳动力资源丰富,因此,双方在劳动密集型产品如服装、纺织、鞋类以及组装类电子产品出口方面的竞争有加剧之势。本地区同一层次国家之间在产业结构和出口结构上的雷同性和竞争性,对于东亚地区经济在未来的稳定增长是极其不利的,最终可能带来一种你死我活、两败俱伤的局面。

3. 传统区域经济合作中的非制度性特征阻碍了区域内贸易与投资的进一步扩大。第二次世界大战后,传统东亚雁行国际分工体系的确立和东亚经济圈的形成,是各国企业在市场机制的作用下,考虑到地缘相近与文化相亲的优势,以投资与贸易相互循环的形式自发形成的。这种自发性固然显示了东亚地区经济合作有着坚实的基础,但是,不容忽视的是,制度性合作因素的缺乏也在一定程度上阻碍了区域内贸易与投资关系的进一步扩大。例如，日本由于经济萧条的影响，在农林产品上的贸易保护主义趋势增强，中日贸易摩擦有加剧的趋势。2001年4月23日，日本农林水产省对中国大葱等3种农产品的进口实行200天紧急"设限"，6月8日，日方又宣布，全面禁止从中国进口所有家禽及禽类产品。中方则针锋相对，对日本产的汽车、手持和车载无线电话、空调3种进口商品加征100%的特别关税。以上事例说明，由于传统东亚经济圈的非制度性特征，使得具有传统经济依存关系的东亚各个经济体之间继续保持较高的贸易壁垒，而且无法通过制度性的途径避免发生贸易摩擦或公正合理地及时解决贸易摩擦，这些弊端都严重阻碍了东亚地区贸易与投资的进一步扩大。

"雁行模式"只是一个特定历史时期的产物。这一模式可以说明过去，不一定能说明将来；可以运用于东亚中小国家和地区，不一定完全适用于发展中的大国。正因为这一模式的形成和发展是有条件的，因而当条件发生变化，该模式也将转换，被新的发展模式所替代。

二、产业的梯度转移模式

（一）梯度转移模式的内容

梯度转移是一种以工业生产生命循环理论为科学基础，以经济效率为首要目标，以客观存在的地区发展差异为依据，通过资源在空间的优化配置和生产力的梯度转移，逐步缩小地区差距以实现一国生产力布局和经济发展相对均衡的非均衡发展战略理论或模式。梯度转移理论比较科学地揭示了生产力由高梯度向低梯度地区推移的趋势，并为世界范围内生产力推移的事实所证实，更为中国改革开放近30年来所取得的巨大成就和经济奇迹所证实。

美国哈佛大学R.G.弗农（Vernon）等人认为，各个工业部门、工业产品、技术都处在不同的生命循环阶段中，都要历经创新、发展、成熟、衰老四个阶段。区域经济学家把这种工业生产生命循环阶段理论引用到区域经济学，产生了区域经济梯度转移论。主要论点是：区域经济的盛衰主要决定于产业结构的优势，而产业结构优势又取决于该地区主导专业化部门和其他部门在工业生命循环中所处的阶段。如果主导专业化部门处于创新阶段和发展阶段前期，则该区可列为高梯度地区。新产业部门、新产品、新技术等创新活动，一般来源于高梯度地区，以后随着时间的延伸和生命循环阶段的变化，衰退的部门、产品、技术逐步由高梯度地区向低梯度地区转移。这种转移主要是通过多层次城市系统扩展开来。

后来，G.缪尔达尔（Myrdal）对资本主义社会地区经济发展总趋势的观察研究，提出累积因果论，从而把梯度理论从静态提升到动态上来。根据累积因果理论，地区发展中有三种效应同时在起作用，即极化效应、扩散效应和回程效应。极化效应是指发达地区具有一种自我发展的力量，促使城市带的发展水平梯度上升。在极化效应作用的同时，扩展效应也在起作用，因为随着城市带发展梯度上升，附近地区可能在城市带的帮助下，得到不同程度的提高。回程效应指发达地区在极化效应的作用下，仍然具有比不发达地区更多的优势。不发达地区虽有扩展效应的帮助，但由于回程效应使资金、移民仍向发达地区集中，发达地区仍能保持竞争力。从而回程效应削弱了扩展效应的作用。

无论是在世界范围，还是在一国范围内，经济技术的发展是不平衡的，客观上已形成一种经济技术梯度。有梯度就有空间推移。生产力的空间推移，要从梯度的实际情况出发，首先让有条件的高梯度地区引进掌握先进技术，然后逐步依次向处于二级梯度、三级梯度的地区推移。随着经济的发展，推移的速度加快，也就可以逐步缩小地区间的差距，实现经济分布的相对平衡。

增长极理论是与梯度转移模式相关的理论。由法国的发展经济学家弗朗索·佩鲁（F. Perroux）提出的"增长极"理论认为：主导部门和有创新能力的企业，在某些地区或大城市的聚集发展而形成的生产、贸易、金融、科技信息、人才、交通运输、服务、决策等经济活动中心恰似一个磁场一样，能够产生较强的吸纳辐射作用。它不仅加快了自身的发展，通过向外扩散还带动了其他部门和所在地区以至周围地区的经济增长。增长极具有支配效应和创新的特点，对周围的区域发生"支配"的作用，即吸引和扩散的作用，具体有四个方面：①技术的创新与扩散作用；②资本的集中与输出作用；③获取巨大规模经济效益的作用；④产生"凝聚经济效果"的作用。增长极的出现，使人口、资本、生产、技术、贸易、信息等要素高度聚集，产生"城市化趋向"形成"经济区域"。佩鲁的增长极理论提出以后，受到经济学家们的高度重视和认同，并做了一些补充和发展。他们认为，企业之间和行业之间的亲和力将产生外部经济效益，"增长极"或"增长点"的出现有利于企业之间、行业地区之间在经济活动中形成网络关系，进而扩大外部经济效益。支配性地区、部门、产业产生外部经济的能力越大，其推动效应越强。由于创新、支配、推动等的产生、强化、弱化或消失，经济增长可以视为是一个由不平衡机制发生作用的过程。

（二）低梯度国家和地区的发展战略选择

梯度推移理论认为，生产力从高梯度向低梯度推移的驱动力是技术的扩散效应，而扩散效应只有抵消了极化效应和回程效应后才能推动梯度推移。因此，生产力从高梯度向低梯度转移是一个漫长的过程。

1. 实现比较优势和后发优势并重战略。按照传统比较优势理论，低梯度地区由于劳动力相对充足和自然资源比较丰富的禀赋特点，可以通过发展资源输出型和劳动密集型产业来推动经济发展。但随着全球经济、科技的不断发展,一个地区的经济增长越来越依靠于资本、技术、人力资本、知识等"创造性资源",而这些非自然性质的资源在国际和地区之间的流动性非常强,这在一定程度上削弱了对地区要素禀赋的依赖。因此今天再在缺乏资本、技术、人力资本和市场制度的情况下实施单一比较优势战略,就很难达到预期的目标。同样,按照后发优势理论,低梯度地区可以直接学习、模仿、引进发达地区的技术和制度,超常规地提高效益,达到经济的跳跃式发展。但是这种后发优势并非是落后地区实际拥有的优势,它只是潜在的一种发展可能,而且对人力资本的要求非常高,如果缺少了投资环境和高素质的人才,那么只有模仿没有创新,最终也无法实现经济的腾飞。

从当前我国中西部落后地区的实际情况看,既具备比较优势的基础,又具有后发优势的条件,因此可以采取双重优势战略的组合,既避免依靠单一优势的缺陷,又综合发挥比较优势和后发优势的特点,迅速缩小同发达地区的差距。通过比较优势建立起一批具有相对竞争优势的产业,形成地区特色经济,达到一定程度的资本积累;同时充分利用后发优势,学习、模仿发达地区经济发展的经验和轨迹,在技术和制度上与发达地区接轨,甚至后来居上,使地区产业结构不断升级,实现经济转型。日本和许多亚洲新兴工业国家和地区都是采用了双重优势战略实现地区经济的快速发展。

2. 培育区域产业集群。在经济全球化和区域一体化齐头并进的今天,我们生活的环境可以说不是市场经济而是组织经济,或者是组织—市场经济,组织活动压倒了市场活动。因此,对于区域经济的发展必须强调区域经济的组织发展,当前普遍被世界各国认为比较有效的区域经济组织,就是形成区域内产业的集群式发展。

由于产业群存在外部经济和集体效率,从而对降低成本,尤其是降低交易成本提高生产力有一定作用。在健全的市场制度条件下,企业自然地群集可能增强专业化和劳动分工,企业的信任和社会规范的程度可能增强,因而降低合同谈判成本和执行成本以及技术服务的成本。靠近企业能够更容易地接收超过其生产能力的订单,因而能够留住有价值的客户。因此,产业群可以使企业在培训、金融、技术开发、产品设计、市场营销、出口、分配等多方面实现高效的网络化的互动和合作,并有助于建立国际战略联盟。特别重要的是,产业群内部有一种创新的氛围,企业正式或非正式地接触时,信息和知识尤其是隐含经验类知识会很快地流通,从而促进创新。但是,并非在地理上自然扎堆的或者共享基础设施的企业集群都可以认作真正意义上的产业群。产业群是企业自组织或有组织的综合体，而不是无组织的混合体。产业群成功的重要基础是社会资本充足，人际相互信任，而社会资本是基于对某种文化习俗和人际关系的认同，或是对法律规范的遵守。正因为如此，在社会资本不足的地方，特别需要公共政策进行干预，实行产业群战略。

案例

增长极理论在马来西亚的实践

马来西亚曾是世界上经济增长最快的国家之一。在东南亚金融风暴之前，马来西亚不仅经济高速增长，而且国内经济稳定、地区间收入分配较公平。该国成功的经验是鼓励出口工业，实现了产业升级，大部分新工业为高科技产业，从而提高了马来西亚在国际分工中的地位。同时，该国政府针对国情提出了适度的不平衡发展战略，既不损害发达地区的经济利益，又使欠发达地区的经济能快速增长。马来西亚东部落后，西部较为发达，因此，该国开始采取了与佩鲁的增长极观点较为接近的政策，为创新创造垄断机制，并鼓励在一定时期内将增长集中于特定的产业和特定的地区。但当东部经济发展到一定水平后，马来西亚开始减少向繁荣地区如雪兰莪地区的人口流动，前提条件是"不能宰掉已经在下金蛋的鹅"，即以不损害繁荣地区的根本利益和经济活力为原则。不过，政府也不鼓励私人投资流向特别贫困的地区，而是鼓励人才和资金向中等发达地区转移，如转移到比较发达的帕朗地区。因为这些地区具有较好的基础设施和发展潜力，其经济扩张力大到足以克服发达地区带来的不利的回波效应。政府通过向帕朗地区投资，为建立西北地区的增长极提供优惠政策以产生扩散效应。这样就使那些相对贫穷、停滞的地区逐步发展为富裕的地区，尤其是政府对高科技电子等创新产业的扶持，带动了许多企业的模仿和不断创新，使帕朗和周围地区发展成为世界性的电子产品出口基地。与此同时，马来西亚政府鼓励发展全国各地的贫困中小城市。因此，马来西亚采取的措施，既考虑到地区优先发展战略，又兼顾了落后地区的发展，从而较好地解决了地区发展差距和地区收入差距的问题。

资料来源：颜鹏飞、邵秋芬：《经济增长极理论研究》，《财经理论与实践》2001年第2期。

第三节 产业发展战略

一、产业发展战略的含义

产业发展战略就是研究产业发展中带全局性的规律性的东西，或者说，从产业发展的全局出发，分析构成产业发展全局的各个局部、部分、因素之间的关系，找出影响并决定经济全局发展的局部或因素，而相应地做出筹划和决策。我们知道，任何一个社会，产业的发展都是极其复杂的，作为一个全局，它也是由各个局部和因素构成的。从空间来看，它是由各个地区经济构成的；从行业来看，它是由各个部门经济构成的；从经济运动过程来看，它是由再生产各个环节（生产、分配、交换、消费）构成的。作为构成产业发展全局的各个部分、因素之间，存在着密切的相互制约关系，有着某种客观规律性，它们在整个经济发展中所处的地位和所具有的作用，当然是不完全相同的。在不同的经济发展水平和不同的经济条件下，有些局部、部分可能成为制约产业全局发展的决定性因素，而其他部分却不具有这样的作用。因此，为了经济全局的健康而迅速发展，必须很好地、认真地分析构成经济发展全局的各个部分之间的关系，真正把握住那些制约经济发展的决定性因素，以便做出正确的战略决策和指导。

如同战略对于战争的胜败具有决定性的意义一样，产业发展战略对于产业发展的成功与否也具有决定性意义。经济工作中所造成的最大失误，莫过于由于战略决策所造成的失误，正确的决策来源于正确的发展战略思想。

对产业发展战略内涵所做的分析，我们看到，产业发展战略主要是确定产业发展的指导思想和基本原则，它同我们的国民经济计划，包括国民经济长远规划，既有联系又有区别。经济计划是根据产业发展战略思想制定出来的，是产业发展战略的具体化，它规定了一定时期我们所要实现的具体任务和相应采取的措施。我们不能把产业发展战略搞成一个像经济计划那样无所不包而又非常具体的东西，更不能用制定具体的经济计划和长远规划来代替对产业发展战略的研究。

二、产业发展战略体系

产业发展战略体系包括战略指导思想、战略环境、战略目标、战略重点、战略阶段和战略对策六个方面，也称为战略的六个要素。其中战略思想是灵魂，战略环境是基础，战略目标是目的，战略重点、战略阶段、战略对策是措施。六个要素各有其特征而又相互依存，构成一个完整的战略体系。

（一）战略思想

战略思想是指导战略制定与实施的基本思路与观念。战略思想具体化后，就可逐步形成战略方针、战略目标。如传统的战略思想是仅重视产业发展的速度，一些国家提出应把满足人民基本生活需要、提高生活质量作为战略目标，可以用就业率、识字度、平均期望寿命、人均国民生产总值、出生率和婴儿死亡率六个指标来衡量其发展状况。还有如急功近利的战略思想和持续发展的战略思想。

（二）战略环境

战略是针对一定的环境条件而制定的，因而对战略环境或制定战略时面临的内外部环境进行分析是制定战略的基础或前提。离开了环境分析，就难于制定出切实可行的产业发展战略。

（三）战略目标

战略目标是在分析产业发展内外环境基础上，根据战略思想做出的较长时期经济活动的预期结果。它是借助于一系列经济技术指标来体现的。主要有：①增长速度，包括产值、产品产量的增长倍数；②结构变化，确定重点部门及其增长速度；③技术进步；④提高经济效益的要求，包括提高劳动生产率、提高产品质量、降低消耗、降低成本等；⑤提高人民物质文化生活的要求，这些构成一个完整的指标体系，描绘出产业发展的远景。

制定战略目标的要求是：①目标层次要清楚；②目标要便于衡量；③目标应建立在可靠的基础上；④目标要经过综合平衡；⑤目标要有激励作用；⑥目标要保持相对稳定。同时还要注意战略目标的配套性，战略目标的配套性是指目标内容上的相互配合形成一个目标体系。

（四）战略重点

战略重点是指那些事关战略目标能否实现的重大而又薄弱的项目和部门。战略重点是构成一套完整战略的基本要素之一，只有抓住了战略重点才能保证战略目标的实现。因此，战略重点是从战略目标的角度来确定的，战略重点是实现战略目标的核心，必须认真加以研究。

战略重点是战略中的关键部位，是复杂事物中的主要矛盾。战略重点一般是薄弱环节。很多项目虽然重要，但并不薄弱，可以不作为战略重点。战略重点可以是项目也可以是部门，战略重点应具有长期性，而且在较长时间里都是具有重要意义的，如果只是在短期内是重点而在较长时期来看算不上重点，就只能是战术重点，而不是战略重点。

（五）战略阶段

战略具有长期的相对稳定，一般在二三十年，最少也得十年左右。因此，一个较长的大型战略目标的实现，必须是一步步地向前发展，必然要经过若干个阶段，每一个阶段又有其特定的战略任务。通过完成各个阶段的战略任务，就可以最终实现战略目标。各个阶段虽有其独立性，但又是相互联系不可分割的，前一阶段是后一阶段的基础，后一阶段是前一阶段的继续和发展，循序渐进，才能使战略目标最终实现。战略阶段的划分没有统一模式，而是根据各自的战略特点来划分的，一般可分为准备、发展和完善三个阶段。

（六）战略对策

战略对策是保证战略目标实现的一套重要方针、措施的总称。它是保证战略实现的手段即战术。对策的活动是一个过程，是一个"研究变化—抓住战机—采取措施—改变态势"的活动过程，通过这些活动达到实现战略目标的目的。

三、产业发展战略的制定与实施

（一）产业发展战略目标的确定

制定发展目标是产业发展战略的中心环节，是制定产业发展战略的主要内容。产业发展目标选择的正确与否，决定战略的成功与否。确定产业发展战略目标必须遵循必要的原则。

1. 产业发展目标的确定必须以现实的产业基础为依据。产业的现实状况决定着产业今后发展的内容。发展中国家制定产业发展战略基本上是为了赶超发达国家，这说明了发展中国家和发达国家的差距所在，差距只能通过产业的现状反映出来。如果在制定产业发展战略时只看到发达国家水平，不看到差距所在，那么，制定的目标不可能是切合实际的，很容易产生盲目冒进的现象。

2. 产业发展目标必须与其他部门的发展相一致。国民经济各产业是一个有机的整体，各部门之间是相互制约、相互影响的。如工业的发展不能仅从工业本身来考虑，还必须考虑其他部门的发展。如果仅从工业本身考虑确定工业发展的目标，即使从理论上看可以达到，但在实践中若没有农业提供的生活资料和原材料，没有交通运输业提供实现工业目标的保证，其目标也只能是纸上谈兵，实施起来困难重重。

3. 产业发展目标的确定必须从满足人民群众日益增长的物质文化生活需要出发。社会主义生产的目的是在生产发展的基础上不断满足人民群众日益增长的物质和文化生活需要。正因如此，人民的需要在产业发展战略所涉及的时期内应当达到怎样的水平，理所当然地应包含在产业发展战略目标之内，并且作为战略目标的首要因素和核心内容。

4. 产业发展目标的选择必须适应国力要求。国力主要表现在生产要素的状况与结构。产业发展目标的实现过程中不能有太多太大的"瓶颈"，否则增加了目标实现的难度，有时甚至根本不能实现。这要求目标的制定避开大的"瓶颈"，减少阻力，所以，在目标选择时，就必须与国力决定的生产要素状况和结构一致。

(二) 产业发展战略对策与实施

在战略目标确定以后,接下来的问题就是如何保证战略目标的实施,这就是有关战略对策问题。这里要研究的是,在实现目标的过程中,各部门、各环节是平衡发展,还是区分重点与非重点,首先保证重点项目和环节;是一步到位,还是分步进行、循序渐进。

1. 战略重点。战略重点是指为了达到一定时期内产业发展的战略目标而必须抓住的中心环节。产业经济活动是一个有机的整体,各部门、各环节之间是相互制约、相互影响的,各部门、各环节之间只有互相协调,整个产业才能顺利发展。如果每一个环节或几个环节出现"瓶颈"现象,其他环节的发展就会受阻。因此,我们在选择产业发展战略重点时,首先考虑产业发展中内部的薄弱环节和关键环节,同时还必须考虑国民经济其他部门的薄弱环节,如果这两个方面的问题不解决,都会阻碍产业发展战略目标的实现。

我们选择的产业发展战略重点主要是:

(1) 关键部门。这是指其他部门的发展都必须依赖的部门。产业的发展必须在一定的基础上进行,缺少了这个基础,整个产业就无法起步。这种部门的发展,不仅会弥补自身的缺陷,而且会带动其他部门的快速发展。例如,原材料工业,在工业发展中属于基础产业,其他各部门的发展都建立在此基础之上,原材料工业的现实水平决定了加工工业乃至其他工业的现实水平。如原材料工业生产水平提高,不仅使其他工业发展速度加快,而且使其他工业基础提高。

(2) 薄弱环节。薄弱环节在整个产业的发展过程中,对其他部门的基础不会有多大的影响,但是,它影响其他部门的发展速度乃至整个工业的发展速度。它的短缺使其他部门的生产能力无法发挥出来。例如能源,在工业基础一定、生产能力一定的情况下,生产的状况就取决于能源供应的多少,能源相对充足,生产能力就能最大程度发挥,能源短缺则生产能力闲置。

对于发展中国家来说,产业基础比较薄弱,可能存在许多需要重点发展的部门和环节,但是,由于资金一般比较紧缺,不可能同时满足所有的要求,那么我们在选择产业发展战略重点时,必须根据资金状况,分别轻重缓急,尽量落到实处。

2. 战略步骤。产业发展战略目标是一个较长时期的目标。在这样一个较长时期里,产业发展所面临的条件和环境并不是一致的,因此,对产业发展战略的实现不可能一步到位,或不可能按固定的速度和比例实行。这样,产业发展战略的实现过程就显现出一定的阶段性。在产业发展的每一个阶段里,都有不同的发展重点、不同的发展速度和比例。但是，这些不同的发展重点、发展速度和比例的确定并不是任意进行的，要根据每一个阶段的具体特点来确定，同时必须从总目标的要求来考虑，保证总目标的实现。如果战略目标按照这样的阶段不断落实，那么每一个阶段都是总战略目标实现的必需步骤。产业发展战略步骤就是为了实现长远发展战略而制定的较短时期内的产业发展规划，所以，战略步骤实际上就是一个子战略，而战略步骤中的目标就是产业发展总目标的"子目标"，产业发展战略就是依产业发展战略步骤而一步一步得到实现。

3. 战略措施。战略措施是实现战略目标的保证，是为了实现战略目标，按照战略指导思想制定的各项重大政策，诸如技术经济政策、产业政策、社会政策、各项法规和条例等，是指为了实现战略目标而必须提供的基本条件。

4. 战略的实施。战略一经确定，就要付诸实施。战略实施行动分布在一系列具体的、局部的规划和活动中，战略的实施首先是目标的分解。目标是长期的，但战略的实施则是实现目标中的瞬时行动，这种行动是为实现目标而做的具体工作。

战略的实施过程实际上是一个控制过程，因为战略的实施要保证战略目标的实现，目标能否如期实现，不能等到战略执行完后再检验，而必须在实施过程中不断检验，以便对结果起到控制作用。战略的控制就是从监测具体的先期行动入手，随时了解出现的新情况和新问题，根据信息的反馈，判断能否达到预期的效果，能否保证目标的实现，如果能达到预期效果，则继续按预期的方案执行；如果不能达到预期效果，出现了偏差，应及时根据先期实施中出现的问题，提出修正和补充方案，以免以后再出现类似问题而脱离目标；如果发现原有的战略是不可行的，目标根本不可能达到，应做出停止执行的决策，并对整个战略进行调整或重新部署，实现战略转换。

四、主要发展战略模式的评价

（一）初级产品出口的发展战略

初级产品出口战略是一种以农矿产品出口为主体的外向型产业化战略。它的特点是，利用本国丰富的自然资源，发展农矿初级产品生产和出口，推动本国经济的发展。

绝大多数发展中国家都实施这个战略。尽管许多国家为实现经济独立，积极改造单一经济结构，努力实现经济多样化。但是，由于长期形成的经济、技术、社会等诸多因素的影响，有的国家还受到自然资源条件的限制，因而对单一经济结构的改造很难在短期内实现。同时，有些国家希望利用自己传统经济的优势，继续发展传统产品的生产和出口，以增加外汇收入，为发展本国经济积累资金。

结果，许多发展中国家的单一经济至今仍然比较严重，其少数几种农矿产品占出口总额的比重并未显著下降，甚至有些国家反而上升。有些国家由于矿产资源的发现，生产和出口从农产品为主变成以矿产品为主。

事实上，初级产品出口战略在增加发展中国家外汇收入和促进民族经济发展的同时，也使其经济严重依赖于国际市场，深受市场需求和价格波动的影响，造成严重的不稳定性。这不仅是由于农矿初级产品的需求弹性小，而且，由于绝大部分初级产品输往发达国家，随着科学技术的进步，出现许多代用品，单位产品消耗的农矿原料也不断减少，这使发达国家可以利用其国际垄断地位压低农矿初级产品的价格，在国际市场上兴风作浪。尤其是在发达国家经济衰退时期，国际垄断组织不仅压低初级产品的进口价格，同时又极力提高工业制成品的出口价格，使实施初级产品出口战略的国家蒙受双重损失，贸易条件不断恶化。近几年来，农矿初级产品价格猛降，不少发展中国家因此陷入经济困境。

由此可见，一些发展中国家，由于种种客观条件的限制，实施农矿初级产品出口战略是可以理解的。但长期实行这种战略，则无法摆脱对发达国家的依赖，在国际分工中将永远处于不利地位。[①]

（二）进口替代的发展战略

进口替代是一种内向型工业化战略。这种战略的实质，是以本国生产的工业制成品来满足国内需求，取代进口货，并通过进口替代工业的发展来逐步实现工业化。

长期以来，发展中国家只是发达国家的原料供应地和产品市场。第二次世界大战后，许多发展中国家在政治上虽获得了独立，但在世界经济分工中的地位基本未变。要改变这种状况，唯一的办法是减少原料产品的出口，并通过贸易保护政策来发展进口替代品的生产，提高工业品的自给能力，逐步实现工业化。正是在这种情况下，许多发展中国家或地区（如巴西、我国台湾地区）先后都实施了进口替代战略。

一般来说，实施进口替代战略的国家或地区，第一步是发展普通消费品工业，即非耐用消费品工业。因为普通消费品工业投资少、技术简单、占用劳动多，且有现实可靠的国内市场，这对缺少资金和技术但劳动力资源较为丰富的发展中国家或地区来说是易于进行的。一定时期以后，随着国内市场的饱和，普通

[①] 马来西亚在1957年独立时，基本上是单一经济结构，橡胶出口占其出口总收入一半，占国内生产总值的近1/4。锡是其第二大出口产品，占全部出口收入的10%～20%。独立后，马来西亚继续投资于初级产品出口，并在制成品出口上进行投资。结果，其出口逐步多样化，保持了快速的增长。

消费品工业替代逐渐结束。有些国家或地区就开始逐步扩展耐用消费品和资本货物、中间产品的进口替代，即转为进口替代的第二阶段。也有的国家或地区转向出口替代的发展战略。到底走什么道路，是由各国国情决定的。一般来说，幅员较大、自然资源丰富的国家转入第二阶段进口替代战略的可能性较大。如果是自然资源贫乏、劳动力丰富、基础设施较完备的小国，则转为出口替代战略较为合适。实践证明，实施侧重于资本货物和中间产品进口替代战略难度较大，进展缓慢，但有利于较快地提高独立自主发展国民经济的能力。

进口替代发展战略的实施，有利于减少对外国资本的依赖，并建立了一定的产业基础和基础设施，培养了一批熟练工人、技术人员和管理干部。扩大就业，提高经济增长速度，增加了国民收入，在某些方面减少了对外依赖性，经济自给能力有所提高。但是，这种发展战略也有一些消极方面，主要是：由于该战略需要实行保护政策，缺少竞争，因而不利于促进国内产业生产成本的降低、产品质量和劳动生产率的提高。由于在高度政策保护下生产出来的产品缺乏国际市场竞争力，从而使产品销路伴随着国内市场的饱和而愈益困难，甚至无法继续扩大生产，导致经济停滞。另外，由于对进口替代产业实行保护和扶持，必然导致国内各集团和各阶层间的收入不均状况更加严重。所以，进口替代战略虽有利于促进民族产业经济的发展，但长期实施这种战备也不利于国民经济的进一步发展。

（三）出口替代发展战略

出口替代是典型的外向工业化战略，也有人称为出口导向型战略。它的特点是，发展面向出口的工业，并将其产品投产国际市场，用工业制成品的出口来代替农矿初级产品的出口，以推动工业化进程。

发展中国家的出口替代战略始于20世纪60年代初期。最初的直接原因是由于进口替代战略的缺陷日益暴露，发展中国家不得不另找发展经济的新途径。但是，应该看到，它们所以能实行出口替代发展战略，还因为进口替代工业的建立和发展，使国内有了一定的工业基础和各项基础设施，有了一批熟练工人和技术、管理人员。而且，国家管理国民经济的能力显著提高，积累了一些发展对外经济关系的经验。另外，当时发达国家正处于第二次世界大战后经济发展的"黄金时代"，国际贸易迅速发展，发达国家对发展中国家劳动密集型产品的需求不断增加。正是在这些有利条件下，一些实施进口替代战略的国家，利用国内劳动力价格低廉的优势，大量引进外国资本和技术，积极发展以出口为目标的纺织、成衣、鞋袜等劳动密集型产业，实行战略转移，由进口替代转为出口替代发展战略。

在实施出口替代发展战略的国家中，有的是以增加国产原料的加工层次为主，但一些自然资源贫乏的小国则以加工进口原料为主。

到了20世纪80年代，发达国家的经济陷入"滞胀"困境，贸易保护主义抬头，对工业制成品的进口限制越来越严格。同时，又有一批劳动力价格更为便宜的新的出口加工国出现，成为那些早期实行出口替代发展劳动密集型产业的国家的竞争对手。在这种双重压力下，一些工业技术基础较好的实行出口替代战略的国家提出"产业升级"，进行"第二次工业革命"，从劳动密集型产业向电子、仪器仪表、机械、钢铁、化工等资本和技术密集型工业过渡，向更高级的出口加工工业转化。

与进口替代发展战略相比，出口替代战略所制定的政策较为切合实际，鼓励出口，实行低关税政策，因而实施这种发展战略的发展中国家，在一定程度上解决了国内市场不足所造成的困难，增加了出口和外汇收入，扩大了就业，提高了科学技术和经济管理水平。因此，一般来说，经济增长较快，效率较高，工业化进程较为迅速。

但是，这种发展战略也存在一些弊端。一是经济发展在很大程度上取决于国际市场对制成品的吸收能力，因而在世界经济衰退和贸易保护主义盛行时期，实行这种发展战略国家的经济容易遭受冲击。二是有些国家由于大量引进外资，不仅人们创造的巨额财富以利润或利息的形式被掠走，而且，外国直接投资者的本金和利润的汇出给国家造成沉重的外汇压力，那些通过大量举借外债进行投资的国家更是债台高筑，在债务泥潭中越陷越深，造成国民经济的不稳定发展。此外，它同进口替代战略一样，由于它对某些产业实行扶持的政策，必然导致国内不同集团和不同阶层的收入分配两极分化现象日益严重。

（四）进口替代与出口替代相结合的发展战略

从上述几种发展战略的分析中可以看出，发展中国家独立后，为求得国民生产总值的快速增长和实现工业化，一般都经过进口替代阶段来保护民族产业的成长。在进口替代任务基本完成后，有的国家转为出口替代的外向发展战略。但是，也有些国家在积极扩充国内市场需求的基础上，不断扩大进口替代的广度和深度，并逐步实行对外开放和鼓励出口制成品的政策，实行进口替代与出口替代相结合的发展战略。

对于一些规模较大的发展中国家，幅员辽阔，自然资源丰富，人口众多，国内市场容量潜力很大，只要实施正确的政策，就有可能将进口替代和出口替代战略结合起来，建立较为完整的国民经济体系，独立自主地发展国民经济。因为，在科学技术突飞猛进、生产国际化日趋加强和国际经济关系日益密切的20世纪后半期，即使是规模较大的国家，如果实行闭关锁国政策，关起门来搞经济建设，就无法吸收国外先进科学技术成果，也不能获得有利的国际分工和国际贸易对于发展本国经济的辅助效果。另一方面，就这些规模较大的国家来说，如果抛开国内市场，不充分发挥国内经济发展的潜力，片面追求面向世界市场，即使得到一些"好处"，也很难起到推动整个国民经济发展的作用。而且，国际市场变幻莫测，一旦发生较大的波动，这些国家难于像一些小国那样进行及时调整，以摆脱国际市场对国民经济的冲击。因此，有些规模较大的发展中国家，在强调自力更生和立足于国内经济的基础上，通过进口替代发展战略的实施建立了较为完整的国民经济体系，并逐步实行对外开放政策，积极吸收外国资本和引进先进技术，在不断扩大国内市场容量和发展内需工业的同时，积极鼓励出口产业的发展，实施进口替代与出口替代相结合的发展战略，以推动整个国民经济持续发展。

对于一个规模较大的发展中国家来说，在奠定了一定的工业基础之后，实施这种内外向相结合的战略，就能较为稳定地发展国民经济，减少由于实行出口替代战略所受的国际市场的冲击和西方发达国家经济周期的不利影响。同时，它也有利于克服由于长期实行进口替代战略所造成的国际收支逆差扩大的困难，有利于消除国内市场容量有限对工业发展的束缚。另外，它所实行的对外开放政策又能适当吸收外国的资本和技术，为整个国民经济的发展增添新的活力。

这种进口替代与出口替代相结合的发展战略，虽然克服了进口替代战略和出口替代战略给经济发展造成的某些障碍，但它也没有摆脱传统发展战略共有的一些弊病，如两极分化严重等问题。此外，有的国家由于过多地吸收了外国资本，债务负担日益沉重。

（五）优先发展重工业的战略

重工业是生产生产资料的工业，是国民经济扩大再生产和进行技术改造的物质基础，在国民经济中起主导作用。因而，发展重工业，对于推动国民经济各部门的发展，建立独立自主的国民经济体系，巩固国防和发展科学研究事业等，都具有重要意义。就发展中国家来看，从长期看，要在技术进步条件下实现扩大再生产，并逐步实现工业化和独立自主地发展国民经济，就要优先发展重工业，使生产资料生产的增长速度快于消费资料。所以，有些发展中国家在推进工业化进程中实施了优先发展重工业的战略，如中国、印度、阿尔及利亚等国家。

优先发展重工业的战略，并不是片面发展重工业，而要求在农业、轻工业和重工业发展中，重工业的投资更多些，速度更快些。但是，有些实施优先发展重工业战略的国家，由于没有相应地安排其他部门的发展，忽视农业和轻工业，因而严重地影响人民群众生活的改善。同时，由于没有轻工业和农业在市场和资金等方面的相应配合与支持，导致重工业孤军作战、基础薄弱。另外，由于发展重工业一般占用的资金多，建设周期长，发挥效益慢，从而难于迅速提高整个国民经济的增长速度。基于以上种种原因，一些实施优先发展重工业战略的国家，先后进行了战略调整，加强了农业和轻工业，以求得整个国家经济协调发展。

（六）优先发展轻工业的战略

一般来说，发展生产人民群众生活消费品的轻工业，需要的投资少，建设周期短，资金周转快，利润大，而且多属劳动密集型工业，因而有利于扩大就业，改善人民生活，迅速提高经济发展速度。另外，生产普通消费品的轻工业所需机器设备和工艺技术较为简单，而且原料大多来自农业，所以，许多发展中国家（地区）实施了这一战略，如新加坡、韩国等。

对于发展中国家来说，实施优先发展轻工业战略虽然有许多可取之处，但是，长期实行这种战略也会产生一些弊端，特别是国民经济各部门所需的机器设备和中间产品主要依靠进口，因而难于摆脱对外依赖性和建立独立自主的国民经济体系。所以，除了工业化初期，或者由于前一时期片面发展重工业从而导致轻工业严重落后的情况下，可以在一定时期里实施优先发展轻工业战略外，一般应积极创造条件，逐步加快重工业的发展步伐，以争取建立完整的国民经济体系。

（七）平衡发展战略

平衡发展战略，是指通过国民经济各部门的相互支持、相互配合、全面发展来实现工业化的一种战略。平衡发展包括两个方面的内容：一是投资应大规模进行；另一个是各部门均衡发展。从供给平衡的角度看，通过全面投资使各部门相互提供投入，避免了供给"瓶颈"以及辅助生产要素缺乏所引起的资本浪费；从需求平衡角度讲，各部门的均衡发展使所创造的收入刚好吸收各部门的产品。通过平衡发展的战略克服了发展中的各种供求阻碍，有利于实现规模经济，从而保证经济中各部门的获利，推动经济迅速发展。平衡发展论认为，由于发展中国家市场不完善，单靠价格机制，很难在短期内调集大量资金并在各部门按比例配置以求平衡发展，而必须借助国家的行政手段，通过宏观计划才有可能。

平衡发展的实质是要克服经济中的不可分性的障碍，以获取内部经济的好处和扩大经济规模而获得外部经济的好处，以此迅速推动发展中国家的工业化。但是，平衡发展需要各部门齐头并进，同时发展，在资金短缺、外汇稀缺、人才不足的条件下，这是发展中国家很难做到的。此外，平衡发展战略对国家的管理水平、统计资料的丰富和充实都提出一系列的很高的要求，这也是发展中国家很难做到的。因此，尽管平衡发展的策略从理论上看十分诱人，但实际上实施起来却很难成功。

平衡发展理论后来受到一些发展经济学家的批评。他们指出，平衡发展战略所需要的资源正是发展中国家所缺乏的，否则它们就不成其为发展中国家了。经济发展是一个渐进过程，因此，在传统的落后的经济上面强加一个现代化部门那是不恰当和不现实的。著名的发展经济学家 D. 赫希曼（Hirschman）认为，在基础设施投资和一般生产性投资之间，假如先对前者进行大规模投资，其后并未造成使生产性投资处于一种非投资不可的地位，那么这样做的结果并不一定会达到增长的目的；反过来如果政府只提供最低限度的基础设施，而通过诸如保护性关税、补贴等办法鼓励企业投资于生产性活动，那么随着生产性投资的增长，经常性设施的缺少就日益突出。这样，这种压力就会成为政府合理分配投资于基础设施的一种标志。因此，在这种情况下，基础设施落后可直接增加生产性投资，经济发展反而更快一些，资源分配也更合理一些。

（八）不平衡发展战略

不平衡发展战略主张，发展中国家应将有限的资源有选择地集中配置在某些产业部门和地区，首先使这些部门和地区得到发展，然后通过投资的诱导机制和产业间、地区间的联系效应与驱动效应，带动其他产业部门和地区发展，从而实现整个经济的发展。在不平衡发展战略中怎样选择部门先后顺序？赫希曼提出了"产业联系"的概念。如钢铁工业在生产中必须向采矿业、运输业、机械制造业等提出需求，这对钢铁工业来讲是一种"后向联系"，而钢铁工业产品又被其他产业买走，这对钢铁工业是一种"前向联系"。产业联系的概念为经济发展提供了一个与传统经济分析不同的分析概念。为了保证生产性投资不断进行，赫希曼建议选择那些具有最大后向联系和前向联系的部门优先发展。因此，选择社会初始投资时，不是选择生产最后制成品的产业，而是应当选择那些靠近投入产出矩阵中间部分的部门，即那些既有后向联系又有前向联系的部门发展。

那么，究竟应采取平衡发展，还是不平衡发展的战略？从行政管理角度讲，不平衡发展的要求低于平衡发展。但政府做出有利的决策，必须收集大量数据，必须选择一些部门和领域，比较它们的相对利益，决定适当的制度以刺激投资等。因而这个任务也不是十分简单的。究竟是资源决定经济增长，还是人为决策上的不当阻碍了经济的发展？或者说究竟是资源的短缺，导致了发展中国家的不发达，还是发展中国家对现有资源没有充分利用导致了经济的落后和停滞？这是一个长期争论不休的问题。一般来说，在一个贸易收入比率比较高的国家中，执行不平衡发展战略较为合适。而在一般情况下，经济则需要平衡协调发展。从长期看，平衡发展应当是一个目标，而不平衡发展可以作为实现平衡发展这一长期目标的手段。

第四节 产业衰退与产业调整

一、单个产业发展的生命周期理论

(一) 产业生命周期的内容

只要存在社会分工，只要是社会化大生产，就会存在由多种不同的产业构成的产业总体，因此，从总体上来讲的产业将永远存在，产业总体也就不存在由产生直至消亡的生命周期。如果产业总体有生命周期，也会走向消亡，那就意味着国民经济也要消亡，人类社会也就不存在了。产业总体的发展过程就是不断由不完善、不成熟的低水平向更完善、更成熟的高水平演进的过程，而且只要人类社会存在，这个过程就是无止境的，这是产业总体发展的一条最基本的规律。但是，单个具体产业则不同，大多数产业都会存在由产生直至衰亡的生命周期。因为，单个具体产业是由生产同种类产品的企业的集合，某种具体的产品大多数都存在生命周期，当某种产品走向消亡的时候，生产这种产品的企业要么衰亡，要么转产而变成别的产业的企业，由生产消亡产品的企业集合而成的产业也就会走向衰亡。因此，可以说产品的生命周期与产业的生命周期密切相关。

根据市场学的研究，产品的生命周期"是指产品从最初投入市场到最终退出市场的全过程"。产品的生命周期不是某个产品从生产、使用到消耗或报废的使用寿命或自然寿命，而是某类产品在市场上的生命周期，所以产品生命周期更准确地讲是产品市场生命周期。某种产品在市场上的销售额和利润量的变化反映出产品市场生命周期的具体演变过程，一般会依次经过进入期、成长期、成熟期、衰退期四个发展阶段，在图形上表现为一条"S"形曲线，如图6-1所示。

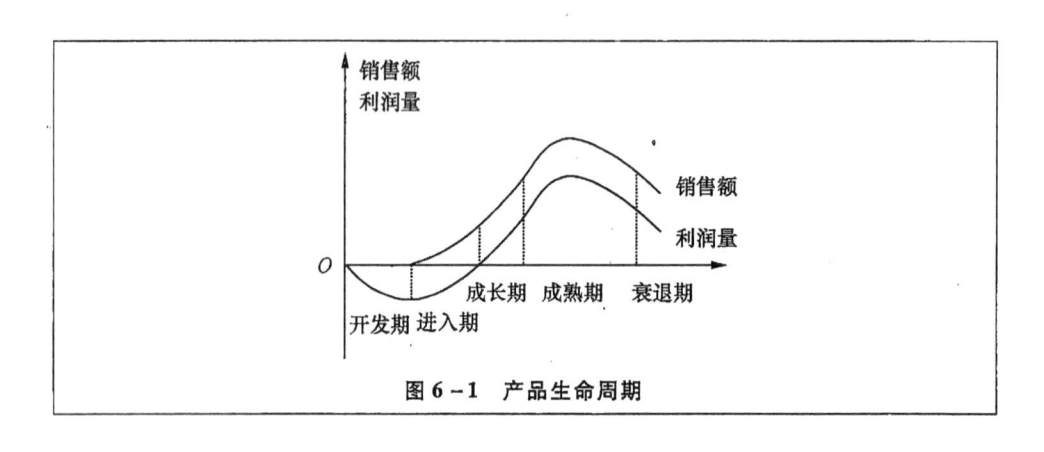

图6-1 产品生命周期

图 6-1 显示，产品的生命周期包括如下四个阶段：

第一阶段是产品投放市场的时期，由于刚开始，成本和价格较高，人们还不了解，销售渠道还不多、不畅，所以产品销售额很小，还不可能产生利润，产业也只是初步形成。

第二阶段是成长期，市场逐步打开。销售额不断增加，开始有了利润并随销售额的增加而增加，产业开始发展、壮大。

第三阶段是成熟期，产品成本和价格下降，规模经济形成，产品被人们熟悉和广泛接受，销售渠道增多、畅通，销售额大幅度增加，逐步达到顶峰，利润也逐步达到最大化，产业成熟、发达。

第四阶段是衰退阶段，在销售额和利润量较高的状况持续一段时间以后，由于新产品的出现或消费结构的变化，市场对某种产品的需求会大量减少甚至完全消失，该产品的销售额和利润量必然会随之大幅度下降，逐步走向衰落甚至消失，产业也走向衰退。

从长期来看，大多数产品都有市场生命周期，但也有少部分产品的生命周期并不明显，比如大米、面粉、食盐等产品就看不出"S"形曲线的变化。而且，不同产品的市场生命周期的时间长短和周期性特征也不完全相同，有的产品如流行服装、时髦商品的市场生命周期短，而有的产品如日用品的市场生命周期长；有的产品如照相机、电话机的投入期、成长期很长，而有的产品如电子计算机投入期、成长期都非常短。产品市场生命周期产生的原因，主要是科学技术的进步和消费结构的变化。科学技术进步能开发出许多功能更新和更全、性能更好、质量更高、价格更便宜的新产品，消费结构变化会使某些市场需求减少以至消失、使某些市场需求增加、使新的需求产生，这都会引起产品的更新换代，导致老产品不断被淘汰，新产品不断取而代之的趋势，从而形成产品的市场生命周期。

产品的生命周期决定产业的生命周期。比如，汽车代替马车，使生产马车的产业走向衰亡、生产汽车的产业逐步发达繁荣；电子计算机淘汰手动计算机、程控电话取代手摇电话、收录机取代手摇留声机，等等，也都导致老产业的衰落和消亡，新产业的形成和发展，产品市场生命周期的四个发展阶段，也反映了相关产业兴衰的演变过程，产品兴亡史也就是产业兴衰史。

(二) 产业生命周期的特点

产品的市场生命周期决定产业的生命周期，产品市场生命周期可以说就是产业生命周期。与其他事物有生必有亡的生命周期相比较而言，产业生命周期又具有自己的特点：

1. 不是所有的产业都有生命周期。不仅产业总体没有生命周期，大多数大类产业如工业、农业、服务业及其再一个层次的种植业、轻工业、旅游业等也不存在生命周期，而且单个具体产业也不一定都存在生命周期，不一定都会走向衰亡，比如，理发业、清洁水供应业等。

2. 产业生命周期存在缩短的趋势。随着新的科技革命的迅猛发展，人类社会向知识经济时代迈进，知识更新速度加快，技术开发周期缩短，产品升级换代步伐加速，使得产业很快由成熟期进入衰退期，有的产品的市场生命周期只有几年甚至只有几个月，因而产业生命周期大大缩短。

3. 许多产业可能"衰而不亡"。世界各国产业结构演进的历史表明，进入衰退期的许多传统产业，虽然在国民经济中所占的比重在不断下降，但对这些产业产品的需求不会完全消失，因而这些产业的比重也不会下降到零，具有明显的"衰而不亡"的特征，真正完全"消失"或"死亡"的产业并不多见。

4. 衰退产业可能"起死回生"。由于科学技术进步和消费结构的变化，使得有些进入衰退期的产业可能用高新技术进行改造和武装，降低成本，提高质量，改进性能，增加花色品种，重新焕发"青春"，增强生命力，再次显示出产业成长期甚至成熟期的特征。

（三）产业生命周期中产业地位和性质的变化

单个具体产业的生命周期一般要依次经历进入成长期、成熟期、衰退期等各个发展阶段，处于不同发展阶段的产业结构和国民经济中的地位是不相同的，具有不同的性质，并且随着进入不同的发展阶段，产业的地位和性质也会随之发生相应的变化。

处于进入期和成长期的产业，一般是新兴产业、朝阳产业、先导产业。这些产业的特点是，市场潜在需求巨大，生产新产品，技术先进，代表产业发展的方向，发展速度快，增长率高，有的还具有很强的带动其他产业发展的能力，能够引起产业结构的变动，可能发展成为主导产业。

处于成熟期的产业，一般的特点是市场需求可能达到最大，具有较为长期和稳定的产出和收入，虽然并不都是主导产业、支柱产业，但只要是主导产业、支柱产业，必然是处于成熟期的产业。因为只有处于成熟期的企业，才有可能在产业结构和国民经济中占较大的比重，才能发挥主导作用和支柱作用，对其他产业发展产生较大影响，支撑着整个国民经济的发展。

处于衰退期的产业，一般是传统产业、夕阳产业、衰退产业，这些产业的特点是，市场需求萎缩以及消失，产品老化、技术陈旧，增长缓慢甚至下降，在产业结构和国民经济中占的比重持续下降。进入衰退期的主导产业、支柱产业则会失去"主导"、"支柱"的地位和作用，比如，发达国家的钢铁工业、纺织工业等。进入衰退期的产业一般有三条出路：一是由衰退走向消亡。二是转移到别的经济发展水平较低、产业结构演进也处于低级阶段的国家和地区，开展新的市场，焕发新的生机。三是用高新技术进行改造和武装，重新焕发青春和活力，再次走上发展之路[①]。

产业的地位和性质，按产业生命周期四个阶段的顺序，依次为新兴产业、朝阳产业、先导产业、成熟产业、支柱产业、主导产业以及传统产业、夕阳产业、衰退产业。这一发展趋势，既反映了产业生命周期不同阶段产业类型演变的特点，也是产业发展的一般规律。

案例

袖珍计算器的产品生命周期

1961年，美国Sunlock Comptomter公司的一位工程师发明了袖珍计算器，并很快生产，投放市场。袖珍计算器比计算尺易于使用且更准确，又比电脑容易携带，深受大中学生和其他人士欢迎。该产品当时售价高达1000美元一只。1970年，好几家美国和日本企业（如卡西欧）开始进入袖珍计算器市场，与发明企业展开竞争。在竞争压力下，其价格降至400美元左右。20世纪70年代，又不断有新企业进入该产品市场，竞争越来越激烈。一些企业开始到国外（如新加坡、我国台湾地区）组装，以利用那里廉价的劳动力资源，再运回本国销售。竞争带来的技术进步使该产品不断完善，价格急剧下降，70年代中期，计算器只能卖到10~20美元，有时甚至更低。70年代末，即使在落后国家，生产袖珍计算器也不存在技术障碍，生产已经完全标准化了。原来的技术、资本密集型产品变成了劳动密集型产品，价格竞争成为主导。作为新产品的袖珍计算器，在20年左右的时间里走完了它的生命周期。

资料来源：[美]多美尼克·萨尔多瓦：《国际经济学》，清华大学出版社2001年版。

[①] 进入21世纪后，日本模具产业呈现衰退趋势，目前企业数量比高峰期已减少了8.5%，从业人员减少了30%，产值下降了11%左右。日本模具产值在2000年达到高峰后，就一直呈现衰退局面，占模具总产值38.8%的塑料模具产值也一路下滑。由于汽车、半导体等产业的主要客户外移，日本模具产业也不得不将经营重心转向海外。而技术高科技化、品质要求日趋严格等因素，使日本模具产业雪上加霜。专家认为，如何进行差异化产品开发，创造高附加值产品，应是日本模具业今后努力的方向。

二、产业衰退与产业调整

(一) 产业衰退的原因

1. 衰退产业的定义与识别。产业衰退现象是经济发展中产业有序更替的产物，它是由产业的产生、发展、成熟、衰退的基本变化规律所决定的。经济发展的本质即是产业结构的不断进化。经济发展越是迅速，产业结构的演化也越是激烈；经济发展模式的转变和技术创新的步伐越快，产业更替的频率也越快。产业的演进实质上就是新兴产业的成长和传统产业的衰退过程，如20世纪初的代表性产业—内燃机制造业取代第一次工业革命的代表性产业—蒸汽机制造业，使后者不可避免地衰退了。可以预计在不久的将来，电气机车制造业无疑会取代内燃机车制造业，使内燃机车制造业趋于衰落。又如，半导体技术的迅猛发展使电子管工业荡然无存。塑料、铝合金等新兴材料产业的崛起，大大冲击了钢铁工业在工业结构中的地位，钢铁工业的衰退已成不争的事实。

衰退产业，是指在正常情况下，一个国家或地区对某一个产业产品的需求增长率在较长时期内持续下降或停滞的产业。

2. 衰退产业的识别。衰退产业的识别可以从以下三个方面进行：

(1) 从产业在国民经济中的地位来看，衰退产业产品是传统产品，其产业所提供的产值在GDP中的比重有下降趋势，即使有的产业的产品在国民经济中仍具有不可替代性，但产品需求量长期处于下降趋势。

(2) 产业利润率持续下降也是衰退产业的特征之一。因为衰退产业中生产能力过剩、需求不足使企业竞相压价（垄断产业除外），最终导致产品价格小于边际成本甚至平均成本的恶性竞争可能发生，过度竞争必然使产业利润率下降甚至出现行业性亏损。

(3) 从产业组织演化的角度来看，垂直一体化也是衰退产业的特征之一。因为在产业的衰退期，随着市场和生产规模的萎缩，在产业成长期由企业内部分工分化为社会分工的产业链的各环节只得"重返娘家"，社会分工又转化为企业内部分工，即斯密定理所讲的"市场容量限制劳动分工"。

当然，具有某些上述特征的产业并不一定就是衰退产业，尤其在市场机制扭曲时更是如此。比如，受政策管制或经济周期的影响也会导致一产业出现上述衰退的特征，引起某些产业的增长减速，但这本质上不属于衰退产业，不是产业生命周期的"自然"老化。

(二) 产业衰退的原因

从理论上讲，产业本身并不会衰退，而是由于人类不断追求进步，改变了对产业需求的结构从而使某些产业产品的需求下降。产业衰退的根源在于国民经济

的需求结构和供给结构有规律的阶段性变化造成的。具体来讲,产业衰退的原因主要有以下几个方面:

1. 产业间技术进步和技术创新的速度差异或技术创新产生了替代产业。随着科学技术的进步,产业的替代性越来越强,没有替代产业的产业几乎很难找到,只是替代的程度不同而已。因此,技术创新落后的产业将被技术创新先进的产业淘汰。如B产业是A产业的替代产业,当B产业的技术创新速度大于A产业时,则B产业产品具有较强的比较优势,从而占领更大的市场份额,A产业就会发生衰退。另一种情形是技术创新尤其是技术革命创造了全新的替代产业,使原有产业趋于衰退。每一次技术革命都有一套典型的产业程式和具有代表性的产品。技术革命的实质是新兴产业成长传统产业衰退的过程。目前,蓬勃发展的电子商务对传统商业具有较大的替代性,因而将使传统商业趋于衰退。如网络传递将以无与伦比的优势战胜传统邮政业,传统邮政业的衰退也就不可避免了。又如,纺织业作为人类最古老的产业,几乎是人类每次重大技术创新成果应用最广泛的产业。如果一个国家的纺织业不能迅速吸收先进技术,势必失去其比较优势。

2. 需求的进化也是产业衰退的主要原因。需求永远是技术供给的目标和动力。消费需求是社会总需求中份额最大的部分,是产业演进的主要推动力。行为科学理论指出,人的需求具有层次性和阶段性。即随着社会进步和收入水平的提高,需求结构也将发生相应的变化。如我国消费热点的变迁即是很好的佐证,20世纪50年代的"三响一转"(缝纫机、钟、收音机、自行车),60~70年代的"36条腿"(组合家具),80年代的"四大件"电子化(电视机、摩托车、电子表、洗衣机),90年代"四大件"现代化(大屏幕彩电、空调、电话、电脑)。消费热点的这种变迁直接影响到了产业的兴衰。当产业缺乏技术创新或技术进步落后于人们的需求进化时,产业供给结构与需求结构形成缺口,如果产业不能加快技术创新来弥补这一缺口,则势必使供给与需求缺口形成"剪刀差",从而加速产业的衰退。需求变化的另一个方面即消费者偏好的变化,如烟草业的衰退很大程度是由于香烟的社会认可正在急剧下降。类似地,由于全球绿色运动的兴起,环保产业、绿色制造业和保健产业迅速成长,而污染较大的产业的需求萎缩也是必然的。又如随着个性化消费成为消费的主流,以大批量标准化为特征的产业(包括服务业)的需求也将逐渐萎缩。

3. 产业比较优势的丧失。产业比较优势因两方面的原因丧失:一是自然禀赋条件的下降。如采矿业和冶炼业由于资源品位下降或资源枯竭必然使产业失去原有的优势,趋于衰退。我国的木材及竹材采运业、金属冶炼业等即属于此类衰退。二是因为产业发展在区位间的传递效应。如发达国家纺织业的衰退的一个主要原因是因为发展中国家的纺织业依赖于廉价的原材料和劳动力资源而拥有比较优势，这种比较优势通过国际贸易传递到发达国家，使发达国家纺织业失去竞争力而衰退。随着经济全球化程度的提高，产业比较优势的传递更为快捷和广泛，在封闭经济体系中具有相对比较优势而不具备国际竞争力的产业随着经济全球化的进展而将趋于衰落。

4. 制度性因素。制度性因素是我国产业衰退的一个特有的因素。我国发生衰退的产业主要是在计划经济时代建设形成的，在产业布局以及企业制度、政企关系上带有浓厚的计划经济色彩，有的甚至严重违反了经济规律，因而在市场经济的激烈竞争中，失去了生存能力而将逐渐衰退。

（三）产业调整

衰退产业的调整是一个持续不断的任务，无论是对国家还是对企业都是非常重要的。目前，我国经济结构调整的核心问题也是衰退产业的调整问题。衰退产业调整应以市场机制为其基础机制，要通过市场价格的导向和要素市场来实现，但必须辅之以政府的扶持和援助才能克服产业调整的壁垒，调整援助的任务就在于根据各类衰退产业的特性来选择合适的调整模式，以减少产业调整所引起的社会震荡，提高资源转移和再配置的效率。根据产业衰退的原因及产业调整的经验，衰退产业调整的主要模式有结构升级模式、资源重组模式、产业创新模式和区位调整模式。

1. 结构升级模式。从根本上说，一个国家的经济发展过程，实质就是产业结构不断调整和升级的过程。衰退产业是产业新陈代谢的产物，但衰退产业往往并不是夕阳产业、死亡产业。比如，纺织业在发达国家是公认的衰退产业，但在某些发达国家依然存在并具有较强的活力。人要穿衣，单从这一点看纺织业也是永恒的产业。许多产业的衰退是由于技术创新不足或停滞造成的。因而通过加强产业技术创新能力，促进产业结构升级是克服产业衰退的根本途径。因为，企业一般难以逾越衰退产业调整的壁垒，政府的调整援助是必不可少的。政府不仅要创造衰退产业技术创新和结构升级的良好的体制环境，而且要直接出面干预产业和企业层次的技术创新活动，由政府组织并资助科研机构、大学和企业成立行业性的技术创新机构，为中小企业建立信息和技术成果转让的交易平台，促进竞争性行业的技术创新。美国政府对衰退产业的技术创新援助的做法很值得我国借鉴。技术落后或缺乏创新能力是我国一些产业如纺织业、钢铁业等衰退的根本原因，因而实施以技术创新援助为主的政策对这些产业走出衰退困境、实现结构升级具有尤为重要的意义。

结构升级的基本方向就是促进企业的技术创新。对衰退产业而言，技术创新主要有两个方向：一是促进产品升级换代的技术创新，因为只有产品升级换代才能形成和创造新的需求，从根本上克服因衰退产业的产品档次低、成本太高引发的产品相对过剩。二是促进产品深加工的技术创新，因为产品深加工，一方面能拉长衰退产业的产业链，有利于在更大程度上推动衰退产业的有效需求；另一方面能提高产业利润率，因为深加工产品具有较大稀缺性，能有效地阻止其他企业的进入，能获取较高的垄断利润。

信息技术是衰退产业调整的带动产业，也是结构升级的重要推动力。因为信息技术产业是一个关联度、感受度、带动度很高的产业。根据对产业升级的经验考察，利用信息技术实现衰退产业结构升级的基本途径有两条：一是制造过程的信息化和定制化。信息技术应用于衰退产业的生产过程可以显著提高资源利用率、劳动生产率和工作效率，从而获取巨大的经济效益，从根本上改变衰退产业高投入、低产出，高消耗、低效益的状况。如使用计算机辅助设计的企业，收益至少增加10%以上。据我国的调查表明，信息技术在改造传统产业方面投入产出比一般都在1：4以上，有的甚至超过1：20。如果企业能够实现定制化生产，达到产品的"零库存"，则能更大地提高效益。二是产品销售过程的网络化。以电子商务为主的网络化是信息技术改造传统产业的核心所在。衰退产业中的企业利用电子商务、网络管理等手段，可以大大降低产业的交易成本和管理成本，可以促进衰退产业的升级或再生。

2. 资源重组模式。资源重组是优化存量资产配置的重要途径，它完全可成为衰退产业调整的一种主要模式。从发达国家产业调整的经验看，解决生产能力过剩并不是通过限制生产和投资的方法来控制经济规模，而是主张将新的投资和原有的投资能力转移到具有市场前景的产业和企业。这实质上就是衰退产业调整中的"积极调整战略"。20世纪的世界经济史显示，实现资源有效转移的途径就是企业购并。如1993年的经济衰退使西方国家社会需求大幅度下降，过剩生产能力成为市场供需关系中的突出矛盾。企业界试图通过行业协会和卡特尔等组织来维持其生产能力和利润，同时减少过剩的生产能力，都没有取得预期的效果。而随后的企业并购重组运动实现了社会资源的最优配置，从根本上解决了衰退产业生产能力过剩问题。

资源重组在衰退产业调整中的作用主要体现在两个方面：一是建立了资源的退出通道。衰退产业的主要特征之一就是生产能力过剩，进而引发行业的恶性竞争。而通过资源重组，有利于资源从低效企业、低效产业流向高效率的企业或产业，尤其是大企业通过资源重组能实现产业多元化，使衰退产业和新兴产业互补，使衰退产业中的资源平稳地流向新兴产业，产业调整的过程在企业内部得以顺利实现。这种内部调整比外部调整的效率高得多、成本小得多，而且对社会的副作用也小得多。我国许多传统产业或衰退产业（如传统商业、制造业等）的企业通过资源重组成功地转向了新兴产业，尤其是借助于资本市场，资源重组已成为衰退产业调整的有效途径之一。二是能降低产业成本，提高衰退产业的盈利能力。首先，表现在行业内优势企业通过兼并、收购、托管、债务重组等资源重组手段能快速实现低成本扩张，大企业能获取更高的规模经济效益，因而能较大幅度地降低衰退产业产品成本。其次，通过资源重组可以延长产业链的长度，使企业获得范围经济，如钢铁厂和钢管厂、钢制品厂之间重组就可以获得较好的范围经济。再次，能降低产业间的交易成本，上下游相关产业间的重组因减少了交易层次，提高了交易效率等降低产业间的交易成本，从而提高了衰退产业的利润水平。

3. 产业创新模式。有些衰退产业其产品已经被高效率、高效益的新兴产业的产品所替代，这些衰退产业的继续生存必将导致资源的浪费或破坏自然环境，因而必须淘汰。如对环境污染较重的一次性塑料制品、以氟制冷的家电制品等产业的淘汰是必然的。显然，对这类衰退产业应该实施积极的调整策略，帮助这类衰退产业实行有秩序的收缩和资源向其他产业部门的有效转移，这种以产业转型为目的的调整就称之为产业创新模式。产业创新就是要突破已结构化产业的约束，以产业先见或产业洞察力构想未来产业轮廓以及使构想产业成为现实的过程。

产业创新是经济发展的基本动力，即产业序列不断衰退和新生的过程。因而尽早促成再生无望的衰退产业中的资源向新兴产业的转移，是经济发展的基本要求。由于存在资源配置的不可逆性等阻碍资源流动的因素，产业创新离不开政府的扶持和援助，这也正是市场经济国家普遍对衰退产业实施调整援助的原因所在。从内容上看，产业创新与技术创新（产业升级）、资源重组等调整活动密切相关。技术创新是产业创新的前提条件，资源重组可为产业创新提供资源再配置的途径。但产业创新又并不等同于技术创新或产业升级以及资源重组，产业创新以发展新兴产业为目标。

信息技术革命引发了传统商务模式的根本性变革，生产定制化、营销网络化和竞争全球化使传统的产业定义和产业演化路径受到了严峻的挑战，从目前的发展趋势看，产业演化呈现两个特征：一是传统产业的信息化。传统产业与信息技术产业相融合之后纷纷出现分化、解体和重组，不断催生出新的"边缘产业"，如光学电子、医疗器械电子、航空电子、汽车电子产业和信息服务、信息建筑、信息家电业等。二是传统产业的绿色化。绿色化的核心是利用生命科学技术来改造传统产业，克服传统产业尤其是衰退产业的高消耗、高污染的弊端，使传统产业进化为节能、环保、健康的新型产业。绿色化的经济学含义是将自然资本（Natural Capital）包括生态系统服务（Ecosystem Services）由外部经济因素转入到产业或企业的内部经济中去。绿色化是企业克服产业衰退的有效战略之一。生命科学技术与信息技术类似，它与传统产业的结合是产业创新的基本趋势之一。生命科学产业不但本身会不断演化出一大批新兴产业，而且它对传统产业的渗透似乎无所不入，会以几何级数的增长速度不断衍生出新兴产业。

产业演化趋势为衰退产业调整与创新指明了方向。衰退产业的信息化和绿色化（生命技术化）无疑是产业创新的基本内容。产业创新是衰退产业调整的高级形式，既涉及衰退产业的调整问题，又包括了新兴产业的扶持问题。就其内容而言，它构成了产业结构政策的基本内核。因为新兴产业的振兴（扶持）和衰退产业的调整是产业结构政策的两个基本内容。因而产业创新是难度最大的调整方式，需要政府从宏观和微观两个层次进行大力援助和扶持。

4. 区位调整模式。产业区位是产业演进的重要环境因素。企业的效率和效益在很大程度上取决于所在区位所提供的"外部经济"的大小。产业区位是指资源在地理空间上的配置构成及其关联性。一定的产业区位的形成不仅仅是一个简单的经济现象，而且是经济、人文、社会、政治、地理、历史等复杂因素综合作用的结果。据大量研究证明，产业的地理集中能延缓产业的衰退，提高产业竞争力。许多衰退产业在一些特定的区位具有超常的活力，国际上此类案例颇多，如美国佐治亚州道尔顿周围的地毯制造业、瑞士的钟表业、意大利的瓷砖和纺织服装业等。这种现象在我国也大量存在，如四川宜宾的酿酒业、广东佛山的瓷砖业、湖南浏阳的花炮业、苏南的纺织服装业、浙江义乌小商品等，大凡是高度集中于一区域内的产业基本上具有抗衰老的机能。其实这就是产业区位理论所讲的"外部经济"。

外部经济主要分为两种：一种是人们所说的技术性外部经济，即由于产业的地理集中使区域内企业之间技术交流更容易，学习的成本更低，公司间能互相取长补短、相互竞争，从而在整体上提高了产业的生存力。另一种是经济性外部因素，即产业在某一区域的集中促进形成了巨大的辅助产业网以及原料供应商、专业技能人力储备、产品销售市场的规模化，这样，降低了产业内企业交易成本，改善了产业的生存环境，提高了产业的竞争力。因此，衰退产业调整应有计划地调整产业区位格局，应扶持现存的具有明显的"产业集聚效应"的地区发展优势产业，并根据产业区位优势在各地经济开发区或高新区内兴办"外部经济"

密集而地价较低的工业园区，促进产业的地理集中，发挥产业"集聚效益"，以此带动资源存量的优化配置。

本章参考文献

1. 简新华：《产业经济学》，武汉大学出版社2001年版。
2. 陆国庆：《衰退产业中的企业战略探析》，《南开管理评论》2000年第5期。
3. 杨治：《产业政策与结构优化》，新华出版社1999年版。
4. 严潮斌：《产业创新：提升产业竞争力的战略选择》，《北京邮电大学学报》（社会科学版）1999年第3期。
5. 张锦鹏：《增长极理论与不发达地区区域经济发展战略探索》，《当代经济科学》1999年第6期。
6. 侯家营：《增长极理论及其运用》，《审计与经济研究》2001年第4期。

重点名词

哈罗德—多马模型　可持续发展　雁行模式　极化效应　产业衰退

思考题

1. 请用刘易斯的二元经济模式分析我国的经济增长情况。
2. 可持续发展理论有哪些基本原则？
3. 请说明产业梯度转移模式的内涵。
4. 产业衰退的原因是什么？

人物介绍

❑W. 阿瑟·刘易斯（W. Arthur Lewis）

1915年生于原英属西印度群岛。他曾在伦敦经济学院学习和任教，后转到曼彻斯特大学，他在那里完成了发展经济学发明最富创建的理论，即分别于1954年和1955年发表的题为《劳动力无限供给条件下的经济发展》和《经济增长理论》的两篇论文。20世纪50年代，他成为联合国机构的高级官员并一度担任过西印度大学的名誉副校长，1963年前往普林斯顿大学任教并工作至今。他一直兼任许多国际组织和发展中国家尤其是西非和加勒比海国家政府部门的经济顾问。由于他和T. W. 舒尔茨（Schultz）对经济发展的贡献，二人被同时授予1979年度诺贝尔经济学奖。刘易斯对经济学的最著名和最有影响的贡献无疑是1954年关于劳动"无限供给"条件下经济发展的论文。在这篇论文中，他得出了一个把典型的贫穷国家的经济分为"传统"部门和"现代"部门两大部分的流行模型。"传统"部门包括个体农业和城市中各类个体经济，其经济活动的基本目标是维持自身消费，"现代"部门包括商业性农业、种植业及制造业，在这个部门中存在雇用劳动，利润是资本家和企业主阶级组织生产的动机。在论述这个模型的两个重要特征时，刘易斯采取了严格的经典观点。第一个特征是，现代部门中非熟练工人的实际工资是与就业和利润一起外生地给定的，而且是由同短期固定资本存量相对应的劳动需求决定。第二个经典性特征是资本积累受来自利润的储蓄支配。刘易斯认为，经济发展过程是现代部门相对传统部门的扩展过程，这一扩展过程将一直持续到传统部门中的"剩余劳动"蓄水池干涸，从而出现一个一体化的劳动市场时为止。这种市场上的工资，便是按新古典学派的方法确定的均衡的实际工资。这个"二元经济"模型曾引起相当多的论战，产生了大量的辩论文章。这种二元经济模型的最老练和最彻底的捍卫者是森（Sen, 1966）。

这篇1954年发表的论文的另一个著名理论贡献，就是提出了制成品和初级产品之间的贸易条件模型。刘易斯在1969年的威克塞尔（Wicksell）讲座中，通过以经验为基础的应用，进一步发展了这个模型。刘易斯的中心思想是制成品和诸如咖啡、茶、糖、橡胶和黄麻这类热带产品的相对世界价格，是由生产食品的劳动力的相对机会成本决定的。匹兹堡钢铁工人的工资受堪萨斯州农场的生产率的支配，而巴西咖啡种植园工人的工资则由农民借以维持生计的农业的低得多的生产率决定。刘易斯以富于想象力的方式将这个模型用来说明世界经济史的若干主要方面，包括他1987年出版的最新重要著作《1870~1913年经济的增长与波动》。在这卷书中，他把对两次世界大战间隙时期世界经济的考察倒推到1970~1913年的"黄金时代"。此书同他以第二手资料为基础的早期著作不同，他采用了熊彼特和库兹涅茨的方法，从统计和历史的角度进行了研究，因而是一部深刻而有开创性的杰作。

❑ 弗朗索瓦·佩鲁（F. Perroux, 1903—1987）

法国经济学家，以他建立的经济实力理论体系而闻名。他生于里昂，为求学而去索邦省，从1955~1975年在法兰西学院任职。作为新古典主义经济学的批评者，佩鲁接受了美国制度主义者的部分观点，但又超越了他们，建立了一个经济分析体系——这个体系在当时是独一无二的——并向传统的均衡经济学挑战。这个体系内容丰富，基础坚实，建立在无所不在的"支配效应"之上，从经济行为者各自的经济实力着眼，反映他们之间的不平等。在均衡经济学中，经济行为者的活动在充分均等的情况下被认为是互助合作的，从而导致彼此妥协，由此产生调整，避免混乱。按照佩鲁的看法，这种研究方法与经济生活的现实不相一致，并且无法揭示经济实力在市场上所起的作用。凡是传统经济学强调平等之上的合作、协调及其功能性的相互依存之处，佩鲁看到的是经济行为者之间的从属关系，他们可以治人，或是受制于人。

佩鲁将他的支配效应描述为不对称和不可逆，并且对处于支配地位的经济行为者一方不作任何意向的假定。与传统经济学不同，支配效应带来的并不是均衡，而是持久的渐进的转变。其作用随企业、行业和国民经济的水平而定。例如，一家占优势的企业能够集中其优势，通过增加销售量、减少自外部的购买以及根据市场情况制定有利的价格来获得盈余。这些盈余使优势企业能在内部融通资金，进行兼并及收购，为对其产品的需求筹集资金或操纵市场，从而加强了这些企业的经济实力。在国际层次上，佩鲁的支配效应使人们对于那些具有支配性经济地位国家有了新的见解。他的理论与其他理论的不同之处在于，支配性实力这一说法无须某种概念。

佩鲁有关经济实力的基本理论，是在20世纪40~50年代发展起来的，那时，凯恩斯的新理论问世不久，投入产出分析法、线性规划和对策论已经汇入主流经济学之中。经济学界对又一个意义深远的变革没有准备。因此，佩鲁关于经济支配的基本理论未能打破传统分析方法。但是，佩鲁由他的基本理论发展出了"经济空间"和"发展极"理论，由此派生出了结构性变革、非平衡经济增长和地区发展的各种理论，这些理论仍在被广泛地讨论，并在地区性规划中应用。

□ 雷蒙德·弗农（R. Vernon）

美国经济学家，生于1913年。弗农是第二次世界大战以后在国际经济关系研究方面一位最多产的作者。他的著作反映了他多方面的职业生涯，包括将近20年在政府部门供职，短时期从商，担任过3年"纽约市区研究"中心主任，以及从1959年开始与哈佛大学有成果的合作，先是在商学院，在那里他是国际商业专业的教学和研究骨干，后来到约翰·F. 肯尼迪（John F. Kennedy）管理学院，在那里直到退休，他一直是克拉伦斯·狄龙（Clarence Dillon）国际问题讲座教授。

弗农早期的研究贡献之一是区位经济学。在"纽约市区研究"中心工作时，他把"外在经济"的概念应用于城市聚集的特定环境。他使用这个术语来说明位于市区的企业所享有大量的专业化服务。正是服务的可获性以及它们的低成本，决定了诸如电子、时髦商品、印刷和出版等行业的特征，这些行业往往由于聚集而得以繁荣，尽管这时它们一些较常规的生产要素（如劳动、空间和运输）

的成本很高。

  信息和专业化服务也很显著地出现在弗农论述多国公司的大量著作中。在这里，弗农提示了信息和专业化服务是如何内在化的和怎样转化为专有知识的多国企业利用这种知识获取在国内和国际市场上的垄断地位。通过把生产转移到位于常规的生产要素最便宜的国家中的子公司，同时把总部放在新产品和新工艺的发祥地——最发达的市场，从而使一些企业的垄断地位从"产品周期"的初始阶段一直延续到成熟阶段。

  弗农在哈佛大学商学院时，单独或与同事和博士生合作，出版了大量关于多国公司的著作，并发表了多篇论文。他研究了它们一方面在以技术为基础的行业；另一方面在以资源为基础的行业的世界生产和贸易中的主导作用，使用"产品周期"理论和更为传统的产业组织模型来解释它们特有的竞争结构，它们同东道国和母国之间不可调和的冲突，以及通过一个可预测的权力关系周期——弗农恰当地称之为"过时的契约"——而发展起来的冲突。在《对海湾的主权》（1971）和《多国公司面临的风暴》（1977）两本书中，弗农概括了他对多国公司的研究，在未来的很多年里将被认为是对我们有关多国公司的知识的贡献。

  弗农在他早先作为一名文官时对企业和国家的关系进行了研究。在他研究多国公司时又回到了这个论题上。这个主题在他后来在肯尼迪管理学院时的研究工作甚至占有更突出的地位，在这方面，他集中地研究了国有企业，以及在20世纪70年代中期及以后的能源危机的背景下政府与私营企业的关系。在《两个饥饿的巨人》一书中，弗农在比较了美国和日本对资源短缺威胁的反应后，把日本的优良作为归因于日本政府试图使日本的私营公司服从"国家利益"的巧妙做法。

第七章 技术创新与高新技术产业发展

创新是一个民族进步的灵魂，是国家兴旺发达的不竭动力。技术创新对产业发展的贡献可以概括为：加快技术进步，推动产业结构升级，促进产业组织合理化。从 20 世纪 70 年代开始，随着世界经济形势的变化，特别是国际竞争的加剧，技术创新对产业发展的作用变得更为重要与突出，这主要体现为高新技术产业的迅猛发展推动了产业结构的调整和国民经济的发展。各国政府为了扶持高新技术产业的发展，先后采取了各种行之有效的发展模式。事实证明，高新技术产业的发展不仅带动了相关产业的繁荣，而且促进了传统产业的升级。

第一节 技术创新

一、技术创新的概念、特征和类型

（一）技术创新的概念和特征

技术创新的概念最早由美籍奥地利经济学家熊彼特提出。1911 年熊彼特在《经济发展理论》（德文版）一书中首次使用了"创新"一词。现代技术创新理论正是在熊彼特创新理论的基础上发展而来的。技术创新是指企业应用创新的知识和新技术、新工艺，采用新的生产方式和经营管理模式，提高产品质量，开发生产新的产品，提供新的服务，占据市场并实现市场价值。

技术创新作为一种技术经济活动，主要具有以下几个基本特征：

1. 创造性。技术创新是把新技术应用于生产经营活动中，其本质是一个创造性的构思和决策过程。科技工作者和生产经营者相互协作、共同努力，将技术创新转化为现实生产力。其所应用的技术是前所未有的技术，或是对现有技术的某些重大改变。新技术体现了技术原理的进步、技术结构的更新、生产效益的提高和社会福利的改进。

2. 风险性。技术创新过程受各种复杂因素的影响和制约，呈现出较强的随机性。由于市场的不确定性和信息的不完全性，加上不同创新主体经验积累的相异性和感知的主观性，使得技术创新活动的努力与结果之间不存在简单的正比线性关系。国外的经验表明，一般新产品开发项目的成功率只有 1/6，新产品开发成功后引入市场获得成功的只有 2/3①。

3. 连续性。从技术创新的发展来看,任何技术创新活动都是以前人的创新成果为基础,而其生命力也往往体现在后继的技术创新成果中。在技术创新过程中的各个阶段、各个环节都有着内在的联系,表现出不同程度的连续性。

4. 跳跃性。技术创新的跳跃性是指在技术创新过程中,技术原理的本质改变使技术结构和生产效益得到了质的飞跃。这种跳跃性往往导致技术升级,呈现技术发展的阶段性。例如,晶体管替代电子管、集成电路替代晶体管电路都表现出这种跳跃性。

5. 规模性。技术创新作为一种科学实践与生产经营实践相互渗透的交叉性实践活动,所需投入的各类资源必须达到一定的规模,才可能产生有效率的创新成果输出。同时,对于创新成果的有效利用也必须达到一定规模才能产生经济效益。所以说,技术创新成果的产生和利用都必须具有一定的规模经济。

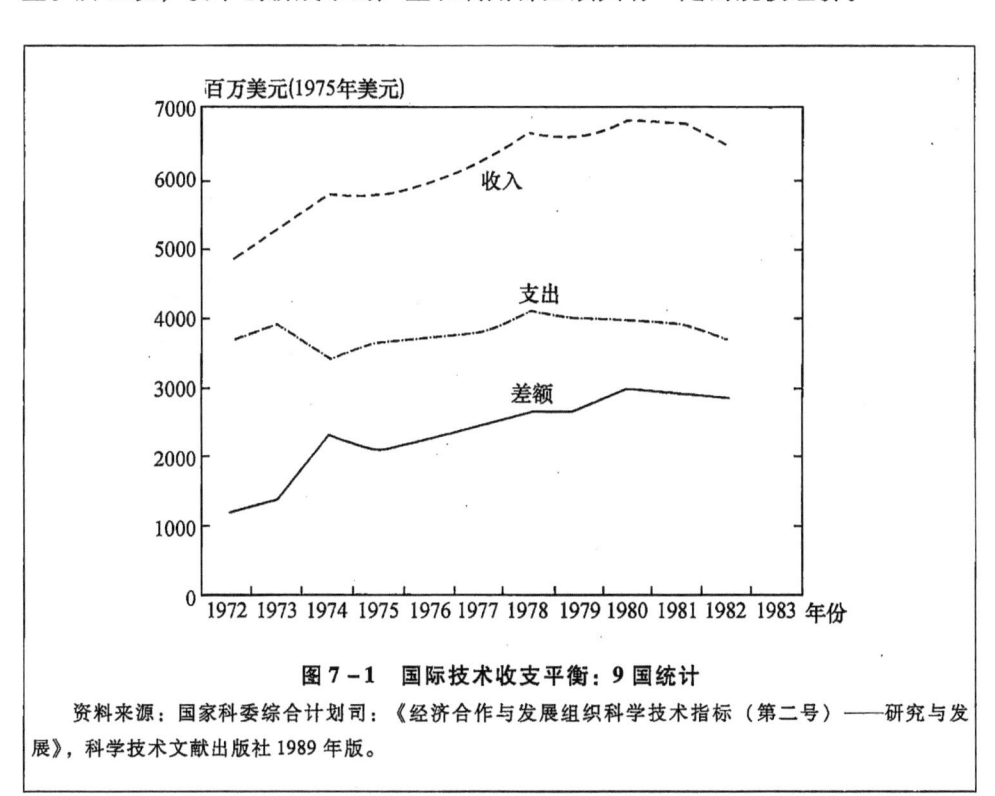

图 7-1 国际技术收支平衡:9 国统计

资料来源:国家科委综合计划司:《经济合作与发展组织科学技术指标(第二号)——研究与发展》,科学技术文献出版社 1989 年版。

---

① 汪应洛、贾理群:《技术创新》,西安交通大学出版社 1993 年版,第 14 页。

6. 动态优化性。技术创新是一个涉及多个经济主体的信息反馈和交互作用过程，这使得创新者必须根据外部环境的变化及时修正自己的决策，以实现动态最优。

7. 效益性。技术创新是促进经济发展的根本动力。技术创新虽然具有较高的风险性，但其对提高经济效益的作用是非常大的。成功的技术创新能给相关企业和产业带来巨大的经济收益；同时科技的进步也具有一定的公共品性质，正外部效应明显。所以说，技术创新大大增加了社会福利。图 7-1 是经济合作与发展组织统计的西方 9 国（美国、日本、联邦德国、意大利、英国、奥地利、芬兰、法国、荷兰）研发支出与收入情况。

（二）技术创新的类型

技术创新的外延是十分宽泛的。根据不同的研究目的，其分类方法也是多种多样的，主要有以下四种分类方法：

1. 按内容分类。技术创新按内容，可将其分为产品创新、工艺创新和组织创新。

（1）产品创新。产品创新是指向市场首次推出的在技术上有某种改变的新产品。产品创新能力直接影响着一个国家或企业的科研实力和市场竞争力，因而各国都对产品创新给予高度重视。广义的产品包括服务，所以产品创新也包括服务创新。值得注意的是，随着第三产业迅速崛起，服务创新的比重正不断加大。

（2）工艺创新。工艺创新是指对产品生产技术和方法的改进或变革。这包括采用新的原材料或半成品、生产设备的更新与改善、生产工序的改进与变化等。这是在生产过程中的一种技术创新，因此也称为过程创新。工艺创新有利于改进产品质量，降低产品成本，提高生产率，增加产品的综合竞争能力。工艺创新与产品创新密切相关、相互促进。

（3）组织创新。组织创新是涉及生产组织方式和相应生产关系的变动，是制度安排上的一种变革。组织创新有着十分广泛的含义，涉及多个领域。诺斯（North）等人的研究表明，组织创新对经济绩效和行政绩效的影响越来越大，它有时直接体现为制度安排。

2. 希克斯（Hicks）分类。这是一种按照技术创新所节约的生产要素进行的分类，其来自 1932 年经济学家希克斯所著的《工资理论》一书。希克斯假设只存在资本和劳动两种生产要素。技术创新可根据它最初的效果是增加、保持不变或减少资本边际产量对劳动边际产量的比例而分类。

（1）节省劳动的创新。这是指相对于劳动边际产量而言，增加了资本的边际产量，即那种能使产品成本中活劳动所占比重有所减少的创新。

案例

创新：芬兰奇迹

1998年8月，经济合作与发展组织（OECD）的一份调查报告显示：近年来芬兰经济的年平均增长率为5%，是欧盟国家平均增长速度的两倍；芬兰的人均国内生产总值（GDP）1996年达到24200美元，位于世界前列；芬兰的劳动生产率以超过第二位两个百分点的优势居世界之首。

芬兰奇迹般的变化固然有多方面的因素，但发展科技、促进创新的国家政策是至关重要的。芬兰总统阿赫蒂萨里指出："我们的国内政策极为强调高标准的教育和不断加强对科技的投入，并将保持国家良好的社会保障体系以及激励企业的创新置于优先地位。"的确，第二次世界大战后芬兰政府支持科技与教育的政策培育了有利于促进企业竞争力的良好环境，提高了国家的创新能力，近年来芬兰在许多领域已逐步处于世界领先地位，芬兰公司掌握着世界一流的技术成果，能生产出世界上最好的产品：

1. 信息通信技术。芬兰的信息通信技术取得了飞速的发展，诺基亚的移动电话负有盛名，第三代无线通信技术也走在世界的前列；数字化信号处理平台技术、软件构建和工程化技术也有相当的进展；网络化和模糊逻辑控制应用也都居于领先地位。

2. 制造技术。芬兰拥有世界最先进的造纸机械制造技术，维美德（Valmet）公司能生产世界上最大、最快的造纸机；芬兰的破冰船技术堪称世界之最，美国和俄罗斯的南极考察船多为芬兰建造；芬兰的电梯制造技术也属世界一流，科内（Kone）电梯公司的自动控制和无机房技术世界领先；芬兰的制锁和安全门技术也世界闻名，美国白宫的安全门就是由芬兰公司制造的。

3. 气象探测技术。芬兰公司生产的气象探测仪具有世界一流水平，温度传感器和湿度传感器制造技术已超过美国和俄罗斯，位居世界领先地位。

4. 冶金技术。芬兰具有世界一流的炼铜和稀有金属（如铬等）提炼技术，著名的"闪烁炼铜法"被全球一半以上的国家广泛学习采用。

此外，芬兰在太阳能电池、宇宙望远镜镜头制造、木糖醇制造、木材加工、造纸、环境保护等技术方面均有重要成就。

（2）节省资本的创新。这是指相对于资本边际产量而言，增加了劳动的边际产量，即那种能使产品成本中物化劳动所占比重有减少的创新。

（3）中性的创新。这是指以同样的比例同时增加了资本和劳动的边际产量，即既不偏重于节约劳动，又不偏重于节约资本的创新。

这一分类的意义在于有助于人们分析创新的走向，它也是古典理论分析技术进步的概念框架。

3. SPRU分类。英国苏塞克斯（Sussex）大学的科学政策研究所（Science Policy Research Unit，简称SPRU）在20世纪80年代提出了一种基于技术创新重要性的分类方法。这是一种按照技术创新中技术变化强度进行的分类。

（1）渐进性创新。这是一种渐进的、连续的积累性质的技术改进与小创新。它可能是产品的变型或生产工艺的改进。这些创新常常来自于生产第一线，又称之为"螺丝—螺母"型创新。这种创新常常伴随着企业和设备规模的扩大以及产品和服务质量的改进，所以也可以称之为增量技术创新。

（2）根本性创新。这类创新是在市场需求和技术推动下进行研究开发的结果。其特点是在技术上有了根本性的突破，导致产品性能与功能，或者是生产工艺发生质的变化，它常伴有产品创新、工艺创新和组织创新等连锁反应，可在一段时间内引起产业结构的变化。晶体管代替电子管、集成电路代替晶体管就属于这一类创新。

（3）技术系统的变革。一般要经过多年时间和耗费大量的资源才能建立此类创新系统。这种性质的创新将产生具有深远意义的变革，影响经济的几个产业部门，并伴随新兴产业部门的出现。此时不但有根本性和渐进性的创新，而且还会有相关的技术创新群的出现。合成材料、石油化工等领域的创新群就是典型例证。

（4）技术—经济范式的变更。这种变更既伴随着许多根本性的创新群，又包含有许多技术系统的变更。它是技术优势和经济优势的结合，几乎影响到经济的每一个部门。它的实现不仅会对整个经济行为产生重大影响，而且会引发组织和社会方面相应的深刻变革，甚至改变人们的日常生活。它的兴衰将表现为经济周期的演变。与微电子技术相关的创新属于这一类创新[1]。

4. 按照技术来源分类。技术创新按照技术来源可分为自主创新和引进创新。

（1）自主创新。自主创新是指企业依靠自己的技术力量进行的技术创新。这主要是指技术创新的思想来源于自己，创新中各要素的组合自主实现。

（2）引进创新。引进创新是指企业对引进的技术和产品消化吸收，进行再创新的过程。引进创新不同于简单的模仿，它包含着渐进创新和对原设计的不断

---

[1] 柳卸林：《技术创新经济学》，中国经济出版社1993年版，第7页。

改进。引进创新者不必像自主创新者那样花费大量的时间和费用去进行艰苦的研制,而主要通过学习和借鉴自主创新者的经验,在市场中以更廉价、更优质或更具特色的产品或服务获得经济利益。

二、技术创新与技术进步

在本书中,技术创新是一个广义的概念。从内容上看,它包括产品创新、工艺创新和组织创新;从技术变化强度上看,它包括渐进性创新、根本性创新、技术系统变革和技术—经济范式变更;从技术来源看,可以分为自主创新和引进创新。

在大多数经济学文献中,技术进步是一个较为抽象的概念,它被定义为"生产函数的一种移动"。在宏观经济学中,索洛等人测度技术进步的贡献时,就是把扣除资本和劳动要素后的"剩余变量"处置为技术进步。从这种意义上看,技术进步除包括科技活动外,还包括管理方式的改进、劳动者文化技术素质的提高等大量非技术因素。具体说来,技术进步包括技术进化与技术革命。技术进化表现为对原有技术和技术体系的不断改革创新,或在原有技术原理或组织原则的范围内发明创造新技术和新技术体系;当技术进步表现为技术或技术体系发生质的飞跃性变革时,就称其为技术革命。所谓飞跃,是指技术原理产生了革命性的变革或突变,使劳动工具、生产工艺和方法体系发生了质的变化,从而改变了社会的生产方式、组织方式及产业结构,甚至引起社会性的革命。其结果往往是新技术或新技术体系的诞生,导致原来的社会、经济结构发生巨大变革或改组,新产业获得发展,劳动生产率获得巨大提高[1]。

技术创新和技术进步是一个在内涵上既有重叠又有区别的概念,它们之间的联系主要体现在以下几个方面:

1. 从抽象的生产函数概念出发,两者具有相似之处,其结果都能导致生产函数的改变。技术进步中的技术进化与技术创新中的渐进性创新和根本性创新对应,而技术革命与技术创新中的技术系统变革和技术—经济范式变更对应。

2. 从生产的全过程来看,技术创新与技术进步则有所区别。生产的全过程可以描述为:纯基础研究致力于发现和扩大科学知识,然后或迟或早进入应用基础研究,探索新知识的各种潜在用途,进而对某一专门技术开展应用研究与开发工作,最后是市场调研与预测,建立新的生产线,促进新的产业的建立与发展。这一全过程的后半部分属于技术进步的范畴。同技术进步的综合性标志相比,技术创新虽然体现在生产的全过程中,但其处于"微观"的基础地位,具有基本

---

[1] 魏中龙:《技术创新工程》,经济科学出版社1996年版,第27页。

单元的性质①。所以说技术进步是一个较为抽象的宏观经济学概念，而技术创新是一个包含技术要素的微观经济学理念。

三、技术创新的过程模式

(一) 线性模式

线性模型认为技术创新是由前到后依次推进的过程，根据创新起始环节的不同，它又可以分为两种模式。

1. 技术推动模式（见图7-2）。该模式是第一代技术创新模式。该模式认为，技术创新是由科学发现和技术发明推动的；技术创新的需求并不是由市场产生；拥有技术专利的创新主体按技术的功能适用性进行创新；从而间接地满足市场上存在的某种需求或在市场上创造新需求；研究开发是创新的主要来源。研究开发产生的成果在应用过程中推动创新的完成，市场是创新成果的被动接受者。当发生重大技术突破时，会出现大量符合这种类型的创新，例如，无线电、尼龙、人造纤维、计算机和激光等。此类创新不仅会改变生产技术和管理技术，而且可能引起技术体系的根本变革，淘汰落后产业，导致新产业出现以及对传统产业进行改造升级。

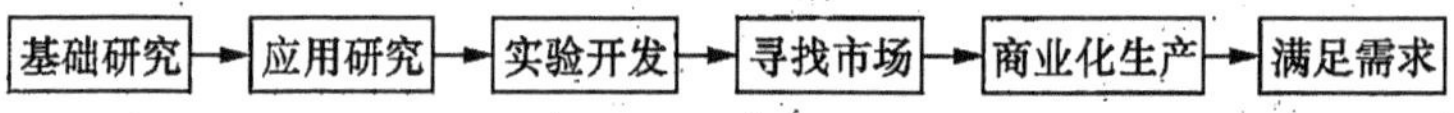

基础研究 → 应用研究 → 实验开发 → 寻找市场 → 商业化生产 → 满足需求

图7-2 技术创新的技术推动模式

2. 需求拉动模式。20世纪60年代中期，通过对大量技术创新的经验性研究，人们发现大多数技术创新不是由技术推动引发的，而是由客观存在的需求导致的，如图7-3所示。该模式认为：技术创新起始于市场需求，是社会需求和生产需要激发的；具体表现为由于市场需求的变化，对产品和技术提出了明确的要求，从而导致技术创新，进而制造出适销的产品复归市场满足需求；市场的开拓、扩展与生产成本的压缩成为创新最重要的动力。

渐进性创新大多数属于这种类型。J. M. 厄特巴克（Utterback）在1974年的研究报告中指出：就数量来说，60%~80%的创新是由市场需求拉动的②。此类创新对改变人们的观念，促进研究开发工作与需求更好地结合起到了重要的作用。

---

① 董景荣：《技术创新过程管理——理论、方法及实践》，重庆出版社2000年版，第23页。
② 柳卸林：《技术创新经济学》，中国经济出版社1993年版，第33页。

图 7-3　技术创新的需求推动模式

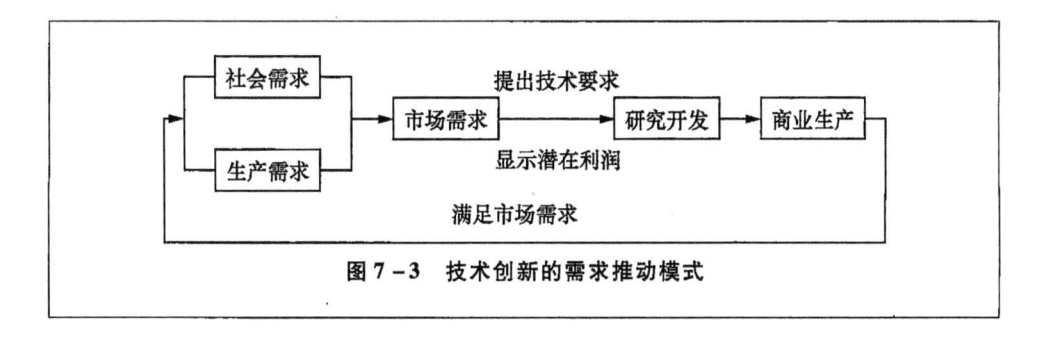

（二）交互模式

到了 20 世纪 70 年代末，人们发现创新是一个非常复杂的过程。由于技术与经济的相互渗透，很难确定某一因素是创新唯一的或基本的决定因素。在大多数情况下，成功的技术创新取决于技术和市场需求的有效结合。在综合前两种模式的基础上，C. 弗里曼（Freeman）、D.C. 莫厄里（Mowery）和 N. 罗森堡（Rosenberg）等人提出了技术创新的推拉双动交互模式，如图 7-4 所示。该模式强调技术和市场需求对创新的共同引发作用，认为创新过程中各环节之间及创新与市场需求和技术进展之间存在着交互作用的关系，能更好地反映技术创新的实际过程。

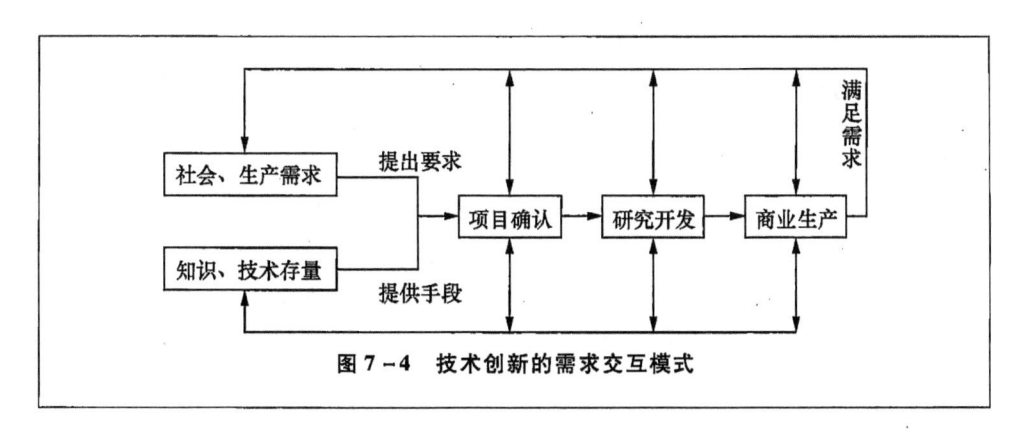

图 7-4　技术创新的需求交互模式

上述三个模式的共同特点是，着重于技术创新的引导机制，重视创新过程的启动环节，而对中间过程的描述都比较粗略。

（三）链环—回路模式

S. 克莱因和 N. 罗森堡（Klein and Rosenberg）于 1986 年提出了链环—回路模式，如图 7-5 所示。在这一模式中一共有五条创新路径：第一条是以 C 表示

图 7-5 技术创新的链环—回路模式

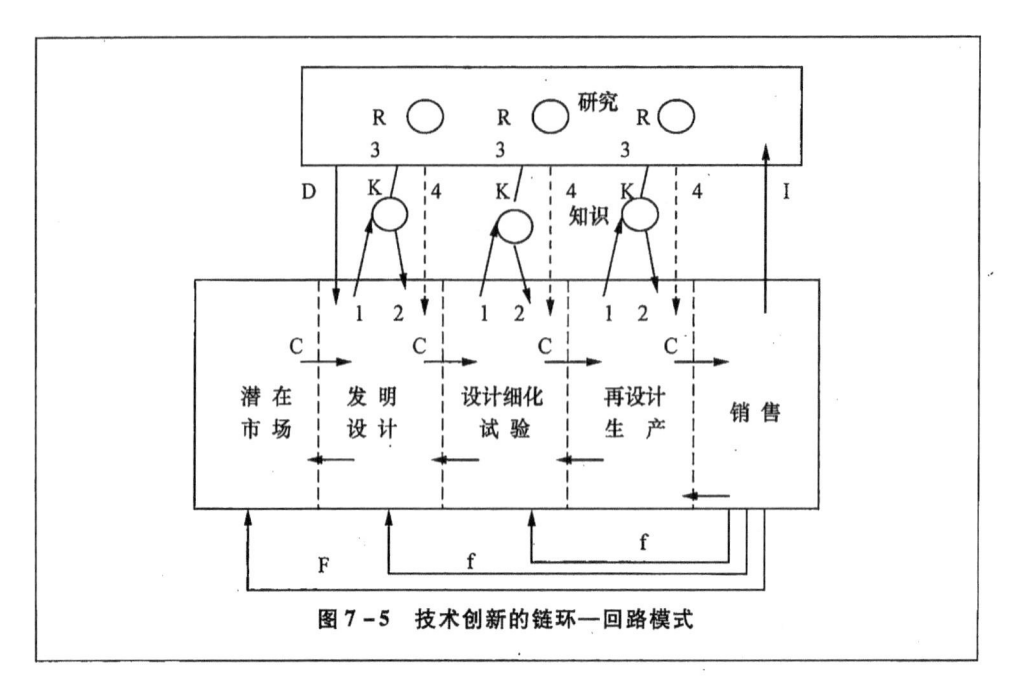

的创新核心链，它起于发明、设计，通过设计、开发、生产，终于销售。第二条是以 f 和 F 表示的核心链的反馈回路，其中 F 表示主反馈。这些反馈回路表示对核心链下一个节点或市场需求的反应，以便对产品性能做进一步改善。第三条是以 K—R 表示的创新核心链与知识和研究之间的联系。此时科学并不位于创新路径的起点，而是沿着开发阶段而发展。这一路径表明在创新核心链的各阶段出现问题时，专家们首先到现有知识库中去寻找解决方法，即路径 1—K—2；若仍不能解决问题，则再从事旨在产生新知识的研究，然后再返回核心链，即路径 1—K—3—4。第四条和第五条分别为 D 和 I，表示科学研究与技术创新之间的关系。其中 D 表示科学研究对创新的推动作用；I 表示创新对科学研究的直接作用。

链环—回路模式注重创新过程的描述，它将技术创新与现有知识存量和基础性研究联系起来，同时又将创新核心链中各环节之间的多重反馈关系表示了出来。

（四）A—U 动态模式

美国哈佛大学的 N. 阿伯纳西（Abernathy）和麻省理工学院的 J. M. 厄特巴克从 20 世纪 70 年代起对产品创新、工艺创新、组织和市场结构等之间的关系作了一系列的考察。他们发现企业的创新类型和创新程度取决于企业和产业的成长阶段。他们把产品创新、工艺创新及产业组织的演化划分为变动阶段、过渡阶段和特定阶段三个阶段。在这三个阶段产品和工艺创新频率分布呈现一定的规律性。他们将此与产品生命周期联系起来，提出了以产品创新为中心的产业创新分布形式的 A—U 创新过程模式，如图 7-6 所示。

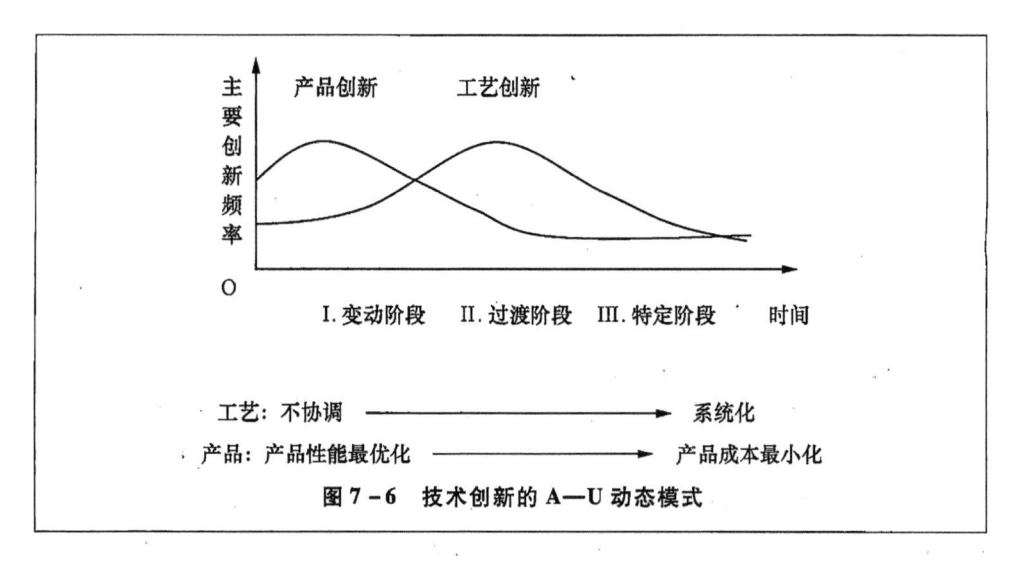

图 7-6 技术创新的 A—U 动态模式

1. 变动阶段（fluid phase）。在产品生命周期的早期，企业家为满足潜在的市场需求进行一系列的产品创新，产品原型的创新水平很高。由于缺乏统一的设计思想，进入市场的产品类型和功能均存在较大差异。企业在此阶段不断探索完善产品的功能，频繁变动产品设计，制造工艺和产业组织不稳定，工艺创新较少。在这一阶段，企业在商业与技术上不断尝试、试错，研发支出较高，经济效益往往并不显著，但此阶段极有可能孕育出未来巨大的市场成功。

2. 过渡阶段（transitional phase）。经过大量技术和市场实践后，产品技术趋于成熟，主导设计已被市场接受，产品标准逐渐建立。这降低了市场的不确定性，产品创新频率也随之大大下降，大规模生产成为可能。在这一阶段，企业为追求规模效益，工艺创新将取代产品创新成为创新的重点。而将主导设计推向市场的企业将赢得明显的竞争优势，但尚未取得对市场的垄断。其他企业若能对主导设计进行技术改进，提高产品性能和可靠性，也能获得巨大的经济利益。

3. 特定阶段（specific phase）。在此阶段，产品设计、生产程序与生产工艺都已成熟，市场需求稳定，产品和工艺创新的频率都较低。企业进一步创新的重点是以降低成本、提高质量和细分市场为目标的渐进性工艺创新。生产过程和企业组织日趋专业化和纵向一体化。

A—U 动态技术创新模式中生产、工艺、组织等的变化趋势及特点如表 7-1 所示。

表7-1　　　　　　　　生产、工艺、组织等的变化趋势及特点

	变化趋势及特点
产　品	从高度变化进入基型设计，进而转向渐进性创新、标准化产品
工　艺	制造过程从大量依靠熟练工人和通用设备转向由非熟练工人照管专用设备
组　织	从企业家式的有机组织转向多层次—机械型组织，并强调任务和程序，不再鼓励重大创新
市　场	从多样化产品、反馈迅速、分散不稳定的状态，过渡到标准化的大宗产品市场
竞　争	从大量具有独特产品的小企业转向具有相似产品的少数几家垄断企业

资料来源：许庆瑞：《研究、发展与技术创新管理》，高等教育出版社2000年版。

四、技术创新对产业发展的贡献

经济体系中不同的产业部门都存在一定的内在联系。产业部门之间必须互相提供生产资料。一个特定的产业部门究竟由哪个产业部门提供生产资料，以及其能够向其他产业部门提供什么样质量的生产资料，这主要是由这些相关联的产业部门所应用的生产技术体系决定的。在一定的历史时期内，经济体系中每个产业部门所应用的技术体系是一定的。所以，决定不同产业部门内在联系的主要因素是技术联系。这种技术联系体现为前向联系与后向联系。既然技术联系是产业部门内在联系的主要因素，那么在科学进步基础上发生的技术创新必然引起产业结构的变化，与之相关的产业组织也必然相应地产生变革。

（一）技术创新与产业结构优化

技术创新促使产业结构优化从而推动经济增长，主要表现在与技术创新直接关联的三个方面。

1. 技术革命与产业结构优化。根据SPRU分类方法，技术创新分为四类，其中技术系统的变革和技术—经济范式的变更就属于技术革命的范畴。这种性质的创新将产生具有深远意义的变革，此时不但有根本性和渐进性的创新，而且还会有相关技术创新群的出现，它的实现无疑会对整个经济发展和产业结构的优化产生重大的影响。

第一次产业革命主要得益于机器的发明和广泛应用。工作机和动力机的出现是实现第一次产业革命的技术基础。以蒸汽动力的发现、蒸汽机的发明为核心的第一次技术革命使得以棉纺工业为中心，包括纺织工业、冶金工业、采矿业、早期制造业和运输业五大产业迅速兴起并蓬勃发展起来。

以电力技术为标志，以热力学、电磁学、化学、生物学的突破为先导的第二次技术革命中出现了一系列以电力技术为中心的技术创新，一大批新型产业，包

括电气产业、钢铁产业、化工产业、新型冶炼产业、汽车产业等逐渐新兴和发展起来，开辟了一个新的经济和科技时代——电气时代。

20世纪40年代末50年代初开始的第三次科技革命是现代物理学和各门技术科学综合发展的结果，其主要标志是原子能、电子应用技术和新材料技术等一系列新技术的广泛应用。信息技术、生物技术、新型材料技术、新能源技术、海洋开发技术等新兴的技术群的出现引发了诸如高分子合成工业、原子能工业、电子计算机工业、激光工业等产业的兴起。原子能工业的出现又带来了一大批生产和应用原子能这种新型能源的工业的崛起，其中有与原子能相关的机械设备、燃料、电力等产业，高分子合成工业的出现带动了塑料、橡胶、纤维以及高分子合金材料产业等的兴起。

2. 技术创新的产业间扩散与产业结构优化。在一定时期内，技术创新和社会经济发展受制于一定的社会经济环境因素和有限的社会可实现技术集合，产业间存在技术创新发生频率的不对称性与技术水平的不平衡性。这使得发生在任何产业的技术创新通常可以通过产业间的关联作用诱发其他产业部门的技术创新。这种由扩散作用产生的产业"瓶颈"把创新的动力引导到新的产业部门。如此，技术创新通过产业间的扩散与诱导机制，推动着产业结构优化。

3. 技术创新的地理扩散与后进地区产业结构升级。技术创新扩散是指技术创新通过一定的渠道在潜在使用者之间传播、采用的过程[①]。技术创新扩散不仅表现为技术创新成果在企业及产业间的传播，而且也包括创新在不同国家、地区间的交流与扩散。

波斯纳（Posner）提出的技术差距理论认为国与国之间存在技术差距，技术领先国可以享有出口技术密集型产品的比较优势，随着进口国的仿制，技术创新转移到后进国，原有技术差距逐渐消失。R.弗农（Vernon）的产品生命周期理论将产品生命周期划分为新产品、成熟产品、标准化产品三个阶段。在新产品阶段需要进行大量的研究和开发工作，技术创新的频率较高。此阶段产品除了满足国内需要外还将出口到其他国家。在第二阶段，产品技术和工艺技术的转移与扩散使得技术接受国开始生产该产品，进口替代战略的实施使得仿制国在该产品的生产中能够保持低成本，贸易流向开始发生逆转。进入标准化阶段，产品生产已经国际化，产品在创新国的整个生命周期结束。

我们可以从产业竞争能力的变化体会到技术创新扩散对日本第二次世界大战后产业结构的影响。日本第二次世界大战后产业竞争能力的变化经历了三个阶

---

① 傅家骥：《技术创新学》，清华大学出版社1998年版，第367页。

段：第一阶段是日本产品同外国商品在国内市场上的竞争；第二阶段是一般性商品进入发展中国家市场；第三个阶段是日本产品在包括发达国家市场在内的世界市场范围内同其他发达国家的全面竞争。产业竞争能力的提高说明了第二次世界大战后日本充分接受、利用发达国家技术创新的扩散作用，加快产业结构升级，推动经济发展水平和科技水平不断向前。可见，技术创新的地理扩散对后进国的产业结构升级起到了催化作用[1]。

（二）技术创新与产业组织结构变化

在经济发展过程中，随着经济资源结构中的技术要素结构的改变，微观组织的规模和形式都处于不断的动态调整中。企业为适应科技发展的自组织过程导致了产业组织的调整与变革。从产业组织的发展和演进历程可以看出：在工业化进程中，技术创新使得产业组织沿着纵向一体化—集中化与专业化—集团化、多元化与柔性化的路径演进[2]。

1. 第一次技术革命推动了组织结构纵向一体化。机器的发明和改进是工业化初期的重大技术创新。机械的广泛应用，提高了工作效率，给企业带来了超额利润，工业资本规模迅速扩大。企业数量的增加导致了激烈的价格竞争。为了抑制价格竞争、维护资本的共同利益，工业化国家市场上出现了同业企业联合垄断市场的卡特尔组织。纵向一体化托拉斯和各种类型卡特尔的发展形成了工业化初期典型的生产垄断和市场垄断。

2. 第二次技术革命推动了组织结构集中化与专业化。工业生产进入电气化时代以后，一大批新型产业，包括电气产业、钢铁产业、化工产业、新型冶炼产业、汽车产业等逐渐新兴和发展起来。在新技术不断出现的背景下，社会生产过程逐步延长。复杂技术产品从原料加工至最终完成需经过更多的生产阶段，涉及多学科技术。企业无力完全把握每个具有不同技术特性的生产阶段，跨越众多产业的纵向一体化生产形式成为企业进一步扩大生产能力的制约。所以，进入20世纪后纵向一体化企业逐渐分解，产品品种专业化的企业应运而生。同时，集中化伴随着专业化逐步发展。大型、高效机器设备的使用提高了企业生产的沉淀成本和进入门槛。为了降低产品中固定成本的比例，获取更大的经济利益，企业必须采取大批量生产的方式。这促进了大批量生产的组织方式——福特制的产生，产业组织集中化与专业化的程度不断提高。

3. 新技术革命推动了组织结构柔性化、集团化和多元化。新技术革命中技

---

[1] 李廉水：《技术创新经济学》，安徽人民出版社1994年版，第259页。
[2] 李平：《知识经济与产业变革》，经济管理出版社1999年版，第104页。

术创新的频率明显加快，新产业和新产品不断涌现，产业结构调整和产业组织调整进入了一个异常活跃的时期。消费需求的多样化和个性化趋向为小企业利用自动化生产技术和灵活的市场策略，专门针对小规模产品市场的柔性化生产方式提供了广阔的发展空间。与此同时，高技术研发成本越来越高，高新技术产业的进入门槛不断提高。这就推动了资本雄厚的大企业与高新技术企业之间的联合与合并。联合和合并是企业克服进入新市场的障碍，开展多元化经营的最佳途径。在这种条件下，产业组织结构呈现出柔性化、集团化和多元化的特点。

第二节　高新技术产业发展

一、高新技术产业

（一）高新技术产业的概念与特征

高新技术是基本原理及概念建立在最新科技成就基础上的现代技术的统称[1]。根据世界科学技术发展趋势和我国科技、经济、社会发展战略，我国将高新技术认定为：电子与信息技术、生物工程和新医药技术、新材料及应用技术、先进制造技术、航空航天技术、现代农业技术、新能源与高效节能技术、环境保护新技术、海洋工程技术、核应用技术、其他在传统产业改造中应用的新工艺新技术[2]。高新技术产业就是从事高新技术研究与生产的产业部门。我国有关部门对高新技术企业的认定提出了四个方面的指标：①高新技术企业是知识密集、技术密集的经济实体。②具有大专学历的人员占企业总人数的30%以上，且从事研究与开发的科技人员占企业总人数的10%。③用于高新技术产品研究与开发的经费占总收入的3%以上。④技术性收入和高新技术产品产值的总和应占企业总收入的50%以上。

为了将高新技术产业与传统产业严格区分开来，我们有必要了解高新技术产业的特征。根据高新技术产业的技术属性与经济社会属性，其基本特征可以表现为以下十个方面：

1. 高创新性。创新是一切产品和技术的生命力。高新技术产业内的创新建立在现代科技最新成就基础上，其主要来源于大规模科学研究，能开辟出与过去有着本质差别的新的技术途径。因此，高新技术往往是一种独占性的技术。

2. 高智力性。高新技术产业的高创新性决定了该产业是智力高度密集型产

---

[1] 邹义均、丘均：《产业经济学》，中国统计出版社2001年版，第177页。
[2] 中华人民共和国科学技术部：《中国技术创新政策》，科学技术文献出版社2000年版，第78页。

业。高智力是发展高新技术产业的基本前提，也是高新技术产业的根本属性。高新技术产业的形成与发展必须聚集大量的专业人才，凝集众多的科学知识和先进技术。据统计，高新技术产业研发人员为传统产业的 5 倍，科技人员对产业竞争力的相对影响度为 23.6%[①]。

3. 高投入性。高新技术产业是知识技术和资金密集型产业，其在这两方面的投入都明显高于传统产业。

（1）高新技术产业的高智力性决定了该产业的竞争归根结底是人才的竞争，培育和凝聚大量的人才精英进行研究开发需要大量的资金投入。

（2）高新技术的研究开发需要大量的高精尖设备，同时高新技术产品具有较高的更新换代率。所以，高新技术产业的发展需要大量、频繁的资金投入。对于一些涉及整个产业群发展的工程，其资金投入往往是一个企业所难以承受的。例如，在美国"信息高速公路"的建设上，联邦政府年均投入资金高达 10 亿～20 亿美元。

4. 高竞争性。高新技术产业竞争程度无论从深度和广度都表现得十分激烈。从深度来看，各国已普遍认识到本国当前与未来的利益都有赖于高技术产业的发展，所以高新技术和高新技术产业的竞争已远远超越企业间和产业间的商业竞争范畴，正逐步成为国家政治经济竞争的"制高点"；从广度来看，高新技术产业竞争实质上是关于人才、资金、管理、信息和市场的全面竞争。

5. 高风险性。一般来说，任何产业的技术创新都具有一定的风险性。产业发展的风险性随着技术创新的不确定因素的增加而加大。高新技术产业的高风险性主要体现在以下三个方面：

（1）技术风险。传统产业中技术一般都比较成熟，由创新而增加的技术含量不大，不确定因素不多，技术风险相对较小；高新技术产业的高创新性决定了其技术创新大多处于科学技术的前沿，具有明显的超前性，从技术原理的探索到技术开发的组织实施都会由于技术的不成熟而具有很多难以预料的不确定性，技术风险较高。

（2）市场风险。由于高新技术产业的产品生命周期短，更新换代率高等特点，高新技术企业的竞争能力存在难以估计的不确定性，市场风险较大。

（3）财务风险。高新技术产业的高投入性及高竞争性使得投资主体投资决策的有效性受到较大影响，投资回报的实现存在无法估算的风险，财务风险

---

① 隋映辉：《科技产业论——科学技术的商品化、产业化与国际化研究》，山东人民出版社 1994 年版，第 257 页。

较大。

据统计,美国高新技术企业的成功率通常只有15%~20%,60%以上企业在发展过程中受挫,20%面临破产。有些处于技术前沿的高新技术项目,由于大量不确定因素的影响,成功的比例甚至在3%以下。而即使是成功的高新技术企业,在激烈的竞争中能维持5年以上兴旺期的也只占30%左右。

6. 高成长性。高新技术产业的高创新性决定了该产业的技术创新一旦成功,将大大提高生产率,其产品也将对市场产生强大的冲击。高新技术产品在一段时期内具有较强的市场垄断能力。高新技术产业将会在此基础上得到迅速扩张,表现出高成长性。

7. 高渗透性。高新技术创新往往是多学科知识的融合和交汇,其对相关领域的适用性大大增强。创新技术不仅能广泛向各高新技术领域横向流动,而且还会向各传统产业部门融合渗透,对其落后的工艺流程、生产管理和产品性能进行技术改造,使传统产业转移到依靠新的科学技术基础上,重新焕发青春,增强传统产业的活力和竞争力。

8. 高集聚性。高新技术产业往往在地理上表现出高集聚性,这是由高新技术产业的高创新性和高智力性决定的。高新技术产业的技术创新主要来源于大规模科学研究,需要大批科学技术人员的通力合作和各学科知识的交汇互通。人们在合作中交流的知识大多属于非编码知识,这就决定了高新技术创新的空间集聚性,同时也就决定了高新技术产业的地理集聚性。当然,这种集聚性也反映了高新技术产业间直接或间接的技术经济联系。

9. 高效益性。高新技术产业高创新性决定了其一旦获得成功就能大幅度改进产品的性能,显著提高资源利用效率,或者在预算约束不变的条件下,大大提高消费者的效用。所以高新技术产品将迅速取得市场优势,获得一定的垄断地位,为企业获得高额的利润。

10. 高战略性。高新技术产业所特有的科学技术形态所显示出的实力能直接对一个国家的政治、经济、国防和在世界格局中的地位产生不可忽视的影响,高新技术产业实际上已成为衡量一个国家经济、政治、军事实力,即综合国力的重要标志之一。发展高新技术产业无疑已成为各国一项重大战略决策。

(二) 高新技术产业发展的支撑条件

由于高新技术产业的特征所决定,其发展必须具备一定的社会经济条件。

1. 高新技术产业发展的市场条件。社会的有效需求能为高新技术企业的发展提供良好的生长环境。旺盛的市场需求不仅能激励高新技术产业中的技术创新不断涌现,而且能为高新技术企业的发展壮大提供足够的市场容量,促使产业规模经济形成强势，加快产品更新换代。

2. 高新技术产业发展的人才条件。高新技术产业具有高创新性和高智力性，所以该产业的发展必须具备充足的高新技术人才储备。为了吸引人才，许多国家和地区纷纷放宽移民条件。例如，1971～1997年间，移居美国的移民约有1900万人；英国修改法律以便让英国公司能更容易地从亚洲征聘资讯科技专才；韩国对外国工程师和电脑编程师发放"金卡"，允许他们在该国长期居留[1]。当然，培养人才的主要策略还在于不断加大对科技教育的投入。高新技术产业发展较好的国家都不遗余力地加大科技和教育投入，并集中投入于研究开发部门。

3. 高新技术产业发展的资本条件。高新技术产业的高投入性和高风险性使得该产业的发展离不开资本市场推动。为适应高新技术产业发展对资金投入的需要，可以采取的策略一是将具有战略性的高新技术项目列入国家战略发展计划，由国家运用多种行政手段，制定各种优惠政策来扶持高新技术的研发，帮助高新技术企业解决起步阶段的资金困难；二是大力发展风险投资事业，这是一种非常适合高新技术产业发展的金融工具。风险投资对高新技术产业发展的作用主要体现在以下两个方面[2]：

（1）风险投资促进高科技成果的商业化。高新技术产业化的高风险性使得其采用股票、债券等融资工具都具有一定的困难。风险资本的基本作用方式正是利用筹集来的资金支持高科技成果的商品化和创新型小企业的兴办，使其迅速占领并扩大市场，最终达到获取巨额利润的目的。风险投资与传统工业投资有所不同，它关心的重点不是现有市场、设备和还款能力，而着重技术的先进性、成熟程度、开发能力和潜在市场的前景及人才素质和管理水平，其投资风险的大小，主要取决于技术开发能否按预期工程规范完成，商业开发的费用和时机是否可行以及产品面世后能否顺利占领市场。风险投资家这种追逐高新技术产业高额利润而甘冒风险的投资行为客观上起到了推进高新技术产业发展的作用。美国是高科技成果转化最快的国家，其中最重要的原因就是美国的风险投资业十分发达。

（2）风险投资的存在有利于创新型企业的成长。正是由于风险投资的存在，使得创新型高新技术企业在发展的初期就可以获得充足的资金投入，迅速发展并占领市场。根据美国风险投资协会的调查，在被调查的464家高新技术企业中，绝大多数企业创建时仅依靠风险资本作为唯一的创业资本。澳大利亚被调查的高

---

[1] 李光耀：《李光耀谈人才》，《人民日报》2000年6月22日。
[2] 王忠明：《人的暴利——新经济、知识经济与人力资本的另类思考》，经济科学出版社2000年版，第124页。

新技术企业中,有40%的企业认为若没有风险资本的支持企业早已消亡,47%的企业认为若没有这种支持将发展缓慢。著名的英特尔公司当年就是靠250万美元的风险资本起家,开发出的集成电路和微处理器,一跃成为美国最大的30家工业公司之一。在风险投资的帮助下高新技术企业普遍取得了高于市场平均水平的增长速度。例如,1993~1997年,加拿大风险投资支持的高新技术企业年销售额平均增长31%,远远高出全国平均水平;澳大利亚此类企业在1992~1996年的销售额平均每年增长42%,利润平均每年增长59%,高于同期前100强大公司6%和27%的增长速度;而美国此类企业在1991~1995年的增长幅度为34%,多项经济指标都优于前500强大企业。欧美发达国家研发经费来源情况如表7-2所示。

表7-2　　　　　　　　欧美发达国家研发经费来源趋势

按经费来源分								
	企业		政府		其他国内来源		国外	
	1981年	1993年	1981年	1993年	1981年	1993年	1981年	1993年
日本	67.7	73.4	24.9	19.6	7.3	7.0	0.1	0.1
北美	48.4	57.6	49.3	39.6	2.0	2.3		
欧盟15国	48.7	53.2	46.7	39.7	1.1	1.4	3.5	5.7
OECD成员国	51.2	58.8	45.0	36.2	2.4	2.9		

按执行部门分								
	企业		政府		高校		非营利机构	
	1981年	1993年	1981年	1993年	1981年	1993年	1981年	1993年
日本	66.0	71.1	12.0	10.0	17.6	14.0	4.5	4.9
北美	69.3	70.3	12.6	10.8	15.1	15.7	3.0	3.2
欧盟15国	62.4	62.6	18.9	16.5	17.6	19.5	1.4	1.4
OECD成员国	65.8	67.4	15.0	12.7	16.6	17.1	2.6	2.9

资料来源:经济合作与发展组织:《以知识为基础的经济》,机械工业出版社1997年版。

4. 高新技术产业发展的制度条件。就宏观而言,在高新技术产业发展的过程中制度环境比人才技术和资金等因素更重要,因为其他因素均受制度的影响。不断完善的体制将起到正面的激励作用,促使创新主体发挥主观能动性,促进人才的成长、创新的产生与资金的投入。在一系列制度条件中,知识产权制度的确立和实施有着特别重要的意义，其作用主要体现在以下几个方面：

（1）知识产权制度具有激励发明创造的作用。知识产权制度通过给发明创造者以发明创造专利权及排他独占权，从而使专利人得到丰厚的回报。这样专利人不仅能收回研究开发付出的投入，而且还能取得比其投入大得多的回报，从而继续新的发明创造。有了这一保障，才能激发起人们发明创造的热情和促进人力资本投资的积极性，使技术创新活动和高新技术产业的发展走向良性循环。

（2）知识产权制度具有有效配置技术创新资源的作用。技术创新资源包括用于研究开发的资金、设备和特殊的人力资本。知识产权特别是其中的专利文献在有效配置科技资源，提高研究开发能力和水平，避免人力、财力、物力的浪费中具有重要作用。世界知识产权组织的研究结果表明，全世界最新的发明创造信息，90%以上都是首先通过专利文献反映出来的。在研究开发工作的各个环节中注意运用专利文献，发挥专利制度的作用，不仅能提高研究开发的起点，而且能节约40%的科研开发经费和60%的研究开发时间。欧洲专利局的一项研究结果表明，在十几个欧洲专利条约成员国中，由于利用了专利文献，避免了重复研究，每年可节约大约300亿马克的研究开发经费。

（3）知识产权制度具有促使高新技术商品化和产业化的作用。知识产权制度的这一作用可以有效地解决科技与经济脱节问题。高新技术产业的发展要求实现人力资本价值最大化。因此，必须严格恪守知识产权制度的规定，对发明人给予奖励和回报，而且重点应是在技术创新产业化以后，从其创造的效益中提取。这是知识产权制度区别于一般科技奖励政策的一大特点。知识产权制度的这一作用能在极大程度上促使技术创新活动与高新技术产业的发展形成良性循环。

（4）知识产权制度具有保护技术创新成果和创造市场公平有序的市场竞争环境的作用。保护专利权是知识产权制度的核心。在高新技术产业发展阶段，仅仅研制出高新技术成果还不足以拥有市场竞争优势，只有对其进行知识产权保护才能最终形成独特的市场竞争优势。世界上一些高新技术产业发展强国同时又是知识产权大国。如日本每年发明专利申请达40多万件，美国20多万件，德国15多万件。

二、高新技术产业发展模式

高新技术开发区已成为许多国家和地区所采用的发展高新技术产业的有效模式。几十年来，世界各国高新技术开发区的发展千姿百态，从发展历史、组织结构、运行机制、投资来源等方面比较分析，它们之间存在许多差异，可以划分为不同的类型。这充分表现了时间、地区、文化和经济、科技发展的差异。

（一）高新技术孵化器

高新技术孵化器是当今世界各国为扶持高新技术产业的启动和发展所采取的最为普遍、数量最多的一种形式。它可以为创业者减轻早期风险负担，培育出能经受高新技术经济激烈竞争的成熟企业。最早的高新技术开发区——斯坦福工业园就具有孵化器的性质。高新技术孵化器一般设在大学或研究机构附近，由政府、企业、高等院校、研究机构给予资助和帮助，用新开发的高新技术进行试制、工艺设计和小批量生产，然后向企业部门转让商品化的技术和工艺流程。由于它带有培育和试验性质，因而一般称之为高新技术孵化器，有的国家也称之为创业者中心、研究园、发现园等。除了专门的高新技术孵化器外，大多数高新技术开发区在创办初期都起到了孵化器的作用[1]。

（二）高新技术产业带

亦称高新技术综合体，是在自发或半自发形成的高新技术产业和相关科研机构大规模集聚的广阔地区。高新技术产业带地域宽广，一般无确定边界。产业带内企业数目多、从业人员数量大。著名的高新技术产业带有美国的硅谷、128号公路、英国的M4号公路和加拿大的北硅谷等。

高新技术产业带在其发展过程中一般没有经过政府的规划、组织和指导，有些最初只是孵化器式的高新技术生长点，通过与其他企业的合作及周边配套设施的不断完善，经过长时间的发展衍生，加上其他高新技术企业不断集聚于此，最终形成集科研、服务、销售机构于一体，具有高技术研究、开发、生产、销售、服务全功能的地带。在高新技术地带的形成过程中，政府一般只是通过科研合同和采购合同，促进高新技术产业的壮大，吸引高新技术企业与科研机构在本地区集聚。高新技术产业带形成的条件主要有：①研究型大学。大学在高新技术领域积累的雄厚实力为高新技术地带的形成和发展提供了大量的人才、技术和新思想。②政府的高新技术研究计划。这类计划为大学和科研机构带来了大量的科研经费，为产业带内的企业提供了巨大的市场。③风险资本。风险资本是适应高新技术地带的发展而出现的，它为高新技术企业提供资金，并分担企业风险。

（三）技术城

技术城是一种以高新技术为发展支柱，注重产、学、研、住高级化及有机结合，谋求整个地区振兴的新型城市化的发展形式。技术城一般以一两个城市为母城，与周边一些村镇组成。其充分利用原有城市交通便利，土地充足，基础设施齐全等特点，对产业区、教育区、住宅区、服务区和环境按照新的构想进行全面

---

[1] 谢富纪、彭元栋、孙文广：《高技术开发区比较研究》，山东大学出版社1995年版，第67页。

规划。这种发展模式的最大特点就是把发展高新技术及其产业同城市规划、城市发展结合起来，充分体现了科技工业园区带动地方社会经济发展，发扬地方特色的优势，为落后地区的振兴提供了一条新途径。成效较为显著的技术城有美国的奥斯汀—圣·安东尼奥走廊和法国的里尔技术城。

技术城模式产业发展主要有三种方式：①发展和改造原有产业。②吸引外地大型企业来技术城投资建设小企业。③大学和大型企业培植新企业。

（四）科学城

科学城是科研机构和大学的集结地，这类地区通常具有良好的基础设施、优美的生活环境和高质量的服务。它一般以重点和尖端领域的高新技术研究为主要任务，在研究开发中，强调超前性，具有耗资多、建设周期长的特点。科学城在建设初期均呈现为科研机构和大学的集结地，主要从事基础研究和应用研究。随着新技术革命的深入发展，高新技术企业的不断聚集，逐渐发展为将科研、教学、生产、社会管理与服务结合成一体的新型城市。美国的北卡罗来纳研究三角、前苏联新西伯利亚科学城、日本筑波科学城等属于此种类型。

科学城与技术城两者都是高新技术密集型城市。其区别主要体现在：①科学城建设耗资巨大，多数为官办；技术城则主要在政府指导下，由地方联合企业建设。②科学城以综合性基础研究和应用研究为主；技术城则主要集中开发地区特色技术。③科学城孵化高新技术企业，为高新技术产业发展提供科技资源，树立政府"科技兴国"的形象；技术城则是振兴地方产业，形成地方经济起飞的据点。④科学城往往设在大都市附近；技术城分布在全国各地。

（五）科学园

科学园是以大学为核心，通过校园土地出租等多种方式吸引众多企业参加的科学与生产相结合的组织形式。园区内主要从事研究开发和中间试验，一般不进行纯商业性的大批量生产，比科学城更注重高新技术的开发试验、转让和试生产。这类开发区一般由地方政府规划、设计和创建，有发展高新技术的重点领域和主攻方向，并将研究和开发的成果不断向附近地区扩散。其主要功能是为园内公司提供建筑和服务设施，提供商业、管理、技术咨询服务，促进企业与大学和研究机构密切联系，促进科技成果的商品化。英国的剑桥科学园具有典型意义。

（六）科学工业园

科学工业园是政府或开发者将已完成的基础设施建设的地盘长期地或永久性地出租或出售给经过选择进入园区的高新技术企业和科研机构，从而在园区产出高新技术和科研成果。法国的格勒诺布尔科学工业园和韩国的大德研究园地等是这种形式的代表。科学工业园对外不仅需要争取地方政府和金融界的支持，获得投资和贷款,而且需要取得大企业和大学的支持,获得技术和人才。因此,科学工业园一般设在离城市不远的郊区。占地一般从几平方公里到几十平方公里。科学工业园内一般具备良好的基础设施、优美的环境、完善的服务设施,为经济活动提供了良好的外部环境。

(七) 高新技术产业区

高新技术产业区是在一定的背景条件下,考虑自然环境、工业布局和经济地理等因素,通过制定特殊政策,并依据集中投资、发挥优势、注重实效的原则,采取统一规划、分片建设而兴建起来的吸附高新技术及其产业,以发展高新技术产业为主的地区。这类地区往往有优越的地理条件、众多的科研机构和大学,或是接近科研集中区。与高新技术产业带不同,这种形式是政府有计划、有步骤地制定地区发展规划,建设基础设施,并相应制定各种优惠政策和措施而发展起来的。目前美国几乎所有的州都建立了或计划建立高新技术产业区,像达拉斯的硅草原、亚利桑那州的硅沙漠、路易斯安那州的硅沼泽、俄勒冈的硅森林等。我国已建和正在兴建的多数高新技术产业开发区也属此种类型①。

表7-3简要列出了高新技术产业发展不同模式的不同特点。

表7-3　　　　　　　　高新技术产业发展不同模式的特点

模式	相异点
高新技术孵化器	规模较小,主要是为了扶植高新技术产业的启动和发展,培育高新技术企业
高新技术产业带	规模大,占地宽广,无固定边界。自发、半自发形成,聚集了大量的高新技术企业,对高新技术产业的发展具有相当重要的作用
技术城	一般由母城和周围村镇组成,是相对落后地区发展高新技术产业的一种模式
科学城	科研机构和大学的集结地,以重点和尖端领域的高新技术研究为主要任务,多为官办,往往位于大都市附近
科学园	以大学为核心,主要从事研究开发和中间试验,一般不进行纯商业性的大批量生产,一般由地方政府规划、设计和创建

---

① 谢富纪、彭元栋、孙文广:《高技术开发区比较研究》,山东大学出版社1995年版,第72页。

续表

模式	相异点
科学工业园	强调科研与生产的结合，产出高新技术和科研成果
高新技术产业区	由政府制定特殊政策，选择条件较好的地区，通过统一规划、集中投资、分片建设来吸引高新技术及高新技术企业

三、高新技术产业发展与传统产业改造

（一）传统产业的困境

传统产业是一个与高新技术产业相对应的概念，其可以被理解为与高新技术产业比较技术含量较低、在工业发展中兴起时间较早、发展较为成熟的产业。典型的传统产业包括纺织、机械、化工、煤炭、电力、冶金、石油等产业。传统产业包括的产业部门在不同国家又有所不同。在某些工业发达国家已属于"夕阳产业"的传统产业，对于某些发展中国家而言也许是需要进一步发展的技术含量较高的产业。下面以我国为例，介绍传统产业面临的困境。

虽然传统产业为我国经济的长期快速增长作出了巨大的贡献，但是其经营状况一直没有得到完全改善。设备老化、技术水平低下、研究开发投入不足、产品结构层次低等问题一直困扰着我国传统产业[①]。

1. 技术装备水平落后。据第三次全国工业普查对3200多种主要工业生产设备进行普查的数据显示，我国企业的设备比较陈旧，20世纪90年代出厂的设备只占1/3左右，一半左右的设备是80年代的水平。各年代出厂的设备比例如表7-4所示。

表7-4　　　　　　各年代出厂的设备比例　　　　　　单位:%

	20世纪90年代出厂	20世纪80年代出厂	20世纪70年代及以前出厂
全部设备	36.4	54:1	9.5
进口设备	26.1	69.7	4.2
国产设备	45.5	40.4	14.1

资料来源：第三次全国工业普查办公室：《第三次全国工业普查》，中国统计出版社1997年版。

---

① 中国社会科学院工业经济研究所：《中国工业发展报告》（2003），经济管理出版社2003年版，第49页。

与此同时，我国企业普遍不重视技术改造。近年来我国技术改造投资占全社会固定资产投资的比重一直在低水平徘徊，并且基本上呈下降趋势。技改投资比重由1980年的20.5%下降到1998年的15.7%；而国际上技改投资占全社会固定资产投资的比重一般为40%左右。从表7-5可以看出，全国大中型工业企业技术改造投入经费的投入强度在1996~1999年度也呈现出下降的趋势。

表7-5　　1996~1999年大中型工业企业技术改造和技术引进投入情况

年份	技术改造经费（亿元）	投入强度（%）	技术引进经费（亿元）	投入强度（%）
1996	1249.90	3.73	322.06	0.960
1997	1102.42	3.04	236.48	0.652
1998	919.61	2.45	214.85	0.573
1999	845.59	2.02	207.55	0.459

资料来源：国家统计局科学技术部：《中国科技统计年鉴》，中国统计出版社2000年版。

2. 整体技术水平低。我国总体技术水平低，创新能力薄弱，缺乏核心技术。我国能源利用率仅为32%，比国外先进水平低10多个百分点；每万元GNP的能耗比发达国家高4倍多；劳动生产率只有美国的1/23、日本的1/25、德国的1/18。各制造产业普遍存在研发和工艺设计能力差的现象，其中机械工业产品的技术水平比工业发达国家大约落后15~20年，通用设备难以做到成套设计、成套制造、安装、调试。有关资料显示，电子及通信设备制造、汽车制造、医药制造行业的研发能力普遍偏弱，缺乏核心技术。

3. 研究开发投入不足。与发达国家相比，我国在研究和开发投入方面显然不足。据统计，1999~2000年，美、日、德、法、英五国研究开发强度分别为8.2%、9.2%、7.8%、7.0%和6.0%；而我国2001年的开发强度只达到2.6%。根据2002年科技部等7部委联合进行的调查显示，我国大中型企业研发经费支出与销售收入的比例多年来一直在0.7%左右，大大低于主要发达国家2.5%~4%的比例。表7-6列出了我国与部分国家研究开发经费支出情况，从中我们可以看出，我国的研发经费仅约为美国的1/24、日本的1/13。

4. 产品技术结构层次低。正是由于以上原因，我国传统产业产品技术结构层次低下。我国主要机械产品中达到世界先进水平的不足5%。中低档装备产品因结构性过剩而积压严重；同时机械基础产品和重大成套技术装备长期依赖进口。传统产业中多数产品在寿命、可靠性、精度、效率、能耗等方面比国外同类产品先进水平低1~2个等级，基础零部件的寿命一般比国外低50%。

表 7-6　　　　　　　　　部分国家研发经费支出　　　　　　　　单位:%

	中国	美国	日本	德国	法国	英国	韩国
研发经费	896	2470	1301	501	327	147	91
占 GDP 比例	1.01	2.79	2.83	2.33	2.23	1.8	2.83

注：货币单位：中国为亿元人民币，英国为亿英镑，其他各国为亿美元。
资料来源：国研网（www.drcnet.com.cn），2002年4月9日。

(二) 高新技术产业与传统产业升级

高新技术产业的发展对传统产业的主要作用并不是也不可能是使其灭亡，而是对其进行改造，促使传统产业升级。利用高新技术改造传统产业包含两方面的含义。在微观角度是指通过高新技术向传统产业的注入，实现传统产业从局部到整体，从一些关键性环节到再生产各方面及各主要流程的改造，最终实现产业的技术水平的跃进，实现产业高度化和产业升级。在宏观角度是指在国民经济的各产业部门中，通过高新技术产业的发展和壮大及一些传统产业的相对萎缩，逐步实现产业结构更新，进而实现产业结构的高度化。同时我们也应当注意到，传统产业的升级也为高新技术产业的发展创造了更加广阔的市场。例如，信息电子技术及其产业向汽车产业的渗透，使每辆汽车的电子装置从1990年的1383美元上升到2000美元，汽车电子部件市场的火暴为整个汽车电子业带来数千亿美元的产值。从表7-7我们可以发现高新技术产业与传统产业的关联程度不断加强已经成为一种世界范围内的趋势。可以预见，高新技术产业对传统产业升级的推动作用也将随之不断增强。

高新技术和高新技术产业对传统产业的改造作用主要体现在以下几个方面：

1. 利用高新技术改造传统产业生产设备。利用高新技术产业在信息技术等方面的创新改造现有的生产设备，可以达到节约能源、节省材料、降低环境污染的目的，实现劳动生产率的提高和产品质量的提升。如在机电一体化方面，除已取得明显进展的数控机床、工业机器人、汽车电子技术外，微型机械、毫微技术、计算机集成制造技术等通过机械技术与电子技术相融合，使机械产品的结构和功能发生质的变化，从而提高了产品的技术增值和市场竞争力。

在美国，机械工具产业是制造业中最古老和最基本的产业，也是在20世纪70年代面临严重衰退威胁的传统产业。80年代以来，该产业大量采用工业机器人、数控装置、加工中心和柔性生产系统等装备生产线，改造传统的生产设备与

表 7-7　　　　　部分国家高新技术产业产值占制造业产值的比重　　　　单位:%

	1993 年	1994 年	1995 年	1996 年	1997 年	1998 年
中国	5.3	5.9	6.6	6.9	7.7	9.4
美国	11.7	11.1	12.1	13.6	15.3	16.6
日本	11.8	11.1	12.2	13.4	14.8	16
德国	8.1	7.6	8	8.4	8.7	9
法国	7.8	9.8	10.1	10.5	10.9	11
英国	10.5	11	11.6	12.9	13.7	14.8
加拿大	6.5	6.3	7.1	7.5	8.1	8.8
韩国	12.1	12.4	14.4	14.6	14.5	15

资料来源：国研网（www.drcnet.com.cn），2002 年 10 月 29 日。

生产流程。据统计，在该行业中，数控机床在所有机床中的比例由 1983 年的 5% 上升到 1997 年的 68%，单位产品的生产时间在 1987 年就已经减少了 40%。一系列的改造不仅遏制了机械工具产业持续衰退的趋势，而且使其在 20 世纪 90 年代又迎来了加速发展的阶段。机械工具产业产品质量的提高还导致了整个制造业生产率的提高，带动了以信息技术为代表的高新技术对传统制造行业的改造。例如，美国通用电气公司投资 6 亿美元建立的大型电脑控制生产线使得制造一台 2500 马力的主机所需工时从过去的 16 天缩减为 26 小时；国际商用机器公司投资 5 亿美元发展的个人电脑生产自动化体系使得生产电脑的速度从原来每 16 秒/台提高到 7 秒/台。

2. 利用高新技术改造传统产业生产工艺。传统产业产品市场萎缩的原因除了生产设备陈旧外，生产工艺落后是重要的原因。高新技术产业的研究成果在用于高新技术产业建设、发展的同时，还可用于传统产业的生产工艺改造，促使其更新换代。如传统的机械手表制造业，采用激光打孔技术代替机械打孔工艺；水泥生产中采用计算机技术实现立窑闭门操作；加工工业中采用工业自动控制技术，实现加工过程的自动化等。

在此方面具有典型意义的是广泛采用计算机辅助设计（CAD）、计算机辅助生产（CAM）和计算机辅助工程设计（CAE）进行优化设计、优化生产、优化管理，据美国通用电器公司的工程和制造委员会对该公司所属 160 家企业调查表明，采用 CAD、CAM 后所带来的利润中，56% 是由于采用 CAD、CAM 提高了劳动生产率而获得的。在钢铁制造业中，计算机快速处理数据的能力使钢铁生产者能够将高级的决策算法软件与精密的传感装置结合在一起，用来连续监控和调整电弧炉中环境的不断变化，减少炼钢过程中的能源消耗和设备损耗。在新的操作流程中操作员使用自动化的控制系统同步安排各种设备，利用传感器随时检查偏离程度，在材料成为废品之前进行修正。操作员还可以用计算机控制的马达对速度等进行远程控制。高新技术带来了更高的产品质量和生产率，现在制造商生产钢铁的效率从1990年的6人/时生产1吨钢提高到4人/时生产1吨钢，个别生产商的效率已达到不到1人/时生产1吨钢。

3. 利用高新技术建立先进的信息管理系统。随着计算机、机电一体化以及先进制造技术的发展，将工厂自动化、办公自动化和决策支持系统（DSS）融为一体，以实现企业各职能高度协调和信息一元化总集成的计算机集成制造系统（CIMS）已成为制造业工厂的普遍模式，与此相适应，先进的企业信息管理系统也应运而生，使优化生产要素的组合和改善经营管理得以实现。近几年，我国不少行业都注意了利用计算机的先进技术，着手建立信息管理系统。机电、冶金、石油、化工、银行等行业的一些企业和事业单位，已开始陆续采用计算机辅助管理，并正在按照"统筹规划，分步实施"的原则，以达到逐年有收效，不断提高管理现代化水平，实现控制、管理、决策一体化的目的。

本章参考文献

1. 中华人民共和国科学技术部编：《中国技术创新政策》，科学技术文献出版社2000年版。
2. 王明友：《知识经济与技术创新》，经济管理出版社1999年版。
3. 白克明主编：《加快高新技术产业开发区改革和建设》，北京师范大学出版社1993年版。
4. 约翰·伊特韦尔、默里·米尔盖特、彼得·纽曼编：《新帕尔格雷夫经济学大辞典》，经济科学出版社1996年版。
5. 许庆瑞主编：《研究、发展与技术创新管理》，高等教育出版社2000年版。
6. 余永跃：《高新技术产业发展模式的历史考察》，《江汉论坛》2001年第6期。
7. 吴贵生：《技术创新管理》，清华大学出版社2000年版。
8. 张永谦、郭强编：《技术创新的理论与政策》，中山大学出版社1999年版。
9. 李泊溪、钱志琛：《产业政策与各国经济》，上海科学技术文献出版社1990年版。
10. 杨东乔主编：《发展高新技术改造传统产业》，重庆大学出版社1992

年版。

11. 周叔莲、王伟光：《论工业化与信息化的关系》，《中国社会科学院研究生院学报》2001 年第 2 期。

12. 国家科委综合计划司主编：《经济合作与发展组织科学技术指标（第二号）——研究与发展》，科学技术文献出版社 1989 年版。

13. 胡国成、韦伟、王荣军：《21 世纪的美国经济发展战略》，中国城市出版社 2002 年版。

14. 胡海棠编：《高技术与高技术产业——人类希望之光》，科学技术文献出版社 1994 年版。

15. 郭励弘等：《高新技术产业：发展规律与风险投资》，中国发展出版社 2000 年版。

16. 魏心镇等编：《新的产业空间：高技术产业开发区的发展与布局》，北京大学出版社 1993 年版。

17. 陈劲：《永续发展——企业技术创新透析》，科学出版社 2001 年版。

18. 何传启、张凤：《知识创新——竞争新焦点》，经济管理出版社 2001 年版。

19. 马克·布劳格、保罗·斯特奇斯主编：《世界重要经济学家辞典》，经济科学出版社 1987 年版。

重点名词

技术创新　高新技术产业

思考题

1. 技术创新的特征是什么？它可以按照什么方法分类，分为哪几类？
2. 你认为技术创新与知识创新和制度创新的区别在哪里？
3. 高新技术产业的特征是什么？发展高新技术产业的支撑条件有哪些？
4. 高新技术产业的发展对传统产业的生存与发展意味着什么？
5. 针对我国的实际情况，你认为当前应如何协调发展高新技术产业与传统产业？

$\boxed{\text{人物介绍}}$

❑ 约瑟夫·阿洛伊斯·熊彼特（Joseph Alois Schumpeter，1883—1950）

熊彼特是 20 世纪最著名的浪漫主义经济学家。熊彼特 1883 年生于奥匈帝国摩拉维亚的特利希镇，1950 年在美国康涅狄格的塔科内克辞世。1901～1906 年，熊彼特就学于维也纳大学，攻读法律和经济，是奥地利学派主要代表人物庞巴维克的弟子，后来转到世界经济学的中心之一"奥地利学院"；1925～1932年，熊彼特就任波恩大学的教授；1932年熊彼特迁居美国，任哈佛大学经济学终身教授；1937～1941年，熊彼特任"经济计量学会"会长，1948～1949年任"美国经济学会"会长。

《经济发展理论》一书是熊彼特在1911年发表的成名之作。熊彼特在该书中首次使用了"创新"一词。他认为创新是经济系统内发生的一种严重偏离均衡的变化，它使得新均衡不可能在旧均衡的基础上通过逐步调整来实现。1928年熊彼特在《经济学杂志》上发表了首篇论及创新的文章《资本主义的不稳定性》中认为：创新是对生产性资源作开创性的应用，具有非渐进性的特点；创新在获益前通常需要大量的带有风险的投资、其成功的阻力及不确定性源自于创新活动史无前例的性质。1939年熊彼特的《商业循环》一书对技术创新理论进行了系统阐述，认为：创新就是在经济系统中引入新的生产函数，它的产生主要源自于企业家的作用，创新可以分为技术创新与非技术的组织创新等。熊彼特创新理论的一个重要特点，就是将技术创新看作是资本主义社会出现显著的非均衡及经济周期的原因之所在。由于当时的经济学家一直倾向于将技术看作是一种可以通过多种方式影响经济发展的外生力量，而不是看作经济系统本身的一个重要组成部分，所以，熊彼特的技术创新理论起初并未引起经济学家的广泛注意，直到20世纪50年代才开始逐渐受到人们的重视。

按照熊彼特的观点，所谓"创新"，就是"建立一种新的生产函数"，也就是说，把一种从来没过的关于生产要素和生产条件的"新组合"引入生产体系。在熊彼特看来，作为资本主义"灵魂"的"企业家"的职能就是实现"创新"，引进"新组合"。所谓"经济发展"也就是指整个资本主义社会不断地实现这种"新组合"而言的。熊彼特所说的"创新"、"新组合"或"经济发展"，包括以下五种情况：①引进新产品；②引用新技术，即新的生产方法；③开辟新市场；④控制原材料的新供应来源；⑤实现企业的新组织。按照熊彼特的看法，"创新"是一个"内在的因素"，"经济发展"也是"来自内部自身创造性的关于经济生活的一种变动"。

熊彼特非常强调生产技术的革新和生产方法的变革在资本主义经济发展过程中的至高无上的作用，并把这种"创新"或生产要素的"新组合"看成是资本主义的最根本的特征。在熊彼特看来，所谓资本，就是企业家为了实现"新组合"，用以"把生产指往新方向"、"把各项生产要素和资源引向新用途"的一种"杠杆"和"控制手段"。资本不是具体商品的总和，而是可供企业家随时使用的支付手段，是企业家和商品世界之间的"桥梁"，其职能在于为企业家进行

"创新"而提供必要的条件。他认为,没有"创新",就没有资本主义,既没有资本主义的产生,更没有资本主义的发展。熊彼特极力强调"变动"和"发展"的观点,认为"创新"是一个"内在的因素","经济发展"也是"来自内部自身创造性"的一种变动,强调社会经济制度"内在因素"的作用。熊彼特还非常强调和重视"企业家"在资本主义经济发展过程中的独特作用,把"企业家"看作是资本主义的"灵魂",是"创新"、生产要素"新组合"以及"经济发展"的主要组织者和推动者。

阅读熊彼特的著作,人们可以认识到其理论的魅力来自对历史的精辟阐述和强大的非纯数学理论分析功力。不管对熊彼特有什么最终评价,不可否认,他提出了一些全新的问题,为经济科学的发展指出了新的方向。熊彼特专注于经济生活的动态学,打破了经济问题静态分析方法的禁锢。他是一位巨人,许多后来的学者正是从他的肩膀上跨入经济学科的殿堂。

——资料来源:根据约翰·伊特韦尔、默里·米尔盖特、彼得·纽曼《新帕尔格雷夫经济学大辞典》第四卷第283~286页编写。

☐ 道格拉斯·C. 诺斯(Douglass C. North,1920—)

美国经济学家诺斯出生于马萨诸塞州坎布里奇。1942年和1952年诺斯分别获得美国加州伯克莱大学学士学位和博士学位。他曾任教于华盛顿大学(1950~1983)、圣路易大学(1983~)。1960~1966年,诺斯担任《经济史杂志》副主编;1972~1973年,他担任了东方经济协会会长;1975~1976年,诺斯任西方经济协会会长。由于其建立了包括产权理论、国家理论和意识形态理论在内的"制度变迁理论",诺斯于1993年获得诺贝尔经济学奖。

诺斯在经济理论上的主要贡献在于其发展了1790~1860年美国经济增长模型,把朴素的新古典理论应用于研究美国经济史问题;提出了制度变化的一般模型,并将它运用于西方经济史研究。诺斯的主要著作包括《美国的经济成长》、《美国过去的经济增长与福利:新经济史》、《制度变迁与美国经济增长》、《西方世界的兴起:新经济史》、《经济史的结构与变迁》和《制度、制度的变革与经济表现》。

——资料来源:根据马克·布劳格、保罗·斯特奇斯《世界重要经济学家辞典》第474~475页编写。

☐ 约翰·理查德·希克斯(John Richard Hicks,1904—)

英国经济学家希克斯1904年出生于沃里克。他曾就学于牛津大学(1922~

1926），先后在伦敦经济学院（1926~1935）、剑桥大学（1935~1946）和牛津大学（1946~1952）任教，1952~1972年，其担任牛津大学万灵学院评议员，后为名誉教授。1942年，希克斯成为英国科学院院士。由于其对一般均衡理论做出了开拓性贡献，1972年，希克斯与肯尼思·阿罗（Kenneth J. Arrow）共同获得诺贝尔经济学奖。

希克斯涉猎于经济学的许多领域，其贡献按著述年代排列依次为工资、货币、一般均衡、福利经济学、社会会计学、周期理论、国际贸易、消费者理论、增长理论、方法论及资本理论。他的著名论著包括《工资理论》、《价值与资本》等。

在《工资理论》一书中，希克斯提出了中性技术进步概念。希克斯中性技术进步（创新）是指在技术进步（创新）前后，与同一资本—劳动比率（K/L）对应的劳动边际生产力—资本边际生产力比率（即工资率与利润率的比率）相等。这种技术进步（创新）的概念在经济增长理论和创新理论中具有非常重要的意义。

——资料来源：根据约翰·伊特韦尔、默里·米尔盖特、彼得·纽曼《新帕尔格雷夫经济学大辞典》第二卷第691~696页编写。

❑ 罗伯特·M. 索洛（Robert M. Solow, 1924—）

美国经济学家索洛1924年出生于纽约的布鲁克林，1951年获得哈佛大学哲学博士。他曾任教于牛津大学（1968~1969）、麻省理工大学（1951~），任职于波士顿联邦储备银行（1975~1980）。索洛是美国哲学学会会员，英国科学促进学会通讯会员；1964年，索洛担任了经济计量学会会长；1976~1979年，其担任了美国全国科学理事；1980年，索洛任美国经济协会会长。由于其对经济增长理论的贡献，索洛于1987年获得诺贝尔经济学奖。

索洛经济增长模型被称为新古典主义经济增长模型。索洛认为，经济增长的决定因素可以分为劳力、资本和技术进步。他在测度技术进步的贡献时，把扣除资本和劳动要素后的"剩余变量"处置为技术进步，强调长期经济增长主要依靠技术进步，而不是资本和劳动力的投入。近代许多更加完善的增长模型就是建立在索洛开创性工作的基础之上。索洛的主要著作包括《直线性规划与经济分析》、《解说成长理论》以及与多夫曼和萨缪尔森合著的《资本理论与报酬率》。

——资料来源：根据马克·布劳格、保罗·斯特奇斯《世界重要经济学家辞典》第592~593页编写。

第八章 经济全球化与产业发展

21世纪，经济全球化与区域经济一体化并驾齐驱。一方面以跨国公司为主导的经济全球化深入发展，其进程和影响已不仅限于经济生活的范围，而且波及世界各国社会文化生活的方方面面；另一方面，以欧洲统一大市场为先导，以北美自由贸易区（NAFTA）和亚太经合组织（APEC）为两翼，以东盟自由贸易区、西非共同体等中小区域集团为后续，区域经济一体化也表现出了强劲的发展势头。同时，以世界贸易组织（WTO）取代关税与贸易总协定（简称关贸总协定，GATT）为标志，世界多边贸易体制得到空前的加强和完善。这一切都使得各国产业发展面临跨国贸易冲击、国际金融风险和世界经济波动所带来的不安全性大大增加。因此，在经济全球化背景下，如何通过提升产业国际竞争力为本国产业发展创造更加有利的环境，以达到规避国际经贸风险、提高产业安全度的目的便成为本章研究的重点。提升产业国际竞争力是维护产业安全、促进产业发展的治本之策，需要政府、行业组织、企业的共同努力。

第一节 经济全球化及其中国融入的进程

一、经济全球化及其相关概念辨析

（一）经济全球化

1. 经济全球化的含义。迄今为止的资料显示，"全球化"一词由美国经济学家T. 莱维（Theodre Levt）于1985年在一篇题为《市场全球化》的文章中最早提出，他用这个词来描述此前20年间国际经济发生的巨大变化，即"商品、服务、资本和技术在世界性生产、消费和投资领域中的扩散"。此后，这一用语被广泛采纳，并逐渐与"经济全球化"通用，人们对这一概念的理解和表述也层出不穷。比如，经合组织（OECD）首席经济学家S. 奥斯特雷（Sylvia Ostry）认为，经济全球化主要是指生产要素在全球范围内的广泛流动，实现资源最佳配置的过程；法国学者雅克·阿达（Jacques Adda）认为，经济全球化就是资本主义经济体系对世界的支配和控制；国际货币基金组织在1997年发表的一份报告中将其界定为："全球化是指跨国商品与服务交易及国际资本流动规模和形式的增加，以及技术的广泛迅速传播使世界各国经济的互相依赖性增强。"[①] 这些观点对经济全球化含义的表述虽然存在一定差异，但都强调了"基于商品和资本的流动性，世界各国之间的经济联系越来越密切"这一客观事实。

2. 经济全球化的进程。经济全球化是一个渐进的历史过程，它的起点可以追溯到很久以前，但人们关注最多的是19世纪末以来尤其是第二次世界大战后的经济全球化。19世纪后期至20世纪初，可谓经济全球化的第一次浪潮，国际贸易的繁荣和国际资本、劳动力的大规模流动成为那个时代的主要特征，这次浪潮后来被第一次世界大战打断。20世纪60年代，经济全球化出现了第二次浪潮。这一次浪潮在宏观上的特征是国际金融和国际贸易体制的确立，在微观上则是跨国公司尤其是美国跨国公司活跃于世界经济舞台。从70年代后期开始新一轮经济全球化趋势渐渐涌动，90年代终于汇成第三次经济全球化浪潮。促成这次浪潮的因素包括西方国家经济政策的调整、新技术的开发和扩散、发展中国家的经济自由化改革和开放政策、企业经营活动的国际化等。冷战结束后至今，第三次经济全球化浪潮仍如火如荼。

3. 经济全球化的形成机理。经济全球化的形成机理主要源自三个方面：①以跨国公司为主力的微观主体的全球性逐利活动是经济全球化的原始驱动力；②现代化的运输和通信技术为跨国生产经营提供了物质技术基础；③发达国家之间建立了一个世界性的相当自由的国际贸易体制和国际性的货币金融体系，从而为经济全球化奠定了制度性的框架。

由此可见，经济全球化不仅指实际经济活动的全球化，它还反映了绝大多数国家政府的经济政策（尤其是各国的产业发展政策）、企业的经营战略越来越具有全球化的眼光这一客观事实。例如，联合国的一份材料显示：波音飞机的零部件分别在全球的70多个国家生产，只不过是在西雅图组装。为什么其零部件要放到70多个国家生产呢？因为竞争非常激烈，成本必须且有可能通过生产的全球化降到最低。具体来说，飞机虽然是一个科技含量很高的产品，但是，在几千种零部件中，有劳动密集型的产品，也有技术密集型产品，把劳动密集型的产品放到劳动密集的地区去，把精密仪器放到德国、瑞士等长于生产精密仪器的国家去生产，然后自己最长于什么就生产什么，这样，发挥各国比较优势有利于降低生产成本。同时也可以分散汇率风险，零部件有些在美元区生产，有些在欧元区生产，有些在日元区生产，汇率怎么变动，平衡下来，损失不大。此外，还可以达到分散政治风险的目的，一些零部件由几个国家生产，如果一个国家发生了军

---

① 刘力、章彰：《经济全球化：福兮·祸兮》，中国社会出版社1999年版，第1~2页。

事政变，其他国家还可以生产。这些便是生产全球化带来的好处。

（二）区域经济一体化

1. 区域经济一体化。区域经济一体化是指有着一定地缘关系的两个或两个以上的国家和地区，为了维护共同的经济和政治利益，通过签订某种政府间条约或协定，制定共同的行动准则和协调一致的政策，甚至通过建立起各国政府一定授权的共同机构，实行长期而稳定的超国家的经济调节，达成经济乃至政治上的联盟。

区域经济一体化的雏形可追溯到20世纪20年代的荷、比、卢三国联盟和30年代的英联邦特惠区。但它的迅速发展则是在第二次世界大战之后，并形成了两次较大的发展高潮。

第一次高潮开始于20世纪50年代。第二次世界大战后，世界政治经济格局发生了划时代的变化。无论是西欧资本主义国家，还是东欧社会主义国家，抑或其他刚走上独立的发展中国家，都在不同程度上面临着民族生存危机和发展民族经济、维护民族利益的艰巨任务。因而在那时许多国家走上了联合发展的道路，此后涌现了一大批区域性经济集团。如经互会、欧共体、欧洲自由贸易联盟以及中美洲共同市场、安第斯条约组织、拉丁美洲自由贸易协会等区域性经济一体化组织。

第二次高潮发生在20世纪80年代后半期。欧共体取得的成就和它所显示出的活力，尤其是1985年关于建立欧洲共同体统一大市场白皮书的通过，产生了巨大的示范效应，极大地推动了其他地区经济一体化进程，它不仅促进了西欧、北美、东亚地区集团化的发展，也在一定程度上使得组建亚太经济圈的构想变为现实。

区域经济一体化经历了不同的发展阶段，其组织形式也在不断变化，从优惠贸易安排、自由贸易区、关税同盟到共同市场、经济同盟和完全经济一体化。今天，随着世界各国之间经济合作的加深与协作内容的拓宽，新一轮的区域经济一体化浪潮已不期而至。

区域经济一体化的直接动因，往往是为了抗衡外部的强大势力。如20世纪50年代，欧共体成立的重要动机之一就是为了增强与美国抗衡的实力。80年代后半期，美国、加拿大与墨西哥的联合又与来自欧共体和日本的强大威胁有关。战后科学技术和社会生产力的高速发展，加速了各国经济的相互依赖和经济生活的国际化趋势，客观上促使各国越来越深地卷入到世界经济和国际分工体系中来。而促使区域经济一体化产生并持续发展的经济源泉则是区域经济一体化所带来的贸易创造等各种积极的经济效应。

2. 区域经济一体化与经济全球化的关系。

(1) 经济全球化与区域经济一体化的主体和运行过程不同。经济全球化是由企业的跨国经营、国际化经营所带动的，是一种微观力量推动的经济现象，运行过程中遵循市场经济规律，运用市场规则，具有不稳定性和客观性，不具有强制作用。区域经济一体化的主体是若干国家，是由若干个国家政府设计的以国家契约为基础建立起来的一种国际经济合作组织形式，其运行过程带有主观性、强制性。

(2) 经济全球化与区域经济一体化的目标不同。经济全球化的主体是以跨国公司为主力的企业，故其首要目标在于利润最大化。借助全球化，许多跨国公司的经济总量呈几何级数增长，有的比许多国家的经济总量还大，意义非同小可。区域经济一体化的目标则更为复杂，从政治角度解释区域经济一体化目标的理论可称为霸权论或对抗论。典型的观点，比如，当年西欧成立欧洲共同体，是为了增强集体力量，以对抗美国；美国搞北美自由贸易协定，参加亚太经济合作组织，是为了扩大势力范围，对抗西欧，以保持自己的霸权地位；如今欧盟东扩不仅使其世界第一大贸易集团的地位得到进一步巩固，更使其在多极世界中尤其是在大国中的均势得到增强。从经济角度解释这一现象的观点可称为排他论。既然区域经济一体化对成员产生贸易创造效应，对非成员则产生贸易转移效应。故区域经济一体化成员之间的优惠不会给予非成员，即对非成员具有排他性。

(3) 尽管区域经济一体化具有排他性，但它同时也具有开放性。即区域经济一体化的参加国都积极参与全球经济活动。各国既利用区域经济一体化中的有利游戏规则，获得本国经济的快速发展，也在经济全球化中利用市场规则，获得比较利益，加快本国经济的发展。

(4) 在推动全球化和区域化的进程中，区域性国际经济组织和全球性国际经济组织是区域经济一体化和全球经济一体化的重要产物，又是一种推动力量。尽管区域性经济组织有时会违背全球性经济组织——世界贸易组织及其前身关贸总协定的非歧视和最惠国待遇等基本原则，但关贸总协定在其长期的活动中一直对区域性组织采取宽容态度，甚至世界贸易组织还接受了欧洲联盟作为其单独的成员。世界贸易组织基本承袭了关贸总协定对区域组织的宽容态度，区别是在涉及区域组织方面采取了将货物贸易与服务贸易分开的做法。

(三) 关税与贸易总协定

1. 关贸总协定。关贸总协定与国际货币基金组织 (IMF) 和世界银行 (WB) 被誉为世界经济三大支柱，都对第二次世界大战后经济的复苏和振兴起到了举足轻重的作用。它缔约于 1947 年，正式生效于 1948 年 1 月 1 日，其酝酿和发端则可追溯到20世纪30年代。

随着世界范围内资本主义经济的发展，20世纪30年代爆发了严重的经济危机，为保护本国市场并阻止外国商品进口倾销，各资本主义国家间爆发了关税战，而高关税又阻碍了商品的国际流通，造成国际贸易额的大幅度萎缩，又进一步加剧了经济危机。在此情况下，为扭转困境，扩大国际市场以求摆脱危机，美国国会在1934年授权美国总统与20多个国家签订了一系列双边贸易协定，大幅度削减各自的关税。这一举措在当时有效地缓解了各自的经济危机，促进了各国的经济复苏，在客观上也为美国后来赢得第二次世界大战创造了有利条件。因而到第二次世界大战后期和大战结束以后，在战争中实力大为增强的美国为在战后扩大世界市场份额，主导国际贸易，又积极倡导在多边贸易基础上互减关税，逐步消除关税及其他贸易壁垒。在联合国贸易与就业会议期间，美国联合英国、法国、比利时、荷兰、卢森堡、澳大利亚和加拿大，于1947年11月5日签署了关税与贸易总协定《临时适用议定书》，以后又有中国、印度、巴西等国加入，同意从1948年1月1日起实施关税与贸易总协定的条款。从那时起，到1995年1月1日世界贸易组织正式运行，以《临时适用议定书》的形式存在的关贸总协定共存续了47年，其间在此框架内先后进行了被称为"狄龙回合"、"肯尼迪回合"、"东京回合"、"乌拉圭回合"等8轮多边贸易谈判，截至1994年底，缔约方已由初始时的23个增至128个，谈判达成的协定、协议，使各缔约方之间的关税水平大幅度下降，非关税措施受到约束。应该说，关贸总协定对战后世界经济的发展和国际贸易的增长起到了较大的作用。而关贸总协定的第8轮多边贸易谈判，即"乌拉圭回合"，是关贸总协定的最后一轮谈判，它使1947年的《临时适用议定书》完成了它的使命而退出历史舞台，又使世界贸易组织在世纪之交"应运而生"。

2. 关贸总协定与经济全球化的关系。作为世界贸易组织的前身，关贸总协定对经济全球化的贡献功不可没。当年，国际上有个被称为"布雷顿森林体系"的俱乐部，一些国际经济、金融界的有识之士参与其活动，后来这个俱乐部演变成现在赫赫有名的世界银行和国际货币基金组织。为了处理国际商务合作方面的问题，关贸总协定签署前其签署国曾试图创建一个新的机构，也作为"布雷顿森林体系"的一部分。当时有50个国家参与了该机构的总体策划，决定将拟成立的机构称为"国际贸易组织（International Trade Organization，ITO）"，把它作为联合国的一个专门机构，并为它起草了章程草案。该章程草案是一个雄心勃勃的文件，它涉及的范围远远超出国际贸易准则领域，囊括了就业准则、商品贸易、商业行为限制、国际投资和服务等方面。国际贸易组织的章程虽然最终于

1948年3月在哈瓦那召开的联合国关于贸易与就业问题会议上达成协议，但是，在取得各成员立法机构确认时遇到了麻烦。在一些国家根本通不过，尤其是遭到美国国会的强烈反对。尽管美国国会知道美国政府是国际贸易组织的积极推动者，但出于种种原因，还是对国际贸易组织的章程予以断然否决。两年之后即1950年，美国政府不得不宣布，他们不再寻求国会对哈瓦那章程的确认，于是国际贸易组织夭折。关贸总协定则仅仅成为一个管理国际贸易的临时性多边机制，直至1995年世界贸易组织成立，关贸总协定才宣告结束使命。

(四) 世界贸易组织

1. 世界贸易组织（World Trade Organization，WTO）。1994年4月15日在摩洛哥的马拉喀什市举行的关贸总协定乌拉圭回合部长会议决定成立更具全球性的世界贸易组织（简称"世贸组织"），以取代成立于1947年的关贸总协定。它是一个独立于联合国的在世界范围内规范多边贸易制度和多边经济贸易规则的永久性国际组织，其基本职能是：促进建立世贸组织协议与多边贸易协议的执行、管理、运作和目标的实现；成为世贸组织成员谈判的场所，实施管理争端解决的规则与程序；管理实施贸易政策评审机制，并与国际货币基金组织和世界银行等合作，协调制定全球经济政策；对发展中国家和最不发达国家提供技术援助以及培训。与原来的关贸总协定相比，世界贸易组织管辖的范围已经从货物贸易扩大到了货物贸易、服务贸易、与贸易有关的知识产权以及与贸易有关的投资领域，在调解成员争端方面也具有更高的权威性。迄今，加入世界贸易组织的国家和地区已有150多个，其外贸总额占世界贸易总额的90%以上。

世界贸易组织及其前身关贸总协定都是以自由贸易为最终诉求的，为达到这个目标提出了市场经济原则、对等互利原则、非歧视原则、贸易壁垒递减原则、一般禁止使用数量限制原则、关税作为唯一保护手段原则、公平贸易原则和贸易政策统一并具有透明度原则。其中有一些原则的实施规定了例外条件。例如，对贸易壁垒递减及禁止数量限制的原则在以下情况下可以例外：①国际收支严重失衡时；②幼稚工业需要保护时；③某一产业受到突然增加的进口产品冲击而造成严重损害时。又如，对等原则的例外条件是，发展中国家对发达国家的关税减让可以不必给予相应的回报。此外，对非歧视原则也有例外，即关税同盟和自由贸易区内实施的相互优惠条件可以不给予区外国家。事实上，区域经济一体化的成员国彼此间享受的优惠和承担的义务往往高于世界贸易组织。

2. 世界贸易组织与经济全球化的关系。经济全球化主要是指经济活动的全球化，而世界贸易组织主要是指经济运行规则的全球化。经济活动全球化是经济活动规则全球化的前提和推动力量，经济规则全球化是经济活动全球化的要求和内在机制。

经济全球化运行过程的结果，导致包括世界贸易组织在内的国际经济组织力量的加强。各国微观主体在运行过程中，要求世界各国建立贸易和投资的开放体制，交通通信网络的全球配置，希望全球使用统一的度量衡，更渴望国际金融市场的全球稳定。各国微观主体的这些希望和要求，既不可能在世界市场中自发形成，也不可能由某一个国家单独完成，这就需要超国家的管理机构的诞生，如由政府组成的世界贸易组织，由政府和私营部门共同参加的国际电讯联合会等。正是这些国际经济组织的建立，为经济全球化运行过程提供了谈判、协商的场所和运行规则，加速了经济全球化的发展。

二、中国融入经济全球化的进程

中共十一届三中全会以后，改革开放的发展使中国越来越多地接触到世界，对外贸易不再仅仅是调剂余缺换取外汇的手段，而成为国民经济不可分割的组成部分。国际通行惯例和游戏规则，是中国在与世界打交道时必须要考虑的因素。关贸总协定等便不再是事不关己和遥不可及了，参与多边贸易体制的话题逐渐提到了中国高层领导人的议事日程。

从中共十一届三中全会直至1992年，是我国积极主动参与经济全球化的起步阶段。第二次世界大战后，在新科技革命的推动下，国际跨国公司如雨后春笋般地出现并得到迅速扩张，从而使国际范围的现代化大生产取得空前的发展，各国经济交流和合作越来越紧密。进入20世纪80年代，全球化已成为世界经济发展的主要趋势。1978年中国共产党十一届三中全会果断地提出改革开放的基本国策，中国终于迈出走向世界的步伐，开始了主动参与经济全球化的进程。为实施对外开放的基本国策，中共中央制定了设立经济特区、开放沿海城市、开辟沿海经济开放区以及扩大对外开放格局、加强科技文化交流等多项举措。

从邓小平南方谈话至加入世界贸易组织，是我国积极主动参与经济全球化的大发展阶段。20世纪90年代初，冷战结束，以市场经济为主要载体的经济全球化在世界范围内呈现汹涌之势，信息化跨越了时空障碍而把世界各国、各地区紧密地联系起来，一场大规模的市场化浪潮席卷全球，实行市场经济的国家由原来西方发达资本主义国家以及一批新兴工业化国家和地区，扩展到全球几乎所有国家和地区。面对这一新形势、新变化，邓小平同志果断提出"抓住机遇，加快发展"的伟大战略，在南方谈话中，他通过精辟的论述，最终彻底解决了羁绊改革开放深入进行的姓"资"姓"社"问题，从根本上扫除了中国进一步融入经济全球化的思想障碍。从1992年10月后，中国进入社会主义市场经期阶段，对外经济政策开始进行广泛的改革。

加入世界贸易组织标志着我国开始全面融入经济全球化。

（一）中国"复关"和加入世界贸易组织的历史回顾

中国"复关"和"入世"谈判大致可分为三大阶段：第一阶段从80年代初到1986年7月，主要是酝酿、准备复关事宜；第二阶段从1987年2月到1992年10月，主要是审议中国经贸体制，中方要回答的中心问题是到底要搞市场经济还是计划经济；第三阶段从1992年10月到2001年9月，中方进入实质性谈判，即双边市场准入谈判和围绕起草中国"入世"法律文件的多边谈判。

1. 中国与关贸总协定的历史渊源。1947年，中国是23个关贸总协定签约国之一。从严格意义上讲，中国不仅是关贸总协定的正式缔约国，而且作为关贸总协定临时委员会一个成员，从一开始就行使了监督关贸总协定运行的权力。

1949年10月1日新中国成立，台湾当局已无权代表中国。1950年3月6日，台湾当局通过它"常驻联合国代表"照会联合国秘书长，决定退出关贸总协定，并于1950年5月5日正式退出。1965年台湾又要求作为关贸总协定的观察员，并被批准。1971年，我国恢复联合国合法席位后，关贸总协定的缔约国重新审议了台湾在关贸总协定的观察员资格问题，并取消了台湾观察员的资格。我国政府在恢复联合国合法席位后，相继也恢复了在联合国粮食组织和联合国贸发会议组织中的席位。由于联合国贸发会议与关贸总协定合办了"国际贸易中心"，所以，中国就以贸发会议成员的身份，参加了国际贸易中心的活动，并通过这些活动同关贸总协定接触。根据中国的要求，关贸总协定自1980年起正式向我国驻日内瓦代表团提供关贸总协定的文件。

2. 复关谈判的筹备工作。1986年7月，我国正式要求恢复中国在关贸总协定中的缔约国地位。随着对外开放和对外贸易的不断发展，我国与关贸总协定缔约方的经贸往来也不断增加。为了进一步加强同世界各国的经贸关系，我国需要在体制上使自身的经济贸易制度向关贸总协定的多边规则靠拢。但是，由于中央计划经济体制正处于改革的初期阶段，尚难全部履行关贸总协定的规则。1981年5月，我国取得了总协定组织委员会观察员的资格。为"复关"谈判开始做必要的准备。

（1）成为关贸总协定观察员。从1982年11月中国以观察员身份列席了关贸总协定第38届缔约国大会开始，每年都派观察员列席会议。为了全面熟悉和了解关贸总协定的各项规则和活动，1984年，中国提出要求列席总协定理事会及附属机构的会议，并得到批准。为了避免在法律上造成中国自认是非缔约国的误解，中国政府声明，中国派观察员参加总协定的会议是一项临时性措施，并不影响中国政府与总协定之间的法律关系。

（2）参加乌拉圭回合谈判。关贸总协定于 1986 年 9 月发动了第 8 轮多边贸易谈判。这轮谈判对观察员开放，中国自始至终参加了这轮谈判。这一谈判与中国的复关谈判是并行的，中国在复关谈判中的出价也是对乌拉圭回合做出的贡献。1993 年年底，乌拉圭回合达成协议，并决定在 1995 年建立世界贸易组织，1994 年 4 月 15 日，中国政府作为乌拉圭回合的全面参与方与其他 100 多个国家一起在摩洛哥的马拉喀什签署了《乌拉圭回合最后文件》，这意味着一旦中国加入世界贸易组织，乌拉圭回合协议就将对中国适用。

3. 谈判第一阶段——贸易政策协议。按照关贸总协定的加入程序，先要对申请国进行贸易政策审议，以便检查申请国的贸易体制是否与关贸总协定的基本原则相一致。

中国于 1986 年 7 月 10 日照会关贸总协定总干事，要求恢复中国的关贸总协定缔约国地位。中国的"复关"申请不同于一般国家的加入申请是因为中国同关贸总协定的特殊关系。照会中声明中国正在实行改革开放、对内搞活国民经济的基本国策，中华人民共和国政府深信，中国的经济体制改革有助于促进同缔约各方的经济贸易关系，中国成为缔约方，将会促进关贸总协定目标的实现。中国作为发展中国家，期望获得同其他发展中缔约国一样的待遇。中国愿意与缔约方就恢复缔约国地位问题进行谈判。为此，中国将向缔约方提供中国经济贸易制度的资料。关贸总协定理事会于 1986 年审议了中国的这一申请。经过各方长时间的磋商，于 1987 年 6 月 19 日成立了"中国缔约国地位工作组"，工作组向所有缔约方开放。其职权范围为："审议中华人民共和国提交的贸易制度备忘录，拟订权利和义务议定书草案，提供一个谈判减让表的场所，处理有关中华人民共和国和关贸总协定的关系的其他问题，包括缔约国全体作决定的程序和向理事会提出建议。"

中国于 1987 年 2 月 13 日递交了"中国外贸制度备忘录"。缔约各方利用了大约 1 年的时间对备忘录提出了大量的问题，中国对这些问题做了详尽的解答和说明。1992 年 10 月，中国工作组第 11 次会议决定，结束对中国贸易制度的审议，谈判进入到第二阶段，即市场准入谈判阶段。中国向缔约方发出了进行谈判的邀请。

4. 谈判第二阶段——市场准入谈判。从 1992 年底起，中国开始与各缔约方进行市场准入谈判。由于西方少数国家要价过高，中国未能实现在 1994 年底前，即世界贸易组织诞生前实现"复关"，进而成为世界贸易组织的创始成员的目标。

1995 年 1 月 1 日，世界贸易组织替代了关贸总协定。世界贸易组织成立后，中国对加入这一组织继续持积极态度,1995年7月11日世界贸易组织总理事会会议决定接纳中国为该组织的观察员,随后在世界贸易组织成员的主动邀请下,继续讨论加入这一组织的问题。中国政府确立了"复关"和加入世界贸易组织的三项基本原则:一是关贸总协定是一个国际性组织,如果没有中国的参加是不完整的;二是以发展中国家的身份加入,享受相应的待遇并承担与我国经济和贸易发展水平相适应的义务;三是中国的参加是以权利和义务的平衡为原则的。中国在"复关"和加入世界贸易组织的谈判中始终坚持这三项基本原则。

(二) 加入世界贸易组织标志着我国开始全面融入经济全球化

2001年12月11日,中国正式成为世界贸易组织的第143位成员。这是中国积极主动参与经济全球化进程的又一重大步骤,它标志着中国融入经济全球化进入了一个新的阶段。中国事实上已经成为全球化经济的一个重要组成部分,中国已经被纳入了全球生产链、资本链和产品链。为了履行"入世"的承诺,以及为了更好地融入经济全球化,适应新的国际经济环境,中国的对外经济政策有了更大范围、更大幅度的调整。据统计,加入世界贸易组织以来,我国大幅度修订包括外资法、外贸法在内的2500多个法律法规;各地清理了19万多件地方性法规、地方政府规章和其他政策措施;国务院先后分三批取消和调整行政审批项目1806项;各地政府取消了数十万件行政审批项目,取消了大量内部文件。作为这一系列为进一步融入经济全球化而修订政策的成果,2002~2005年,我国的进出口总额同比增长分别为21.8%、37.1%、35%和23.2%。2005年,全年进出口总额达1.4万亿美元。中国在世界贸易中的排名,在2004年就上升到第3位。2002年和2003年,我国每年实际吸收外商直接投资都超过500亿美元,2004年和2005年都达600亿美元之巨。至2006年7月,我国实际吸收的外商直接投资累计已超过6000亿美元[①]。

第二节 经济全球化对产业发展的影响

一、经济全球化对产业发展的影响

经济全球化对产业发展的影响是国际、国内学者关注的热点之一。如果忽略不同经济主体的不同利益,经济全球化对经济运行的整体影响是值得肯定的,它优化了全球资源配置,实现经济要素的充分流动,促进全球经济的发展;但是经济全球化也加剧了产业(企业)及地区发展的不平衡性,这也正是有些发达国

---

① 方金华:《中国参与经济全球化的历史进程》,《科技情报开发与经济》2007年第7期。

家的某些行业组织和有些发展中国家反对经济全球化的原因之一。

(一) 经济全球化对各国产业结构及其政策的影响

1. 借助经济全球化，各国扩大了产业结构调整的平台。从某种意义上讲，经济全球化是一场以发达国家为主导，以跨国公司为主力，有广大发展中国家参与的世界范围内的产业结构大调整。20世纪世界范围的产业结构调整及产业转移过程已证明，经济全球化和全球产业结构的调整是相互联系、相互促进的。其进程大致如下：

第一轮转换（1945~1960），美国等发达国家产业结构第一次升级，生产技术向资金密集型行业发展，而劳动密集型传统行业如纺织业等急速向日本等其他亚非拉国家转移。

第二轮转换（1961~1971），日本等国产业结构升级，向亚洲"四小龙"转移劳动密集型产业。其标志是1961年日本实施重化工业产业政策为主的"国民收入倍增计划"。

第三轮转换（1972~1986），亚洲新兴工业国和地区的产业结构升级，标志是1971年韩国实施重化工业为重点的第三个五年计划。亚洲"四小龙"先后进入重化工业发展阶段。大量传统行业向亚非拉发展中国家转移。与此同时，美日欧发达国家产业结构二次升级，新兴产业如原子能、宇航业、电子计算机等得到发展和普及。

第四轮转换（1986年至今），亚洲新兴工业国和地区建成，其标志是1986年新加坡传统工业化完成，转向以情报、技术、服务为主导的高科技产业结构体系；韩国爆发工人运动，低工资时代结束。劳动密集型制造业向其他发展中国家转移。同一时期美国产业结构进入第三次升级，电脑信息网络得到大力发展应用，大量高科技公司兴起①。

随着经济全球化和信息化进程的加快，新一轮世界产业结构调整正在全球范围迅猛展开，基本态势是：①随着美国、日本、欧洲等工业发达国家高新技术产业的发展，加大了对各地区技术输出转移的规模和速度，也扩大了初级产品、传统产品的进口。②亚洲新兴工业国和地区在输入高新技术中产业结构进一步高级化，劳动密集型、资金密集型制造业继续向其他地区转移。③中国及东盟等半工业国在大量进口的同时加快了工业化进程，其劳动密集型以及传统行业向印度支那、非洲等落后农业国和地区转移。

2. 国际间产业关联成为各国研究与制定产业结构政策的重要因素。经济全

---

① 徐元旦：《全球化热点问题聚焦》，学林出版社2001年版，第65~66页。

球化条件下，一国产业经济系统是全球产业经济系统的一个部分，全球化时代的产业结构政策是立足于产业经济系统的开放性，根据现阶段经济发展水平和进一步发展的要求，根据产业发展演变的规律及全球产业经济博弈均衡中本国的博弈力量，寻求本国产业结构在世界产业经济系统中的合理分工位置，并提出一国在较长一段时期内产业发展的目标和方向。

进入20世纪90年代以来，经济全球化和区域经济一体化的浪潮势不可当，国际间产业结构变动的相互波及和关联日趋密切，特别是同区域内各国产业结构在运行中通过贸易和投资等方式相互间资源配置重组和整合的步伐加快。因此，单纯从国别视角的产业结构研究已不能完全适应现实经济系统的时代特征，客观上要求立足全球，将国际间产业关联纳入研究的视野，从新的切入点来研究当代产业结构。美国将一些"夕阳"产业或"朝阳"产业中的"夕阳"环节转移到其他国家，自己集中力量发展高技术，取得了巨大的成功。英国过去为了淘汰纺织工业而进行的产业结构调整，付出过沉重的代价，造成了大量的失业，原因就是其产业结构调整是在小小的英国本土上进行的。现在美国和西方一些国家的产业结构调整都是在全世界范围内进行的。发展中国家也应走这条路。比如，中国沿海一些富余的自行车生产线、黑白电视机生产线，就可以逐步转移到非洲国家及其他国家去，而不是仅仅把国内的一些纺织厂或者一些黑白电视机厂从上海、海南、广东转移到甘肃、贵州去[1]。

总之，传统的产业政策一般以本国产业为对象，通常更多地考虑对本国结构调整及预期，而没有顾及外国政府可能做出的反应与调整对本国产业结构运行和政策执行结果的反向影响。在经济全球化时代，各国产业结构的互联互动强化，直接导致了一国产业政策对内作用弱化。对外作用强化的质变，要求各国政府将国际间产业关联纳入研究的视野，从新的切入点来研究当代产业结构。

（二）经济全球化对各国产业组织及其政策的影响

虽说经济全球化是以跨国公司为主导的微观主体的经济行为，但其运行的前提条件乃是各国政府宏观政策上的管制放松。因为只有各国政府实行投资与贸易自由化，各国微观主体才能在世界市场上方便地获取所需要的各项生产要素，赚取最大的利润；微观主体无论多么强大，仍要受到东道国政府相关法律、法规的制约。这就要求各国政府宏观层次的管制放松，否则就不会有经济全球化的进一步发展。经济全球化对政府产业组织政策的影响主要表现在以下几个方面：

1. 政府制定产业组织政策的目标更加多样。在经济全球化浪潮兴起之前，

---

[1] 《政府一高官谈WTO与中国》，《经济学消息报》2000年1月7日第2版。

产业组织政策的核心问题是协调国内市场的垄断与竞争,制定政策目标的视野局限于国内市场资源的合理配置,主要根据产业技术经济特点和本国经济发展阶段,实现既有少数大型企业集团为竞争主体,又有大、中、小企业并存,进行专业化分工协作的合理的产业组织结构。但20世纪80年代中期以来,经济全球化的推进使企业所受威胁更经常的来自海外,企业不得不在全球范围内配置资源,扩大生产规模,展开竞争。这就拓宽了政府制定产业组织政策目标的视野,政府不仅要处理好国内市场垄断与竞争的关系,更重要的是在全球范围内寻求资源的合理配置,在参与国际竞争中展现本国竞争优势。

2. 政府对待企业兼并行为的态度更加宽容。经济全球化使企业竞争的舞台向国际市场转移,企业规模巨大成为参与国际竞争的必要条件之一。而要扩大企业规模,仅靠企业自身积累远远不够,通过企业兼并和生产集中,既不受社会财富增长的限制,又能迅速实现规模经济。因此,无论是在发达国家还是在发展中国家,大跨国公司兼并被人们津津乐道,称为强强联合。

3. 政府实施反垄断法的模式更趋行为主义。按照结构主义的"集中度利润率"假说,为了保护竞争,反垄断必须对因竞争引起的经济力量过分集中加以限制,防止可能垄断市场的大企业出现。但微软垄断案以及对20世纪90年代先后出现的美国国民银行与美洲银行、时代华纳与在线公司、麦道公司与波音公司等几起公司超级兼并案是否会导致垄断却不置可否的事实表明,美国政府在实施反垄断法时有一个非常重要的变化,就是从结构主义向行为主义的转变[①]。其他国家也类似。

总之,传统的产业组织政策着眼于国内市场垄断与竞争的协调与处理,为保护国内消费者自由选择和生产者自由竞争的权利,反垄断成为产业组织政策的主流。基于全球竞争的产业组织政策在考虑同一产业内各个企业时是以全球产业市场作为空间载体的。经济全球化的推进使政府制定产业组织政策的目标更加多样,运用产业组织政策的措施更加灵活,对待企业兼并、垄断的态度更加宽容,实施反垄断法的模式更趋行为主义,在全球范围内谋求国家战略利益成为产业组织政策关注的重点。由此,势必带来国内产业市场结构、市场行为、市场绩效的深刻变化。

(三)经济全球化对各国产业布局及其政策的影响

1. 资本的区位抉择加剧了各国国内地区间产业布局的不平衡性。产业结构

---

① 傅彩霞:《经济全球化与政府产业组织政策的选择》,《西北大学学报》(哲学社会科学版)2000年第3期。

在国际范围内的任何调整，对各国及其内部各区域的经济发展产生极为重大的影响。由于资本流向和跨国公司区位抉择的趋利性，跨国公司和资本总是率先流入经济相对发达的地区。这就难免加剧东道国国内地区间经济社会发展的不平衡性。以中国为例，在经济全球化的背景下，出口贸易和外商直接投资已成为推动中国东部地区经济高速增长的重要力量，进而拉大了其地区间的经济差距：一是与世界经济联系紧密的沿海地区和交通发达、经济基础较好的地区，发展速度超常。二是原来工业基础很好，但是受计划经济影响深重且与国外经济联系较少的地区，发展速度则相对缓慢。三是内陆边远落后地区，虽然自身的发展速度大大加快了，但总是比不上沿海地区。结果是地区经济发展水平和收入的差距拉大。

2. 经济全球化推动各国产业布局政策的调整。收入差距的扩大对经济的持续、协调发展和社会稳定都有不利影响。这促使各国加快了各自国内产业布局规划调整的步伐。例如，美国在加强其东北部经济地带经济实力的同时，产业布局正由东北部向西部、南部的"阳光地带"转移；日本产业布局主要集中在"表日本"，即太平洋沿岸经济地带，同时也开始向"里日本"及其他地区扩展；中国在继续加强东部沿海地区经济实力的同时，已经把相当的注意力投向了其西部和中部地区。

此外，经济全球化下的产业布局主要考虑三个方面的因素：一是产业发展资源的全球化供应链布局。二是产业生产的全球空间布局。三是产业全球市场布局。

二、经济全球化对产业发展影响的差异性

（一）经济全球化对不同类型国家的影响不同

经济全球化对产业发展的影响或其正负效应，对于不同的国家（如发展中国家与发达国家或世界贸易组织的新成员国与老成员国）是大有不同的。

1. 对发展中国家与发达国家的影响不同。经济全球化的实质是资本全球化，资本全球化的主要载体是跨国公司，世界上绝大部分跨国公司的母国又多属经济发达国家，这就使得发达国家成为经济全球化游戏规则的主宰，进而成为经济全球化的最大赢家。

经济全球化有助于发展中国家利用发达国家的资本输出、先进技术与设备和管理经验，来促进本国新兴工业部门的建立，并带动相关产业的发展；有助于发展中国家充分发挥比较优势积极开展国际贸易；促使发展中国家不断调整产业结构和出口商品结构；有助于发展中国家跨国公司的发展。

但毕竟发展中国家经济发展水平不高、竞争力较弱，加之本国体制和政策上的局限性，在分享经济全球化收益的同时，需要付出比发达国家高得多的代价（包括资源方面、环境方面甚至人文方面的代价）。经济全球化对发展中国家的挤出效应（指外资企业对东道国骨干企业的蚕食、对东道国企业市场或盈利机会的挤占）也大大高于发达国家。世界银行专门论述经济全球化的《1995年世界发展报告》，就列表说明了不同国家不同部门和集团在全球化过程中的不同损益[①]。

2. 对世界贸易组织的新成员国与老成员国的影响不同。经济全球化主要是经济活动的全球化，而世界贸易组织主要是经济运行规则的全球化。这就使得世界贸易组织的老成员国有条件利用其在位优势迫使新成员国作出更多的让步，从而为本国企业在以世界贸易组织的新成员国为目标的东道国谋取利润最大化奠定基础；一旦发生经济摩擦时，又利用其深谙世界贸易组织规则的优势为侵犯新成员国的利益提供方便。

（二）经济全球化对同一类型国家的不同产业及企业的影响不同

经济全球化对产业发展的影响或其正负效应，对于不同的产业（第一、二、三不同层次的产业——竞争性、垄断性与公益性行业——要素密集度不同的产业）或同一产业内的不同企业（如大型、中型、小型企业）也是大有不同的。

1. 对发达国家不同产业及企业的影响。一般来说，经济全球化在发达国家使垄断资本受益，因为资本可以更自由地流向更有利可图的地方，大型垄断企业也更有能力扩张其市场。

而小企业和本国的工人则受害，特别是本国的低技术、低工资的工人受害。原因是大量资本流出所造成的失业和来自发展中国家的劳动密集型产品的竞争，发达国家的资本输出、产业转移给发达国家造成国内产业空洞化从而威胁国内工人的就业机会（见表8-1）。如2002年，大量钢铁产品的进口动摇了美国制造业的根基；伴随着纺织品配额在2005年1月1日的取消，原产于印度的家用纺织品对美国制造业发起新一轮冲击，致使美国两个大型家用纺织品制造商关闭并申请破产保护程序，其中，已有百年经营历史的"Pillowtex"公司解雇了6500名员工[②]。

这就难怪西雅图会议前后，成千上万的美国人举行反全球化的大示威，越来越多的人认为应当对世界市场上数额巨大的流动资本征税；一些非政府组织指责全球化只有利于世界前100~200家大型跨国公司，他们批评这些公司污染环境，不创造新的就业机会，造成社会分裂以及穷国更穷、富国更富。

[①] 程漱兰、徐德徽、金燕红：《中国加入WTO谨防输家假借赢家的反对》，《学习与探索》2000年第4期。

[②] 中国贸易救济信息网：http://www.cacs.gov.cn，2004年2月16日。

表 8-1　　　　　　　　全球化对发达国家各行业的影响

年　　代	产业类型	受到影响的国民经济行业
20 世纪 60 年代	劳动密集型	纺织、制鞋、简单的流水线工作
20 世纪 70 年代	资本密集型	汽车、机械、化工生产
20 世纪 80 年代	新技术	娱乐、电器、电信
20 世纪 90 年代	信息	金融服务、媒体、"系统"公司

资料来源：孙克强、杨凯文：《发达国家也怕经济全球化》，《世界经济与政治论坛》2001 年第 4 期。

2. 对发展中国家不同产业及企业的影响。经济全球化对发展中国家产业结构调整的影响，既有机遇也有挑战。

从机遇方面来看，经济全球化为企业利用最有利的地点和资源从事生产经营活动提供了最大可能，它带来了国际分工的大发展、产业的大转移和资本、技术等生产要素的大流动，发展中国家可以利用这个契机，根据国内外市场的需要，不断调整和优化产业结构，利用几乎是不付费的后发优势，大力加快高新技术产业的发展，尤其是把发达国家技术先进的劳动密集型产业承接到本国，迅速实现产业演进、技术进步、制度创新，在更高的技术层次上加快工业化的进程。

从挑战方面看，经济全球化使发达国家通过产业调整实现产业升级，把一些技术相对落后的劳动密集型产业和污染比较严重的产业转移到发展中国家。其结果，虽然使发展中国家劳动和资源密集型产业得到较大发展，但自然环境受到污染，生态平衡遭到破坏，资源浪费严重，更重要的是无助于发展中国家更好地发展高新技术产业和加快科技进步，使发展中国家内部产业严重失衡，对发达国家的依附程度有可能日渐加深。

（三）经济全球化对转轨国家产业发展的影响

转轨国家的经济转轨进程是经济全球化的重要组成部分之一，而且，这类国家融入经济全球化的进程与其经济转轨和经济发展都有着密切的关联性并呈现出互动关系。这种互动关系既表现在经济全球化与经济转轨之间，又表现在经济全球化与转轨经济之间。当然，经济全球化与转轨国家经济之间的相关性和互动效应也会给参与各方彼此间带来更频繁的经济摩擦，更为严重的是给转轨国家带来产业安全的隐患[①]。

1. 经济全球化与经济转轨之间的互动关系，其实质是经济全球化与转轨国

---

① 郭连成：《经济全球化与转轨经济发展的关联性分析——对转轨国家经济的一个新的分析视角》，《国外社会科学》2007 年第 3 期。

家制度变迁之间相互促进和相互影响的关系。这种互动关系主要表现在两个层面上：

（1）经济全球化在很大程度上决定着转轨国家经济转轨的基本制度选择。转轨国家在从高度集中的计划经济体制向市场经济体制的转换过程中，经济全球化起到了重要的推动作用。在经济全球化与转轨国家经济转轨的联动或互动关系的作用下，转轨国家为适应经济全球化客观发展进程的需要和基本要求而实现制度变迁，即建立完善的市场经济体制。实践表明，积极融入经济全球化进程和实行对外开放可以为转轨国家带来收益与福利，而由于推动经济全球化发展的基础力量是市场制度，因而转轨国家只有实现经济转轨和制度变迁，建立起真正的市场经济制度，才能更好地融入经济全球化进程，并享受其所带来的一切收益。

（2）转轨国家的经济转轨对经济全球化也将产生重要的推动作用。转轨国家向市场经济的转轨，使世界各国的经济体制更趋于一致或更加接近，从而为建立一个统一的和自由开放的世界市场奠定了制度基础。而只有具备趋于统一的市场经济制度和国际经济规则，才能为经济全球化的发展和深化提供制度保障，并真正加快全球经济一体化的进程，从这个意义上说，转轨国家的经济转轨是经济全球化时代到来的重要标志，从而也构成了未来全球经济一体化的制度基础。

2. 经济全球化与转轨经济之间的互动关系，其实质是经济全球化与转轨国家在制度变迁过程中经济运行、经济发展之间相互促进和相互影响的关系。这种互动关系也主要表现在两个层面上：

（1）经济全球化对转轨国家的产业发展和经济增长产生实质性影响。例如，作为经济全球化两个重要组成部分和表现形式的贸易自由化和投资自由化，其快速发展可以为经济转轨国家带来显著的增长效应。而且，转轨国家融入经济全球化进程和向市场经济的转轨，使它们有可能在充分利用自身比较优势和竞争优势的基础上，通过技术引进和参与国际分工来调整本国的产业结构，改善经济增长方式，提升经济发展水平。

（2）转轨国家积极融入经济全球化进程，不仅分享贸易自由化、金融全球化、投资自由化和生产全球化所带来的巨大利益，而且转轨国家作为一个"特殊群体"其产业发展和经济增长对世界经济的积极贡献以及对经济全球化的推动作用也与日俱增。

3. 经济全球化与转轨国家经济之间的相关性和互动效应会给参与各方彼此间带来更频繁、更深刻的经济摩擦。在经济全球化中，世界各国的经济之间本来就既有统一性，相互联系、相互促进、互惠互利；又有矛盾性，彼此间矛盾、冲突、摩擦层出不穷。比如，随着贸易自由化—资本自由化—生产国际化—经济全球化的进展，同属市场经济和发达国家的日美之间尚且冲突不断，其经济摩擦时间之长（从20世纪50年代的纺织品贸易摩擦、60年代的钢铁摩擦、70年代的机床摩擦、80年代的汽车摩擦，到90年代的半导体摩擦一直到现在），范围之广（第一产业→第二产业→第三产业）、程度之深（微观经济摩擦→宏观经济摩擦→投资摩擦→制度摩擦和技术性贸易摩擦）、影响之广（发达国家→发展中国家→世界经济），堪称经典①。

毫无疑问，融入经济全球化后转轨国家与主要贸易国的经济摩擦将更加全面、更加深刻、更加不可避免。并且，与日美经济摩擦由微观经济摩擦→宏观经济摩擦→投资摩擦→制度摩擦和技术性贸易摩擦的递进不同，转轨国家将与主要贸易国之间将同时遭遇微观经济、宏观经济、投资、制度和技术性贸易等多重摩擦。例如，中国当前面临的国际经济摩擦是全方位的——不仅在商品交换领域，而且在商品生产、知识产权、劳工标准等方面正面临着越来越多的摩擦。国外针对中国的反倾销、反补贴、保障措施及特保调查层出不穷，从2005年的数据看，全世界的出口总额为12.64万亿美元，中国出口7620亿美元，占世界出口份额仅6%多一点，但针对我国的反倾销案件数却占到了全世界反倾销案件总数的29.8%！②

4. 经济全球化与转轨国家经济之间的相关性和互动效应也会给转轨国家带来产业安全的隐患。由于金融本身的不确定性因素和经济转轨国家金融体系的不成熟和脆弱性，特别是一些转轨国家对金融风险疏于防范并放松金融管制，致使本国经济的金融安全受到威胁。例如，一些转轨国家的美元化程度越来越高（据有关资料，在经济转轨的最初几年，俄罗斯、中东欧国家、独联体国家的经济美元化就已经达到相当高的程度：波兰为80%、保加利亚为55%、爱沙尼亚为60%、乌克兰为35%、俄罗斯为40%）；俄罗斯自1997年10月至1998年8月发生的三次金融危机更是典型的例子③。随着投资自由化和生产全球化的快速发展，生产和投资越来越具有全球性，实行全面经济开放的转轨国家已经很难完全控制跨国公司的进入及其对本国生产的影响，转轨国家的民族工业和产业安全面临着直接的威胁。例如，跨国公司的大举并购已经在中国的一些行业和部门取得了优势地位甚至已经形成市场垄断势力。这不仅对中国的民族工业和产业安全

---

① 赵瑾：《全球化与经济摩擦——日美经济摩擦的理论与实证研究》，商务印书馆2002年版，第3、430页。
② 陈江生：《中国面临的国际经济摩擦及其对策》，《中共中央党校学报》2007年第2期。
③ 郭连成：《经济全球化与转轨经济发展的关联性分析——对转轨国家经济的一个新的分析视角》，《国外社会科学》2007年第3期。

构成威胁,也威胁到国家的经济安全。

三、经济全球化对一国产业安全的影响

以上就经济全球化对各国产业发展的影响做了一个全面而简要的分析。值得我们特别关注的是,经济全球化对一国产业发展最严峻的挑战莫过于对其产业安全的威胁。

(一) 产业安全的界定

1. 国家安全、经济安全、产业安全。冷战期间,国家安全的注意力多集中在传统意义的安全上,即政治和军事安全,主要体现在军事集团的对峙、势力范围的划分上。军事安全是传统国家安全的重点。冷战结束后,国家安全观发生了新的变化,由单一的军事安全转向追求综合安全。这一方面是由于有限军事打击手段的有效性的下降和军事行动代价的上升,利用武力作为解决国际间纠纷的手段的可能性减少;另一方面,世界经济的发展使国际经济交流活动越来越频繁,超越了国界,超越了意识形态,以经济竞争为中心的综合国力的较量越来越激烈,人口问题、环境问题、市场占有问题等越来越成为世界各国关注的焦点。

国家经济安全是指在经济全球化背景下,一国经济发展和经济利益未受到外来势力根本威胁的状态,具体体现在国家经济主权独立、经济发展所依赖的资源供给得到有效保障、经济的发展进程能够经受国际市场动荡的冲击等。对关键性经济资源的控制和支配是国家经济安全的基本保障。关键性经济资源是指对保障经济安全至关重要的资源。由于资源的有限性和分布的分散性,一国不可能拥有发展经济所需的所有资源,也不可能拥有世界全部资源的控制权。但是,一般来说,掌握了关键性经济资源就意味着经济安全获得了基本保障。在不同时代、不同生产力水平条件下,关键性经济资源的内容是不断变化的。当今世界,关键性经济资源包括土地、水、粮食、石油、稀有金属、信息、资本,等等。其中人力资本尤其是高素质人才是当今世界最关键的资源。一国是否拥有足够数量的高级专业人才为本国经济发展提供智力支持,将直接影响该国经济是否具有整体竞争能力。随着各国经济发展和竞争的需要,国家之间争夺人才的竞争日益激烈,人才资源已成为关系国家经济安全的战略资源。国际资本在国际政治经济生活中正起着越来越突出的作用,既有建设性的、创造性的作用,也有破坏性的、毁灭性的作用。更重要的是,它很容易不受国家控制,成为国际经济社会中独立的势力。

产业安全是针对国外资本和技术进入东道国市场、抑制当地民族工业发展的现象提出的。保障国家经济安全,关键在于保障国家的产业安全。而国家产业安全问题恰恰主要是由经济全球化引发的,指的是外商利用其资本、技术、管理、

营销等方面的优势，通过合资、直接收购等方式控制国内企业，甚至控制某些重要产业，因此而产生对国家经济的威胁。

2. 衡量产业安全的指标体系[①]。既然产业安全是针对国外资本和技术进入东道国市场、抑制当地民族工业发展的现象提出的，那么，衡量产业安全以否的关键就是要看一国经济融入全球化后对全球经济的依赖程度和受外资控制的程度。这方面的指标可以在很大程度上反映该国产业受经济全球化威胁的程度。

（1）衡量产业对海外市场依赖程度的指标。具体有以下几个指标：

①产业进口对外依存度。该指标反映国内产业的生存对进口的原材料、零部件等的依赖程度。它可以用国内产业当年进口的原材料、零部件等的数额与产业当年的总产值或总销售额之比来衡量。产业进口对外依存度越高，产业受跨国因素影响越大，产业的生存安全度就越低。

②产业出口对外依存度。该指标反映国内产业的生存对产品出口的依赖程度。它可以用国内产业当年出口的数额与产业当年的总产值或总销售额之比来衡量。产业出口对外依存度越高，产业受跨国因素影响就越大，产业的生存安全度也就越低。

③产业资本对外依存度。该指标反映国内产业的生存对外国资本的依赖程度，它可以用当年年末国内产业国外资本存量与产业总资本存量之比来衡量。假定银行等其他债务人在适当规避风险的情况下按一定的资产负债比率为国内产业提供债务资本，那么，就可以用产业内各企业外资股权份额按产值加权平均来衡量产业资本对外依存度这一指标。

④产业技术对外依存度。该指标反映国内产业的生存对国外技术的依赖程度。它可以用当年全部引进技术项目的产值占当年产业总产值之比来衡量。对于国内外合作开发的技术项目，将项目的产值按外方对技术的拥有权份额计入引进技术项目的产值。产业技术对外依存度高，一旦外方停止转让技术，而产业自身的研究与开发能力又严重不足，将会影响其国际竞争力，进而影响其生存安全。

（2）衡量产业受海外资本控制程度的指标。具体有以下几个指标：

①外资市场控制率。该指标反映国内产业市场被外资控制企业控制的程度。它可以用外资控制企业市场份额与国内产业总的市场份额之比来衡量。外资控制企业包括外资股权控制企业、外资技术控制企业、外资经营决策权控制企业。外资市场控制率越高，产业发展安全受影响的程度越大。

---

① 何维达、何昌：《当前中国三大产业安全的初步估算》，《中国工业经济》2002年第2期；史忠良：《经济全球化与中国经济安全》，经济管理出版社2003年版，第195~202页。

②外资品牌拥有率。该指标反映国内产业市场外资品牌控制程度。外资品牌可能由外资控制企业使用，也可能由内资控制企业为其做"嫁衣裳"。它可以用外资品牌市场份额与国内产业总的市场份额之比来衡量。外资品牌拥有率越高，产业发展安全受影响的程度越大。

③外资股权控制率。该指标从股权角度反映外资对国内产业控制的情况。一般来说，单个企业外资股权份额超过20%即达到对企业的相对控制，超过50%即达到对企业的绝对控制。它可以用外资股权控制企业产值与国内产业总产值之比来衡量。

④外资技术控制率。该指标从技术角度反映外资对国内产业控制的情况。单个企业的外资技术控制率与国产化率之和为1。因而，可以首先通过国产化率计算单个企业的外资技术控制率，然后将单个企业的外资技术控制率按产值加权平均，即可计算出产业的外资技术控制率。外资技术控制率越高，产业发展安全受影响的程度越大。

⑤外资经营决策权控制率。该指标从经营决策权角度反映外资对国内产业控制的情况。单个企业董事会里外方董事超过50%即达到对企业的经营决策权的控制。它可以用外资经营决策权控制企业产值额与国内产业产值总额之比来衡量。该比率越高，国内产业发展安全受影响的程度越大。

⑥某个重要企业受外资控制情况。有时从总体上看外资市场控制率、品牌拥有率、股权控制率、技术控制率和经营决策权控制率都不算高，但是，外资控制了产业内某个重要企业，也可能对产业的发展安全产生重要影响。使用该指标首先要从国内产业中分析是否存在市场、资本、技术等方面具有非常重要影响的企业。其次分析该企业是否受外资所控制，外资从哪些方面实施了控制以及控制的程度如何。最后给出综合评价值，评价值越高，产业发展安全受影响的程度越大。

⑦受控制企业外资国别集中度。该指标反映国内产业发展受外资的母国政府影响的情况。它可以用受国外某个国家控制的企业的产值占本国国内产业总产值的比率来衡量。集中度越高，国内产业受外资母国政府影响的可能性越大，产业发展安全受影响的程度也就越大。

（二）经济全球化对一国产业安全的影响

由于全球化的形成主要源自以跨国公司为主力的微观主体的全球性逐利活动，故经济全球化对一国产业安全的影响主要体现在跨国公司战略实施对东道国产业安全的影响。作为全球对外直接投资的主体，跨国公司的战略和投资动机可归纳为两大类：一是利润动机；二是服从于发达国家政府的国际政治目的。后者对一国产业安全是一种"敌意性"威胁。目前，除了极少数国家的跨国公司外，绝大多数都是为利润而来。

1. 跨国公司战略对一国产业安全的一般影响。跨国公司战略对一国产业安全的影响表现在以下几个方面：

（1）如果跨国公司旨在将本国的夕阳工业，或将本国已趋饱和且过度成熟的产业，或将污染型产业转移到发展中国家，它们除了对发展中国家环境污染造成不利影响外，并不一定会影响到该国的产业安全，因为对于污染性产业，输入国完全有理由依据国际法准则加以拒绝，而过度成熟性产业或夕阳产业，在发展中国家同样不具有竞争优势。例如，日本的家电工业在中国的最终覆灭过程正是这样。

（2）如果跨国公司以开拓海外市场和绕过关税和非关税壁垒来扩大出口为动机，这是一种"合理性"威胁，在很大程度上虽并不直接有利于东道国的发展，但对东道国的产业安全影响较小[①]。

2. 跨国公司战略对一国产业安全的严重影响。跨国公司对东道国产业安全的严重影响主要表现在以下几个方面：

（1）跨国公司若向发展中东道国输出的工业结构和消费格局与东道国所渴望的发展格局不相一致。具体而言，跨国公司出于战略考虑或发达国家的国际政治需要，倾向于诱导东道国的各收入阶层实行过度的消费开支，或者引进与该国人口基本需要的发展战略不相一致的社会目标和社会价值尺度，或者集中生产那些主要满足高收入阶层的消费品，则会导致东道国产业结构的畸形发展。

（2）跨国公司若代表所在国的国际政治利益和国家利益，敌意性地抑制东道国的战略性产业如新兴幼稚性产业、自然资源性产业的发展等，则会对该国未来经济的发展产生严重影响。

（3）跨国公司利用其资本、技术、管理、营销等方面的优势，通过合资、直接收购等方式控制东道国企业，甚至控制某些重要产业，由此而产生对该国经济的威胁。

（4）外资对一国产业、市场的垄断，会削弱东道国政府宏观调控力度。即当一国国内产业或市场被跨国公司控制后，其国内市场就成为跨国公司全球化经营的子市场，外商在东道国投资企业作为跨国公司的子公司就会从跨国公司的利益全球化目标出发来经营发展，致使东道国政府对宏观经济的调控和对产业发展的监控效果大大削弱。例如，中国国家经贸委曾经有意对国内汽车生产企业进行

---

① 黄建军：《中国的产业安全问题》，《财经科学》2001年第6期。

整合以形成规模经济,但是国内主要汽车生产企业都有跨国公司的股份,产权已经不是完全属于自己了,致使政府的调控力度大打折扣,整合就不那么简单了。

(5) 外商的品牌控制会影响东道国民众的社会心理。生产最终消费品的产业,如饮料、洗涤用品等,虽然产业关联度较低,不会对国家经济安全产生直接威胁,但是这些产品直接面对消费者,在外资趋于品牌控制的态势下,长此以往必然会使东道国的民众产生对外国产品的认同心理。这种社会心理的"溢出",会很容易导致在其他产业产品上对外国产品的崇拜及对民族产品的歧视。这种社会心理会在潜移默化中延伸外资对一国产业安全的影响[①]。

第三节 产业竞争力与产业安全

一、产业竞争力的界定

(一) 产业竞争力

1. 产业竞争力的含义。诺贝尔经济学奖获得者、竞争理论大师乔治·斯蒂格勒(G. J. Stigler)在《新帕尔格雷夫经济学大辞典》中指出:"竞争系个人(或集团或国家)间的角逐;凡两方或多方力图取得并非各方均能获得的某些东西时,就会有竞争。"竞争力是竞争主体争夺某种东西或资源的能力,它从根本上决定了资源的配置格局和效率。竞争力的研究对象可以是国家、产业、企业等,因而有国家竞争力、产业竞争力、企业竞争力等不同层次的概念。

美国《关于产业竞争力的总统委员会报告》认为:"国际竞争力是在自由良好的市场条件下,能够在国际市场上提供好的产品、好的服务的同时又能提高本国人民生活水平的能力。"这显然是从宏观的角度来定义国际竞争力,把国际竞争力等同于国家的国际竞争力。世界经济论坛1994年的《国际竞争力报告》把国际竞争力定义为"一国一公司在世界市场上均衡地生产出比其竞争对手更多财富的能力",这主要是从微观的角度作出的定义,把国际竞争力理解为企业的国际竞争力并将一国的开放程度、政府、金融、基础设施、技术、管理、劳动、法规制度八项生产力要素指标作为衡量一国整体竞争力的基础。

竞争力理论的创始人哈佛大学商学院教授迈克尔·波特(Michael E. Porter)是第一个从产业层次研究国际竞争力的学者,他认为,国家经济实力的比较往往太笼统而难于进行,因为一个国家不可能使其所有企业或行业在国际上都具有竞

---

① 张玉波、李连成:《FDI对我国产业安全的影响和对策探讨》,《新东方》(社会科学版) 2001 年第 6 期。

争优势。因此，国家竞争优势或者是国际竞争力的比较应当从行业（产业）的角度来考察才有意义。波特把产业国际竞争力定义为，一国在某产业的国际竞争力，是一个国家能否创造良好的商业环境，使该国企业获得竞争优势的能力。

我国学者将产业竞争力定义为"一国某一产业能够比其他国家的同类产业更有效地向市场提供产品或服务的综合素质"①。

产业的属性决定了产业竞争力既和企业竞争力紧密相连，又和国家竞争力有着密不可分的联系。

（1）产业竞争力与国家竞争力的关系。波特认为产业竞争力是衡量国家或地区竞争力的重要指标之一。在波特看来，产业竞争力决定着国家竞争力，同时，国家又通过"环境的塑造"来影响产业竞争力。产业竞争力决定产业兴衰并从根本上决定一个国家的命运。一个国家或地区的主导产业、关键产业是否有竞争力相应决定着其经济在国际或国内的地位。不同国家或地区的竞争力差异的直接体现就是其主导产业发展的现状与前景，因为各种资源最终必须配置到各个产业部门，由此形成了强弱不同的产业整体竞争力，进而决定其创造财富能力的大小。

（2）产业竞争力与企业竞争力的关系。产业内企业竞争力的增强是该产业竞争力增强的基础，但产业竞争力并非企业竞争力的简单相加。因为当企业开展多元化经营时所涉及的范围就不止一个产业。故从许多企业的个别竞争力转化为一个综合的产业竞争力，是复杂的"力的合成"过程，其中最重要的是处理好各企业间的关系。如果本国该产业范围内各企业之间竞争无序、内耗大，则该产业的"力的合成"效果就不佳，不利于该产业竞争力的提升；反之，如果本国该产业范围内各企业之间能做到有序竞争、技术交流、分工协作，以及在对外竞争时有所协调，则该产业的"力的合成"效果就会好许多，有利于提升产业竞争力。

2. 产业竞争力的特点。具体表现在以下几个方面：

（1）产业竞争力是一种多环节的综合竞争力。它是产品进出口、劳务输出输入、技术引进和转让、资本输出和输入等多个环节现实竞争力的综合。

（2）产业竞争力是一种出口导向的双向竞争力。一国某个产业能够出口商品、输出劳务、转让技术、境外投资，当然是有国际竞争力的直接表现。但是，一国某个产业能够通过进口物资、输入劳务、引进技术、引进外资并加以有效利用和吸收，进而提高本国该产业的水平，也是有国际竞争力的一种间接表现。在

---

① 金碚等：《竞争力经济学》，广东经济出版社2003年版，第32页。

现实中，一国某产业的这种间接的国际竞争力往往最终表现为该产业主要产品进口量的减少或出口量的增加。因此，尽管在商品、劳务、技术、资本的进出口双向交易中，都可能带来经济资源的双向流动，实现优势生产要素的扩张和短缺资源的弥补，从而在国际范围内实现资源的合理配置，但对一国某个产业来说，其国际竞争力仍然表现为出口导向的双向竞争力。

（3）产业竞争力是该产业范围内各个企业的合成竞争力。产业之间的国际竞争实际上是产业范围内各个企业共同参与国际竞争的总体效果。因此，一国某一产业的国际竞争力，是该产业范围内各个企业国际竞争力的合成。当然，这并不等于说，一国某一产业的国际竞争力就是该产业范围内各个企业国际竞争力的简单叠加。

（4）产业竞争力是一种选择性竞争力。一国在一个产业范围内，不必要也不可能使所有商品、劳务、技术都是竞争力最强的，而是选择能够发挥本国固有优势，并尽量在发展前景最优的方面来提高竞争力[①]。

（二）衡量产业竞争力的指标体系

1. 产业竞争力指标体系的构建原则。产业竞争力指标体系的构造应遵循系统性、相关性、可测性和可控性原则。系统性是指在对产业竞争力评价时，应把产业视为一个与环境发生关系的完全开放的系统，在构建产业竞争力评价的指标体系时，不仅要考虑到产业内部因素的影响，还要考虑到产业外部因素的影响。使纳入指标体系内的各项指标组成一个系统，保持完整性。相关性是指各项指标与产业安全应该密切相关，即产业安全状况的变化可以由这些指标灵敏地反映出来。可测性表明每个指标都可以通过对经济现象的观测值相对准确地计算出来，即可以通过各项指标的数值计算出产业的安全度。可控性反映的是当产业安全度较低时，应该可以通过采取一定的行动来改变指标的数值，从而维护产业的安全。

一国某产业的国际竞争力既与该产业范围内多个企业的国际竞争力相关，又在一定程度上建立在该国综合国力和总体竞争力的基础上。而且，民族工业国际竞争力又具有综合性和合成力的特点，与一国的社会经济基础特别是政府的协调能力以及该产业范围内企业的经济、科技、管理能力密切相关。因此，我们可以借用评价一国总体国际竞争力的那些主要指标（如瑞士洛桑国际管理发展学院国际竞争力指标体系所包含的国内经济实力、国际化、政府管理、金融体系、基础设施、企业管理、科学与技术、国民素质等指标），再结合所要评价的该产业

---

① 刘平洋：《中国产业国际竞争力分析》，经济管理出版社 2003 年版，第 28~29 页。

的具体特点加以合理筛选，进而对一国某产业国际竞争力的基本状况做出初步的分析和判断。当然，一国某产业的国际竞争力与一国总体的国际竞争力毕竟不是同一概念，所考虑问题及因素的角度也有所不同。因此，在实际评价一国某一产业国际竞争力的时候，除了借用一国总体国际竞争力的有关评价指标并结合该产业特点进行适当的选择和灵活变通外，还应参考市场占有率和贸易竞争指数等指标进行判断。

2. 产业竞争力指标体系的构成。具体分析如下：

（1）产业竞争力的显示性指标。一国产业的生存空间可直观地用产业所拥有的国内市场份额和世界市场份额（出口）之和来表示。而特定产业良好生存空间的营造和维护靠的是该产业强大的竞争力。它可用以下显示性指标来显现：

①市场占有率。它是评价产业或企业竞争力最常用、最具说服力的指标之一。该指标既可以用来分析一国某一产业产品在国际或国内市场上的占有率，也可以用来分析一国某企业产品在国际或国内市场上的占有率。就产业的国际竞争力而言，通常可以分析该国该产业产品销售额占该类产品在该国总销售额的比重，以及该国该产品出口额占全世界该类产品销售额的比重，从中得出初步的判断。

②产业国内市场份额。该指标反映国内产业在国内市场上的生存空间状况，其份额越大，表示它在国内市场上的生存空间越大。它可以用国内产业在国内市场的销售额与国内市场全部销售额之比来衡量。

③产业世界市场份额（出口）。该指标反映国内产业在世界出口市场上的生存空间状况。份额越大，表示它在世界市场上的生存空间越大。它可以用国内产业的出口额与世界市场出口总额之比来衡量。

④相对市场绩效指数。产业市场绩效是产业市场地位的集中体现，是较为综合地体现产业竞争力的一个重要指标。该指标反映产业生存空间的长期变化趋势，可以分别用国内市场相对绩效指数和世界市场相对绩效指数来衡量。国内市场相对绩效指数可用该产业的国内市场份额与国内各产业国内市场平均份额之比来衡量。世界市场相对绩效指数实际上就是美国经济学家贝拉·巴拉萨（Bela Balassa）提出的相对出口绩效指数（REP）。它可以用某产业产品的出口在全世界该产业产品出口中的份额与该国所有产业产品的出口在世界总出口中的份额的比率来衡量。

⑤贸易竞争指数。贸易竞争指数是通过对一国某类产品进出口额的计算，表明这个国家是某类产品的净出口国，还是净进口国，以及净进口或净出口的相对规模。当贸易竞争指数为正，表示该国这类产品的生产效率高于国际水平，对于

世界市场来说,该国是这类产品的净供应国,具有较强的出口竞争力。当贸易竞争指数为负,则表明该国这类产品的生产效率低于国际水平,出口竞争能力较弱。如果贸易竞争指数为零,则说明该国这类产品的生产效率与国际水平相当,其进出口纯属于国际间进行品种交换。

⑥产业集中度。产业集中度是从产业的内部组织来反映产业的生存空间状况。如果产业集中度大大提高,即使从总体上看产业的世界或国内市场份额都没有变或略有下降,产业的生存空间状况也得到了改善。因为产业内单个企业的市场份额提高了,其创新和发展的能力也得到了相应的提高,它可以用产业内最大几家企业的销售额与产业总销售额之比来衡量。

⑦产业国内竞争度。这是一项反映产业生存空间长期变化趋势的指标。激烈的国内竞争会促使产业内企业努力改进和创新,而且,更重要的是,激烈的国内竞争还会迫使国内企业努力地拓展海外市场。因此,产业国内竞争度高将会有利于产业拓展其生存空间。它可以用有相当竞争能力的产业内企业的数量来衡量。

⑧产业研发费用。由于技术进步和创新在国际竞争中发挥着日益重要的作用,因而产业的研发费用支出预示着产业未来国际竞争力的强弱。它可以用产业研发费用的绝对值或产业国际间的横向比较来衡量。产业研发费用较高,则产业的国际竞争力较强。

(2)产业竞争力的分析性指标。如果说产业竞争力的显示性指标反映的是具体时点某一产业国际竞争力的现实水平,那么产业竞争力的解释性指标反映的则是该产业之所以会呈现出此种水平的背景及其原因。

①资源是产业发展的基础,包括自然资源、资本和劳动力等。资源禀赋是指某一地区拥有资源的相对份额。不同地区其资源禀赋也不一样,这种差异是产生比较优势的基础。一般来说,资源禀赋对农副产品加工业、矿产品加工业等的竞争力影响较大。

②区位因素,包括产业所在地的位置、交通、通信等状况。随着贸易自由化和经济全球化进程不断加快,生产要素空间流动范围也不断加大,区位因素主要通过影响生产要素的流动成本而作用于产业竞争力。

③经济政策是一种政府行为,在强调政府调控的国家,经济政策会对产业发展的基本格局产生决定性影响,并为产业发展提供相应的竞争环境。不同政策环境会对产业生产要素中人的行为产生重要影响,并由此影响产业竞争力。

④产业投入是决定产业竞争力的物质基础。从产业投入的资本、劳动等要素的数量与质量等方面考察产业的竞争力,可采用产业人均装备率、产业固定资产投资力度、产业的企业平均规模以及产业工程技术人员相对比重等指标。

⑤产业技术水平及其进展状况,是产业技术创新和应变能力的重要决定因素。从该角度考察产业的竞争力,除去已入选的主要作为投入方面指标的产业工程技术人员相对比重外,还可采用产业的固定资产新度系数和产业的技术进步指数等指标。

⑥产业的可持续发展能力是产业长期良性发展及其竞争力持续提升的决定性基础。从产业发展与资源利用及环境保护的关系角度来考察产业的竞争力,可采用的指标有产业的能源消耗强度指数、产业单位产出三废排放指数、产业三废综合利用产品产值率指数等[①]。

此外,产业组织效率、学习与创新能力、合作的效率等都是增强产业竞争力的关键因素。

二、提高产业竞争力维护产业安全

提升产业国际竞争力是维护产业安全促进产业发展的治本之策,需要政府、行业组织、企业的共同努力。

案例

光纤不能比粉丝还便宜

——我国首例高科技产品领域反倾销案

一

2000年前后,强劲的需求将国内光纤的价格一路拉高。加之那时我国通信产业也正处于改革之初,几家运营商都开始构建自己的网络。于是众多光纤光缆企业也纷纷在这个时候上马,一度达到二三百家之多。

与国内光纤业的欣欣向荣相反,国际上一些国家的光纤企业的日子却很难熬,可谓"冰火两重天"。在欧美及亚洲的韩国、日本等国,由于通信建设投资饱和,市场需求量下降。一些企业甚至由于银行贷款还不上而走向破产。在这样的背景下,这些国家的光纤企业如美国康宁、日本藤仓等公司纷纷将目光瞄向了中国。

从2000年底开始,这些国外厂商把中国市场当成消化过剩产能的"泄洪区",这使中国国内光纤企业受到冲击,出现开工不足、无利和亏损等严重局

---

① 陈红儿、陈刚:《区域产业竞争力评价模型与案例分析》,《中国软科学》2002年第1期。

面。2002年国内生产光纤光缆的企业由180多家锐减至60多家。由于外方的低价倾销，进口光纤一度占到中国市场的40%多。有人形容说，那时候的光纤比"粉丝还便宜"。

二

国外企业的倾销使国内企业感到了从未有过的压力和生存危机。怎么办？

江城武汉高新区的武汉长飞和江苏江阴的法尔胜光子有限公司（以下简称"法尔胜"）决定反击——提起反倾销调查。它们的意见得到了光纤协会支持和其他企业的附和。这项工作自2002年8月开始，北京博恒律师事务所接受委托承接了相关事务。

2003年5月7日，武汉长飞和法尔胜作为申请人，代表国内非色散位移单模光纤产业正式向我国商务部提交反倾销调查申请和初步证据，请求对"原产美日韩G652单模光纤"的出口企业进行反倾销调查。据申请人的保守估算，美国、日本和韩国光纤产品对华出口倾销幅度高达20%~30%。

2003年7月1日，商务部发布立案公告，开始进行反倾销立案调查，启动了倾销、损害以及两者因果关系的调查程序。7月28日，调查机关向报名应诉企业发出反倾销调查问卷，并要求在37天内按规定提交。7月31日，调查机关向相关国内企业发放《国内生产者调查问卷》、《国内进口商调查问卷》和《国外（地区）生产者/出口商调查问卷》。

在公布后20天的规定期限内，有美国、日本、韩国的5家光纤生产巨头向我国商务部申请应诉。至此，中国首例光纤反倾销案开始进入剑拔弩张的对决阶段。其中，关于G652C是否属于G652产品是双方争论最大的，以美国最大最老的光纤企业康宁公司为代表的国外企业认为，G652C不属于G652产品，并为此申请召开了两次听证会。调查机关最终认可了申请企业的观点，即G652C属于G652产品。[注：在光纤行业内，非色散位移单模光纤通常被称为G652单模光纤，它具有内部损耗低、带宽大、易于升级扩容和成本低的优点；广泛应用于高速率、长距离传输，如长途通信、干线、有线电视和环路馈线等网络，约占光纤用量的70%。据2003年国际电信联盟电信标准化部门（ITU-T）建议的单模光纤标准，G652单模光纤有652A、G652B、G652C、G652D等型号。]

2004年6月16日，商务部公布初裁决定，认定被调查产品存在倾销。2005年1月1日，商务部公布终裁决定，认定美国、日本、韩国的进口光纤存在倾销，国内产业存在实质损害，同时认定倾销和实质损害之间存在因果关系，决定分别对这些国外企业征收反倾销税。

三

这起反倾销案件使进口光纤的市场份额降到了10%左右，并推动了中国光纤行业的整合。这个反倾销案所以能顺利提起，与国内光纤企业多属合资企业，从而对国际规则很了解是分不开的。当然，企业练好内功是最根本的。同时，光纤协会在光纤反倾销案件中所发挥的作用功不可没。

资料来源：根据 http://gpj.mofcom.gov.cn 转载的2007年6月24日《法制日报》孙继斌的同名文章摘编而成。

（一）政府部门的产业安全保障措施

1. 政府制定产业安全对策的必要性。一是维护国家主权。二是保持国民经济的自主性、相对独立性，从而保证本国经济持续、稳定、健康地发展。三是保证本国经济政策的有效性，从而保证国家的宏观调控能力。四是保护本国民族工业的健康成长。五是防止外商损害国民卫生健康和生态环境。

2. 政府维护产业安全的基本对策。在提高产业竞争力维护产业安全方面，政府的基本对策大致包含两个方面：一方面是限制外资进入某些产业，保护本国企业；另一方面是培育本国企业，增强自身的国际竞争能力。至今，国际上尚无一部专门的国家产业安全法律，但随着国际上大的跨国公司的出现与实力不断增强，各国政府在这一问题上的注意力也越来越加强，并相继制定了不少措施和对策。

（1）以技术创新为核心，实现经济增长方式由粗放型向集约型的转变。外资对产业安全构成威胁的最主要因素不是资本本身而是外资对技术的垄断。产业安全问题，从表面上看是外国资本通过扩大市场份额来控制东道国国内产业，深层次问题则是由于绝大多数发展中东道国自身的经济增长方式还停留在粗放型模式上。以中国为例，其不少产业总规模名列世界前列，但产业技术相对落后，产品技术含量偏低，无力参与国际竞争。因而，实现以技术创新为核心的集约型的经济增长方式，是确保本国产业安全最重要的基础性力量。

（2）调整产业结构，培育和发展战略性主导产业。对任何一个国家来说，资源的稀缺性决定了其全面投资和发展一切部门是根本不可能的。同时，在经济全球化的背景下，不能也没必要搞行行都自力更生、业业都是民族工业。必须把有限的资源投入某些重点产业，着力培育和发展战略性主导产业，使有限的资源最大限度地发挥促进经济增长的作用，保护重要产业的安全。

（3）加强外商投资的产业政策导向。考虑到产业安全问题，世界上很少有哪个国家在投资领域全面自由地对外资开放，而是或多或少地设有制度障碍和法律限制。对外资进入本国的某些产业加以限制以保护国家经济安全是世界各国普遍采取的产业安全政策。即确定本国产业的优先发展顺序，制定产业和地区的投资引导政策，以促使跨国公司投资的产业分布和区位布局更趋合理，更符合自身发展的需要。如墨西哥对外国投资的范围加以规定，并规定了投资比例、零部件的国产化率、出口义务等细则，来保护本国产业的发展。

（4）对外商投资企业实行"国民待遇"政策。国民待遇就是外商在本国的投资企业，与本国企业同等对待，既没有优惠待遇，也不受歧视。在对外资逐步开放之时，也对国内民营资本开放。

（5）建立和完善《反垄断法》等法规，维护公正的市场竞争秩序。产业安全问题来源于外商投资企业对国内市场的垄断，因此限制市场垄断行为就成为保护产业安全的一个重要措施。为维护国内市场竞争的有效性，防止国外跨国公司对本国市场的垄断，必须加紧制定《反垄断法》，明确规定对垄断行为的认定、处罚、执行程序和执法机构等。完善《反不正当竞争法》，禁止外商投资企业滥用市场支配地位；建立健全《反补贴法》、《反倾销法》等，加强对国内市场的保护，支持幼稚产业的发展。

（6）建立和完善行业法规。从保护国家产业安全出发，建立和完善重要产业的行业法规，以支持国内产业的发展，保持经济独立性。美国、日本等国家都制定了一系列的行业法规对外资进入特殊产业（主要是涉及国家安全和自然垄断产业）进行限制，对外国资本的进入或外国公司在企业中的股份都进行了严格的限制，以保障本国对这些产业的经济控制能力进而保护国家安全。例如，美国的《联邦通讯法》、《联邦航空运输法》，日本的《银行法》、《运输事业法》等。

（7）加强对外商投资企业的资产评估与法律监管。有时，部分外商会无视或规避东道国法律明文规定，或利用现有法规的漏洞，在项目谈判、资本认缴、企业筹建、进出口、生产经营、利润分配等多项环节中，采用欺诈或隐蔽手段，从中谋取不当利益或高额回报。为此，东道国政府应严格外资项目审批制度，加强和规范外资企业特别是外商并购企业的资产评估与监管。比如，在价格和税收的管理上，针对跨国公司采取母子公司间的转移价格来实现其在全球范围内的利润最大化，美国财政部1968年颁布了国际定价管制办法，要求跨国公司在内部交易中应按市场供求，以"独立竞价原则"计算的"局外价格"进行，否则将增加纳税额。

（8）建立科学的产业安全预警系统。产业安全预警是对国内产业建立或发展过程中遭遇不公平竞争、实质性损害或者损害威胁的可能性进行相关数据资料的收集、整理、分析并及时发布预报，进而为保障产业安全提供合理的对策建议和必要的支持。科学的产业安全预警特别强调国家、产业和企业的协同预警，因而在指标的选取上也细分为宏观经济安全指标、中观产业安全指标和微观企业安全指标。世界上大部分国家特别是一些市场经济比较发达的国家对于建立经济安全预警系统，尤其是加入世界贸易组织后产业安全预警机制的重要性已经基本达成了共识。已有的较为成功的产业损害预警机制包括美国的"扣动扳机机制"、欧盟的"进口监测快速反应机制"、印度的"重点商品进口监测机制"等[1]。

（9）举办有关产业损害调查与产业安全业务培训。为适应贸易救济和产业安全工作的需要经常举办有关产业损害调查与产业安全业务方面的培训。培训内容至少应该包括对外贸易法、贸易救济措施相关法规及案例和产业安全业务方面的知识，以努力提高有关部门依法行政的能力和企业依法维权的能力。

（10）建立一套既符合国际惯例又符合自身国情的企业国际竞争力指标体系，为企业制定竞争力战略提供客观依据。如中国学者首创的中国大中型企业国际竞争力评价指标体系于2003年初正式确立，该指标体系作为国家经贸委经济研究中心和南海建筑设计研究院共同立项的《中国大中型企业国际竞争力评价报告》（2002～2003）的重要组成部分，具有较强的科学性、完整性、逻辑性、创造性和实践性。有关专家认为，它突破了国际上仅对一国企业整体竞争力进行评价的局限，也克服了国内外依据单一或少数竞争力指标对企业竞争力进行排名的不足，能全面揭示和评价企业竞争力水平。该体系包含5大要素、16个子要素，共65个指标，不仅确定了指标名称和指标内涵，还创造性地确定了0～100分中5个分段的具体评分标准，这比瑞士国际管理学院（IMD）的《世界竞争力年鉴》和世界经济论坛（WEF）的《全球竞争力报告》中的指标体系更加深化，更具可操作性。这一突破，使企业的软指标评价更加客观实际，有助于国内大中型企业依据该体系及其测评软件进行企业竞争力的自我评价，并为企业制定竞争力战略提供客观依据[2]。

（二）行业组织的产业安全保障措施

1. 行业组织制定产业安全对策的必要性。

（1）现代市场经济国家中，行业组织的地位和作用相当重要，尤其在经济发达国家，"小政府、大行业协会"的结构布局已基本形成。经济全球化条件

---

[1] 王新奎：《世界贸易组织与我国国家经济安全》，上海人民出版社2003年版，第350页。
[2] 《中国大中型企业国际竞争力评价指标体系正式确立》，《光明日报》2003年2月18日。

下,企业必然越来越市场化、国际化,按照国际惯例和市场原则,行业协会在维护国内同业权益,加强行业自律,与海外同业交流等方面发挥着重要作用。

(2) 行规的制定与发布程序简单、周期较短、针对性强,因此立规的成本远远低于立法的成本,而对市场、行业和企业的影响在某种意义上却不亚于法律。

(3) 世界贸易组织规则调整的主体是成员方政府和立法机构所制定的法律法规,行业组织所制定的行规不在其管辖之列。这使得行业组织可以承担许多国际贸易活动中必需的但又不宜或难以由政府和企业直接承担的事务,并在国家间的贸易争端和纠纷中发挥一种缓冲功能,帮助政府和企业利用世界贸易组织规则和争端解决机制,维护企业和国家的利益。

2. 行业组织维护产业安全的基本对策。美国商业部曾经对500个协会的活动进行调查,列举了68种活动,经过筛选,最经常开展的活动有18种。它们是:开会讨论协调企业间的竞争与合作关系;同其他组织合作,协调行业间的关系;拟定经营标准;发布统计资料;制定行规会约;消除不公平竞争;对行业情况进行宣传报道;搞好协会的财务管理;鼓励消费;信息服务;专业服务;仲裁与调解;行业教育;举办展览会、讲演会;广告合作;提倡与组织标准化;信用服务;影响税收政策。此外,还有组织会员开展国际交往、开拓国际市场、对社会关注的问题发布权威解释等职能[①]。这些在全世界都很有代表性。但就维护产业安全的基本对策而言,在积极配合国家有关战略、策略的基础上,以下对策是值得行业组织尤为重视的:

(1) 为企业开拓市场尤其是国际市场服务。因为经济全球化意味着国内市场国际化,国际市场国内化,国内外两个市场融合为一个市场。企业参与国际市场竞争,必然要了解市场各方面的信息,需要行业协会帮助提供本行业国际市场信息,市场需求情况,行业技术发展现状,甚至要了解企业准备进入的市场国风俗习惯,等等。企业也迫切希望行业协会帮助了解世界贸易组织各种规则,尤其是本行业国际贸易中的特殊规则,以利于产品顺利进入国际市场。

(2) 在世界贸易组织的多边贸易谈判中发挥作用。贸易谈判虽然是政府之间的谈判,但是能否接受对方提出的要求与条件,因行业不同、产品不同,政府可以承诺的条件及对方的要求可能是完全不同的。行业协会此时要发挥作用,要在可以承担的条件与扩大出口要求方面给政府做参谋,要从扩大出口和保护行业安全、企业合法权益出发提出建议。如美国的行业协会就是美国政府在世界贸易组织内"国际谈判平台"的设计者和提供者,美国政府的所有谈判条款,都由

---

① 史景星:《行业协会概论》,复旦大学出版社1989年版,第85页。

各行业协会提供，谈判的结果也要得到美国各行业协会的认可才能获得国会批准。

（3）影响政府产业政策及法律的制定。从当前世界情况来看，市场经济发达国家的行业协会作为一个有组织的利益群体，已成为政府立法的重要渊源之一，许多法律条款都是按照这种利益群体的意见修改的。政府在立法和制定产业政策方面，一般都很重视行业协会的意见，政府甚至经常主动找一些行业团体，征求它们对决策的意见和看法，行业组织影响决策似乎已成了一种惯例。

（4）运用世界贸易组织争端解决机制，代表行业开展反倾销、反补贴申诉（或应诉），维护企业的合法权益。因为进入21世纪以来，全球经济发展放缓，特别是美国、欧盟、日本等经济发展尤其缓慢，全球贸易保护主义抬头，以反倾销、反补贴、保障措施为主要手段的贸易摩擦已成为各国经济发展中"没有硝烟的战争"。

（5）制定行业标准。一方面，按国际惯例企业希望行业协会能主持制定与国际接轨的行业标准，用国际标准引导企业达到提升企业竞争力的目的。在美国，行业标准大多由行业组织来制定，美国行业协会用于制定相关标准的费用每年高达145亿美元，是政府制定相关标准的费用的400倍。另一方面，行业标准还能起到保护本国产业安全的作用。如英国糖果行业协会就曾经借此成功地将产自美国的糖果挤出英国市场[①]。

（6）建立协会预警机制。虽然各国都不同程度地有建立反贸易纠纷的预警机制，但全国产品太多，不可能都靠国家级预警机制，故行业协会和进口商的预警机制作用不可忽视。

（三）企业的产业安全保障措施

1. 企业制定产业安全对策的必要性。具体表现如下：

（1）企业的经济安全是基础。企业的经济安全是其所归属的产业的经济安全的基础，没有微观企业的经济安全就谈不上中观产业的经济安全；产业安全的最终目标又要服从于整个国家的经济安全。其内在的逻辑关系如图8-1所示。

（2）企业国际竞争力是产业国际竞争力的主要支撑点。企业竞争力与产业竞争力密切相关，企业的竞争力决定了产业的竞争力。产业发展的历史表明，一个国家或地区的某一产业竞争力的强弱取决于这一产业中的众多企业，其中知名企业的竞争力造就了所属产业在国际上的强大竞争力。如工业企业是工业产业竞争力的载体，工业企业竞争力支撑着工业产业的竞争力；研究工业产业的竞争力必须研究工业企业的竞争力。

---

① 王新奎：《世界贸易组织与我国国家经济安全》，上海人民出版社2003年版，第324~325页。

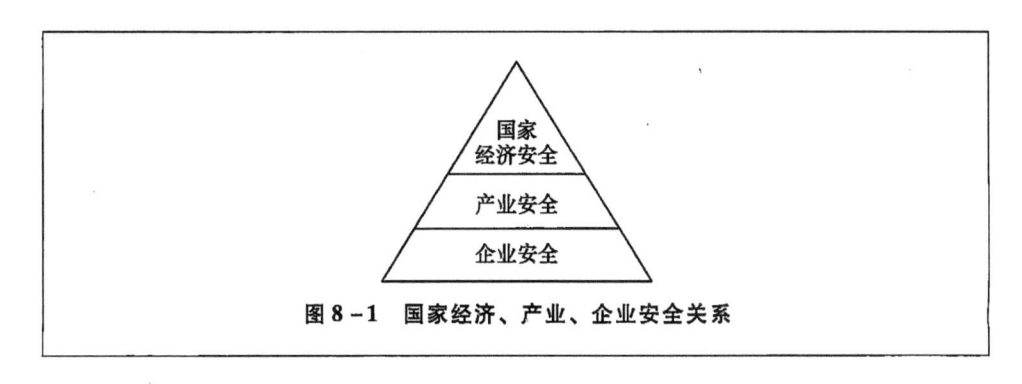

图 8-1　国家经济、产业、企业安全关系

（3）各国加入世界贸易组织谈判是以产业作为对象的，但真正受到影响的是产业中的企业，企业是各国加入世界贸易组织后享受权利和尽义务的主体。随着经济全球化进程的加快，企业将面临着更加开放的市场环境，面对的是更为激烈的国际竞争。如何提高企业的国际竞争力已成为各国政府、理论界、企业界共同关心和亟须解决的重要问题。

2. 企业维护产业安全的基本对策。限制外商投资是治"标"的行为且有一定的副作用，治"本"的做法是提高国内企业的国际竞争力。在积极配合国家和行业组织有关战略、策略的基础上，以下对策是值得企业（尤其是大中型企业）重视的：

（1）增强自主创新能力。在20世纪80年代，美国的制造业遭受日本的挑战。一度有被超过的危险，美国很多专家认真调研、仔细研究比较了"美国制造"和"日本制造"的不同，后来发现其差距就在创新能力上，而创新的关键又在企业。有鉴于此，我国已确定把建立以企业为主体、市场为导向，产学研相结合的技术创新体系作为国家创新体系的突破口，因为它对于提升整个国家的竞争力最为重要。工业设计等也正在成为越来越多的企业致力于提高创新能力的重要手段。

（2）企业重组，实施"集团化"战略。企业成长的方式一般有自我积累的内部发展和借助购并的外部扩张两种。后者已成为现代企业最主要的成长方式。目前美国100家大型跨国公司中，进行过国内购并的占90%以上，进行过跨国购并的占70%以上。对此，世界各国当然可以效而仿之：既可以通过购并实现"强强联合"，形成民族工业的中坚力量，与实力强大的外资控股企业抗衡，打破外资可能形成的垄断局面；也可以通过购并实现"弱弱联合"，在有相当发展前景的行业，促使中小企业通过多种购并方式联合发展成为大企业。

（3）跨国并购，实施"走出去"战略。全球化时代是跨国公司的时代，一个国家如果没有自己的跨国公司,必然在国际竞争中处于不利地位。所以,面对全球高潮迭起的跨国并购浪潮,企业不能只是被动地等待或防范外国企业来购并自己,而是应该顺应潮流、主动出击,在跨国并购和跨国经营的实践中把自己造就成推动本国融入经济全球化的、经得起国际竞争考验的、能够维护企业安全乃至本国产业安全的"航空母舰"。

(4)以"企业国际竞争力评价指标体系"为指南,苦练内功。如由中国国家经贸委经济研究中心牵头,在充分研究和实践的基础上所提出的包含5大要素、16个子要素共65个指标的中国大中型企业国际竞争力评价的指标体系,不仅确定了指标名称和指标内涵,还创造性地确定了0~100分中5个分段的具体评分标准,若中国的大中型企业都能以此为指南、苦练内功,那么在不久的将来其企业及产业的国际高竞争力指数和企业及产业的安全系数都将得到大大提高。

(5)建立追踪市场的预警管理系统。企业的预警管理系统主要包括顺境下的识错防错机制和逆境下的治错纠错机制。企业可单独设立相关的预警职能机构,也可将这项职能赋予企业已有的部门(如市场调研部),或与投资银行和专业公司一起筹备预警管理系统。

本章参考文献

1. 史忠良:《经济全球化与中国经济安全》,经济管理出版社2003年版。
2. 何维达、宋胜洲:《开放市场下的产业安全与政府规制》,江西人民出版社2003年版。
3. 王新奎:《世界贸易组织与我国国家经济安全》,上海人民出版社2003年版。
4. 刘平洋:《中国产业国际竞争力分析》,经济管理出版社2003年版。
5. 赵细康:《环境保护与产业国际竞争力:理论与实证分析》,中国社会科学出版社2003年版。
6. 程伟等:《经济全球化与经济转轨互动研究》,商务印书馆2005年版。
7. 赵瑾:《全球化与经济摩擦——日美经济摩擦的理论与实证研究》,商务印书馆2002年版。
8. 汪斌:《全球化浪潮中当代产业结构的国际化研究》,中国社会科学出版社2004年版。
9. 1995~2006年《人大报刊复印资料》相关文献。

重点名词

经济全球化 关贸总协定 世界贸易组织 产业安全 产业安全预警 产业

竞争力

思考题

1. 经济全球化对一国产业发展有什么影响？
2. 如何消除经济全球化对一国产业发展的不利影响？
3. 在维护产业安全方面，政府、行业组织、企业各有何作为？

| 人物介绍 |

❏ 迈克尔·波特（Michael E. Porter）

迈克尔·波特出生于美国密执安州，1969年，波特在美国普林斯顿大学获得大气与机械工程学位；1971年，以优异的成绩毕业于哈佛商学院；1973年，26岁的波特荣获哈佛大学经济学博士并入主哈佛商学院，成为哈佛有史以来最年轻的教授。此外，他还获得斯德哥尔摩经济学院等7所著名大学的荣誉博士学位。2000年12月，波特获得哈佛大学最高荣誉"大学教授"，成为哈佛大学商学院第四位获此殊荣的教授。

波特先后出版过16本著作，并累计发表了100多篇有影响力的论文。其中，最有名的是1980年出版的《竞争战略》，已经转译过17个国家的语言；其核心主题如产业分析、竞争对手分析、战略定位等如今不但被公认为管理实务的一部分，并且也为学界开拓了新的研究领域。1985年出版的《竞争优势》已经再版过34次；1990年出版的《国家竞争优势》探讨了国家、地域间的竞争理论，并且成为世界各国经济政策的重要指针。其新著《竞争论》一书收集了过去20年来，波特探讨竞争理论的13篇精彩论文，内容涵盖竞争与战略、地域竞争力、社会问题的竞争力解答，充分反映波特的竞争理论的演变历程。他的最新力作《日本还有竞争力吗?》一书，被《经济学家》评选为2000年度最具有现实意义的著作。除了教职外，波特还是包括著名的美国电报电话公司、杜邦公司等在内的美国诸多跨国大公司的顾问；此外，许多公益团体也有他的踪迹，包括现代艺术、公共电视、医疗单位等。

波特的影响力遍布全球。1983年，里根政府延揽波特进入"美国产业竞争力委员会"。紧接着，他又积极参与美国国会经济政策，致力于协助政府提升竞争力。1991年，他参与麻省的经济提升与技术咨询会，改变了当地立法，并提升了经济竞争力。同时，波特也是许多国家的顾问，印度、新西兰、加拿大、葡萄牙等国家都争相聘请他主持国家经济政策的研究。此外，有更多的国家受到他学说的影响而致力于国家政策改革。自2001年以来，波特一直积极参与中美洲7国的国家经济政策开发。而在中东方面，他所指导的团队遍布埃及、以色列、巴勒斯坦等地。

波特毕生获得过无数奖项，他因对工业组织的研究而荣获哈佛大学的"大卫·威尔斯经济奖"；波特发表在《哈佛管理评论》上的论述，曾五度获得"麦肯锡奖"；1990年，他的著作《国家竞争优势》被美国《商业周刊》选为年度最佳商业书籍；1991年，美国市场协会给波特颁发"市场战略奖"；1993年，管理学院推选波特为杰出商业战略教育家；1997年，美国国家经济学人协会颁发亚当·史密斯奖予波特，颂扬他在经济专业的成就。此外，波特还获得过"格雷厄姆—都德奖"、"查尔斯·库利奇·巴凌奖"等众多杰出奖项。

——资料来源：杨瑾根据《中国营销传播网》"麦肯特观点"、"www.people.hbs.edu/mporter/"整理。

□ 罗伯特·蒙代尔（Robert A. Mundell）

罗伯特·蒙代尔，1932年出生于加拿大安大略省的金斯顿市，1953年毕业于加拿大的不列颠哥伦比亚大学，获文学学士学位。以后，又先后就读于华盛顿大学（1953～1954）、麻省理工学院（1954～1955）、伦敦经济学院（1955～1956）和芝加哥大学（1956～1957），1956年以一篇关于国际资本流动的论文在麻省理工学院获得哲学博士学位。之后，蒙代尔执教于加拿大不列颠哥伦比亚大学、约翰·霍普金斯大学和芝加哥大学，并曾供职于加拿大皇家物价委员会和国际货币基金组织，同时，还应聘为世界银行、美国财政部、欧共体等机构的经济顾问，他倡议并直接设计了区域货币——欧元而获得了"欧元之父"之誉。1967～1970年担任著名的《政治经济学杂志》主编。1972年返回加拿大任安大略省滑铁卢大学教授和经济系主任。1974年以来，加盟美国哥伦比亚大学任教授至今。

蒙代尔在其近半个世纪的学术生涯中著述颇丰尤其以影响深远的论文引人注目。截至1999年1月，共出版专著4部：《国际货币体系：冲突与改革》(1965)、《人与经济学》(1968)、《国际经济学》(1968)和《货币理论：世界经济中的利息、通货膨胀和增长》(1971)。发表论文近130篇，另有大量的研究报告、会议论文等，尤其是20世纪90年代以来的大量政策性论文。然而，蒙代尔最重要的学术贡献大多完成于60年代，这个时期，他发表了最能代表其经济思想的几篇重要论文：《最优货币区理论》(1961)、《适当运用货币与财政政策以实现内外部平衡》(1962)以及《资本流动与固定和浮动汇率下的稳定政策》(1963)等。在《国际经济学》与《货币理论》中，全面、系统地阐述了他的经济思想。

蒙代尔的研究具有独创的超前性。20世纪70年代中期以前，当全球大多数国家仍以"布雷顿森林协议"制定固定汇率政策,即采用固定汇率之际,蒙代尔已进行有关浮动汇率及资金高度流动的突破性研究。他除了考虑一个国家应在何时放弃本国货币外还阐明了不同汇率体系采取不同政策有何意义。

蒙代尔的主要贡献:①财政货币政策的效果。在20世纪60年代早期一系列著名论文中,蒙代尔对开放经济下的货币财政等稳定性政策及其效果进行了分析,主要表现为蒙代尔—弗列明模型以及货币动态学的研究。②最优货币区理论。蒙代尔把最优货币区定义为这样的一些地区:移民倾向如此之高,以至于使得某一地区在遭受不对称冲击时能够保证充分就业。其后的研究者(如麦金农等)拓展了该理论,加入了判定最优货币区的其他标准:资本流动、区域分工以及统一的税收转移支付体系等。蒙代尔提出的劳动力流动问题目前仍然是欧盟面临并致力于解决的最关键的问题之一。因此"欧元之父"的美誉蒙代尔是当之无愧的。③其他贡献。蒙代尔—托宾效应:蒙代尔证明,较高的通货膨胀能够诱使投资者降低持有的现金余额,增加对实际资本形成的投资,因而,即使是预期到的通货膨胀也会有实际效果;蒙代尔还对国际贸易理论做出了重要贡献,他阐明了即使有贸易障碍,劳动和资本的国际流动仍然使得不同国家间的价格水平趋于一致。这可以视为赫克歇尔—俄林—萨缪尔森模型的逆命题。其理论结论提供了一个清晰的预言:贸易障碍刺激人员和资本的国际流动,反之,移民与资本的流动障碍刺激商品的国际贸易。

蒙代尔被尊称为"欧元之父"。1999年10月13日,瑞典皇家科学院宣布将1999年度的诺贝尔经济学奖授予美国哥伦比亚大学教授罗伯特·蒙代尔,以表彰他对不同汇率制度下货币和财政政策分析以及在最优货币区分析方面的开创性贡献。1997年获美国经济学会颁发的杰出人士奖;1998年被选为美国艺术和科学院院士;1999年荣获诺贝尔经济学奖。

——资料来源:李萍根据《管理现代化》杂志《诺贝尔经济学奖介绍》(连载之23)整理。

第九章　循环经济建设与产业发展

经过近 30 年的快速发展，我国经济发展的成就世界瞩目，人民生活水平有了巨大的提高。然而，我国上述成果的取得是建立在资源大量消耗、环境日益恶化的基础上的，粗放式的经济增长方式并没有随着经济增长而获得根本改变。当前，资源和环境瓶颈已经成为我国经济进一步增长、社会进一步发展、人民生活水平进一步提高的硬约束。

为了突破我国未来发展的资源、环境"瓶颈"，1992 年联合国环境与发展大会后，我国政府制定了《中国 21 世纪议程——中国 21 世纪人口、环境与发展白皮书》，作为指导国民经济和社会发展的纲领性文件，开始了我国可持续发展的进程。

2003 年 1 月 14 日，国务院印发了《中国 21 世纪初可持续发展行动纲要》，全面推动可持续发展战略的实施，明确 21 世纪初我国实施可持续发展战略的目标、基本原则、重点领域及保障措施。

2005 年"两会"的中心议题是建设和谐社会，反映了我国经过近 30 年的经济高增长，人民生活水平得到极大提高之后，对社会主义国家建设提出的更高水平的目标。

当前，发展循环经济，创建节约型社会，落实科学发展观是我国实现"以人为本、可持续发展"的发展理念，不仅符合当今世界发展潮流，而且日益被我国社会各界所接受。而推进循环经济建设涉及政府、企业、居民的行为方式转变，是一个系统工程，必将带来各个经济主体之间利益关系的调整。从生产的角度看，表现为生产模式的革命性变革，对于各个产业的发展必然产生深远的影响。

本章首先从循环经济的内涵、特征入手，着重分析其对产业发展的重大影响和基本要求，探讨推进循环经济的三个层面，并从价格机制和循环经济立法两个角度提出实施循环经济的切入点。

第一节 循环经济的内涵与基本特征

一、循环经济及其发展[①]

循环经济（Circular Economy）的思想萌芽可以追溯到20世纪60年代美国经济学家肯尼思·鲍尔丁（Kenneth E. Boulding）提出的"宇宙飞船理论"。他认为，地球就像太空中飞行的宇宙飞船（当时美国正在实施阿波罗登月计划），这艘飞船依靠不断消耗自身有限的资源而生存，如果我们的经济仍像过去那样依赖于对资源不合理的开发和对环境持久的破坏，那么人类生息的地球迟早要像宇宙飞船那样走向毁灭。鲍尔丁的"宇宙飞船理论"即使在今天看来仍然有相当的超前性，它意味着人类社会的经济活动应该从效法以线性为特征的机械论转向服从以反馈为特征的生态学规律。

实际上，在随后的20世纪70年代，人们并没有积极地沿着这条线索发展下去，世界各国关心的问题仍然是污染物产生以后如何治理环境污染以减少其危害，即采用末端治理的控制方式。80年代，人们虽然注意到采用资源化的方式处理废弃物，但对于污染物的产生是否合理、是否应该从生产和消费源头上防止污染的发展这个根本性问题，大多数国家并没有形成与"宇宙飞船理论"相符的思想认识和政策举措。只有到了90年代，循环经济概念才逐渐变得清晰起来。尤其是从倡导可持续发展战略以来，发达国家正在把发展循环经济、建立循环型社会视为实现该发展战略的重要途径。循环经济一词是1990年由英国环境经济学家 D. 皮尔斯（Pearce）和 R. K. 特纳（Turner）在其《自然资源和环境经济学》（Economics of Natural Resources and the Environment）一书中首次提出，以与传统的经济发展模式相区别。循环经济是指"按照自然生态系统物质循环和能量转换的规律，通过清洁生产技术、废物回收技术，使资源利用效率最大化，废弃排放量最小化，将经济系统和谐地融入自然生态系统的物质、能量循环的过程中，从而实现经济与环境协调发展"。

工业社会的传统经济是一种"资源—产品—废物排放"的物质单向流动的线性经济，是一种高开采、高消耗、高利用、高排放、高污染的"牧童经济"，这种传统的经济增长方式和过度的消费方式，造成了资源的过度利用与浪费，导致资源枯竭与环境的不断恶化。为此，人们开始把源头预防与全过程治理作为国

[①] 对于循环经济的起源与发展，我国许多学者都进行过类似阐述，得出的基本结论也具有高度的一致性，其中王小军的阐述具有高度代表性。作为本章的介绍性内容，这部分较多地参考了他的研究成果。

家环境与发展的政策，实行将清洁生产、资源综合利用、生态设计和可持续消费等融为一体的循环经济模式。循环经济本质上是生态经济，是一种新型的、先进的、人与环境和谐发展的经济形态，是实现经济、社会和环境可持续发展、协调发展和共赢发展的经济活动理想模式，它倡导"低能耗、高利用、再循环"，反对滥采乱用资源与"先污染、后治理"的方式，它恪守减量化（Reduce）、再利用（Reuse）与废弃物再循环（Recycle）的3R原则。循环经济兼顾了经济效益、社会效益与环境效益，更加合理地提高了资源的利用效率，进一步节约了资源和能源，促进了经济、社会与环境的全面协调发展。

循环经济是对物质闭环流动型经济的简称，是以物质、能量梯次和闭路循环使用为特征的。在环境方面表现为节约环境资源、降低污染物排放甚至是实现污染物的零排放。循环经济把清洁生产、资源综合利用、生态设计和可持续发展融为一体，运用生态经济学规律指导人类社会的经济活动。从宏观上，它使经济系统和环境系统耦合，协调环境与经济之间的关系，促进经济系统中人流、物流、信息流、价值流和技术流的合理运转和环境经济系统的稳定、有序、协调发展，实现系统动态平衡。从微观上，它做到资源的多层次循环和综合利用，提高资源利用率，从而实现环境资源的优化配置。循环经济运行如图9-1所示。

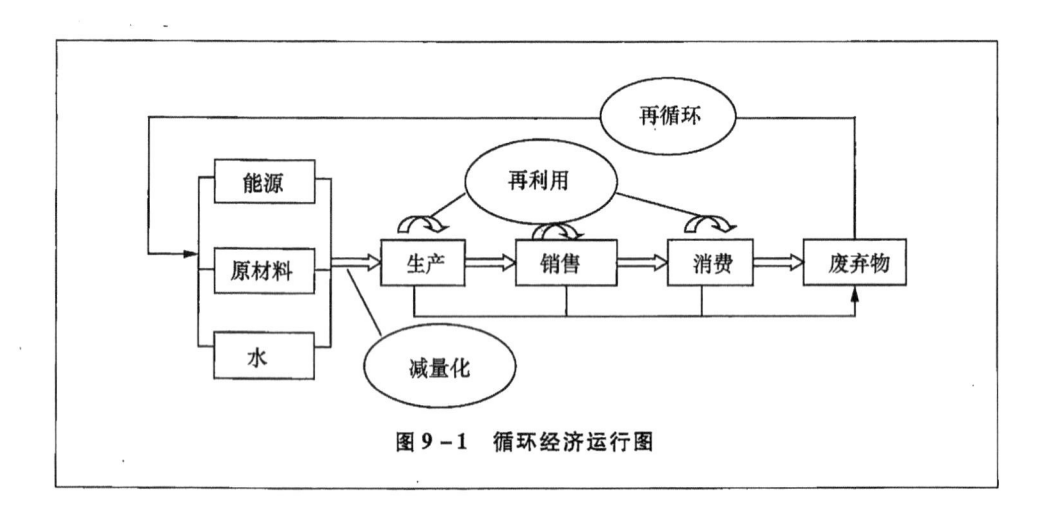

图9-1 循环经济运行图

二、循环经济的特征（"3R"原则）

循环经济的特征可以用"3R"原则表达，即减量化原则、再利用原则和再循环原则。

1. 减量化原则。要求用较少的原料和能源投入来达到既定的生产、消费目的，在经济活动的源头注意节约资源和减少污染。在生产中，减量化原则常常表现为要求产品小型化和轻型化。在减量化原则下，产品的包装应该是简单朴实而不是豪华浪费，以达到减少废物排放的目的。

2. 再利用原则。要求制造品和包装容器能够以初始的形式被反复使用。再利用原则要求抵制当今世界一次性用品的泛滥，生产者应该将制品及其包装当做一种日常生活器具来设计，使其像餐具和背包一样可以被再三使用。再利用原则还要求制造商应该尽量延长产品的使用期，而不是尽快地更新换代。

3. 再循环原则。要求生产出来的物品在完成其使用功能后，重新变成可以利用的资源，而不是不可再生的垃圾。按照循环经济的思想，再循环有两种情况，一种是原级再循环，即废品被用来产生同种类型的新产品，例如，报纸再生报纸、易拉罐再生易拉罐等；另一种是次级再循环，即将废物资源转化成其他产品的原料。原级再循环在减少原材料消耗上达到的效率要比次级再循环高得多，是循环经济追求的理想境界。

人们常常简单地认为循环经济仅仅是把废弃物资源化，其实不然。废弃物的再生利用相对于末端治理虽然是重大的进步，但人们应该清醒地看到：再生利用本质上仍然是事后解决问题而不是一种预防性的措施。废物再生利用虽然可以减少废弃物最终的处理量，但不一定能够减少经济过程中的物质流动速度以及物质使用规模。例如，塑料包装物被有效地回收利用并不能有效地减少塑料废弃物的产生量。相反，由于塑料回收利用给人们带来的进步错觉，反而会加快塑料包装物的使用速度而扩大此类物质的使用规模。此外，以目前方式进行的再生利用本身往往是一种环境非友好的处理活动。因为运用再生利用技术处理废弃物需要耗费矿物能源、水、电等许多资源，并将许多新的污染物排放到环境之中。所以，"3R"原则的正确排列顺序应该是：减量化、再利用、再循环。

循环经济"3R"原则的排列顺序，实际上反映了20世纪下半叶以来人们在环境与发展问题上思想进步走过的三个历程：①以环境破坏为代价追求经济增长的理念终于被抛弃，人们的思想从排放废物发展到要求净化废物（通过末端治理方式）；②由于环境污染的实质是资源浪费，因此要求进一步从净化废物升华到利用废物（通过再利用和再循环）；③人们认识到利用废物仍然只是一种辅助性手段，环境与发展协调的最高目标应该是实现从利用废物到减少废物的质的飞跃。在人类经济活动中，不同的思想认识形成了三种不同的资源使用方式，一是线性经济与末端治理相结合的传统"用完就扔"方式；二是仅仅让再利用和再循环原则起作用的资源恢复方式；三是包括整个"3R"原则且强调避免废物优先的低排放甚至零排放方式。显然，只有第三种资源利用方式才是循环经济所推崇的经济方式。循环经济的目的，不是仅仅减少待处理的废弃物的体积和重量，而且是要从根本上减少自然资源的耗竭，减少由线性经济引起的环境退化。

三、循环经济与可持续发展

学术界在阐释循环经济时，几乎无一例外地都要论及可持续发展观，这涉及循环经济的外延，故有必要将循环经济与可持续发展观进行比较研究。

联合国于1972年在瑞典斯德哥尔摩召开了"人类与环境会议"，这次大会成立了由时任挪威首相的布伦特兰夫人（Gro Harlem Brundtland）为首的"世界环境与发展委员会"，对世界面临的环境问题及应采取的战略进行研究。1987年，"世界环境与发展委员会"发表了影响全球的题为《我们共同的未来》（Our Common Future）的报告，提出了"可持续发展"的概念。可持续发展是指"既满足当代人的需要，又不对后代人满足其需要的能力构成危害的发展。"[1] 报告深刻指出，在过去，我们关心的是经济发展对生态环境带来的影响，而现在，我们正迫切地感到生态的压力对经济发展所带来的重大影响。因此，我们需要有一条新的发展道路，这条道路不是一条仅能在若干年内、在若干地方支持人类进步的道路，而是一直到遥远的未来都能支持全球人类进步的道路。这一鲜明、创新的科学观点，把人们从单纯考虑环境保护引导到把环境保护与人类发展切实结合起来，实现了人类有关环境与发展思想的重要飞跃。

由追溯循环经济诞生的过程可知，循环经济与可持续发展有着共同的渊源。更确切地说，从一种观念、一种理想上认识，循环经济与可持续发展皆由环境与资源问题引发，二者并无本质的区别。循环经济要求经济活动减量消耗、最小排放、资源最大化利用，最终的目的也就是保护环境、实现可持续发展。这说明可持续发展本身也就包含了循环经济的思想。从"循环经济"一词诞生的背景看，循环经济其实就是可持续发展的萌芽，可持续发展实际上是从循环经济及各种发展战略观中演化而来的。所以，循环经济与可持续发展观可谓同出一宗。可持续发展观包含了循环经济理念，循环经济理念是可持续发展观的一部分。

可持续发展是人们对漫长的社会发展过程进行痛苦的反思后，提出的一种全新的发展思想和发展战略，它是人类关于社会发展问题在观念和认识上的一次飞跃。循环经济强调资源的节约，强调资源的永续利用，这正是可持续发展精神的体现，循环经济活动也正是可持续发展观的重要实践。可以这样说，发展循环经济也就是在实践可持续发展战略，循环经济与可持续发展观本质上是一致的。如果从可持续发展和循环经济两者之间的内在逻辑关系上看，可持续发展是经济社

---

[1] 世界环境与发展委员会：《我们共同的未来》，吉林人民出版社1997年版，第52页。

会发展的目标状态，而循环经济是实现经济、社会可持续发展的基本手段和模式。

第二节 循环经济对产业发展的影响和基本要求

一、循环经济对产业发展的影响

循环经济建设是一个系统工程，涉及生产者、消费者和政府的行为模式转变，对各个经济主体的行为决策将产生巨大的影响。显然，在生产领域实施循环经济建设是整个社会循环经济建设的重要组成部分，必将对国民经济的各个产业、产业内部的企业以及与生产环节紧密联系的研发、设计、物流、销售等环节产生革命性影响。循环经济建设对于产业发展的影响，集中表现在它对产品从研发、设计、生产、运输、销售等各个环节提出了新的要求，必须在以上这些环节贯彻"减量化、再利用、再循环"原则。因此，从生产角度看，循环经济对于产业领域的影响体现为生产方式的改变，需要一种更高层次的生产方式代替原有的线性的生产方式，以达到生产领域的资源节约、环境保护的双重目标。

从更为宽广的范围看，循环经济建设对于产业发展的影响还表现为它催生了循环经济产业。因为循环经济建设对国民经济的各个产业在资源节约、污染物排放等方面提出了更高的要求，企业为了满足这些要求，必须采用更为先进的专用设备和技术。同时，由于各种主客观原因，企业生产的产品在流向消费领域后，最终将会变成废弃物，这些废弃物的回收利用很难全部由生产企业自身实现回收利用，需要通过市场机制由独立于原生产企业的专业化的资源回收利用企业完成，因此，从社会角度看，循环经济的建设需要专门从事废旧物资回收利用的产业。循环经济产业应该至少包括两类：一是为企业实施"3R"原则提供专用设备、技术服务的产业；二是对人类的生产、生活产生的废弃物进行回收利用的资源回收利用产业。

二、循环经济对于产业发展的基本要求

(一) 节约能源，提高能源利用效率

能源是任何产业发展的基础性投入，能源消耗强度的高低是表征某一个产业发展水平的重要方面。在当前以煤炭、石油等化石能源为主的能源供给结构条件下，一方面能源的供给越来越紧张，常常成为引发社会不稳定和国际冲突的重要因素；另一方面，化石能源的高比例使用，排放出大量二氧化硫（SO_2）、二氧化碳（CO_2）等导致生态恶化的有害气体。在我国，生产性用能是全部能源消耗的最重要方面，占整个能源耗费的70%以上。因此，如何在产业发展中实现能

源的节约，提高能源利用效率是我国未来产业发展必须迫切解决的重大问题。在产业内部推进循环经济建设，通过在生产领域的各个环节实现"源头减量、重复使用、循环利用"，节约能源耗费，提高单位能源生产率，是循环经济条件下产业发展的基本要求。

（二）节省资源，提高资源利用率

任何产业都是某一类投入产出的过程的集合，循环经济就是要生产企业通过实施"减量化、再利用、再循环"原则，努力节约资源，提高资源利用效率，降低投入产出比。生产企业实施的节省资源措施主要是降低单位产品原料消耗，提高产品成品率，使用低品位原料，利用废弃物，实施清洁生产，防止对环境的过量排放等。因此，较高水平的资源利用效率是循环经济建设对于产业发展的一项基本要求。

（三）减排降污，保护环境

生产领域污染物排放是我国污染物总排放量的主要渠道，工业"三废"是造成我国生态环境恶化的最重要原因，产业发展中的减排降污是我国环境保护的基本内容，也是循环经济建设的应有之义。循环经济要求生产企业在生产过程中实现源头减量、重复使用、循环利用，其目的正是在于尽可能地减少污染物的产生和排放，净化生态环境。同时，"3R"原则必然降低产业发展中对自然资源的索取量，也间接地降低了自然资源的开采对生态环境造成的破坏。因此，污染物排放的最小化，必然是循环经济对产业发展的又一项基本要求。

（四）产成品的品质必须有利于"3R"原则的实现

循环经济建设不仅对于生产企业的生产过程提出了上述三个基本要求，而且对于其产品品质也有更高的要求。企业生产的产品最终进入到下一轮的生产环节或者作为最终产品进入到消费领域，不管哪种情况，循环经济要求产品必须有利于下一环节"减量化、再利用、再循环"的实施。"减量化"要求产品的使用过程中耗费的资源应该最小化；"再利用"原则要求不断提高产品的使用寿命或服务年限，这要依靠提高产品质量（包括耐久性和多功能）来实现；"再循环"要求产品的设计和生产应该采用更有利于回收利用的款式和原材料。

第三节 实施循环经济的三个层面

循环经济本身更多地表现为关于人类生产、消费的理念，必须与社会的生产、消费实践相结合，在人类的活动中贯彻这一理念，才能具有现实意义，才能最终实现循环经济的"3R"原则和内设目标。前文已述，循环经济建设为产的发展提出了更高的要求,那么如何在产业的发展中实现循环经济理念呢?根据国外已有的成功经验,可以从企业内部、共生企业间、社会三个层面来实施循环经济。

一、企业内部的循环经济:杜邦模式

企业内部的循环经济通过组织厂内各工艺之间的物料循环,延长生产链条,减少生产过程中物料和能源的使用量,尽量减少废弃物和有毒物质的排放,最大限度地利用可再生资源,提高产品的耐用性等。美国杜邦化学公司于20世纪80年代末把工厂当做新的循环经济理念实验室,创造性地把"3R"原则发展成为与化学工业实际相结合的"3R制造法"以达到少排放甚至零排放的环境保护目标。它们通过放弃使用某些对环境有害的化学物质,减少某些化学物质的使用量以及发明回收本公司产品的新工艺,来达到实施循环经济的目的。到1994年已经使生产造成的塑料废弃物减少了25%,空气污染物排放量减少了70%[①]。同时,杜邦公司在废塑料,如废弃的牛奶盒一次性塑料容器中回收化学物质,开发出了耐用的乙烯材料。

> **案例**
>
> **逐步步入循环经济轨道的山东里能集团**
>
> 山东里能集团位于山东省济宁市,始建于1995年。2001年4月,通过实施资产重组,在山东里彦能源集团的基础上,组建成山东里能集团。山东里能集团现在拥有三座发电能力51.7万千瓦的电厂,三座已经投产的总开采能力240万吨/年的煤矿,两座总生产能力140万吨/年的水泥厂,一座生产能力1.2亿块墙体砖/年的新型建材厂及年耗电3亿度的特种钢厂和年耗电1.2亿度的玻璃纤维厂。
>
> 集团领导在发展企业的同时,深刻地认识到发展循环经济是实现可持续发展的一个重要途径和保护环境的根本措施。为此,在电厂建设的同时配套建设粉煤灰水泥厂,针对煤矿产生的煤矸石配套建设了新型建材厂,从而实现了废物资源化。废物资源化的实施使污染物得到了有效的治理,同时获得可观的经济效益——煤矿生产的原煤送入电厂发电;发电厂运行过程中产生的粉煤灰以干除灰的形式收集起来,利用管道送入水泥厂生产水泥;煤矿采

---

① 贾小玫:《循环经济模式和实施层面的再分析》,《生态经济》2006年第6期。

煤过程中产生的煤矸石送入新型建材厂进行粉碎生产墙体砖。

山东里能集团在企业内部实施循环经济取得显著的环境效益的同时，也获得了巨大的经济效益。煤矿每年送入电厂原煤180万吨，按原煤价格240元/吨计算，产值4.32亿元；电厂发电年产值12.6亿元，年产生粉煤灰36万吨，用于生产水泥后增加产值7200万元（水泥价格按200元/吨计算）；煤矿产煤过程中产生的煤矸石送入新型建材厂生产墙体砖增加产值600万元（煤矸石添加比例1:1，墙体砖价格0.1元/块计算）。循环经济过程中使源头资源增值9.06亿元，为社会提供就业机会2017个，为国家增加税收3.22亿元。

——资料来源：韩义、张炳慧：《逐步步入循环经济轨道的山东里能集团》，《山东环境》2003年第5期。

二、共生企业的循环经济：生态工业园区模式

生态工业园区是在区域层面上实施循环经济的典型模式。它按照工业生态学原理，通过企业间的物质集成、能量集成和信息集成，形成企业间的工业代谢和共生关系，是依据循环经济理念和工业生态学原理而设计建立的一种新型工业组织形态，也是通过模拟自然系统建立产业系统中"生产者—消费者—分解者"的循环途径，实现物质闭路循环和能量多级利用。在这样的体系中，不存在"废物"，因为一个企业的"废物"同时也是另一个企业的原料，因此，可望基本实现整个体系向系统外的"零排放"。

丹麦的凯隆堡生态工业区的运作模式具有典范性。凯隆堡地处北海之滨，位于丹麦哥本哈根西部约120公里，是一个仅有2万居民的工业小城。20世纪60年代初，这里的阿斯内斯火力发电厂和斯塔托伊尔炼油厂等6家核心企业开始生态工业方面的探索，但当时并未有生态意识，而是为了降低成本和达到环保法规的要求，致力于一种革新性的废料管理和利用的工业共生途径。80年代初，该镇以燃煤发电厂向炼油和制药厂供应余热为起点，进行工厂之间的废弃物再利用合作。经过十多年的滚动发展和优化组合，目前该系统已成为一个包括发电厂、炼油厂、生物技术制品厂、塑料板厂、硫酸厂、水泥厂、种植业、养殖业和园艺以及凯隆堡镇的供热系统在内的复合生态系统（见图9-2）。它根据自身的资源情况，用循环经济的绿色设计理念，选择了发电厂、炼油厂、制药厂、石膏板厂作为该地区的主要产业，用发电厂燃煤产生的煤渣、粉煤灰铺公路、烧水泥；用发电厂脱硫产生的硫酸钙，供石膏板厂做原料；用发电厂产生的余热为炼油厂、制药厂和周围居民供热；用炼油厂的废水供发电厂用于冷却。这些产业之间形成

了互利共生的依存关系，在保证各自经济利益的同时，最大限度地保护了这一地区的资源和环境。

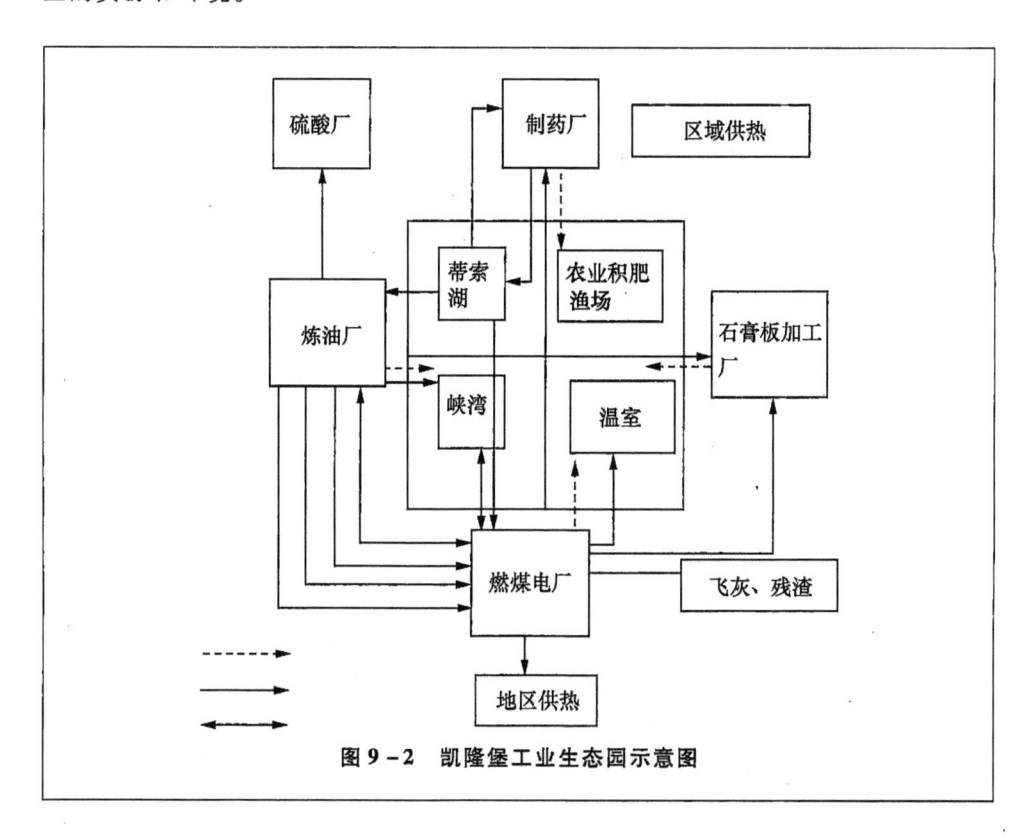

图 9-2 凯隆堡工业生态园示意图

实践证明，建立工业生态园是实现循环经济的一种有效方式。园区内上家企业的废料成为下家企业的原料和动力，尽可能把各种资源都充分利用起来，做到资源共享、各得其利、共同发展。企业间通过物质、能量和信息的流动与储存，并通过工业代谢研究，根据生态系统整体性原理，利用其物理、化学成分间的相互联系、相互作用、互为因果的生态产业链关系，将各种原料、产品、副产物乃至所排放的废物组成一个结构与功能协调的共生网络经济系统。

在过去 20 年间，凯隆堡生态工业区共投资了 16 个废料交换工程，投资额达 6000 万美元，取得了巨大的环境效益（见表 9-1）和经济效益。位于凯隆堡生态工业区内的制药厂，1982 年锅炉改造时，经过可行性研究后选择了全部使用区内电厂的蒸气，之所以选择用电厂的蒸气而不自己生产，是因为用前者的蒸气更省钱。从电厂获得蒸气只要铺两英里长的供气管道，相当于药厂两年的内部改造投资。同样，工业园区石膏板厂用电厂脱硫产生的石膏也是为了节省资金，原来该厂要从西班牙进口石膏原矿石,现在用电厂脱硫产生的石膏,节省了运输费用,从而使产品的成本明显降低[①]。

表 9-1　　　　　　　　　　凯隆堡生态工业区环境效益

副产品/废物的重新利用/T	节约的资源/T	减少污染排放/T
飞灰 7 万 硫 2800 石膏 20 万 污泥中的氮 80 万 磷 600	油 4.5 万 煤 3 万 水 60 万	二氧化碳 17.5 万 二氧化硫 1.02 万

资料来源:[瑞士]苏伦·埃尔克曼:《工业生态学》,经济日报出版社 1999 年版,第 16~24 页。

三、社会层面的循环经济:资源回收利用产业

单个企业的杜邦模式和共生企业的生态工业园区模式,适用于生产性企业"三废"的综合利用,是企业内部或者企业之间实施循环经济的基本模式,两者属于生产环节层面的循环经济。然而,经济社会中的许多产品离开了生产环节进入消费环节后必将产生对应的废弃物,比如,废旧家电组成的电子垃圾、废纸、废塑料等,这些废弃物的循环利用显然应该构成循环经济建设的主要内容。在现有的法律、经济、技术条件下,一部分消费性废弃物(比如说某一品牌的电冰箱)能够由生产企业直接回收并加以循环利用,但是它们的绝大多数是由独立于原来生产厂家的个人、企业来组织回收、加工和利用的,这部分生产活动叫做"资源回收利用产业"(Industry on Recycling and Disposal of Waste)。资源回收利用产业是 2003 年我国新增的国民经济统计行业分类(行业代码为 C43),它是古老而又崭新的行业。

资源回收利用产业主要面向消费性废弃物的回收利用,国外也称之为"静脉产业"(Vein Industry)。资源回收利用产业实质是把经济活动衍化为"低开采、高利用、低排放"的物质反复循环流动过程,其机理如同人的心脏搏出的动脉血液不断增加,回流到心脏的静脉血液不变或减少,必然导致心力衰竭或末端淤血。所谓心力衰竭即资源短缺(因为没有更多的血液可支撑),而末端淤血则可看作环境污染(废物淤积)。资源回收利用产业,一方面通过对废弃物的回收、加工、处理,实现资源的再生利用,减少自然资源的耗费;另一方面,通过

---

① Suren Erkman. *Industry Ecology* [M]. Beijing: Economy Daily Press, 1999. 57-83.

对废弃物的回收、加工和处理，控制直接排放进入自然系统的废弃物，降低对自然环境造成的破坏。因此，发展资源回收利用产业，是实现人与自然和谐的一条行之有效的路径。

资源回收利用产业通过对废弃物的回收加工和处理实现它们的再生利用，从而贯彻了循环经济的"循环利用"原则。与其他产业一样，资源回收利用产业有自己的投入产出和价值链，其生产过程也是一个价值增值过程。例如，德国专门从事废品回收和循环利用业务的 PSD 有限公司在 1997 年仅包装废弃物的回收量就达 561 万吨，公司仅有 357 人，却创造了高达近 2 亿马克的利润。目前，全日本资源回收利用产业的产值为 48 万亿日元，从业人数 136 万，预计到 2010 年产值将达到 67 万亿日元，从业人数 170 万。显而易见，资源回收利用产业不仅带来惊人的环境效益，而且更是一个全新的财富创造过程。

与其他一般的国民经济行业比较，资源回收利用产业拥有自己明显的产业特征，主要表现在以下几个方面：

(1) 具有极强的正外部性。资源回收利用产业在实现自己增值的过程中，回收处理会对自然环境造成破坏的废弃物，减少了污染物的直接排放量，减轻甚至避免对环境造成的污染。同时，废弃物的回收处理使得资源获得了再生利用，进而最终减少了从自然系统索取自然资源的数量。这两个方面都表现出这一产业对维护生态环境的巨大正外部性。

(2) 政府主导推动型产业。资源回收利用产业毕竟是一个新兴产业，对废弃物的处理、加工需要高科技的强力支持。可以说，它的发展是与生物技术、化学技术、新型材料技术的进步息息相关的。另外，政府关于废弃物回收利用的循环经济立法，对产品设计、原材料选取、生产销售等生产环节的质量规制以及界定消费者对废弃物所承担的义务都是资源利用回收产业发展的基础。以上所述都需要政府强有力的推动和引导。

(3) 高科技型新兴产业。前文已经提到，资源回收利用产业的发展离不开生物技术、材料化工技术、生产自动化技术等高科技的支撑，所以，它是典型的高科技产业。从国际经验看，现代资源回收利用产业是 20 世纪六七十年代，西方发达国家在经历了数次重大污染事件以后，在对原有工业化生产模式的反思中发展起来的。国内的资源回收利用产业更是起步很晚，2003 年国有及规模以上的资源回收利用企业才 107 家，工业总产值还不到 50 亿元。不仅规模非常弱小，而且回收覆盖面仅限于废纸、塑料、废铁等的回收，而对于耐用品的回收、拆解、处理、加工非常缺乏。因此，它还只是一个新兴产业。

(4) 具有网络布局特征。废弃物回收系统是具有网络性质的自然垄断产业，随着回收覆盖面的扩大、回收数量的增加，单位回收成本会迅速下降。不仅如此，规模化的回收网络系统能以其雄厚的实力开发废弃物处理加工技术，同样资源回收利用产业的先进与否很大程度上取决于回收网络的规模化建设。

目前，我国的资源回收利用产业还很弱小，但其发展却是推进循环经济、建设和谐社会所必不可少的，并随着环境的恶化和自然资源的枯竭而表现出相当的迫切性。当前，我国社会经济环境客观上具备大力发展资源回收利用产业的推力和拉力。首先，生态环境的恶化、自然资源的短缺是资源回收产业发展的内在推动力。环境污染面临的社会压力和资源枯竭引起的要素成本增加改变了生产企业的支付函数，在收益最大化的理性思维下，资源回收利用的倾向度势必会显著提高。与此同时，由于回收利用产品价格上升，使得资源回收利用产业的利润空间被放大，趋利性会吸引更多的资本进入这一产业。其次，废弃物尤其是大件耐用品废弃物的巨量增加，为资源回收利用产业提供充足的原材料。人均消费量的剧增，消费品的耐用化、大件化都使得可以回收再利用的废弃物巨量增加。我国目前几乎绝大多数可回收废弃物由于种种原因而被填埋，这不仅会造成污染，而且造成资源的大量浪费。另一方面，随着技术的进步，将会有更多的工业"三废"进入可回收利用的视野。再次，经过20多年的发展，我国煤渣综合利用、轮胎综合利用、废磷提取等相关科技领域获得了突破性进展，为资源回收利用提供了技术支撑。

资源回收利用产业作为现代经济系统中产业架构不可或缺的组成部分，已是一个不争的事实。目前，我国的资源回收利用产业还只是一个边缘产业，从业人员大多是被称之为拾荒者的"边缘人"，加之社会的偏见和歧视，不利于废弃物的全面回收、加工技术的研发，不利于高素质人才进入资源回收利用产业，从而延缓了这一产业的发展。但是，不难想象，如果对待废弃物能够像对待其他自然资源开采那样重视，从观念到行动、政策到体制，予以支持和呵护，那么13亿人口大国的资源回收利用产业的崛起将是其他国家或地区难望其项背的。借鉴国际经验，我国政府应该从多个方面入手培育、扶持、发展资源回收利用产业。

第四节 价格机制与循环经济建设

在完善的市场经济条件下，商品价格反映了这一商品及其相关品的供给、需求状况，是生产者边际成本，消费者支付意愿的指示器，是经济主体进行经济行为"成本—收益"分析的最基本的经济变量。我国的循环经济建设是在社会主义市场经济体制背景下进行的，其推进过程必须充分借助于价格、竞争等市场经济的力量。在产业发展中推进循环经济最终将表现为企业的循环经济导向决策，而决策制定实际上又是"成本—收益"的权衡过程，其中原材料、水电、土地、产成品的价格无疑是影响企业成本、收益的最基本变量。只有建立良性的循环经济动力机制，才能更好地推进循环经济建设，也就是说，循环经济行为能够获得更多的收益，建设循环经济才能获得持久的可能性。循环经济建设的根本目的在于节约资源，降低排放，美化环境，而自然资源、环境容量所具有的特殊性导致它们的定价扭曲或者处于无价状态，如此通过价格传导机制，最终使得循环经济行为的私人收益小于私人成本，从而丧失了推进循环经济的动力。可见，循环经济的推进必须首先矫正扭曲的自然资源与环境价格，实现价格形成机制的科学化。

一、价格机制的功能与实现条件

（一）价格机制的资源配置功能

在完全竞争的市场条件下，市场价格是由产品或劳务的供给和需求共同决定的，当市场供给等于市场需求时，形成了市场均衡价格。价格的资源配置功能是通过影响市场经济主体的成本、收益，进而改变他们的生产、消费决策而实现的。主流经济学认为，人们的任何行为都是"成本—收益"权衡的结果的，只有收益大于或等于成本，其行为才是理性的，是符合"经济人"假设的。对于商品生产者来说，价格是其出售单位产品的收益，市场价格越高，出售相同数量产品的收益越多；反之亦然。此时，如果单位生产成本不变，则生产者就能够获得更多的利润，其投资回报率就越高。在没有进入壁垒的条件下，高回报率毫无疑问将吸引其他行业的生产资源进入该行业，市场供给也就相应增加，市场价格必将下降，直至达到了一个新的市场均衡价格为止，此时，该行业的投资回报率为整个社会的平均投资回报率（或者说，经济利润为零）。

从消费者行为看，价格是消费者消费商品或劳务所付出的代价，消费商品所获得的效用（包括主观上的满足感）是消费者消费行为的收益。当消费者的边际效用大于支付的价格时，必然会吸引边际消费者的消费，扩大整个市场对该种商品或劳务的需求，直至消费的边际效用等于市场价格为止。价格是联系生产者和消费者的纽带，是消费者和生产者行为互相影响的桥梁，而其背后的影响机制说到底就是双方的"成本—收益"分析。只有当生产者的边际成本、市场均衡价格和消费者边际效用三者相等时，整个市场的总剩余达到最大，也就是说，此时市场资源配置达到了最优。

（二）价格机制功能的实现条件

价格机制是市场经济体制发挥作用的核心机制，但是，要有效实现价格的功能，必须满足一定的基本条件。这些条件包括：①信息充分。充分的关于产品市场相关的信息，是生产者和消费者正确决策的基本条件。②价格调整的及时性。某一均衡价格是与一定的市场供给与需求相对应的。随着经济条件的改变，市场供求关系将发生变化，而如果此时的市场价格还停留在原来的价格水平，那么市场必将出现生产过度或紧缺的现象。所以说，资源紧缺就是价格调整的滞后所引起的，也就是说，价格调整足够及时，世界上不会存在资源紧缺问题。③生产资源自由流动。当某一产品的生产存在正的经济利润时，新的生产资源将进入这一产品的生产部门，扩大产业供给量，达到资源的有效流动。但是，假如由于存在进入壁垒，这一资源流动将会被阻断，从而妨碍市场机制作用的发挥，破坏价格的资源配置功能。

二、价格机制与循环经济的关系

循环经济的本质内容体现为"减量化、再利用、再循环"原则，价格机制对循环经济建设的促进作用体现在其对三个原则的促进，这种促进作用表现在：随着资源价格的提高，通过"成本—收益"分析机制，市场经济主体将加强资源的减量化、再利用和再循环。

（一）价格机制与减量化

减量化要求人们在生产、消费过程中，尽量少地耗费资源。在市场机制条件下，人们生产、消费过程中究竟使用多少资源、用什么资源都是决策行为，是"成本—收益"衡量的结果。如果这种资源的价格上涨了，为了降低生产成本和消费成本，他们自然而然地会减少使用，或者寻找更经济的替代品。如果由于资源的价格还未理顺，不能正确反映其供求关系，存在"价格扭曲"现象，则生产者和消费者决策必将被扭曲。

可以用一个比较典型的例子说明价格对于减量化的重要作用。1993年，美国佛罗里达州盖恩斯维尔市实施了家庭垃圾处理的单位收费制度。1994年，该市的垃圾清运量立即减少了18%[①]。这一结果表明，一个科学合理的定价机制能够有效改变人们的经济行为。

（二）价格机制与再利用

循环经济的再利用原则要求人们在生产、生活中，充分利用已有的工具、设备和资源，提高它们的使用率。再利用是与淘汰相对应的，淘汰行为产生了淘汰收益和淘汰成本。淘汰收益主要由使用新产品给人们带来的更为舒适的感受或者是更高的生产效率，淘汰成本则由购买新物件所支付的价格与被淘汰物件的处理成本（如作为垃圾处理需要支付的垃圾处理费）构成。是否淘汰的决策行为将

---

① U. S. Environmental Protection Agency, 2003, Pay－as－you－throw results, www.epa.gov.

在权衡成本、收益后做出，收益大于成本将采取淘汰行为。

购买新物件价格是决定是否淘汰的一个非常重要的因素。如果价格很低，或者相对于收入来说，价格不敏感，都将会大大提高能够重复使用的物品的淘汰率。尤其是如果新物件的价格并没有包括完全成本的时候，所形成的淘汰率将偏离达到资源优化配置的最优淘汰率。被淘汰物件的处理成本是由处理服务的价格所决定的，如果处理服务的价格提高将会直接增加淘汰成本，从而影响淘汰决策。

在市场机制条件下，生产企业通过广告、推销等多种形式，改变人们的消费观念，鼓励人们增加消费，以追求更高的销售数量和市场占有率。从表面上看，这种现象将极大地提高淘汰率，是与再利用原则相冲突的。但仔细分析发现，只要理顺其间的价格关系，这种冲突将会得到显著的弱化。因为，企业的研发、生产、广告、推销活动都是需要大量资源耗费的，如果各种资源的价格没有被扭曲，企业以上活动的成本就不会被扭曲，最终产品的价格也不会被扭曲。广告、推销等活动虽然能够改变消费者的效用函数，但同时也增加了生产成本，两者对于消费者成本、收益均产生同方向的影响，从而缩小两者差距。

(三) 价格机制与再循环

循环经济的再循环原则，要求对生产生活所产生的废弃物进行再生利用。再循环包括两个方面：①生产"三废"的综合利用，主要在生产企业或者工业园区内进行，生态工业园区[①]就是"三废"利用的有效组织形式。②消费废旧物资的回收利用，包括废纸、废金属、饮料包装盒、废旧电子产品、餐厨垃圾等在内的许多生活垃圾，都是可以回收再生利用的，不仅可以节约资源，又降低对环境的污染。

不管是生产企业的"三废"综合利用还是生活垃圾的回收再生利用，都是在一定的法律框架内的经济行为，成本和收益同样是再循环的决定因素。在一定的污染排放标准下，"三废"综合利用取决于排污权收费的费率高低和综合利用过程生产的再生物资的市场价格。目前，排污收费是由政府物价部门按照一定的程序制定的，再生物资的价格往往由市场供求决定。虽说再生物资价格受市场供求的影响，但"三废"综合利用的产品往往是重金属、硫化物等自然资源的初级加工产品。原生物资的生产需要耗费许多矿石、能源等众多自然资源，这些自然资源的价格是否理顺、是否对自然资源开采进行补偿是影响原生物资价格的重

---

① 从产业链的角度看，生态工业园区内一个企业的废弃物正好就是另一个企业的原材料。丹麦的凯隆堡是世界上最典型的生态工业园区。我国虽已经建设如广西贵港工业园区等几个严格意义上的生态工业园区，但由于生态工业园区运营的交易费用巨大，目前，我国生态工业园区的建设非常缓慢。

要方面。而再生物资作为原生物资的替代物，两者的价格必然紧密联系。因此，除了环境保护方面的法律外，"三废"综合利用涉及资源的定价、环境补偿、排污权收费等众多的价格问题。

生活过程产生的废弃物的回收再生利用同样涉及许多价格方面的问题。首先，从垃圾处理服务价格的高低及其费率结构对于废弃物的再生利用具有明显的影响作用。同样是美国佛罗里达州盖恩斯维尔市，实施了家庭垃圾处理的单位收费制度后，垃圾回收利用率增长了25%。盖恩斯维尔市发生资源回收率上升的现象具有普遍性，实施了垃圾处理单位收费制度以后的社区和城市均收到了废旧物资回收利用率显著上升的效果，只是这种效果由于各地民众生活习惯、价值判断、法律环境等诸多差别而存在量上的不同。其次，垃圾资源回收的方式有多种，其中像垃圾发电、垃圾堆肥等处理方式，在目前的技术水平下，需要政府给予垃圾处理补贴才能获得必要的投资回报率。垃圾处理补贴本质上是垃圾处理服务的价格，由于垃圾发电和垃圾堆肥等产业属性和产品特征的独特性导致其市场竞价极其不充分，往往形成企业、政府之间的双边垄断的市场结构，其价格需要在政府和企业的讨价还价中形成。垃圾处理补贴标准的合理化是发展垃圾能源回收和物资回收的重要决定变量。最后，废旧物资再生利用形成的再生物资价格受到原生物资价格的重大影响，原生物资的生产往往需要耗费众多的自然资源和能源，因此，自然资源价格是否理顺、自然资源开采的资源补偿高低以及自然资源开采与加工过程中的环境补偿是否到位，都是决定原生物资价格的基本方面。

三、循环经济导向的价格机制建设的重点领域

推进循环经济的价格机制建设是一个系统工程，不可能一蹴而就，需要循序渐进，逐步推进。目前循环经济的价格机制的重点领域应该是垃圾处理、资源补偿和城市供水与污水处理三个领域，主要依据有两个：一是垃圾处理和污水处理是环境治理的两个最为重要的方面，随着人民生活水平的提高，对生活环境的需求日益增长。更为重要的是，垃圾处理、污水处理价格能够有效地影响人们的资源再利用和废弃物的再循环决策，进而促进循环经济的发展。二是水、电、垃圾处理等产品生产过程都涉及自然资源（包括环境资源）的补偿问题，由于环境价值的模糊性和评估的复杂性，资源补偿在原有价格机制中是被严重弱化的。通过修正环境补偿价格，使得环境补偿纳入到下游产品的价格中去，从而理顺生产资料、生活资料内部的价格关系，进而影响人们的资源源头减量、资源再利用决策，才能真正发挥价格杠杆在循环经济建设中的作用。

图9-3简要地描述了资源补偿价格、垃圾处理价格和污水处理价格三个方面与循环经济建设的逻辑关系。目前，我国在能源、水等领域的价格机制建设上

已经取得了较大的成效，优化了这些领域内部的资源配置，在一定程度上促进了循环经济的建设。然而，这些领域只是处于整个生产、消费链条的中间层次，对应的价格机制完善不能从根本上构建循环经济导向的价格机制，对于循环经济的建设所发挥的作用是非常有限的。而资源补偿、垃圾处理、污水处理等领域处于经济系统的根本层次，只有首先建立和完善这几个领域的价格机制，才能从根本上理顺价格关系建立循环经济导向的价格机制，因而应该成为我国未来循环经济导向的价格机制建设的重点领域。

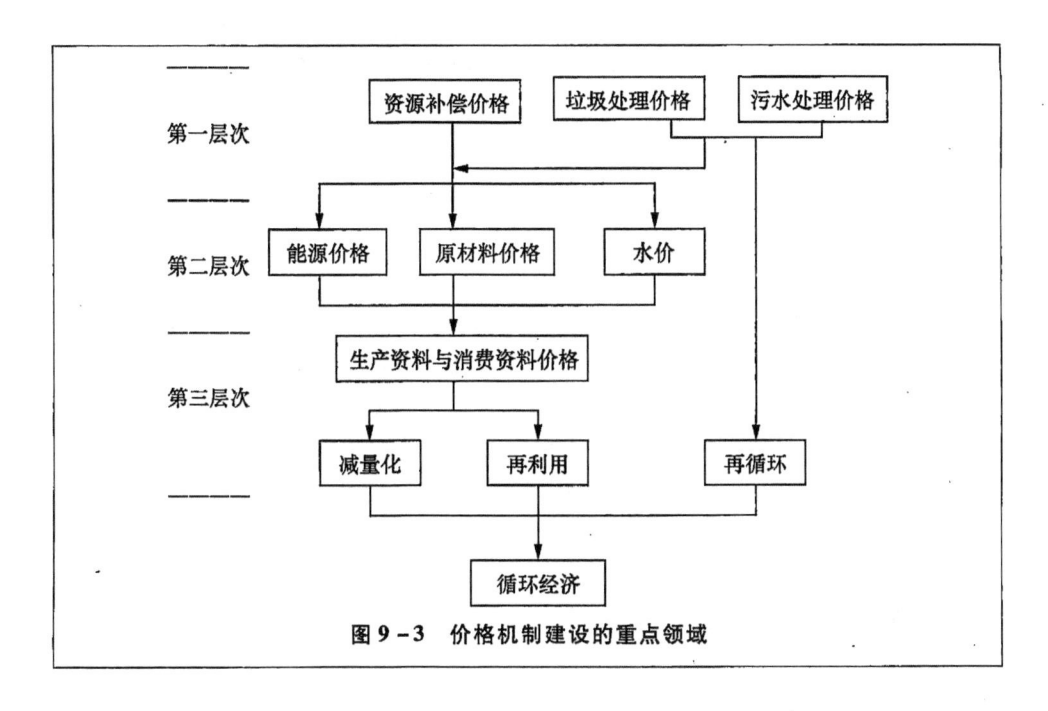

图 9-3 价格机制建设的重点领域

第五节 循环经济立法与循环经济建设

一、价格机制的缺陷与循环经济立法的重要性

（一）价格机制的缺陷

前文已述，价格机制发挥其基本功能是需要具备条件的，由于社会制度、文化价值、产品特征、产业属性等方面的原因，价格机制并不能发挥其完美的作用。在现有的技术、产权、制度、社会条件下，价格机制在自然资源与环境保护领域实现其功能存在诸多的障碍和问题。

1. 无法进入市场交易系统或者市场价格被扭曲。自然环境是人类社会发展所必不可少的外部环境，它为人类提供了生存所必不可少的水、空气、能源、原材料等生活和生产要素。当人类经济活动总量还很小的时候，我们可以认为这些要素是取之不尽、用之不竭的。但是，当人类进入工业化时期，经济总量急剧膨胀，它们就毫无疑问地变成了稀缺品，其稀缺程度直接影响了经济系统的稳定性和持续性。同时，随着人类生产和生活规模的扩大，索取的自然资料与排放到自然中去的废弃物呈飙升之势，超过了自然界的承受能力（或者称为环境容量）。能够有效反映市场供求（其决定量分别是生产成本和消费效用）的市场价格是各种资源被高效配置的基础条件，而市场价格是供求双方经过多次选择后形成的。资源、环境领域的许多物品由于各种客观原因往往无法进行直接交易，或者是有交易但交易价格被扭曲，这些客观原因包括：

（1）产权难以有效界定。比如，环境容量只能整体发挥其功能为人类服务，在产权上极其难以分割，在资源量极其充足的条件下，它是公共产品；当表现出稀缺性时，环境容量就是共有资源。

（2）外部性。外部性和环境问题往往是互相伴随的。主流经济学认为，外部性导致产品私人成本和社会成本、私人收益和社会收益的偏离，使得生产者成本和收益的不对称，导致市场价格偏离效率价格（资源最优配置时的价格）。由于存在巨额的交易费用、监督费用，外部性也导致了环境容量资源产权不能有效地被保障，排污权的价格也极其难以确定。

（3）自然资源开采的公平性问题。自然资源开采的公平包括代际公平和代内公平。代际公平是自然资源的开采和利用不应该侵害后代的利益和权利，也就是说，现代人在利用自然资源的成本的全部或部分不应由后代人来承担。代内公平是指部分人开采、利用自然资源活动不应该侵害另一部分人的利益和权利。过度开采是典型的代际不公，当代人对某一项自然资源的过度开采或使用，导致其资源快速枯竭，明显侵害了后代人的利益。过度开采导致了现阶段的过度供给，从而降低了市场价格，在侵害后代人利益的同时，也在扭曲自然资源的价格。当然，过度开采的根本原因还在于资源的产权模糊。自然资源的补偿是涉及代内公平的重大问题，自然资源补偿费用于弥补开采过程造成的环境破坏的修复成本，但由于环境修复成本极具不确定性和事后性，费率的确定往往具有很大的弹性，从而导致代内公平的缺失。

2. 市场价格缺乏弹性。具有足够弹性的市场价格才能保持其反映市场供求的灵敏性。许多涉及环境保护、自然资源的价格施行政府的指导价或政府定价，价格变动往往需要举行听证会。政府定价的重要特征是价格调整的时滞性，这种时滞性与市场的千变万化显然会存在冲突，从而破坏价格机制发挥作用。自来水、电力、管道燃气、污水处理、垃圾处理等产品和服务实行政府定价或政府指导定价的主要原因如下：

（1）相关产品市场的缺乏。由于改革的滞后以及产品所具有的特殊性，在自然资源和环境保护领域，有许多产品和服务（如垃圾处理、污水处理）还未形成相应的供给、需求市场，往往在政府与企业之间形成一对一的双边垄断型产业组织结构，独立核算企业为政府提供的产品和服务的数量和价格在经过多次谈判后通过签署协议的形式被确定。随着经济、技术环境的改变，价格往往需要做出调整，但是重新谈判、信息搜集、法律责任等造成的巨额成本构成了实施价格调整的巨大障碍。

（2）许多产品是关系国计民生的基本生活资料。水、电、燃气、垃圾处理等是人们最基本的生活资料，在支付能力不变的情况下，价格的调整显然影响这些产品购买力，从而影响人们的基本生活需求。从伦理角度看，每个人都应该被赋予享用基本的水、电、气的产品和服务的基本使用量，这也是保障人权（生存权）的需要。在转移支付制度不完善的条件下，市场供求决定的市场价格很高，将会威胁贫困人口的生存，最终导致社会的不稳定。另一方面，水、电、污水处理、垃圾处置等也是每个生产企业所需要的基本的投入，这些投入的价格高低直接决定了生产企业的成本性状，影响其盈利能力。如果对于以上产品和服务价格过于频繁地调整将会造成下游生产企业产品价格的频繁变更，从而提高它们的菜单成本。由于水、电等是生产企业普遍的投入品，其价格的过快上涨造成的影响也具有普遍性，对于国民经济产生巨大冲击。所以，无论是从居民生活的角度，还是从生产企业成本的角度，资源、环境领域产品和服务的价格调整都极具敏感性，这种敏感性直接影响它们的价格调整，阻碍价格机制发挥资源配置的基本功能。

（二）循环经济立法对于循环经济建设的重要性

在市场经济条件下，市场作为纽带将循环经济各环节的利益主体有机地结合起来，既没有损害自己和他人的利益，并且公众的利益得到了保护，同时，也使各种资源的使用更加趋于有效合理，达到帕累托最优。然而，由于价格机制存在的固有缺陷，使得单靠市场机制并不能直接引领企业自发地发展循环经济，直接原因在于企业缺乏一种"成本—效益"驱动机制。循环经济的有效实施需要各环节主体的通力合作，作为经济性的个人、企业、社会组织甚至是政府都需要在成本收益衡量之上的经济利益作为激励，才有可能将循环经济推行下去。在效率的基础上，一种制度安排能够使提供具有正效益公共物品或产生正的外部性的供给者得到适当的补偿,那才是可行的。政府的作用更多地表现通过提供制度安排引导、推动循环经济的建设,因为政府供给的产品主要是制度,而制度是作为保障因素存在于生产函数之中发挥其正效益的,制度要素和市场要素同时保障包括自然和环境资源在内的各种资源的合理运用。显然,政府提供的制度中最为重要的就是具有强制性的法律,因而循环经济立法对于弥补价格机制的缺陷,从而促进循环经济建设是不可或缺的。

循环经济建设的国际经验告诉我们[①],循环经济立法能够强有力地推动企业、消费者在生产、生活中贯彻"减量化、再利用、再循环"原则。究其原因有三:其一,立法把生产和消费中产生的废弃物回收、处理上升到国民义务的高度。其二,法律要求制造商对其产品的整个生命周期负责,从产品设计、原材料选取、包装材料应用等各个方面引导制造商自觉采取符合环境原则的做法。其三,科斯定理认为,在产权明晰的情况下,虽然存在交易费用,但还是能够通过市场解决外部性问题。法律的重要作用不仅仅是规定了生产者和消费者应该怎么做,更重要的是,它界定了在废弃物处理方面的权利和义务,从而也就明确了由废弃物的处理所带来的支付的产权。这种产权的界定直接确定了人们的预期指向,使人们的行为决策指向资源回收利用,从而使得人类与自然的关系更为友好。

案例

德国与日本的循环经济立法

德国早在1972年就制定了《废物处理法》,并于1986年将其修正为《废弃物限制及废弃物处理法》。这一修订充分反映了德国环境治理理念的深刻转变,即从"废弃物的末端治理"转变为"避免废弃物产生的源头治理"。

1991年、1992年又通过了《包装条例》和《限制废车条例》。在此基础上,1996年又制定了《循环经济与废物管理法》,把废弃物处理提高到由系统配套的法律体系为支撑的循环经济国民体制与国民意识上来。

1991年,日本制定《关于促进利用再生资源的法律》。之后,又相继制定《家电回收利用法》(1996)、《容器包装再利用法》(1997)、《推进形成循环型社会基本法》(2000)、《特定家庭用机械再商品化法》(2000)、《促进资源有效利用法》(2000)、《食品循环资源再生利用促进法》(2000)、《建

---

① 金通、张国平:《发展资源回收利用产业的国际经验与启示》,《特区经济》2005年第11期。

筑工程资材再资源化法》(2000)、《绿色采购法》(2000)、《废弃物处理法》(2000)、《化学物质排出管理促进法》(2000)、《汽车再生利用法》(2002)。1991年10月制定的《再生资源利用促进法》推动了日本玻璃瓶、铝铁罐、废纸等资源的有效回收。1993年实施的《能源保护和促进回收法》使日本97%的啤酒瓶和81%的米酒瓶得以回收利用。

——资料来源：金通、张国平：《发展资源回收利用产业的国际经验与启示》，《特区经济》2005年第11期。

二、循环经济立法的制度定位

吕忠梅认为[1]，循环经济作为中国未来经济社会发展的方向，其制度生成不可能是或者更确切地说主要不是自发的，而是立法者有意识创立制度的过程。这样的立法，目的在于通过新制度的运行重构社会关系，将人们的行为从非循环经济引导到循环经济的轨道上来，这便在客观上要求法律承担起创造条件促进循环经济发展的任务。中国的循环经济立法应该是协同规范的制度体系，其制度定位应具有以下几个特点：

(一) 循环经济法是"政策法"

循环经济立法缘于新的利益需求，而这种新的利益需求是随着社会的不断发展而产生的。在中国发展循环经济的新的历史阶段，产生了将因此而形成的各种利益关系转化为法律上的利益的需要。但因发展循环经济而产生的新的利益并不是要从根本上排斥或者消灭原有的各种法律利益，而只是要对原有的利益进行新的排序，在法律上重新界定原有利益与新利益的边界，或者对原有利益进行不同程度的限制。循环经济立法作为创制型立法，需要对与发展循环经济有关的各种利益进行确认，而这种确认既涉及政府的职能转换，又涉及政府与社会、社会与个人、政府与个人之间利益的重新调整。在这种情况下，循环经济立法所能做的就是以蕴涵着新的发展理念的新政策作为判断标准，对旧的发展理念和政策实行校正和调整。可以说，循环经济立法的制度和规则，不应该源于概念，而应该源于政策。

(二) 循环经济是"综合法"

循环经济立法虽然与传统的法律部门关系密切，但它并不是对传统法秩序的一种补充或点缀。循环经济法既不是经济法，也不是环境法，而是将环境与发展综合起来的"综合法"。循环经济立法的综合性，并不仅仅局限于环境法与经济

---

[1] 吕忠梅：《循环经济立法之定位》，《法商研究》2007年第1期。

法，而是涉及经济发展、资源与环境保护以及社会发展的各个方面。从循环经济运行的过程看，应包括"自然资源—产品—消费品—再生资源"的各个环节；从循环的范围看，应包括"企业内部循环—区域循环—社会循环"的各个领域；从循环经济行为看，应包括"政府—个人—企业—社会"各类主体；从循环经济涉及的法律利益看，应包括"个人利益—社会性私益—社会性公益"的各种权益。因此，循环经济立法的综合是私益与公益的综合、权利与权力的综合、国家与社会的综合、政府与个人的综合。

（三）循环经济法是"协同法"

循环经济法所具有的和谐调整"经济—社会—环境"关系的立法宗旨决定了它不仅仅具有单一的法律功能：一方面，经济的发展、社会的稳定、环境的可持续发展是关联的、平衡的、开放的，它要求循环经济的法律必须按照系统的思想设立，必须克服各子系统之间在目的、功能、相互联系和协作运行方面的分歧和混乱，组织起在和谐目标指导下以合理结构进行协作运行的稳定状态，这就要求各种与循环经济有关的法律重新按照系统的规律进行组合。另一方面，循环经济发展的科学技术性、社会性、经济性、文化差异性以及政治性特征又要求除法律外的各种规范系统密切配合，使法律规范与技术规范、道德和习俗等社会规范系统相互作用，并保证各自功能的协调与配合以形成整体效应。因此，循环经济立法必须体现规范的协同性。

本章参考文献

1. Japanese Minstry of the Environment. *The Circulation Type Society White Paper in Japan* 2001. Tokyo: Japanese Minster of the Environnment, 2002.

2. UNDP. *Human Development Report* [M]. New York: Oxford University Press, 1996.

3. U.S. Environmental Protection Agency, 2003, Pay-as-you-throw results, www.epa.gov.

4. 毕娟、马爱民：《循环经济的制度障碍与政府行为》，《经济与管理》2007年第1期。

5. 代锦：《论生态工业的基本思想》，《生态经济》1995年第3期。

6. 冯之浚：《循环经济导论》，人民出版社2004年版。

7. 贾小玫：《循环经济模式和实施层面的再分析》，《生态经济》2006年第6期。

8. 金通、张国平：《发展资源回收利用产业的国际经验与启示》，《特区经济》2005 年第 11 期。

9. 齐建国：《破解循环经济的制度障碍》，《光明日报》2005 年 1 月 5 日。

10. 李艳芳：《系统化构建中的循环经济立法》，《中国人民大学学报》2006 年第 3 期。

11. 吕忠梅：《循环经济立法之定位》，《法商研究》2007 年第 1 期。

12. 世界环境与发展委员会：《我们共同的未来》，吉林人民出版社 1997 年版。

13. [瑞士] 苏伦·埃尔克曼：《工业生态学》，经济日报出版社 1999 年版。

14. 谭根林：《循环经济原理》，经济科学出版社 2006 年版。

15. 王灿发：《循环经济立法的必要性及其定位》，《东南学术》2006 年第 3 期。

16. 王小军：《我国循环经济法律体系的构建》，《2005 年中国法学会环境资源法学研究会年会论文集》，2005 年 11 月。

17. 夏光：《环境与发展综合决策：理论与机制研究》，中国环境科学出版社 2000 年版。

18. 张小兰：《论实行循环经济的制度障碍》，《经济问题》2005 年第 2 期。

重点名词

循环经济　减量化　再利用　再循环　杜邦模式　生态工业园区　资源回收利用产业　价格机制　循环经济立法

思考题

1. 循环经济的内涵和特征是什么？
2. 循环经济建设对于产业发展的影响和要求表现在哪些方面？
3. 循环经济建设的三个层面是什么？它们之间存在怎样的内在关系？
4. 如何理解价格机制、循环经济立法与循环经济建设之间的关系？

人物介绍

□ 蕾切尔·卡森（Rachel Carson, 1907—1964）

蕾切尔·卡森是美国的海洋生物学家，但她是以她的作品《寂静的春天》（*Silent Spring*）引发了美国以至于全世界的环境保护事业。1907 年 5 月 27 日，蕾切尔·卡森出生于宾夕法尼亚州泉溪镇的一个农民家庭，1929 年毕业于宾夕法尼亚女子学院，1932 年在霍普金斯大学获动物学硕士学位，毕业后先后在霍普金斯大学和马里兰大学任教。1935～1952 年间供职于美国联邦政府所属的鱼类及野生生物调查所，这使她有机会接触到许多环境问题。在此期间，她曾写过一些有关海洋生态的著作，如《在海风下》、《海的边缘》和《环绕着我们的海洋》。这些著作使她获得了第一流作家的声誉。

1958年，她接到一封来自马萨诸塞州奥尔加·哈金丝（Olga Owens Huckins）的信，诉说她在家居后院所喂养的野鸟都死了，1957年飞机在那儿喷过杀虫剂消灭蚊虫。这时的卡森正在考虑写一本有关人类与生态的书，她决定收集杀虫剂危害环境的证据。起初，她打算用一年时间写个小册子，但随着资料的增加，她感到问题比她想象的要复杂得多。为使论述确凿，她阅读了几千篇研究报告和文章，寻找有关领域权威的科学家，并与他们保持密切联系。在写作中，她渐渐感到问题的严重性。她的一个朋友也告诫说，写这本书会得罪许多方面。果然，当《寂静的春天》在1962年一出版，一批有工业后台的专家首先在《纽约人》杂志上发难，指责卡森是歇斯底里的病人与极端主义分子。随着广大民众对这本书的日益注意，反对卡森的势力也空前集结起来。反对她的力量不仅来自生产农药的化学工业集团，也来自使用农药的农业部门。这些有组织的攻击不仅指向她的书，也指向她的科学生涯和她本人。一个政府官员说："她是一个老处女，干吗要担忧那些遗传学的事。"《时代周刊》指责她使用煽情文字，甚至连以捍卫人民健康为主旨，德高望重的美国医学学会也站在化学工业一边。卡森迎战的力量来自她对真情实况的尊重和对人类未来的关心，她一遍又一遍地核查《寂静的春天》中的每一段话。许多年过去了，事实证明她的许多警告是估计过低，而不是说过了头。卡森本无意去招惹那些铜墙铁壁、财大气粗的工业界，但她的科学信念和勇气使她无可避免地卷入了这场斗争。虽然阻力重重，但《寂静的春天》毕竟像黑暗中的一声呐喊，唤醒了广大民众。由于民众压力日增，最后政府介入了这场战争。1963年，美国总统肯尼迪任命了一个特别委员会调查书中的结论。该委员会证实卡森对农药潜在危害的警告是正确的。国会立即召开听证会，美国第一个民间环境组织由此应运而生，美国环境保护局也在此背景下成立。由于《寂静的春天》的影响，仅至1962年底，已有40多个提案在美国各州通过立法以限制杀虫剂的使用。曾获诺贝尔奖金的DDT和其他几种剧毒杀虫剂终于被从生产与使用的名单中彻底清除。

1964年4月14日，蕾切尔·卡森因患乳腺癌逝世，时年56岁，16年后的1980年，美国政府追授她"总统自由奖章"。

——资料来源：吕瑞兰、李长生：《寂静的春天》（译序），吉林人民出版社1997年版。

第十章　产业发展资源及配置

现代经济社会的一切管理问题，几乎都可以归结为资源的合理配置问题。产业经济的发展，自然也必须实现资源的合理配置。综观人类发展的历史，我们可以发现，资源的利用范围随产业的发展而拓展，资源利用的深度随产业发展而深入，对人力资源的要求随产业发展而提高，不同的产业所依赖的资源的重要性也不同。本章着重研究产业发展中的资源配置问题。

第一节　资本资源及配置

在产业经济活动中，人力资源以及其他资源的结合，必须依靠资本资源的作用，资本资源是各种经济资源的"龙头"。

一、资本资源是具有人类劳动产品性质的经济资源

任何资本资源都不是天生而就有的，而是人类劳动的凝结，它包含着若干个生产过程中一定数量和质量的社会必要劳动。资本资源作为一种人类劳动产品，不同于普通商品。当把它当做一种资源来考察时，注重的是其作为生产手段的性质，它是进行物质生产和服务的必要条件。而普通商品是以交换为主要特征的。当然，作为生产要素的资本资源和作为商品的资本货物之间有着深刻的内在联系。处在流通状态时，它就是普通商品，当企业或投资者通过货币购买而形成实物资本时，它便作为生产要素，开始为生产产品和劳务服务。资本资源作为生产要素以及作为产品的这种两重性，是其他经济资源不具备的。

资本资源的物质表现形式是实物资本，例如，机器、厂房、原材料、半成品等。实物资本的价值表现便是金融资本，包括现金及各种有价证券。首先，实物资本的形成必须以等量的金融资本的支出为前提，实物资本与金融资本可以形成一种相互交换关系。其次，实物资本又是通过生产过程获得金融资本的必要手段。此外，资本资源还包括一类虽不具有实际形态但却能为人们提供未来权益的特殊资本，即无形资本。

资本资源的配置，必须在遵循经济规律的条件下，实行适当的引导和调控。这是因为：第一，对资本的配置不加任何引导、控制，让其流向报酬高的方向，实质是希望资本通过"看不见的手"自然地实现优化配置。但由于市场手段的局限性，就是单纯从经济效益的角度看，也不能实现资本资源整体上宏观上的优化配置，更不能实现包括社会效益、生态效益在内的综合效益最大化。第二，已经投放在厂房、机器上的固定资本是不易在地区间移动的，或者移动的代价非常高。因此，历史遗留的不合理的工业布局在许多国家不得不设法维持，主要是因为实物资本的不可移动性。第三，金融资本因为受制于各种经济和社会因素，它的流动也会遇到障碍。

中国的资本资源相对于人力资源而言数量少，质量（投入产出比）也不高。由于历史的原因，资本结构也不尽合理，使有限的总资本不能达到应有的效率。因此，研究资本资源的合理配置至关重要。

二、固定资本资源的配置

固定资本（固定资产）是指使用期限较长，单位价值较高，并在使用过程中保持原来的物质形态的资产，包括房屋及建筑物、机器设备、运输设备、工具器具等。它是在社会生产过程中作为生产手段的生产要素，可以直接进入生产过程，并将其价值逐渐地转到产品和服务中去。

（一）固定资本资源的分类和特征

固定资本资源可以有多种分类：

1. 经营用固定资产和非经营用固定资产。这种分类，可以归类反映和监督企业经营用固定资产和非经营用固定资产之间，以及经营用各类资产之间的组成和变化情况，借以考核和分析企业固定资产的利用情况，促使企业合理配置固定资产，充分发挥作用。

2. 使用固定资产、未使用固定资产和不需用固定资产。这种分类有利于反映企业固定资产的使用情况及其比例关系，便于分析固定资产的利用效率，挖掘使用潜力，促使企业合理利用固定资产，也便于企业合理地计提固定资产的折旧。

3. 有形损耗主导型固定资本资源和无形损耗主导型固定资本资源。这种分类，有利于企业分析无形损耗主导型固定资产在时间上配置使用的成本效益，及早采取对策，提高固定资产的利用效率。

固定资本资源具有有形的损耗和无形的损耗，这是其有别于其他经济资源的重要特征。

此外，固定资本资源具有价值形成和转移过程相分离的特征。一个生产领域中的固定资本资源形成，起源于对固定资产的货币投资，并通过对资本货物的购买而完成。因此，固定资本资源的形成是以牺牲等值的货币为代价的。当然，最终是通过其在生产过程中凝结在产品中的资本资源价值来补偿。但资本资源不同于能源、矿物等自然资源，其价值不是必须在一个生产过程中向产品转移。资本资源一般要服役于若干个生产周期，而其价值的转移是在其服役期内逐步地转移到产品中去。

（二）固定资本资源的形成

1. 固定资本资源形成的宏观解释。任何一个国家资本资源的形成，总是来源于国民收入的积累，而国民收入的积累，则是社会产品经过一系列复杂的分配和再分配的结果，通过初次分配以及社会的再分配过程，构成6个方面固定资产投资的资本来源，除由于折旧以及大修理基金形成的重置投资外，还包括国家投资、企业投资、个人投资、信贷投资、国外投资。

一国资本资源积累的基础是该国的国民经济的增长，而国民经济的增长又取决于资本资源的扩大。

2. 固定资本资源形成的微观解释。从企业角度上看，固定资本资源的形成是投资的货币资金逐步转换为实物资本的过程。企业首先必须筹集用于固定资本建设的货币资金，在此之后进行项目建设，逐步形成固定资本资源。用于投资的货币资金来源有企业债券、股票、银行贷款、企业未分配的利润、国家财政拨款等。

3. 固定资本资源形成的经济效益分析。不管形成资本资源的资金从何而来，当其用于建设一个项目而形成新的固定资本时，就形成了一种资源配置的方案。投入这一资本形成的一切资源的代价，要求这一项目在运行过程中用产出的效益来补偿。

评价资本资源形成效益的常用方法有净现值法、现值指数法、内含报酬率法、回收期法和综合效益分析法。

（三）固定资本资源的价值损耗和补偿

1. 固定资本资源的价值损耗。固定资本资源从形成之日起就开始发生价值损耗。固定资本资源的损耗可归纳为两大类：一类是物质上的原因，即有形的损耗，它包括固定资产在使用过程中一般的磨损和自然的侵蚀两个方面。第二类原因是非物质性的损耗即无形损耗，它有两种情况：一是由于生产力的发展，生产工艺技术的改进，使原有机器设备能更便宜地生产出来，所以原有资本资源的价值必须根据新的社会必要劳动消耗量重新计算，从而使原有价值损失一部分。二是由于科学技术进步使原有资本资源所代表的技术水平已经落后，新一代更好的设备已经产生并大大提高了资源利用率。这样，原有设备即使很新也将被淘汰，从而大大降低其价值。

2. 固定资本资源的价值补偿。由于资本形成过程中的巨大代价，由于资本使用过程中的价值损耗，固定资本资源客观地要求在其使用中通过生产产品或提供劳务进行价值补偿，使其成本能在资本资源的寿命期内得以完全补偿，从而使全社会的资本资源价值实现良性循环。

由于固定资本资源的损耗是在其寿命期内若干生产循环中逐步实现的，因而应在生产过程中逐步分摊到产品上，作为生产成本的一部分，这就是折旧。

（四）固定资本资源的有效利用

1. 固定资本资源短缺和浪费现象并存的原因。资本资源在总量上的严重缺乏，是包括中国在内的发展中国家的基本状况，而资本产出率低，资本资源利用率不高，在发展中国家也是十分普遍的现象。形成资本资源短缺和浪费现象并存的原因有：①资本资源的布局不合理，在资本资源的布局配置决策中，非经济性因素考虑较多，导致生产力布局与经济资源分布不协调，地区产业布局的同构化。②资本资源的结构不尽合理。企业规模偏小，不符合规模经济的要求；基础产业薄弱，与加工工业不协调；传统技术比重大，高新技术比重小。③资本资源管理体制不利于资源的合理配置。④资本资源结构缺乏有效的调整机制。

2. 提高资本资源利用效率的途径。一是实现合理的产业地区布局。改造和振兴老工业基地，改变东部沿海地区的发展重点，逐步实现产业结构、产品结构的高度化；中西部地区利用资源优势，抓紧能源和原材料基地建设，调整改造现有企业；充分发挥各地区优势，克服产业结构趋同现象。二是实现资本资源结构的合理化。资本资源总量及其形成规模和全社会的劳动力资源、自然资源相协调，全社会资本的增长和全社会生产的增长相适应，消费的增长和积累的增长相适应；各部门的资本资源协调配置；产业内部各加工层次之间的资本资源合理配置。三是建立资本资源的调整机制，扩大资本市场。构建市场主体，构建市场投资要素体系、价格信号系统、宏观调控体系、法规体系及组织体系，建立和完善资本资源的市场调整机制。四是加强资本资源的管理，科学地合理地安排更新改造项目。

三、金融资产配置

金融资产是一种特殊的资产形态。对于购买者来说，获得金融资产时支付的是货币，而持有金融资产后获得的收入仍然是货币，因此，购买金融资产，实际是购买者把今天的货币收入变成了未来的货币收入。金融资产的收入还具有不确定性，金融资产购买者购买了金融资产，便承担了一部分生产性投资风险。

金融资产是对未来货币收入的索取权，它的价值取决于它能带来的货币收入量。金融资产的价值是在已知或预期未来收入量的基础上，用从该收入量中扣除时间补偿额和风险补偿额的办法来计算的。此外，投资人在购买金融资产时，往往还要求在金融资产的收入中扣除一定数额的补偿获得信息的支出，即信息成本补偿。

（一）金融资产和金融市场

金融资产的买卖交易，构成了金融市场；而金融市场的形成和发展，又为金融资产本身职能的充分发挥提供了必要的条件。

金融资产最重要的职能，就是为筹资人提供筹资的可能，为投资人提供投资的机会，从而使经济中的货币资源得到最充分的利用。在金融市场上，筹资人提供金融资产，投资人购买金融资产，把暂时剩余的货币资本转移给前者，并投入实际生产过程。这一活动是金融资产的创造过程，是金融市场上的初级交易。

金融资产的第二个职能是分散生产性投资的风险，使生产过程不致因风险过分集中于某个环节而受到崩溃的威胁，从而充分调动生产性投资人的积极性。

但是，初级金融市场无法保证金融资产的转移资金和分散风险的职能得到充分的发挥，剩余资金持有人在购买金融资产后一定时间可能遇到货币资本需求，或者发现另一种金融资产的收入更大，这就要求建立金融资产的转让机制，它为投资人提供了可靠的流动保证性，增加了投资人的选择机会和应变能力，使投资人更加积极、大胆、灵活、大量地购买金融资产。只有发达的初级市场和发达的二级市场相结合，才能构成发达的金融市场。而只有存在一个发达的金融市场，才能使金融资产的职能充分发挥，对整个经济的发展起到积极的促进作用。

（二）我国金融资产的发展

改革开放以来，我国金融资产发展的突出特点是：①金融资产的总量迅速增长。②金融资产结构显著变化。金融资产的主要形式有现金、各类存款、各种贷款、政府债券、金融债券和企业债券、股票、投资基金等。

改革开放以来，中国金融资产无论是总量增长还是结构变动，实际上都是以实体经济的发展为根基的，体现了经济发展的一般成果。

四、无形资产的管理

无形资产是指不具有实物形态的非货币性资产，包括专利权、商标权、著作权、土地使用权、非专利技术、商誉等。

（一）无形资产的特征及分类

1. 无形资产的特征。一是不具有实物形态，是隐形存在的资产。二是可用于生产商品或提供劳务，出租给他人。三是可以在一个以上会计期间为企业提供经济效益。四是所提供的未来经济效益具有很大的不确定性。

无形资产并不是仅仅从实物形态上与有形资产相对立的一类资产，而是具有某些相同特征的资产。

2. 无形资产的分类。按无形资产的性质，可分为以下几类：①专利权。指国家专利机关根据发明人的申请，经审查合格而授予发明人于一定年限内拥有的专造、专卖、专用创造成果的特殊权利。专利权可通过自制取得，购买取得，或者由其他单位或个人作为资本投入而取得。②版权。是国家版权管理部门依法授予著作或艺术作品的作者于一定年限内发表、再版和发行其作品的权利。版权可自制、购买和转让。③商标权。是商标注册人依法享有的商标专用权利。它是一种受法律保护的知识产权，具有排他性、地域性和时间性。商标权可以转让，转让时，注册商标的转让和受让人应共同向商标局提出申请。④土地使用权。指购置使用土地、支付费用后取得的场地使用权利。土地使用权可以依法转让和收取收益。⑤特许经营权。是指获准在一定区域内生产或销售某种特定商标产品及劳务的专有权利。⑥专有技术。是指所有人未申请专利或不够专利的条件，不为外界所知而独立享有的生产工艺、数据、秘方、技术诀窍等，专有技术能给所有者带来超额利润，但它只能采取保密的方式进行保护，不受法律保护，也不具有有效期限。专有技术可以自制、购买和转让。⑦商誉。是指企业在生产经营中，以其产品质量优良、信誉好、服务出色、历史悠久、职工素质高等因素取得超过同行业正常利润的价值和能力。商誉一般在企业合并时才进行计算。

（二）无形资产的计价

无形资产计价应以成本计价原则为基础，即应按照取得时的实际成本计价：投资者作为资本金或合作条件投入的，应按评估确认或者合同、协议约定的金额计价；购入时按实际支付的价款计价；自行开发并且依法申请取得的，按开发过程中实际发生的费用计价。

当无形资产的实际成本无法确定时，可以应用后在未来期能创造的效益来确定，也可依照产品信誉等级、企业知名度、销售范围等，与国内外同行业进行对比分析确定价值。

无形资产转让有转让所有权和转让使用权两种方式。

（三）加强无形资产的管理

1. 无形资产管理和利用中存在的问题。一是由于历史的原因和经济体制的原因，长期以来人们对无形资产的作用和价值认识不足，重视不够。在知识产权保护方面，侵权违法活动屡禁不止，而且在侵权违法案件的审理过程中存在地方保护主义。二是随着大量中外合资合作企业的建立、股份制改造的发展以及技术进出口的增加，国有企业无形资产的流失极为严重。三是企业没有充分利用有关法律来保护自身利益，相当多的企业和产品不注意商标注册，有的厂名雷同，品名雷同。四是大部分企业没有意识到通过创建无形资产来塑造企业形象,扩大企业影响,创造名牌企业、名牌产品。五是无形资产管理落后的状况阻碍了科技事业的发展和技术市场的完善。

2. 加强无形资产管理。一是加强知识产权保护。加强知识产权的宣传及普及工作;进一步完善知识产权的立法和司法程序;强化知识产权的保护力度;注重知识产权保护制度的协调发展。二是发展无形资产评估事业。发展无形资产评估机构,严格对评估资格的认定;建立无形资产价值评估体系,将无形资产评估工作纳入法制化、制度化和规范的轨道。

第二节 人力资源及配置

人力资源在经济资源中处于核心地位,它支配着物的生产要素,并与物的要素相结合创造经济价值。

一、人力资源的特点

社会生产过程中与物的要素相结合并支配物的生产要素的人即劳动者,作为需要人类自身进一步开发利用的对象,就是人力资源。

人力资源的量和质的规定性包括作为劳动者的人的数量和劳动者的素质两个方面。

人力资源可以按职业分工、教育程度和能力水平进行分类,形成各种层次的劳动者群体。多层次的劳动者群体又随着社会经济和科学技术以及教育事业的发展不断变化,构成结构日趋合理的适应经济社会发展要求的特殊的经济资源。

人力资源作为一种以人的形式存在的特殊经济资源,具有自身的特点:

第一,劳动者是生产者与消费者的统一体。在社会生产过程中,人是作为劳动者或生产者存在的。在进行生产的同时,劳动者还要不断进行生活消费,不仅本人消费,而且要为失去劳动能力的老人和尚未具备劳动能力的孩子提供必要的生活消费资料。因此,劳动者不仅是生产者,而且是消费者。

第二,具有主观能动性。作为人力资源实体的劳动者是具有思想、具有主观能动性的人。劳动者不仅能够认识世界,而且能够改造世界。劳动者的主观能动性对于生产的发展起着重要的甚至是决定性的作用。

第三,具有可塑性。可以通过教育培养实现素质的提高。

二、人力资源的供求平衡

人力资源的供求平衡,指的是在一定范围内,人力资源的供给与经济发展对其需求相一致。这种平衡包括数量、质量、职业种类等方面的内容。

人力资源的供求关系可从两个方面来考察：

在宏观方面，是以国家的劳动力（包括数量、素质、性别、年龄等条件）为一方，以社会生产（包括物质生产和精神生产）的发展水平所决定的对劳动力的需求和容纳能力为一方的供求平衡。一般来说，世界上特别是发展中国家日益膨胀的人口为人力资源提供了几乎取之不尽的生理学意义上的基础。但是，庞大的人口数量与符合社会生产要求的人力资源之间并不能简单地画等号。经常出现的问题是，庞大的人口数量使人力资源在数量上供过于求，而在高素质方面却显得比较贫乏，供不应求。这一点在经济不发达而人口出生率又很高的国家尤显突出。因此，就世界范围或一个国家来看，实现人力资源供求平衡的焦点，目前应是降低人口出生率，较少地追求人力资源数量的增长，而应致力于人口素质的提高和人力资源内部结构的调整和优化。

在微观方面，影响人力资源供求关系的是工资率。人们通过劳动力市场，以工资率为导向或媒介，将劳动力引导向生产效率和经济效益高的地方去。用人单位决定雇用多少劳动者时首先考虑的因素是机会成本。

三、人力资源开发利用的经济评价

（一）人力资源的经济评价

1. 用机会成本——工资率来评价。由于人力资源本身各部分具有可选择性，在社会生产过程中，人力资源对于资本和物质具有一定的替代性，因此，可以用机会成本来评价人力资源及其开发利用的经济价值。一般来说，人力资源的机会成本是它不能用于另一处时，在经济中必须放弃的物品或服务的价值。劳动力的机会成本通常是以市场工资率来计算的。

2. 用边际产出率来评价。人力资源投入生产过程并非无限制的越多越好，而是视企业的经济状况在一定时期内有一定的限度。一般来说，企业增加劳动力的投入能够增加生产和销售的产品数量，因而收益也将增加。但是劳动力投入的增加，也会增加工资的支付。因此，企业要衡量增加多少劳动力投入才是经济上合算的，最简单的就是看增加的收益是否大于增加的成本。也就是说，人们可以用边际产出率来评价人力资源投入的经济价值。

（二）评价一国或地区人力资源的综合指标

1. 以各种人口构成指标来反映。人口总数、出生率、性别构成、人口城乡构成、平均寿命和年龄构成，都可当作衡量人力资源经济价值的指标。在一定的经济社会发展水平条件下，如果一个国家或地区拥有与其经济发展和承载力相适应的一定数量人口，保持能维持物质生产与人口再生产需要的一定水平的人口出生率，男女人口比例接近，人口的城乡比例构成符合现代经济发展的需要，人口的年龄构成中青壮年是主体，平均寿命不断提高，那么，此时此地人力资源应视为高素质的，因而也是具有高经济价值的。

2. 以教育和职业指标来反映。教育是提高人力资源素质的重要手段，劳动者受教育程度是反映人力资源素质的重要指标。主要指标有文盲率、中小学入学率、在业人口文化程度比重、知识分子比重。

以职业指标来反映人力资源，主要是考察劳动者的产业构成、劳动者的城乡构成、体力劳动者与脑力劳动者的比例。

3. 以劳动者生产率和收入水平指标来反映。一定的劳动生产指标，如全员劳动生产率、人均生产物质财富数量、人均使用生产资料价值量等，可以反映出人力资源素质的状况及变化趋势。

劳动者的收入水平指标，如职工人均年收入、农民人均年收入、恩格尔系数，等等，则从消费的角度反映人力资源素质的状况及变化。

四、我国人力资源开发利用状况

（一）我国人力资源开发利用状况

1. 劳动力总量不断增加，占人口总数的比重持续上升，劳动力利用率不断提高。

2. 劳动者文化素质不断提高，在产业分布中结构趋向合理。旧中国，80%的人口是文盲，新中国成立以后由于积极发展教育事业和科学研究事业，使劳动者文化科学素质不断提高。随着经济的发展，劳动力资源逐步由第一产业向第二、三产业转移。

3. 劳动力资源的开发利用，创造并转化为巨大的物质财富。

（二）人力资源开发利用存在的问题

1. 人口基数大，自然增长率仍然偏高。20世纪70年代以来，我国实行计划生产政策取得巨大成就，人口出生率逐年降低。虽然在80年代中后期人口自然增长率略有回弹，但进入90年代以后，重新开始了稳定下降的趋势。然而，由于生育率取决于一系列经济社会因素，在地区间存在发展差别的情况下，生产水平与人口自然增长率的差别必然存在。从全国来看，90年代在人口增长率逐年下降的同时，各地之间的差异趋于扩大。1993年上海市率先在全国实现了户籍人口的负增长，人口自然增长率为-0.78%。与此同时，有相当一部分省区的人口自然增长率仍然高于全国平均水平，控制人口增长的任务仍然是艰巨的。

2. 人口与劳动力在地域上的分布不平衡。城市人口比重和非农产业劳动力比重与经济发展水平直接相关，即随着人均收入水平的提高，上述两个比重也相应提高。由于我国各个地区发展水平差异很大，因而城市化水平和就业非农化水平的差异也很大。在东部地区农村人口和农业劳动力比重已经大为下降的同时，中部和西部不发达地区仍然保持着极高的农村人口比重和农业劳动力比重。

3. 数量庞大的待业人口不适应经济发展的要求。我国经济要赶上先进国家，提高劳动生产率是重要的一环。从提高人力资源开发利用的效益来看，企业素质的提高，产品在市场上竞争力的增强，需要严格的定岗定员制度；农业要发展，要靠科学技术，依靠农业现代化，需要大量转移农业剩余劳动力。然而，由于人口的压力，使我国付出了劳动生产率增长速度缓慢的代价。即便如此，我国仍继续承受着沉重的就业压力。

同时，庞大的待业人口也阻滞了产业合理化调整的过程。一个国家的经济结构是随着国民经济与科技的发展而不断进行调整的。在调整期间，社会劳动力在部门、行业和地区之间进行重新分配和组合。随着产业结构的高级化，许多行业的劳动力利用水平日益提高，因而对劳动者数量的要求减少，对其素质要求提高，我国正处在劳动力就业结构由劳动密集型向技术密集型和资金密集型转变的初始阶段，许多行业对劳动力需求的减少是很自然的。然而，由于庞大的待业人口积存的就业压力与产业结构调整形成的待业人口压力相撞击，可能引发社会危机。因此，人们宁可放慢产业结构调整的步伐，以此作为缓解就业压力化解社会矛盾的代价。

4. 人力资源结构与社会经济发展水平不相适应。从社会主义现代化的要求来看，我国目前人力资源的结构属于低水平。由于难以适应现代化要求的低素质的劳动者数量过多，致使许多需要高智能的岗位缺员，而从事简单劳动的岗位又人满为患。

同时，从全国来看，科技人员严重不足，高素质劳动者供不应求；而在某些地区或某些单位，由于人才过于集中却出现科技人员闲置的现象。

五、提高人力资源开发利用效益

提高人力资源的利用效益，就是要以较低的成本培养出适量的高素质的劳动者，与适量高质的生产资料相结合，形成一定时期的科学技术与经济水平条件下最高的劳动生产率。

提高人力资源开发利用效益，应从以下几个方面努力：

（一）控制人口数量，提高人口素质

我国经济和社会发展的头号难题之一，就是人口太多，增长速度太快。要搞好计划生育工作，重点是抓好农村和流动人口的计划生育管理和服务，控制人口增长。加强优生优育工作，提高人口素质。而人力资源素质的提高，特别重要的是通过教育事业的调整和发展，建立与社会经济发展水平相适应的教育体系，普遍提高全国人民的文化科学技术素质和思想道德素质。

（二）实行人力资源替代战略，引导农村劳动力在农业开发的深度和广度上下工夫

从我国的实际出发，适度地而不是片面地过快地提高产业的资本有机构成，根据各产业不同的特点，在努力发展资金——技术密集型产业的同时，大力发展劳动密集型产业，以容纳更多的劳动力，降低就业成本，取得更好的经济效益和社会效益。在我国，尤其在我国农村，广泛开展劳动积累，引导农村劳动力从事农产品精深加工，从事农业产中和产后的服务，是实施人力资源替代战略的具体措施之一。

（三）改革劳动管理体制，建立适应市场经济体制的就业机制

深化劳动制度改革，从根本上改变原有的不合理的就业制度，建立和发展适应我国经济和社会特点的劳动制度，确立适应市场经济的就业运行机制，改善劳动就业结构。

当前，在国有企业改革和经济结构调整过程中，产生了部分职工下岗的现象。可以通过大力发展第三产业，广泛开辟就业门路；依靠社会各方面的力量，加强就业服务和转业培训；支持下岗职工自谋职业，鼓励他们从事个体和私营经济，发展投资少、见效快、社会急需的社区服务、物业管理和家庭服务业等；政府部门、企业和全社会都要树立新的劳动就业观念，为再就业创造较好的环境和条件。

（四）加强和改进思想政治工作，充分调动劳动者的劳动积极性和创造性

调动劳动者的劳动积极性和创造性，不仅关系着人力资源开发利用效益的提高，而且也关系着企业的生产发展和国家的振兴。

调动劳动者的积极性，主要是指调动他们内在的积极性，即劳动者受政治信念支配，受人生观、价值观等因素影响而形成的一种奋发向上的行为动机。劳动者的积极性和创造性的激发，需要从两个方面努力：一是从物质利益的合理分配上，真正实行按劳分配，关心群众生活，努力改善劳动者的工作和生活条件；二是加强和改进思想政治工作。

劳动者自身积极性和创造性的充分发挥，将会创造出人间奇迹来。精神变物质，为社会创造出巨大的财富，这就是人力资源开发利用效益提高的具体体现。

第三节　信息资源的开发利用

信息本身是一种经济资源，而信息资源的有效利用又是实现各种经济资源合

理配置的基本条件。

一、信息资源与信息资源的经济特征

(一) 信息资源

信息资源是指反映客观事物的各种信息的总称。信息作为一种资源，是随着信息科学的发展而逐步被人们所认识的。自20世纪60年代以来，人们在生产实践中认识到，资源不仅有各种物质形态，也包括经验、知识、技术等信息形态。前者包括自然资源、人力资源及实物资源三类资源，后者可称为第四类资源。它是一种无形资源。信息资源的重要性，随着社会与经济的发展日益增强。在经济发达国家，信息资源的开发、传递和使用，成为国民经济中一个最重要的部门，信息产业的从业人数已经超过物质生产产业的从业人数，从而进入了所谓"后工业化社会"，即信息社会。信息资源、物质资源、能源资源成为经济社会和技术发展的三大支柱，其中信息资源具有最重要的作用。因此，现代社会的管理权力将转移给信息的提供者，也就是谁能最有效地开发利用信息资源，谁就最有资格成为管理者。

经济信息是社会再生产过程中各种经济形态、经济关系和经济活动规律的反映。经济运动过程的每一环节都同时产生着经济信息的运动，经济信息的表现形式是多种多样的，最常见的有经济技术指标、经济法规、经济文献、经济政策等。经济信息资源就是经济信息的总体。

(二) 信息资源的经济特征

作为一种经济资源，信息资源具有经济资源的一般特征，即有限性（关于一个事件的经济信息在一定时间、空间范围内总是有限的）、使用方向的可选择性（同样一个信息可用于不同的对象及不同的用途）以及作为生产投入要素的性质。

同时，信息资源与其他经济资源相比，有着自身的特点：①信息消费与信息积累的一致性。②信息的共有性。③信息自身具有增值性。④信息的时效性。⑤信息的媒介性。信息只有被接收才有用，而信息总是要通过一定的媒介才能传递给接受者。

二、信息资源的开发利用

信息的开发利用，是人们根据科学技术和经济活动的目的，获取信息和进行加工整理、分析、运用于社会实践的过程。

在人们的科学研究活动中，一方面从前人所从事的研究活动中获取信息，包括各种理论知识的信息及在全球范围内他人从事类似研究的信息；另一方面通过设计的实验方案，从实验过程中获得信息，从而获得关于研究对象的知识。对研究对象的信息开发利用，是人们科学认识的基础。

经济社会的管理活动，也是一种信息资源开发利用活动。对信息管理开发利用的要求与经济社会管理活动的内容有关，也与经济运行机制有关。例如，企业管理活动的正常进行，需要及时了解有关的国家发展计划信息、政策的信息、企业的投入及产出的市场信息、工艺技术的信息；也需要及时了解企业生产过程各环节实物流和价值流的信息，掌握生产活动的情况以及经济效益的情况。

开发利用信息资源的方法可分为如下两大类：

（一）经济社会统计学的方法

用经济社会统计学方法开发利用信息资源，属于经济社会活动信息的浅层开发。它是根据人们认识经济社会活动并进行科学管理的目的事先设计好统计指标，建立统计样本，进行普遍的统计调查、抽样调查等，以了解研究对象的数字特征，同时推断出人们所需要的反映事物性状的间接的数量指标。

经济社会统计指标可分为如下三类：

第一类，关于经济、社会活动状态的静态指标，包括活动水平和结构。例如，总产值、销售收入、人口、劳动力、国民收入等，属于活动水平指标；工农业产值构成、比价、积累和消费在国民收入使用额中的比重、产值的部门构成、人口的年龄构成、人口的文化构成等，是两个以上水平指标的比较，属于结构指标。

第二类，反映经济社会活动状态的动态指标，包括各种指标的增量（如投资增量、贸易增量、消费增量等）和各种增长速度（如产值增长率、投资增长率等）。

第三类，反映经济社会的活动效率的指标，例如，劳动生产率、产值利税率、资金利税率、节能率、成本率、换汇成本、用汇收益等。

统计信息资源开发的方式，一般有三个重要方面：

第一，来自于按照部门及地区的隶属关系自下向上报告的统计报表的汇总，包括在统计资料中的许多日常指标。例如，总产值、总工资等。

第二，来自抽样统计，即通过一定方式确定抽样调查对象即样本点，根据样本的信息来推断总体被研究对象的信息。例如，中国普遍建立的农村抽样调查网、城市调查网，以进行日常的定期抽样调查统计。同时还经常进行专题抽样调查，例如，人口抽样统计调查，农产品产量抽样调查等。

第三，来自专题普查统计。例如，人口普查、工业普查、住房普查、科技普查、人才普查等。每项普查都可开发出大量的信息。

经济社会统计信息的利用，是指经济管理部门根据统计部门所开发的信息，了解经济状态，发现经济运行中的问题，制订科学的计划、方案或其他政策方案，并根据信息反馈调节和控制经济的过程。

（二）经济社会计量学的方法

经济社会信息资源的计量的开发，是指充分利用统计信息，借助概率论和数理统计的原理，建立数学模型，分析经济社会运动中各因素之间的内在关联性，并得出可以指导经济社会管理的复杂信息的过程。

人们相信，一个经济事件（如提高利率）会对经济社会的许多方面产生各种直接的或间接的、有利或有弊的影响；而一种经济变化（如价格总水平上升）也是众多的经济社会因素综合作用的结果。概率论和经济计量学的原理告诉人们，这种因素间相互关联影响的信息，包含在系统的多个样本之中，建立适当的统计方法抽样样本，并观察其有关的数量特征，运用经济计量方法进行经济分析，就能获得（按一定的置信度）这些信息。这种信息一旦获得，就大大增加了经济社会系统的透明度，改善系统的管理。

对于经济信息的数量分析，按模型方法可以分为如下三类：

第一类，经济计量模型。即根据变量之间的因果联系建立数学方程式进行预测的体系。模型方程中包含内生变量、外生变量、相关的政策参数以及待估计的系数。模型方程体系设定后，利用所收集的变量的数据，用数理统计方法，估计出待定参数的值，并对会计结果进行相应的经验的、统计的、计量的检验及模型预测功效的测定。经济计量模型的优点在于它揭示变量之间相互关联变化的一组明晰关系，可在考虑各种外部条件变化或对应不同的政策方案时确定相应的预测变量的预测值，从而可以作为政策分析的工具。

第二类，投入产出模型。是利用经济活动中部门间关联的投入产出原理，建立投入产出平衡方程式体系。利用投入产出模型可以进行结构分析及多种预测。例如，根据国家的部门投入产出模型，可以预测各部门间增长的供求关系，用最终需求的变化来预测各部门产出的变化。

第三类，系统动态学模型。即通过对象关联系统的动态模拟来判断系统变动趋势的系统分析方法。该模型的特点是把所研究的对象视为一个动态系统中的因素，这个动态系统具有一定的内部结构，受到若干约束并具有多个目标，在与环境的交流中，总是处在动态平衡状态。

三、信息资源开发利用的经济评价

（一）微观信息活动的经济评价

1. 微观信息活动。企业为有效地组织生产和求得发展所进行的信息活动可以分为如下三大类：

(1) 企业为制订长远发展战略计划所进行的信息活动。包括了解和预测企业生存发展的外部环境，所掌握的经营性资源的变化，已有产品的市场及环境应变力的评价，战略方案的确定，实施战略方案效果的分析，以及具体的战略计划的规定及贯彻，等等。

(2) 企业日常管理性的信息活动，主要是内部信息活动。例如，企业生产成本信息、销售的数量及价值信息、资金运动信息、质量检测信息、设备动力信息、劳动信息，等等。这些信息都以报表或图示或报告的方式，由会计、统计部门汇总，作为企业管理人员进行生产经营安排及调整、控制企业生产经营活动的依据。

(3) 生产作业性的信息活动。即企业最基础的信息活动，是第一线生产管理组织及指挥现场生产施工的信息活动，它向生产工人传达生产数量、质量、使用工艺、原料动力等信息，并根据生产施工过程中出现的各种情况进行调节控制，并将结果逐级上报。

2. 微观信息活动的成本和效益。信息活动需要投入各种物质资源、人力资源，这些资源的投入可以用货币投入来度量，从而构成企业从事信息活动的成本。

企业在由传统企业向现代企业转化过程中，信息成本在成本中的比重日益升高，从而使产品价值总量不断增长，而能源、物质资源的价值含量比重逐步降低。

信息活动成本高低与产业类型有关。初级基础原材料产业的信息成本在总成本中的比重，一般要比加工产业尤其是高、深、精加工产业的信息成本比重低；一般技术产业的信息成本比高技术产业的信息成本要低。

企业信息活动的成本，还与整个外部市场中信息体系的完善程度有关。在外部信息体系比较完善，公共的信息服务比较出色的情况下，企业比较容易从外部获得技术、市场信息，可支付较少的信息成本，即通过成本的外部化而将企业的信息活动成本转移到社会。

企业信息活动的效益，可以用企业的经营绩效来反映。即企业创造的社会纯收入剔除劳动成本、资本成本以后，因管理有方而实现的利润部分，可以视为信息活动引起增值的部分。当然，在实际计量时还要考虑剔除因价格不合理等原因引起的利润的不公平问题。

(二) 宏观信息活动的经济评价

国民经济的宏观信息活动是指国民经济中信息产业的活动，即为实施国民经济管理及为经济社会活动提供商品性及非商品性信息服务的活动。包括政府为实施管理所进行的信息活动,各种教育活动,各种大众传媒的活动,国家及民间各种研究机构的活动,以及为这些活动提供手段、设备、基础设施的活动。国民经济信息活动的整体效益,是由各个信息产业活动的效益所决定的。

投入信息产业的自然资源、人力资源和资本资源,是国民经济信息活动的成本。信息产业可以分为如下两大类:一类是其产品参与市场交换过程,其投入也由市场交换过程实现。这类信息活动可称为商业性的信息活动。商业性信息活动的效益可以由市场评价。另一类是其产品具有公共产品性质的信息产业。例如,图书馆、公立学校、公共咨询业、非营利性的研究开发机构、政府管理部门,等等。这些部门的信息产品不具有商品性,并不是通过市场交易而实现信息产品的利用,而是具有公共产品的性质,为全社会共同享有。

宏观经济活动效果的评价可以用在整个国民经济活动中,在一定的资本投入、自然资源投入、劳动力投入条件下,用经济活动的成果以及社会生活质量的改善来衡量。评价宏观经济社会效益的许多指标,一般都有可以从一定侧面反映宏观经济活动中的信息资源。

四、实现信息资源有效利用的途径

(一)努力实现管理体制的合理化

信息运动的效率,首先取决于管理系统的基本结构和功能。理论和实践都已经证明,计划和市场相结合的体制最能有效地利用经济社会活动中的信息资源,并使信息的开发成本与信息的效益相一致。我国信息资源开发利用的主要障碍,是企业在微观活动中缺乏自主性,缺乏自觉地开发利用与企业供销活动有关信息的动力及条件,从而使企业间横向信息利用水平低,对信息的反映程度弱。同时,由于市场活动规则尚未健全完善,间接调控的信息也不能有效地发挥作用。因此,我国信息资源开发利用的根本问题,是管理体制问题。

我国管理体制改革的方向是:增强企业运用市场调节手段积极调整、积极发展的活力,减少政府对企业的过多干预;建立正确地运用宏观经济信息并能有效地引导企业行为的宏观间接控制体系,从而不断完善企业在市场活动中的外部环境;在政府直接控制的领域,如生产、投资、分配等方面,建立完善的信息系统和计算分析系统,实行科学的计划。

(二)努力实现决策的科学化和民主化

信息是科学决策的基础,但民主的、科学的决策程序及决策制度,又是信息资源有效利用的保障。

科学的决策程序至少包括下述内容:①确定决策的目标。要求建立反映目标实现程序的各种统计信息指标,从而使目标定量化程度提高。②综合分析经济社会的资源条件及其限制因素，了解实现某一具体的决策目标的各种可能方案。③了解每种选择方案实施过程中所必须付出的社会代价或取得的效益。④选择经济社会效益最好的决策方案，并将决策计划具体化。⑤实行决策并将此后发生的经济社会影响的信息反馈给决策者，决策者根据反馈的信息对原决策进行调节控制。

（三）加强信息资源的管理

信息资源管理首先要解决的问题，就是明确地给出什么信息是相关的和必须具备的，即明确待开发利用的信息资源的内容。

信息资源管理的第二个层次，是设计、组织有效获取信息的办法，从而用最小的成本取到有价值的为管理决策及其他研究目的所必要的信息资源。

信息资源管理的第三个层次，是信息资源深层次开发利用，也就是要利用分散的个别的信息，经过数学模型处理方法，获取整体的相互联系的信息，并且科学地利用这些信息进行事物发展变化的判断以及政府或非政府集团决策的判断。

（四）信息资源的商品化和社会化

信息资源由于其本身的属性，不可能全部成为商品。但是，信息活动的商品化，在当今世界已成一种趋势，信息资源借助市场进行合理的流动从而实现信息资源的社会化，这是信息资源商品化的实质。

信息资源的商品化有助于信息资源的社会化，但并不能代表信息的社会化。在任何一个经济社会，非商品性的信息活动总是必不可少的。政府为增加整个经济社会的透明度而从事的统计工作及为科学决策而进行的咨询工作，政府所进行的教育和科技普及的努力，等等，是非商品信息活动的重要方面。

完善信息功能的重要方面，是对于一些针对性、专门性较强的信息资源要完善信息市场，通过信息企业化建立信息有偿转让的机制。对于大多数公益性信息资源，要扩大公开度，提高信息整理水平，使这些资源为生产者和消费者共享。政府要加强对信息资源开发利用方面的投入。

第四节　自然资源与能源的配置

产业发展离不开自然资源和能源。对于产业发展具有重要作用的自然资源主要有土地资源、生物资源、矿产资源和水资源。

一、土地资源的开发利用

威廉·配第有一句名言："劳动是财富之父，土地是财富之母。"形象地说明了土地对于人类生存和发展的头等重要性。人类任何社会的生产和生活都要依托土地,土地是创造社会生产力的第一源泉。

作为自然资源的土地,是地球上生物资源(动、植物)和非生物资源(矿产、水)以及人类的载体。

作为社会生产力源泉的土地,不仅在于其自然力,而且还在于它在人类社会的作用下成为与劳动力资源、资本资源和信息资源一样构成社会生产力的重要因素,并且相互结合而创造出社会财富。

(一)土地资源的经济特点

1. 区位的不可移动性。任何一块土地都有固定的地理位置,不能搬迁,无法改变。各块土地由于区位不同,以及交通运输等条件的差别,形成级差的生产力。

2. 开发利用的可选择性。土地虽不可移动,但对它的使用却是可选择的。

3. 一身二任,既是人类的基本生产资料,又是其他经济资源的载体。

4. 土地的使用成本是机会成本,这是因为土地资源有多种用途,但在一定的时期,一块土地只能用于一种用途,而同一块土地若因用于一种用途而放弃另一种用途,可能获得较大收益,也可能得不偿失。

5. 土地资源的使用效益是综合的,是经济效益、社会效益和生态效益的统一。

(二)土地资源开发利用的地租问题

1. 级差地租。社会主义市场经济条件下仍然存在着土地的有限性,因为为了满足社会对农产品的需求,必须对劣等土地进行耕种。这样,在进行商品交换时,社会就必须以超过农产品实际价值的支付来保证劣等土地的经营也能获得必要的盈利。这种超价值的支付就构成了级差地租。级差地租是非农业部门劳动者所创造的一部分价值的转移,是国民收入的再分配,它体现了有限的土地资源在国民经济中所处地位的特殊性。

我们可以运用级差地租这一经济手段,发挥其积极作用。

第一,运用级差地租促使人们合理利用土地资源。由于级差地租的调节作用,势必促使各经营单位根据自身的经济利益选择经营效益最佳的土地,而各个经济部门、不同企业由于生产过程的不同性质,对土地级差的选择性和敏感程度是不一样的。这样,就有利于扩大土地使用范围,使各个等级的土地都能得到合理的利用。

第二,运用级差地租促进农业集约化经营,提高农业生产率。级差地租作为一种经济力量,不仅能促使土地经营者为增进自身的物质利益而对土地的自然力进行保护和合理利用,对土地进行改造和改良,而且可以激发土地经营者对土连续投资和增加劳动投入的积极性，激发集约化经营的热情。

2. 绝对地租。社会主义绝对地租是土地公有制借以实现的经济形式。它来源于劳动者为社会创造的纯收入，归国家和集体所有，最终仍直接或间接用于劳动者。它体现了国家、集体和劳动者个人三者之间根本利益一致的相互关系。

绝对地租的积极作用在于：从经济上维护土地公有制，调节人们在土地使用上的物质利益关系，促进对土地的合理经营和使用，有利于农业和整个国民经济健康发展。

（三）合理利用土地资源

1. 合理利用农村土地。必须从土地资源的类型特点出发，因地制宜安排用于农、林、牧、副、渔各业的土地。同时还要与保护、培育、改造相结合，进行土地规划，这样，使有限的土地资源越用越好，土地生产力越用越高，经济效益与生态效益及社会效益相协调。

2. 合理配置城市地产资源。合理配置城市地产资源包括两层意思：一是合理布局，获取城市土地的最大使用效益；二是提高城市空间利用率，节约土地。为此，应当做好以下工作：①搞好城市土地规划，在面积有限的土地上，合理配置用地结构和布局，实现经济效益、社会效益和生态效益的良好的有机结合。严格控制城市用地的规模，防止盲目扩大的趋势；合理确定城市各类用地的比例结构；科学地确定和调整城市用地的空间布局。②运用行政、经济和法律手段，对城市土地实施严格有效的管理。

二、生物资源的开发利用

（一）生物资源的最优管理

对生物资源的最优管理，就是指通过对生物资源规定合理的采集时间、数量和方式，通过建立对生物资源保护和利用的政策和法规，使生物资源达到持续利用和最优利用，为人类生存和发展服务。

生物的生长具有自身的客观规律性，这种规律性是生物资源管理的客观基础；追求生物资源保护和利用的生态效益和经济社会效益的统一是生物资源管理的目标；在生物资源的保护和利用中，解决好近期利益与长远利益的矛盾，解决好经济效益和社会效益、生态效益的矛盾，是生物资源最优管理的核心内容。

收益与成本分析是生物资源最优管理体制的基本分析方法，对生物资源开发利用和保护过程中的成本和收益的正确判断和计量，是生物资源最优管理的基本特点。

（二）提高生物资源开发利用效益的主要途径

1. 大力发展生态农业，努力实现生态系统持续的最大化的产出。

2. 大力发展生物资源的综合利用和深度加工。

3. 依靠生物高科技增加产量，提高质量。

4. 完善生物产品的组织化的市场，分散和减小生物产品生产、储存、转移、加工过程中的风险。

三、矿产资源的开发利用

矿产资源作为一种经济资源是国土资源的重要组成部分，也是进行经济建设的物质基础，是工农业生产、生活能量及原料的基本来源。

（一）矿产资源的经济评价

我们可从两个层次考虑矿产资源的经济价值：第一层次是矿产资源的原地潜在价值。即在不考虑开发成本及其他经济社会条件的情况下，根据矿产可采量、品质及其合理价格计算的矿产资源价值。第二层次是矿产资源经济价值。即在原地潜在价值的基础上，再进一步考虑采选条件及其他经济社会因素后来评价的矿产资源价值。

决定和影响矿产资源经济价值的因素有：①矿产地质因素。包括：矿床的规模、探明的矿产储量以及各级储量的比例、分布部位；矿床的地质构造矿体形态、规模及空间赋存规律；矿石的矿物成分、结构构造、矿石类型；矿石的品位、工业品级；有益、有害组分含量；矿体的赋存状态及其分布规律；矿石的技术加工性能；矿产开采中所面临的矿床水文地质因素以及其他矿山开采技术条件。②经济地理因素。包括：地理位置、交通运输条件、能源来源条件、辅助原料来源条件、矿区自然环境、劳动力来源及生产资料供应条件。③经济社会因素。包括：供求条件、国家的政策和规划、矿产品生产的成本和价格、矿山建设资金来源。

（二）提高矿产资源利用效益的途径

1. 合理地规划，有效地调节区域产业分工布局。在考虑矿产开发的安排时，要综合地考虑矿山地质条件、矿山地理位置、矿山的经济社会环境和生态环境，核算内部和外部的成本和效益，按照矿床综合经济价值来排列开发的次序。国家对矿产资源开发的调节，就是通过规定资源税费或对那些宏观经济社会效益好但微观效益不好的资源开发项目给予免税或补贴的方法，来调节资源的开发序列。

根据地区的矿产资源情况，综合考虑其他经济资源状况，进行合理的产业布局，是提高矿产资源利用效率的重要途径。在一般情况下，区域产业优势的形成与该地区的矿产资源优势密切相关。根据我国各地生产力发展与矿产资源分布不均衡的状况，目前，改善布局的重要途径是着力发展东、中、西部之间的交通，缩短区域间的经济距离；然后注意发挥中部和西部地区的矿产资源优势，并相应地发展矿产资源加工业；东部地区则应向矿产资源含量少（即能耗少、物耗少）、技术或知识含量高、资本含量高的产业发展，实现区域间按资源优势的产业合理分工和利益的合理分配。

2. 形成合理的矿产品价格体系，促使资源的合理配置。在市场经济条件下，价格调节矿产资源的供求。实现矿产品价格合理化，要求矿产品价格能基本反映其经济社会价值，即增加一个单位矿产品供应所引起的经济社会效益的增加。当这一增量低于为取得矿产品的成本时，就应该减少该矿产品的供应。当增量反映的价格大大高于矿产品的实际生产成本时，就应该大大增加矿产品的供应。

矿产资源价格合理化要求建立健全矿产资源的有偿使用制度，这样做，可以限制企业因为追求短期有盈利而对矿产资源的不合理废弃或滥采乱掘现象，也可以促使企业从经济、社会、生态综合效益的角度考虑对矿产资源的利用。

3. 促进国内、国际资源的交流，实现区域比较利益。
4. 推进矿产资源开发利用方面的技术进步。
5. 努力使矿产资源多次利用，实现废弃物的资源化。

四、水资源的开发利用

水是重要的自然资源，是生态环境最活跃的基本要素。水资源通常是指逐年可以得到恢复补给的淡水量，是大气降雨循环再生的动态资源。

（一）水资源开发利用的综合评价

1. 水资源开发利用的原则。开发利用水资源应贯彻全面规划、统筹兼顾、综合利用、讲求效益、发挥水资源的多种功能的原则。

2. 水资源开发利用的经济评价。一是营运成本低；二是净化成本低；三是单位成本低；四是减少灾害损失而带来经济利益。

由于水资源开发利用的各种形式之间可能出现利益上的矛盾，所以，仅仅对水资源开发利用进行经济评价是不够的，还应当对其进行综合评价，追求经济效益、社会效益和生态效益的统一。水资源的开发利用，要保护生态环境，兼顾防洪、防旱、供水、排水、灌溉、水电、航运、渔业、防止水土流失等方面的需要。

（二）提高水资源开发利用效益的途径

1. 编制并执行水资源长期供求计划。内容包括：水资源（包括水质和水量）评价，现阶段人口与经济增长同水资源承受力关系分析，人口与经济发展对水资源关系需求前景预测，以水资源供应能力为依据和前提的区域工农业的合理布局，节水型工业、节水型农业和节水型社会的构建，新开水源和引进客水的开源措施，等等。水资源长期供求计划应是国民经济和社会发展计划的重要组成部分。

2. 推广节水新技术。

（三）水资源的管理和保护

我国迫切需要对水资源加强管理和保护，实行"全面节流、适当开源、加强保护、强化管理"的治水之策。具体应采取以下措施：

1. 广泛开展科学用水的宣传教育活动，增强全民的节水意识。
2. 制定水资源开发利用和保护规划，协调管水用水各部门的工作，实行对水资源的宏观有效管理。
3. 建立水资源管理体系和法规体系，正确运用经济杠杆，推动中国经济向节水型方向转变。
4. 控制水环境污染，保护水质。
5. 造林护林，利用森林蓄水保水。

五、能源资源的开发利用

能源资源是经济资源中十分重要的一部分，但它属于一种综合性的资源。它包括许多原始形态的自然资源，例如，矿产能源资源、水力资源、太阳能与风能、生物能源，也包括各种能源的转换形式，例如电能等。

（一）能源开发利用的基本特征

1. 能源消耗水平与经济发展水平密切相关。由于各国经济发展水平差异很大，与此相对应，能源的消费水平也有很大差异。商品性能源的消费，美国等发达国家达到人均消费7000千克油当量，而大多数低收入国家人均商品性能源的消费都在300千克油当量以下。北美国家占世界人口的比重不足5%，但消耗了全世界近30%的商品性能源资源。

2. 能源弹性随经济发展水平的变化而变化。能源弹性是从动态效果上来考察能源消费与经济发展之间关系的，它是指社会生产增长1%所相对应的能源消费增长的百分数。一般趋势是，在工业化初级阶段，由于大量启用机械动力设备以提高人的生产效率，使商品性能源的需求量大增，因而能源需求弹性呈上升的趋势。当工业化发展从高耗能的传统产业逐步过渡到精深加工及高技术产业时，单位产出所包含的能源资源含量逐步降低，因而能源弹性系数也逐步降低，信息产业高度发达时，能源需求弹性系数更迅速地下降。

3. 能源消费与产业结构有关。在物质生产部门中，工业能耗水平最高，其次是交通、邮电通信业，再次是建筑业和农业，商业耗能最少。

能源消耗也与产业内部产品结构有关，一般初级工业品生产，附加价值低，单位产值能耗较高，而深度加工则能在较少的能源消耗下取得高附加值。

4. 价格是调节资源配置最重要的杠杆，能源价格的变化是影响能源需求及能源的部门间、地区间分配的重要因素。

5. 能源消费与环境质量变化密切相关。人类向自然界索取能源资源并用于生产和消费活动，创造出日益增多的财富，同时也产生日益严重的环境影响。所有的化石能源资源的使用都会对环境产生一定程度的影响，其中煤的生产及使用过程中的环境影响可能最为严重。

能源资源的开发利用与生态环境密切相关，对于化石能源的使用一定要注意由于污染而引起的生态成本；对可再生能源的使用则一定要遵循生态循环规律，保持生物资源的良性循环和永续利用，即不可突破生态限度；对于无污染、无生态影响的太阳能、风能的利用，应成为今后能源开发的重要方向。

（二）我国能源资源开发利用中存在的重要问题

1. 在全部能源消费中，工业能耗比重过大，且工业能源使用效率偏低。
2. 农村生产和生活能耗以薪柴秸秆和劣质煤为主，导致较严重的环境污染及生态压力。

（三）有效开发利用能源资源的途径

我国在能源开发及能源节约两方面的潜力很大，从根本上克服我国能源的短缺问题，必须开源和节能并重。

1. 优化结构，更新工艺，节约能源。一是切实加强节能技术的研究推广；二是加强以节能为中心的技术改造；三是重点调整高耗能的原材料工业的产品结构；四是降低能源工业自耗的比重，发展煤矿、油田、电站等工业节能技术；五是推广节能工艺，减少加工传输过程中能量损耗，充分利用余热，提高钢铁工业连铸、连轧比；六是建立健全能源管理体系，制定统一的节能指标及耗能指标，制定节能法规，强制节能，禁止浪费。
2. 建立优化的综合性能源体系，充分利用可再生能源，加速开发新能源。优化的能源体系包括能源资源产品的合理供应结构及地区布局结构，使之与资源结构及经济结构相适应。
3. 加强能源综合利用，发展二次能源，减少能源污染。
4. 建立健全经济调控手段，引导能源使用效率的提高。

第五节　环境资源的保护和管理

一、环境及环境资源

（一）环境

环境是作用于一个对象（常假定一个有生命的生物）的所有外界影响和力量的总和。人类的环境是指人类周围赖以生存和发展的世界。

根据人类生存与发展需求的层次性，环境可分为几个层次：

第一层次，人类的自然环境，包括空气、水、声音、土地、森林等，构成环境的因素是人类生活环境中最重要的自然存在物。

第二层次，包括风景名胜、文物古迹及野生动物、土地利用状态及能源环境，以及与人类的发展至关重要的自然环境及历史上的人文活动造成的当代人类的环境。

第三层次，包括美学环境、卫生环境、住宅环境、交通运输环境及文化娱乐活动的环境，还包括满足人类生存、发展、享受需要的人文设施。

第四层次，是人类自然生态的经济社会生活的一般环境，包括经济发展状态、教育状态、公共安全及其他福利状态。

（二）环境资源

资源与环境有着密不可分的关系，各种资源的开发利用直接影响环境的变化，同时，各种资源的集合又构成环境资源。

自然资源是自然环境的基本组成因素，在自然资源的序列中，矿产资源、土地资源、生物资源和水资源都是人类生态环境的重要组成部分。

资本资源是人类经济社会生活的基本环境因素。

信息资源作为一种软性的资源，构成经济社会环境因素。

人力资源实质上也是一种人类的经济社会环境因素。

总之，自然资源是人类自然生态环境的构成因素和主要内容，人力资源、资本资源和信息资源是人类经济社会环境的构成因素和主要内容。环境本身就是资源。

二、资源开发的经济评价

在资源开发利用过程中，必然使环境改变，从而产生有利或不利的影响。人们为减少不利的影响，必须采取各种环境保护措施，为此就要付出代价。于是，对环境影响及对不利影响的治理的经济性评价，就成为十分重要的问题。

（一）环境影响的确定

进行经济评价的前提，是确定一项资源开发活动的环境影响。环境影响的程度和范围与开发项目的类型及规模有关，也与开发的地点及时间有关。

环境影响评价包括环境影响识别、环境预测和环境评价三个相互联系的过程。

（二）环境影响的经济评价

环境影响中的不利影响就是环境污染，对环境污染的经济评价，就是对环境污染可能导致的经济损失的评价，或者是对治理环境污染而付出代价的评价。

环境污染的经济评价在定量处理上有两种基本方法：一是通过对某个项目开发与不进行某个项目开发可能对环境产生影响的对比分析，来评价污染对环境中各因素的影响及其经济损失。二是由于污染所引起的各对象的损失不一定完全可测知，而污染产生的不利影响则是明显的，因此，可以用治理污染的总的代价来衡量。

完全地放纵一个建设项目的污染，使之导致环境的经济损害，与完全地治理污染，使之达到没有一点损害，这是资源开发过程中对环境因素考虑的两个极端的情况。实际上许多资源开发项目引起的污染是不能完全被治理的，或者治理的代价是昂贵的，人们只能折中地选择。一般来说，用于防止环境污染的费用和由于污染引起的损害的费用成反比关系。这就为治理污染的方案提供了多种选择。人们总是力图寻找两项费用之和最小的那种方案。当治理的代价大大地超过污染的经济损害时，这种治理就是无效益的，不可取的。当明显的经济损害大大高于治理污染的费用时，进一步的治理就成为必要。如果资源开发引起的治理污染的费用导致成本增加使开发项目没有效益，则这种开发项目就是环境不可行项目。因此，经济损害的正确评价就成为对于治理污染的环境决策的基本依据，也是判断资源开发环境可行性的基本依据。

（三）考虑环境影响的资源合理配置

当我们把环境的改善作为效益目标的因素之后，对资源合理配置的表述则应为：使有限的资源产生尽可能大的经济、社会和生态环境的效益。环境的经济社会评价，使环境目标与经济社会目标在表述上一致起来，可使用统一的价值尺度（如货币）来共同度量它们。

当社会在配置使用资源考虑环境影响时，当政府实施一定的政策手段来实现这种考虑以期资源配置在经济、社会及生态环境上都具有合理性时，应在宏观上和微观上将经济资源朝着有利于生态环境保护或改善的方向去配置。

三、资源开发利用和环境资源管理

（一）环境资源管理

在1972年瑞典斯德哥尔摩举行联合国人类环境会议以前，环境问题基本上被看做一个由于工业、农业发展而带来的污染问题，所以，直到20世纪70年代初，解决这个问题的办法主要是运用工程技术去减少污染，即认为环境资源保护工作就是治理"三废"和控制噪声。斯德哥尔摩会议对此有了新的深刻认识，指出环境问题不仅是一个技术问题，也是一个重要的社会经济问题，不能只用自然科学的方法解决污染，而要用一种更为完善的方法从发展过程上去解决环境问题。

对待环境问题的基本见解应该是：第一，人类应该利用自己的环境资源，用科技进步条件下生产日益发展的手段，去满足日益发展的一切基本的需要。第二，人类在利用环境资源去满足需要时，不能超过自然界的耐度的外部局限。协调这两个目标的方法，就是环境资源管理。

近30年来，环境资源问题的研究使人们认识到要解决社会中的环境问题，首先要研究人类的社会活动（主要是经济活动）与环境互相影响的原理，运用这些原理，在发展过程的每一阶段，始终重视环境的影响，不仅要考虑到经济效果，而且也要重视环境效应，通过经济、法律等手段影响人的行为，达到经济与环境协调发展，这样才能从根本上解决环境资源保护问题。

1. 环境资源管理。包括可更新资源的恢复和扩大再生产（持续利用）以及不可再生资源的节约利用。当前资源管理要解决的问题是资源利用的不合理，因此，环境资源管理的目标之一，是对已拥有的资源按照经济、社会和环境效果进行选择，使资源实现最合理的配置。

2. 环境质量管理。是指为了保证人类生存与健康所必需的环境质量而进行的各项管理工作，包括环境监测和预测、环境评价以及为保证环境不受污染而采取的各种办法，执法及监督、检查工作。

（二）中国环境资源管理中存在的问题

1973年中国第一次召开了全国环境保护工作会议，从此中央和地方都建立了相应的环境保护工作机构和开始环境立法、环境规划、环境监控、环境评价等管理工作。1979年颁布了《中华人民共和国环境保护法》，环境资源保护工作逐步引起各方面的重视，取得了一定的成效。但从目前的情况来看，环境资源管理主要还是对工业的城市污染的管理，尚未按照当代环境管理的要求，把自然资源及生态环境保护都管起来。

主要问题是：第一，大环境（生态环境）的治理与局部污染的治理未能很好结合。第二，由于地方政府及企业的短期行为，普遍存在重生产增长、轻环境保护的状况，因此，环境治理方面有法不依的情况很普遍。第三，管理工作中重治理、轻预防的现象严重。第四，环境科学技术工作比较落后。

四、可持续发展

资源的可持续利用是社会经济可持续发展的核心与基础。实现社会可持续发展，要求建立与人口、经济、社会、环境相适应的资源配置方式。

（一）可持续发展的核心是资源可持续利用

"可持续发展"这一概念自1972年斯德哥尔摩世界环境大会正式提出来后，得到世人的广泛关注。1987年世界环境与发展委员会在《我们共同的未来》中将其定义为："既满足当代人需要，又不对后代人满足其需要的能力构成危害的发展"。"可持续发展"已经成为当今世界最重要的命题，资源的利用是可持续发展的基础与核心问题，也就是说，可持续发展实质上是通过实现资源的可持续利用来保证人口、经济、社会与环境的相互协调发展。

社会经济系统实质上是以包括自然资源、资本资源、人力资源、信息资源作为输入，以向社会提供各种最终产品和劳务作为输出的一个资源转换系统。系统的运行，表现为各种资源的输入（资源的开发利用）和资源消费后产物的输出（即向环境排污）。由于资源的有限性，如果输入速度过快，则有限的资源会很快被耗尽，使某些资源枯竭；由于环境对污染物的消化分解速度是一定的，输出速度过快，超过自然净化能力，则会构成环境污染。

合理开发利用资源，确定既不引起资源枯竭和环境污染，又尽可能满足社会经济系统运转要求的资源开发速度，是保证社会经济可持续发展的必要条件。

（二）合理的资源开发速度的确定

人类所利用的资源分为可再生、不可再生及永续资源三大类。

1. 可再生资源的利用。可再生资源主要是指生物资源，要满足持续利用的条件，就是要将资源种群保持在一定数量水平上，我们所利用的只能是其增长的部分。

2. 不可再生资源的持续利用速度的确定。不可再生资源主要是矿产资源。它的一个重要特征是枯竭的必然性。解决不可再生资源枯竭问题的途径只能是新资源的开发替代。不可再生资源的开发利用，不可避免地会对可再生资源的生存、再生产生巨大的影响，所以，对不可再生资源的开发利用也应以保障再生资源的再生能力为前提。

不可再生资源开发利用的基本原则应该在满足需要的前提下，尽可能节约资源，延缓资源枯竭的速度，并且使环境保护条件和资源替代条件得以满足。

3. 永续资源的利用。永续资源主要是指太阳能、水资源、风力、潮汐能等多种资源。永续资源也属可再生资源，在既定的条件下可供人类永续利用。目前，除了对水资源开发利用的技术较为成熟外，对其他资源开发利用尚处初期阶段。

五、中国可持续发展战略

中共十四届五中全会通过的《关于国民经济和社会发展"九五"计划和2010年远景目标的建议》中明确提出我国实施可持续发展战略。主要有以下几个方面的要求：①在保证经济快速增长的同时，依靠科技进步和提高劳动者素质，不断改善发展质量。②促进社会的全面发展和进步，建立可持续发展的社会基础。③控制环境污染，改善生存环境，保持可持续利用的资源基础。④逐步建立国家可持续发展的政策体系、法律体系；建立促进可持续发展的综合决策机制和协调管理的机制。

中共十六大报告《全面建设小康社会，开创中国特色社会主义事业新局面》提出全面建设小康社会的奋斗目标，其中包括"可持续发展能力不断增强，生态环境得到改善，资源利用效益显著提高，促进人与自然的和谐，推动整个社会走上生产发展、生活富裕、生态良好的文明发展道路。"将可持续发展战略作为基本国策，放在极为重要的地位。

本章参考文献

1. 史忠良、肖四如：《中国经济资源配置的理论与实践》，中国财政经济出版社 1998 年版。
2. 史忠良主编：《经济发展战略与布局》，经济管理出版社 1999 年版。
3. 世界资源研究所等编：《世界资源报告》，中国环境科学出版社 2001 年版。
4. 《中国 21 世纪议程——中国 21 世纪人口、环境与发展白皮书》，中国环境科学出版社 1994 年版。

重点名词

资源配置　资本资源　金融资产　无形资产　人力资源　信息资源　自然资源　环境资源　可持续发展

思考题

1. 资源合理配置对于产业发展有何重要作用？
2. 人力资源的特点及其在产业发展中的作用是什么？
3. 信息资源在产业发展中的重要作用是什么？如何开发利用信息资源？
4. 为什么说环境也是资源？
5. 什么是可持续发展战略？

第四篇 产业布局

第十一章 产业布局
第一节 产业布局的理论依据
第二节 产业布局的影响因素
第三节 产业布局的一般规律和基本原则
第十二章 产业集聚
第一节 产业集聚及其基本特征
第二节 产业集聚的竞争优势
第三节 产业集聚政策

第十一章 产业布局

产业布局是指产业在一国或一地区范围内的空间分布和组合。它主要研究在一定的生产力发展水平和一定的社会条件下,怎样在空间布局生产力诸要素,使产业活动取得预期的经济效果。它是一项多层次、多目标、多部门布局、多因素影响、多方案比较的具有全局性质和长远性质的国民经济建设战略部署。产业的决策布局既有国家的大区布局,又有省市(区)的区域布局和企业的厂址选择等微观布局。在当代社会化大生产条件下,合理的产业布局不仅有利于发挥各地区的优势,合理地利用资源,而且有利于取得良好的社会、经济和生态效益。因此,产业布局是百年大计,是具有长远影响的战略问题。

第一节 产业布局的理论依据

一、产业布局的区位理论

产业的最优空间组织、最优空间区位的确定是产业布局的重要任务之一,产业布局的区位理论则是其基本的理论核心。区位理论,或称区位经济学、空间经济学。它的产生与社会分工和经济发展紧密相关。区位理论经历了古典、近代、现代三个阶段的演变。

(一)古典区位论

古典区位论以德国经济学家杜能(Johann Heinrich Von Thünen)1826年创立的农业区位论、韦伯(Alfred Weber)1909年创立的工业区位论为代表。

1. 杜能的农业区位论。杜能农业区位论的中心思想是要阐明:农业土地经营方式与农业部门地域分布随距离市场远近而变化,而这种变化取决于运费的大小。

杜能在进行农业区位理论研究时,将复杂的社会假设为一个简单的孤立国,并提出如下假设条件:①孤立国中的唯一城市位于中央,是工业品的唯一供应中心,农产品的唯一贩卖中心。②孤立国位于中纬度大平原上,平原上任何地方具有同样适宜的气候和肥沃的土壤,宜于植物、作物生长。平原外围是荒原与外部世界相隔绝。孤立国完全自给自足。③平原上没有任何可通航河流或运河,马车是唯一交通工具。④农作物的经营以牟取最大利润为目的，故农民是根据市场的供求关系调整自己的产品类型的。⑤农业经营者能力相同，技术条件一致。⑥市场的农产品价格、农业劳动者工资、资本利息在孤立国中是均等的，交通费用与市场远近成比例。

杜能从这个假设的"孤立国"出发，深入分析了在孤立国内，如何布局农业才能从每一单位面积土地上获得最大利润的问题。他认为，在农业布局上，什么地方适合种什么作物，并不完全由自然条件决定，农业经营方式也不是任何地方越集约化越好。在确定农业活动最佳配置点时要把运输因素考虑进来，容易腐烂、集约化程度高的农产品生产要安排在中心城市附近，如生产鲜菜、牛奶等；需粗放经营的可安排在离中心城市较远的地方，如放牧等。并将孤立国划分成6个围绕城市中心呈向心环带状分布的农业圈层，每一圈都有特定的农作制度，这就是著名的"杜能圈"。由城市向外，6个农业圈层分别是自由农作圈、林业圈、谷物轮作圈、谷草轮作圈、三圃式轮作圈、畜牧圈。

尔后，杜能为使他的区位理论建立在自然条件地域差异的基础之上，他论证了河流、小城市对农业区位的影响。杜能认为，如果有一条通航河流流经平原中的城市，将使土地合理利用的图形发生变更。如果在孤立国范围内有一较小城市，大小城市虽然会在农产品市场上展开竞争，其结果是小城市也形成类似的规模较小的同心圈层。

杜能圈在今天的现实生活中我们依然可以看见。例如，20世纪80年代初的北京市郊区：近郊区——蔬菜、鲜奶、蛋品；远郊区内侧——粮食和生猪；远郊外侧——粮食、鲜瓜果、林木；外围山区——林业和放牧、干果。

2. 韦伯的工业区位论。韦伯理论的中心思想就是区位因子决定生产区位，将生产吸引到生产费用最小的地点。因此，区位因子分析便成了韦伯工业区位论的核心内容。

基本假定：①假定所分析的对象是一个孤立的国家或特定的地区，对工业区位只探讨其经济因素。②假定该国家或地区的气候、地质、地形、民族、工人技艺均相同。③工业原料、燃料产地为已知点，生产条件和埋藏状况不变；消费地为已知点，需求量不变；劳动力供给地为已知点，供给情况不变，工资固定。④生产和交易均就同一品种进行讨论。⑤运输费用是重量和距离的函数；运输方式为火车。

韦伯把影响工业区位的经济因素称为区位因子。依据不同标准，他把区位因子做了如下分类：

按区位因子的作用范围分为一般区位因子和特殊区位因子。一般区位因子是指对所有工业的区位都产生影响的因子，如劳力费用、运输费用、地租等。特殊区位因子是指对特定工业区位产生影响的因子，如水质、空气湿度等。

按区位因子的作用方式分为地方因子和集聚因子。使工业固定于一定地点的因素称为地方因子，如因运费而使工厂的原始分布趋向于某特定的地方。它决定工业区位的基本格局。在工业固定于某些特定地点后，又会产生一些伴生的区位因子，使工业趋向于集中或分散，韦伯称这类伴生因子为集聚因子。两者均在区位论考虑之列。

按区位因子的属性分为自然技术因子和社会文化因子。由于自然条件、资源和技术水平的特殊性使企业取得效益，韦伯将这些因子称为自然技术因子。由于社会经济形态和一定文化水平而使企业取得效益，韦伯将这些因子称为社会文化因子。韦伯在区位分析中主要考虑了自然技术因子，抽象掉了社会文化因子。

经反复分析、筛选，韦伯确定了三个决定工业区位的因子，即运费、劳动力、集聚，作为"纯"理论研究的出发点。韦伯认为，合理的工业区位应位于三个指向总费用最小的地方。

由杜能农业区位论和韦伯工业区位论为代表构成的古典区位论，其共同特点是立足于单一的企业或中心，着眼于成本、运费最省。它们均不考虑市场消费因素和产品销售问题。因此，古典区位论常被称为西方区位理论的成本学派。

（二）近代区位论

随着自由资本主义时代向垄断资本主义时代的过渡，第二、三产业逐渐取代第一产业成为国民经济的主导部门以及交通运输网的发达和劳动生产率的提高，市场问题成为产业能否盈利，甚至是能否存在的关键。这时，出现了在考虑成本和运费的同时，注意市场区划分和市场网合理结构的区位论。西方区位理论从古典区位论的成本学派逐步发展为近代区位的市场学派。区位论也由立足于单一的企业或工厂转变为立足于城市或地区，由着眼于成本、运费最省发展为追求市场的扩大。近代区位论主要以费特的贸易区边界区位理论、克里斯泰勒的中心地理论和廖什的市场区位理论为代表。

1. 贸易区边界区位理论。1924年，美国经济学家 E. A. 费特（Fetter）发表了《市场区域的经济规律》一文，提出了运费、生产费与市场扩大和竞争的规律——贸易区边界区位理论，开创了区位论市场学派的先河。

费特认为，任何工业企业或者贸易中心，其竞争力都取决于销售量，取决于消费者数量与市场区域的大小。但最根本的是，运输费用和生产费用决定企业竞争力的强弱。每个工厂企业单位产品的运费越低，生产费用越小，其市场区域就会扩大；反之，市场区域会在竞争中逐步缩小。因此，费特根据成本和运费的不同假定，提出了两生产地贸易分界线的抽象理论。

费特假定有 A、B 两个生产地，利用韦伯提出的等费线方法，可以得出两产地贸易范围，如图 11-1 所示。费特指出，如果 A、B 两地各自所需的生产费用和运费以及其他条件均相同，则贸易区之间的界线将是一条与两个贸易中心的连线垂直的直线，即图 9-1 中的 Z_0 线；如果两个中心运费相同而生产费用不同，两市场区的边界线将是一条曲线，该曲线接近生产费用较高的中心，并环此中心弯曲，即图 11-1 中的 Z_1 线；如果两个中心生产费用相同而生产运费不同，则贸易区的边界线也是一条曲线，该曲线接近运费较高的中心，并环此中心弯曲，如图 11-1 中的 Z_2 线。

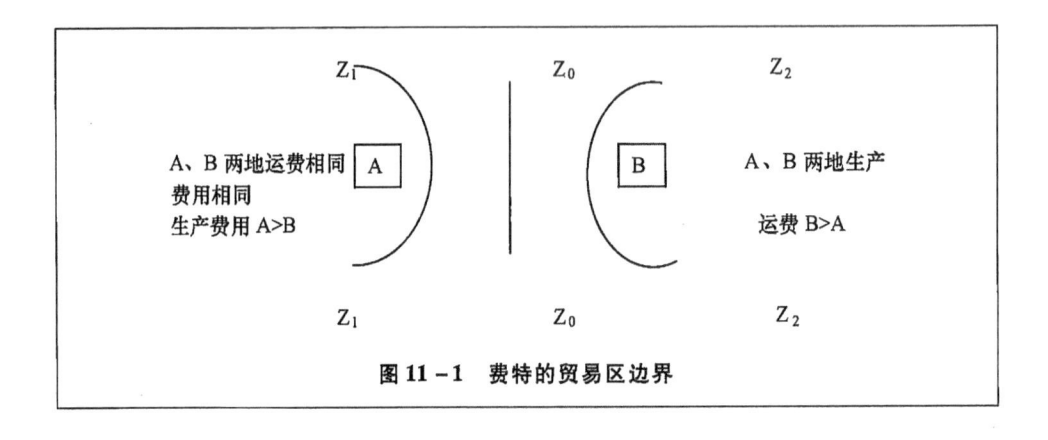

图 11-1　费特的贸易区边界

2. 中心地理论。中心地理论，又称中心地方论，或中心地学说，是近代区位论的核心部分。它是德国地理学家克里斯泰勒（Walter Christaller）提出来的。

克里斯泰勒假定存在这样一个抽象的地域：①地域是一个均质平原。②地域上经济活动的移动可以常年在任何一个方向进行。③居民及其购买力是连续的均匀分布，对货物的需求、消费方式一致。④生产者和消费者都属于经济行为合理的人。即生产者为谋取最大利润，寻求掌握尽可能大的市场区；消费者的行动具有空间上的合理性，即根据最短距离的原则进行。

克里斯泰勒认为，在某一区域内，城镇作为"中心地"向周围地区提供商品和服务，比如，贸易、金融、企业、行政、医疗、文化和精神服务等。该中心地所提供的商品和服务，一方面必须拥有最低限度的可利用人口，即"门槛人口"，才能保证经营者取得正常利润；另一方面，它的服务也有一个最大距离的问题，即"服务半径"的问题。在此范围内，人们愿意前往该中心地购买商品或享受服务。否则，人们就会嫌距离太远而到其他较近的中心地去。

一般而言，中心地规模越小，级别越低，服务半径越小，数目就越多，只能提供较低档次的商品和服务，如仅限于提供少数几种需求频率高的日常消费品等；反之，中心地规模越大，级别越高，服务半径越大，数目也越少，越有能力提供较高档次的商品和服务，同时也能提供较低档次的商品和服务，商品和服务种类越齐全，并包含有多个较其低级的中心地。根据克氏的假定，同一等级中心地的市场区是全等的，因此，两个相邻的同一等级中心地之间的距离也是相等的。越是级别低的中心，相邻两个中心之间的距离就会越短。

克里斯泰勒首先从他的基本假定出发，提出了他的理论模式。他认为，在一个平原地区，各处自然条件、资源都一样，人口均匀分布，人们在生产技能和经济收入上均无差别，购物以最近为原则，则这个平原上的中心地最初应是均匀的分布，每个中心地的理想服务范围是圆形服务面。然而，在一个区域内存在多个同级中心地的圆形服务面之间就出现了空当，处于空当地区的居民得不到最佳服务。因而，在这个空白处的中心会产生次一级的中心地。这样在每三个上一级中心地之间便会有一个次一级中心地，依此类推。由于同级中心地之间均以同等强度向外扩张，每个中心地将与其周围六个中心地市场区之间有重叠。根据消费者行为的最短距离原则，重叠区内的消费者将选择最近的中心地，使相邻两中心的重叠区被两个中心地平分。这样，各中心地圆形市场区则可变成具有最稳定空间结构的六边形。每一级中心地六边形市场区的六个顶角处分布着次一级的中心地。依此类推，形成一个多级中心地及其市场区域相互有规律地镶嵌组合的复杂的空间结构。克里斯泰勒称其为均衡状态下中心地分布模式。

3. 市场区位理论。1939年德国经济学家A. 廖什（Lösch）发表了《经济的空间秩序》一书，以后又修改增补刊出第2版，改名为《经济区位论》，创立了市场区位理论。廖什主要是利用克里斯泰勒的中心地理论的框架，把商业服务业的市场区位理论发展为产业的市场区位理论，进而探讨了市场区体系和经济景观，成为区位论市场学派的又一奠基人。

廖什首先做了与克里斯泰勒相似的假定：①平原地区运输条件相同，生产必需的原料充足，且广泛分布于各地。②地区内农业人口分布均匀，有共同的消费行为。③地区内普及的技术知识，一切人都可用于生产。④排除一切其他条件对经济活动的干扰因素。

在上述假设条件下，廖什考察了市场规模和市场需求结构对产业区位的影响，使区位分析从单个厂商扩展到整个产业。他认为，由于产品价格随距离增大而增大，造成需求量的递减，因而单个企业的市场区最初是以产地为圆心，最大销售距离为半径的圆形。通过自由竞争，圆形市场被挤压，最后形成了六边形市场区，这一点与克里斯泰勒中心地理论相似。而对于多个企业并存的区域，在均匀的人口分布情况下，每种工业产品的六边形市场区大小相同，整个市场区域分成各种各样的六边形市场网。有多少种工业产品就有多少种市场网，它们复杂地交织在一起，构成整个区域以六边形地域细胞为单位的市场网络。随着各企业争夺整个地域作为市场，市场网在竞争中的不断调整会出现两方面的地域分异：①在各种市场区的集结点，随着总需求量的滚动增大，逐步成长为一个大城市，而且所有市场网又都交织在大城市周围。城市越向外扩展，市场区的重叠程度越差。②大城市形成后，交通线将发挥重要作用。距离交通线近的扇面条件有利，距离交通线远的扇面不利，工商业配置大为减少，这样就形成了近郊经济密度的稠密区和稀疏区。于是，在一个广阔的地域范围内经济景观就形成了。

（三）现代区位论[①]

第二次世界大战后，特别是20世纪60年代以后，世界范围内的工业化、城市化的进程浪潮汹涌，一门崭新的立足于国民经济发展，以空间经济研究为特征，着眼于区域经济活动的最优组织的现代区位理论应运而生，迅速发展壮大。

1. 现代区位研究的特征。始于20世纪70年代的现代区位研究与古典阶段、近代阶段的区位研究相比，具有明显的特征。

在研究内容上，现代区位研究在很大程度上改变了过去孤立地研究区位生产、价格和贸易的局面，将整个区位的生产、交换、价格、贸易融为一体进行研究，而且从以往的区域类型、区域划分的理论研究，转向以分析解决人类所面临的各种现实问题为主要方向，从注重区位的经济产出到以人的生存发展为目标，强调协调人与自然的关系。

在研究对象上，从市场机制研究转向政府干预和计划调节机制研究，从单个经济单位的区位研究走向区域总体研究，将现代区位与区域开发研究结合起来，如涉及对区域地理环境、经济条件、自然条件、人口、教育、技术水平、消费水平、资本形成、经济政策和规划等各个方面的宏观的综合的分析研究。

在研究方法上，也由静态空间区位选择转入区域各发展阶段空间经济分布和结构变化以及过程的动态研究，从纯理论假定的理论推导走向对实际的区域分析和应用模型的研究。

区位论不同发展阶段，所拥有的特点各异，如表11-1所示。

区位论的发展历程告诉我们：随着社会的进步和科技的发展，区位论的理论

---

① 宁吉喆：《国内外区域经济学论点综述》，载《中国区域经济研究》，中国商业出版社1994年版，第328～331页。

和应用已大大向纵深发展。古典的和近代的区位理论，仍然是现代区位论的方法论基础的组成部分，它们与现代区位论是一脉相承的。

表 11-1　　　　　　　　　不同阶段区位论的各自特征一览表

	古典区位论	近代区位论	现代区位论
起始时期	19 世纪 20 年代	20 世纪 30 年代	20 世纪 70 年代
涉及对象	第一、二产业	第二、三产业和城市	城市和区域
追求目标	成本、运费最低	市场最优	地域经济活动的最优组织
理论特色	微观的静态平衡	宏观的静态平衡	宏观的动态平衡

2. 现代区位论的主要学派。具体分派如下：

（1）成本—市场学派。成本—市场学派的理论核心是关注成本与市场的相互依存关系。该派认为产业区位的确定应以最大利润为目标，以自然环境、运输成本、工资、地区居民购买力、工业品销售范围和渠道等因素为条件，综合生产、价格和贸易理论，对区位进行多种成本因素的综合分析，形成竞争配置模型。这一派的代表人物主要是 E. M. 胡佛（Hoover）、W. 艾萨德（Isard）等人。早在 1931、1948 年，胡佛分别写了《区位理论与皮革制鞋工业》和《经济活动的区位》两本书，对韦伯的理论做了修改，提出了终点区位优于中间区位的理论和转运点区位论，他为大城市工业集中和港口布局工业提供了重要理论依据。艾萨德早在 20 世纪 50 年代中期，则开始采用数学分析的方法，将韦伯的区位理论公式进一步推导，并以市场区代替消费地作为变量研究市场对区位的影响，这就使成本学派同市场学派结合起来了。他们综合韦伯以来工业区位理论的各种成果，系统地提出了选择工业厂址的七大指向，即原料指向、市场指向、动力燃料指向、劳工供给指向、技术指向、资金供给指向和环境指向。

（2）行为学派。这是一种考虑与分析人的主观因素（对环境的知觉和相应的行为），从而对产业区位进行决策的学派。行为学派认为，随着现代企业管理的发展和交通工具的现代化，人的地位和作用愈益成为区位分析的重要因素，而运输成本则将降为次要的地位。行为学派认为，在现实生活中，既不存在行为完全合理的"经济人"，也难以做出最优的区位决策，人的区位行为必然受到实际获取信息和处理信息能力的限制。这一派的代表人物是 A. 普莱德（Pred）。但最早提出这一想法的是英国经济学者 S. 丹尼森（Dennison）。他在 20 世纪 30 年代就曾对古典区位论提出批评，认为韦伯等人的区位论是一种技术联系的空间分析，而忽视了心理社会联系的另一面。实际上，只有同时考虑后者，才能对现实工业区位做出满意解释。真正把行为科学与区位论结合起来考虑的是普莱德。1967年，普莱德在《行为与区位》的著作中，强调区位研究要利用信息论使之接近行为论。他在发展了美国经济学者D. 史密斯（Smith）的空间成本曲线和盈利边际理论的基础上，感到许多工厂并非建立在最优区位。这方面，行为因素起了主导作用。普莱德发现，这同企业掌握的信息量以及运用信息的能力密切相关。他认为，每次区位决策至少在理论上被看成是在不断变化的信息和能力条件下发生的，对所有选择具有完全知识的情况是不存在的，只要得到满意的结果就足够了。这使区位问题中行为因素的数量研究成为可能。

(3) 社会学派。社会学派的理论核心是强调政府干预区域经济发展。社会学派认为，政府政策制定、国防和军事原则、人口迁移、市场变化、居民储蓄能力等因素都在不同程度地影响着区位的配置。与其他因素相比，社会经济因素愈益成为最重要的影响因素。20世纪50年代后，发达国家政府对经济生活的干预和调节日益加强，使区域经济政策的实行及其对区位趋势的影响成为区位研究的新课题。C. 克拉克（Clark）等经济学家就曾研究区域经济政策对产业布局的影响。

二、产业布局的比较优势理论

(一) 亚当·斯密的绝对优势理论

绝对优势理论渊源于西方经济学之父，英国古典经济学家亚当·斯密的地域分工学说。斯密在1776年出版的《国民财富的性质和原因的研究》中提出了该理论。他论证了分工可以提高劳动生产率和增加社会财富。认为各国各地区分工的基础是有利的自然禀赋或后天的有利生产条件。不论是一国内的不同地区，还是不同国家之间，每一个国家或地区都有其绝对有利的适宜于某种特定产品的生产条件，如果每一个国家或地区都按其"绝对有利的生产条件"（指生产成本绝对低）进行专业化生产，然后彼此进行交换，这将使各国各地区的资源、劳动力和资本得到有效利用，这对各国各地区都有利。这就是绝对优势理论，也称绝对利益论和绝对成本学说。斯密的绝对优势理论因此也成为一国或地区产业布局的理论依据。

(二) 大卫·李嘉图的比较优势理论

大卫·李嘉图（D. Ricardo）在1817年出版的《政治经济学及赋税原理》中继承和发展了斯密的绝对优势理论，提出了比较优势理论。他证明了：决定国家（或区域）贸易的一般基础是比较利益，而非绝对利益。即使一个国家（或区域）与另一个国家（或区域）相比，其中的一个国家（或区域）在各个产业的产品生产上，其产品成本都优于另一个国家（或区域）的条件下，国际（或区际）分工和贸易仍可发生。两个国家（或区域）之间的贸易同样对双方有利。他认为，任何国家（或区域）都有其相对有利的生产条件，如果各国各地区都把劳动用于最有利于生产和出口相对有利的商品，进口相对不利的商品，即"两优取重，两劣取轻"，或"优中选优，劣中选劣"，这将使各国各地区资源都得到有效利用，使贸易双方获得比较利益。这就是比较优势理论，也称比较成本学说。李嘉图的比较优势理论因此也成为一国一地区产业布局的重要理论源泉。

（三）赫克歇尔—俄林（Heckscher—Ohlin）生产要素禀赋理论

绝对优势理论和比较优势理论指出了两个地区或国家之间互利贸易的基础是绝对生产率或相对劳动生产率的差异，但没有解释产生差异的原因。1919年瑞典著名经济学家埃利·赫克歇尔（E. F. Heckscher）在解释李嘉图的比较优势理论时首先提出了生产要素禀赋理论。他认为，产生比较成本差异必须具备两个国家生产要素禀赋不同和不同产品在生产过程中所使用的要素比例不同两个条件，否则两国间不能产生贸易。赫克歇尔的观点被他的学生贝蒂尔·俄林（B. Ohlin）接受，并于1933年出版了《地区间贸易和国际贸易》，创立了完整的生产要素禀赋理论。他因此获得了1977年度诺贝尔经济学奖。俄林把区域分工、区域贸易与生产要素禀赋紧密地联系起来，认为区域分工及区域贸易产生的主要原因是各地区生产要素禀赋上的差异。生产要素禀赋的差异具体体现在：土地及矿产的差异、资本的差异、劳动力素质和数量的差异、技术水平的差异、经营管理水平的差异。假设区域A资本丰富，生产资本密集型商品成本比较便宜，具有比较优势。相反，区域B劳动力丰富，生产劳动密集型商品成本比较便宜，具有比较优势。那么在区域贸易体系中，每个区域都应该专门化于本区域相对丰裕和便宜的要素密集型商品，并用于出口，同时进口那些本区域相对稀缺和昂贵的要素密集型商品。区域A就可专门化于生产资本密集型商品，并用于出口，同时进口区域B的劳动密集型商品。区域B就可专门化于生产劳动密集型商品，并用于出口，同时进口区域A的资本密集型商品。这就是用生产要素禀赋理论来说明不同地区之间的贸易。贸易产生的结果是逐渐消除不同区域之间商品价格差异，进而使两区域生产要素价格趋于均等化。他认为，地区是分工和贸易的基本地域单位。从一国范围来看，国内各地区由于生产要素价格的差异，既导致区际贸易的开展，又决定国内工业区位的形成；从国际范围来看，各国生产要素价格的差异，既导致国际贸易的开展，又决定国际范围内工业区位的形成。

三、产业布局的均衡与非均衡理论

(一) 新古典均衡区域增长理论

以均衡概念为基础形成的新古典均衡区域增长理论,在假定完全竞争、充分就业、技术进步、规模收益不变、要素在空间自由流动且不支付任何成本、生产要素仅包括资本和劳动的情况下,乐观地认为,给定一个不均衡的区域经济状态,只要存在完全的竞争市场,仅依靠市场即可实现区域的共同增长。如区域A和区域B,前者为发达地区,后者为欠发达地区,这意味着资本在地区A相对充裕,劳动在地区B相对丰富。在完全竞争机制下,资本将从地区A流向地区B,而劳动将从地区B流向地区A,从而在地区A实现了已有资本与流入廉价劳动力的结合,在地区B实现了流入的增量资本与相对低廉劳动力的结合,由此可促进区域的共同增长。这一理论给予产业布局的启示是:在发展初期,各地区的经济发展水平差异并不明显,那么可通过产业布局,扶持某个地区优先发展,使其成为发达地区,通过它来带动周边欠发达地区的发展。

(二) 缪尔达尔的地理性二元结构理论

1957年瑞典经济学家G.缪尔达尔(Myrdal)在他的《经济理论和不发达地区》一书中提出了"地理性二元经济结构理论"。该理论利用"扩散效应"和"回流效应"两个概念,说明了经济发达地区优先发展对其他落后地区的促进作用和不利影响,提出了如何既充分发挥发达地区的带头作用,又采取适当的对策刺激落后地区的发展,以消除发达与落后并存的二元经济结构理论的政策主张。这一理论给予产业布局的启示是:①不发达地区在产业布局上应采取非均衡的发展战略。即通过鼓励和促进一部分地区经济优先增长的政策,以及差别性的产业布局政策和与此相关的财政政策等,引导生产要素向先行发展的地区转移,使其赶上国际经济发展步伐,促进这部分地区先富起来。②不发达地区经过一段时期的非均衡发展之后,一部分地区已经先富起来时,则应从控制全地区之间贫富差距、维护经济相对平衡发展出发,在产业布局上转而采取均衡发展战略,以鼓励不发达地区的快速发展,实现全地区共同富裕的目标。

(三) 佩鲁的增长极理论

法国著名经济学家弗朗索瓦·佩鲁(Francois Perroux)于1955年在《略论"增长极"的概念》一文首先提出了增长极理论。该理论的基本思想是:增长并非同时出现;在所有的地方,它以不同的强度首先出现于一些增长点或增长极上,然后通过不同的渠道向外扩散,并对整个经济产生不同的影响。增长极概念是该理论的核心。佩鲁认为,它是由某些主导部门或有创新能力的企业或行业在某些地区或城市聚集而形成的经济中心,该经济中心资本与技术高度集中,具有规模经济效益,具有生产、贸易、金融、信息决策及运输等多种功能,并能够产生吸引或辐射作用,促进自身并推动其他部门和地区的增长。因此,佩鲁主张政府应积极干预区域产业布局。这一理论给予产业布局的启示是:越是不发达的地区,越是要通过强有力的政府计划和财政支持,有选择地在特定地区或城市形成增长极,使其充分实现规模经济并确立在国家经济发展中的优势和中心地位。然后凭借市场机制的引导,使得增长极的经济辐射作用得到充分发挥,并从邻近地区开始,逐步带动增长极外的地区经济的共同发展。

第二节 产业布局的影响因素

影响产业布局的因素是多方面的,主要包括以下几个方面:

一、地理位置

地理位置是指某一事物与其他事物的空间关系。它是影响产业布局的因素之一。不同的地理位置,自然、经济、社会、环境和条件各不相同。地理位置对某些产业,如特色旅游产业、农业等这类对自然环境质量要求较高的产业的分布有明显的影响。产业通常也是优先布局在地理位置优越的地方,尤其是经济地理位置优越的地方。经济地理位置是指一个国家、一个地区或一个城市在国际国内地域生产分工中的位置。经济地理位置的优劣则决定产业市场范围的大小,进而决定着产业集聚程度和分布状况。

需要说明的是,随着科技的进步,社会生产力的发展,产业集聚与扩散规律的相互作用,地理位置对产业布局的影响有着弱化的趋势。

二、自然因素

自然因素包括自然条件和自然资源。自然条件是指人类赖以生存的自然环境。自然资源是指自然条件中被人类利用的部分。联合国将自然资源定义为:在一定时空和一定条件下,能产生经济效益,以提高人类当前和将来福利的自然因素和条件。自然条件和自然资源是生产的前提条件,也是产业布局的依据。自然条件和自然资源的存在状态及其变化对产业布局具有非常重要的基础性影响。它是一种重要的影响产业布局的因素,包括气候、土壤、植被、矿产原料、燃料、动力、水力等,且各要素在地表的分布状况和组合特征差异显著。因而,自然因素对产业布局的影响,要针对各种不同的自然条件和自然资源,作具体分析。

(一) 遍在性的自然条件和自然资源

这类因素主要有大气、水、土地,一般建筑材料灰、砂、石、黏土等。这些条件和资源在地表陆地上比比皆是,只是个别地段出现短缺,或个别产业部门对其有特殊要求而出现质量性短缺。一般而言，它们对产业布局没有影响或影响不大。

（二）区域性的自然条件和自然资源

这是由于太阳能在地表的纬度性分布，以及海陆分布格局和陆地表面的垂直高度差异，即地球表面地带性和非地带性长期影响造成的地表自然资源和条件具有明显的区域分布的特点，形成了诸如地貌区、气候带、植被带、土壤区、水力资源富集区等自然地域。它们对产业布局有一定的影响。

（三）局限性的自然条件和自然资源

这类自然条件，如适宜于橡胶生产的环境，在世界上只限于一些特定地区；这类自然资源，如煤、石油、铁矿、有色金属矿等，它们在地表的分布很不平衡，并且同一种矿产资源在不同的产地，其储量、质量等也差异很大。它们的分布往往对产业布局有决定性的影响。在区位理论中，人们更多是关注这类资源。

总的来看，自然因素对第一、二产业中的采掘业、以农产品为原料的轻工业、第三产业中的旅游业等影响比较大。在某种程度上，自然条件和自然资源对采矿和农业产业布局仍然具有决定性的影响，地形、地质、气候、水文及河流则对工业布局、工厂选址产生很大影响。尽管如此，自然因素对产业布局的影响，绝不可能是决定性的因素。在不同的社会形态下，同样的自然因素对产业布局的影响也是不同的。随着人类认识和评价自然条件的深度以及开发和利用自然资源的方式的不同，自然因素对产业布局的影响也有很大差别。如同处在发展初级阶段的地区，产业布局必将优先考虑自然条件与自然资源优势的地方。自然条件与自然资源优势对产业布局的影响，与地理位置对产业布局的影响一样，正随着科学技术的进步，变得越来越小。

三、社会因素

（一）人口因素

人口数量、人口构成、人口分布和密度、人口增长、人口素质、人口迁移和流动，人口中的劳动力资源比重、分布、构成、素质、价格等构成人口因素的主要方面。它也是确定产业布局的一个重要因素。在人口众多、劳动力充裕的地区布局劳动密集型产业，如纺织、服装业等，可使劳动力充分就业；在人口稀少的地区布局一些有效利用当地自然条件、自然资源的优势产业，以有利于提高劳动生产率；在人口素质、劳动力素质高的地区布局技术密集型和知识密集型的产业，能满足其对各类人才的需求，提高产品质量，增强竞争能力；在劳动力价格低廉的地区布局产业，可使劳动力费用在成本中所占的比重大大降低。如20世纪70年代以来，一些发达国家把初级产品的加工移向发展中国家，利用其廉价的劳动力，获取了可观的利润。

（二）社会历史因素

历史继承性是产业布局的基本特征之一，同时历史上形成的产业基础始终是新的产业布局的出发点。不同经济体制传统对产业布局的合理性、盲目性、波动性或趋同性也有明显的影响等。可见，社会历史因素也是影响产业布局的一个重要因素。社会历史因素主要包括历史上已经形成的社会基础、管理体制、国家宏观调控法律政策、国内外政治条件、国防、文化等因素。它们是超经济的，也是独立于自然地理环境之外的因素。其中最主要的是表现为政府通过政治的、经济的和法律的手段对产业布局进行干预和宏观调控。它对产业布局有不可忽视的影响。而且，特定的社会文化环境和法制环境对某些产业集中于特定地区有较大影响。如美国加利福尼亚"硅谷"的形成和中国北京中关村高新技术开发区的发展都是知识密集型产业集中于知识密集区的范例。

（三）行为因子

行为因子是指决策者、生产者和消费者在确定产业区位过程中的各种主观因素。行为因子往往使产业区位指向发生偏离。事实上，无论是我国还是世界上其他国家，许多产业并非建立在最优区位。这种偏离，行为因子起了关键作用，其中特别是决策者的行为影响极大。决策者的行为在产业区位选择过程中的作用不容忽视，它取决于决策者个人素质的高低。生产者、消费者的行为仅对产业区位指向产生一定的影响。就生产者的行为而言，选择最优区位时，考虑最多的是能否招收到足量的员工以及稳定员工队伍。就消费者的行为而言，选择最优区位时，考虑最多的是与老百姓吃、穿、住、用、行相关的城市产业的定位问题。

四、经济因素

（一）集聚因子

集聚与分散是产业空间分布的两个方面。产业布局在空间上是趋于集中还是分散，取决于集聚因子的作用。产业在区位上集中，通常产生不同的集聚效果。它主要通过规模经济和外部经济实现。一是产业在区位上集中，可以减少前后关联产业的运输费用，从而降低成本；二是产业在区位上集中，可以利用公共公用设施，从而减少相应的费用；三是产业在区位上集中，便于相互交流科技成果和信息，提高产品质量和技术水平；四是产业在区位上集中，可以利用已有市场区位，扩大市场服务范围等。

然而，应该指出的是，产业在区位上集中，一方面产生各种不同类型的集聚经济，另一方面又会产生一种集聚不经济。集聚不经济与集聚程度密切相关，集聚程度越高，可能产生的集聚不经济就越大。在集聚不经济的条件下，产业在地域上呈分散化趋势。集聚经济与集聚不经济同时存在，相互制约共同决定产业布局。由于各地的集聚条件存在显著的差异，因此，在集聚经济作用下将会导致产业向某些集聚条件优越的区域集中。在集聚不经济作用下，将会导致产业由某些过度集聚的区域分散出去。

(二) 基础设施条件

基础设施是指人类生产和发展所需的基本的人工物质载体。它包括的范围很广，不但包括为生产服务的生产性基础设施，也包括为人类生活和发展服务的非生产性基础设施。如交通运输设施、信息设施、能源设施、给排水设施、环境保护设施、生活服务设施等。这些基础设施条件，特别是其中的交通运输条件、信息条件对产业分布的影响很大。交通运输条件主要指交通线路、交通工具和港站、枢纽的设备状况，以及在运输过程中运输能力的大小、运费率的高低、送达速度的快慢、中转环节的多少等。它们综合反映人员往来和货物运送的便利程度。交通运输条件同产业区位的关系十分密切。产业区位在最初总是指向交通方便、运输速度快、中转环节少、运费率低的地点。交通运输条件对第一、二产业的制约作用尤为突出，它深刻地影响着农矿资源开发的次序、规模和速度。我国克拉玛依油田的开发，落后于东部各类油田的主要原因就在于克拉玛依油田偏居新疆，远离市场，交通不便，区位条件差。近年来，随着交通技术的发展，运输成本的不断降低，出现了一些加工工业区位由原来的原料、燃料地指向转向交通运输枢纽指向的倾向，交通运输条件对产业布局的影响与日俱增。信息条件主要指邮政、电信、广播电视、电脑网络等设施状况。通常，在市场经济条件下，灵通的信息，有利于准确地掌握市场，正确地分析影响产业布局的条件，以达到合理布局的目的。

(三) 市场因子

市场有商品市场、资本市场等。商品市场泛指商品的销售场所，它不仅包括最终产品的消费地，也包括原材料或半成品的深加工地。它对产业布局的影响主要体现在以下四个方面：

1. 市场与企业的相对位置。在市场竞争的压力下，这一因素促使产业区位指向能使商品以最短路线、最少时间、最低花费进入市场的合理区位。

2. 市场规模。市场规模，即其商品或服务的容量。它为产业区位的形成提供可行性。产业布局只有注重市场规模，才能得以生存和延续。否则，不研究市场需求量，盲目上马，只能导致市场供过于求、商品滞销、企业倒闭的恶果。

3. 市场结构。市场结构，即其商品或服务的种类，反映市场的需求结构。从某种意义上讲，它是商品生产的"指挥棒"，将进一步引导产业区位指向最有利的地方。

4. 市场竞争。市场竞争可以促进生产的专业化协作和产业的合理集聚，使产业布局趋向于更有利于商品流通的合理区位。资本市场对产业布局的影响在现代社会表现得特别突出。资本市场发达、体系完善、融资渠道多样且畅通，尤其是产业投融资基金发达，产业布局就可以突破地域资本稀少的限制；相反，产业布局就会受到地域资本稀少的限制。

五、技术因素

科学技术是影响人们利用和改造自然的能力，是产业布局发展变化的一种推动力。技术水平的高低及不同地区技术水平的差异都将影响地区的产业布局。一是自然资源利用的深度和广度对产业布局的影响。技术进步不断地拓展人们开发利用自然资源的深度和广度，使自然资源不断获得新的经济意义。这有利于扩大产业布局的地域范围，使单一的产品生产区转变为多产品的综合生产区，扩大生产部门的布局。二是技术通过影响地区产业结构，从而对产业布局产生重大影响。特别是随着新技术的不断涌现，一系列新的产业部门的诞生，三次产业结构将不断变化，人类生产和生活的地域方式也随之发生改变，从而对产业布局产生重大影响。三是技术通过改变交通运输方式，影响产业布局。如"临海型"、"临空型"的产业布局。

值得注意的是，产业布局往往受双重或多重因素的影响。不同的地区，不同的影响因素所施加的影响是不同的，有的表现为主导作用，有的表现为次要作用。在不同的经济发展阶段，上述影响因素对产业布局的影响也是不一样的，有的从原来的次要因素成为主要影响因素，有的则从原来的主要影响因素降为次要因素。这就要因时、因地、因产业作具体分析，从发展的角度评价各种因素在产业布局中的作用。

第三节 产业布局的一般规律和基本原则

产业布局是一种社会经济现象，是人类从事社会生产和经济活动的地域体现，属于人类社会经济活动的空间领域。尽管产业布局这一空间分布形式是千变万化、错综复杂的，但它不是杂乱无章、无规律可循的。研究表明，产业在地域空间的分布及组合存在着客观规律。产业布局规律既是个重要的理论问题，也是个重要的实践问题。产业布局的基本原理则是产业布局规律的反映，也是指导产业布局实践的客观依据。各国的产业布局均必须按照其规律和原理进行。否则，产业布局只会在盲目中越加紊乱。因此，在理论和实践上，深入探讨产业布局的规律和原理就显得十分重要。

一、产业布局的一般规律

（一）生产力发展水平决定产业布局

生产力是个多因素、多层次的有机体系，它的组成要素（劳动者、劳动工具、劳动对象、科学技术等）在社会发展的不同阶段有不同的水平、内容和形式。这些要素在特定时间下的地域空间中的有机组合，形成特定历史时期的产业布局。有什么样的生产力发展水平，就有什么样的产业分布条件、内容、形式和特点。生产力发展水平决定产业布局的形式、特点和变化，这是在任何社会形态下都发生作用的普遍规律，它是产业布局的基石。不论是哪个国家、地区，无论是社会经济发展的哪个阶段，这一规律都能从产业布局的演化中反映出来（见表11-2）。

综观人类社会不同生产力发展阶段与产业布局的关系，我们可以看到，生产

表11-2　　　　　　　　生产力发展水平与产业布局的关系

生产力发展阶段	能源动力	生产工具	交通工具	产业布局的主要特点
农业社会	人力、兽力、水力	石器、铜器、铁、手工机械	人力车、畜力车、风帆船	农业自然条件对产业布局起决定性作用，产业布局有明显的分散性
第一次科技革命（产业革命，18世纪末至19世纪初）	蒸汽动力	蒸汽机械	蒸汽火车、蒸汽轮船	产业布局由分散走向集中，工业向动力基地（煤产地）和水陆运输枢纽集中
第二次科技革命（19世纪末至20世纪初）	电力、内燃动力	电力机械、内燃机械	内燃机车、电力机车、汽车、飞机、内燃机船舶	产业布局进一步集中，交通、位置条件等在产业分布中的作用得到加强
第三次科技革命（第二次世界大战后）	原子能	电子计算机、机器人	航天飞机、宇宙飞船、高速车辆	懂科技、高技术的劳动力，快速、敏捷的交通枢纽成为产业布局的重要条件，产业布局出现"临海型"、"临空型"等新的形式。未来产业布局将从过分集中走向适当分散

力发展是产业布局发生量的扩张和质的飞跃的原动力。在农业社会，生产工具经历了石器、铜器和铁器阶段。在这一漫长的历史进程中，产业布局的地域推进和演变是极其缓慢的，但产业布局仍发生了变化，部门分工和劳动地域分工逐渐形成，特别是在农业社会后期。但总的说来，这个时期的生产力水平低下，自然经济占主导地位，商品经济不发达；产业部门简单，农业占绝对优势，手工业和商业处于附属地位，交通运输不发达；人类对自然的依赖程度较大，自然条件与自然资源，尤其是农业自然资源直接影响产业分布的形式和内容，少数工场手工业主要分布在有水力和获取原料与销售产品方便的地方，产业布局呈现出与生产力水平相适应的分散性。

18世纪60年代，从英国开始的产业革命使人类社会发生了巨大历史变革，从而引发了产业布局的巨变。首先，蒸汽机的发明使煤炭代替水力跃居为主要动力，机器大生产代替了手工工场。在产业布局上则表现为工业由沿河流分散的带状分布发展到围绕煤炭产地和交通枢纽等地集中布局，并由此导致工业城市雨后春笋般地增加起来。尔后，电力作为动力资源的普及，又使产业布局呈现出新的特点，进一步趋于集中。

在电气时代，不仅出现了大批新的产业部门，如石油与天然气工业、有色金属工业、机器制造工业、化学工业、电力工业等，而且各产业部门的布局范围显著扩大，人们在产业布局中获得更大的自由和主动。一是许多从前不能利用的资源可以得到利用，过去难以开发的地区得到开发，人类利用自然条件与自然资源的能力大为提高。二是位置、交通、信息条件等在产业布局中的作用大大增加。三是人口与劳动力条件在产业布局中的作用发生了变化，人口数量因素的作用在减弱，人口与劳动力素质的作用在增强，高素质的劳动力对现在及未来的产业分布的作用与日俱增。四是社会经济因素对产业布局的影响增加，管理体制、政策、法律、关税与国际环境等，无一不对产业分布产生强烈影响。产业布局的形式也发生了巨大变化：一是工业生产分布进一步走向集中，形成工业点、工业区、工业城市、工业枢纽、工业地区和工业地带等空间上的集中分布形式。二是农业逐渐工业化和现代化，农业地域专门化成为农业分布的重要地域形式。三是交通运输业逐渐现代化，综合运输与综合运输网成为交通运输业地域分布的重要形式。四是第三产业迅速发展，对产业布局的作用也日益明显；城市成为产业分布的集中点，等等。

以计算机、原子能为特征的第三次科技革命，则使社会经济向前迈进了一大步，产业布局条件也随之发生了明显的变化，懂科技、高技术的劳动力，以及快速、敏捷的交通枢纽（如大的航空港、高速公路枢纽等）成为产业布局的重要条件，临海、临空地域等成为产业布局的重要地域。近些年来，在世界主要发达国家里，又开始酝酿一场新的科技革命浪潮。未来世界将进入智能社会，智力和科学技术将成为影响产业布局的重要因素，产业布局将从原来的过分集中走向适当分散，一些知识、技术密集型工业，如电子、激光、宇航、光导纤维、生物工程、新材料等新兴产业将得到蓬勃发展。

(二) 劳动地域分工规律

地域分工是在人类社会发展过程中产生的。最早出现的是原始的自然分工，以后发展到劳动地域分工。即当一个地域为另一个地域劳动，为另一个地域生产产品，并以其产品与外区实现产品交换时，劳动地域分工就产生了。

劳动地域分工是各地区之间经济的分工协作、社会经济按比例发展的空间表现形式，是地区布局条件差异性的客观反映。通过劳动地域分工，各地区就可以充分发挥各自的优势，生产经济效益高的产品。相互之间就可以实现广泛的产品交换，从而促进商品经济的广泛发展，以取得巨大的宏观经济效果。在农业社会，由于自给自足的自然经济居于主导地位，产业布局分散，部门分工和地域分工还很不发达。直到人类社会进入18世纪下半叶，开始产业革命，才极大地促进了部门分工和地域分工。它不仅使劳动生产率成倍提高，使社会生产力大大增强，而且极大地促进了部门分工和地域专门化的形成与发展。

地域分工的深化和社会生产力的提高相互促进，推动了产业布局形式由低级向高级不断演进和发展。合理的劳动地域分工不仅能发挥地区优势，促进商品流通，更重要的是能够形成合理的产业布局。产业合理布局的目的也就在于实现合理的地域分工与交换。遵循劳动地域分工规律，合理地进行地域分工，将始终是推动不同阶段的社会生产向前发展，不断提高社会劳动生产率，实现产业合理布局的强大手段。正是在劳动地域分工规律的作用下，世界各地区逐渐形成了分工协作的统一的世界经济系统。这就要求在考虑一个国家或地区的产业布局时，必须把它纳入更大范围的经济联系中去分析，才能使这一国家或地区的经济发展在劳动地域分工体系中形成自己的特色，产生巨大的经济效益和社会效益，才能做到产业的合理布局。

(三) 产业布局"分散—集中—分散"螺旋式上升的规律

集中与分散是产业布局演变过程中相互交替的两个过程，是矛盾的两个对立面。集中实质上体现经济活动在地域分布上的不平衡性，分散则意味着空间分布上的均衡性。工业、农业、交通运输等各产业部门在地域上的布局演变可以表示为"分散—集中—分散"如此循环上升的链环，只是后一阶段的产业布局较前一阶段在内涵上更为丰富，形式上更为高级。这也是产业布局的一条客观规律。

早在农业社会，社会分工不发达，产业布局具有明显的分散性，集中化的趋势不明显。产业革命后，产业布局出现了以集中为主，以分散为辅的阶段。工业主要集中分布在矿产地、农业发达地区、交通枢纽、沿海沿河地区与大中城市；农业主要集中在自然条件优越的地区；交通运输业主要分布在条件优越、经济发达地区等。产业布局相对集中所带来的集聚效应非常明显。如在大中城市建立专业的或综合工业区，不仅可以充分利用城市中已有的道路、通信、管线等基础设施，节约厂区工程投资，更为重要的是可以促进工业区内各企业在技术生产中的协作，增强产品间的相互利用，促进劳动生产率和技术水平的提高。而且加工工业在大中城市中的集聚有利于集中大量人口，为企业提供高素质的劳动力，同时又为服务性的生产部门提供大量消费者，等等。然而，伴随产业的过度集中，城市规模的过大，原来产业发展的有利因素开始减弱甚至趋向消失，导致一系列社会问题的出现，如交通拥挤、环境恶化，城市土地、水、原料、燃料、动力供应严重短缺。种种危机促使产业分布在集中的同时出现了分散的趋向。如在特大城市和大城市周围出现了卫星城镇群，或经济发展重心由发达地区向次发达地区推进，美国的产业布局由最初集中在大西洋沿岸东北部13个州，逐渐向西向南扩张就是明显的例证。而且，随着科学技术的发展，现代高速运输网的普及，超大型远洋巨轮的出现，互联网的广泛应用等，都为产业布局的分散趋向提供了技术保障。

（四）地区专门化与多样化相结合规律

各国、各地区之间的自然条件和经济技术水平以及地理位置等的差异，构成了劳动地域分工的自然基础和经济基础。在经济利益的驱动下，各地根据自己的优势进行劳动地域分工，当地域分工达到一定规模时就出现了地区专门化部门。地区生产专门化是随着生产力发展逐步形成的一种生产形式。

从历史发展看，地域分工的萌芽虽然出现较早，但广泛的世界规模的地域分工则是大机器工业的产物。在广阔的领域内实现生产专门化，是社会化大生产的客观要求。早在英国工业化初期，英格兰、澳大利亚、新西兰为满足纺织工业的需要，发展成为以养羊业为主的农业专门化地域。农业生产专门化在提高农产品产量、发挥机械化的效用、引进先进的耕作方式和管理制度、改进产品质量等方面的作用不可低估。农业生产专门化还可促进农产品加工和农副产品的综合利用，促进农村地区第三产业和社会化服务水平的提高。农业生产专门化所产生的经济、社会效益同自给自足的小农生产形成鲜明对比，优势显著。工业生产专门化则可以充分利用当地的技术优势、资源优势，提高设备利用率和劳动生产率，降低成本，提高质量和产量等。地区产业布局专门化所带来的规模效益是显而易见的。同时，我们也应该看到，地区专门化水平越高，对多样化的需求也越高。因为国民经济各部门是个有机整体，部门之间在纵向上有前后向的连锁关系，还存在着部门之间横向的经济关系。地区专门化的发展还需要以下各部门的大力配合与支撑，如为专门化部门进行生产配套的部门；对专门化部门的废物和副产品进行综合利用的部门；生产当地必需的易腐、笨重、不宜长途运输的产品的部门；为生产提供服务的科研、银行、商业、信息咨询等部门；为生活提供服务的文教、卫生、旅游部门等。如此，又促进产业布局多样化的形成与发展。地区专门化与多样化相结合，这是产业布局的又一条客观规律。

（五）非均衡规律

人类经济活动的空间表现向来就是不平衡的。就单个产业部门和企业而言，在特定生产力水平下，总是选择最有利的区位进行布点，以求获得最大的经济效益。在农业社会，产业主要分布在适于农业发展的大河流域。人类社会进入18世纪下半叶以后，产业布局采取了集中分布的形式，如工业集中分布在矿产地、农业发达区、交通方便的城市及沿江沿海地区；农业则集中分布在农业自然资源优越的地方。任何一国或地区的产业布局均是如此，多是由点到面逐渐铺开的。以我国为例，我国在农业社会，产业布局的重心在中原一带，随着社会经济的发展，其重心则转向东南沿海，进而扩展到东部沿海，并逐渐向内地推移。

就某一地区产业布局而言，该地区的自然、社会、经济条件等不可能适合所有的产业发展，有的地区甚至只适合一种产业或一组产业的发展等。因此，产业分布不平衡是一个绝对规律。随着生产力的发展，人类也只能使这种不平衡接近相对平衡，使产业布局由低级的分散走向集中，再由集中走向适当分散，使产业分布逐渐扩展。但是，由于产业分布受诸因素的制约，绝对的平衡是不可能达到的，只能是非均衡。

（六）产业布局与自然—社会—生态系统对立统一规律

产业布局的目标是追求最大的经济效益。自然地域系统的目标则是要保持生态系统的生态平衡，从表面上看两系统目标之间存在矛盾，且实践中重视经济效益，忽视社会效益和生态效益，甚至破坏生态环境的现象时有发生。然而，从理论上讲，经济效益与社会效益、生态效益三者是统一的。因为只有保持生态系统良好的运行状态，才能使经济地域系统正常运转。一旦生态平衡被破坏，环境质量恶化，就会受到自然界的惩罚，造成巨大的经济损失。因此，人类在一定地域内的经济活动，必须要遵循自然生态规律。合理开发和利用自然资源，做到产业布局合理，不仅可以使自然—社会生态系统保持平衡，而且可以促进经济的繁荣，使人们的生活、生产环境得以改善，达到社会、经济、生态三效益最优。

二、产业布局的基本原则

(一) 全局原则

国家的产业布局正如一盘棋，各地区恰似棋子，产业布局首先要贯彻全国一盘棋的全局原则。一方面，国家可以根据各地区不同的条件，确定各地区专业化方向，使不同地区在这盘棋中各占有不同的地位，并担负不同的任务；另一方面，国家可以根据各个时期经济建设的需要，确定若干个重点建设的地区，统一安排好重点建设项目。在此前提下，各地区产业布局则应立足本区域，放眼全国，杜绝片面强调自身利益和发展，不顾全国的整体利益，搞封锁、割据式的诸侯经济格局的产生。国家非重点建设的地区也只能统一于全国产业布局的总体要求，根据自身的需要与可能，布局好区内的生产建设。

这是一条局部服从全局的原则。通过这一原则的贯彻，可以更好地发挥各地区优势，避免布局中出现重复建设和盲目生产；可以确保国家重点项目的落实，促进区域经济的发展；也可以更好地实现地区专门化生产和多样化发展相结合，有利于逐步地在全国范围内实行产业布局的合理分工。

(二) 分工协作原则

产业布局的分工协作原则，主要体现在劳动地域分工与地区综合发展相结合上。地域分工和地区专门化的发展，不仅能充分发挥各地区优势，最大限度地节约社会劳动，促进商品的流通与交换，而且可以加速各地区经济一体化的进程，形成合理的地域经济综合体。

衡量地域分工的深度或地区专门化的程度一般可采用如下指标：

1. 区位商。其计算公式为：

$$区位商 = \frac{某地区 A 部门就业人数}{某地区全部就业人数} \div \frac{全国 A 部门就业人数}{全国总就业人数}$$

2. 地区专业化指数或专业化率。其计算公式为：

$$地区专业化指数 = \frac{地区 A 工业部门占全国同类部门净产值比重}{地区全部工业净产值占全国全部工业净产值比重}$$

3. 产品商品率。其计算公式为：

$$区内商品率 = \frac{某地区 A 产品输出区外的数量}{区内 A 产品的总产量}$$

$$区际商品率 = \frac{某地区 A 产品输出区外的数量}{全国各地区 A 产品输出区外的总量}$$

4. 某产品的产量或净产值占全国同类产品的总产量或净产值的比重。

5. 产品净产值占区内全部工业净产值的比重。

上述各类指标中，核心指标是产品商品率。这些指标数值越大，表明地区专门化程度越高。然而，地区专门化程度越高，并不一定意味着区域产业布局的合理。专门化生产部门是地区生产的骨干部门，对地区经济的发展有着重要的作用。但是，只有专门化生产部门，没有综合发展部门相配合，也不能保证区域国民经济的互相协调与相互促进。地区专门化只有和地区综合发展相结合，才能形成合理的地区产业布局。因此，各地区的产业布局不仅应该在充分发挥地区优势的基础上，重点布局专门化生产部门，而且应该围绕专门化生产部门因地制宜地布局一些多样化部门，以保证本地区各产业协调增长，形成一个具有本地区特点的包括专门化生产部门、辅助性生产部门、自给性生产部门，以及公用工程和服务设施相结合的结构合理的地域生产综合体。当然，也反对那种盲目建立与本地区生产条件不相适应的各种形式的"大而全"、"小而全"的地区全能经济结构。

坚持地区生产专门化与综合发展相结合，贯彻分工协作的原则，是实现产业布局合理化，保障各地区经济健康发展的有效形式。

（三）集中与分散相结合的原则

产业在区位上相对集中，是社会化大生产的客观要求，也是扩大再生产、提高经济效益的有效组织形式。工业布局可以根据各地区的资源条件、位置和交通状况、人口与劳动力状况、社会经济因素等有选择地集中，如在能源与原材料富集地区，形成煤炭工业、钢铁工业、石油工业、森林工业基地等；在农业区形成农畜产品加工中心；在一些交通枢纽形成各种加工工业中心；在科教发达、工业基础好的地方形成高层次的加工工业中心等。农业布局亦只有适当集中才能充分利用有利的自然条件和技术基础，迅速提高单位面积产量，降低生产成本，提高商品率，满足国家对大量优质农产品和出口换汇的需要。这也是农业生产专门化和区域化的客观要求。

但是，产业集中不能无限制地进行下去。产业集中只有在合理限度——"门槛"之内，才能取得较好效益。超越合理限度，其效益就会减少，直至起反作用。产业过分集中就会出现一系列严重的社会问题，如许多工业企业过分集中在大城市和工业地带，由此带来城市地价飞涨，空间狭窄，水源不足，能源紧缺，交通拥挤，公害严重，燃料、原料、居民生活用品等成本大幅度增加，城市建设费用提高等问题，经济社会矛盾交织，使集聚带来的好处抵偿不了它所造成的弊端。农业上过度的集中，也会导致片面专业化，降低土地肥力，影响农业的综合发展，引起生态平衡的失调。过分的集中也使分散的和少量的各种自然资源不能充分地加以利用。适当分散则可充分利用各地区的自然资源和劳动力资源，促进落后地区的经济发展，有利于产业的均衡布局。但产业过于分散将导致协作困难、间接投资大、职工生活不便、经济效益差等弊端。

总之，在产业布局中既要反对过分的集中，又要反对互不联系的过分分散两种偏向。

（四）经济效益原则

以最小的劳动消耗，争取最大的经济效益，是人类社会生产的共同要求，也是评价产业布局合理与否的最基本的标志。以经济效益为准则，农业布局首先就应在摸清区域农业资源的基础上，揭示农业发展的区域差异。其次，应根据区域的差异性，因地制宜地选择农、林、牧、副、渔最适宜发展的地区。通过挖掘农业生产潜力，增加自然投入，减少经济投入和生产成本，达到增加经济产出，提高经济效益的目标。工业布局则应尽可能接近原料地、燃料地和消费地。这样，既可以减少和消除原料、半成品、成品的不合理运输，减少中间环节，减少运输投资和运输工业的浪费，加速资金周转速度，从而节约社会劳动消耗，加快扩大再生产的进程，又可以保证各地区工业的构成、品种、质量同当地资源及居民的需要特点取得最大的一致性。然而，在现实中，原料、燃料地与产品消费市场分布在一起的情况比较少见，多数情况是三者分离。这就要求产业布局应根据具体产业的技术经济特点，确定产业布局的趋向，比如，采掘、冶炼和金属加工在地区分布上宜采取成组布局的方式。因为就冶炼工业来说，采掘工业是它的原料供应者，金属加工工业是产品的消费者。一般来说，采掘工业产品比较笨重，作长途运输是不经济的。金属加工工业在切削加工中，废材率可达 60%~70% 以上。所以，最好将这些部门在一个地区进行成组布局。此外，随着科学技术的发展，工业布局接近原料地、燃料地和消费地的倾向也随之会发生变化，即便是同一工业部门也是如此。如炼铁工业，18 世纪前，由于用木炭炼铁，其布局就接近有林有铁矿的地区；18 世纪后，焦炭代替了木炭，其布局就接近煤矿基地。后来，贫铁矿得到广泛运用，铁矿消耗量大于煤的消耗量，布局格局则由靠煤近铁转为靠铁近煤。如今，由于废金属成为生铁的替代品，以及海上运输的发展，又出现了接近消费区及沿海布局的趋势。事实告诉我们，从经济效益出发，择优选择产业区位，是我们在产业布局中应该贯彻的又一原则。

（五）可持续发展原则

过去，人类的经济活动对于环境问题认识不足，普遍采取先发展后治理环境的态度。在农业生产上，表现为对农业自然资源不合理的利用，如毁林开荒、毁草种粮、围湖造田等，严重破坏了自然生态，造成水土流失、土壤沙化、气候失调等不良后果。在工业生产上，表现为工业布点不重视环境因素，"三废"过量排放，造成废水、废气、废渣严重污染环境，对自然环境造成严重的破坏，给国民经济造成不应有的损失，也极大地影响了人类的身体健康。如果任其发展，后果不堪设想。走可持续发展之路，才是人类的正确抉择。产业布局只有贯彻可持续发展原则，才能达到经济效益、社会效益和生态效益的真正统一，实现产业的合理布局。产业布局不仅应追求经济效益最佳，而且还应重视对环境的保护，重视社会效益。为此，从可持续发展的原则出发，农业布局应宜农则农，宜林则林，宜牧则牧，宜渔则渔。工业布局则要求做到如下几点：一是工业企业的厂址选择要考虑环境因素。一是工矿企业选点要注重保护水源，对排放有毒物质和"三废"较多的企业不应摆在水源地或河流上游，以避免对水质的污染；二是工矿企业的选点要注重风向，对排放大量烟尘和有害气体的企业不应摆在生活区和工矿区的上风地带；三是工矿企业的布点也要防止对农业生产的污染，要尽量少占农田。二是布置新厂时，要实行污染处理设施与主体工程同时设计、同时施工、同时投产的办法，防止新污染源的产生等。

上述五条原则是从不同侧面对产业布局提出的要求。每一条原则都不是孤立的，它们之间既有联系又有区别，其目的都在于实现产业的合理布局。

本章参考文献

1. 王述英：《现代产业经济理论与政策》，山西经济出版社 1999 年版。
2. 简新华等：《产业经济学》，武汉大学出版社 2001 年版。
3. 李悦等：《产业经济学》，东北财经大学出版社 2002 年版。
4. 杨吾扬：《区位论原理》，甘肃人民出版社 1989 年版。
5. 张敦富：《区域经济学原理》，中国轻工业出版社 1999 年版。
6. 臧旭恒等：《产业经济学》，经济科学出版社 2002 年版。
7. ［美］胡佛：《区域经济学导论》，商务印书馆 1990 年版。
8. Harvey Armstrong and Jim Taylor. *Regional Economics and Policy*. Philip Allan Publishers Limited, 1985.

重点名词

产业布局　农业区位论　工业区位论　中心地理论　比较优势理论　生产要素禀赋理论　增长极理论　产业布局的一般规律　产业布局的基本原则

思考题

1. 古典区位论、近代区位论、现代区位论有何区别？
2. 克里斯泰勒中心地理论的主要内容有哪些？
3. 制约产业布局的因素主要有哪些？
4. 产业布局的一般规律有哪些？

5. 产业布局的基本原则有哪些？

人物介绍

❑ 杜能（Johann Heinrich Von Thünen，1783—1850）

杜能是19世纪初德国经济学家和农业地理学家，经济活动空间模式的创始人。杜能于1810年在梅克伦堡（Mecklenburg）东南的泰洛（Tellow）购置了146公顷土地，亲自经营多年，并在积累管理经验基础上，对农业区位论进行深入研究。于1826年完成他的名著《孤立国同农业和国民经济的关系》（简称《孤立国》），开创了区位理论研究的先河，成为第一部区位理论的古典名著。以后，西方的工、商区位论，特别是空间相互作用和城市地域结构理论，无不以杜能的学说为出发点。

❑ 韦伯（Alfred Weber，1868—1958）

韦伯是19世纪末20世纪初德国经济学家、工业地理学家，是著名历史、经济学者马克斯·韦伯（Max Weber）之弟。他是工业区位论的奠基人，古典区位论的系统阐述者。他的区位论著作有两部：一是1909年发表的《工业区位论——区位的纯理论》，简称《工业区位论》；二是1914年出版的《工业区位论——区位的一般理论及资本主义理论》。前者属纯理论探讨，力图建立一个适用于任何工业部门和政治经济制度的具有普遍意义的工业区位的"纯理论"。后者是结合实际的研究成果，包括对德国1861年以来工业区位分析和资本主义国家人口、工业分布的综合分析。

❑ 克里斯泰勒（Walter Christaller，1893—1969）

克里斯泰勒是德国人文地理学家。早在1933年，他出版了《德国南部的中心地》一书，系统地阐明了中心地的数量、规模和分布模式，建立起"中心地理论"。后又发表、出版了30多篇（部）学术论著，对这一问题进行了深入的研究和论证。克里斯泰勒中心地理论的提出，不仅标志着产业布局区位理论中地理区位学派的产生，使其成为近代区位理论的核心部分，而且他所首创的以城市聚落为中心进行市场面与网络分析的理论受到国际上许多学者的高度评价，该理论在城镇居民点体系和交通网的规划中得到成功的应用。

第十二章 产业集聚

自产业革命以来，世界经济活动的两个重要现象引起了世人的瞩目：一是世界工业制成品的绝大部分在数量有限、高度集中的工业核心区生产；二是相似或相联系的产业趋向于共同位于特定地区。这种经济现象即为产业集聚现象。产业组织的基本特征之一，是相似或相关产业在相同区域群集，并变得日益相互依赖。产业集聚开始成为经济发展的主流。本章主要研究产业集聚的形成机理、竞争优势以及如何制定产业政策，促进产业集聚。

第一节 产业集聚及其基本特征

当今世界经济版图是由大量产业集聚组成的一幅丰富多彩的"经济马赛克"，对于产业集聚的研究已成为经济学、管理学、社会学和地理学等众多学科的研究热点之一，并引起了地方政府和决策部门的极大兴趣。对产业集聚理论的渊源、发展、演进进行归纳和梳理，便形成一条脉络清晰的产业集聚理论发展史。

一、产业集聚理论发展

现实中的经济活力和理论上的多学科交叉性已使产业集聚成为当前的一个研究热点，来自经济地理、产业组织、技术创新以及社会学等诸多研究领域的学者都对这种独特的产业组织现象进行了深入的研究。目前看来，这些研究就其内容而言大体集中在三个方面：一是对集聚内涵的探讨，集中于集聚的特征描述、概念界定和类型划分；二是对集聚机理的研究，关注的是集聚形成的经济诱因、集聚的内在竞争优势等内容，是集聚研究的一般理论分析；三是有关集聚发展问题的讨论，旨在为产业集聚的竞争能力提升做出总结、提出建议。

（一）国外对产业集聚理论的研究

对产业集聚的研究最早见于英国新古典经济学家马歇尔（Marshall）在19世纪末提出的产业区位理论。马歇尔在论及组织这种生产要素时提到了地理集聚现象，并将其称为"产业区"，同时给出了当时英国圣菲尔德和兰开夏郡等地著名的手工业集群作为实例。

遗憾的是，由于对组织、空间等生产要素的长期忽视，主流经济学在马歇尔之后并没有对产业区现象进行更深入的研究。直到20世纪80年代中期，一些社会学家重拾产业区概念以解释在当时西方经济普遍衰退的背景下某些地区（如第三"意大利"、美国的橘县和"硅谷"）却保持增长的有趣现象，从而开始了关于"新产业区"的讨论。他们认为，新产业区是在后工业化时期为顺应社会生产的"弹性专精"需要而出现的有效生产组织形式，其实质是一个具有紧密内在联系的地域生产综合体。从具体特征上来讲，新产业区和马歇尔所研究的手工业产业区基本相似，也是社会与经济互相融合，但同时也表现出一些新特征，比如，供应商和客户之间频繁的人员交流；同行之间为分担风险、稳定市场和分享创新而合作；设计和创新人员比例很高；积极进取的商会为企业提供管理、培训、市场、技术和金融服务，并组织企业制定集体战略；地方政府在治理和促进产业发展方面发挥重要作用等。

正当新产业区讨论方兴未艾之际，以迈克尔·波特（M. E. Porter）为代表的战略管理学派在讨论国家竞争优势的过程中注意到一国的优势产业往往在地理上集聚，从而也开始了对集聚经济的研究，并明确提出了"产业集群"的概念。与马歇尔的"新经济区"理论不同，波特对集群的理解更多地着眼于竞争优势而非生产联系，认为集群是产业获取竞争优势的组织基础；另外，与前者相比他也较少关注集群经济的社会文化因素。在波特看来，"集群是某一特定领域内相互联系的企业及机构在地理上的聚集体。集群包括一系列相关联的产业和其他一些与竞争有关的实体，如零部件、机器设备和服务的供应商、专用性基础设施的供应商等。集群也往往向下游拓展到销售渠道和客户，横向扩展到互补产品的制造商和在技术、技能上相关的实体，如零部件或有着共同投入品的企业。另外，许多集群也包括政府和其他机构，如大学、标准化机构、智库、职业培训机构及商会等，这些机构提供专门化的培训、教育、信息、研究和技术支持。"（波特，1998）为了说明这个定义，波特还给出了加利福尼亚葡萄酒业集群和意大利皮革服装集群作为佐证。应该说，波特对于集群内在结构的分析是迄今为止最为全面的，已经突破了"产业区"理论所热衷的投入产出系统概念。

1991年，国际经济学大师保罗·克鲁格曼（P. Krugman）发表了《收益递增与经济地理》一文，克鲁格曼的论文建立了一个简明而有效的关于中心—外围的模型，认为中心与外围模式的形成及其效率取决于运输成本、规模经济和制造业的集聚程度。克鲁格曼开始把区位问题与规模经济、竞争、均衡等问题结合在一起，用主流经济学的方法来加以研究。同年，麻省理工学院还出版了克鲁格曼的一本著作——《地理与贸易》，该书后来成为产业集聚研究引用最多的文献之一。从而确立了克鲁格曼经济地理学、新国际贸易理论和集聚经济学代表人物的地位。

(二) 国内对产业集聚理论的研究

我国对产业集聚以及区域创新体系的研究，始于20世纪90年代，而大量研究则是2000年以后。目前，国内对产业集聚的研究主要是借鉴和运用国外产业集聚理论分析伴随我国沿海地区经济的迅猛发展和区域经济一体化出现的产业集群或产业集群萌芽，如浙江"块状经济"、广东的"专业镇"和北京中关村等地的高新技术开发区。在此背景下，主要从聚集经济、专业化分工、后福特制生产方式、知识溢出等角度，分析产业集聚以及创新体系形成机制、形成过程以及集聚的经济性等。从总体上看，国内对产业集聚的研究尚处初期，引用过多，研究不足，照搬发达国家理论直接用于分析我国的产业集聚现象比较普遍。对于工业化尚处初期、政府调控能力较强的欠发达地区如何通过产业集聚来推进工业化进程的研究还很少见。

较为系统地研究产业集聚与创新体系的学者为王缉慈[①]，他系统地概括了产业集聚理论与新产业区理论，并指出培养具有地方特色的产业集群，营造区域竞争环境，强化区域竞争优势是增强国力的关键。王缉慈分别讨论了高科技产业与传统产业的集聚，同时讨论了产业集聚与区域创新的关系，也分析了国内外典型案例。刘军国（2001）在产业集群形成机制方面进行了较有说服力的研究，他认为产业集聚是报酬递增的加速器，集聚降低了交易费用，促进了企业协作，形成了报酬递增理论体系，构建了报酬递增的微观机制模型，同时较为成功地对河北清河羊绒市场进行了案例分析。

杨洸（1996）认为，聚集经济是创新集群形成的内在依据，他阐述了聚集经济和外部性对创新集群形成的作用，并把创新集群划分为基于技术轨道的顺轨性创新集群、基于技术平台的衍生性创新集群以及向技术关联领域发展的渗透性创新集群三种类型。许仁祥（1998）也从聚集经济角度分析产业集聚，他认为产业聚集是城市聚集经济的重要表现形式，并从成本、需求和环境等因素分析了城市经济环境对产业聚集和产业发展的影响，同时对上海都市型产业进行了分析。仇保兴[②]（1998）对集聚的形成过程、制约因素及其创新意义和演化趋势进行了较为系统和全面的分析。他从专业化分工角度分析了产业集群的形成机制，从产权、市场结构、产品和要素市场以及人文环境角度分析了集群形成发展过程

[①] 王缉慈：《创新空间：企业集群与区域发展》，北京大学出版社2001年版，第126页。
[②] 仇保兴：《小企业集群研究》，复旦大学出版社1999年版，第38页。

中的制约因素,同时分析了小型产业集群和产业结构调整与技术创新的关系。

叶建亮(2001)从知识溢出角度分析聚集现象。他认为,知识溢出是导致集聚的重要原因,它不仅决定了集聚的规模,也影响集群组织内企业的生产函数。他认为,知识溢出还导致集群内部产品的类同和恶性竞争的发生,知识产权的保护并不是制止恶性竞争的有效手段。宁钟(2001)的集聚研究也属于这类研究,他认为,产业集聚存在进入、退出、劳动力市场、技术溢出以及需求的动态变化。他把空间经济因素引入技术追赶模型,分析了技术追赶、吸收能力和人力资本积累之间的关系,并对国家光电子信息产业进行了分析。

盖文启(2002)较为系统地研究了区域创新网络,他系统地构架了区域创新网络一般理论。他运用规模经济和范围经济、交易成本、竞争优势、创新等理论建立了区域创新网络理论体系,并利用这些理论体系解释了产业集聚和新产业创新网络的发展。他还讨论了同一产业或相关产业中柔性专业化企业的聚集问题(盖文启、朱华晟,2001),并指出这些因素降低交易成本、获得外部经济、增强创新功能,对区域竞争力产生重大影响。[①]

魏守华等(2002)从区域经济发展理论角度研究产业集聚,他们认为,产业集聚理论是继梯度推移、增长极和地域生产综合体理论之后的新型区域经济发展理论。

隋广军和申明浩(2004)基于动态的视角发扬区域产业生成、集聚、衰退与更新的生命周期过程,进而寻找其内在的驱动因素,从而从演进的角度有效地区分了"生成"与"集聚"这一产业集聚生命周期的两个不同阶段。

在案例研究方面,刘军国(2001)的清河羊绒市场研究,陈建军(2000)的江浙模式研究以及孟庆民(2001)的珠江三角洲产业聚集研究具有代表意义。

各类产业集群比较如表12-1所示。

二、产业集聚的基本概念

产业集聚,又称企业集群、产业区、地方生产系统、地方企业网络,是一些相互联系的企业和机构在特定地域所形成的产业空间集聚现象,它既有本地社区的历史根源,又经常取决于本地企业之间既竞争又合作的关系集合。大量相关产业集聚的区域又称为产业集聚。对于什么是产业集聚,不同的经济学家有不同的定义。马歇尔把产业集群定义为产业区,他把专业化产业集聚的特定地区称作"产业区"。工业区位经济学家韦伯在1909年出版的《工业区位论》一书中,把区位因素分为区域因素和集聚因素。新产业区理论称产业集聚为新产业区。

---

① 陈雪梅等:《中小企业集群的理论与实践》,中国经济出版社2003年版,第13页。

表 11-1 各类产业集群比较

	意大利式产业集群	卫星式产业集群	轮轴式产业集群	新兴产业集群
主要特征	以中小企业居多；专业化性强；地方竞争激烈，合作网络；基于信任的关系	以中小企业居多；依赖外部企业；基于低廉的劳动成本	大规模地方企业和中小企业；明显的等级制度	以中小企业为主；高度依赖政府主导与制度分割；高度依赖相关产业发展
主要优点	柔性专业化；产品质量高；创新潜力大	成本优势；技能/隐性知识	成本优势；柔性；大企业作用重要	创新优势；信息优势；品牌优势
主要弱点	路径依赖；面临经济环境和技术突变适应缓慢	销售和投入依赖外部参与者；有限的诀窍影响竞争优势	整个集群依赖少数大企业的绩效	受外力影响大；面临风险大；创新压力大；易形成恶性竞争
典型发展轨迹	停滞/衰退；内部劳动分工的变迁；部分活动外包给其他区域；轮轴式结构的出现	升级：前向和后向工序的整合，提供客户全套产品或服务	停滞/衰退（如果大企业衰退/停滞）；升级：内部分工的变化	创新、衰退、再创新
政策干预	集体行动形成区域优势；公共部门和私营部门合营	中小企业升级的典型工具（培训和技术扩散）	大企业/协会和中小企业支持机构的合作，从而增强了中小企业的实力	制度分割，如财政补贴

资料来源：任寿根：《新兴产业集群与制度分割》，《管理世界》2004 年第 2 期。

其定义为：新产业区是弹性专精的中小企业集群所组成的地方生产系统，区内有具备一定劳动技能的劳动力资源。归纳现有的文献，可以发现以下几点是集聚的共有特征：①地缘上的邻近。②企业之间的相互依存与联系。③企业之间以及企业与各种机构、组织之间的互动。④良好的公用基础环境设施。⑤知识的快速扩散。⑥价值链上的相互需求。⑦外向型的投入产出。⑧资源的共享。因此，我们认为，产业集聚是产业发展演化过程中的一种地缘现象，即某个领域内相互关联（互补、竞争）的企业与机构在一定的地域内集中连片，形成上、中、下游结构完整（从原材料供应到销售渠道甚至最终用户）、外围支持产业体系健全、具有灵活机动等特性的有机体系，集群内企业之间建立了密切的合作关系。通过深度的专业化分工，促进了每个企业效率的提高。产业集聚的核心是企业之间及企业与其他机构之间的联系以及互补性，这种关系既有利于规模经济的获得，同时也比垂直一体化的大型企业具有更大的灵活性，而且有利于互动式学习过程的进行，从而加速了创新过程的实现。

三、产业集聚的基本特征

对于产业集聚的定义，尽管由于视角不同，各种表述也不尽相同，但基本内涵却大致相似。综合有关文献，我们认为，产业集聚至少包括以下四大特征：

（一）空间集聚性特征

产业集聚是一种大量企业、产业在某一特定地理区域内的聚集的经济过程或现象。因其纵深程度和复杂程度不同，产业集聚包括的内容也不一样。绝大多数产业集聚包含最终产品或服务机构，专业组件、零组件、机器设备以及服务供应商、金融机构、其他相关产业的企业，还包括下游产业的成员（或顾客）、互补性产品制造商、专业化基本架构的供应商、政府、其他提供专业化训练的教育、信息、研究和技术支持的机构（如大学、培训机构）、行业协会、其他支撑地方产业集群成员的民间机构，等等。按一些国内经济学家在欧洲各工业区所做的实际调查表明，产业集聚区内企业相距从 1～500 千米不等，而且大约每平方千米 50 家企业。集群内聚集大量企业，单位土地面积产值较高，一般来说，1 平方千米土地面积上产生的产值在 1 亿元以上，而高新技术产业的集群该指标达 3 亿元以上。[1]可见，空间上产业的集聚是产业集聚的外在表现形式，也是首要的基本的特征。

（二）柔性专业化特征

产业集群内聚集的企业是属于同一特定产业或具有直接上下游产业关联或具有其他密切联系的相关产业的企业。正是产业集聚专业化特征，才使集群内企业之间、企业与支撑机构之间产生紧密的合作关系。大量的工业园区的实践证明，单纯的产业在地理上的扎堆并不必然导致合作与竞争关系。大量的彼此间有很强的专业分工与合作关系的企业的空间聚集，加之长期所形成的相互信任的产业文化，减少了群内企业间的不确定性，降低了群内企业的交易费用，使区域实现了外在规模经济和外在范围经济。

---

[1] 魏守华：《企业集群中的公共政策研究》，《当代经济科学》2001 年第 6 期。

案例

江西南昌高新区打造五大产业创新集群

南昌高新区在特色产业集群发展中重点打造创新集群。该区将以五大主导产业为主要载体，以骨干企业的研发力量为依托，整合各类创新资源建设产业共性技术平台。这五大主导产业的创新集群包括：

1. 以新型元器件、通信产品、数字视听产品为发展重点的电子信息产业创新集群。加快国家半导体照明工程产业化基地建设，以晶能光电公司硅衬底蓝色发光二极管产业化项目、联创光电台湾华生LED元器件项目为基础，结合TCL彩电、东元空调、台湾广盛电子等企业，形成强大的电子信息产业竞争力。

2. 生物技术与现代医药产业创新集群。依托江中集团、汇仁集团、万基药业、济民可信、特康科技等企业，联合中科院、江西中医学院等科研院校，建设现代化生物医药研发与产业发展平台，瞄准世界水平，在技术创新和产业化上实现重大突破，使生物医药产业化，逐步形成上中下游产业配套、互动发展的产业链或产业集群。

3. 以汽车配件、高性能智能化产品、高技术电机产品为重点的光机电一体化产业创新集群。以泰豪、ABB电机、东元电机、长力弹簧等重点企业为依托，形成重大平台技术的联合开发、成果共享和技术流动机制，推动相关领域的技术开发和科技成果转化，形成国内外领先的先进制造业研发和生产基地。

4. 以纳米材料及应用、新型建筑材料、资源深加工为重点的新材料产业创新集群。以方大新材料、江铜铜箔、泓泰建材等为核心，依托铜、钨等特种资源，加快建设纳米材料、光触媒、环保涂料等产业技术平台，推动相关产业发展。

5. 以应用软件为特色的软件产业创新集群。建设国家级金庐软件园孵化平台，借助江西微软技术中心科研优势和技术手段，凭借中兴软件、先锋软件、泰豪软件、捷德智能卡等全国软件百强企业，进一步完善公共技术服务支撑体系，形成软件产业的强大竞争优势。到2010年，软件产业实现产值160亿元，使高新区成为中国中部地区重要的软件产业基地和软件人才培养基地。

> 依托这五大创新集群，南昌高新区将力争每年30%以上的增速，到2010年实现总收入突破千亿元，完成"五年翻两番"任务，把高新区打造成为南昌市以高新技术产业为主导的先进制造业基地。
> ——资料来源：《南昌日报》2007年2月1日。

同时，集聚可以看成是柔性生产的地域系统。柔性生产的"柔性"是用来描述对市场需求量、产品构成和产品设计等方面快速变化的适应能力，它是相对于福特制（即大规模生产模式）的"刚性"而言的。

首先，是指集群内企业生产和管理方式的柔性化。即对新的技术和观念具有快速吸纳能力；对产品生产周期的长短快速反应；高度灵活性，以适应不同顾客定做的要求；智力和体力工作活动的一体化；零仓储和超额的生产能力。

其次，是指企业之间的柔性关系，即产业链上下游的供应商和客商企业之间的协作关系。集群内企业的生产方式和组织方式具有很强的灵活性、适应性，企业在市场中与客商可以随时联系，了解顾客的满意程度和要求，获取更明确、更直接的需求信息，消费者个性化的要求也为企业的产品生产提供了新的思路。

再次，是指柔性劳动过程。即柔性化的企业中，学习型工人和兼职劳动力大量出现。在集群内，不仅研究开发人员、工程师的比例增加，而且生产线上的工人也多为学习型工人，因为生产线和工艺过程的不断变化，使工人的素质不断提高。在企业内部，创新的价值活动可能发生在生产经营过程的每一个环节中，不同阶层的劳动力可以聚在一起，以团队形式进行合作与创新。另一方面，集群内员工更有机会与外部进行知识、信息等的交流。企业内外的信息流动渠道增多，外部创新的知识、技术等更快更容易地流入、渗透，增加了集群内企业的创新速率与概率。而且，劳动力的柔性使用机制，使企业可以更快地对新产品的设计和市场信号做出反应。

（三）社会网络化特征

产业集聚是一种产业网络体系，这种网络结构包括区内企业与企业之间、企业与地方政府部门之间、企业与各种类型的中介服务组织或企业（如研究开发、企业咨询、法律援助、资产评估以及金融、保险、广告、策划、审计、会计、测试、维修保养等各种服务性组织或企业）之间以及企业员工与员工之间的各种正式和非正式的协作关系网络。正式的网络关系表现为各行为主体之间通过各种合同等形成的关系；非正式的网络关系表现为非合同的、在长期交往过程中所形成的相对稳定关系。对产业集群竞争力提高有意义的是非正式网络关系，这种网络是在人们经历了频繁而广泛非正式的交流和合作中不经意间形成的，成为集群内的一种社会文化和社会资本,能有效地扩散和传递隐含经验类知识,从而更有效地推动人力资本和知识资本的社会化进程,加速知识、技术、管理创新速度,有效保持和提高区域的竞争力。

(四) 植根性特征

植根性来源于经济社会学,其含义是经济行为深深嵌入于社会关系中。集群内企业不仅仅是地理上靠近,更重要的是,它们具有很强的本地联系,这种联系不仅是经济上的,还包括政治、社会、文化等各方面。集群内企业家具有相同或相近的社会文化背景和制度环境,以此为基础,人们之间在经常的联系、互动过程中所采取的各种经济行为深深根植于互相所熟悉的圈内语言、背景知识和交易规则,因而具有可靠性、可预见性。共同的社会文化环境产生信任、理解和相互合作,相互信任和满意成为区内最有价值的资源。产业集群是一种积极参与全球分工而又与本地社会文化高度融合的本地化的产业聚集。

案例

浙江绍兴产业集聚现象的八大成因

纺织、领带、袜业、医药、化工、五金等各具特色的产业集聚,有力地拉动和支持了绍兴经济的发展。绍兴市36个块状经济共集聚了企业4万多家,实现工业产值占到全市的60%左右,产业集聚已成为提升绍兴区域经济竞争的领头羊和打造先进制造业基地的主阵地。绍兴产业集聚形成的原因主要有以下八点:

1. 特有的人文环境,为绍兴产业集聚创造了条件。经世致用的文化品性、工商皆本的文化传统、兼容并蓄的文化心态、发愤自强的精神传统、崇智尚谋的文化氛围,造就了绍兴人的务实、善谋、拼搏意识和品性。

2. 厚实的百姓经济,为绍兴产业集聚造就了主体。据统计,目前绍兴市有大小民营工业企业10余万家,资产总量达2000多亿元,民营经济占全市工业经济总量的95%以上,民营化程度高于温州,正是这遍地开花的"老百姓经济",使产业集聚具有体制机制的先发优势。

3. 发达的专业市场,为绍兴产业集聚赢得了市场。据统计,2004年全市共有各类商品交易市场361家,年商品交易额达884.59亿元,其中超亿元的有43家,超10亿元的13家。中国轻纺城轻纺产品专业市场、诸暨大唐袜业城、嵊州中国领带城,正是这些专业市场才使得产业集群优势得以充分体现,产品走向全国，产业竞争力得到了较大的提高。

4. 较长的产业链条，为绍兴产业集聚谋求了空间。如纺织产业形成了从原料（PTA、聚酯、切片）、化纤、织造、印染、服装、纺机、设计和专业市场较为完备的生产营销体系，2004年，规模以上工业企业生产各类印染布101.18亿米、各类服装4.07亿件、商品聚酯35.51万吨，化纤丝171.68万吨。

5. 改革的先发优势，为绍兴产业集聚提供了动力。率先开展了以推行股份合作制为主要形式的乡镇企业改革，率先进行了国有企业改革。

6. 持续的技术创新，为绍兴产业集聚增强了活力。加大技改力度，提升产业装备，使产业集聚更具竞争力。目前绍兴拥有世界上最先进纺织设备，拥有纺织技术创新中心。

7. 壮大的规模企业，为绍兴产业集聚夯实了基础。绍兴现有规模以上企业3400多家，年销售收入超10亿元的企业40多家。特别是抢抓上市发展机遇，形成有一定规模和影响的上市企业"绍兴板块"；浙江玻璃成为香港上市的浙江民营企业第一股；新和成股份成为中小企业创业板第一股；杨汛桥镇上市企业达7家，成为全国瞩目的"杨汛桥现象"。规模企业、上市企业更引领绍兴产业聚集向更高层次、更高水平发展。

8. 创新的发展理念，为绍兴产业集聚提供了保障。目前全市拥有中国名牌26个，中国驰名商标9个，极大地提高了产品附加值和竞争力；特别面对资源日趋紧张的情况下，企业转变增长方式、发展循环经济意识明显增强，与时俱进的发展理念，保障了产业集聚的持续发展。

——资料来源：王芬祥：《绍兴产业集聚现象的八大成因》，《浙江经济》2006年第1期。

四、产业集聚的形成类型

越来越多的经验显示在世界主要国家的产业发展中，日益形成相互联系的企业和机构在特定地域集结成群的现象。目前许多发达国家已具有了较大影响的产业群如美国的硅谷和128公路的电子产业群、纽约玛第森大街的广告业群、明尼阿波利斯的医学设备产业群、加利福尼亚的娱乐业群、达尔顿的地毯业群、马萨诸塞的制鞋业群、德国索林根的刀具业群、斯图加特的机床业群、巴登—符腾堡的机械业群、纽伦堡的制笔业群、法国巴黎森迪尔区的网络业群、布雷勒河谷的香水玻璃瓶业群，印度旁遮普邦的路德海阿那的金属加工和纺织工业群、泰米尔纳德邦的提若普尔的棉织衣物制造业群、班加罗尔的电子软件业群、北方的阿格拉的鞋业群等。目前世界上的产业集聚形式多种多样没有固定的模式，但大致可以分为以下几种类型：

(一) 纵向集聚

由产业纵向关联而形成的产业集聚中的企业同属于一个产业的上、中、下游，企业彼此间存在着生产过程的投入产出联系，产业链成为维系集聚生存与发展的动力，每个企业都在产业链上占据合适的位置形成一种合理的分工和协作状态。在这类产业集群中，通常还会产生为每一个生产环节提供服务的外围联系如供电、供水、运输、社会服务和产业服务等。例如，巴西的锡努斯瓦利（Sinos-Valley）鞋业工业园区的活力主要来自企业集群的纵向合作和企业的专业生产。锡努斯瓦利取得成功的重要原因在于集群内部发达的后向联系。大量的供应商为制鞋企业提供从鞋帮、鞋底、鞋跟、鞋垫，直到鞋钉、鞋孔、染色等最终产品所需的各种投入要素；而且集群内还有许多专门为企业提供新旧机器、运输服务、金融和信息服务的机构。这些供应商无论规模大小都与制鞋业互通信息，共同进步，集群发展极具活力。采取这种方法建立起来的工业园区还有墨西哥的莱昂（León）制鞋工业园区，但是，由于其缺乏实质的深层次的后向联系，导致集群缺乏动态性，发展缓慢。集群内配套生产和服务的可用性极低，多数企业都是从国外或在集群之外购买生产所需要的各种原料和零部件，而且集群内没有专门的机器制造商，80%的生产设备需要进口。

(二) 横向集聚

由产业横向关联而形成的产业集聚。这类集聚通常以区域内某一主导产业为核心，通过企业间的横向联系，外部形成多层次的产业群体。由于这些群体之间相互享受着彼此所带来的外部经济效应因而充满了活力。如位于美国加利福尼亚州的酒业集群就是典型的横向关联集群，它以酿酒为主导产业，在其外围形成第二层次的辅助性产业如葡萄种植业、酿酒设备加工业等；其第三层次是服务性产业，如专为酿酒业设置的科研机构、专业教育和人员培训、产业咨询服务机构等；在最外部则是新产业的聚集，如旅游业、中介服务、金融服务等。美国加州的葡萄酒业是一个相当新颖的地区性产业。在美国加州戴维斯附近并不十分大的区域内，集中了大约680多家葡萄酒酿酒企业和种植酿酒葡萄的果园场，其产量几乎是美国葡萄酒的全部。围绕着酿酒葡萄的种植和葡萄酒的生产，葡萄酒的制造设备、葡萄酒瓶、瓶盖和瓶塞、商标印刷、专业出版物等附属行业也高度集中于此，形成了典型的横向产业集群。

(三) 区位指向集聚

由区位优势指向而形成的产业集聚。这类集聚通常是由同一产业或不同产业的众多中小企业组成，它们充分利用区位优势，如廉价劳动力集中地、信息和技术发达地、原料或燃料集中地、产品的主要市场地、交通运输枢纽地等，形成各类专业化的小型产业集群。意大利众多的产业集群即属此类。意大利产业群的出现主要是由它的国土以及历史特殊性等自然禀赋所决定的。有两大历史事件影响了意大利产业结构与中小企业群的出现。其中之一是古罗马帝国时代形成的战略、生产、联系和商业组织形式。意大利的中小企业群都带有明显的古罗马的痕迹。

第二节　产业集聚的竞争优势

产业集聚的根本原因在于集聚效益可以给区域内的企业带来较高的投资回报，不仅如此，集聚内的企业还可以获得供应商、专业化的信息、公共服务以及获得有专业化技能和工作经验的雇员，从而获得竞争优势，并通过本地竞争对手和顾客需求的力量进一步加强竞争优势。产业集聚使本地化经济和外部经济得到加强，并产生协同效应获得竞争优势。

一、集群内企业生产成本优势

（一）企业生产要素成本节约优势

1. 共享支持系统。支持系统是产业集聚的一个重要组成部分。一方面，有些支持系统由于物质资本和人力资本投资巨大，一个企业往往难以承担；另一方面，由于支持系统的公共物品（或准公共物品）性质，难以形成有效激励促使单个企业投资。产业集聚共享支持系统可以带来成本节约。

2. 市场力量与成本节约。群内企业除了可共同分担市场开发成本之外，可通过无形串谋形成的市场力量来设法降低要素市场价格，也可利用谈判能力的提高来影响产品标准化规则的制定，促进群内企业批量生产，实现成本节约。

（二）劳动分工优势

集群的竞争优势来源于劳动分工原则。经济学家在研究"块状经济"中提出块状经济本质上是内部分工的外部化或社会化。块状经济通过企业内部分工的外部化，使更多的功能操作实现了内部规模经济；而且由于集群企业的联合需求可形成规模性专业化的生产和服务，又为每个企业提供了丰富的外部规模经济。集群的企业可以通过分工的外部化而负责部分任务，由于"干中学"，企业利用资源的适应性更强，从而集群作为一个整体能比以前取得更高的集群效能。

（三）集群内部组织成本节约优势

产业集群中的各个企业处于同一产品价值链的不同阶段分工与合作，企业间活动相互补充。集群作为一个整体具有系统的协同效应，集群中的个体具有结构的异质性。群内企业生产函数相互依赖,并且所有企业分享所有信息,虽然专业化造成信息不对称,某一企业不知道其他专业知识,却能享受所有专业部门的产品,享受社会生产力。企业间的分工与专业化是报酬递增的媒介,这可量化到综合要素生产率的提高上。报酬递增使每一个群内企业的目标函数趋向最优化。

(四)产业集聚的交易成本节约机制

1. 信息成本与契约成本节约。产业集聚在一定程度上集中了市场信息,减少信息非对称,从而使供求双方选择费用(主要是信息成本)降低。同时,产业集聚有利于契约谈判、拟订、执行以及争议、仲裁等环节的顺利进行,从而降低契约成本。

2. 风险化解与主体多元化。群内各企业在同一价值链的不同环节具有各自知识积累优势,在各自领域判断风险具有比较优势,通过系统协同效应(从数学意义上讲,各环节风险的协方差不等于零),容易识别、判断市场风险,进而从源头上消灭或减少风险。在面临风险时,由于生产函数联系和市场互补性会使企业间产生合作博弈,同舟共济,共同承担风险,降低每个主体的风险度。

3. 融资成本节约。外源性资金是现代企业发展的重要环节。企业融资是需要融资成本的,尤其是中小企业不易获得银行贷款等外源性资金。产业集群内企业由于集群信誉的间接担保机制,有利于降低企业的融资成本,更为重要的是,有可能吸引群外资金的持续进入。

4. 劳动力市场的有效供给。一方面,集群的区域性易形成供给充足的劳动力市场,单个企业在长期雇佣管理和技术人员的同时,可以根据自身生产的需要,及时调整工人的数量,减少工资成本和工人劳动保障方面的费用;另一方面,劳动力在区域内企业间自由流动,企业内部劳动力变换率也高,劳动力快速流动对其自身素质要求加大,也促进了信息、思想的扩散和传播。所以,集群内劳动力工资和培训成本降低,在数量和质量上真正实现有效供给。

浙江嵊州市是个领带生产企业集群区,共有企业 1000 多家,年产值达 80 亿元,从业人员有 8 万人。嵊州被称为"国际领带城",最大的优势就是生产成本不仅低于山东、江苏等地单个领带生产企业的成本,而且远低于韩国、墨西哥等国生产同类产品的成本,成本优势是嵊州领带企业主要的竞争优势。

二、质量和产品差异化优势

集群中同类企业同居一地,同行业相互比较,有了价格、质量和产品差异化程度评价标尺,为企业带来了竞争的压力。绩效好的企业能够从中获得成功的荣誉,而绩效差的或者平庸的企业会因此感受到压力,激励和压力并存。竞争不仅仅通过降低生产成本、通过价格来维持或扩大市场份额,而且还表现在产品的质量和产品的差异化上,只有建立在质量基础上产品差异化,才能满足集群内有经验的擅长"挑剔"的顾客的要求。

正是由于集群内部的产业环境,使集群内的企业更能适应市场环境及其变化,利用产品差异化与市场占有率之间的交互反馈机制,形成市场势力。一方面,已经形成产品差别化的企业具有较大的市场竞争优势,可以拥有较大的市场份额;另一方面,具有较大市场占有率的企业,可以利用自己的规模经济实力,通过研究开发、购买专利、广告宣传、售后服务等进一步扩大产品差异化,形成市场占有率和差异化之间的良性循环。因而集群内的企业通过内在的竞争压力,获得了单个游离企业难以拥有的产品(服务)质量、产品差别化和建立在质量基础上的产品差异化优势,往往能获得比产业集中度更高的利润集中度。

三、区域网络优势

(一) 区域网络的形成

产业集聚区域网络系统是建立在区域内核心产业、辅助产业之间及其内部各企业之间的联系,以及企业与科研机构和行政机构间长期合作基础上的稳定关系。它是在市场交易组织和企业科层管理中间的组织形式,比市场稳定,比等级组织灵活,因而,网络被称为"有组织的市场、可调整的企业"。通过网络,企业间进行文化、技术、制度、管理等各方面的交流,大大降低交易费用。政府机构、企业、高等院校、科研院所通过网络密切联系而融合在一起。它可以增加灵活性,减少不确定性,使企业更好地适应环境,并且使供应链既保持灵活性又具有稳定性。区域网络的形成主要依靠长期合作。各企业在保持自身独立性的同时,与相关企业之间的合作关系非常密切。在长期的合作过程中,有时并不需要以书面形式签订长期合同,只是在生产需要的时候,由下游企业向上游企业下达生产订单,生产企业在这些时候更像一个企业的生产车间,长期合作使多企业形成的供应链与处于一个企业内部的供应链具有相似的稳定性。虽然卡特尔和托拉斯等联盟的形式也建立了长期的合作关系,而且常常以协议的形式固定下来,但是,这些方式仅仅以经济上的共同利益为基础。集聚区的长期合作,除了经济利益以外,还存在协作等非经济原因,因此,集聚区的长期合作更巩固更持久,违约事件较少。

(二) 网络结构

产业集聚区域的网络结构复杂,对集聚效益影响较大的区域网络包括交易网络、技术网络和社会网络三个层次。

1. 交易网络。交易网络处于集聚区网络的最表层。交易网络是通过产品、技术或服务的市场交易活动形成的企业、组织和个人之间的经济关系。交易网在商品社会中普遍存在于上下游企业之间，这种网络随着交易次数和交易量的增大而加强。交易网络是区域企业群最基本的网络，反映了企业之间的关联性。地域生产综合体的设想，就是比较充分地考虑了交易网络对地区企业群发展的重要性，通过科层管理代替市场交易的方法，使得各生产环节之间建立了密切的联系，形成一个企业内部的互动网络。只要科层制度管理费用小于市场交易费用，地域生产综合体就有优势。

2. 技术网络。技术网络是以技术上的内在联系为基础形成的。由于技术上的相通性，区域内企业技术创新可以较快地移植或嫁接到其他企业的技术上。技术之间相互融合，激发了大量渐进性的技术创新。技术网络扩展了企业之间的联系，使上下游企业之间的联系加强，通过转包关系等方式，技术网络会更密切。生产替代产品的企业之间技术类似，通过技术交流，加快技术扩散的速度，也可以联合成立技术研发小组，实现技术合作。在硅谷，技术网络对于企业解决技术难题非常重要，人们常常在遇见技术问题的时候，向其企业的技术专家进行咨询。

技术网络的形成主要有三个原因：一是技术工艺之间的衔接关系。生产工艺前后相连，生产具有互补性，上下游企业之间存在着技术联系，这也是市场交易的基础。二是同源技术。具有相同的运行原理，生产的产品具有替代性。三是存在技术组合和交叉性创新的可能性。

3. 社会网络。社会网络是区域最基本的联系网络，是人们在社会生活中因日常交往和社会关系形成的联系，它是社会协作的基础。社会网络的基础是人们的社会关系，例如，血缘关系、邻居、同事、校友同学，具有相同的兴趣爱好、类似经历、共同的知识背景或经历等多种原因。社会关系网络非常复杂，这种网络实际上存在于每个社区。

在现实生活中，任何区域都存在这三种网络，只有当社会网络与技术网络、交易网络能够实现有机结合的时候，网络才对技术创新和扩散、市场交易与合作发生重大作用。

在产业集聚区，生产经营、技术创新活动融于生活中的方方面面。例如，在硅谷，人们闲谈的主要内容是与技术、产品开发、经营管理有关的问题，与一般的社区有显著的差异。产业集聚实现了这种有机联系。

四、市场竞争优势[1]

产业集聚在市场上获得竞争优势体现于所在产业的吸引力、市场竞争地位和

---

[1] 魏守华、石碧华：《论企业集群的竞争优势》，《中国工业经济》2002年第1期。

议价能力三个方面。

(一) 产业的吸引力

决定企业盈利能力的根本因素是产业的吸引力。产业吸引力的定性分析可以用产业的生命周期（初创、成长、成熟和衰退期）中所处的阶段解释和分析；产业吸引力的定量分析指标通常有市场规模和增长速度、市场竞争的地理区域、进入和退出的难易程度、基本技术和变革速度、规模经济和经验效应曲线以及行业整体的盈利水平。对于高科技产业中的企业集群如美国的硅谷、中国台湾的新竹等不仅通过创建新产业和推出新产品获取来源于技术上的超额垄断利润，而且通过群体效应形成共同的技术标准，进一步扩大垄断优势。如在精密仪器、信息等新兴产业中，采纳一种技术标准的企业数量及其市场份额往往决定了这种技术标准的公认性。不同的技术标准为市场份额而进行竞争，而产业集群就有着独特的优势，利用地理接近性、正式或非正式的合作，技术标准在集群内容易被认同，采纳的企业越多，集群的外部效应就越大；卖出采用某一技术标准的硬件设备越多，那么需要编写更多的软件来支持这种设备，又增加了该设备的需求量，形成循环累积效应。

(二) 市场竞争地位

产业结构的功能在于解释获利的可持续性，而获利的差别则取决于企业的相对市场位置。市场竞争是企业成败的核心所在，竞争决定了一个企业对其行为效益有所贡献的各项活动。在任何已结构化的产业中，产品或服务的内涵十分明确，竞争的要点就是在产品的功能、成本、价格、营销服务上，通过规模经济来维持市场占有率，以价格、质量或产品差异等进行市场竞争，显现企业的竞争力。

集群通过产业集聚的形式，对内通过前向、后向的垂直联系，形成既类似于企业垂直一体化的生产过程，同时又通过水平联系合作与竞争，有利于提高整体效率和竞争力。不仅在成本、价格、营销上有一定的优势，而且类似产品系列的产业集聚，在产品差异化和功能多样化方面也具有一定的优势。集群在市场竞争方面一个很大的特点是发展特色产业，或者说"小市场、大巨人"策略。企业不是整个行业全面出击，而是选择某一顾客群、某产品系列的一个细分市场作为主攻方向，或在产品价值链中的某一环节上成为大公司，甚至跨国公司全球生产系统中的一个重要环节，依托大企业参与市场竞争。

(三) 集群的议价能力

集群的议价能力表现在作为买方和卖方力量两个方面。作为买方的议价能力，买方参与价格竞争的手法是压低价格、要求较高的产品质量或索取更多的服务项目，并且将竞争者置于彼此对立的状态。买方集团的能力强弱取决于市场情况，还取决于这种购买对于卖主整个业务的相对重要性，主要表现在：相对于销售者的销售量来说，购买是大批量和集中进行的；购买者从产业中购买的产品占其成本或购买额的相当大一部分；从产业中购买标准的或无差异化的产品，购买者容易发现可供选择的供应商；购买者采取后向联合的现实威胁；购买者掌握充分的信息。集群内的主导产业一般有较高的市场占有率，可以实现大批量购买，特别在原材料的供应方面，甚至能够对原材料的质量标准、规格、型号等做统一的要求；同时集群内也有部分配套的供应商，对群外供应商构成替代威胁，增强了讨价还价能力；此外，在群内研究机构和行业协会帮助下，以及企业对市场需求状况的分析上形成较完备的信息，进一步增强了议价能力。

作为供方的议价能力，供方产业集中化程度比其销售对象高——供应商在向较为分散的买主销售产品时，往往能够在价格、质量和交货期上施加相当的影响；供方在向某个产业销售中，缺乏替代产品竞争会助长其议价能力——供应商与替代产品生产者的竞争会使其强大的实力削弱；供方产品成为买方业务的主要投入资源——这种投入对买方的生产工艺或产品质量的成功至关重要，供应商的势力增大；供方集团表现出前向联合的现实威胁——这种威胁使买方在提高购买条件时信心大减。

浙江省的一些集群不仅是该产业的主要生产者，而且形成了像义乌小商品市场、绍兴轻纺城这样的批发营销中心，形成了寡头垄断的市场结构，大大加强了集群的议价能力。此外，如萧山开发区中，形成了以万向集团为核心的企业群，主导产品是与卡车和大客车配套的十字轴万向节，在市场上的占有率超过50%，构成整车产品的重要部件，目前该产业群还有前向联合扩展的趋势，因此具有很强的议价能力。

五、区域品牌优势

单个企业独立创建国际品牌困难大、时间长、成功的概率小。而"区域品牌"与单个企业品牌相比更形象和直接，是众多企业通力合作拼搏的结果，是众多企业品牌精华的浓缩和提炼，更具广泛的持续的品牌效应。单个企业的生命周期相对短暂，品牌效应难以持续，"区域品牌"更具有持久性，是一种很珍贵的无形资产。

区域品牌是某地域的企业品牌集体行为的综合体现，并在较大范围内形成了该地域某行业或某产品较高的知名度和美誉度。区域品牌是区域产业集聚发展的产物。因此，产业集聚发展初期，集聚优势效益提升显著。产业集聚发展到了一定阶段，随着区域经济效益的提高，区域品牌效应凸显，提升区域品牌就势在必行了。表12-2是区域品牌与企业品牌的特性对比。

表12-2　　　　　　　　　　区域品牌与企业品牌的特性对比

区域品牌特性	企业品牌特性
1. 众多企业品牌的综合体现	1. 单个企业的名称、标识物和联想
2. 千百个原动力	2. 只有一个原动力
3. 品牌效应大而且持久	3. 品牌效应较小而且短暂
4. 广告、促销、研发等多方面的规模效益和范围经济效益	4. 势单力薄，难以发挥规模效益和范围经济效益
5. 联想丰富：区域化形象品牌发源地	5. 缺乏联想：情感单一 单个企业生命周期相对短暂
6. 公共物品：排斥性、非竞争性、正向外部效应	6. 私有产品：排斥性、竞争性
7. 成功的概率较高	7. 成功的概率很低

近年来，温州鞋业集聚效应、品牌效应十分显著。目前，有4000多家制鞋企业集聚在温州，形成了皮革、皮鞋、皮件三个主体产业和皮革化工、鞋用材料等配套的较完善的鞋革产业链，从业人员达35万人。企业集群的集聚效应十分显著，在聚集过程中不仅提高了专业化企业之间的交易效率，产业关联较强的企业因地理接近省却相互物质和信息的转移费用，显著降低了交易成本；中小企业通过共同使用公共设施减少分散布局所增加的额外投资，这一有形共享减少了区位成本，形成成本协同优势；地缘及亲情使产业集群具有天然的亲和性，企业间的协调互补使一项新的科学技术、管理经验在相关或相似的企业加速推广，并组合、派生、裂变出更多的创新，不同业务的共享，使技术优势在企业内得到最大限度地扩散和利用，带来创新协同优势；集群内企业间技术的优先传播与扩散，广泛的正式或非正式合作，大大提高了合作效率，突出了外部效应，凸显了区域内的规模经济和外部范围经济效益。在长期的交流与协作中，许多企业的协调互补逐渐地系统集成，创造了无法模仿的竞争优势。例如，在协同效应下集结成的庞大的温州营销网络是国内外企业无法比拟、难以模仿的竞争力。温州有200万人的销售大军，在全国经商办企业的160万人，在世界各地经商的40多万人，在国内外市场的聚集形成了两头在外、大进大出的温州营销网。2001年9月19日，温州正式被命名为"中国鞋都"。温州市鞋革工业协会试图建设中国鞋都区域品牌，向工商管理部门注册中国鞋都集体商标，共在26种鞋革相关类别中分

别予以注册。功勋企业品牌在经评委会审定认可后授予"中国鞋都名品"称号，获准使用鞋革协会向工商部门注册的"中国鞋都名品"专用标志。"中国鞋都名品"成为温州第一块公共品牌。从经济学角度看，对品牌、技术专长等无形资产的共享能产生规模经济效应和外部范围经济效应。

六、产业集聚的创新优势

当今社会，只有不断创新才能取得长期的竞争优势，获得较高收益。但是，只有在创新资源优越、创新系统高效、创新可以获得较高收益的地区，人的创新潜能才能得到充分发挥，产业集聚区正是营造了良好的创新系统的地区。

知识中心、企业家和创业者、核心产业、地方政府、环境是构建产业集聚区创新系统的主要因素。知识中心是产业集聚得以长期发展的根本，适宜的创新环境是技术创新能够顺利进行的保障，产业发展是创新能够实现商业化取得经济利益的载体，企业家和创业者是创新的实施者和组织者，地方政府是制度创新的主体，是政策体系、创新环境的主要构建者。

（一）知识中心与技术中心

技术中心是技术创新的主体，是产业集聚区域创新的原始推动力。在大多数情况下，研究型大学、科研院所、大型企业的研发部门常常承担技术中心乃至于知识中心的重任，企业的研究机构注重技术突破，更注重技术应用研究，大学能够投入较多的资源研究一些基础理论问题，是更适合的知识中心。例如，在硅谷，形成了以斯坦福大学等为中心的知识和技术中心；在128公路，麻省理工学院、林肯试验中心等成为知识中心，美国无线电公司、阿捷克公司等大型公司的科研部门成为技术中心。

（二）企业家与创业者

企业家是技术创新并使之商品化的运作者，他们成功的企业事迹产生示范效应，激励更多的人从事创业活动，还可以引起其他人的模仿。盈利的示范效应作用突出，在起步阶段，个人发挥至关重要的作用，个人的偶然事件导致产业集聚形成的例子很多，例如，比尔·盖茨、王安、柳传志等都为集聚的形成和发展做出了突出的贡献。

（三）创新环境

创新环境主要有区域联系、市场和劳动力，以及区域的知识基础等因素，产业集聚区拥有更多的企业，生产能力很大，但没有相应的销售市场做支撑是不可能长期存在的。一个全球性的市场将会形成几个强大的集聚区，在集聚区以外的企业数量较少，集聚区为产业主要生产地区，典型产业有微电子行业、电脑、软件。硅谷的微电子产业销售覆盖全球市场、中关村的电子产品在我国占有率第一，河北清河羊绒产品约占世界的70%。

　　劳动力素质是产业集聚区创新环境的另一关键因素。产业集聚把各种人才吸引到同一个地方，从而使厂商更容易得到所需人才，而各种人才也能得到更理想的工作。在集聚区域内，工作机会多，只要是产业发展，就有大量的就业机会，而不是依靠某一个具体的企业经营状况。劳动力对产业忠诚，而对企业的忠诚程度较低。领先企业培养的人才可能流向跟进企业，使先进企业的技术漫溢出来；人才的集中也加剧人才间的竞争，加速人才淘汰过程，这也会迫使人才向专业化、高级化方向发展。

案例

虎门服装产业集群竞争优势

　　东莞市虎门镇是一个典型的女装产业集群。目前，虎门镇规模以上服装生产企业1200多家，织布、定型等配套企业100余家，年生产服装2亿件（套），年销售额120亿元以上。虎门镇服装生产的历史并不久远，但其发展速度惊人，形成的产业集群成为我国服装产业发展的典型代表。其竞争优势：

一、产业体系完善，配套设施齐全

　　目前，虎门镇拥有以富民商业大厦为核心的大型专业服装批发市场21个，大中型布料市场6个，专营服装的店铺千余间。全镇65万常住人口中服装从业人员就达35万，每天10余万客商形成了巨大的人流和商机，近1/3的虎门服装远销欧美、亚太各国和中国港澳台地区。30余家托运公司能以最快的速度将货物发送到全国及世界各地。全镇形成以各主体服装生产企业为核心，织布、定型、拉链、漂染、刺绣各加工环节为配套，上百家广告企划、文化传播、网络公司提供服务的完整的产业系统。

二、市场反应快捷

　　虎门毗邻香港，地缘优势独特优越，海陆空交通发达，与世界沟通交往便利，能快捷地获取国际服装元素和市场信息。有专家曾经认为，对巴黎时装，东京市场反应周期是15天；对东京时装，香港反应周期是10天左右，而香港服装，虎门反应只需5天。实际上，虎门生产的服装3~5天内便可经由香港进入国际市场。这是虎门服装产业集群最为重要的优势之一。

三、发展模式独特

　　虎门服装产业有着自己独特的发展模式。主要表现在：一是前店后厂的模式。虎门服装产业集群源自自发形成的集市,在政府引导下成立大市场。服装市场发展成熟后,商户铺主为了减少中间环节直接进入生产领域。因而形成了先造市再造厂的模式。二是立足平民路线。虎门服装以大众化的休闲服饰作为市场切入点,以中低档价格满足普通消费者的着装需求。三是女装特色鲜明。虎门服装大多以女装为主,5000多个品牌中有90%是女装品牌,30个知名品牌中也有27个是女装品牌,南派休闲浪漫服装特色十分突出。

四、品牌效应明显

经过20多年的发展,虎门服装已走过了从"无牌—贴牌—创牌—名牌"的过程。一方面,"虎门服装"的区域品牌有较高知名度和美誉度;另一方面,以"富民服装"为代表的市场品牌成为众多服装品牌的孵化器,富民商业大厦中走出众多虎门服装名牌。虎门服装企业现已拥有自主知识产权服装商标5000余个,其中以松鹰、以纯、灰鼠、依米奴为代表的一批厂商已在120多个国家和地区注册商标达400多个。虎门服装品牌的凝聚力正在逐渐增强,辐射力也在不断提高。

五、服装交易会影响巨大

国际化的服装展览会——中国(虎门)国际服装交易会的成功举办也成为虎门服装产业集群快速发展的推动力之一,使虎门走向世界,也使世界了解了虎门。自1996年第一届交易会以来,虎门已经成功举办了十一届,吸引了来自世界各地的供应商和客户,交易会已经成为虎门服装产业集群的一张名片,确立了虎门在中国乃至国际服装的地位,强大的交易功能和巨大的辐射效应极大地增强了虎门服装产业的竞争优势。

——资料来源:周凌:《虎门服装产业集群竞争战略研究》,《广东科技》2007年第5期。

(四)产业与企业

产业集聚区产业结构特征显著。在集聚区至少有一个推动区域经济发展的核心产业或称为推动性产业,以及大量的为核心产业服务的辅助性产业。

核心产业是龙头,它的演变决定了产业集聚的兴衰。能够成为核心产业的产业很多,既有高新技术产业,也有传统制造业、服务业等。基本条件为:能够为区域之外提供产品或服务,并且销售半径距离较远的产业都可能成为核心产业,而那些只为本地提供产品或服务的产业不能成为核心产业。辅助产业是核心产业生存的土壤,包括金融、市场、咨询、人员培训、信息、技术、管理、房地产、交通、物流等服务产业。产业集聚发展,服务产业随之增长,服务繁荣将促进产业集聚区增长，两者相互促进，互为因果。随着知识经济的到来，信息成为重要的产品，将模糊制造业和服务业之间的界限，许多高科技公司同时也承担服务公司的工作。

（五）非正式交流

信息交流的渠道分为正式交流和非正式交流两条渠道。正式交流渠道包括书刊、会议、媒体、专利技术转让等方式；非正式交流渠道一般指闲谈、非正式讨论、集会等。非正式交流既是创新扩散的主要渠道，又是创新的重要源泉。研究成果表明，科学家40%的知识是通过非正式交流获取的，工程师通过非正式渠道获取的知识则高达60%以上。正式交流是可控的，在各种区域情况基本上是一样的，并且容易模仿和移植。非正式交流则不容易移植，它的传播速度要比正式交流快得多。由于产业集聚区的"集聚"特征，以及核心产业单一，人们同处于一个产业，具有类似的工作经历和知识，居住地又比较靠近，还有区域网络做支撑，非正式交流的频率，对技术进步和扩散的作用远高于其他地区，成为产业集聚区技术创新的一个重要特点。

第三节 产业集聚政策

世纪之交，我国提出要走一条"科技含量高、经济效益好、资源消耗低、环境污染少、人力资源优势得到充分发挥的新型工业化道路"。如何走出一条有中国特色的高效率的新型工业化道路，需要研究具体的产业发展形态。其中，产业集聚是一个需要引起足够关注和重视的问题，产业集聚现象提出了丰富的理论和政策研究素材，这里我们着重提出几个从政策层面需要考虑的问题。

一、合理引导产业集聚发展，增强区域产业竞争力

我国已经进入产业集聚与产业竞争力密切关联的阶段。产业集聚是市场经济条件下工业化进行到一定阶段后的必然产物，是现阶段产业竞争力的重要来源和集中体现。从国际范围看，产业集聚是工业化进程中的普遍现象。在工业发达国家，竞争力强的产业通常采取集聚的方式，某类产品与某个城市的名字联系在一起。如在美国，底特律的汽车、西雅图的飞机、硅谷的电子产品，等等。欧洲、日本也大体如此。美国哈佛大学以研究竞争战略而著名的迈克尔·波特教授，在《国家竞争战略》一书中，通过对十个工业化国家的考察，提出一个国家的产业竞争力，集中表现在这个国家内以集聚形态出现的产业上；成功的产业集聚需要十年甚至更长时间才能发展出坚实稳固的竞争优势。

从国内一些产业集聚区的历史看，在起步阶段也曾经历过"村村点火，处处冒烟"，到一定阶段后，才向特定区域集中，分工协作体系逐步深化。目前已经可以观察到这样的趋势：就同类产品而言，采取产业集聚方式的那些地方的竞争力，显著地强于没有采取这种方式的地方，而且出现了其他地区的企业向产业集聚地区转移的趋势。如果说以前产业集聚与产业竞争力相关度还不高的话，现在和今后一个时期，这种关联度已经并将进一步增强。对大多数产业特别是制造业而言，在具有产业竞争力的地方，总是存在有一定形态的产业集聚。而没有形成产业集聚的地方，或者没有产业竞争力，或者曾经有过也会衰落下来。由此可以考虑引出的一个基本判断是：我国已经进入产业集聚与产业竞争力密切关联的阶段，而且这种关联将随着时间的推移逐步加强。

研究产业发展一定要有产业集聚概念，这是上一个判断的逻辑推论，但实践含义要更强一些。不论全国还是某个地区，产业发展都不是抽象概念，而是要具体地落实在某个具体区域，当产业集聚与产业竞争力有了密切关联后，如果某区域并不具备某个产业集聚的条件，强行要上这种产业，失败的概率将大大增加。也就是说，当产业竞争力对产业集聚形成依赖后，区域产业发展中出现一种新的盲目性的可能性也大大增加了。近些年来，已经出现了一些产业蓬勃发展，而产业中心随之转移的现象。

以纺织工业为例，过去长时期内以"上青天"（上海、青岛、天津）为生产中心。改革开放以来，这些地方以及内地的诸多纺织工业基地以国有企业为主的纺织企业普遍衰落，不少已经破产关门。与此同时，中国的纺织工业发展迅速，并成为世界纺织品出口最多的国家。那么，这种增长来源在哪里呢？看看浙江绍兴等的纺织业，答案就清楚了。中国总体上仍处在经济的较快增长时期，相当多的产业仍有很大的增长空间，但这种增长机会是否属于某个特定区域，尤其是那些历史上和目前具有一定生产基础的区域，具有很大的不确定性，较大程度上将取决于这些区域是否具备相关产业集聚的条件，集聚的进程是否开始，已经达到了何种水平等。对此，不少地方和企业目前还缺少足够的认识。一些地区在规划产业发展时，往往提出"大而全"的计划，在一个不大的区域（如一个县）范围，要三次产业均衡发展，要发展一系列热门产业，如汽车产业、高新技术产业等，而在高新技术产业中，信息产业、生物产业、新能源、新材料等样样齐全。这种状况表明对新形势下产业发展的规律性缺少基本认识，特别是缺少产业聚集的概念。而在产业集聚发展迅速的地区，地方政府负责人则是另外一种思路，他们能够明确地强调发展哪一类产业，甚至是某一类产业中的某个环节，自觉或不自觉地接受了通过产业集聚增强产业竞争力的逻辑。

案例

温州低压电器产业集群发展困境与对策

温州乐清是全国闻名的"低压电器之都",那里集中了 3000 余家中小企业和 30 余家大型企业集团,专业从事低压电器及其配件的制造和销售。企业之间彼此分工协作,联结成梯形态势关系结构:处于梯形顶端的是 30 多家企业集团,主要生产成套的低压电器;处于中间层次的中型企业主要进行低压电器元件的装配、检验和销售;最基础的配件生产则是由数量巨大的中小企业承担,作为大型企业集团的外协配件供应商和配件部件生产企业,形成了一个典型的传统产业集群。

一、温州低压电器产业集群发展困境

然而,自 2004 年以来温州电器遭遇内忧外患的困境。

1. 原材料大幅度涨价,2004~2005 年,塑料粉等原材料上涨 70%~80%,铜料涨价 30%,铁螺丝涨价 45%。

2. 土地、水电资源供需失衡导致的企业成本高升。根据乐清国土资源局的数据,每年国家批给乐清的非农建设用地指标是 1225 亩,而该局收到的用地申请累计超过 2400 宗,申报面积高达 4.46 万亩。乐清还经常出现水、电供量不足等问题。

3. 融资成本上升。近几年温州大量民营资本外流,利用外资严重匮乏。电器企业普遍资金紧张,当地的民间借贷市场利率升高。

4. 跨国公司"本地化"危及低成本战略。跨国企业正大举在国内设厂、投资,推进"本地化",这将给温州电器产业群带来巨大的压力。

二、温州低压电器产业集群发展的对策

1. 政府制定区域经济发展规划和政策。政府要通过改善公共服务来改善投资环境,发展集群共享的研发机构和技术质量监测机构,构建教育培训体系,创建优质科技创新服务体系,建立精密模具研发加工基地,吸引各种辅助性的相关机构进入温州电器产业。

2. 行业组织提高行业管理服务职能,跟踪国际新标准和掌握国外电器技术信息、解决行业内的无序竞争,防止低价倾销、恶性竞争。

3. 企业应提升自身竞争力。企业应吸纳和培养经营管理人才及科技人才;大企业要在创新公司治理结构与组织架构的基础上,积极创新管理理念;

> 温州州电器企业要扎扎实实建好网络。推进信息技术与制造技术的系统集成；要着眼于开发具有自主知识产权的产品，走多样化的联合道路。中小电器企业应走横向合并的发展道路，提高企业应对市场风险和抗击压力的能力。
> ——资料来源：徐爱乐：《温州低压电器产业集群低成本优势的弱化及新竞争条件下的发展瓶颈》，《江苏商论》2007年第5期。

二、制定合理的产业集聚规划政策，促进集群创新

产业集聚的形成基本上是一种内生现象，所以这方面的政策主要是一种支持性的。

（一）集群政策设计的原则

政府集群规划的理论基础在于弥补市场失灵和制度失效，其目的是加强企业之间的知识网络和联系，满足企业的各种需要。与传统的产业规划相比较，集群规划更多地注重企业之间和企业与外部环境的战略联系，要求更多地向内审视自身的条件，以在经济全球化的趋势下取得国际竞争优势。

由于集群规划目的、产业集群类别、集群类型、集群参与者等各种因素的影响，在经济合作与发展组织（OECD）各国中采用的集群政策有着显著的不同，不同的政府只是说明在此方面没有"最好"的政策，也不存在一种政策能够满足所有的集群及集群内企业的需要，各种政策工具需要组合使用，以促进集群的健康发展。虽然不存在最好的，但从各国实践中，关注集群发展的学者还是得出了以下几个用于集群规划的指导性原则：

1. 政府必须以现有的或者是新兴的集群为前提制定相应的规划，而不能刻意创造产业集群。创造产业集群将会导致高成本、高风险。如果不同的地区追求相同的产业集群，将会导致重复建设，破坏现有的市场结构和企业的竞争能力。由于参与者及相互联系的多样性和复杂性，产业集群是一个复杂的有机系统，试图通过政策来创造一个复杂系统几乎是不可能的。因此，政府最好是间接参与到产业集群的创建过程中，而不是主导集群的发展。

2. 集群政策的目标应该是鼓励集群内企业的合作和网络化，提供更好的公共计划和投资。市场失灵和制度失效会导致公共物品供给不足，集群规划的重点应放在为需要和有潜在需要服务的企业（不论企业是否在已存在的集群中）提供尽可能完善的服务，尤其是提供信息，建立交流的渠道和对话的模式。

3. 让企业成为集群的主导者，公共部门和政府只成为集群的催化剂和润滑剂或者桥梁。

4. 对于治理市场失灵要有明确的目标，并根据实际的情况组合使用各种措

施。政府政策的信息要能够很顺利地到达需要了解这些信息的企业及其成员中。

5. 促进建立集群内企业的供应联系。

6. 帮助建立集群内部企业的学习链,加快知识在集群内的扩散,促进整个集群的升级。

7. 做好集群内的各种信息收集和评价工作,尽量少干预企业的事务。

8. 做好集群的外部宣传工作,吸引外部投资。

(二) 促进创新的政策工具

集群规划的目的是从整体上提高集群内企业的竞争力。在一个技术进步不断加快,产品生命周期日益缩短的变化的市场中,提高竞争力,取得竞争优势的唯一方式就是不断地创新,因此集群政策的很大一部分就是鼓励和促进集群内企业的创新。在此方面的政策工具也比较多,我们将其归纳为表12-3。

从经济合作与发展组织各国的政策实践来看,所选择的政策工具及其组合有明显的差别。这一方面反映出各国政策制定者的偏好,另一方面又与各国的经济、文化和社会传统以及所涉及的具体集群有关。一般而言,工具的组合使用还应当考虑以下几个因素:①各种工具需组合使用,单一工具很难达到目标。②易为企业获悉和使用。③增加企业之间的联系。④不会增加企业的负担。⑤工具以不超出弥补市场失灵为限。⑥政策工具不针对特定企业,对所有企业一视同仁。

表12-3　　　　　　在集群规划中使用的各种促进创新的政策工具

	为创新投入资源	培养创新企业行为
向企业	为雇用技术人员提供补贴 传统的研究开发津贴或贷款 风险投资 培训津贴 孵化器在硬件方面的支持 技术中心 技术商业化计划 大学技术转移机构	为雇用创新管理人员提供津贴 为提高竞争力贷款 管理建议咨询风险投资和风险投资参与管理 孵化器在软件方面的支持 创新中心 创新培训 技术经济情报
向区域	产业研究动态计划 促进企业合作计划 为研究开发项目合作贷款 为使用商业设施提供津贴 面向用户的合作创新中心	促进中介机构的发展 集群政策规划 对公司间网络联系的支持 地区战略培养计划 政策制定者的战略力培养规划

三、优化生产要素资源配置，为产业集聚创造条件

生产要素配置效率是生产能否进行和形成生产成本优势的重要前提，除一般意义上的资金和劳动力外，还包括企业家资源。

（一）资金的供给

企业集群中的中小企业由于主要靠自身资金的积累，通过银行获得贷款的难度较大，资本市场融资对于发展中国家落后地区更难，因此，公共政策的一个重要方面就是设法将金融机构和企业集群发展融为一体。如在"第三意大利"，本地银行系统的信贷原则建立在"诚信"的基础上，由于企业集群间的企业形成相互依赖的网络结构，任何一个企业对银行的一笔坏账都对企业的名誉产生不利的影响。即使企业贷款的条件放松，但还债的责任心一点也不减弱[①]。

除银行信贷外，在政府的倡导下，可设立产业发展基金和风险投资基金，对中小企业，特别是高科技中小企业进行扶持，使企业和本地机构（包括金融、行业协会、个人和其他团体）共同分担高风险、高投资，也分享高收益、高回报的超额利润，如在美国硅谷，风险基金和产业基金是集群发展的一个重要因素。

（二）本地劳动力市场形成

本地研究人员、工程师和技术人员对于每个企业，特别是高科技型企业技术创新的形成和发展非常重要，而且地方劳动力市场具有高流动性的特点，劳动力的高流动率加快了知识和技术的传播和扩散，增加了创新的机遇。技术创新是企业集群持续发展的推动力，因此，公共政策不仅要完成单个中小企业难以承担的劳动力素质教育和培训活动，而且还可以通过本地的"极化"效应吸引更多的技术劳动力，满足企业对劳动力的数量和质量的要求，形成本地劳动力市场。如北京中关村科技园约有18万从业者（1999年在册职工数），高素质的技术和研究人员大比例来自国内73所高校和232个研究所，同时也吸引了全国各地大中专毕业生来中关村工作，进一步推动了区内外知识技术等要素流动和组合创新。

（三）企业家精神的培育

微观经济学一般把企业家当成是充分供给的，而实际上企业家是一种稀缺资源。企业家在创造和引进新的生产方法、介绍新产品和新的工业组织形式、开辟新能源及新市场等方面作用巨大。集群发展充满活力的一个重要原因，就在于不断创造和形成企业家，因为在企业家的培育和形成中，集群内的产业文化氛围起着相当大的作用，政府、机构、企业乃至整个社会环境应形成一种创业文化，而

---

① 王缉慈：《创新空间：企业集群与区域发展》，北京大学出版社2001年版，第187页。

这需要企业集群中各个节点的共同努力。硅谷成功的经验之一就是硅谷内独特的创业精神：区内几乎每个人都有勇于冒险不断进取的创业精神，每个人都努力创办新公司，都想成为百万富翁，否则就被视为异类。而且创业精神是一种典型的隐含性知识，只有通过地理接近的正式和非正式交流，才能得以培训和发展，新企业的衍生和一些老企业的倒闭，才是企业集群有竞争力之所在。

四、以工业园区为载体，促进产业集聚发展

工业园区是一个国家或地区为吸引外资、引进技术和发展对外贸易而设置的实行优惠政策的特殊区域。依其运作的形式和发展重点的不同可分为出口加工区、投资促进区、科技工业园区、经济技术开发区、保税工业区、多功能综合性经济特区等类型。工业园区作为区域经济发展的新亮点，如雨后春笋般地兴起，不少工业园区取得了良好的经济效益，甚至成为区域形象工程。

（一）应高度重视工业园区的区位选择与产业定位

工业园区发展有赖于企业间协作，因此，要构建和发展工业园区，就必须从产业关联性的角度去考虑特色工业园区的产业定位和集群。虽然形成产业集群是特色工业园区发展目标所在，但是，特色工业园区在何地形成却也至关重要。构建工业园区的首要任务是考虑区位的选择。区位选择的主要变量是区位在创新体系中的作用以及成本因素。目前，我国工业园区的建设在经济地理上往往是以中心城市或地区为基础展开的，这就造成了生产的高成本。特色工业园区的构建应满足产业竞争的长期需要。比如，生产加工型特色工业园区应放到郊区或转移到低成本地区；高新技术工业园区应紧邻人才、科研机构集聚地区。特色工业园区的产业定位应该基于本地区已有和正在形成的产业集群。

我国的高新技术开发区，在项目的引进上都突出了产业或产品的高技术性，如高技术的化纤、光纤、IT产业等，而忽视了产品的相互关联性。这样的园区就不能形成集群而是不同企业或产业的扎堆拼盘，企业与企业之间产业链上不配套，无非是为投资者提供了便宜的土地和劳动力而已。我国建立高新区的蓝本来自于美国硅谷，而世界上模仿硅谷发展得最为成功的是中国台湾的新竹工业园区，该园区内99%的产业是IT产业，园区内企业之间的高度混合竞争，组成了紧密的企业集群，形成了园区的核心竞争力，因而具有生命力。

（二）以产业集聚的机理来组建工业园区，积极探索工业园区发展的多种模式

以产业集群的机理来组建工业园区，形成方式是多种多样的。例如，意大利中小企业集群是基于区域的地理环境、资源禀赋和历史文化等原因缓慢形成的；克罗地亚造船业产业集群形成于大企业拆分。在我国，广东的东莞产业集群是依托外资形成的典型；浙江的产业集群则源于内生的家庭手工业作坊。基于产业集

聚形成方式的多样性，工业园区的发展就不宜照搬某一成功的模式，而应根据区域内已经具有的产业集群基础或者可能形成的产业集群来加以引导和扶持，以提高园区的竞争力。工业园区可以是围绕大企业提供配套服务而形成的共生圈，也可以是中小企业"抱团成堆"。在功能类型上，工业园区可以是以贸易为中心的企业集群，如浙江义乌的小商品市场；也可以是专门的生产企业的集群，如浙江台州新河镇的帽业生产加工中心；或者是集中生产、销售、研究以及人才、信息、资本等支撑要素的中小企业集群，比较典型的如意大利普拉托毛纺企业集群。工业园区发展的模式选择，又可以从以下几个方面来划分：

1. 以市场为依托，发展特色工业园区。波特认为，产业集群成功与否最终取决于市场。马歇尔在研究英国原生态工业区时发现，市场的自发力量可以促成产业集聚，即消费者对消费品和劳务的需求通过市场刺激了生产的集聚。浙江"块状经济"蓬勃发展就是得益于市场的发展。在浙江，专业化生产集群与贸易集群相得益彰。例如，绍兴有纺织企业集群和绍兴纺织商品城，嵊州有领带企业集群和领带商品城，义乌有各类小商品生产企业集群和小商品城。生产集群和贸易集群（或专业化市场）的并联耦合与联动发展是产业集群发展的显著特点之一。这是特色工业园区发展的一种可选模式。

2. 在产业链上寻求优势环节，发展特色工业园区。地区特有的经济、技术、社会、文化基础决定了该地区的竞争优势。在产业链上基于优势环节形成企业集聚是发展特色工业园区的又一可选模式。例如，从中国台湾新竹工业园区的产业构成上看，虽然它与美国硅谷是类似的企业集群，但是，两者之间在产业层次和产业链分工上有较好的互补性，美国硅谷的产值主要来自于原创性新技术产品的开发，新竹工业园区则集中于科技产品的产业化和规模化生产。另一方面，促进新竹工业园区发展的风险投资的渠道、技术创新激励措施也与美国硅谷不同。从自身优势出发，合理定位，而不是单纯模仿硅谷模式，是新竹工业园区成功的经验，也值得其他工业园区规划建设者借鉴。

3. 依托现有或具有形成可能的产业集群，发展特色工业园区。按照波特的观点，产业集聚有外生的，但更多的是内生的。因此，工业园区建设要优先选择现有的具有形成产业集聚可能的区域，要充分考虑具有支撑产业发展的独特优势的地区。单纯靠优惠政策吸引和扶持一批所谓高新技术企业难以达到工业园区发展之目的。更为重要的是，在经济全球化时代，靠优惠政策构建的优势将会减弱，工业园区的竞争优势只能建构在具有独特区域优势的产业集群之上。

4. 集聚适应性技术企业，发展特色工业园区。特色工业园区发展不能仅限于所谓高新技术工业园区，对基于传统产业改造和升级的工业园区发展同样也必须给予高度关注。在我国,传统产业在工业体系中占有突出的地位,正如波特所说,没有低技术产业,只有低技术生产的产业——关键是形成有竞争优势的特色产业。浙江的企业集群几乎都属于传统产业,但是,浙江产品的市场竞争力却很强。因此,传统产业集聚的特色工业园区仍是我国工业园区发展的有效模式。

(三)发展工业园区应充分发挥产业集群科技孵化器的作用,培育科技创新网络

孵化器就如一个"鸟巢",一项新的创意进入"鸟巢"成功地孵化成为"小鸟"。尽管目前我国建立了很多的孵化器,但与真正意义上的孵化器还相差很远。孵化器的本质是为创业者提供资金、人才、设备和场所等所有相关服务,使创业者只要带来创意就可以梦想成真。世界上的孵化器以美国硅谷的产业集群最好。无数事实都已证明,凡是有产业集群存在的地方,孵化器的效应就最为突出。如浙江省乐清市有全国最大的低压电器生产集群,像正泰、德力西那样全国最大的低压电器生产集团都来源于这里。20年前,这两家公司创业之初,还是很小的合伙企业,如今已成为年销售值达60多亿元的企业集团。在乐清这片企业集团的沃土中,已产生了100余家国家级的大型企业集团。这就是产业集群孵化器的作用使得小企业成长为大企业。而我国其他地方的一些企业集团都是通过行政手段拼凑起来的,企业之间缺乏凝聚力。产业集聚之所以是最好的孵化器,是因为它是某一产业或技术特长的孵化器。

产业集聚的生命力就是持续创新。如果在产业集群内出现技术创新停滞或者技术断层,产业集群就会衰亡。因此,把特色工业园区培育成创新网络,使产业集群保持持续创新的能力,这对工业园区乃至区域经济发展都具有战略意义。

创新与企业家精神密切相关。活跃的企业家群体是产业集群创新的重要源泉。发展工业园区,要注意培育园区创新的文化氛围,并且从政策上运用各种手段建立风险投资、技术共享、信息交流等支撑体系。

(四)促进工业园区产业集聚的政府政策

集群的竞争优势来源于拥有成员的资源和集群的结构方式,在集群的结构中形成了资源整合的协同效应。不同的规模和结构决定了不同的资源整合方式及协同效应的广度和深度,而群内企业的竞合行为受集群结构的影响,同时也作用于集群的结构。在优化集群结构和平衡群内企业的竞合行为以提升集群的竞争优势方面,各级政府部门应有所作为。

面对集群竞争的新形态,地方政府应转变发展战略和政策思路,从仅仅依靠税收、金融和其他激励措施来吸引企业转变到基于集群的经济发展战略。相关学者在实证研究中论证了基于集群的区域经济发展战略的有效性,提出基于集群的

经济发展战略中政府应扮演的角色。在全球化浪潮面前，政府在集群的形成和管理上更应该发挥应有的作用，对集群的政策应在于优化集群结构，平衡群内企业的竞合行为，提高集群的竞争优势。

政府机构应该以集群整体来看待区域集聚的企业群，培育高级资源要素，优化集群结构。尤其在人力资源开发和技术资源的培养方面，应通过有意识的培训和引进加强资源上的优势；适当引导集群的规模调整，增强集群总体的生产能力和市场占有率，扩大集群的影响力；在集群的形成和发展过程中，政府应引进产业内极具竞争力的企业或一些公共机构、智囊团体，改善集群的结构。在群内企业行为方面，政府应积极引导，规范竞争，促进合作。集群由众多独立自主决策的企业（包括各种中间机构）组成，总的来说，集群很难作为独立整体进行运作，然而，集群可以制定共同的规则，使竞争更加透明化。政府部门应建立专门的中介服务机构协调和解决集群中可能出现的问题，及时公布行业竞争相关的信息，发挥竞争对于创新的积极作用。这些机制不是直接控制成员的决策行为，而是通过保持成员利益的一致性来规范企业的竞争行为。在促进群内企业的合作方面，主要是促进互信互惠的企业间关系的形成。合作的基础是双方的信任，加强企业间的接触和交流有利于信任关系的建立。互惠是合作关系得以维持和发展的关键，建立在互惠之上的合作才具有持久性。政府可以通过对于集体行为的规范和合作报酬机制的设定平衡企业间的利益，达到企业间在合作中的互惠互利。

对于群内企业，面对集群竞争的新竞争形态，个体企业也不是"无为而治"。在新的竞争形态下，两种不同的因素影响企业能够从集群中获取的价值。一是影响集群利益的因素，二是企业分享这些利益的影响因素。群内企业管理者不仅需要关心自己的利益，也需要留意集群中其他企业的利益。此时，政府不仅要考虑集群赢得集体利益的可能性，同时也要认识到企业在集群中扮演的角色。

本章参考文献

1. 马歇尔：《经济学原理》，商务印书馆1997年版。
2. 韦伯：《工业区位论》，商务印书馆1997年版。
3. 约翰·冯·杜能：《孤立国同农业和国民经济的关系》，商务印书馆1997年版。
4. 奥古斯特·勒施：《经济空间秩序——经济财货与地理间的关系》，商务印书馆1997年版。
5. 爱德加·M.胡佛：《区域经济学导论》商务印书馆1997年版。
6. 《柏尔格雷夫大辞典》，经济科学出版社1992年版。

7. 保罗·克鲁格曼：《地理和贸易》，北京大学出版社 2000 年版。

8. Mark Dodgson、Roy Rothwell 编：《创新聚集：产业创新手册》，清华大学出版社 2000 年版。

9. 埃弗雷特·M. 罗杰斯、朱迪斯·K. 拉森：《硅谷热》，经济科学出版社 1985 年版。

10. 北京科技咨询业协会：《中关村十年之路》，改革出版社 1998 年版。

11. 北京市试验区管委会信息统计处：《北京市新技术产业开发试验区年度发展报告》（1992~2000）。

12. 戴振韬：《区域经济研究：兼论温州崛起的奥秘》，中国计划出版社 1998 年版。

13. 段晓锋：《非正式制度对中国经济制度变迁方式的影响》，经济科学出版社 1998 年版。

14. 宫占奎、陈建国、佟家栋：《区域经济组织研究：欧盟、北美自由贸易区、亚太经合组织》，经济科学出版社 2000 年版。

15. 姜洪等：《从曼彻斯特到硅谷，产业变革的进程》，中国经济出版社 1986 年版。

16. 教军章、刘双：《组织传播》，黑龙江人民出版社 2000 年版。

17. 金兼斌：《技术传播：创新扩散的观点》，黑龙江人民出版社 2000 年版。

18. 陆大道：《区域发展及其空间结构》，科学出版社 1995 年版。

19. 慕海平主编：《寻找竞争力的支点：产业、科技、金融政策国际比较研究》，中国经济出版社 2001 年版。

20. 王秉安等主编：《区域竞争力理论与实证》，航空工业出版社 2000 年版。

21. 王缉慈等：《创新的空间——企业集群与区域发展》，北京大学出版社 2001 年版。

22. 赵文彦等：《新兴产业的摇篮——高技术开发区研究》，科学技术文献出版社 1989 年版。

23. 卓勇良：《空间集中化战略：产业集聚、人口集中与城市化发展战略研究》，社会科学文献出版社 2000 年版。

24. 安德鲁·坎贝尔等：《战略协同》，机械工业出版社 1999 年版。

25. 安纳利·萨克森宁：《地区优势：硅谷和 128 公路地区的文化和竞争》，上海远东出版社 1999 年版。

26. 迈克尔·E. 波特：《竞争优势》，华夏出版社 1997 年版。

27. 林祥：《深圳产业集群的选择》，《开放导报》2003 年第 11 期。

28. 刘世锦：《产业集聚及其对经济发展的意义》，《改革》2003年第3期。

29. 蔡福顺：《集群经济与工业园区的机理分析》，《理论与实践》2003年第4期。

30. 蔡宁、杨闩柱：《基于企业集群的工业园区发展研究》，《中国农村经济》2003年第1期。

31. 仇保兴：《新型工业化、城镇化与企业集群》，《现代城市研究》2004年第1期。

32. 魏守华、石碧华：《论企业集群的竞争优势》，《中国工业经济》2002年第1期。

33. 朱英明：《产业集聚论》，经济科学出版社2003年版。

34. 刘斌：《产业集聚竞争优势的经济分析》，中国发展出版社2004年版。

35. 陈雪梅：《中小企业集群的理论与实践》，经济科学出版社2003年版。

36. 梁琦：《产业集聚论》，商务印书馆2004年版。

37. 魏江：《产业集群——创新系统与技术学习》，科学出版社2003年版。

38. 魏守华：《企业集群中的公共政策问题研究》，《当代经济科学》2001年第11期。

39. 夏曾玉、谢健：《区域品牌建设探讨》，《中国工业经济》2003年第10期。

40. 任寿根：《新兴产业集群与制度分割》，《管理世界》2004年第2期。

41. 李红升：《关于中关村科技园区的经济分析》，《中国工业经济》2002年第7期。

42. 蔡宁、吴德兵：《企业集群的竞争优势：资源的结构性整合》，《中国工业经济》2004年第7期。

43. 吴宣恭：《企业集群的优势及形成机理》，《经济纵横》2002年第11期。

44. P. Krugman (1996). The Adam Smith Address: What Difference Does Globalization Make, *Business Economics*, Jan. 96, Vol. 31 Issue 1, p. 2.

45. P. Krugman and M. Obstfeld (1997). International Economics: Theory and Polity, 4ed.

46. P. Krugman (2001). Complex Landscapes in Economic Geography, Complexity In Economic Theory Vol. 84. No 2.

重点名词

产业集聚　产业集群　纵向集聚　横向集聚　区位指向集聚　企业家精神

工业园区　区域品牌　交易网络　技术网络　社会网络　集群议价能力

思考题

1. 产业集聚的空间集聚特征表现在哪些方面？
2. 如何理解产业集聚的植根性，对企业组织有何积极作用？
3. 何谓纵向集聚？形成纵向集聚需要哪些条件？
4. 产业集聚具有哪些竞争优势？
5. 集群内企业生产成本优势表现在哪些方面？
6. 产业集聚为何能节约交易成本？
7. 产业集聚为何能形成质量和产品差异化优势？
8. 产业集群为何能增强区内企业的议价能力？
9. 区域品牌与企业品牌相比有何优势？
10. 产业集聚为何能产生创新优势？
11. 有些学者认为，产业集聚是市场自组织形成的结果，政府政策不应有所作为。请阐述你的观点。
12. 制定产业集聚规划政策应遵循哪些原则？
13. 如何制定政策促进产业集群的技术创新？
14. 工业园区发展有哪些模式？对我国有何启示？
15. 如何制定政府政策促进工业园区产业集聚？

人物介绍

□ 迈克尔·波特（Michael E. Porter）

美国哈佛商学院教授，1979年麦肯锡基金会"哈佛商业评论最佳文章"奖获得者，《华尔街日报》客座专栏作家。波特教授开设了广受赞誉的"产业和竞争分析"课程和关于竞争战略的多种讲座，他还担任世界许多大公司的咨询顾问。迈克尔·波特的著名三部曲：《竞争战略》、《竞争优势》、《国家竞争优势》是管理领域中经典性的著作。迈克尔·波特提出产业集聚是形成国家竞争优势的重要途径。

以波特为代表的战略管理学派对产业集群的研究和应用做出了很大贡献。波特将那些比世界最强的竞争者有竞争优势的产业称为该国在国际上成功的产业，其重要标志是大量地持续地向多国输出产品、技能和设备，一国的竞争力取决于产业创新与升级的能力，竞争优势是通过一个高度本地化过程而产生并持续发展的。为什么某些国家内有特色的产业能持续创新与升级，从而获得国家竞争优势？波特指出，它们获得成功的原因是具备最有生气的、最富有挑战性的国内环境，主要取决于以下四个方面的条件：① 生产要素条件。② 需求条件。③ 相关支撑条件。④ 企业结构、战略与竞争。

这四个因素形成一个"菱形架构",亦被称为"钻石"模型。要素条件包括人力资源、自然资源、资本资源、知识资源和基础设施五个方面,是一国或地区发展的基本条件。市场需求条件显示了一国市场对产品生产过程和产品质量的检验与监督程度,能够用来确保公司不断改进技术和提高产品质量。工业支撑条件显示了一国的工业整体实力,可以用来反映该国工业未来发展潜力。公司发展条件显示了一国对发展何种公司优先选择和倾向政策,是确保产业更替的有力杠杆。每一个因素以及整个系统都影响到产业竞争所必需的基本成分的获取:资源与技能的可得性和应用的方向;企业发现机会的信息;经营者的目的,以及企业投资与创新的紧迫性。

波特的研究还指出,一个国家在国际上成功的产业,其企业在地理上呈现集中的趋势。竞争的企业、顾客和供应商的地理集中会提高经营的效率和专业化水平。具有国际竞争优势产业的企业,群集在国家的个别城市或地区。发达国家或区域的经济地理以专业化为特点,随着专业化水平的提高,经济不断发展。往往数量较少的集群在一个地理区域的经济中占有主要份额,而且大量输出到其他地区,因此,有竞争力的集群是那个区域长期经济增长和繁荣的源泉。而且地理集中还包含着新企业的衍生过程。新的企业通常与母体企业近邻,前后向关联的企业的衍生活动也往往发生在同一个区位。

波特认为,在当今全球经济中决定一国竞争力的关键因素,在于一国的产业集聚状况、各个产业和公司的发展水平,而不在于一国国民经济总量与经济特征。产业集聚按相互关系划分为横向及纵向联系的产业部门。如果某个产业多元化时所涉足的领域的投入或产出来自本产业,则该多元化的方向为"纵向"。纵向的联系有前向联系和后向联系两种。从核心产业角度来看,所有的纵向联系的产业部门均可称为"支持性产业"。相比之下,如果某个产业部门不进行投入产出联系的多元化生产,就可称其为"横向"。横向联系将核心产业与在技术或市场有互补关系的其他产业联系在一起。所有与横向联系有关的部门均可称为"相关产业"。

相关支持性产业的存在是决定本国竞争力的一个重要因素,而产业集群内部成功有效的创新在很大程度上依赖于消费者与企业间持续的紧密联系。企业可以根据反馈信息安排生产,而消费者则通过使用向企业反馈信息。因此,某项既定创新成功与否很大程度上取决于各方在相互联系中的共同促进,这主要通过知识、技术、服务的流动来实现。在推动公司相互协作过程中,政府起着牵线搭桥的作用。在产业集群中每一个工业部门都是资金和技术的来源,并构成许多其他工业部门的市场需求。

□ 保罗·克鲁格曼（Paul Krugman）

著名经济学家，美国麻省理工学院教授。曾荣获美国经济协会颁发的约翰·贝茨·克拉克奖。他曾客观正确地预言了亚洲金融危机的爆发，是美国《财富》杂志的经济评论家。他在国际经济学领域出版20余本著作，发表200多篇学术论文，其主要代表作为《地理和贸易》、《国际经济学：理论与政策》、《萧条经济学的回归》、《货币危机》，等等。

克鲁格曼开创的新地理经济学模型建立在规模报酬递增的假设之上，在主流经济学分析模型中引入了空间的观念，强调区位的重要性，成为主流经济学的新前沿。克鲁格曼设计了一个模型，假设工业生产具有规模报酬递增的特点，而农业生产规模报酬不变，在一个区域内，工业生产活动的空间格局演化的最终结果将会是集聚，从理论上证明了工业活动倾向于空间集聚的一般性趋势，并阐明由于外在环境的限制，如贸易保护、地理分割等原因，产业区集聚的空间格局可以是多样的，特殊的历史事件将会在产业区形成的过程中产生巨大的影响力，也就是说现实中的产业区的形成是具有路径依赖性的，而且产业空间集聚一旦建立起来，就倾向于自我延续下去。克鲁格曼的工作实际上为主流经济分析理论框架下研究产业空间集聚形态的多样性开辟了空间，证明了经济发展中"区位是最重要的"。

克鲁格曼的产业集聚模型是基于以下假设前提：企业和产业一般倾向于在特定区位空间集中。然而，观察表明不同的群体和不同的相关活动又倾向于集结在不同的地方。结果空间差异在某种程度上与产业专业化有关，这种同时存在的空间产业集聚和区域专业化是在城市和区域经济分析中被广泛接受的报酬递增原则的基础。当企业和劳动力集聚在一起以获得更高的要素回报时，存在本地化的规模报酬递增为产业群的形成提供了理论基础。不过，这种递增的要素回报只在集聚发生区位有限的空间领域中表现出来。因为远距离的交易成本，如交通费用和通信费用，决定了这种净收益的增长是有界限的。于是，本地化的规模报酬递增和空间距离带来了交易成本之间的平衡，就可以解释现实中观察到的各种空间产业格局的发展。

克鲁格曼是第一位把产业集聚与国际贸易因素紧密联系起来研究的知名经济学家，他认为产品的贸易活动实际上间接地起到了生产要素贸易的作用，无论生产要素最初的分配状态如何，通过贸易活动，总会使某些产品的生产集中于某些工业区。克鲁格曼不承认马歇尔提出的技术外溢因素的普遍意义，认为这个因素只会在高技术领域的产业集聚中产生效应。产业集聚中的外部规模经济因素在克鲁格曼看来是一种开放经济的状态，是各个国家产业选择和取得优势的决定性因素。这一点和他的"新贸易理论"是吻合的，即各国的贸易优势并不来自于国与国的产业区别以及由此引起的比较优势，而是来自于各国内部的地区产业分工和在此基础上所能达到的规模经济的程度。

第五篇　产业政策

第十三章　产业政策的制定与实施
第一节　产业政策的概述
第二节　制定与实施产业政策的理论依据、批语与争议
第三节　推行产业政策的成功要点
第四节　产业政策的效果评价

第十四章　产业政策
第一节　产业结构政策
第二节　产业组织政策
第三节　产业布局政策
第四节　产业发展政策

第十五章　产业规制
第一节　产业规制：理由与目标
第二节　产业规制的内容与方法
第三节　产业规制的演变与改革

第十三章 产业政策的制定与实施

在市场经济中，政府在经济活动中发挥着重要作用，这一点已经成为共识。然而，政府在市场经济中发挥作用的原因、范围和方式却是一个有广泛争议的问题，人们对此进行了广泛深入的研究，并在实践中不断地探索。我国有丰富的制定与实施产业政策实践，这是相关理论发展与完善的前提。与之相关的重要问题包括：产业政策的概念、内容、性质、目标；制定和实施产业政策的理论依据；产业政策成功推行的要点；产业政策制定与实施中的评价标准等。

第一节 产业政策的概述

一、产业政策的概念与内容

(一) 制定与实施产业政策的合理性探讨

产业政策的制定和实施的关键主体是政府。人们对政府在经济活动中的作用方式和范围的认识包括以下几个方面：①经济活动中对产权保护的要求导致了人们对消极（守夜人）政府的需求。②对市场经济中资源配置的低效率方面（外部性、公共物品、信息不对称、垄断等）导致了人们对积极政府的认同。③对经济长期的稳定与发展的渴望推动了人们对政府作用范围和作用方式进一步扩大的接受。④对理想和意识形态的追求是人们对经济中的政治化的活动进一步认可的基础。因为制度与意识形态在经济发展中起到了重要的作用。这些方面的认识为政府的产业政策的制定与实施提供了思想和理论上的基础。而公共选择理论的发展对此产生了直接的和重要的作用，政府在经济活动中的作用从凯恩斯的为解决现实问题（经济衰退）而提出的干预主义逐步走向了系统的理论体系。

自亚当·斯密以来，经济学家的大部分精力用于理解市场的运作，但严肃的思想家们也对政府在社会中的作用进行了思考。约瑟夫·熊彼特在《资本主义、社会主义和民主》中开创了公共选择理论，肯尼斯·阿罗将精密的数学引进到了社会选择的研究领域，安东尼·唐斯（A. Downs）在研究中勾画了里程碑式的成果《民主的经济理论》，认为政治家们是为了重新当选而提出某些经济政策。詹姆斯·布坎南（J. M. Buchanan）和戈登·图洛克（G. Tullock）对制衡制度进行了研究。他们的成果共同形成了公共选择经济学,从经济理论的角度阐明了政府在经济活动中的作用和行为机理,为政府经济政策的制定与实施奠定了理论基础。

(二) 产业政策的概念

产业政策是政府将宏观管理深入到社会再生产过程之内,对以市场机制为基础的产业结构、产业技术、产业组织和产业布局变化进行定向调控,以实现某种经济和社会目标的一系列政策的总和。"产业政策"一词在我国官方文献中作为一种成体系的政府政策,最早出现在1986年制定的《中国国民经济和社会发展的第七个五年计划》中。产业政策的推行由来已久,20世纪30年代,美国推行罗斯福新政时期,便推行过《全国产业复兴法》,由全国产业复兴署负责实施。

案例

罗斯福新政

罗斯福新政是一次在整个经济体系中制定与推行产业政策的政府实践,是西方社会制定与实施产业政策的典范,也是美国经济史上由自由放任市场经济向有国家干预的现代市场经济转变的重要标志。罗斯福新政的产业政策主要如下:

一、金融产业政策

金融产业政策主要有三个方面:①重整和改革银行业。大危机爆发后,美国银行信用丧失,银行体系濒临崩溃。"新政"首先颁布了《紧急银行法》,此后又颁布了1933年《银行法》和1935年《银行法》。②管制证券业。③调控货币供给。

二、农业调整政策措施

罗斯福政府组建了农业信贷机构大量发放贷款,为农场再次抵押、农业生产及销售提供资金。为了解决因供给过剩引起的农产品价格下跌问题,政府制定了减耕限产政策,通过向农民发放津贴来换取农民降低产量,以提高农产品价格,后来又建立了农产品收购的"常平仓"制度以调节农产品的市场供求和价格。

三、工业复兴政策

"新政"颁布《工业复兴法》,要求各行业制定公平竞争并维护劳工权利的法规,以保证企业获得合理利润,劳工获得合理工资,以刺激社会投资和消费。但是，该法案是建立在企业和政府合作基础之上的，企图通过工业自律来复兴工业经济，实际的效果是使物价过高，并助长了垄断的形成。因而该法案不久即被废除。

四、大规模举办社会救济工程和公共工程

大危机造成失业人数剧增，大量人口需要救济，于是"新政"成立了联邦救济机构。一方面直接向失业者发放救济款；另一方面实施以工代赈计划，开办了许多救济工程。大规模的救济工程使几百万失业者重新就业，同时增加了社会购买力。除救济工程外，"新政"期间还举办了偏重于复兴经济目的的公共工程，使上百亿美元的联邦政府资金通过救济工程和公共工程注入美国经济。社会救济工程和公共工程是新政时期在复兴经济方面起作用最大的政策措施。

同时，罗斯福新政还着重社会保障体系的建立和完善，使联邦政府第一次承担起保障公民经济安全、增进普遍福利的责任；调整财政税收政策，使税收政策强调了其社会目标，即通过增加对高收入者的税收来抑制经济权力的集中，以联邦财政的再分配机制来缓和经济收入的不平衡状况。

——根据《经济大辞海》（海洋出版社1992年版）"罗斯福新政"词条及其他有关文献编写。

19世纪中叶，德国经济学家李斯特（Friedrick List）提出了著名的"新建产业论"，认为工业落后国家，必须依靠政府的保护政策，才能促进本国工业的发展，建立起强大的工业基础。第二次世界大战后，日本积极推行了卓有成效的产业政策，取得了显著的经济发展成效，产业政策因此受到了国际经济学界的普遍瞩目。我国自20世纪70年代末进行改革开放后，面对十分严重的产业结构失衡问题，已经广泛、持续地推行了以产业结构调整为内容的产业政策，尤其从"七五"计划时期开始，政府不断推出日趋细化和扩展的产业政策，使中国成为一个推行产业政策较多的国家。1989年3月，国务院颁发《关于当前产业政策要点的决定》，对制定产业政策的基本原则、产业发展序列以及推行产业政策的保障政策、组织实施措施等方面进行了明确的规范。1994年2月，国务院又颁发了《90年代产业政策纲要》，对90年代我国产业政策要解决的主要问题、产业政策目标及组织实施措施等方面进行了新的规范，标志着我国产业政策的制定与实施进入了新阶段。

（三）产业政策的内容

产业政策包括产业结构政策、产业组织政策、产业技术政策和产业布局

政策。

1. 产业结构政策是指通过确定产业的构成比例、相互关系和产业发展序列，为实现产业结构合理化和高级化而实施的政策。产业结构政策可分为产业间结构政策、产业内部结构政策和专门产业结构政策三类。产业间结构政策是关于各产业部门间比例关系的政策，其政策措施一般分为保守型措施和校正型措施。前者主要是指保持产业的竞争地位，保障企业的竞争能力，支持受到威胁的产业，创造正常的竞争条件，等等。后者主要是指改变产业的市场地位，增加或减少市场份额，等等。产业内部结构政策旨在调整产业的内部结构，如企业规模、生产和革新、提高行业技术水平，等等。这类政策往往和产业结构政策混合使用。专门产业的结构政策主要是指包括企业法规在内的政策措施、研究和技术政策措施以及改善环境的保护措施，等等。

2. 产业组织政策是政府为实现产业内部、企业之间资源合理配置而制定的政策的总和。产业组织政策着重于影响产业组织的变化，其内容主要包括：反对垄断，促进竞争的政策，推动建立和形成大规模生产体制的政策，以及促进中小企业现代化的政策。产业组织政策的目标包括充分发挥竞争活力和充分利用规模优势两个基本内容。一般而言，规模经济的利用必然带来企业规模的扩张，而大企业的出现往往导致垄断因素的增多，使竞争受到影响。规模经济和充分竞争之间的冲突被称为"马歇尔冲突"，如何处理竞争活力和规模经济之间的矛盾，使二者的优势兼容，是产业组织政策要解决的核心问题。各国根据各自不同的发展情况，产业组织政策有所侧重，重点解决竞争活力问题或者规模经济问题。产业组织政策主要包括反垄断政策及规范竞争政策。反垄断政策包括政府干预市场结构的政策和政府干预企业行为的政策以及自然垄断行业的特殊管制政策等。规范竞争的政策主要包括规范价格竞争的政策和规范非价格竞争的政策以及专门的企业兼并政策及中小企业政策。

3. 产业技术政策是指国家对产业技术和经济发展进行宏观指导的政策规定。其主要内容包括：确定产业的技术发展目标，规定合理的产业技术结构、生产结构和产品结构；确立技术选择的方向，包括发展什么技术、限制和淘汰什么技术，提出促进产业技术的路线、途径和措施。各国往往根据本国经济发展中的突出问题，确定产业技术政策的侧重点。

4. 产业布局政策是政府根据国民经济与区域经济发展的要求，制定和实施的有关社会生产力在空间的分布以及区域内部、区际之间经济协调发展的政策总和。产业布局政策具有地域性、层次性、综合性等特点。产业布局政策的制定，要坚持效率优先、兼顾公平，专业化分工与协作发展相结合，集中与分散相结合，国家产业政策与地区经济发展政策相结合等原则，合理规划事权，发挥各方面的积极性，既突出重点，又兼顾区域经济的协同发展。

二、产业政策的性质

（一）产业政策是政府干预下的经济资源配置方式

产业政策是通过政府措施干预社会再生产过程，干预产业部门之间和产业部门内部的资源配置而实现一定的经济和社会目标的政策措施。同以往的其他经济政策相比，产业政策的实践在很大程度上冲破了古典经济学中亚当·斯密"看不见的手"的教条，冲破了大卫·李嘉图"国际分工和贸易理论"的束缚，也比基于凯恩斯学说的通过国民收入再分配干预社会再生产的经济政策更进了一步。产业政策的推行使得社会生产在市场机制基础上具有了更强的计划性，政府对社会再生产过程的干预作用增强。

（二）产业政策体现政府的经济发展战略

产业政策直接体现了政府的经济发展战略和经济发展思路，通过对资源存量的调整和增量的组合，对资源配置发生作用。产业政策的推行需要国家综合运用财政措施、税收措施、金融措施、政府订购措施及国有化或私有化等多方面的措施，涉及产业结构、产业组织、产业技术及产业布局等各个方面，体现了较强的政府干预作用。产业政策的推行是现代经济发展的结果，体现了政府在资源配置中的独特地位。

（三）产业政策体现政府对产业的差异化政策导向

产业政策的推行是通过差别政策对各个企业的引导和限制来实现政府干预经济的目的，在产业政策推行过程中，一部分企业得到政府特别的优惠，一部分企业则受到政府干预政策的限制，因此，产业政策的推行具有非帕累托最优的性质。不同利益集团为了获得政策优惠，总是互相竞争，积极寻求政府的支持。产业政策从制定到执行，都体现了不同利益集团相互博弈、公共选择的特征。政府在推行产业政策的过程中，也具有独特的利益，成为博弈的一方。

三、产业政策的目标

产业政策是为了实现一定的经济目标而采取的干预社会再生产，主要是干预产业部门之间和产业内部的资源配置的政策措施。产业政策的制定，需要根据具体的情况，确立产业政策要达到的主要目标。

经济政策目标的确立，要根据一个国家经济发展的自身特点、客观环境和主要问题，充分发挥市场机制的作用。对于像我国这样一个处在转型时期的发展中国家，更要结合体制转轨过程中的特殊问题，采取有效的产业政策，推进体制转轨和工业化、现代化的进程。产业政策的目标主要包括以下内容：

(一) 推进经济持续稳定增长和经济结构的优化

经济持续稳定增长和经济结构优化是发展中国家宏观经济政策的首要目标。实践证明，推行产业政策，国家干预经济活动是后进国家发展经济的有效途径。在20世纪30年代大危机之前，依靠市场机制，实行自由放任政策是经济理论界的主流观点，大危机中美国于1933年首先推行国家干预政策的"罗斯福新政"，通过财政政策和金融政策刺激经济"景气"，成为发达资本主义国家大规模干预经济的开端。凯恩斯主义的出现，为罗斯福新政提供了理论上的依据，强化政府的经济管理职能，积极进行宏观经济管理成为第二次世界大战后各国发展经济的通行做法。第二次世界大战后，日本经济奇迹般的发展中，推行有效的产业政策起了重要作用。1945~1955年的战后经济复兴时期，通产省组织推行"产业合理化政策"，通过了一系列产业合理化的立法，着重解决产业结构不合理问题。1955年以后，为了振兴经济，尽快赶上欧美发达国家，日本政府认为，依靠市场机制的自发作用，单靠企业管理的改革不可能实现这个目标，而必须规划产业结构高度化的目标，确立带动整个经济起飞的"战略产业"，并通过政府的经济计划、经济立法措施，扶持推动"战略产业"的起飞和国民经济素质的整体提高。这是当时产业政策的主要含义，也是产业政策这一概念流行的背景。国家规划和干预产业结构形成的做法，把各国经济政策的理论向前推进了一大步，产业政策受到了世界各国的瞩目。1970~1972年，经济合作与发展组织编写了14个成员国的有关产业政策的系列调查报告，产业政策概念已走向世界，利用产业政策促进经济发展和经济结构的优化，已成为制定产业政策的一项基本目标。

(二) 解决"市场失灵"问题，优化资源配置

产业结构问题的解决，应当主要依靠市场机制，但在一些特殊的领域，由于存在"市场失灵"问题，仍需要推行产业政策，优化资源配置。产业政策的本质，就是要通过政府的干预，改变资源的市场配置方向。一般来说，公共产品供给、高技术行业发展、产业组织结构转变、自然垄断行业管制等领域，市场机制都难以正常发挥作用，存在着明显的"市场失灵"问题，因而也应当是产业政策发挥作用的基本领域。

(三) 推动产业结构升级优化，扶持战略产业发展

产业结构的升级优化是经济发展的重要表现，也是经济持续发展的需要。后进国家的经济发展中，随着工业化进程的加快，第二、三产业在国民经济中的劳动力、比重和贡献率都会上升，推动劳动力、资金和技术向第二、三产业及时转移、保护幼稚产业、扶持新兴产业，便成为产业政策的重要目标。所谓战略产业，是指对国民经济发展的推拉带动效应大，关系经济长期发展和国际竞争、控

制国民经济命脉的关键产业。扶持战略产业发展，是推动产业结构升级优化的重要方面，是制定产业政策时的重要目标。

此外，培育市场结构，推动市场化改革。提高产品的国际竞争力，促进技术进步与创新，使之成为经济发展的不竭动力；保护自然资源与环境，实现社会经济可持续发展，加速经济发展的国际化进程，优化产品结构，推动经济发展中的地区平衡等，也都可能成为一个国家产业政策制定中的重要目标。

四、产业政策的类型

近一二十年来，各国实施的产业政策主要有以下三种类型：

第一种以明确的结构政策和组织政策为主要内容，具有明确的结构目标和企业竞争目标的产业政策。重点推进产业结构优化及产业组织的合理化，通过倾斜发展、产业扶持等措施，提高产业竞争能力，扩大出口，增强经济实力。比较典型的是日本。

第二种以补救性政策为主要内容，以形成产业自我调整机制为主要目标的产业政策。这一类型产业政策的主要思路是：市场具有结构的自我调节机能，只有通过市场，通过市场竞争和价格从而商品的比较收益变化，才能形成对生产者和投资者的有效刺激，使社会资源按照产业结构未来发展方向有效配置和合理流动。国家政策的任务是通过一些措施帮助完善市场机制，补救市场机制的不足，而不是代替市场机制进行资源配置。这类产业政策以美国和德国最为典型。其缺陷是：过分依赖市场机制，不利于实现规模经济效益，对转型发展中的各国而言，由于本身并不具备完善的市场机制，这类产业政策往往不具备实施的环境。

第三种以指令性计划为主，以结构变化为主要目标的产业政策。前苏联、东欧各国以及改革开放前的我国等计划经济国家过去基本上都属于这一政策类型。这种政策的思路是：运用国家行政干预实现资源增量的重点配置，促进社会资源增量的调整，推动重工业化进程，避免发达国家早期发展中由于盲目竞争所带来的资源浪费。从部门结构来看，这种政策取得了明显的成效。前苏联从1926年开始实行工业化，到1940年基本实现，用十几年的时间完成了资本主义国家近一二百年才完成的工业化进程。但是，这种排斥市场机制的政策具有明显的缺陷：一是忽视市场机制的作用，造成比例失调、经济效益低下，在生产资料部门优先发展的同时，消费品生产部门长期滞后，结构失调问题十分严重。二是指令性计划和单一的公有制导致社会资源存量调整十分困难，存量结构的刚性又导致增量分配的刚性，使需求结构变动和供给结构变动的矛盾十分尖锐，每一次经济结构的调整都需要付出极高的社会代价。三是在缺乏市场竞争压力的情况下，社会的竞争效益和规模效益都比较差，经济发展的激励机制不充分，缺乏活力和动力。

五、产业政策目标的主要政策措施

（一）组织措施

通过设立专门的政府管理机构组织实施产业政策是各国推行产业政策的通行办法，只有建立有效的组织监控机构，产业政策的推行才能得到有效保障。如日本有通产省内设的产业政策局、通商政策局、贸易局及公害局等负责开发和协调全部的产业政策。法国有工业战略开发部，英国有全国经济发展委员会，韩国有经济企划院、经济部长审议会和专门研究产业政策的全国产业政策研究院。在我国，产业政策的制定和执行权集中在国务院，国家发展和改革委员会是具体负责研究制定、协调国家产业政策的综合部门，各项产业政策的制定由国家发展和改革委员会牵头，会同有关部门进行。

（二）财政措施

运用财政措施来实现产业政策，主要包括财政补贴、加速折旧、减免税或增税等。运用这些措施可以加快发展产业结构中的薄弱环节，促进产业结构和产业布局的调整，又不妨碍市场功能的正常发挥。如美国政府在1981年实行的《经济复兴税法》，主要是通过《加快成本回收制度》所实行的加速折旧。这一制度使所有工业设备的折旧从平均6~8年减少为5年，刺激了企业投资和产业发展。日本在20世纪50年代对企业资本进行重新评估，使这些企业增加了内部保留资金，从而促使产业结构的优化和市场集中程度的变化。从各国财政措施推行的实际效果来看，税收刺激的效果一般要优于财政补贴的办法，因为税收刺激容易通过差别优惠对技术和市场前景良好的企业进行有效激励，而不容易形成企业对政府的依赖。财政补贴一般多用于困难企业的扶助。

（三）金融措施

推行产业政策的金融措施主要是针对政策上需要支持的产业和民间投资计划，规定比较优惠的商业贷款利率，或者以较长的贷款期限提供贷款。在政策性金融措施中起主要作用的一般是政府金融机构，如日本对民间企业的进出口和海外投资提供资金的日本输出入银行，对大型企业提供贷款的日本开发银行，为中小企业提供设备贷款和流动资金贷款的中小企业金融公库等。在我国，各类政策性银行由国家组建后从事援助发展产业的资金筹措的投贷，为特定的产业政策服务，是典型的从事产业政策推行的政府金融机构。

（四）外贸措施

在国内产业尚未成熟、在国际竞争中处于不利地位的情况下，政府往往采取一系列保护和扶持国内幼稚产业的措施，鼓励出口，提高国内企业的国际竞争力。采取外贸措施的主要手段有：进出口许可和进口数量限制，以及作为间接控制手段的进口关税和出口退税、减免税等。从各国发展的情况看,后进国家在赶超时期,都有一个从加强外贸保护措施到逐步实现外贸自由化的阶段。即使是发达国家,为了促进本国产业发展和维护本国产业的利益,也绝不会放弃对本国企业实行资助和对本国市场实行保护的政策。世界各国形形色色的非关税壁垒,如出口国的所谓"自愿限制"、对进口商品的价格管制、对纺织品等大部分消费品规定严格的进口配额限制,等等,实际上也都是一些特殊的产业保护措施。

(五) 法律措施

产业组织结构的变动既靠市场机制的自发作用,又离不开政府政策的有效引导,利用法律手段促进市场结构和产业结构的变化,影响产业的发展,是推行产业政策时的常见做法。各国普遍推行的反垄断法、反不正当竞争法等实际上都起着规范产业结构变动、引导产业结构发展的作用。如美国政府在1890年通过的反托拉斯法——《谢尔曼法》,在很大程度上影响了美国产业结构的变动,1982年里根政府在《经济复兴计划》中,放宽了反托拉斯法的限制,导致美国在20世纪80年代兴起了一场企业兼并浪潮。日本在70年代推行的《特定机械信息产业振兴临时措施法》、《电子工业振兴法》、《特定萧条产业安定临时措施法》等,也都在特定时期对日本的产业结构的发展起了明显的规范引导作用。

(六) 政府采购措施

在发达国家,政府采购在社会采购中占据着十分重要的地位,利用政府采购的手段影响社会需求,尤其是对特殊产品的需求,是推行产业政策的重要措施。在美国,庞大的宇航工业生产和军事开支成了政府干预经济活动的重要手段。据统计,1964~1970年,美国政府采购商品和劳务费用总额为5935亿美元,其中纯军事采购占80%。在美国国民生产总值中,政府采购自1952年后便一直稳定在20%~30%之间。通过政府采购措施,大大推动了宇航工业等新兴工业的发展,调整了国民经济中的行业和产业布局。当然,通过政府采购等办法引导产业发展,往往存在有利于大企业的问题,大企业是政府采购的主要受益者,这无形中也扩大了市场竞争中不同企业间业已存在的不平等,不利于市场平等竞争。

(七) 国有化或私有化措施

国家通过把一部分企业收归国有或者兴办国有企业,以及将国有企业改为私有等措施影响国民经济的存量结构,进而促进企业结构的优化和市场结构的改善,调整产业经济结构和产业布局,是推行产业政策的重要方面。世界各国经济发展的经验表明,单纯的私有经济或单纯的国有经济发展都不利于社会经济的迅速发展,市场经济的发展要求国家作为社会整体利益的代表,通过兴办国有企业等措施发展社会福利产业、有助于经济长期发展的基础产业等,弥补市场本身的不足。

第二次世界大战后，世界各国都掀起了国有化浪潮，英、法、意、奥等国都把一部分重要的经济部门或企业收归国有，一些新独立的国家也纷纷把原殖民主义者的财产收归国有，大力兴办国有企业，推动国民经济的重工业化。

20世纪80年代后，发达国家又出现了国有企业私有化浪潮。各国针对国有企业效率低下、官僚主义问题严重的实际情况，采取私有化的政策，把部分或全部国有企业的股份出卖给私人，以减轻政府的财政和管理负担。

从各国企业国有化、私有化的过程中可以看出，国有企业和私有企业都需要在国民经济中保持适当的比例，都需要切实加强管理，提高效率。利用国有化或私有化措施实现资源配置调整，是政府对经济发展进行宏观管理的重要措施。

此外，产业政策的推行措施还有传统计划经济下的指令性计划和一些发展中国家的强制性行政措施，如印度的工业生产许可证制度等。

第二节　制定与实施产业政策的理论依据、批评与争议

一、制定与实施产业政策的理论依据

产业政策，就其本质说，是政府采取措施干预资源在产业之间的分配，从而使资源配置方向有别于市场引导下的资源配置。制定和推行产业政策的主要理论依据，就在于认为这种干预所导致的资源配置方式，比单纯依靠市场机制配置资源能够更多地增加社会福利。

（一）"市场失灵"需要产业政策的有效矫正

市场机制主要通过价格机制对资源进行配置，在一些严格的前提条件下，价格机制能够实现资源的最优配置，即达到"帕累托最优状态"。然而，在现实经济活动中，这些前提条件并不一定能够具备，而一旦这些条件不具备，价格机制就起不到最优配置的作用，即会出现"市场失灵"问题。产业政策的必要性，首先在于解决"市场失灵"问题，其中主要体现在以下几个方面：

1. 公共物品的提供中往往出现"市场失灵"问题。公共物品是指具有以下特性的物品：第一，这种物品在占有上具有非独占性，个别企业或个人无权单独占有。第二，这种物品在使用上具有非排他性，一个人消费这种物品并不排除其他人也同时消费。典型的公共物品是私人所不愿提供的，因为提供者得不到应有的收益，仅仅依靠市场机制的作用，公共物品的提供将低于正常的与资源最优配置状态相适应的供给量。因此，典型的公共物品的供给离不开产业政策的有效引导，离不开政府的作用。

2. 经济活动外部性的存在将导致"市场失灵"。市场机制能够实现资源最优配置的条件之一，就是经济行为人之间的所有活动都通过市场发生，每个经济行为人的活动都不会对他人的经济行为的社会福利造成影响。在现实经济活动中，经济行为人的生产或消费行为存在不通过市场而发生影响的可能性，消费或生产中都存在对他人福利发生影响的问题，社会成本与私人成本、社会收益与私人收益之间存在着较大的差异，这种差异会降低市场对资源的配置效率。如果社会收益大于私人收益，这项活动的供给便小于使资源最优配置所需的供给量；反之，如果社会成本大于私人成本，这项活动的供给量则会远远大于使资源最优配置所需要的正常供给量。在存在外部性的情况下，资源配置将达不到最优状态，因此，要政府政策的有效矫正。

3. 垄断将导致"市场失灵"。在充分竞争的条件下，市场机制将使资源实现最优配置，然而，要达到充分竞争的要求，就必须满足在市场上存在很多购买者和卖者，任何人都是价格的接受者而非价格的制定者的苛刻条件。在现实经济活动中，许多产业都处在不充分竞争的状态下，这些产业中某些企业可以对市场价格产生影响，甚至在一定的程度上操纵价格。形成垄断的原因主要在于一些行业存在进出障碍。这些障碍如存在规模收益递增的情形，生产规模大的企业比规模小的企业享有成本上的优势；存在产品差异，导致该行业进入困难；法律上或行政上存在障碍，导致其他企业难以进入。市场垄断导致生产者因竞争不足而供给不足，资源得不到最优配置，从而需要政府的政策引导。

4. 信息不完全和不充分导致"市场失灵"。要通过市场竞争达到资源的最优配置，需要存在完善和充分的信息市场，买者和卖者都要对所交易的商品拥有完全和充分的了解。事实上，在现实生活中，买卖双方所拥有信息往往是不对称的，交易双方的信息占有不完全，这就可能出现卖者欺骗买者，通过损害一方利益来增加另一方的利益。因此，在信息占有不充分、不完全的情况下，市场机制并不能最优地配置社会资源，需要政府政策的引导和调节。

以上诸种"市场失灵"问题，是政府制定和推行产业政策的主要依据，与此有关的产业政策早已存在于发达工业化国家中。政府根据矫正市场机制的缺陷，实现资源的最优配置的要求，制定了一系列具有直接产业指向的产业政策。这些产业政策都能从市场失灵问题中找到理论依据，其目的在于弥补市场机制的不足，使市场经济更好地运行。

（二）发展中国家的发展需要产业政策的有效扶持

产业政策制定和执行的必要性，还在于针对发展中国家经济发展的实际要求，为其经济社会发展提供有效的支持。

1. 发展中国家的产业保护和产业引导需要国家有效的产业政策。发展中国家的新兴产业刚建立时，由于达不到规模经济的条件并缺少国际竞争的经验，往往在竞争中处于不利的地位。在存在明显的发展差距的情况下，技术较先进、需求弹性大的现代工业行业有相当一部分已被发达国家的新兴行业所代替，发达国家的企业在世界市场上也占有明显的优势，发展中国家的企业不可能与发达国家的高水平企业平等竞争，因此，需要政府采取有效的产业政策及其他贸易保护措施进行必要的扶持，使其尽快地成长起来，以便与发达国家的先进企业进行有效的竞争。

发展中国家的发展不仅需要产业保护政策，而且需要一些有效的产业引导政策，对落后产业的发展进行投资引导。因为这些国家的资本市场发育不全，自发投资水平和储蓄都比较低，投资者承担风险的能力较差，一些市场潜力巨大但需要巨额投资、风险较高和投资回收期较长的产业，无法通过市场筹措到足够的资本。一些对提高国家经济发展潜力和国际竞争力利害攸关的产业也无法通过市场机制获得足够的发展，需要政府政策来引导有限的资金使用方向，为产业发展提供足够的资金。

2. 产业结构升级和发展中存在的结构性冲击和退出障碍需要产业政策的有效调节。发展中国家的经济发展中，产业结构的升级变化很快，经济高速增长往往伴随着经济结构的剧烈变化，导致某些行业在经历了一段时间的急剧扩张之后，出现生产能力过剩和退出障碍问题，使整个行业陷入困境。因此，对衰退行业进行产业援助和调节，就成为第二次世界大战后许多国家推行产业政策的显著特点。产业升级发展中存在的主要的结构性冲击和退出障碍表现在：机器设备等资本品往往具有较强的专用性，从一个行业向另一个行业转移比较困难；劳动技能和劳动力价格存在刚性，行业间劳动力的转移比较困难；有前途的产业可能存在比较高的技术障碍，等等。在这些情况下，如果政府不制定和推行有效的产业政策，传统产业的结构调整将十分困难，大量资源会滞留在衰退产业中，不仅资源得不到有效配置，还会因长期亏损及失业等问题引发严重的政治和社会问题。

3. 发展中国家后发优势的发挥需要有效的产业政策扶持。发展中国家发展的有利之处，在于它们可以借鉴发达国家的经济发展经验，根据世界各国产业发展的一般规律，制定适合本国特点的经济发展战略，发挥经济发展中的后发优势。产业经济学的研究表明，各国产业发展具有大体相同的发展过程和阶段性，产业结构演变具有一定的规律性和可模仿性，如配第一克拉克定理揭示的三次产业之间的演变规律、库兹涅茨对三次产业演变过程的实证分析、霍夫曼定理描述消费品和资本品产业之间比例的变化规律，等等，都揭示了经济发展的不同阶段产业结构演变的一般规律，根据这些规律，发展中国家就可以采取更多的产业政策来推动产业转换和升级。政府制定的一系列产业政策对企业而言，实际上也是更多的信息传递和理论引导，有助于企业决策水平的提高。

二、对制定与实施产业政策的批评与争议

产业政策所依据的理论观点也一直受到不同角度的批评和争论，这些批评和争论的观点，主要包括以下内容：

（一）政府失灵

以"市场失灵"作为推行产业政策的理论依据，进行产业发展的政府管理，将导致"政府失灵"，降低经济活动的效率和活力。产业政策的制定和执行，都要靠政府的直接参与才行。产业政策发挥积极有效的作用，实际上需要具备以下一些前提条件：一是制定产业政策的政府决策层有动力和能力制定出合理的产业政策；二是政府的行政系统有动力和能力有效地推行产业政策；三是通过产业政策解决产业优化和发展的问题比通过市场机制需要的成本更低。而事实上，政府作为具有独特利益要求的利益集团是否真正有动力和能力制定和推行合理的产业政策，本身就是需要探讨的问题。不少反对推行产业政策的经济学家指出，产业政策会明显干扰市场机制的正常作用。产业政策有着直接的产业导向，是一种对经济活动的直接干预，这种干预在促进一些部门企业较快发展的同时，很可能使企业产生对政府优惠政策的依赖感。在许多国家，长期受保护的行业都存在这类问题。产业政策也有可能以过高的代价换来特定部门的增长，失去使具备比较优势的产业和部门充分发展的时机。因此，政府以"市场失灵"为由推行产业政策，干预经济活动，往往造成资源配置状况比市场机制作用下的资源配置更令人不满意的情形。

（二）产业结构演变不一定具有可选择性

通过推行产业政策促进产业转换和发展不一定合适。对产业政策理论持批评态度的学者指出，产业结构演变和发展是否具有可选择性，本身是值得怀疑的。虽然有一些产业结构演变的研究成果，但是，这些研究是粗线条的，产业的划分非常笼统，对产业政策的制定不一定具有指导意义。如配第一克拉克定理指出三次产业之间关系的变动规律，但是，具体有哪些行业在什么阶段应该得到迅速的发展则由于各国经济发展的实际情形不同而有很大的差别。如果深入到具体的行业和产品层面，各个国家在相同的发展阶段的产业结构是有很大的差别的，已有的产业结构理论却并不能有效地解释这些差别。这种批评观点甚至认为，政府实际上无法选择应该发展和不应当发展的产业、应当开发或者不应当开发的技术等，这些过程只能在市场竞争中去完成。

第三节 推行产业政策的成功要点

一、影响产业政策制定的主要因素分析

(一) 不同利益集团的利益要求影响产业政策的制定

产业政策的作用必须结合本国国情，针对当时的环境和条件，具体问题具体分析。对处于转型时期的国家而言，由于制定产业政策的背景不同，面对国民经济不平衡发展的现状，产业政策往往带有国家指令性规划的性质，担负保证国民经济"按比例协调发展"的任务。这种情形，与发达国家产业政策一般只用于与公共物品、外部性、公平竞争、对外贸易、科技开发等问题有关的领域的做法有很大区别。因此，产业政策导向将在很大程度上为各个部门的发展规划外部条件，直接关系到各个部门的切身利益，成为各个部门竞相博弈的目标。实践表明，"政府"不是一个抽象的概念，它包括不同层次的地方政府和中央各部门，在产业政策的制定过程中，地方政府和中央各部门并没有表现出完全从"全局利益"出发考虑问题的特征，而是往往作为本地区、本部门利益的代言人出现。从我国产业政策制定的历程看，各部门、各地区都竞相提出各种理由，要求成为中央产业政策制定过程中优惠的对象。其次，产业政策的制定者在考虑"全局利益"的同时，还有其独立的利益取向，如政府的权力及相关的物质利益、地方利益、部门利益及其他集团利益的协调、政策制定者个人升迁的机会、政府受拥护的程度及政局稳定，等等。另外，决策者不同的偏好和认识水平、决策习惯等也会影响产业政策制定中的科学性及合理性，对产业政策的制定产生影响。

(二) 信息的完全程度影响产业政策的制定

产业政策的制定依赖对政策取向的准确把握及决策信息的充分有效，决策信息的完全程度影响产业政策的制定。产业政策是在第二次世界大战后一些国家中充分运用进而引起人们关注从而风行一时的，对日本等国战后经济发展中产业政策所起的作用，本国经济学界及实业界一直有不同的看法，国际上也存在很大的争论。各国经济发展的起点、阶段、条件、环境不同，社会制度和经济体制也有很大差异，其他国家运用产业政策的经验、方法如何与本国实际相结合，选择合适的产业政策，本身便是一个很大的课题。由于政策环境的差别，各国产业政策理论传递中不可避免地存在信息扭曲问题，使得对产业政策合理性的判断容易失之偏颇。再从国内情况看，由于政府与企业之间、政府内部各部门之间以及各级政府部门之间利益取向的差异，信息传递的不完全、不充分、不对称、扭曲问题客观存在，政府决策层因而难以掌握正确决策所需要的有关信息。长期以来，我

们一直注重政府宏观决策对经济发展的有效调控,对政府决策失败的问题注意不够。实际上,在产业政策的制定与实施中,政府行为选择的问题是一个在很大程度上将决定产业政策的执行效果的问题。

(三) 产业政策的有效性还依赖其与市场比较的低成本

产业政策的制定和推行需要付出较大的成本,因此,是否要以产业政策干预经济活动取决于政府与市场谁的成本更低。在转型发展中国家,市场机制尚不成熟,产业政策的推行往往要付出抑制市场竞争积极作用的代价,影响市场机制的发育。产业政策即使非常合理,也不见得能以比市场更低的成本解决问题,如果政府推行产业政策的成本很高,则与其以产业政策来解决,还不如让市场机制来解决。

产业政策在制定和执行过程中,效率低下、成效并不明显的情况屡见不鲜。由于各部门、地区之间利益矛盾与冲突始终存在,产业政策的推行需要反复谈判协商,对各部门的利益进行补偿。尤其是在对某些"长线"行业采取限制性政策时,由于部门、地区利益冲突日渐激烈,政策推行难度很大。我国在改革开放过程中,几乎所有的加工部门都提出过要求,希望制定政策,限制新投资者尤其是其他部门涉足本部门行业和产品,同时又鼓励本部门企业进入其他部门中前景看好的行业和产品,导致各行业产品在不同的地区、部门交叉发展,形成产业、行业结构的地区同构化。至于源于政府机构的"三乱"问题、"翻牌公司"问题等的出现,则从一个角度说明了政府机关的"控制偏好"及由控制权所带来的既得利益刚性,这种"控制偏好"很容易导致产业政策进行资源配置时效率低下。

(四) 政策制定中的技术局限也将影响产业政策的制定

在产业政策制定过程中,存在着由于技术性的原因而出现较大失误的可能性。第一,如果没有采取科学的方法和程序研究问题,导致政府制定对问题判断及未来预测的失误,将制定出不合理的产业政策。第二,由于产业发展前景存在大量的不确定性,预测十分困难,即使采取了科学的方法和程序,仍有可能出现"预测失误"。第三,政府决策中经常碰到的问题还有,学术界的看法存在重大的分歧,从而使政府决策者难以选择和鉴别正确的意见。在这种情况下,不同研究成果的说服力、对不同专家的信任程度、决策者本身的倾向性及专家学者意见之外的舆论倾向等更多的因素,都可能影响决策。第四,产业政策的制定作为一项公共选择过程,其结果在很大程度上还取决于各个利益集团相互博弈的能力,特别是在面临重大的利益调整时,各个利益部门的舆论倾向将左右政策的制定。在我国,重大政策制定时,一般都要征求各相关部委的意见,产业政策的制定结果常是各个部门权衡彼此利益的结果,因而很有可能偏离产业发展的需要。这些事实表明,在产业政策制定过程中,如何防止由于信息不充分、信息不对称及舆论倾向不一致而导致政策失误，是产业经济学研究中的一个重大理论问题，也是我国产业政策制定和执行实践中存在的一个紧迫现实问题。

二、影响产业政策推行效果的主要因素分析

（一）政府的干预能力

政府产业政策的推行需要政府有较强的干预能力，主要包括直接干预能力和间接干预能力两个方面。直接干预能力主要包括行政约束能力和投资能力，政府的行政约束能力主要体现在通过审批手续和各种"通知"、"决定"，政府的行政手段规范和引导企业的经营活动和投资行为，从而实现对资源配置的有效管理。政府的投资能力则主要表现为政府预算内的直接投资和通过立项审批权、贷款审批权及其他各种方式的影响力，对全国资产进行管理和约束。政府的间接干预能力则主要指政府通过运用财政、税收、金融、货币、外贸、外汇政策及信息发布、道义劝告等措施进行产业引导的能力。产业政策是由政府制定并推行的对社会生产各方面进行调节的政策措施。政府的干预能力对产业政策的推行具有很强的影响，尤其是政府投资在社会总投资中的比例和方向，直接决定着产业政策推行的效果和力度。

（二）微观经济主体对产业政策的认同程度

产业政策的作用要通过对政府各微观利益主体的规范和引导实现，各微观利益主体对该政策的认同程度将决定他们对该政策的态度，从而影响该政策推行的效果。产业政策不仅对各产业有影响，而且对各级政府部门、社会团体、舆论群体等都有很大的影响，产业政策的推行结果实际上是各有关利益主体相互博弈、公共选择情况的反映。政府通过间接引导实施的产业政策，如通过差别税率、差别利率等手段限制或鼓励资金进入一些行业，这些政策只有为各微观利益主体认同并保持行动上的一致，才能起到应起的作用。如果产业政策得不到各微观利益主体的认同，往往会在执行中扭曲变形。尤其是在各地方政府对中央政府的产业政策不认同的情况下，产业政策很容易在地方政府的自利行为下被扭曲，难以发挥正常的作用。

（三）存量资产调整的难度

产业政策不仅对资产增量调整起作用，而且对资产存量调整起引导规范的作用，各个行业资产存量调整的难度是影响产业政策推行效果的重要因素。每个行业都有各自的生产技术和资产特性，不同行业之间技术和资产的差异性很大，使得彼此之间的存量调整十分困难。我国自20世纪80年代以来，政府多次试图通过存量调整来调整"长线"产业和"短线"产业的结构性失衡状态，一直收效甚微，一个重要原因，就是由于各行业长期发展形成不同的存量资产结构，导致存量调整刚性。存量资产的结构特征是产业政策制定过程中必须考虑的基本因素

之一，在产业政策推行过程中，它也是影响产业调整效果的关键因素之一。

（四）其他政策的交互影响

调整产业结构、优化产业组织只是国家经济和社会发展中的许多重要目标之一，在推行产业政策的同时，政府还以发展、改革、开放和稳定为目标制定了许多政策。这些政策往往比产业政策具有更优先的位次，其要求和产业政策的要求并不一致，如改革开放以来我国推行的鼓励乡镇企业发展政策、地方财政包干政策、鼓励劳动密集型产业和出口创汇产业的政策，等等，实际上恰恰和鼓励基础产业和基础设施建设优先发展的产业政策有一定程度的背离。以搞活企业为目标的承包制推行的结果，则必然使一部分从产业结构优化角度看需要限制的行业也齐头并进，使原有的产业结构的不合理问题进一步放大。从政府推行各项政策时的选择来看，它实际上要对一系列政策目标的重要性进行权衡，根据各政策在目前经济和社会发展中的紧迫性决定推行该项政策的力度，各项政策的交互影响成为决定产业政策推行效果的重要因素。

此外，一个国家所处的国际环境、文化传统、政府对各个企业的约束及民族习惯等也都是影响产业政策推行效果的重要因素。

三、推行产业政策的成功要点

（一）产业政策的基础是竞争有序的市场机制

产业政策要充分发挥市场在资源配置中的基础性作用。推行产业政策在各国推行的情况不同，取得的成效也有很大的差异，从各国产业政策的推行情况看，产业政策要取得理想的效果，必须注意充分发挥市场在资源配置中的基础性作用，将建立竞争有序的市场机制作为推行产业政策的基础。市场机制虽有不足和缺陷，但从整体上看，它是最有效的资源配置手段，产业政策如果完全抛开市场机制，实践证明必然是低效率的。

（二）产业政策成功的关键是企业具有活力

企业成为富有创新能力和竞争实力的微观经营主体是产业政策成功推行的一个要点。产业政策的基本目标就在于促使全国经济发展的协调一致，从各国经验看，推动全国经济协调发展的基本途径有两种：一是在发挥企业积极性和创新能力的基础上，通过各方面意见的反复协调，在价格和产品竞争的基础上，经过重复"试错"，逐渐达到全国经济活动的均衡发展。二是形成中央集权型机制，按照中央的指令统一行动。从实际推行的结果看，采取第二种办法将不断地导致资源配置的失衡和结构性矛盾的加剧，导致经济活动的低效率。事实上，在任何一个国家的经济发展过程中，供给和需求之间的矛盾、不均衡都是随时随地存在的，只有依靠企业自主的竞争和创新，才能不断去均衡不断出现的不均衡。产业政策只能根据需求预测去鼓励和引导社会资源向某些领域转移，只能根据现有的技术资料去鼓励和引导在这种转移中形成最有效的生产规模和经营规模，最终的实现只能靠企业的自身努力。因此，产业政策的有效推行，其关键在于培养富有创新能力和竞争实力的微观经营主体，在于企业真正具备在资源和制度约束下自主创造的体制条件和运行机制。

（三）产业政策的推行必须因地制宜、因时制宜

产业政策的推行必须根据本国的实际情况，结合本国具体问题，灵活调整。产业政策推行中，可以吸收与借鉴各国的经验和方法，但必须从自己的实际出发，结合本国具体问题，而不能照抄其他国家的产业政策。一是各国所处的发展阶段不同。各国在不同的发展阶段，由于各类消费品在国民消费中所占的比例不尽相同，社会总需求结构因而有很大的差异，产业结构也不尽相同，只能采取适合本国国情的产业政策。二是各国的基本国情有很大的差别。由于各国的资源禀赋有差异，政治制度和社会价值标准也彼此各异，推行产业政策的体制基础和文化土壤也存在差别，用产业政策去引导社会资源的配置，只能使用符合本国实际的措施。三是世界经济环境在不断地变化，世界市场的需求和供给情况、各国的技术状况、世界新产业发展的动态都在不断发生变化，产业政策具有明显的前瞻性，要不断跟踪世界经济发展的动态，只有根据变化了的情况灵活调整，产业政策才能起到应有的作用。

案例

加入世界贸易组织后中国汽车产业政策枚举

加入世界贸易组织以来，我国政府在政策制定上积极履行世界贸易组织的承诺，汽车及零部件关税大幅度降低，汽车的关税壁垒逐步取消，汽车进口许可证也逐步废除，尤其是汽车销售、汽车金融等服务贸易的逐步开放，使我国汽车市场大踏步走向国际化；同时，又充分利用5年过渡保护期，通过制定新的汽车产业政策等手段，对民族汽车工业进行合理保护。

2001年11月10日，我国正式加入世界贸易组织。我国郑重承诺：取消汽车进口数量限制，以近3年实际平均进口量作为过渡期，以第一年发放的进口配额量为基础，年增长15%，直至2005年取消配额。此外，关税每年下调10%。从2002年1月1日第一次降低汽车关税开始，历经6次降税，至2006年7月1日起整车进口关税平均降至25%、零部件进口关税平均降至10%

止，降税承诺全部履行完毕。

2004年12月17日，商务部发布并自2005年1月1日起施行的《汽车产品自动进口许可证签发管理实施细则》政策出台，对汽车产品实行自动进口许可管理，从而取消量的限制，市场逐渐开放。

2003年10月3日，中国银行业监督管理委员会发布《汽车金融公司管理办法》。这一新办法，直接让国外的巨型汽车生产企业进入国内开展汽车金融业务，汽车金融市场完全开放。

2005年8月10日，商务部发布并于当日生效的《汽车贸易政策》，又向外资放开了汽车销售领域和服务领域，允许有条件的外国投资者进入国内汽车贸易领域，并在经营方面充分体现国民待遇。

2004年6月1日，国家发改委颁布了《汽车产业发展政策》，这是加入世界贸易组织以来我国汽车产业方面最重要的一个纲领性文献。在这部新的汽车产业政策中，国家明确提出要把我国的汽车产业发展成为国民经济的支柱产业，要在2010年前建设几个具有国际竞争力的大型汽车集团，在国际汽车行业占有一席之地。

2005年2月28日，海关总署、国家发改委、财政部、商务部发布《构成整车特征的汽车零部件进口管理办法》，2005年4月1日起开始实施。该办法规定进口具有整车特征零部件将按整车征税。目的是为了刹住某些合资企业愈演愈烈的散件组装之风，从政策上引导企业积极进行自主创新。

2005年11月3日，国家发改委发布《汽车产品外部标志管理办法》，规定国产汽车必须在车身显著位置标注生产厂家的中文标志。

2004年3月10日，国家质量监督检验检疫总局、国家发展和改革委员会、商务部、海关总署发布《缺陷汽车产品召回管理规定》，汽车召回制度正式确立。随后，国家质量检验检疫总局又先后发布了《缺陷汽车产品召回信息系统管理办法》和《缺陷汽车产品召回专家库建立与管理办法》，使召回制度日趋完善。

2005年2月25日，由商务部、发改委、国家工商总局发布《汽车品牌销售管理实施办法》。该办法规定，今后经营者要经营该品牌汽车，必须得到汽车供应商的品牌销售授权。这一办法的实质是提高了汽车经销商的准入门槛，加强了厂家对经销商的监督，这有利于经销商提高服务质量，消费者也可以从中受益。

2004年10月29日，出台《乘用车燃料消耗量限值》，2005年7月1日起实施。这是一项节能标准，有望减少因为汽车保有量日益增加而能效较低所带来的能源浪费；促进落后车型的更新换代，有助于国内合资汽车企业引进真正的先进技术。对于国产自主品牌企业而言，该项政策如同一道"紧箍咒"，自主创新要先从技术开始。

国家发改委等部门发布、2006年1月实施的《关于鼓励发展节能环保型小排量汽车的意见》指出，放开对小排量汽车的各种限制，引导、鼓励企业生产、消费者购买和使用低能耗、低污染、小排量、新能源、新动力汽车。

——根据多项网络资料整理。

第四节 产业政策的效果评价

一、产业政策合理性评价

（一）产业政策的再分配性质

产业政策既是一项配置性政策，也是一项再分配政策。产业政策的目标是实现资源在社会生产中的最优配置，但是，由于这种配置优化是通过政策手段实现的，通过利益诱导、法律规范、行政干预等方式调整资源再配置，必然会引起人们收入分配的变动，使一些人受益而另外一些人受到损害，使一些行业的发展得到支持而另外一些行业的发展受到抑制，从整体上影响人们的分配状况。

对再分配政策的合理性评价，因牵扯到价值判断标准问题而很难找到一致的评价标准。市场本身并不能解决社会利益分配的合理化问题，西方经济学中一般根据帕累托最优标准来判断经济政策的合理性。一项政策的推行，在不损害其中任何一人利益的基础上，如果能够使其中至少一人获利，这项政策则具备帕累托改进的性质。一项政策推行后，如果没有任何帕累托改进的余地，则认为这项政策具有帕累托最优的性质。帕累托最优状态被认为是经济发展中的理想状态，当然这种状况是否公平，不同的经济学派是有不同的看法的，意见分歧很大。产业政策作为一种再分配政策，是明显不符合帕累托原则的，这就使得其合理性评价缺乏一致的标准，甚至会出现按照不同的标准得出不同的结论的情形。

（二）产业政策的合理性评价难题

产业政策的合理性评价存在许多困难，这些困难的存在，既缘于合理性评价标准的不确定，也缘于产业政策本身配置性功能与再分配功能的矛盾。

1. 产业政策的评价标准难以准确把握。一般认为，制定产业政策的合理性在于它是"全局利益"的要求，但是，全局利益的度量是一个在理论界研究得并不充分的问题。全局利益通常被理解为当受益者多于受损者，社会福利的净增量是正值时的利益安排。至于受益人数量的多少，发达国家一般用投票表决的办法加以计算，这种表决方法中的"投票悖论"，公共选择学派的不少理论家已经从理论上加以说明，证明投票表决的方法并不一定能完全反映大多数人的意愿。在我国现实的经济和政治体制中，"多数利益"的计算与判断，则更多地受到学术界与专业人员的观点、社会舆论倾向、有较强影响力的社会集团的意见以及决策者本身的认知水平、直接感受的影响。通过这些方式，政府制定出的被认为符合全局利益的政策，在不同地区、不同行业、不同职业及不同地位的人们看来，感受与观点往往是相差很远的，哪种意见代表全局利益，经常很难判断。

2. 配置性功能评价与再分配功能评价存在矛盾。产业政策兼有配置性功能和再分配功能的特点，有效配置资源的要求和合理分配收入的要求经常相互矛盾，使得产业政策的合理性判断难以进行。有些从资源配置优化的角度看来是合理的产业政策，从合理分配收入的角度看可能变得不合理。例如，由中央政府出资的基础行业大型建设项目，不同区域的公民受益程度不同，却要通过纳税平等地分摊这些费用，造成了事实上的权益不均。尤其是当这些基础建设安排在经济发达地区时，产业政策的"不公平"问题将显得更为突出。另一方面，有些产业政策从有效配置资源的角度看是不合理的，但从有利于社会公平的角度来看，则可能是合理的。例如，为了区域经济均衡发展援助落后地区发展的政策，为了社会稳定保障就业援助某些衰退产业的政策等，都存在这些问题。因此，产业政策的合理性判断问题，必然要面临如何权衡效率与公平、发展与稳定的矛盾问题。

（三）产业政策的合理性判断标准

产业政策兼具配置性功能与再分配功能的特点，决定了产业政策合理性判断的特殊性。产业政策的执行是一项复杂的系统工程，其合理性判断，要综合考虑目的、手段、效果等诸方面的因素。产业政策的合理性判断主要有以下标准：

1. 目的标准。产业政策的合理性评价首先要考虑该政策的推行是否能够推动产业结构和产业组织的优化，发展社会生产力，提高国家的经济竞争力，改善公民福利状况。对产业政策推行中的局部与整体、眼前与未来、国家与集体及个人的矛盾，要综合权衡，局部利益服从整体利益，眼前利益服从长远利益，集体与个人利益服从国家利益。产业政策的推行，必须着眼于解决国民经济发展中的根本性、全局性的问题，要在经济社会发展的基础上，让人民群众得到改革和发展的实惠。一项政策的效果在很大程度上取决于政策所确立的目的是否合理，进行产业政策的合理性判断，首先要根据政策目标本身来判断该政策是否可取。

2. 手段标准。产业政策是政策目标、政策手段和政策对象的统一，进行产业政策的合理性判断,还需要考虑该政策的推行手段是否合适。产业政策的制定和执行,都要以市场机制功能的正常发挥为基础,是充分利用还是抑制市场机制,是进行产业政策合理性判断时的又一基本问题。合理的产业政策必须尊重市场规律,扬弃市场机制的不足,补市场之所短,在发挥市场作用的基础上,利用政府力量,推动产业结构的升级及产业组织的优化。

3. 效果标准。产业政策的合理性既是一个理论论证的问题,又是一个需要实践验证的问题,根据实证资料,综合考察该项政策的推行效果,是进行产业政策合理性评价的基本标准。实践效果既是对一项产业政策的理论设计、目标确定、措施保障的检测,又是对产业政策制定和执行的环境、条件、群众基础的再检验,是进行产业政策合理性评价时最终的检测标准。

二、推行产业政策成本收益分析

（一）推行产业政策的成本

产业政策的推行往往会损及企业及各级政府的利益,这些利益损失如果没有相应的补偿,就会成为推行产业政策时付出的额外成本。这些成本包括：

1. 企业成本。推行产业政策时的企业成本取决于政策手段本身的特点。这些成本可能包括：①企业的经济利益受损。例如,政府在压缩在建项目,缩小基建规模时,企业往往会陷入资金短缺、原材料紧张的境地,造成企业发展的困难。②由于产业政策的执行环节多,需要企业多次谈判协商,迫使企业支付由于推行产业政策而必需的交易费用。例如,在产业政策的规划下,企业进行改组,则必然要进行资产评估、企业领导变更等,成为企业推行产业政策时的成本。③企业自主权减少。如果产业政策鼓励企业组建行政性的企业集团,政府在组建过程中进行多次干预,企业的自主权必然会有所减少,构成企业推行产业政策时的特殊成本。④企业需要付出更高的技术和管理代价。在推行发展基础产业、基础设施及高新技术产业等产业政策时,由于存在较高的产业发展的技术和规模壁垒,企业需要付出额外的以改进生产技术和提高生产规模才能达到产业政策要求的水平,从而需要为此付出成本。⑤由于产业政策的推行是以国家权力保障的形式进行的,在产业政策推行中,企业处在政府的监督之下,如果企业的发展目标和政府的产业政策目标有冲突,企业还会付出诸如降低企业家个人威望和企业信誉、受政府监管部门的批评等成本,成为推行产业政策的代价。

2. 政府代价。产业政策的推行不仅牵涉企业的利益,而且关系各级政府机关的利益,各级政府机关由于具有各自独特的利益和要求,在推行产业政策的过程中,中央政府和各级政府的利益要求不完全一致,对该项政策的认同性存在很大差异,因而政策推行过程必然伴随着各个政府目标和要求的彼此博弈问题,基层政府往往会在推行产业政策的过程中付出一定的代价。这些代价可能包括：①基层政府权力缩小。由于产业政策的利益分布不平衡，产业政策的推行很可能会损害一些部门、机关的利益。如需要政府机关放权让利的政策措施，各级政府在推行中下放权力，失去一部分财权、物权、事权，使自己的实际利益受损。②增加工作量和工作难度。产业政策的推行牵涉面广，涉及的组织、企业较多，各级政府在推行过程中必然要加大工作量，增加工作难度。如果产业组织调整的范围较广，往往还要增加财政支出。③部门或基层领导受到上级的批评。产业政策作为中央政府强制推行的政策，具有一定的强制性，地方政府由于各种困难难以顺利推行时，还可能导致受上级政府的批评和处罚，使行政领导人的个人威望降低。此外，产业政策的推行要求具有较强的理论和知识准备，如适合地方特点的主导产业、支柱产业的选择，地方产业布局的优化，衰退产业的退出援助等，都需要具有专门的知识和经验，对地方和部门领导提出了新的工作要求，增加管理者的知识成本。

（二）推行产业政策的企业收益和政府收益

产业政策的推行既需付出一定的代价，也会带来一定的收益。推行产业政策的收益除推动经济发展，增加国民经济发展的潜力和动力等社会收益外，对企业和政府而言，还会带来其他不同的收益。

1. 企业收益。影响企业推行产业政策的收益的因素主要是政策执行手段的特点，根据政策执行手段的不同，企业推行产业政策的收益有以下几个方面：

（1）在产业优惠政策的鼓励下，企业获得直接的经济收益。间接干预型的产业政策是以差别政策诱导企业按照政策鼓励的方向进行投资和发展的，在产业优惠政策的鼓励下，一部分与政府产业发展方向相同的企业将获得政府的各种优惠政策，从而使企业在产业政策的鼓励和引导下获得额外的收益。

（2）在政府产业援助和保护政策的鼓励下，企业获得更加优越的发展条件。如某企业发展政府产业政策鼓励的高新技术产业，则不仅能获得政府优惠利率、优惠税率的支持，还可能获得政府订购、企业兼并发展时的特殊许可，甚至政府免费宣传等方面的保护和支持。各国政府在鼓励发展的新兴产业领域还经常进行在土地批租转让、提供法律援助等方面的优惠，从而为企业的发展创造一个较为优越的环境和条件。

（3）通过执行政府的产业政策，企业领导人获得政府颁发的一系列荣誉，提高企业的知名度。特别是在国有企业，政府通常会运用给企业领导人以各种荣誉、奖励的方法给执行产业政策中表现突出的企业以鼓励，这些荣誉、奖励作为企业的无形资产，不仅有利于企业本身的发展，而且作为一种特殊的激励，也有利于企业领导人威望的提高。

（4）对产业政策鼓励发展的产业中的重点企业，政府还可能通过给予一些经营特权的办法给予鼓励。

2. 政府收益。在产业政策的推行过程中，不同的部门、地区受益程度是不平衡的，政府在产业政策推行中获得的收益包括：①扩大管理权限。在产业政策推行过程中，一些主管部门的管理权限会有所扩大，财政拨款增多。②获得上级的嘉奖。产业政策推行过程中贡献较大的部门和机关往往会获得上级机关的嘉奖，主要领导人的威望因而上升。③社会影响力扩大。在产业政策推行过程中，从产业政策的制定到执行和监督，对社会各方面都将产生深远的影响，主持产业政策制定和监管的政府部门将为社会所普遍关注，社会影响力因而得以扩大。

本章参考文献

1. 毛寿龙：《中国政府功能的经济分析》，中国广播电视出版社1996年版。
2. 任杰、梁凌：《中国政府与私人经济》，中华工商联合出版社2000年版。
3. 王俊豪：《政府管制经济学导论》，商务印书馆2001年版。
4. 江小涓：《经济转型时期的产业政策——对中国经验的实证分析与前景》，上海三联书店、上海人民出版社1996年版。
5. 斯蒂格利茨等：《政府为什么干预经济：政府在市场经济中的角色》，中国物资出版社1998年版。
6. 施蒂格勒：《产业组织和政府管制》，生活·读书·新知三联书店1989年版。
7. 保罗·萨缪尔森、威康·诺德豪斯：《微观经济学》，华夏出版社1999年版。
8. 芮明杰：《产业经济学》，上海财经大学出版社2005年版。

重点名词

产业政策　市场失灵　政府失灵　利益集团　政府干预能力　政策措施

思考题

1. 政府在市场经济中合理的作用范围和作用方式是什么？
2. 产业政策的目标有哪些？这些目标之间的关系是什么？
3. 对政府制定和实施产业政策有哪些批评和争议？
4. 应该如何评价产业政策的效果？
5. 推行产业政策的成功要点有哪些？

第十四章 产业政策

第一节 产业结构政策

一、产业结构政策的基本目标

产业结构政策,是政府根据一定时期社会经济结构的内在联系而揭示的产业结构发展趋势及过程,并按照产业结构高级化演变规律,规定各产业在国民经济发展中的地位和作用,确定产业结构协调发展的比例关系,以及保证这种结构变化应采取的政策措施①。产业结构政策作为产业政策的重要组成部分,其基本目标主要包括两个方面:一是促进产业结构的高级化。即根据本国具体情况和国际经济发展、产业结构演进趋势,规划产业发展顺序,选择主导产业,振兴支柱产业,保护幼稚产业,调整衰退产业,并从产业高度设计产业结构演进和产业发展的目标、途径以及应该采取的政策措施。二是促进产业结构的合理化。即在分析研究产业结构现状的基础上,发现结构不合理的问题,提出合理化方案并落实方案的具体政策措施。产业结构政策的最终目标是推动经济增长,也就是说,经济增长是产业结构政策的高层次目标,是上述两个具体目标的升级。

二、产业结构政策的内容

产业结构政策的宗旨是通过促进产业技术进步,不断优化产业结构。尽管产业结构政策形式多样,但大致可以归纳为产业调整政策和产业成长政策。产业调整政策的目标是产业结构合理化,产业成长政策的目标是产业结构高级化。

(一)产业调整政策

1. 产业调整政策的目标。产业调整政策的理论基础可追溯至 20 世纪 30 年代张伯伦(Chamberlain)提出的"能力过剩"概念,以及 20 世纪 60 年代贝恩(Bain)提出的"过度竞争"概念。之后,日本学者经常使用这两个概念,并为日本政府制定产业政策提供了理论依据。从第二次世界大战结束后开始,日本先后确定了一系列衰退产业,并对其制定了各种调整援助政策,取得了一定的成

---

① 邬义均、丘均编著:《产业经济学》,中国统计出版社 1997 年版,第 500 页。

效。另外，欧盟的主要成员国也针对这两类问题，先后制定了相应的调整政策。

产业调整政策对产业结构合理化具有重要意义，它的立足点是帮助衰退产业实行有秩序的收缩、撤让，同时引导其资本存量向高增长率的产业部门有效转移。所谓衰退产业，是指由于技术进步或需求变化等因素致使市场需求减少生产能力过剩且无增长潜力的产业。产业衰退产生的原因主要是：①技术性原因，由于新产品出现或发生了技术革新而引起了产业替代。②经济性原因，在长期经济发展过程中，各种投入要素的成本上升速度不一致，当某种要素成本上升速度较快时，投入要素结构中该种要素密集的产业就会由于利润急剧下降而趋于衰退。③需求结构变化的原因，随着经济的发展和社会收入水平的提高，社会需求结构会发生变化，收入弹性为负的产业就会趋向于衰退。④国际竞争的原因，由于国际分工格局变化，丧失了原有优势，一些产业就会趋向衰退。

在产业结构的转换过程中，衰退产业缩减的困难程度并不亚于成长产业的发展，而且衰退产业不能顺利缩减的社会后果，与成长产业顺利发展相比更为严重。日本产业政策理论认为，在单纯的市场机制条件下，衰退产业的过剩生产力向其他产业转移，经常存在着三方面的障碍：①成长产业的先投入资本为防止利润率下降而设置的转入壁垒。②工资和收入刚性，衰退产业的原有工资水平成为过剩劳动力为其他产业所吸收的障碍。③固定资产拖拽，资本被束缚在衰退产业固定资产上无法实现解脱。当存在上述障碍时，因为资源流动不充分，或流动时间过长、流动费用过高，资源难以在短期内实现优化分配和组合，产业结构的自我调整难以通过市场作用顺利完成。这时，政府产业政策的干预就成为必要。

产业调整政策的实质是资源分配，但与产业成长政策相比，更着重于对社会资产存量的结构调整和再分配。政府产业调整政策的目标通常有以下几个方面：

（1）实现资源的充分利用和优化配置。资源或生产力要素被长期束缚在衰退产业内不能顺利转出和投入新的领域，显然不符合国民福利提高的经济发展目标。而资源又是有限的，所以必须克服对资源的浪费、闲置和低效率利用。当市场在短期利益的约束下难以实现资源优化分配时，政府有必要从社会整体和长远利益出发进行干预。

（2）摆脱国民经济增长对某种资源的依赖，促进产业结构的资源节约化趋势的发展。当某种资源的成本迅速上升时，淘汰对该种资源依赖程度较大的产业，可以有效地使国民经济增长摆脱资源约束而获得更大发展前景。

（3）协调经济发展过程中的社会利益矛盾，这主要表现在：一是协调资本利益矛盾，即协助衰退产业资本摆脱固定资本束缚，打破产业进入壁垒，以协调不同产业间资本利益矛盾。二是协调资本与劳动的利益矛盾，即在资本追逐更有利投资领域和更大利润的过程中，减少被抛出的劳动力的结构性失业，对劳动力进行产业转移导向和技能训练。三是协调区域利益矛盾，即产业结构政策与产业区位政策相结合，向衰退产业在地区结构中占重要比重的地区导入新的成长产业，防止地区经济衰退和地区利益对衰退产业缩减的阻碍。四是协调本国产业与外国竞争者的利益矛盾，即对衰退产业缩减过程的适度保护，防止在外来竞争下衰退产业被迫迅速破产，造成对经济秩序和社会安定的过大冲击。这一目标在不同时期有不同的侧重点，但始终是产业调整政策制定的重要依据。

（4）获取更大的国际比较利益。国际分工和国际比较优势是不断变化的。这种变化主要有两方面的原因：一是为了保持领先地位并发挥本国新的更大优势，需要率先发展先进产业而淘汰落后产业。二是发展中国家利用劳动力成本低廉等后发优势的赶超使发达国家丧失原有优势。对于以获取国际比较利益为经济增长重要来源的国家来说，必须及时转移结构重点，形成新的比较优势。

2. 产业调整政策的主要措施。

（1）加速设备折旧。通过制定和实施衰退产业设备的报废量、报废时间表，采取促进折旧的特别税制，对因设备报废而产生的损失提供部分补偿等政策措施，来加速其设备折旧。

（2）市场保护、援助。通过限制竞争品进口对衰退产业实施一定的保护，为其生产调整、资本与劳动力转移创造条件。政府还可以通过价格补贴和参与采购、促销活动，对衰退产业实施援助。

（3）促进转产。政府可以通过立法制定某个衰退产业部门减少或停止生产某些产品，协助其选择适宜的转产方向，提供转产所需的设备贷款，发放转产补贴等措施，加速产业转换过程。

（4）技术与经营支持。政府通过协调专利与技术推广部门的工作，对衰退产业转产的目标领域提供及时的技术和经营上的指导、咨询与援助，这些措施对衰退产业的调整十分必要。

（5）转岗培训。利用政府所掌握的公共教育与培训设施，对不适应转产后新岗位技术要求的职工提供培训服务。经验证明，随着新兴产业对员工素质要求的提高，绝大多数转岗职工都需要接受转岗培训。而企业本身的培训设施和培训能力往往又难以胜任。因此，为了减少衰退产业调整引起的社会经济震荡，政府有必要建立完善的社会化援助机制。

（二）产业成长政策

1. 产业成长政策的目标。产业成长政策是指通过政府强有力的介入，来增强对需要促进其成长的产业的投入，通过这些产业的超常规发展来推进经济增长。产业成长政策对于经济新增长点的形成、传统产业的技术改造和整个产业结构的演进，都具有不可忽视的作用。

产业成长政策的目的在于推进产业结构高级化，而产业结构的演进是一个分阶段的有序的过程。人们只能在一国经济发展历史所给定的条件下，才能发挥推动产业结构演进的能动作用。因此，弄清一个国家在一定时点上的国际、国内经济发展的条件和环境，是规划产业结构的出发点。政府制定产业结构成长政策，就是为了提高产业结构转换能力创造良好的环境和条件，推动产业的成长。

发达国家产业成长政策的目标，旨在加快发展后工业社会代表先进技术水平的高新技术产业和服务业；而发展中国家产业成长政策的目标，则旨在加快基础产业、扶植主导产业和培育战略产业的发展，加快产业结构的转化。借鉴发达国家的经验教训，发展中国家要科学地制定产业成长政策，必须注意以下两点：一是要密切关注高新技术领域的前沿动态，从关键技术和新产品的层面，及时修正战略产业的定位，尽量避免全局性的选择失误。二是要尽可能减少违背经济规律和效率原则的行政干预，发挥企业的活力与研究开发的自主性；发挥市场机制在政府资源投入中的调节功能；发挥专业机构对公共资金使用的指导、监督、咨询和评估作用，以避免效益低下、资源浪费的失误。

产业成长政策通常包括主导产业选择政策、战略产业扶植政策和幼稚产业保护政策等。关于主导产业的选择政策，可依据主导产业选择基准，综合考虑一国具体情况，选择最能带动经济增长的那些产业作为主导产业（参见第二章）。

战略产业是指能够在未来成为主导产业或支柱产业的新兴产业。要成为战略产业必须具备三个基本特征：一是能够迅速有效地吸收创新成果，并获得与新技术相关联的新的生产函数。二是具有巨大的市场潜力，可望获得持续的高速增长。三是同其他产业的关联系数较大，能够带动相关产业的发展。战略产业的扶植政策是着眼于未来的产业优势，直接服务于产业结构的高级化。

幼稚产业是指工业后发国家新建起来的，相对于工业先行国家成熟的同行产业而言，处于"幼小稚嫩"阶段还未形成竞争所必需的市场关系的产业，从长期看符合收入弹性大、技术进步快、劳动生产率提高快的特点，但在目前却没有比较优势，需要通过政府的扶植使比较劣势转为比较优势。所以，对幼稚产业的扶植反映了政府产业政策的先行性特征。

2. 产业成长政策的主要措施。为推行产业成长政策，各国采取的措施并不完全一致，但都不外乎为保护性措施和扶植性措施，具体而言，主要有以下几种：一是制定并颁布发展重点产业的战略和法规。以立法的形式，确立优先发展重点产业的法律地位，使其享受到在财政、税收、管理等方面的优惠条件。二是鼓励国内企业引进先进的高新技术。引进的技术与国内的重点产业相结合，调整其不合理的地方，使先进技术在消化以后得到充分的吸收。三是在税收方面给予种种优惠。除了在税收方面可以优惠外，如对机械设备特别折旧，还允许从中提取各种准备金，如呆账准备金等。四是政策性金融。政府鼓励商业银行给予需扶持的重点产业以低息贷款。

例如，日本推行的保护性措施有贸易保护政策、高关税壁垒、进口数量配额限制、外汇分配制度等；扶植性措施包括财政投资（优先为战略产业建设公共基础设施）、倾斜减税、倾斜金融和行政指导等。

韩国曾实施的产业成长措施：一是金融倾斜。建立专业化的国有银行，用部分商业银行的资金设立"政策基金"，以相当优惠的利率将资金投入主导产业。二是税收优惠。三是保护市场，包括进口保护和限制外国资本所占比重。四是工业园区，目的是按现代化和专业化的要求为主导产业中的有关企业提供特定的生产区，发挥区域经济的集聚效应。

美国扶植战略产业的主要措施：①建立高科技工业园区，加快高新技术的研究开发和成果应用。②促进国防工业转产，规划军民两用技术的发展。③以贸易、外交、金融、财政、税收等方面的配套政策与法规，支持高新技术的开发与产业化。④要求各联邦机构、国家实验室和大学的研究机构同产业界结成密切的伙伴关系，共同推进高新技术的研究开发与推广应用。⑤增加对尖端军事技术、信息和通信技术、生物技术、新材料技术、环保技术等领域中关键技术的开发投资等。

案例

《汽车工业产业政策》（1994）和《汽车产业发展政策》（2004）的比较

中国曾在1994年和2004年先后出台了《汽车工业产业政策》《和汽车产业发展政策》，二者在诸多方面都有所差异，下面主要从政策的出台背景、主要特点和结构调整三个方面来比较。

一、出台背景

1994年出台的《汽车工业产业政策》：世界汽车工业的全球化发展迅速，在此推动下，世界汽车工业的格局逐步发生变化，全球汽车生产集中度不断提高；国内市场发展迅速，汽车需求量增速较快；汽车零部件工业严重滞后，"散、乱、差"情况严重，配套能力差，成为合资企业引进产品提高国产化水平的重大障碍；汽车业投资飞速扩张。

2004年出台的《汽车产业发展政策》：汽车工业国际竞争格局和竞争趋势发生了新的变化：全球性的大规模兼并重组；技术创新不断加快，电子信息技术产品比重越来越高。低排放的新动力、新燃料汽车已陆续投入生产，新材料、可回收材料应用比例逐步加大，电子信息技术改变了传统的汽车生产组织和营销方式。跨国汽车公司对华战略出现新的变化：中国市场逐步成为其"全球战略"的一部分；把原来中外双方相对平等的"合作型战略"转变为谋求单方面主导的"控制型"战略；我国现阶段车与道路、环境、能源的矛盾日益尖锐，中国汽车产业面临着可持续发展的问题；我国加入世界贸易组织对外承诺要修改1994年制定的《汽车工业产业政策》，如国产化要求、投资限制措施等，以保证与世界贸易组织的规则和原则相符。

二、主要特点

1994年出台的《汽车工业产业政策》：由于当时汽车市场供不应求，产业政策重汽车生产，轻市场环境特点非常明显；政策的覆盖面主要是国有企业与合资企业（而且是其中比较大的企业），对民营企业没有给予足够的重视；为遏制汽车进口，对汽车进口进行严格限制。

2004年出台的《汽车产业发展政策》：取消了与世界贸易组织规则和我国加入世界贸易组织所做承诺不一致的内容；大幅度减少行政审批，依靠法规和技术标准，引导产业健康发展；提出了品牌战略，鼓励开发具有自主知识产权的产品；引导企业重视建立品牌销售和服务体系，提高汽车销售服务体系的竞争力；对创造现有汽车生产企业兼并、重组，促进国内汽车企业集团做大做强；要求汽车生产更好的消费环境提出了指导性意见。

三、结构调整

1994年出台的《汽车工业产业政策》：鼓励汽车企业通过资产合并、兼并和股份制等形式组建跨部门、跨地区的企业集团；重点支持具有独立的产品、技术开发能力和一定生产规模及市场占有率的汽车、摩托车及其零部件生产企业或企业集团；对新建整车、发动机项目提出规模要求；大型企业集团可以享受优惠政策。

2004年出台的《汽车产业发展政策》：支持以资产重组方式发展大型企业集团，鼓励企业之间结成战略联盟。鼓励企业联盟尽快形成以资产为纽带的经济实体；要求汽车整车企业将所属零部件企业逐步调整为独立的专业化的零部件企业；鼓励生产企业开展国际合作，参与国际产业分工；支持大型汽车集团与国外汽车集团联合兼并重组国内外汽车生产企业；建立整车和摩托车生产企业退出机制；汽车生产企业不得买卖生产资格，破产汽车生产企业同时取消公告名录。

总之，与1994年出台的《汽车工业产业政策》相比，2004年出台的《汽车产业发展政策》具有七个方面的特点：①取消了与世界贸易组织规则和我国加入世界贸易组织所做承诺不一致的内容，如取消了外汇平衡、国产化比例和出口实绩等要求。②大幅度减少行政审批，该管的管住，该放的放开，依靠法规和技术标准，引导产业健康发展。③提出了品牌战略，鼓励开发具有自主知识产权的产品，为汽车工业自主发展明确政策导向。④引导现有汽车生产企业兼并、重组，促进国内汽车企业集团做大做强。⑤要求汽车生产企业重视建立品牌销售和服务体系，消除消费者的后顾之忧。⑥引导和鼓励发展节能环保型汽车和新型燃料汽车。⑦对创造更好的消费环境提出了指导性意见。

——资料来源：《汽车工业产业政策》（1994），新华网；《汽车产业发展政策》（2004），中国网；陈亮、吕强：《两个60%，汽车产业结构调整上路》，中国权威经济论文库，2006年9月21日。赵英：《汽车工业产业政策回顾与前瞻》，《经济参考报》2003年5月27日；李欣玉：《汽车产业发展政策》开始实施，2004年6月1日：http://www.people.com.ch/GB/jingji/index.html。

第二节 产业组织政策

一、产业组织政策的目标和类型

（一）产业组织政策的目标

产业组织政策，是指政府为了实现良好的市场绩效而制定的干预市场结构和市场行为的法规和行政措施。产业组织政策的总目标是试图通过规范企业的市场行为和控制市场结构，促进产业组织的有效竞争，以此获得良好的市场绩效。具体目标包括如下几个方面：

1. 优化资源配置。通过产业组织政策，有效激活市场竞争活力，促使资源由生产过剩、资源使用效率较低的经济环节向生产不足、资源使用效率较高的经济环节流动，由资源使用效率较低的生产者向资源使用效率较高的生产者流动，提高经济资源的经济效率。

2. 实现规模经济。通过产业组织政策，鼓励产业内企业间的横向和纵向联合，扩大企业规模，提高产业的规模经济水平和区域国际竞争力。

3. 促进技术进步。通过产业组织政策，优化产业组织形态和结构，增强产业组织的技术创新协同能力和企业的技术创新动力。

4. 维护市场秩序。通过产业组织政策，规范企业行为，防止企业滥用垄断势力和不正当竞争，维护市场秩序。

（二）产业组织政策的类型

根据产业组织政策的价值目标和作用路径，产业组织政策可以做不同的分类。

按照政策的价值目标取向分，可以把产业组织政策分为两类：一类是鼓励竞争和限制垄断的政策。主要目标是促进产业组织资源有效配置和保护市场公平竞争环境，以获得良好的市场绩效。具体内容有反垄断政策、反不正当竞争政策、直接规制政策等。另一类是发挥规模经济和分工专业化经济等经济效应的产业组织优化政策。主要目标是预防过度竞争、实现规模经济和促进技术进步，具体内容有企业兼并政策、企业联合政策、中小企业政策等。

按照政策的作用路径，也可以把产业组织政策分为两类：一类是市场结构控制政策。基本策略是通过有效调控市场结构达到禁止或限制垄断和鼓励竞争的目的，具体形式有降低市场进入壁垒、拆分垄断企业等。另一类是市场行为控制政策。基本策略是通过有效调控企业的市场行为，制止企业不正当竞争，保护公平竞争市场环境。具体内容有禁止恶意兼并、禁止合谋以及惩治强买强卖、欺诈商业行贿等不道德商业行为。

二、产业组织政策的主要内容

（一）反垄断政策

1. 垄断的概念、危害以及反垄断政策的目标。垄断是与自由竞争相对应的一个概念，是指企业为排斥、限制竞争所采取的各种市场行为的总称[①]。所谓排斥，是指在一定交易领域内，垄断者通过定价行为阻止或驱逐其他企业的一种行为。所谓限制竞争，是指垄断者通过价格协调或企业兼并，收买竞争对手，操纵市场的一种行为。由此可见，垄断是竞争的对立物，是破坏竞争的一种力量。

在市场经济条件下，企业采取正当途径，提高市场竞争力，实现规模经济，并获得较高的市场占有率和利润率，是合理合法的。但是，垄断势力形成以后，垄断者就有可能采取定价行为、价格协调行为、恶意兼并行为，排挤其他弱小企业，通过操纵市场来谋取高额利润。垄断者的这种排斥和限制竞争行为，会直接或间接损害其他企业、经济组织和消费者的利益。因此，垄断的存在，势必会影

---

① 王俊豪主编：《现代产业经济学》，浙江人民出版社2003年版，第337页。

响公平竞争的市场环境，妨碍资源的合理配置，加大社会财富和收入分配的不公，进而影响整个经济社会的健康发展。

市场经济在一定意义上讲是一种法制经济，作为市场经济基本法的民商法，早在垄断产生以前就已成型。垄断者的垄断行为是一种具有社会危害性的违法行为，它违背了民商法中的主体地位平等、经济活动自主自愿、诚实信用、公平竞争等基本原则。因此，垄断一旦出现，立法者就会高度警惕，并以法律、法规形式制约垄断者的行为，以此维护正常的市场经济秩序，保护市场主体的合法权益。

一般来说，垄断具有危害性，但也存在例外情况。有些行业的某些垄断行为存在具有有利于资源的有效配置、市场稳定、提高产业竞争力的作用，特别是对关系到国家利益和社会公共利益的产业。对于这些行业，世界上许多国家都采取"例外原则"，实行反垄断豁免。但是，反垄断豁免并不等于放任自流，而是通过政府管制形式直接调控企业的行为，确保其合理、合法经营。

2. 反垄断法及其主要内容。反垄断政策的主要表现形式是反垄断法。世界许多国家针对具有社会危害性的非法垄断制定了反垄断法。如美国在1890年就制定了《谢尔曼反托拉斯法》，日本针对垄断问题制定了《禁止垄断法》，欧洲联盟在《欧洲经济联盟条约》中也有明确的禁止垄断的条文，我国也正在制定《中华人民共和国反垄断法》。

纵观各国的反垄断法，虽然各国对非法垄断的确认、惩治办法和执行体制不尽相同，但其基本内容框架具有高度的一致性。一般都有禁止限制竞争协议、禁止滥用市场支配势力、控制企业兼并三部分内容。这三部分内容被称为反垄断法的三根支柱或三块基石[1]。

(1) 禁止限制竞争协议。所谓限制竞争协议，是指两个或两个以上的行为主体以协议或其他方式共同限制竞争的行为。从限制竞争协议的实际情况来看，可以分两类：一类是具有竞争关系的企业之间签订横向限制竞争的协议。具体形式有确定、维持或变更商品的价格，串通投标，限制商品市场供应的数量和质量，限制交易地区和交易对象，限制购买新技术或新设备，共同阻止或驱逐竞争对手，等等。另一类是上下游企业之间签订纵向限制竞争的协议。具体形式有销售商与生产商之间的独家经营协议，生产商与批发商、零售商之间的限制产品转售协议，等等。

限制竞争协议，通过价格协调、共谋、联合等手法限制竞争，是反垄断法所

---

[1] 孔祥俊：《中国现行反垄断理解与适用》，人民法院出版社2001年版，第223页。

禁止的。从现实发生的垄断行为来看，限制竞争协议的市场行为发生频率居第一位，即其实际发生的数量和执法机关查处的数量都远远高于其他垄断行为的数量。因此，规范和禁止限制竞争协议是世界各国反垄断的重要内容。

由于企业之间的某些限制竞争协议存在积极的一面，例如，企业之间的产品生产、销售方面的分工协议，有利于实现生产专业化和规模经济；企业之间在产品生产、销售、研发方面的联合，有利于降低成本，提高效率；当生产明显过剩时，企业之间制定相互减少产量的协议，可以防止资源浪费；国内企业通过协议联合参与国际市场竞争，可以提高产业国际竞争力，扩大国际市场份额，等等。因此，各国在执行反垄断法时，不会一概而论，而是根据具体个案具体审查。对于有利于整体经济发展与社会公共利益增加的限制竞争协议行为，一般都采用例外原则，实施反垄断豁免。对于具有社会危害性的非法限制竞争协议，则依法坚决惩治。

（2）禁止滥用市场支配势力。所谓市场支配势力，是指在某一产业内处于垄断或寡头垄断地位的企业，拥有影响和控制市场的力量。一旦企业拥有强大的市场支配地位，企业就有可能滥用市场支配势力。例如，提高价格或控制产量，非法获取高额利润；降低价格或增加产量，阻止和驱逐竞争对手；利用其市场支配力量，对其他企业和消费者实施强买强卖，等等。

滥用市场支配势力是一种严重破坏市场秩序，损害其他企业权益和消费者利益的违法行为。反垄断法明令禁止处于垄断地位的企业滥用市场支配势力。具体来说有：①禁止差别待遇。处于垄断地位的企业没有正当理由，不得对相同条件的企业和个人实施产品价格和服务歧视。②禁止强制协同。处于垄断地位的企业不得采取利诱、胁迫或其他不正当手段，要求其他企业和个人与其协同，限制竞争。③禁止附加条件交易。处于垄断地位的企业在与其他企业或个人进行商品交易时，不得附加诸如搭售、独家代理等不合理的交易条件。④禁止非正当定价。处于垄断地位的企业不得实施掠夺性定价或低于成本价倾销。⑤禁止强制交易。处于垄断地位的企业不得采取利诱、胁迫或其他不正当手段，强买强卖。

（3）控制企业兼并。企业兼并是指两家或更多的企业通过股权转让或协议收购等形式实现企业联合的一种行为。企业兼并可以分为横向兼并和纵向兼并两类。横向兼并是指生产相同或具有替代作用产品的企业间的兼并，纵向兼并是指具有市场交易关系的上下游企业之间的兼并。

企业兼并的动机非常复杂，总的来说，可以分为两类：一类是善意兼并，主要目的是通过兼并实现规模经济和范围经济，提高企业的竞争力和经营效率；另一类是恶意兼并，主要目的是通过兼并消灭竞争对手，获取和滥用市场支配势力，获取高额垄断利润。因此，反垄断法控制企业兼并，一般也根据具体情况个案审理。如果可以实现规模经济和范围经济,并能促进整体经济发展和增加社会公共利益的企业兼并,都能获得批准。如果企业兼并通过识别和判断,有可能使某些企业获取市场支配势力,并会危害整体经济发展和损害社会公共利益,反垄断执行机关会进入反垄断程序,阻止企业兼并。

反垄断执行机关识别和判断企业兼并是善意兼并还是恶意兼并,主要从两个方面进行识别判断:一是根据市场结构和市场绩效进行判别。如果企业数量较多,市场集中度比较低,缺乏规模经济,就可以判别为善意兼并;如果企业数量较少,市场集中度已经很高,企业兼并可能会造成某些企业获得市场支配势力,就可以判别为恶意兼并。二是根据市场行为和市场绩效进行判别。通过对企业兼并申报内容的分析,如果企业兼并可以较好地降低生产成本,能实现资源优势互补和技术创新,提高产业的国际竞争力,就可以判别为善意兼并;如果发现企业兼并不能有效降低生产成本,实现资源优势互补和技术创新,对提高产业国际竞争力的效能也不大,就可以判别为恶意兼并。

(二) 自然垄断产业的政府管制

1. 自然垄断产业的概念及其政府管制的理论依据。电信、电力、铁路运输、自来水、煤气供应等产业被称为自然垄断产业。自然垄断产业有一个显著的基本特征,即由一家或少数几家企业经营特定市场的产品和服务,要比由许多企业共同经营具有更低的生产成本和更高的生产效率。自然垄断产业之所以存在这样的特征,主要受两个影响因素:一是自然垄断产业具有较高的规模经济水平,其生产函数存在规模报酬递增的趋势。如电信、电力、自来水、煤气供应等产业,都需要建立一个从生产者到消费者的产品和服务传递实物网络系统,随着网络用户数量的增加,网络投资的单位产品成本会越来越低,企业生产效率会越来高。二是自然垄断产业存在资产专用性强、不变成本高和投资回收周期长的特征。如铁路运输,铁路铺设成本巨大且回收周期很长,如果一个国家和地区同时存在两个以上的经营企业,就会造成设备重复建设,造成资源的巨大浪费。

自然垄断产业需要政府管制,主要基于以下原因:

(1) 保护垄断,防止破坏性竞争。自然垄断产业本身并不存在不可逾越的进入壁垒,但是,如果不人为设置进入壁垒,在信息不完全的情况下,大量企业进入就会造成设备重复建设和过度竞争,从而导致资源的巨大浪费。如市场竞争失败的企业退出市场,会产生巨大的沉没成本;几个企业互相竞争同一产品和服务的市场,造成生产效率低下,反而会提高商品价格。因此,政府对自然垄断产业都会设置进入壁垒,限制竞争,保护垄断,防止破坏性竞争危害整体经济发展和损害社会公共利益。

（2）防止自然垄断企业滥用垄断势力。自然垄断企业具有了市场支配势力，就可能滥用市场支配势力，采取掠夺性定价，获取高额利润，影响社会分配公平。因此，需要政府根据实际情况，通过边际成本加成、平均成本加成和在竞争充分的前提下进行特许经营权竞拍的方式，控制自然垄断产业产品和服务的价格，以提高资源配置效率和维护社会公平分配。

2. 自然垄断产业政府管制的主要内容。目前，政府对自然垄断产业的管制，主要集中在以下一些方面：

（1）价格管制。价格管制是指通过规定利润率、成本核定、价格上下限、价格审批等手段，对自然垄断产业企业的产品和服务价格实行控制的一种政府管制形式。政府管制价格可以实现三个目标：一是控制自然垄断企业的产品和服务价格水平，保护消费者权益，提高资源配置效率。二是阻止垄断企业通过自由定价获取高额利润，驱使企业通过技术创新和管理创新提高生产效率和利润率。三是由于自然垄断产业都是投资大、回收周期长的长线项目，通过价格管制，保持一定的利润率，支持企业自我积累和自我发展，不断提高企业的市场供给能力。因此价格管制是政府自然垄断产业管制的重点内容。

价格管制主要有投资回报率管制方法、成本核定管制方法、价格上下限管制方法和价格审批管制方法等。各国的价格管制根据本国的状况各有特征，如美国主要采用投资回报率管制方法，这种方法可以有效促进企业投资；英国主要采用最高限价管制方法，这种方法可以促进企业技术创新和提高生产效率。

（2）进入管制。进入管制是指通过人为设置进入壁垒，控制自然垄断产业内企业数量的一种政府管制形式。自然垄断产业进入管制的基本方法是许可证审批制度。实施进入管制政策可以实现两个主要目标：一是有效控制自然垄断产业内部的企业数量，提高生产规模经济，防止破坏性竞争和资源配置低效。二是开放自然垄断产业中的可竞争性的业务和环节，通过竞争机制促进企业技术创新和提高生产效率，实现垄断产业经济和社会效益的最大化。

由于自然垄断产业是一个自然垄断性业务和可竞争业务并存的产业。随着信息技术的发展和管理能力的提高，以及经济全球一体化的发展趋势，自然垄断产业内部可竞争性的业务和环节越来越多。因此，世界各国对自然垄断产业的进入管制趋于放松。比如，英国在1980年以前，电信市场一直由英国邮电局垄断经营，1981年开始放松进入管制，允许有多家企业经营电信市场业务。在1978年以前，美国对航空产业进入管制较严，之后，逐步放松，到1983年时取消了进入管制、价格管制和管制机构，使航空产业转变为竞争性产业。日本在1987年以前，铁路运输一直实施一家公司（日本国有铁道）垄断经营，1964年出现亏损，1987年后开始放松管制，实现国家持股，民间企业经营，铁路经营状况发生了很大的变化。我国的自然垄断产业也正在逐步放松进入管制，如电信与移动分开，电信、移动、联通、网通等企业共同经营电信市场业务，是我国放松进入管制的一个良好开端。

（3）其他管制。随着自然垄断产业组织结构的变化和政府管制实践的发展，政府增加了对自然垄断产业管制的内容。主要内容有：①协调管制。政府放松进入管制，新企业进入必定存在一个与原有企业共享市场和资源的问题，这就需要政府对自然垄断企业进行相互协调管制。②质量管制。原来自然垄断企业独家经营时，产品生产和产品质量一体化管理。放松进入管制以后，有多家企业经营，就可能出现多家企业产品规格和质量标准不一致的问题，这就需要政府专门对自然垄断企业的产品规格标准和质量标准进行管制。③市场区域平衡管制。自然垄断产业放松进入管制以后，由于存在区域产品需求的分布不均性，因此不同区域企业的生产成本也不一样，如电力、电信等产业向农村提供产品和服务的成本要远远高于城市的成本。这样，在多家企业经营的情况下，企业会只向市场规模大、经营成本低的地区提供产品或者对不同地区实施价格歧视。这样，在有多家企业经营的情况下，需要政府对区域市场和价格进行平衡管制。

> **案例**
>
> **美国航空产业组织政策演变及其效应**
>
> 管制与放松管制是20世纪美国航空业的两件大事，是不同时期美国航空产业组织政策的结果。1938年的美国民用航空法为了避免航空业内部过度竞争和不公平竞争，保护航空公司能够获得正常水平收入，在以下三方面对航空业进行了管制：①严格限制新企业的进入；②禁止企业合并；③控制运价及收入。主要目的：一是防止过多航空公司进入市场争夺有限市场，导致重复建设、过度竞争和低劣服务。二是通过价格管制保证航空公司一定的盈利水平，防止企业倒闭或破产。三是防止航空企业通过兼并获得垄断实力并滥用垄断势力。
>
> 美国对航空业竞争进行管制的结果是：从1938～1978年有80家航空公司申请进入航空业，但是，没有一个干线执照得到批准；航空公司受到民用航空局的过度保护和严格控制，内部没有经营自主权，外部缺少竞争压力，服务质量差，票价居高不下，财务状况恶化。一些社会团体和个人发起了消费者主义运动，批评管制损害了公众的利益，并控告谋杀航空旅客。一些知

名学者计算航空业管制成本后指出,这种管制是对资源的乱分配,造成的社会成本很大。

在全社会巨大压力下,美国政府对航空产业组织政策进行了改革,并于1978年出台了航空客运放松管制法。1978年的航空客运放松管制法强调政府减少对航空业的控制,通过采取航空公司自由进入市场和扩展业务、放开票价、不再限制合并等措施引导企业依靠市场力量进行自由竞争,期望通过竞争的压力使航空公司不断改善经营管理,提高服务水平,满足国民经济发展的需要,同时降低成本,给公众提供合理票价。这标志着航空产业组织政策从限制竞争转向鼓励竞争。

放松管制的最初几年确实收到了预期效果,航空公司数目增加了,竞争程度也更激烈了,但是,随后事件的发展出乎了当初政策设计者的预料。从1985年起,航空公司的数目开始下降,20世纪90年代以来,下降的速度加快。据统计,1978~1986年间,共有198家航空公司进入市场,加上放松管制前的36家,到1987年初应该有234家。但是实际上其中有160家破产、倒闭或被兼并,到1987年时只剩下了74家,其中干线航空公司只剩12家。航空公司数目减少结果造成少数公司占据了产业航空市场的大部分份额,垄断力量增强。为什么鼓励竞争的产业组织政策事实上却促进了垄断的形成呢?主要原因是在自由竞争条件下,美国航空产业出现下列变化:

第一,价格大战。在放松管制后,民航委员会不再对航空公司的票价实行管制,因此,各公司为了招揽乘客、争取市场都不同程度降低票价,大打价格战。1976~1982年虽然美国国内油价上涨73%,使航空公司平均成本上升了15%,每客座公里的平均票价仍下降了8.5%。20世纪90年代以来,由于美国经济不景气,航空市场需求增长缓慢,加上各公司运力过剩,票价战更加激烈。在这种情况下,许多航空公司,特别是新航空公司很快陷入严重的财政危机,纷纷倒闭、申请破产或兼并。即使那些在激烈的价格战中生存下来的公司也亏损严重,1992年全美十大航空公司共亏损50多亿美元,只有西南航空公司一家盈利。

第二,企业兼并。各航空公司迫于价格竞争压力,竭尽全力降低生产成本。而扩大企业规模,实现规模经济是企业降低成本的有效途径。这导致许多航空公司基于共同利益实施兼并。

第三,建立"中枢系统"。一些实力强大的航空公司为了占领市场,采取"中枢系统"策略在美国的一些中心城市建立航空中转基地及其支线辐射系统。它比"城市对"航线布局拥有更灵活的票价调整选择能力,并能够提供更多的航空服务和扩大市场覆盖面。这些航空公司还在全国建立计算机信息服务系统,支持它们的航空业务。建设"中枢系统"和计算机信息服务系统需要强大的经济实力,这不仅对新进入企业形成强大的进入壁垒,而且还迫使原有中小企业与大公司联合或合并,以获得中枢系统的优势。

放松管制政策带来的垄断现象及不正当竞争严重威胁了公众的利益及航空业自身的健康发展,政府官员、经济学家和普通群众都对放松管制提出了严厉的批评。即使是当初放松管制的热心支持者、民航委员会前主席凯恩也不得不承认放松管制政策存在一定的失误。面对这种局面,克林顿一上台就紧急组成了"确保航空业健康竞争全国委员会",研究新的航空产业组织政策来"救世"。

那么,原先的产业组织政策究竟失误在哪里呢?现在应该如何修改呢?应该说政府实行鼓励竞争政策的本身并没有错,错就错在政府没有在鼓励竞争的同时,坚定不移地执行反垄断政策。虽然美国政府一直把反垄断、反兼并作为产业组织政策的内容之一,并制定了《谢尔曼法》、《克莱顿法》等一系列的反托拉斯法律,但是,由于美国政府最终还是为垄断资产阶级利益服务的,因此,反托拉斯法在限制资本集中方面所起的作用非常有限,有时甚至成为各垄断财团之间相互争夺势力范围的重要工具。特别是进入20世纪七八十年代以来,美国经济的国际竞争力严重下降,引起社会各界的广泛关注,许多人反对"反垄断、反兼并"的呼声日益高涨。1981年里根上台执政后,就把放松管制,包括放松反垄断、反兼并工作作为一项重要经济政策。与此同时,美国政府也加强了政府与垄断组织的相互融合的渗透,并以此来加强对整个国民经济的干预,以对付经济危机和增强企业竞争力。因此,在这个时期,美国政府实际执行的不再是反垄断、反兼并的政策,而是促进集中、加强企业联合的政策。由于美国政府的这种态度,在20世纪80年代爆发了第四次企业兼并浪潮,航空业垄断势力加强也就不足为奇了。而且现在看来,这种产业组织政策在将来很长时期内不会改变,航空市场的市场集中度将会越来越高,垄断力量将会越来越强。美国运输部国际政策执行副秘书帕特·墨菲在1993年2月的一次听证会上曾表示美国政府有意维持9家航空公司的竞争局面。

资料来源:根据张伟《从管制和放松管制看美国航空产业组织政策的演变》一文整理。

(三) 竞争性产业的政府规制

竞争性产业的政府规制，是指政府对竞争性产业内的企业的市场行为提出具体规范要求，并有专门管理部门对其执行情况进行跟踪、监督和奖惩，以维护正常市场秩序和效率的一种产业组织政策。在竞争性产业中，企业在激烈竞争的市场环境下，企业的利润最大化价值取向会驱使企业采取欺诈、商业行贿、偷工减料等不正当竞争行为，忽视社会公众利益、环境保护等问题。政府对企业竞争行为规制的主要目的是协调经济活动中的经济效益、社会效益和环境效益的平衡。竞争性产业政府规制的主要内容包括进入规制、数量规制、质量规制、技术设备规制、价格规制和反不正当竞争行为规制等。

1. 进入规制。进入规制是政府规制的一种重要类型，主要通过对企业或个人的进入资格和资质进行审批，以提高进入壁垒的一种政府规制类型。进入规制的目的是阻止不具相当技术能力和经营实力的一些企业进入产业，以此保证一定水平的生产效率和产品、服务的质量。在竞争性产业中，有许多产业都设置了进入壁垒，主要类型有：从业资格，如律师、医生等；经营资质，如建筑产业、医药产业等；经营特许，如军工企业、新闻出版等。

2. 数量规制。数量规制是指控制竞争性产业的企业数量，避免投资过多（或过少）、产量过剩（或过少），而引致价格波动和过度竞争的一种政府规制类型。如城市出租车行业，为了避免过度竞争引致的市场混乱和服务质量下降，一般城市都根据市场容量规定一定的出租车数量。

3. 质量规制。质量规制是指为了防止过度竞争而引致的产品和服务质量的下降，确保消费者正当权益的一种政府规制类型。各产业部门都设有质量技术监督机构，并负责企业经济活动过程的质量跟踪、检查和投诉处理。如食品质量规制、饮食服务质量规制等。

4. 设备规制。设备规制是指对产业内企业的设备和技术提出具体要求的一种政府规制类型。主要目的是确保生产安全、环境安全和较高的资源利用效率。如机动车年检、建筑消防设备年检、污染企业环保设备达标检查等都属于设备规制的内容。

5. 价格规制。价格规制是指通过规定利润率、成本核定、价格上下限、价格审批等形式，对竞争性产业内企业的产品和服务价格进行控制的一种政府规制类型。其目的是协调生产者利润最大化和消费者权益的矛盾，保护生产者正常的利润和消费者的权益。政府价格规制的行业主要集中在公共服务行业，如公共客运、旅游等。

6. 不正当竞争行为规制。不正当竞争行为规制是指政府为了防止和惩罚企业针对第二方、第三方实施侵害行为而制定的一种政府规制类型。具体包括防止和惩罚虚假广告、盗用商标和专利、侵害知识产权、生产假冒伪劣商品等行为。

第三节　产业布局政策

产业布局政策是指国家或地区在一定时期内为实现产业的合理布局而采取的调整国民经济空间结构和地域比例的一系列政策手段的总和。它是产业政策体系的一个重要组成部分，是促进国民经济发展和解决区域问题的有效措施，也是实现资源合理配置、产业合理布局的重要途径。

一、产业布局政策的基本目标

产业布局政策目标往往多种多样，具有不同的层次和等级。从总体上来说，其基本目标就是实现产业的合理布局。但是，从根本上讲，产业布局政策目标可分为效率目标和公平目标两大类。前者要求用可能获得的各种资源取得最大的经济效果，即追求整个国民经济较高的增长速度和良好的宏观效益；后者要求用可能获得的各种资源取得最大的社会公平效果，即不断缩小区域间的经济水平和收入水平的差别。效率有利于社会财富的日益增长，公平或平等有利于社会稳定和长治久安。从长远来看，效率目标和公平目标是统一的。因为一个国家没有效率，就不可能积累足够的资金，用以支持落后地区的开发；而没有落后地区的开发，发达地区发展所需要的市场、原料与燃料来源也难以保证，且不利于社会的长治久安。然而，一般来说，效率和公平是相互消长的，更大的效率是以牺牲更多的平等为代价的，更多的平等所增加的好处是以牺牲更大的效率为代价的。那么，产业布局政策应当怎样处理效率和公平的关系呢？世界各国的经验表明，应当依据以下几个条件来判断：

1. 经济发展所处的阶段。众所周知，区域发展的不平衡程度与经济发展阶段之间存在一个倒"U"形相关规律。也就是说，在经济发展的初期阶段，区域间的差异呈扩大趋势，到经济发展的中期阶段差距趋于稳定，到经济发展的后期阶段，差距则趋于缩小。因此，在经济不发达阶段，产业布局政策应该选择经济效率为主要目标；在经济发达阶段，则应选择社会公平为主要目标。

2. 区域经济发展不平衡状况。倘若一个国家区域间经济发展差距太大，已构成经济进一步发展的障碍，甚至有触发经济、社会、政治危机的可能，产业布局政策应选择社会公平为主要目标；反之则应把效率目标放在重要地位。

3. 社会资金积累能力和政府可能用于开发的财力。因为公平目标的实现在很大程度上取决于政府可运用的财力、物力。如中国改革开放的最初几年，生产力水平较低,国家财力有限,效率无疑应放在优先地位。但同时应当注意,这种非均衡的增长必须是公正的,是促进总体或宏观经济效率的,而不应是以局部利益,例如,相对发达区域的利益为导向的;同时,这种非均衡的增长必须维持在有利于或者不至于危及民族团结、社会安定、国家长治久安的限度内。

二、产业布局政策的手段

产业布局政策手段是指政策制定者能够用来直接或间接影响政策目标实现的某些特殊宏观经济手段、行政命令甚至法律措施,它是实现产业布局政策目标的保证。

(一) 经济手段

经济手段是世界各国广泛运用的最重要的手段之一。在我国,产业布局通常运用的经济手段有以下几种:

1. 制定产业布局战略和规划。即在对各个区域经济发展的环境和条件进行全面分析的基础上,制定产业布局战略和规划,用以指导全国的产业布局。

2. 区域性差别财政政策和贸易政策手段,如对不同地区实行不同的财政补贴、税收优惠,对不同地区生产用的进口品规定不同的关税配额限制等,即通过利用价格、税收、利率等杠杆间接调节区域产业布局。

3. 劳动力、资本重新分配政策,如劳动力迁移政策、流动政策、国家直接投资分配政策等。

4. 区域差别性对外开放政策以及各种支持性政策(如资金援助、技术援助和政策优惠)和限制性政策(如大城市限制一些高耗能、高耗水、高污染工业的发展政策等)。

(二) 行政手段

行政手段主要以政府的行政命令、行政文件、行政会议的方式体现。如中央政府以行政命令的方式制止某一产业在各地区的重复建设,以行政文件的方式提出各地产业布局的设想,以行政会议的方式解决产业布局变动中出现的不合理问题等。

(三) 法律手段

法律手段,即以法规法令的形式对区域产业的布局做出硬性规定。一般而言,在实践中运用成熟了的经济和行政手段可规范成为法律手段。

三、国家产业布局政策与地方产业布局政策

(一) 国家产业布局政策

国家产业布局政策是指国家为实现国家产业布局的目标而制定的各种政策总和。它的主要任务是:①制定和实施全国产业布局的战略规划;②划分经济地带

和经济区，选择重点建设地区，妥善安排不同时期重点建设地区的转移和衔接；③确定各产业部门在全国的总体布局与轮廓方向；④确定国家级工业带、工业园的发展方向等。

总体而论，改革开放前，我国实行的是高度统一的计划经济管理体制，全国的产业布局都纳入到中央政府统一的计划管理之中，实行平衡发展的区域政策。改革开放后，为了迅速发展经济和形成对外开放的格局，国家相应地调整了产业布局政策。由于我国在不同的发展阶段，实行了不同的产业布局政策，政策的目标和手段也不相同。

1. 国家产业布局政策的目标。国家产业布局政策目标集中反映政府调节区域经济的指导思想。新中国成立后，我国大规模开展社会主义建设，首先面临的迫切问题之一就是合理地组织管理区域经济。国家把产业的合理布局作为国民经济发展的重大任务，把工业接近原料地、燃料地和消费地，带动广大内地经济的发展，并有利于巩固国防，作为我国产业布局的原则和方向，纳入到国民经济计划之中。可见，国家在组织和管理国民经济建设中，一开始就把产业布局政策作为宏观经济政策的一部分，并把产业布局政策的基本思想和目标模式反映在各个国民经济计划之中。

国民经济恢复时期，国家首先集中力量对辽宁、上海等老工业基地进行恢复改造，同时把一些轻工企业转移到东北、华北、西北和华东的一些地区，使之接近原料地和消费区。

"一五"时期，国家首先把改变近代工业生产力地区分布的空间格局作为主要目标。具体目标是：①改变工业地区分布的不合理模式，使工业的分布同原料生产地和消费地相适应。②适合于巩固国防的条件。③发展落后地区经济。根据这个目标，国家重点建设了东北工业基地、华中工业基地、华北工业基地等。国家工业投资分配，内地基本建设投资占全国的比重超过了沿海，694个限额以上的工业建设单位，分布在内地就有472个，占68%。历史证明，这一时期的产业布局政策从总体上看是正确的。它既初步改变了旧中国不合理的产业布局，又注重项目布局的集聚效益，投资效果明显。

"二五"时期，国家产业布局政策目标进一步得到明确。具体目标是：①在内地有计划地建设新的工业基地，使工业布局适合于资源和国防条件。②促进少数民族地区经济和文化的发展。③促进工业和农业、城市和乡村的更好结合。根据这一目标，"二五"时期，内地投资占全国的比重继续上升，内地与沿海投资之比由"一五"时期的1：0.87上升为1：0.79。国家重点在西南、西北、三门峡周围地区建设以钢铁、有色金属和大型水电站为中心的新工业基地，以及新疆的石油、有色金属工业等。同时准备积极地、充分地利用并适当地发展沿海各地原有的工业。然而，1958年开始的"大跃进"运动打乱了这一部署。全国上下急于求成，不顾客观可能，盲目追求地区工业自成体系，大中小项目遍地开花。

"三五"、"四五"时期，由于国际政治局势的变化和中央对当时国际形势和战争危险的错误估计，走上了以"三线"建设为重点的轨道，"分散、靠山、隐蔽、进洞"成为三线工厂布局的准则。"三五"时期，内地与沿海投资之比高达1:0.46，工业更是大规模向内地推进，以西南为重点，大规模开展"三线"建设，新建以攀钢为中心的新工业基地和其他一批新基地。"四五"时期，则以豫西、鄂西、湘西为重点，继续进行"三线"建设，内地与沿海投资之比为1:0.74，沿海投资比重有所回升。但由于当时错误布局政策和"十年动乱"的影响，国家宏观布局效益跌入低谷。

"五五"时期，国家产业布局重点东移，但由于这一时期未能针对"十年动乱"后产业布局存在的一系列迫在眉睫的问题加以解决，却又急于铺新摊子，使本已存在的矛盾进一步加剧。

种种迹象表明，改革开放前，国家产业布局政策目标实际上从一开始就是一种追求平衡布局的公平导向型模式。这种平衡布局包括三个方面的含义：一是从大的经济地带来看，要求产业布局重点转向内地，目的是改变工业高度集中沿海的状况，实现国民经济资源空间配置的平衡。二是从一个省来看，要求工业布局在原有城市之外开辟新的基点，目的是把城乡二元结构转变为城乡一体化的结构。三是从民族区域关系来看，要求开发内地，在内地布局产业，促进少数民族地区发展，目的是拉平区域收入差异，实现人均收入的平衡。

改革开放后，在农村率先发起的、以联产承包责任制为基本特征的经济体制改革，以及随后全国铺开的城市经济体制改革和社会主义市场经济体制的确立，大大改变了中国产业布局政策的环境。政策目标一改过去平衡发展的模式，把效率导向型模式确定为我国产业布局政策的目标。

根据这一目标，"六五"时期，我国确定了加快发展沿海经济，以沿海带动内地的新方针，产业布局以效率为导向，如国家先后在广东、福建两省开辟深圳、珠海、汕头、厦门4个经济特区，成立上海经济区，给予海南行政区较多自主权，开放14个沿海港口城市等，使这些城市和地区优先得到发展。

"七五"时期，国家产业布局政策目标进一步明确为由东向西推进的思想：在优先加速沿海地区的发展、推动沿海对外开放、发挥沿海经济地带区位优势的同时，建设重心循序西移，把能源、原材料建设的重点放到中部地带，并进一步做好开发西部地带的准备，实现东西对话，优势互补，共同发展。

"八五"时期，我国在实施沿海发展战略布局重点上，由"七五"时期的广东、福建等华南地区开始向"八五"时期的上海、长江三角洲地区转移。在实行这一战略过程中，同时又提出了要注意防止地区差距过大的问题，并注意到对沿海地区的政策倾斜要"适度"的问题。

"九五"时期，我国正式实行"坚持区域经济协调发展，逐步缩小地区差距"的重大方针。这表明，国家产业布局政策的目标将着手从加快沿海地区发展的效率导向型向加快中、西部发展的公平导向型转移。1999年6月9日江泽民同志在中央扶贫工作会议上指出："加快中西部地区发展步伐的条件已经具备，时机已经成熟，必须不失时机地加快中西部的发展。从现在起，这要作为党和国家一项重大的战略任务，摆到更加突出的位置。"1999年6月17日，江泽民同志在西安举行的西北地区五省区国有企业改革发展座谈会上，明确提出了"西部大开发"，突出强调要加快开发西部地区。2000年，国务院正式出台了2000年33号文件即《关于西部大开发若干政策措施的通知》。

"十五"时期，公平导向型进一步得到加强。继西部大开发后，振兴东北老工业基地、中部崛起方略相继出台。2002年11月8日中共十六大报告提出："支持东北地区等老工业基地加快调整和改造，支持资源开采型城市发展接续产业"，为东北老工业基地振兴吹响了第一声号角。2003年10月，《中共中央、国务院关于实施东北地区等老工业基地振兴战略的若干意见》正式下发。2004年3月，温家宝总理在《政府工作报告》中首次明确提出"促进中部地区崛起"，同年12月初，中央经济工作会议再次提到"促进中部地区崛起"。种种迹象表明，这一时期中国政府十分注重区域经济协调发展，国家产业布局的目标有了明显的调整。

2. 国家产业布局政策的手段。改革开放前，在中央高度集权的计划经济体制下，国家产业布局政策手段明显地带有指令性计划的特点，即以行政手段直接干预产业布局。国家以投资的计划分配决定相应的生产要素的流向和流量，直接干预产业布局。改革开放后，为适应新的经济体制，国家产业布局政策手段比较注意运用经济杠杆，更多地让价值规律发挥作用。在这一新的历史时期，市场调节机制深刻和广泛地影响和决定着社会经济生活的方方面面，发挥着决定性的作用。国家产业布局最引人注目的新的调节方式就是通过经济手段，运用经济规律实现国家产业布局的目标。如改革开放后划出一定面积的区域建立经济特区，形成沿海、沿江、沿边、沿内陆中心城市对外开放带，制订一系列鼓励外商投资的优惠措施，放宽开放地区利用外资建设项目的审批权，改善开放区投资环境，等等，使产业布局的重心向东部倾斜。对于内地"老、少、边、穷"地区和欠发达地区，则通过民族政策、扶贫政策和中央财政补贴政策等各种补偿政策，通过一系列经济的、行政的、法律的手段调节该地区的产业布局,以促进"老、少、边、穷"地区和欠发达地区的经济发展。如今,国家又通过经济手段促进西部的大开发、东北老工业基地的振兴和中部的崛起等。

(二) 地方产业布局政策

地方产业布局政策是指地方政府为实现地区产业布局目标而制定的各种政策总和。它的主要任务是:①围绕全国经济发展的总目标和全国产业布局战略,针对本地区的条件和特点,制定本地区的产业布局战略和规划;②选择本地区内的优势区位和重点开发区;③对本地区的重要产业进行规划布局;④确定本地区内部不同规模、不同类型的经济基地的布局等。

1. 地方产业布局政策的特点。地方产业布局政策,主要是以地方行政区的权益为基本出发点的。它服从于中央政府的产业布局政策,但又把这些政策融合于行政区划之内,并带有明显的创造性特点。具体体现在以下几个方面:

(1) 地方产业布局政策对国家产业布局政策在总体上表现为相当的依从性。因为地方行政区通常被整体或重叠地纳入全国的按各种类型划分的经济区域之内,必然会受到国家区域产业布局政策的指导和制约。地方政府亦有责任,有义务具体运用和实施国家制定的区域产业布局政策。

(2) 地方产业布局政策相对的独立性。改革开放以后,特别是社会主义市场经济体制的确立,赋予了地方政府更多的自主权、决策权。在国家产业布局政策的指导下,地方政府可以根据本地区的客观情况自主制定相应的地区性政策,更好地指导本地区的产业布局。

2. 地方产业布局政策的目标。改革开放前,地方产业布局政策目标完全是实施国家产业布局目标。改革开放后,地方产业布局政策目标突出地表现为追求地方净收益的最大化。即地方政府制订的产业布局政策有利于本地区的产业布局和产业结构的调整,并使本地区内国内生产总值、优势产业、产品数量以及人均纯收入等达到最大。

3. 地方产业布局政策的手段。经济手段、行政手段、法律手段等都是地方产业政策的主要手段。但总体来看,即使在现阶段,地方政府在产业布局中所能采取的手段是比较有限的。通常,地方政府没有金融货币政策、独立的人口政策,在税种税率调整,竞争或反垄断措施补贴、劳动工资政策等方面,只有有限的权力。特别是县、乡地方政府可采取的经济手段更为有限,更不可能采取法律手段。过去,我国地方政府,尤其是县、乡政府,大多采取行政手段的方式来保证地方产业布局政策目标的实现。如今,我国地方政府越来越多地采取经济手段,如通过区域性差别财政政策、投资政策、贸易政策、开放政策等,以实现地方产业布局政策目标。

第四节 产业发展政策

一、产业发展政策及其特点

(一) 产业发展政策的概念和类型

产业发展政策是指政府为了促进产业形成和发展而制定的一系列具体政策的总称。产业发展政策主要类型有产业技术政策、产业布局政策、产业外贸政策、产业金融政策、可持续发展政策等。其中，产业技术政策和产业布局政策是最基本的内容，下面主要介绍产业技术政策。私人部门一般不愿涉足高新技术产业，原因在于：一是由于高新技术产业往往投资大风险也大，存在很大的不确定性；二是高新技术有很强的外部性，从事高新技术开发的私人成本大于社会成本，高技术原创企业很难收回技术外溢的收益。因此，政府部门的产业技术政策正好可以弥补上述市场失灵造成的效率损失。

(二) 产业发展政策的特点

同产业结构政策和产业组织政策相比，产业发展政策有以下特点：

1. 产业发展政策的目标具有综合性。产业发展政策以一定时期的产业发展目标为出发点，而产业发展目标具有多维性，既有经济性目标，又有社会性目标。在经济性目标中，有经济增长、充分就业、物价稳定、目标收入平衡，等等；在社会性目标中，有社会安定、国家安全、民族团结、国民素质提高，等等。产业发展政策目标必须综合考虑经济性目标和社会性目标的要求，在权衡比较中确定。因此，从这一点看，广义的产业发展政策也包含着产业结构政策与产业组织政策的内容。

2. 产业发展政策的内容具有多样性。产业结构政策主要涉及产业结构的优化升级，产业组织政策主要涉及产业组织的合理有效化，产业发展政策则涉及产业形成和发展的各个方面，包括技术、布局、外贸、金融、发展战略和方式等，内容十分广泛多样。①

---

① 20世纪70年代，为加强对生物技术产业的扶持，美国在政策层面形成了一个多层次的立体体系。第一个层次，设立专门的组织领导机构。美国白宫、国会均设有专门的生物体技术委员会来跟踪生物技术的发展，研究制定相应的财政预算、管理法规和税收政策。第二个层次，制定了一系列保护和鼓励生物技术发展的政策和法律。通过制定法律加强合作研究、鼓励发明创新和促进技术转移是美国在法律层面的举措。第三个层次，美国通过融资渠道来实现对生物技术产业的扶持。目前，美国生物技术产业筹集资金有多种渠道，其中包括联邦拨款或资助、大公司出资、成立基金会、贷款、风险投资等。

3. 产业发展政策具有前瞻性。产业发展政策应该着眼于将来几十年的产业发展趋势和长远利益,而不能局限于眼前的商业利益。只要产业发展政策实施的将来收益的贴现值大于实施成本,这样的产业发展政策就是成功的,同时也符合产业发展政策前瞻性要求。

案例

中国出台《钢铁产业发展政策》(2005)

2005年7月20日,《钢铁产业发展政策》终于出台了。这个新中国成立以来我国第一个真正意义上的钢铁产业政策,第二个由国家发改委起草、国务院审议通过的国家级产业发展政策。钢铁新政将在多大程度上影响中国钢铁产业的发展?钢铁产业能否借新政的颁布实施达到全面升级?

一、新政直指产业顽疾

"之所以要制定这样一个产业政策,是因为当时钢铁行业发展出现了一些不符合产业发展方向的现象,如投资过热、布局不合理、局部地区重复建设、产品品种质量差、装备落后、环境污染严重等。"《钢铁产业发展政策》的起草人,中国冶金规划院副院长、研究员李新创透露,这部钢铁业整体发展规划早在2002年就已经开始酝酿了,从初稿到现在前前后后已经修改了30多次。据了解,我国钢铁产业目前是世界上最大的钢铁生产国、最大的钢铁消费国、最大的钢铁净进口国和最大的铁矿石进口国。2004年,我国粗钢产量达到2.72亿吨,占全球10.5亿吨钢产量的25.8%。

另有业内人士表示,我国是钢铁大国,但还不是钢铁强国。目前,我国钢铁行业结构矛盾十分突出,包括产品结构、装备结构。另外,伴随着我国钢铁产业迅猛发展,原料紧张、资源透支、环境污染和资源浪费等问题也一一凸显,如果钢产量超过3亿吨,煤、电、运、水、铁矿石等外部支持条件将全面紧张,对环境压力也更大,这种钢铁增长方式难以持续发展。

"一直以来,我国的钢铁投资过热,生产规模发展过快,而从需求来说,现在又出现了新的特点,就是钢铁产能增长过大,但是钢铁需求变得缓慢。"中国社会科学院工业经济研究所副研究员周维富这样介绍说,"长期以来我国一直是钢铁进口国,因为我国的矿产资源以及稀有金属资源都很贫瘠,因此我国的钢铁进口量大于出口量。但是从去年9月份起,我国钢铁出口量远远超出了进口量,这就导致了我国原材料供应紧张。目前我国每年都要大量地进口铁矿石和稀有金属，以满足钢铁产量的需求。这样就进一步加大了国内矿产资源的紧张。"

据介绍，自2004年以来，我国的铁矿石进口量在以每年50%的速度递增，2003年的进口量为1.4亿吨，在2004年达到了2.1亿吨。我国的铁矿石进口量达到了全世界新增产能的2/3以上。由铁矿石价格的攀升影响到的另一个方面就是钢材价格居高不下，一路飞涨。同时，由于钢铁投资过热，我国的能源也造成了极大的消耗。诸多矛盾引起钢铁成本剧增，造成了整个行业利润空间的减少，严重地影响了我国的整体工业布局。

"新政策的出台，一是为了缓和矛盾减少压力；二是有利于钢铁行业的可持续发展，推动产量规模和质量效益，改善产业组织结构，提高技术水平和产业竞争力。"周维富说，"在市场经济条件下，政府不能采用过去命令性行政干预手段，只有通过宏观调控手法制定符合市场规律的政策。新的产业政策不是动用行政手段，而是通过市场经济的手法，进行综合协调和引导。"据介绍，产业发展政策将鼓励钢铁企业优先布局在大港口，尤其是一些优良的深水港。目前中国铁矿石有40%以上依靠进口，将来的进口量可能超过65%。在矿石成本中，有30%是运输成本，港口城市作为大型钢铁企业的所在地有着运输上的优势，在很大程度上可以降低钢铁成本，增加产品市场竞争力。从我国钢铁业现有的产业布局来看，大型钢铁企业主要都分布在内陆地区，这种布局造成的后果是，成本高、污染严重、资源浪费等。新政策的思路无疑将改变我国钢铁业的现有格局。

在市场准入方面，钢铁产业发展政策将第一次建立起中国钢铁业准入标准。新政策规定，新建钢铁项目除了每吨钢需消耗标准煤必须在700公斤以下，消耗水在6吨以下，环保标准要满足国家环保标准之外，还必须满足当地的环保标准。据了解，由于钢铁生产需要消耗大量的铁矿石和煤炭资源，新政策在产业布局上充分考虑了这一点，鼓励钢铁企业优先布局在大港口，尤其是一些优良的深水港。到2010年形成与资源和能源供应、交通运输配置、市场供需、环境容量相适应的比较合理的产业布局。目前，我国铁矿石有40%以上依靠进口，将来的进口量可能超过65%。在矿石成本中，有30%是运输成本，港口城市作为大型钢铁企业的所在地有着运输上的优势，在很大程度上可以降低钢铁成本，增加产品市场竞争力。

二、钢铁企业重组力度加强

据了解，新政的出台在于鼓励企业联合重组和跨地区资产流动。通过钢铁产业组织结构调整，实施兼并、重组，扩大具有比较优势的骨干企业集团规模，提高产业集中度。

中国社会科学院工业经济研究所研究员陈耀认为，调整的目的是提高钢铁行业的集中度。他说，钢铁行业是一个集中度比较高的行业，但是，前一段时间，由于钢铁价格增长过快导致很多不符合标准的民营企业大量进入钢铁行业。据了解，钢铁新政要求：2010年前，钢铁冶炼企业数量要有较大幅度减少，国内排名前10位的钢铁企业集团钢产量占全国产量的比例要达到50%以上，2020年达到70%以上；培养出两个3000万吨级、若干个千万吨级的具有国际竞争力的特大型企业集团。

正是这个新门槛，给国内的大多数民营钢铁企业带来了规模难题。据2002年全国钢铁企业排名，钢产量在150万吨的企业有34家。其中只有沙钢等一两家为民营企业，其余均为国有企业。据中国钢铁工业协会统计，2003年国内新建高炉81座，其中1000立方米以上的高炉只有6座。值得注意的是，这些规模较小的钢铁企业基本上都是民营企业。北京一家咨询服务有限公司钢铁行业分析师说。而这一现象在钢铁大省河北表现更突出。2003年河北省约有钢铁企业335家，其中国有企业只有8家，剩下的300多家民营钢铁企业平均钢铁产量不足12万吨。

限制性政策对规模较小或者是尚未大规模进入行业的企业产生负面影响，但是对于大型企业来说，意味着新的发展机会。《钢铁产业发展政策》将加速国内钢铁业的兼并重组。在不久前，国际知名咨询公司埃森哲（Accenture）负责金属行业的合伙人John E. Lichenstein也表示，2010年能在国际钢铁业排在前5位的企业最起码的规模也要接近8000万吨，而目前中国最大的宝钢规模才只超过2000万吨。在中国要做到世界级钢铁企业的大有人在，而这也意味着未来5年中国地区的钢铁业整合将逐渐增多。

资料显示，目前钢铁业2.7亿吨的产量中，有2亿吨产量不符合新的产业政策。政策出台后将以准入条件和税收来引导钢铁产业投资，让那些产能小、耗能大的钢铁企业通过市场机制自行退出。但在资本准入方面，无论国有资本、民营资本，还是外资，只要符合产业政策，都可以投资钢铁行业，不过对内资和外资的要求将会有所不同。

资料来源：《中国对外贸易》2005年8月17日。

二、产业技术政策

(一) 产业技术政策的概念和必要性

科学技术进步是推动产业发展的决定性因素，产业技术政策是政府制定的促进产业技术进步的政策。产业技术政策是政府对产业的技术进步、技术结构选择和技术开发进行的预测、决策、规划、协调、推动、监督和服务等方面的综合体现。产业技术政策的主要内容包括产业技术发展的目标、主攻方向、重点领域、实现目标的策略和措施，是保障产业技术适度和有效发展的重要手段。政府制定产业技术政策的必要性主要体现在以下四个方面：

1. 促进技术进步是政府本身的职能要求。由于技术、知识具有公共产品的属性，政府应当是公共产品的重要提供者，因此，政府有责任积极参与经济发展过程中的技术进步活动，保证和促进这种公共产品的供给。

2. 单纯依靠市场机制分配资源难以满足技术发展的需要。原因如下：一是技术开发的成本与技术进步的收益之间存在非对称性，个人技术成本高，但个人收益往往低于社会收益，影响私人技术开发投资的积极性。二是技术开发存在着较大的商业风险和技术风险两重风险，这种风险一般难以通过加价等方式转移，使得一些生产者宁愿等待别人的开发成果而不愿意自己开发。三是技术开发过程一般不可分割，需要一定的投放规模，中小企业难以承担。所以，政府有必要为满足技术发展的要求而干预资源分配，进行必要的投入。

3. 基础科学技术的研究需要国家的投入和组织。这是因为，基础科学技术的研究和开发是技术进步不可缺少的前提，而基础科学技术研究和开发投资多、周期长、见效慢，很难成为直接获取收益的经济活动，私人企业往往不愿从事基础研究，需要国家出面组织、投入资金。

4. 迅速增强本国的技术力量需要政府干预。鼓励技术创新、支持技术研究和开发，保持本国的技术，是取得和维护本国技术处于领先地位的重要途径；引进、消化、吸收、改造国外先进技术，是低成本采用先进技术，加快本国技术进步的捷径。这些都需要政府制定正确的技术政策，采取相应的措施。

在知识经济初见端倪的今天，产业技术的重要性日益突出。一是产业技术越来越高风险化和大规模化，所需的投资额度空前增加，其投资风险无法由企业来独立承担。从技术开发成本或技术安全看，国家对技术的管理和投入显得更为重要。二是当今世界技术领域中的国际竞争日趋激烈，广大发展中国家的产业技术与发达国家之间的差距呈扩大趋势，如果政府不积极采取相应措施，本国在国际竞争中将处于不利地位，尤其是发展中国家更会拉大与发达国家的差距，更难跟上世界知识经济发展的步伐。这一切都要求政府制定正确的产业技术政策，有力地推动本国技术进步。

(二) 产业技术政策的主要类型

1. 技术发展规划。政府根据国内外产业技术的发展趋势、经济及社会的发展状况和现实条件、本国产业的发展任务和可能，提出恰当的科技奋斗目标，列出重点发展的技术领域，规定具体实施的步骤和时间安排，明确实现目标的方针和措施。

2. 技术引进政策。技术引进的全过程包括引进、消化、改进、扩散，技术引进政策必须鼓励适当引进，强调消化吸收，提倡改造创新。相配套的政策措施有：加强政府在技术引进方面的指导作用；以税收、外贸、外汇等优惠政策支持多种方式的引进；用经济、法规和必要的行政手段鼓励引进关键技术，做好引进技术的消化吸收工作。

3. 技术开发政策。技术开发是指主要依靠本国自己的科技力量，进行新技术、新工艺的研究、应用、推广。技术开发政策包括：技术开发的鼓励和保护政策，如鼓励新技术的发明和创造政策、知识产权保护政策、专利政策等；促进新技术传播和扩散政策；协调基础研究、应用研究和发展研究的政策；促进高新技术开发的政策；提高新技术、新工艺、新产品普及率的政策。

4. 技术结构政策。实施技术结构政策，是为了安排好各种技术类型和技术层次之间的相互联系和数量比例，实现技术结构的合理化。产业技术从不同的角度可以划分出不同的层次与类型。从产业技术的发展水平来看，可划分为"尖端技术"、"先进技术"、"中等技术"、"初级技术"。从产业技术对要素吸收的状况来看，可划分为劳动密集型技术、资本密集型技术和知识密集型技术。从产业技术的主要功能和作用来看，可划分为提高劳动生产率、促进经济增长的技术；节约原材料和能源消耗的技术；合成新的优质材料的技术；提高产品质量的技术；利用废旧物资和防治污染的技术等。合理的技术结构政策，必须综合考虑一定时期本国的具体国情、资源状况和技术发展规律等各方面因素。一般来说，根据劳动者的状况和技术发展水平，考虑是以先进技术为主，还是以中等技术为主；根据资源和环境状况确立是以提高劳动生产率的技术为主，还是以节约原材料、能源和防治污染的技术为主；根据生产要素的丰度，决定是以劳动密集型技术为主，还是资本密集型技术、知识密集型技术为主。

(三) 产业技术政策实施的手段

产业技术政策实施的手段可分为直接和间接两大类。前者是政府依据有关产业技术进步的各种法规实行的直接干预，包括政府对引进技术实行鼓励和管制，直接投资于产业技术开发和应用推广，主持的参与重点技术攻关，特定产业技术开发项目等。后者主要是政府对产业技术的发展前景、战略目标、项目重点等提供指导；健全和发展技术市场，发挥市场对技术进步的促进作用；完善企业技术进步的内在机制，鼓励企业建立内部技术开发体系，设立技术开发基金，重视技术设备的更新改造；对产业技术开发提供补助金、委托费、税制优惠和融资支持。

案例

美国生物技术产业政策

持续委靡了几年之后，美国生物技术产业在大型生物技术公司的带动下已经开始出现明显的反弹。根据美国著名咨询研究机构厄恩斯特—扬公司2003年6月发布的2003年美国及全球生物技术产业分析报告，美国现在接近盈利边缘的生物技术公司数目比以往任何时候都要多，其中已有20多家生物技术公司实现持续盈利，另有超过50家公司在过去3年中至少1年盈利。该公司专家还预测，美国生物技术产业作为一个整体，有望在未来5年内首次实现全面盈利。

美国生物技术产业的快速复苏，虽然得益于美国整体经济的复苏，但更重要的还要归功于美国政府监管机构所实施的富有成效的改革以及生物技术企业自身在新药研发、经营等方面的优异表现。由此，政策在生物技术产业发展中的作用得以彰显。

目前，美国已经在政策层面形成一个多层次的立体体系来加强对生物技术产业的扶持。其中，第一个层次就是专门的组织领导机构。目前，美国总统、国会均设有专门的生物技术委员会来跟踪生物技术的发展，研究制定相应的财政预算、管理法规和税收政策。其中，美国生物技术行业组织——生物技术工业组织（BIO）一直致力于协调产业和政府之间的关系，推动政府制定有利于生物技术研究、开发和产业发展的政策。这样，美国政府通过成立高层次的科技发展领导和协调机构，制定科技发展宏观战略和规划，对生物技术及其产业发展产生影响。

美国第二个政府层面的措施就是政策和法律。通过制定法律加强合作研究、鼓励发明创新和促进技术转移是美国在法律层面的举措。目前，美国已出台《合作研究法》、《技术转移法》、《技术扩散法》、《专利法》、《知识产权法》和《商标法》等一系列法律，形成了对知识产权、技术转让、技术扩散等强有力的法律保护体系。

第三个层面，美国通过融资渠道来实现对生物技术产业的扶持。目前，美国生物技术产业筹集资金有多种渠道，其中包括联邦拨款或资助、州政府拨款或资助、大公司出资、成立基金会、贷款、风险投资等。美国政府对生物技术产业的扶持，除了直接增加投资外，还包括建立其他投资渠道和对其他渠道投资的刺激。政府直接投资的变化是调整研发投入结构，提高民用研究与发展投入，特别是民用高技术开发投入，以提高经济竞争力。投入的重点是风险大、民间投资有困难的重大长期研究课题。政府还利用税额优惠（如减免高技术产品投资税、高技术公司的公司税、财产税、工商税）等税制来间接刺激投资。各州政府也为生物技术等高技术产品开发提供经费补贴。许多州还设立专门机构，成立了科学技术基金会、研究基金会、风险投资基金会等。在政府优惠政策的刺激下，企业也加大了对生物技术开发的投入力度。目前，以大公司为代表的民间高技术研究投资总额已超过政府资助，并将发挥越来越大的作用。

此外，美国政府还对食品药物管理局（FDA）的规章进行改革。2002年10月，马克·麦克莱伦正式出任美国食品和药物管理局（FDA）局长后，明确提出要简化新药审批手续，加快新药上市速度。为此，他们不再要求新建生物技术产品制造厂申请特别许可证，新药上市前对每批药物均进行检验，新药申报表也由原来的21种简化为1种；放宽了对农业生物技术产品的法令限制，简化了田间试验程序；放宽了转基因植物大田试验的管理条例，等等，为医药生物技术、农业生物技术产业化发展提供了宽松条件。

美国政府对生物技术产业的扶持还有一个非常重要的方面就是促进合作研究开发。目前，美国在生物技术产业领域已形成了由联邦政府、州政府、企业、科研机构和大学构成的联合研究开发生产机制。

分析美国生物产业发展政策的目的在于借鉴。我国生物技术产业要迅速发展，也要得益于政策层面的大力支持，而借鉴生物技术产业先进国家美国的经验，对我国制定扶持生物技术产业的政策不无裨益。

资料来源：《中国科技信息》2004年3月5日。

本章参考文献

1. 陈淮：《日本产业政策研究》，中国人民大学出版社1991年版。
2. 周叔莲、杨沐主编：《国外产业政策研究》，经济管理出版社1988年版。
3. 邬义均、丘均编著：《产业经济学》，中国统计出版社1997年版。

4. 周冯琦：《中国产业结构调整的关键因素》，世纪出版集团 2003 年版。
5. 蒋清海：《中国区域经济分析》，重庆出版社 1990 年版。
6. 陈栋生：《经济区域与区域经济研究》，东北财经大学出版社 1990 年版。
7. 丁敬平：《产业组织与政策》，经济管理出版社 1991 年版。
8. 王俊豪等编：《现代产业经济学》，浙江人民出版社 2003 年版。
9. 谢地：《产业组织政策模式的国际比较与借鉴》，《经济学动态》2003 年第 8 期。
10. 周勃等：《日本产业组织政策研究》，《改革》1999 年第 6 期。
11. 简新华等：《产业经济学》，武汉大学出版社 2001 年版。
12. 李悦等：《产业经济学》，东北财经大学出版社 2002 年版。
13. 《汽车工业产业政策（1994）》，新华网 www.xinhuanet.com。
14. 《汽车产业发展政策（2004）》，中国网 www.china.com.cn。
15. 陈亮、吕强：《两个 60%，汽车产业结构调整上路》，中国权威经济论文库，2006 年 9 月 21 日。

重点名词

产业调整政策　产业成长政策　产业布局政策　产业组织政策　产业发展政策　产业技术政策　反垄断政策　自然垄断产业　竞争性产业

思考题

1. 产业调整政策的目标是什么？
2. 产业成长政策的目标是什么？
3. 什么是产业布局政策？
4. 我国几十年来产业布局政策有何变化？
5. 简述产业组织政策的目标和内容。
6. 反垄断法主要有哪些内容？
7. 为什么要对自然垄断产业进行管制？
8. 简述竞争性产业规制的主要内容。
9. 简述我国产业技术政策的目标和内容。

第十五章 产业规制

产业规制是产业竞争政策的一项重要内容。现代意义上的产业规制起源于19世纪末对铁路产业的价格规制。在经历了20世纪上半叶对传统自然垄断产业、金融业及能源产业的规制之后，70年代开始逐步放松规制，80年代放松产业规制成了发达国家的一种声势浩大的运动。进入21世纪之后，又出现了对产业规制的重新调整。

本章主要讨论政府对产业规制的一般原理、产业规制的基本方式以及产业规制的变迁。对于具体产业的规制政策，本章不做具体分析，目的是使读者对产业规制的基本问题有一个总体的了解。

第一节 产业规制：理由与目标

一、产业规制的含义与特征

规制是由英文 regulation 翻译过来的，也有的译为管制，在中国的政策文献中，一般又称为监管。在本章中，我们一般采用规制，并且对规制、管制和监管不做本质上的区分。

许多学者对规制有不同的定义。维斯库斯、弗农和哈林顿（Viscusi, Vernon & Harrington, 2004）认为，规制是政府以制裁手段，对个人或组织的自由决策的一种强制性限制。政府的主要资源是强制力，规制就是以限制经济主体的决策为目的而运用这种强制力[1]。史普博（Spulber, 1999）则认为，规制是行政机构制定并执行的直接干预市场机制或间接改变企业和消费者供需决策的一般规则或特殊行为[2]。对中国的产业规制研究领域较早产生影响的定义当属植草益（1992）所给出的：规制是社会公共机构依照一定的规则对企业的活动进行限制的行为[3]。他所指的社会公共机构或行政机关一般都被简称为政府。我们认为，

---

[1] 维斯库斯、弗农、哈林顿：《反垄断与管制经济学》，机械工业出版社2004年版。
[2] 史普博：《管制与市场》，上海三联书店、上海人民出版社1999年版。
[3] 植草益：《微观规制经济学》，中国发展出版社1992年版。

布雷耶尔和麦卡沃伊（Breyer & MacAvoy, 1992）在《新帕尔格雷夫经济学大词典》中所给出的定义可能更具有代表性。他们认为，政府规制指的是政府为控制企业的价格、销售和生产决策而采取的各种行为，如控制定价水平、规定产品和服务质量标准等[1]。政府公开宣布，这些行动是要努力制止不充分重视社会利益的私人决策，它包括政府为改变或控制企业的经营活动而颁布的规章和法律。

国内的许多规制经济学教材对政府规制也给出了不同的定义。比较有影响的教材包括王俊豪的《政府管制经济学导论》（商务印书馆2001年版）和《管制经济学原理》（高等教育出版社2007年版）、谢地的《政府规制经济学》（高等教育出版社2003年版）及王雅丽的《公共规制经济学》（清华大学出版社2005年版）等。

一般而言，产业规制有这样几个基本要素：一是规制的主体是政府或特定的行政机关，他们一般都获得了立法机关或法律的授权。二是被规制的对象是产业内的具体企业，它明确规定企业能做什么，不能做什么，以及违反有关规定的后果。三是规制的主要依据是现有的法律法规，它可以是国家的立法，也可以是规制者根据授权原则制定的行政规章。四是政府的产业规制可采取不同的形式，如制定标准、颁布禁令、许可、反托拉斯政策等。简单地说，政府的产业规制是指政府部门依据有关法规，通过许可和认可等手段，对企业的市场活动施加直接影响的行为。

政府规制作为行政机构依据法律对企业市场行为进行监督、管理与规范的一种制度安排，具有较典型的公共品属性。这首先表现为规制安排的收益具有非排他性。受规制产业内的各个企业并不能相应地排斥对方同样享有规制安排为产业所带来的利益[2]，而无论企业规模大小、区域分布集中或是分散，这也说明政府规制又具有共用性。这一特征也导致规制安排中的"搭便车"和"寻租"问题。正因为没有排他性，追求利润最大化的受规制企业不可自行创设规制制度，这种制度只能由政府提供。相反，按照奥尔森（Olson）的集体行动的规律，产业集团都有强烈的动机向能够提供有利规制的政府机构或立法机构寻租[3]，同时，作为一种公共品，规制安排的效用的衡量总是面临着许多困难。市场秩序良好，没有纠纷或诉讼，既不等于行政机构没有实施规制政策，也不能完全归功于管制

---

[1] 布雷耶尔和麦卡沃伊：《管制和放松管制》，载《新帕尔格雷夫经济学大词典》第四卷，经济科学出版社1992年版，第137～143页。
[2] 施蒂格勒就明言，政府规制本身就是为产业利益设计和实施的，见《经济管制论》，载施蒂格勒《产业组织和政府管制》，上海三联书店、上海人民出版社1996年版，第210～241页。
[3] 奥尔森：《集体行动的逻辑》，上海三联书店、上海人民出版社1995年版。

制度的安排。反过来，市场秩序混乱也不能完全说是执法不力的结果。

王俊豪更进一步指出，规制作为一种特殊的公共品的理由：第一，政府与规制是无形的，只表现为法律制度、规则等，在其实施过程中还具有一定的灵活性，甚至具有相当的主观任意性，也就是实施过程中的自主裁量权问题。第二，政府规制的供应权具有垄断性，只能由政府独家提供，而不像一般公共品那样，提供主体可以多元化。第三，政府规制在宏观层面上受价值观、意识形态和政治制度的影响，因此，一个国家不能照搬别国的规制模式；而在微观层面上，一项规制对不同的利益集团会产生不同的影响，因而有的集团会寻求规制，有的集团会反对规制[1]。

二、产业规制的理由

对于政府为什么要规制企业的活动，不同的理论给出了不同的解释。比如，政府规制的部门利益理论认为，政府规制是为产业利益设计而实施的，施蒂格勒并把它作为一个经济系统的内生变量，运用经济的供求分析方法进行分析，得出政府规制是一种政府能提供、产业集团也需要的一种特殊商品，政府规制也是供求相互作用的结果的结论[2]。甚至发展出了政府规制的俘虏理论，认为立法者和规制者都容易被产业集团所俘虏。但我们认为，现实中确实存在着规制俘虏的问题与现象，而如果把它作为一种理论，则显得不太严谨，因为它不能解释反事实的结果，比如，规制俘虏理论不能解释20世纪80年代发达国家声势浩大的放松产业规制运动。

另一种解释为什么会产生政府规制的理论是政府规制的公共利益理论，它认为政府规制是对市场失灵的回应。尽管这一理论也存在缺陷，比如，它无法解释清楚市场失灵一旦出现是通过什么而成为修正性政策的对象的。但它作为一种正统和规范的观点，仍不失为一种对竞争政策的合理解释。

（一）对卖方垄断权力的回应

市场机制只有在竞争状态下才能最有效地发挥作用，但竞争会导致生产的积聚和集中，从而形成垄断，而不受规制的垄断会导致社会损失，因为垄断会限制产出而提高价格，这样的垄断价格会使生产经营者以牺牲消费者为代价而暴富。改革初期许多企业由于拥有某些重要商品的垄断供给权（如行政性垄断以及价格双轨制），就曾大量出现过这种情形。因而，抑制过度垄断，保证适度竞争，

---

[1] 王俊豪：《政府管制经济学导论》，商务印书馆2001年版，第3页。
[2] 见《经济管制论》，载施蒂格勒《产业组织和政府管制》，上海三联书店、上海人民出版社1996年版，第210~241页。

成为政府行为的重要组成部分。在这里，政府干预行为主要表现为制订与实施维护市场正常交易秩序的法规，如反垄断法、反托拉斯法。进入21世纪以来，人们也逐步认识到，只有依靠政府来抑制垄断才能使市场保持良好的竞争状态。

在自然垄断领域，就政府规制的角度而言，其典型的规制回应，则是对垄断者（公司）设定价格（费率），并限制竞争者的进入，即提高市场准入条件，以维护消费者的利益，减少社会福利损失。

（二）对外部效应的内部化

政府规制作为政府直接干预的一种形式，也是可以迫使企业或个人考虑外部成本或外溢效应的一种方式。当消费单位的效用不仅取决于该单位的消费，而且取决于其他单位的效用时，就存在着消费中的外部性。这种外部性是指有些经济活动的社会效用与个体效用之间、社会成本与个体成本之间存在着差别，这些差别难以通过市场评价表现出来。如有些经济活动给企业带来了极大经济效益，但却破坏了周围的环境，产生了污染。然而，这种环境污染的治理成本并不能在企业的内部成本中表现出来，市场机制不能对这种外部不经济作出评价，而只有通过某种制度安排，如征收污染税、排污费或提供产权界定，将外部不经济转化为企业内部成本。因而，企业的外部不经济行为只能由政府干预或社会管理来解决，把外部不经济转化为企业内部成本的工作也只能由政府或社会机构来实施。

当第三方受益的时候，当事人的个人收益小于社会收益，这在当事人的经济核算中也是无法表现出来的。因而，在分配结构中，当存在第三方受益的情形时，如果缺乏政府规制的话，开始的时候社会总收益可能是不变的，但在下一轮，当事人的投资就将减少，导致社会总收益的减少，这也就是第三方受益的社会成本。在某些情况下，社会收益大于个人收益的行为会受到鼓励，但好的制度安排，应该最大限度地使个人努力与个人收益具有正相关性，从而使当事人拥有足够的激励，去从事创造性的生产活动。对这类外部性问题的内部化，明确产权界定和制度保证是其核心。在这里，一种典型的政府规制行为就是依据专利法和专利制度，实施知识产权保护。专利制度和产权保护的优越性就在于它通过应用新技术的人向发明新技术的人付费的方式，使科技进步的收益部分地内部化，使发明者的个人收益与创新活动和技术应用所带来的经济效益具有了较强的正相关性。因而，政府管制可以使外部成本和外部效应内部化。

（三）对不充分信息的补偿

斯蒂芬·布雷耶尔和保罗·W.麦卡沃伊（Breyer & MacAvoy）指出，有时候，规制的目的在于降低得到信息的成本，特别是在以下三种情况下，需要政府的规制①：一是供给者通过使消费者上当受骗而获得利润，而这时，消费者可得到的诸如由民事法庭判定的法律补偿比政府规制的代价更高。二是消费者不可能轻易地对收集到的信息作出评价，而犯错误的代价很高，比如在潜在的药物效力方面，或在某一特定的航线上的安全方面。三是根据某些理由，市场的供给方面不能（在以成本为基础的价格上）提供所需要的信息。

对此，政府采取了两种规制方式：一种规制方式是政府设法提供这些信息，或要求经营者提供这些信息，比如，在消费者评价产品的准确信息不是很难或不昂贵的时候，规制当局要求对产品做出确切的标识，禁止误导性的陈述、广告，如对食品，要求信息标识能准确地告诉消费者有关特定食品的脂肪、葡萄糖、卡路里含量等。

然而，对于不完全信息，并不是简单地提供更多的信息就能解决的。当人们很难理解产品所涉及的技术数据时，对政府部门来说，采取的另一种规制方式是，建立或实施产品质量标准或向生产企业发放生产经营许可证。通常，并不能指望所有消费者都能具有评分不同产品成分所需的专业知识或技能，那么，在这些产品向公众出售之前，规制当局就应当建立或实施有关标准，或特许这些产品生产和销售。

市场失灵，并非一定要通过政府才能解决，如有些外部性，通过当事人双方的私人协议安排也能处理好。但是，在矫正市场失灵时，政府具备一些特殊的优势，斯蒂格里茨（Stiglitz，1998）认为，这些特殊优势表现在②以下几个方面：

首先，在于政府的征税能力，政府能够征税。假定一家保险公司认识到吸烟会增加其所提供险种的风险发生率，它自然特别希望减少吸烟行为。但很明显，它不能去干预和监督人们的吸烟行为，更不能对烟草课税，而政府却可以做到这一点。政府虽然无法监督人们的吸烟量，却可以通过征税来调节烟草的生产。由于生产的规模经济，对大多数商品来说，只能有有限数量的生产企业在竞争中生存，这意味着生产远比消费更易监督。

其次，在于政府的禁止力，它能够禁止某些经济行为。一个企业，除非得到国家的特许权，否则就不能禁止其他企业进入某一商业领域。

再次，在于政府的惩罚力。在现行法律安排下，有许多对合同种类的限制，尤其是对违背合同所受惩罚种类的限制。有限责任使得经济主体承担损失的数量

---

① 布雷耶尔、麦卡沃伊：《管制和放松管制》，载《新帕尔格雷夫经济学大词典》第四卷，经济科学出版社1992年版，第137~143页。

② 斯蒂格里茨：《政府为什么干预经济》，中国物资出版社1998年版。

受到限制。即使不存在有限责任，破产法也提供了一种更进一步的界限。与私人间的合约相比，政府能够并且确实执行着一系列远为苛重的惩罚（比如针对污染）。

最后，在于政府更能节约交易成本。在解决某些市场失灵时，政府在交易成本方面占据一定的优势，这包括以下几种情况：一是组织成本。例如，不需要再花钱去建立一个自愿组织去处理某些特殊的市场失灵，而只需向现成的政府机构付费即可。二是"搭便车"行为。人们已经认识到"搭便车"行为会提高行为的交易成本，而政府提供公共物品则能够避免这种成本。三是不对称信息。不对称信息会导致不经济，从而增加交易成本。很明显，即使在自由市场里，政府也能通过直接或间接提供公共信息来降低交易成本。

政府在处理市场失灵时之所以具有这些优势，是因为它具有成员的普遍同质性（Universal）和强制性权力（Power of Compu Lsion）两个突出特征。市场的运行——事实上，日常生活亦然——依赖于政治制度的各种强制性权力。国家运用这些权力，建立并保障市场上的权力，直接提供某些基本的服务，并间接地创造出信任、理解和有安全保障的环境，这种环境对企业的日常生产是生命攸关的。

关于市场失灵的讨论，目的是为市场中的政府规制定位，即市场失灵是政府规制的必要条件。需要强调的是，市场失灵也仅是政府规制的必要条件，而非充分条件。

三、产业规制的目标

政府规制采取了不同的形态，各种形式的规制所要达到的目标也是不一样的。一般来说，经济性规制所要达到的目标是：资源有效配置，确保企业内部效率，避免收入再分配及企业财务的稳定化。

植草益（1992）关于经济性规制的目标的表述：经济性规制的基本要旨是通过使事业能够适当合理的运营，在维护消费者利益的同时，力求事业能够健全发展①。

在自然垄断产业，最大的着眼点在于防止垄断企业滥用市场支配地位。因而实行准入规制和价格规制以便能够实现资源的有效配置，成为经济性规制的首要目标。

同时，在自然垄断产业中，由于企业很少受到竞争压力，因而政府往往以提供激励性规制的方式来确保企业内部效率的提高。

政府对自然垄断产业实行价格管制的理由是，如果企业垄断地确定价格，不

---

① 植草益：《微观规制经济学》，中国发展出版社1992年版。

仅资源配置效率受到损害,还会发生使消费者剩余的一部分成为企业利润而进行收入再分配的情况,因此从公正分配的观点看,限制垄断价格,避免消费者由于收入再分配而受到损害成为经济性规制的第三个目标。

确保企业财务稳定化是与前面的目标相联系的,如果企业亏损,也就不能确保有效供给。

社会性规制旨在规避人类活动中由于外部性和信息不对称所引起的各种问题,实现保护环境、防治公害、防止产业灾害,确保文化教育、福利和保障国民安全、健康、卫生等目标,从根本上增进社会福利。具体来说,社会性规制的目标主要包括以下几个方面[1]:

其一,限制负外部性活动,保障人类社会可持续发展。在社会发展过程中,人类自身的活动对外部环境产生了大量的负面影响,危害人类社会的可持续发展,这种状况依靠市场机制和个人行为难以解决,从而成为政府社会性规制的重要目标。

其二,激励正外部性活动,促进社会全面进步。人类所从事的活动还可能对社会产生正的外部效果,使社会收益大于私人收益。但如果这些活动得不到相应的补偿,行为主体将会失去继续从事该活动的动力。同样的道理,市场对维持正外部活动无能为力,必须依靠政府将其纳入到社会性规制的目标之中。

其三,保障信息劣势方的权益。在经济活动中处于交易两端的人们对于交易所掌握的信息是不对称的,信息优势方出于某种考虑可能会对信息劣势方构成威胁。因此,各国在社会性规制过程中都将信息劣势方权益保护作为重要目标,并以立法形式规定产品和服务的质量标准、从业人员的执业标准以及劳动场所的安全标准等,确保安全、卫生与健康。

第二节 产业规制的内容与方法

规制是指政府机关利用法律权限,通过许可和认可等手段,对企业的进入和退出、价格、服务的质量和数量、投资、财务会计等有关活动加以规范和限制的行为。其内容包括准入规制、价格规制、投资规制和质量规制等,其方法包括以公平报酬率确定、许可证发放、质量标准制定等为主的传统规制方法。反托拉斯政策中的结构规制与行为规制在本章中不讨论。

---

[1] 谢地:《政府规制经济学》,高等教育出版社2003年版。

一、规制什么

尽管政府规制涉及的内容非常广泛，但与市场及其效率有关的政府规制仅包括：①产权、契约规制；②产业的进入（退出）规制；③价格（收费）规制；④数量、质量规制；⑤会计、统计规制；⑥财务、预算规制；⑦及社会保障规制，等等。

（一）产权、契约规制

产权是指人们对生产要素或物品所拥有的所有权、支配权和收益权。政府对产权进行规制，是要通过实施一定的法律制度，保护人们的产权不受侵犯，同时，监督人们按一定规则行使产权，并对行使产权过程中发生的矛盾和冲突加以协调解决。在对投资者的产权保护方面，按照有关产权、投资、企业等法规，政府保护国家、集体、个人的包括知识产权在内的财产所有权不受侵犯，并在这些财产用于投资时，保护其合法收益。在对劳动者的权益保护方面，依据劳动法，政府在劳动条件、劳动保护、劳动报酬、劳动者的福利待遇等方面对企业实行监督。在对消费者权益的保护方面，政府依据有关法律法规，从产品和服务的价格、质量、消费者的安全、生产者为消费提供的信息等方面实行规制，以保护消费者的权益。例如，依据广告法，政府对企业的广告宣传的范围、内容的真实性、使用的语言等实行规制，对于弄虚作假的广告和对社会造成不良影响的广告作出惩处，以保护消费者的利益。

政府对产权实行规制的目的，一是为了提供市场运行的基本条件，因为市场交换实质上是不同的产权所有者之间的交换，一定的产权制度是市场交换有序进行的基础。二是为了弥补市场失灵，提高资源配置的效率。例如，合理的产权制度能够使某些负的外部效应在当事人之间协商解决；合理的产权制度，可以激励人们的生产经营积极性。正如诺斯所说："对建立较有效率的市场而言，特别重要之处在于对产品和劳务较好地界定和行使产权……自由放任意味着没有限制，有效率的市场意味着充分界定和行使产权，它意味着创造一套促进生产率提高的约束变量。"[①] 因而需要政府采取行动。

当人们在一定的产权制度下进行交易时，就会形成契约或合同。根据科斯（Coase）的交易费用学说，市场交易即合同的订立、实施是有成本的，企业组织就是为节省交易成本从而使市场交易内部化的产物[②]。可见，企业之间的交易是一种合同，企业内部的投资者、劳动者之间也是一种交易合同，这些合同的订立

---

① 诺斯：《经济史中的结构与变迁》，上海三联书店1991年版。
② 科斯：《企业、市场与法律》，上海三联书店1990年版。

和实行也是有成本的，如果政府对这些合同的订立和实施能以较低的成本给予保证，那么，政府对契约的规制就是必要的和合理的。

(二) 产业的进入（退出）规制

由于社会分工的日趋细化，每一个部门都已形成许多个行业，例如，我国工业部门的企业曾经被分别归入11个大类、44个小类及155个行业。每一个行业都以其产品或服务的特殊性而形成各自的市场。对部门、行业及各行业的企业组织的规制，构成政府对企业实行微观经济规制的全部内容。

政府对产业进入实行规制，主要的目的，一是将企业纳入依法经营、接受政府监督的范围。二是控制进入某些产业主要是自然垄断产业的企业数量，以防止过度竞争，提高经营效率。为达到前一个目的，政府对所有企业实行注册登记制度，即按照《企业法》，企业必须具备规定条件，经政府有关部门认何，履行注册登记手续，领到营业执照，方可从事生产经营活动；为达到后一个目的，政府对某些行业实行申请审批制度或特许经营制度，即在一些行业，企业需履行特殊报批手续，经政府有关部门赋予特许经营的权利，才能进入这些行业，开展经营活动。前者属于一般的产业进入规制，后者属于特殊的产业进入规制。实行特殊的产业进入规制，主要是由于存在着自然垄断和过度竞争问题。

自然垄断行业主要包括邮政、电信、铁路、航空、电力供应、城市给排水等行业。这些行业的产品和服务大多属于准公共物品，通常具有消费的公共性和规模经济效益递增等特点，因而在一个特定地区由一家或少数几家企业经营比由多家企业经营更有效率。控制进入这些行业的企业数量，维护这些行业的垄断经营，可以避免不必要的重复投资；而采取使获准进入的企业负"供给责任"的形式限制其退出，以保证这些行业的商品和服务的有效供给。

过度竞争问题主要是由信息不完全造成的，企业由于缺少对产品供求的准确信息而盲目进入，会引起某一行业的过度竞争，因而需要政府在必要时对进入某些行业的企业数量加以限制，以避免资源的浪费。当然，在实行这种规制时，可能会出现两方面的问题：一方面是如果政府也对商品供求现状或趋势的判断发生失误，则对行业进入的规制可能会导致更为糟糕的后果；另一方面是由于进入规制总是对原有企业有利，因而代表原有企业利益的集团可能利用各种方式，通过政治程序迫使政府做出并非必要的行业进入规制。因为规制或许正是一个产业所积极寻求的，规制的设计与实施主要是为受规制产业的利益服务的（施蒂格勒，1996）。因此，对可能出现的过度竞争，政府应主要采取提供信息、指导、劝说等手段，只有在特殊情况下，才使用特殊的行业进入规制措施。

（三）价格（收费）规制

对大多数商品、服务和生产要素来说，应通过市场竞争形成和确定价格，但市场失灵的存在为政府实行价格和收费规制提供了必要性。价格（收费）规制内容包括以下几个方面：

1. 对垄断行业的价格规制。垄断及自然垄断行业的企业，在追求其利益最大化时，会以垄断价格获取利润，从而影响到资源的有效配置，损害非垄断行业和消费者的利益。因此，政府对垄断行业需实行价格规制，即由政府确定垄断企业产品或服务的价格。

2. 对保护行业的价格规制。为使生产周期长的大宗商品的价格相对稳定，政府需要对一些农产品和矿产品的生产行业实行保护性的价格规制，由政府对这类商品设定最高价格和最低价格作为指导价格，并以政府的专项基金和专门的储备制度为基础。

3. 对金融等行业的价格规制。在银行、证券、保险等金融业以及大部分运输业那种由多数企业构成的产业中，由于消费者未必拥有充分的信息以决定在多种多样的服务和价格中选择哪种为好，结果难以实现资源配置效率，而且，一旦竞争的结果使企业发生倒闭时，难以保证消费者的资产安全，因此，政府有必要对利率、保险费率、证券交易规则等进行一定的规制。

4. 通货膨胀时的价格规制。通货膨胀是一种宏观经济现象，但在治理通货膨胀时，往往需要从微观上采取一些措施，价格规制就是其中较强硬的一种。当通货膨胀发生时，政府可以对各类商品、服务和生产要素采取的价格规制包括冻结全部或部分物价、实行最高限价、规定价格上涨率等。

5. 对不正当价格的规制。由于存在着信息不对称，市场上还经常出现不正当价格行为，如价格欺诈，对此，需由政府制定物价管理法规，对物价的一般水平、物价的浮动幅度、对价格欺诈行为的处罚办法等，做出规定并严格实施，同时采取措施解决信息不对称问题。

6. 事业单位收费规制。政府对收费实行规制，按平均成本确定收费水平并严格监督执行，以防止出现乱收费问题。

（四）数量、质量规制

数量规制主要包括政府对企业生产和供应的产品的数量加以规制，对进口和出口的商品数量加以规制等。在市场经济中，政府对企业生产和供应产品数量的规制一般仅限于少数物品，如武器装备、政府实行垄断经营的能源供应、运输服务等。数量规制的一个重要方面是对有害物品生产和供应的规制。例如，对烟草、烈性酒、有害出版物等。对进出口商品的数量实行规制，主要是为了保护国内的新兴产业，调节国内市场的供求。质量规制的目的，一是为了提高商品、服务的总体质量水平，提高资源配置的效率。二是为了维护人们的安全和健康，提高人们的生活水平。

（五）资源、环境规制

在当代市场经济发展过程中，存在着大量的资源浪费、环境污染、生态破坏等负的外部效应，这些负的外部效应大多需要通过政府规制来解决。对合理开发自然资源，政府依据资源、土地、森林等方面的法律法规及国土整治规划，对自然资源的开发利用实行规制。例如，对矿产资源的采掘，需要在政府有关部门的统一规划下，选择适当规模的有一定技术水平的企业进行开采；对国有森林的采伐，必须规定适当的采伐量及采伐后的造林护林任务。在公共的江河湖海中捕鱼，可能会出现过量捕捞问题，都需要政府通过一定的规制来加以解决（如休渔制度）。政府对自然资源的使用实行的规制措施，除征收资源税和地租外，主要有：通过资格审查等方式控制使用资源的企业的数量；规定资源开采使用的标准；划定资源使用范围，并与企业签订承包合同，督促企业合理开发利用资源等。政府依据环境保护方面的法律法规，对工厂排放废水、废气等有害物质等造成的环境污染问题进行规制。

（六）会计、统计规制

政府通过有关财务会计、统计、审计等法律法规，责成企业定期向政府如实报告生产经营情况，这既是实行微观规制的需要，也是为宏观调控提供必要的客观依据。政府还对公共部门实行财务预算规制。

（七）社会保障规制

由于保险市场不完善，政府一般强制实施社会保障规制，通过征收社会保险税来建立社会的福利基金，用于失业救济、退休津贴、医疗教育补助等福利项目。

二、产业规制方法

上述规制内容，其传统的，也是最基本的是价格规制和准入规制。就其方法来说，价格规制的主要方法是制定产品和服务费率的成本，准入规制则包括发放许可证和拟定标准。

（一）以公平报酬率为依据确定产品和服务的价格

经济学对价格规制进行了大量的研究，理论上定价问题大体有边际成本定价和平均成本定价两类选择。此外，解决定价问题的第三条道路是次优价格，即在企业不亏损约束条件下求最优价格，即拉姆赛价格。但对一般商品来说，则有最高限价、最低限价、统一价格三种方法。

公平报酬率是以通过完全竞争形成的均衡价格中所包含的正常利润为基础的概念。按照公平报酬率进行规制，一是要确定生产经营成本。二是要确定准许的正常利润（公平报酬）水平。

准许成本的确定，应能够补偿正常经营的成本，具体来说，主要考虑两个因素：一是临近执行期的经营成本（一般以前几个月的实际成本为依据）。二是预期的执行期成本变化幅度。

准许利润的确定，主要考虑执行期维持现有资产规模和追加投资所必要的资本的报酬。由于必要的资本报酬是运用资本的机会成本，因此，一般比照长期利率水平来确定。但在具体实践中，由于企业占用的资产的来源多样，利率各异，因此，不能将所有的资本都按长期利率水平来核定报酬率。一般的处理方法是：企业自有资本的正常利润率按长期存款利率核定报酬率，负债资本按实际贷入利率核定报酬率。利润规制，有的是主要针对那些具有排他性生产某种产品权利的企业（如城市电力、自来水、天然气），防止人为提高物价以牟取暴利①。

（二）发放许可证

通过特许权和配给权的掌握和颁发，规制机构对现有企业或产业的进入施加控制。准入规制实行许可制、注册制、申报制等，程度不一。许可指的是对企业等在法律上一般被禁止的行动，限于特定场合予以解除的行为，许可制即未得到规制机关的批准不能进入。加入注册指的是由主管机关确认其是否符合加入资格的必要条件，然后承认其作为在特定产业中活动的企业，也就是说，注册制是在具备了注册的必要条件的情况下，规制当局对这些条件加以检验、登记注册后，才算完成进入手续。所谓申报，就加入方面来说，是指按照一定格式向主管机关提出加入申报的行为，也就是说，申报制是在完善注册手续后，才算完成进入手续。不论是注册制还是申报制，原则上是只要资格的必要条件和申报材料都齐备了，一般就不限制加入。但是，如是规制当局有不受理行为，则没有完成进入手续，从而不能实施营业行为。

（三）制定产品和服务质量标准

服务标准的设立和产品质量的规制，也是进入规制的一种方式。规制机关制定了越来越多的禁止标准，比如，为消费者判别产品质量的标准，以及工作场所安全标准等。一般情况下，它们在制订这些标准时，需考虑本行业、消费者集团、供货者、顾客、雇员以及其他行政管理机构等各方的利害关系，并获取相关

---

① 报酬率规制之外，另一种模式就是英国的价格上限规制模式。关于这两者的较详细的讨论，可参见王俊豪《英国政府管制体制改革研究》，上海三联书店1998年版，第14~22页。

信息，同时也需考虑标准的严格程度。其规制方法包括以下几个方面：

由政府有关部门制定商品和服务的质量标准和检验及奖惩制度，定期进行监督、检查、评估、处置。我国目前采用的办法是，除例行的检查监督外，由各个部门或行业定期检查评比，奖励优质产品，公布劣质产品，必要时对生产劣质产品的企业给予停产整顿以至吊销营业执照的惩处。

由政府依据食品卫生、医疗保健、卫生防疫等法律法规，对食品、药品、化妆品以及医疗保健用品的生产和供应，对饮食服务、美容服务企业等进行规制，采取的规制方法主要包括：对食品及饮食业服务进行定期卫生检查；对医疗、保健、美容等服务实行特许经营等。

为提高产品和服务的质量，维护人们的安全和健康，政府对某些行业的从业人员实行资格制度。例如，各种机动车船的驾驶员，需持有驾驶执照才被允许驾驶；从事医疗保健及美容的人员，从事律师、会计、审计、教学等工作的人员，需持有资格证书方可上岗等。

同时，规制机构还可以规定卖方有义务在一桩买卖终了前，公布所售产品或服务的有关信息；也对生产某种商品所使用的物料和生产程序加以规定。

另外，政府的征税和补贴这两种手段，也可以改变个体的经济行为，例如，如果对某些生产投入物课以重税，则使用该种投入物的厂商大概就会改用成本较低的替代物。

需要说明的是，上述规制方法，都是根据以各个受规制产业为对象的法律、法令、规章和地方性法规等，政府采取批准、认可、命令等手段，对被规制产业和企业的决策进行干预而实现的。

政府产业规制的形式因产业不同而不同。但是，最基本的产业规制形式主要有进入规制和价格规制。在有些行业，由于行业的特殊性，政府往往还会采取诸如对产品特征的限制、质量规制以及投资限制等特殊的规制形式。在另一些产业，为了培育竞争的需要，政府可能还会采取不对称的扶持政策（不对称规制）。在某些行业中会实行安全规制（如铁路产业），而在另一些行业中则可能实行环境规制（如电力行业）。

第三节　产业规制的演变与改革

一、国外规制制度的演变

由于现代意义上的政府规制，事实上开始于 19 世纪 80 年代的美国。因此，我们考察美国的经济性规制的实践情况即能大体了解国外规制制度的演变情况。

美国经济性规制的历史，大体上可分为四个时期。

第一个时期，是在19世纪80年代与20世纪初开始的关于有自然垄断性质的铁路、电力、煤气、电话等产业领域的规制。

第二个时期，是20世纪30年代到40年代，以大危机为背景建立的规制领域，主要是1933年以银行、1934年以证券和广播、1935年以卡车和输送管道、1936年以海运、1938年以航空和批发电力等结构竞争产业为主要对象。

第三个时期，是20世纪50年代以后，主要以能源领域为对象，1954年对天然气的气井方价格、1960年对输油管道、1973年对石油（特别是汽油）价格实行扩大规制。第三个时期的规制，是经历了各个不同阶段的能源增产、能源节约、反通货膨胀措施等各种各样的政策变换之后而到来的。

第四个时期，是20世纪80年代至今，主要是放松产业规制和重新调整产业规制。

1887年，美国国会通过了州际商业法案，建立了州际商业委员会（Interstate Commerce commission，ICC）以对铁路进行规制。19世纪下半叶，美国铁路运输业发展很快，发生过度竞争。政府禁止的是压低票价，即设定最低限价。州际商业委员会还禁止特定的歧视性行为，要求所有铁路部门公开运价和费率，并向州际商业委员会报告。在1906年的补充法案中，还授予了州际商业委员会设定最高限价的权力。

关于州际商业委员会，有三点需要说明。第一，尽管国会认为，铁路部门制定的费率应该是合理和公正的，但它却没有给合理与公正一个明确的可操作的定义，这样，它把制定合理与公正的费率的决定权授予了州际商业委员会。第二，尽管州际商业委员会在如何决定费率时没法获得足够的特定信息，但它所决定的费率却必须反映成本。由于铁路运输的规模经济和投资规模大，铁路产业具有许多自然垄断的特征。第三，州际商业委员会是第一个采取独立规制委员会（Independent Regulatory Commission，IRC）形式的联邦规制机构。

作为规制主体的独立规制委员会，是由各机关独立出来的行政机构，一般由5~7名中立的委员组成委员会，委员会下设担当行政事务的秘书处和反映消费者意见的听证会等组织。独立规制委员会拥有准行政权、准立法权和准司法权。其准立法权反映在作为它的立法职能之一的规则制定的过程之中。一旦独立规制委员会基于法律颁布一项规则，就开始了作为其行政职能的实施过程。最后，根据行政法律所做出裁决，则是其准司法权的体现。

在美国的独立规制委员会中，有对跨州（州际）服务事业进行管理的联邦规制委员会和只对州内服务事业进行管理的州规制委员会。联邦规制委员会现在有州际商业委员会（ICC，现在主要负责铁路、卡车等的运输）、联邦电力委员会（Federal Power Commission，FPC，主要负责电力输送）、联邦通信委员会（Federal Communications Commission，FCC，负责电信、广播）、证券交易委员会（Securities and Exchange Commission，SEC，负责证券市场）、联邦航空委员会（FAA，主要负责航空）等。州规制委员会主要以公共事业、运输、通信为对象，其组织大体上与州际规制委员会相同。

独立规制委员会以确保公共利益为目的，实行各种各样的经济性规制，但是，也受到以下批评：一是规制委员会由于拥有运用规制法和制定法规的行政权限、有认可收费等的审查和审判职能的准司法权限、有对违反行为起诉等的准司法权限等广泛权限，因而规制往往是强制的而且是不公平的。二是规制委员会因为缺少有积累专业知识的委员和行政官员，往往容易成为"被囚之身"。即规制俘虏理论中所说的规制者被受规制者俘虏，被规制企业向管理者做多种工作使管理者行使对被规制企业有利的行政。三是行政费用庞大化。

1890年，美国国会通过的《谢尔曼反托拉斯法》，是美国竞争政策的法律基础。谢尔曼法禁止的是企业间的串谋及单个企业集团获取垄断力量的行为。它的第一条款的基本规定是："任何以托拉斯或其他形式做出的契约、联合或共谋，如被用以限制州际间或与外国间的贸易或商业，均属违法。"1914年颁布的《克莱顿反托拉斯法》，则针对那些可能实质地削弱竞争或故意在任何商业中制造垄断的企业行为。这些行为的非法性表现在价格歧视、有条件的和排他性交易、竞争者间的兼并、连锁董事会等。与《克莱顿法》同年颁布的《联邦贸易委员会法》，则创立了一个新独立规制委员会，即联邦贸易委员会（FTC）。这样，美国的反托拉斯和竞争政策就存在司法部和FTC双头规制的局面。

司法部内的反托拉斯司（Antirust Division，AD）负责执行谢尔曼法和克莱顿法，它有调查权和在联邦法院提出原告诉讼的权力。在许多方面，反托拉斯司都与其他规制机构尤其是行政内阁所属的规制机构相类似。反托拉斯司通过接受公共控诉及反托拉斯调查广泛地收集信息。它还通过发布反托拉斯指示和政策进行法规拟定活动。此外，它在做出调解性判决时还有裁决权。

联邦贸易委员会最初的权限是防止不正当的竞争方法和商业行为中或影响商业行为的不正当或欺骗性的行为或做法。因此，它的职责实际上一方面是对竞争的鼓励，另一方面则是对消费者的保护。在反垄断方面，根据《联邦贸易委员会法》第5条即克莱顿法第2、3、7、8条，联邦贸易委员会的权力包括调查、起诉和行政裁决。

美国进入大萧条时期，政策制定者为了寻求经济复苏的方法，通过规制激励来促进经济的稳定。许多经济性规制机构就是这一时期建立起来的，比如，1934年建立了证券交易委员会（SEC）以规制股票交易和证券公司；同年还建立了联邦通信委员会（FCC）以规制广播、电报和电话等。在战后的岁月是美国的政府规制制度处于均衡的时期（耶金和斯坦尼斯罗，2000年）。尽管有人开始怀疑政府规制的效果，提出需要制定新的规则——行政程序法，以确保公平的待遇和适当的程序，但人们还提不出如何监督日益增加的、分散的、权力不断膨胀的行政规制机构活动的有效方法。

从20世纪70年代后半期开始，美国很多产业都实行了放松规制比如：

证券业。美国放松规制，首先是从1975年取消证券市场的股票委托手续费规定开始的。在此之前，证券交易委员会的规制是把股票委托手续费固定在一定水平上，证券交易委员会和议会将其改为由需求动向来决定。由于这项放松规制措施，手续费水平和结构发生了很大变化。

航空业。根据1978年成立的放松航空业规制的法案，在继续保持联邦航空局的安全管理的前提下，取消了航线认可，取消了认可运费，解散了民间航空委员会等，通过这些措施，航空公司有可能自由地加入航线、自由地确定运费、自主地提供新服务，航空公司相互间可自由地合并（在反垄断法的范围内）。航空业迎来了很大的结构变化。

内陆运输业。铁路、卡车、公共汽车也彻底放松了规制。在铁路方面，运费设定、企业合并及线路撤销的规制有了弹性，全面取消了州际商业委员会的运费规制。结果，使约1/3的铁路运费由最高限价规制改为实现自由化。在卡车业，随着1980年汽车运输法的成立，大幅度放松了加入规制和价格规制，并废除了反托拉斯法适用除外的制度，在运费方面也使企业在一定幅度内有提高和降低运费的自由。在公共汽车业，通过1982年的公共汽车规制修改法，放松了加入规制和收费规制。

能源业。能源产业的放松规制，主要是以放松天然气和石油的价格规制为中心，以抑制通货膨胀和节约能源为目的。

银行业。从20世纪80年代开始，取消了存款利率的规制，并对办理同样存款业务的所有金融机构的准备率实现均等化，还放宽了筹措资金幅度的限制。此外，准许商业银行进入证券市场，放松银行业的地理限制，并放松了证券等的业务规制[①]。

[①] 有关金融业的规制变迁情况，可详细参阅加特的著作。见加特《管制、放松与重新管制：银行业、保险业与证券业的未来》，经济科学出版社1999年版。

电信业。从20世纪80年代开始，以前作为自然垄断领域典型之一的电信产业，逐渐向竞争结构转化，1996年电信法则标志着美国电信业已实现全面向竞争开放。

从美国（及其他发达国家）的经济性规制改革中，我们可以总结出一条最基本的经验就是，在自然垄断性行业不断引入竞争机制。从总体上看，一些传统上被认为是自然垄断的行业已不再被认为具有自然垄断的特性，如电信、交通运输等。而某些自然垄断行业自身的发展以及与其相关的行业的发展，致使市场本身也发生某种变化（如国际互联网的兴起对电信业产生了很大的影响），传统的自然垄断行业的垄断地位受到强有力的挑战。另外，自然垄断行业由于独家垄断造成的弊端和令公众不太满意的服务质量，受到越来越多的指责，每况愈下的经营效果也使政府难以摆脱沉重的财政包袱。所以，一些国家开始重新审视这些行业。经过深思熟虑之后，一些国家开始对某些自然垄断进行强有力的改革，并考虑在这些传统的自然垄断行业引入竞争政策。

引入竞争机制最明显的例子就是电信行业。从美国法院强制解散美国电报电话公司（AT&T）开始，美国电信业就步入了竞争的行列。目前，美国、加拿大的电信业已全部开放，没有任何一部分是自然垄断性。美国、加拿大的邮政服务虽然一级邮件业务是垄断的，但二级邮件、三级邮件和快递服务是开放竞争的。美国和加拿大已有多个铁路公司在许多线路上开展竞争。由于技术的发展使得某些自然垄断行业的部分自然垄断消失，如在电力行业，电力的输送和分配是自然垄断性的，但发电不再被认为是自然垄断性的。天然气行业也是如此，生产是竞争性的。其他公用事业如自来水供应等还有待发展。可以相信技术革新还会使更多的自然垄断行业充满竞争。

二、国外规制改革的内容

以美国为代表的发达国家发起的以放松规制为主要内容的规制改革运动的核心内容包括如下四个方面：

（一）放松规制

所谓放松规制，就是在市场机制可以发挥作用的行业完全或部分取消对价格和市场进入的限制，使企业在制定价格和选择产品上有更多的自主权。具体做法有：一是放松对定价权的规制，放宽或取消最低限价和最高限价，重新定义倾销价格，允许企业根据实际情况制定季节差价等。二是逐步缩小价格规制所涵盖的产品的范围。三是放宽或取消进入市场的规制[1]。

---

[1] 陈富良：《我国经济转轨时期的政府规制》，中国财政经济出版社2000年版，第208页。

放松政府规制，打破国家对自然垄断产业的垄断格局，取消新企业进入产业的行政法规壁垒，其实质意义就是政府取消原来对新企业进入特定产业的种种限制。如果放松规制后的市场是竞争性的，就可望促进分配效率。根据鲍莫尔等人（Baumol, Panzar and Millig, 1982）的可竞争市场理论，只要垄断市场是完全可竞争的，即使在自然垄断的状况下，政府消除进入壁垒后就能促使垄断企业采取理想的市场行为。因为在无进入壁垒的状况下，一旦产业内原有的垄断企业制定高于边际成本的垄断价格，就会给新企业进入产业创造盈利机会，新企业就会采取打了就跑的市场进入策略，与原有垄断企业分割利润，这就迫使垄断企业只能取得正常利润[1]。这说明，为约束垄断企业的市场行为，消除人为的进入壁垒是比政府规制更为有效的办法。

20世纪80年代以后，英美等国家相继实行非国有化政策[2]。在它们那里，非国有化不仅包括把国有资产出售给私人部门，而且包括向社会公众发行股票；同时，通过特许投标、签订合同等形式鼓励私人企业提供可市场化的公共产品和服务等。

以英国为例，实行非国有化政策，实现国有资产从公共部门向私人部门的转移，主要通过以下四种途径：一是通过在股票交易所向社会公众发行股票出售国有资产，英国电信公司、英国煤气公司等自然垄断产业的大型国有企业都是通过这一途径实现非国有化的。二是将国有企业资产整体出售给一家私人企业，这主要适用于规模较小的国有企业或大企业的附属企业。三是将一个国有企业卖给由若干家投资者组成的集团，在英国电力供应产业非国有化时曾尝试过这一途径，但由于投资者之间难以实现利益协调而最终放弃了这一途径。四是将国有企业资产卖给企业管理阶层或职工，如英国水路运输集团就是采取这种非国有化方式。如果企业非国有化后仍处于受国家法律保护的垄断地位，则仍有必要设立相应的规制结构，对企业的市场行为进行必要的监管。所以，伴随着非国有化政策，在许多重要部门，以经济性规制取代了政府所有制，并建立了新的规制机构和制度，应用了新的规制方法。

（二）非国有化

20世纪80年代以前，主要工业化国家的垄断性行业由国家投资经营的占绝

---

[1] W. J. Baumol, J. C. Panzar, and R. D. Willig. 1982. Contestalbe Markets and the Theory of Industrial Structure. New York: Harcourt Brace Jovanovich.

[2] 有关内容可参见 M. Armstrong, S. Cowan and J. Vickers. 1994. Regulatory Reform: Economic Analysis and British Experience. Cambridge (MA): The MIT Press. Majone, G., eds.. 1990: Deregulation or Reregulation? Regulatory Reform in Europe and the United States. London: Pinter Publishers。

大多数。表15-1反映了这些国家邮政、电信、电力、铁路、航空业主要由国家垄断经营的情况。

表15-1　20世纪70年代末主要发达国家垄断性行业国有国营的比例　　单位:%

	邮政	广播通信	电力	铁路	航空
美国	100	—	25	—	—
英国	100	100	100	100	100
联邦德国	100	100	75	100	100
法国	100	100	75	100	75
日本	100	100	—	25	25
意大利	100	100	75	100	100
瑞典	100	100	50	95	100

资料来源：世界银行：《1983年世界发展报告》中文版，第50页。

（三）引入竞争机制

在垄断性行业引入竞争机制的通常做法是通过特许投标、合同承包，鼓励私人部门提供可市场化的产品和服务，它不涉及资产所有权的转移。特许投标是将一定时期的产品和服务的生产经营权给予某家企业，通过拍卖的形式，让许多家企业竞争在某产业中的特许经营权，在一定的数量和质量要求下，由提供最低报价的那家企业取得特许经营权。采取这种方式，如果在投标阶段有比较充分的竞争，那么，价格可望达到平均成本水平，取得特许经营权的企业也只能得到正常利润。所以，在德姆塞茨（1968）的理论中，特许投标是作为政府规制和国有化的一种替代方法[①]。当然，特许投标必须有竞争性，同时也需要政府的规制，如监督履行合同的情况和实效。

引入竞争机制最明显的例子是电信行业。从美国法院强制解散美国电报电话公司开始，美国电信业即开始向竞争开放，1996年《电信法》的颁布，则标志着美国电信业向竞争全面开放。目前，美国、加拿大的电信业已全面开放，没有任何一部分是自然垄断性。

（四）对规制进行改良

在放松规制的基础上引入激励性规制，对规制进行改良。除了上面提到的特许投标制度之外，还有区域间竞争、社会契约制度和价格上限规制。对英国自然

---

① Demsetz, H.. 1968. Why Regulate Utilities? *Journal of Law and Economics*, 11: pp. 55-56.

垄断行业效率来源的分析表明，非国有化提高效率的潜力主要是在非自然垄断性业务中充分运用竞争机制，对于那些不可能进行直接竞争的领域，在非国有化的过程中，则运用比较竞争的形式，引进了间接竞争机制。如 10 个自来水和排污公司存在地区性垄断，政府对它们采取了区域间比较竞争形式，在 12 个地区电力公司之间也采取了区域间比较竞争形式。

作为激励性规制在实际中运用的良策而闻名于世的，是美国在电力事业部门中广泛实行的社会契约制度（或称成本调整契约），这是指规制当局与被规制者之间在修订收费时，就设备运转率、热效率、燃料费、外购电力价格、建设费等签订合同，如果实践结果比合同规定的成绩好，则给予企业报酬，否则给予处罚的一种方式。

价格上限规制是在英国电信公司实行非国有化时（英国电信公司在 1984 年只出售了股票的 51%，剩余的 49% 分别在 1991 年和 1993 年向社会出售）被提出来的。它是在给予企业提高内部效率刺激的基础上的价格规制方式，即规制当局和被规制企业之间以类似于社会契约制度的形式签订价格改动合同，规定了价格的上限，使价格原则上只能在这个上限以下自由变动。

三、政府规制改革的原因

英美等国之所以在 20 世纪七八十年代展开大规模的规制改革运动，其原因十分复杂。第二次世界大战以后的很长一段时期，自然垄断行业大都实行国有企业垄断经营的体制（其中美国是公司垄断），而国有企业固有的一些弊端，如政府可以直接干涉企业的经营活动、政府把国有企业作为达到政治目标的工具、忽视企业的盈利性而导致企业效率低下，等等。而 20 世纪 70 年代世界性的经济滞胀打破了人们对传统凯恩斯主义实行宏观调控能达到供需总量平衡的信念，意识形态领域发生了巨大变化，突出地反映在对政府干预的认识上。政府的经济目标是促进可持续的经济增长和提高人民的生活水平。为实现这一目标，需要对造成经济滞胀的微观经济进行改革，改革的思路是改进市场效率和增强经济的长期供给效能。而政府为增强供给效能的战略思路是使经济适应市场规律，这就要求扩大市场调节的范围，强化市场竞争。

在市场经济中，政府干预的经济合理性是建立在效率标准上的。政府干预的必要性在于它能否补偿市场失败所产生的效率损失。这种信念为缩减政府边界政策提供了基本理论。撒切尔夫人和里根政府推行的自由化政策和以放松政府规制为主要内容的规制改革运动就是这种理论的一次重大实践。在此，我们仅从理论上分析规制改革和规制制度变迁的经济原因。分析发达国家改革政府规制的原因，对于我们理解规制均衡为什么要适应规制变革的要求也具有启示作用。

(一) 自然垄断规制理论的发展

由于存在着资源稀缺性和规模经济效益、范围经济效益及成本的劣加性，使提供单一物品和服务的企业或联合起来提供多数物品和服务的企业形成一家公司（垄断）或极少数企业的概率很高，这种由于技术原因或特定的经济原因而形成的垄断，就被称为自然垄断，像铁路、运输、航空、通信、电力、煤气、自来水等基础设施产业大都具有自然垄断性质。

传统的经济理论认为，从全社会的利益出发，政府必须对自然垄断进行规制。因为自然垄断的平均成本随产量的增加而持续下降，所以，如果把某种产品全部交给一家垄断企业来生产，对全社会来说，总成本最小，如果多家企业相互竞争，平均成本会居高不下，从全社会角度看，就不经济了。所以需要政府进行干预，只允许一家企业从事生产，其他企业不得进入。这就是政府对自然垄断行业进行规制的原因。但是，政府对自然垄断的规制存在两个难题：一是垄断定价问题，由于没有现实的竞争者，垄断企业会通过控制产量将价格抬高到垄断价格的水平上，当价格受到规制时，垄断企业也可能会以其他方式如降低服务质量，来实现其垄断优势，使消费者受损，并妨碍资源的合理配置。二是当平均成本下降时，边际成本必低于平均成本，而市场定价原则是边际成本等于边际收入，如果按照这一原则定价，企业就会亏损，因此，这一原则在自然垄断领域不适应。

传统自然垄断理论是建立在单一产品假设基础上的，而现实中企业的产品结构往往是多元的。因此，一些学者认为自然垄断的定义假设必须建立在成本的劣加性（Subadditivity）而不是在规模经济的基础上，并提出了可竞争市场理论。如果一个企业生产所有各种产品的总成本小于多个企业分别生产这些产品的成本之和，企业的成本方程就具有劣加性。如果在所有相关的生产上，企业的成本都是具有劣加性，该行业就可以看作是自然垄断行业。当单一企业的总成本低于多个企业的成本之和时，单一企业的平均成本可能下降，也可能上升。前者条件下的自然垄断为强自然垄断，后者条件下的自然垄断为弱自然垄断。在弱自然垄断条件下，边际成本价格使社会福利最大化的同时又使企业盈利。在这里，自然垄断的边际成本定价矛盾不复存在。

根据自然垄断的新理论，对自然垄断的规制，需要视自然垄断的强弱、进入市场有无障碍和企业的承受力分别采取不同的对策。具体来说，如果是强自然垄断，进入有障碍。需要价格规制，不需要进入规制。强自然垄断意味着平均成本下降，边际成本低于平均成本。无价格规制企业将制订垄断价格（高于边际成本），社会福利受损，如强使价格等于边际成本，又会使企业亏损。因而需要制订一个介于垄断价格和边际成本价格之间的价格。因进入有障碍，不需要对进入进行人为规制。如果是强自然垄断，进入无障碍，企业无承受力。既需要价格规制，又需要进入规制。价格规制使价格介于边际成本和垄断价格之间，既消灭亏损又不允许垄断价格存在。进入规制则保证垄断企业不致被挤出市场。如果是弱自然垄断，进入有障碍。只需要价格规制，不需要进入规制。价格规制使价格等于边际成本，这时社会福利最大化，同时企业盈利。自然垄断定价的矛盾不存在。如果是弱自然垄断，进入无障碍，企业无承受力。既需要价格规制，又需要进入规制。价格规制迫使企业制订边际成本价格，此时社会福利最大化，同时企业盈利。进入规制保证现存垄断企业不被挤出市场。但是，在强自然垄断下，如果进入无障碍，企业也有承受力，则不需要政府规制，承受力的存在保证垄断企业不致被挤出市场，潜在竞争者进入的威胁恰好代行规制职能，迫使企业制订一个不高于盈亏相抵的价格。在弱自然垄断条件下，当进入无障碍，企业有承受力时，也不需要政府规制，只需借助潜在竞争者的威胁迫使垄断企业制定边际成本价格，社会福利最大化，同时企业盈利。这表明，自然垄断与竞争之间存在着替代性，自然垄断的定价矛盾也可部分化解。正是在这种理论背景下，英美一些国家自然垄断产业出现了放松政府规制和民营化的运动。

(二) 政府规制失灵

实行政府规制的本意是为了纠正市场失灵，但由于个人私利、信息不对称等原因，政府规制也存在难以克服的缺陷。

一方面，政府规制机构的规制活动的效率既受到规制者与被规制者的目标差异的影响，也受到规制者的信息约束。以英国的规制改革为例。英国政府规制体制改革的一个重要目标就是要大大减少政府对企业的直接干预，并通过引进与强化竞争机制以增强企业的活力，提高生产效率。为此，作为政府规制体制改革的一个重大措施，在各个基础设施产业都设置了独立的政府规制机构。政府把相当一部分管理国有企业的职能转移给这些新建立的专门规制机构，从而使这些规制机构具有相当大的规制权力，如有权评价企业的经营业绩，有权规定企业的最高销售价格，有权决定企业应承担的社会责任等。在这种规制体制下，被规制企业与规制机构的目标之间存在高度的不一致性，表现为被规制企业只偏重于追求效率，并试图通过制定垄断高价、承担尽可能少的社会责任以实现利润最大化。而规制者则强调分配效率，通过制定价格规制模型，控制企业的最高价格，以强制企业履行法定的社会责任，实现社会福利最大化。规制者与被规制者之间的目标差异，必然会导致两者之间的矛盾及相应的行为结果。规制活动的效率，在很大程度上还取决于规制机构所掌握的规制信息的数量和质量。在规制者与被规制者之间存在的严重的信息不对称问题，规制者总是要求被规制企业提供尽可能多的信息。被规制企业为了在政府规制中处于有利地位，往往采取一定的策略应付规制者的信息要求，以垄断真实的信息，而在次要的业务领域则提供许多无关紧要的信息，以掩盖企业生产经营活动的真实情况，旨在误导规制者，以取得较为优惠的规制政策。

另一方面，政府规制与寻租紧密联系。在政府规制之下，市场竞争已失去作用，谁获得了规制的特许权和经营权，谁就获得了垄断地位，同时也就获得了丰厚的利润。在规制者与被规制者的博弈过程中，被规制者通过评价规制者的目标函数，并预计其可能采取的规制政策，然后针对性地采取相应的企业行为。显然，被规制企业在这一博弈过程中需要有大量的投入。这也是规制制度的运行成本之一。被规制者在规制博弈过程中已经形成了既得利益，又成为放松规制的阻力。比如，受规制企业是在规制的条件下形成的，其生产体系、营销体系、人力资源管理体系等都是适应规制的要求而建立起来的，因此，政府一旦放松规制，被规制者的这一整套体系都必须重构或重组。这一重组过程既需要成本，也是痛苦的。再者，政府一旦放松规制，被规制者面对激烈的市场竞争就有一个重新学习的过程，因为在受规制时期形成的路径依赖是很难一下子改变的。但是，部门利益毕竟不等于国家利益。产业规制的最大受害者是消费者。规制的过程实际上是消费者剩余转变为生产者剩余的过程。当消费者面对规制带来的负效应（如高价而低质量服务等）而忍无可忍时，政府不得不逐步放松规制。

政府部门规模庞大，行政支出与规制费用不断上升，政府财政赤字增加。受规制的产业部门客观上受到政府的保护，可以稳定地得到收益；因而他们漠视消费者的需求，服务单一，成本上升，效率下降，供给不足。如美国政府长期以来所实行的投资回报率规制会导致 A—J 效应（Averch and Johnson，1962）即在利润最大化的驱使下，受规制厂商有过度投资的倾向。有的受规制产业认为，在这种规制体制下，若能使自己的资产增加一倍，则收益也可增加一倍。"这是世界上唯一能通过重新装修办公室而增加利润的行业"[①]。再加上规制俘虏理论的广泛传播，人们对规制的信心大减。人们认识到用政府规制的失灵去代替市场的失灵并不会产生一个完美的世界。尤其是在技术进步迅速、人们消费需求日益多样化的现代社会，刻板僵化的行政程序越来越丧失民心。同时，西方民主选举所固有的弊病往往使笼络民心、减少财政赤字、缩小政府规模、取消政府规制成为政府吸引选民的一个卖点。政府规制的巨大成本也招致了强烈的反规制运动。

（三）产业间替代竞争的加剧

产业是生产类似特点的产品的企业的组合。在自然垄断产业中，由于垄断的

---

① 转引自陈代云《产业组织与公共政策：规制抑或放松规制？》，《外国经济与管理》2000年第6期。

存在，一个企业可以代表一个产业。但是，对于任何产品而言，都存在着替代产品，而替代产品的存在使得垄断产业的市场力量不可能不受约束地发生任用。即使是受规制的垄断产业，也存在着与替代产品之间的竞争，需要及时作出投资、生产、价格、服务等新的决策与改变。但是，政府规制的存在，所有重要的决策都要经过政府规制部门的批准，而这种批准过程延缓了受规制产业的反应时间，往往会使这些企业在竞争过程中处于被动的地位。这种存在着替代部分的产业被称之为结构性竞争产业，如铁路、航空、公路等运输部门。在不少国家，最先被放松规制的就是这类产业，而且，这些产业在放松规制后都取得了比较好的效果。另外，由于存在所谓规制时滞问题，所以规制机构很容易在错误的时间、错误的地点作出错误的规制决定。

我们以美国铁路运输为例来说明这种结构性替代竞争的压力。早期铁路网的过度发展促成了垄断。到1906年，美国全国铁路有2/3掌握在四大集团手中。第一个是摩根、希尔、维德比尔特和宾夕法尼亚铁路公司联合组成的集团，它控制了8万英里以上的铁路线。古尔德家族建立了一个势力强大的集团，它在1906年控制了约1.7万英里铁路线。库恩—罗比银行联合哈里曼组成的第三个集团控制了2.5万英里铁路。第四个是罗克艾兰集团，它所控制的铁路线估计有1.5万英里。这四大集团总共控制了全国铁路总收入的85%。作为美国铁路发展的主要特征之一，巨型垄断企业便产生了[①]。

而由于社会的技术进步和工业化水平的提高，出现了一些令人意想不到的新的竞争力量，使运输市场呈现全面竞争的结构态势。新出现的竞争对手首先是管道。当石油公司开始把大量煤油运到市场去卖的时候，它们立即发现，用专门管道输油要比用耗费劳力的油桶和油罐车输油便宜得多。管道网可以迅速地把得克萨斯州新油田的石油输送出去。由于管道工艺的改进，到1914年，美国的管道网已能输送原来可能要由铁路运输的大量石油。

铁路的传统对手公路运输系统内部，也有值得重视的情况。公路的加速发展开始于1916年的联邦援助法和1919年州的汽油税。1921年的公路法完善了对联邦和州公路基金的分配办法，还规定了各州公路的合作计划与开发。在20世纪整个20年代，大量资金用于改善国家公路。这自然鼓励运输业的发展。而且汽车运输业容易进入，运输方式之间的竞争很快激烈起来。寻求低运费的托运人不断将货物从过去垄断而且高傲的铁路转移到众多的而且相互竞争的卡车运输业。在20世纪初，由于国会曾经拨款开发和改善水道，使得水运的情况也与公

[①] 王惠臣：《论运输管制：公共性与企业性的悖论》，高等教育出版社1997年版，第126页。

路运输类似①在那段时期，航空业也迅速发展。所有这些都表明运输方式间的竞争已在增长并且运输已进入一个新的时代。竞争性运输市场的结构开始形成。

当运输市场的竞争结构形成以后，美国政府局部放松了对铁路的规制，政府的运输政策逐渐转移到了对非铁路运输模式的推广和利用方面，为建立多样化的全国运输系统对非铁路模式给予大量财政资助，同时对铁路采取了综合保护政策②。但由于大萧条的发生，使美国整个经济思想朝着全面加强政府作用的方向拉动，铁路当然也不例外。而战后的黄金发展时期则无人质疑政府规制，所以直到20世纪70年代运输业才全面放松规制。但这并不能否定运输业替代竞争的形成对规制改革的影响。

（四）技术经济条件的变化使政府经济性规制的理论依据逐渐削弱

政府进行经济性规制的理论依据是自然垄断，即由于市场需求不足，或者由于大规模固定资本的投资所具有的规模效益，市场上只有一个企业的生产效率最高、成本最低。当市场需求扩大、生产技术变化时，自然垄断的特点就会变模糊。20世纪初以来，技术发展日益加快，新技术层出不穷，特别是微电子技术的出现和不断成熟，使得陈旧落后的生产技术相继被新技术所淘汰。如在通信领域，光纤的发明、计算机技术的应用和卫星通信的引入，使得通信不再是自然垄断性的。提供通信，特别是长途通信、电信增值业务并不需要太大的投资规模，而且这部分固定资本也不是沉淀的，所有这些都使得新企业加入电信领域成为可能和可行了。从经济的角度看，经济全球化进程的加快，使全球经济运作业务量迅速增加，也使社会对电子通信需求日益加大。这些市场变得空前繁荣，业务量每年都成倍增长。市场的扩大使一家企业垄断市场的局面不再是最有效率的，而放松市场进入规制，吸引新的厂商，扩大供给，满足不断增长的需求才是明智的选择。

再者，自然垄断行业的某些业务领域是可竞争的，自然垄断的边界也是可变的。尽管人们通常把电力、煤气、自来水和电信等产业称为自然垄断行业，但这并不等于说这些行业的所有业务都具有自然垄断性质，按照新的自然垄断理论，自然垄断行业的某些业务领域是可竞争的领域。因此，正确认定自然垄断的业务领域，对于在自然垄断行业如何有效促进竞争就至关重要。以电力产业为例，通常人们认为电力输送（包括电力配送和分销业务）是自然垄断性业务，而电力生产（发电）则是非垄断性业务。因此，主张把这两大类业务活动进行分割，

---

① 王惠臣：《论运输管制：公共性与企业性的悖论》，高等教育出版社1997年版，第132~133页。
② 同上书，第97~98页。

电力输送业务由单个公共企业或被规制的私人企业承担，而电力生产业务则由多家私人企业竞争性经营。

从动态的角度看，自然垄断的业务范围还具有相当大的可变性，因为技术能在很大程度上改变自然垄断的边界，这在电信产业中表现得特别明显，对此盛洪等人（1999）做过精辟的分析①。可见，无论从静态的角度还是从动态的角度看，在特定时期内，自然垄断的业务范围总是具有相对的边界。因此，在自然垄断行业促进竞争的一个基本思路就是把自然垄断性业务从其他业务中独立出来，作为政府规制的重点；而对其他非自然垄断性业务则放松政府规制，逐步实行竞争性经营。这也说明在自然垄断行业，笼统地民营化并非良策。英国煤气公司就是一个突出的例子。尽管在煤气产业的某些经营领域存在开展竞争的可能性，但英国煤气公司最后还是作为一个整体企业出售，而该公司民营化以后的经营绩效又令人失望，为此，英国垄断与兼并委员会（Monopolies and Mergers Commission）建议对该产业进行根本性的结构改造。而要保证在竞争性业务领域实现公平竞争，必须避免原有垄断企业的自然垄断性业务与竞争性业务实行一体化经营，以防垄断企业借助于对自然垄断业务的独家经营优势，在竞争性业务中排斥竞争者。中国电信业竞争中的矛盾也应该说与此有关。

上述原因既促成了发达国家从20世纪80年代开始了一场大规模的规制改革运动，同时也表明政府的产业规制制度也是动态演进的，产业规制制度的设计也必须顺应规制变革的要求。

本章参考文献

1. 维斯库斯、弗农、哈林顿：《反垄断与管制经济学》，机械工业出版社2004年版。

2. 史普博：《管制与市场》，上海三联书店、上海人民出版社1999年版。

3. 植草益：《微观规制经济学》，中国发展出版社1992年版。

4. 王俊豪：《政府管制经济学导论》，商务印书馆2001年版。

5. 王俊豪：《管制经济学原理》，高等教育出版社2007年版。

6. 谢地：《政府规制经济学》，高等教育出版社2003年版。

7. 王雅丽：《公共规制经济学》，清华大学出版社2005年版。

---

① 盛洪：《竞争规则是如何形成的：联通进入电信业后的案例研究》；盛洪等：《中国电信产业立法建议研究报告》（1999），载张曙光主编《中国制度变迁的案例研究》第二集，中国财政经济出版社1999年版，第96~120、136~200页。

8. 施蒂格勒：《产业组织和政府管制》，上海三联书店、上海人民出版社1996年版。

9. 布雷耶尔和麦卡沃伊：《管制和放松管制》，载《新帕尔格雷夫经济学大词典》第四卷，经济科学出版社1992年版。

10. 斯蒂格里茨：《政府为什么干预经济》，中国物资出版社1998年版。

11. 王俊豪：《英国政府管制体制改革研究》，上海三联书店1998年版。

12. A. 加特：《管制、放松与重新管制：银行业、保险业与证券业的未来》，经济科学出版社1999年版。

13. 陈富良：《我国经济转轨时期的政府规制》，中国财政经济出版社2000年版。

14. W. J. Baumol, J. C. Panzar, and R. D. Willig. 1982. Contestalbe Markets and the Theory of Industrial Structure. New York：Harcourt Brace Jovanovich.

15. M. Armstrong, S. Cowan, and J. Vickers. 1994. *Regulatory Reform：Economic Analysis and British Experience*. Cambridge (MA)：The MIT Press.

16. G. Majone, eds.. 1990. *Deregulation or Re-regulation? Regulatory Reform in Europe and the United States*. London：Pinter Publishers.

17. H. Demsetz. 1968. Why Regulate Utilities? *Journal of Law and Economics*, 11：pp. 55-56.

18. 王惠臣：《论运输管制：公共性与企业性的悖论》，高等教育出版社1997年版。

19. 盛洪：《竞争规则是如何形成的：联通进入电信业后的案例研究》；盛洪等：《中国电信产业立法建议研究报告》，载张曙光主编《中国制度变迁的案例研究》第二集，中国财政经济出版社1999年版。

重要名词
产业规制　进入规制　价格规制　质量规制　不对称规制

思考题
1. 什么是产业规制？它与政府的一般的行政管理有何区别？
2. 指出发生在你身边的规制现象，并说明其合理性。
3. 产业规制的形式与规制目标如何匹配？
4. 如何理解产业规制的演进和放松产业规制的原因？

后　记

　　1998年，我与同事们合作编写了《产业经济学》教科书，此类书籍不多，蒙读者厚爱，先后印刷4次，印数逾万册，并被多所高校同仁选为产业经济学教材。2005年，我们又编写了《产业经济学》（第二版），这是因为，这些年来我国产业经济学学科建设取得了很大成绩，不仅学术论文专著琳琅满目，而且教科书也层出不穷，令人目不暇接，通过修订，可以更多地吸收学术界同仁的最新优秀研究成果，学习兄弟院校教科书的长处，同时将我们的研究成果和教学心得充实进去。与第一版相比，第二版在结构、体例、内容和形式等方面都有很大变动。

　　我国改革开放已近30年，人们对中国特色社会主义道路和工业化、现代化建设规律的认识进一步深化，这就是坚持科学发展及和谐发展及其和平发展。科学发展，核心是坚持以人为本，搞好"五个统筹"，实现经济社会全面协调可持续发展。和谐发展，其要旨是在着力提高经济发展水平的同时，更加关注民生，努力解决人民群众最关心、最直接、最现实的问题，让广大人民群众共享改革发展成果，维护社会公平正义；更加重视发展民主，完善法制，发展中国特色的民主政治。和平发展，其精髓是抓住历史机遇，争取和平的国际环境来发展自己，又以自身发展维护世界和平、促进共同发展。

　　目前正是党的十七大召开前夕，我国经济社会发展正处在一个新的更高的起点上，面临新的更艰巨复杂的任务，比如经济结构矛盾突出、经济增长方式粗放以及民生问题，等等。研究中国特色社会主义道路和工业化、现代化建设规律是产业经济学者的历史使命，因此，我们应当把对上述问题的研究成果尽可能吸收充实到教科书中来，与时俱进，不断创新；认识实践，服务实践。这就是我们这次编写《新编产业经济学》的宗旨。

　　由于我们的水平所限，本书肯定会有错漏之处，祈望学界同仁及读者批评指正。

　　本书由史忠良教授主编，卢福财教授、万卫红教授任副主编。全书由史忠良、万卫红修改、定稿。本书的撰稿分工是：绪论：史忠良、吴照云；第一章：卢福财、杨源；第二章：黄彬云；第三章：黄中伟；第四章：黄景洲；第五章：

陈刚；第六章：席小炎；第七章：孟浩；第八章：万卫红；第九章：金通；第十章：史忠良；第十一章：朱丽萌；第十二章：吴志军；第十三章：谢闽；第十四章：第一节黄彬云，第二节黄中伟，第三节朱丽萌，第四节席小炎；第十五章：陈富良。

史忠良

于江西财经大学青山园

2007 年 7 月 31 日